Die soziale Konstituierung des Anderen

Campus Forschung
Band 834

Stephan Moebius, Dr. phil., ist Lehrbeauftragter im Studiengang Soziologie an der Universität Bremen.

Stephan Moebius

Die soziale Konstituierung des Anderen

Grundrisse einer poststrukturalistischen Sozialwissenschaft nach Lévinas und Derrida

Campus Verlag
Frankfurt/New York

Bibliografische Information der Deutschen Bibliothek

Die Deutsche Bibliothek verzeichnet diese Publikation in der Deutschen Nationalbibliografie.
Detaillierte bibliografische Daten sind im Internet über http://dnb.ddb.de abrufbar.
ISBN 3-593-37268-1

Das Werk einschließlich aller seiner Teile ist urheberrechtlich geschützt.
Jede Verwertung ist ohne Zustimmung des Verlags unzulässig. Das gilt insbesondere
für Vervielfältigungen, Übersetzungen, Mikroverfilmungen und die Einspeicherung
und Verarbeitung in elektronischen Systemen.
Copyright © 2003 Campus Verlag GmbH, Frankfurt/Main
Druck und Bindung: Prisma Verlagsdruckerei GmbH
Gedruckt auf säurefreiem und chlorfrei gebleichtem Papier.
Printed in Germany

Besuchen Sie uns im Internet: www.campus.de

Inhaltsverzeichnis

Einleitung 8

I. Die Ethik von Emmanuel Lévinas 24
   1. Einführung 24
   2. Von der Kritik zur Ersten Philosophie 30
   3. Die Idee der Unendlichkeit 37
      3.1. Heimkehr oder Aufbruch? 41
   4. Der Appell und das Sagen 47
      4.1. Die Spur 51
   5. Die absolute Andersheit 52
   6. Nicht-Indifferenz, Substitution 56
   7. Ethik, Gerechtigkeit und das Problem des Dritten 58
      7.1. Die Frage der Politik 63

II. Unbedingter Ruf und unbedingte Bejahung – Lévinas und Derrida . . . 72
   1. Von Angesicht zu Angesicht 73
   2. Dekonstruktion und *differánce* 81
      2.1. Dekonstruktion der Metaphysik der Präsenz 91
      2.2. Doppelte Geste 96
   3. Der betrunkene Barbier 102
   4. Zeichen geben – die (Un-)Möglichkeit der Gabe 108
   5. Adieu Lévinas 112
   6. Gerechtigkeit und Recht bei Lévinas und Derrida 118
   7. Die Dekonstruktion – implizit ethische Bewegung 122
      7.1. Post-dekonstruktive Subjektivität 127

8. Politiken der Dekonstruktion	134
8.1. Die Gespenster gehen um. Hantologie und Marx	140
8.2. Die Frage des politischen Ereignisses: Anderer, Passivität, passive Entscheidung	149

III. Hegemoniale Radikalisierungen ... 156
   1. Eckpfeiler einer Theorie der Hegemonie ... 162
      1.1. Diskurs, Artikulation und die Unmöglichkeit von Gesellschaft ... 163
      1.2. Subjektpositionen, Antagonismen, Äquivalenz ... 173
      1.3. Hegemonie ... 187
   2. Das Politische und die Politik ... 191
   3. Die Entscheidung – die Frage des Sujets und der Politik ... 197
      3.1. Im Namen des Anderen ... 202
   4. Radikale Demokratie ... 213

IV. Den Anrufungsstrukturen widerstehen ... 219
   1. Die Dekonstruktion der Ordnung sex, gender und Begehren ... 224
      1.1. Performativität, Iterabilität und Verfehlung ... 230
      1.2. Konstruktion, Körper: Fiktion oder Materialisierung? ... 235
   2. Anders als der Andere – die Frau ... 245
   3. Anruf, Antwort und Performativität ... 254
      3.1. Ethik der Performativität ... 259
   4. Zensur in der Krise ... 270

V. Von anderen Ufern – Queer und *différance* ... 280
   1. Queer Theory ... 282
   2. Queer-Politics – Chancen und Risiken – Politik der Ambivalenz ... 288
      2.1. Queer-Politics versus Identity Politics ... 291
      2.2. Risiken und Nebenwirkungen ... 294
      2.3. Queer und Politik der Ambivalenz ... 302
   3. Die ethische Komponente der Queer-Bewegung ... 305
   4. *queering queer* – Identitäten im Sinne der *différance* ... 310
      4.1. Exklusionsverfahren aus diskursanalytischer Sicht ... 311
      4.2. Zugehörigkeiten innerhalb einer binären Logik der Verwerfung ... 319
      4.3. Die binäre Struktur von *queer* ... 323
      4.4. Queering Queer ... 326

VI. P.S.: Schluss 331
1. Mögliche Spektren einer poststrukturalistischen
   Sozialwissenschaft 338
2. PS: Sozialwissenschaftliche Eckpfeiler 344
   2.1. Wie ist Gesellschaft möglich? 344
   2.2. Autopoiesis – Teleopoiesis. Aufbau und Scheitern von Sinn . 355
   2.3. Von der provisorischen zur positionalen Subjektivität 360
   2.4. Identitäten – Alteritäten 365
   2.5. Entscheiden und Handeln 368
   2.6. Die Frage der Politik 375
3. Poststrukturalistische Sozialwissenschaften – à venir 384

Literaturverzeichnis 392

Danksagung 412

Einleitung

»Die Wendung des Selben zum Unendlichen ist weder ein Anvisieren noch eine Vision, sie ist die *Frage*, Frage, die auch Antwort darstellt, aber keinesfalls Dialog der Seele mit sich selbst. Geht die Frage, die Bitte nicht dem Dialog voraus?« (Lévinas 1996*a*, 128)

Die vorliegende Studie *Die soziale Konstituierung des Anderen* begreift ihren Titel im doppelten Genetiv: im *genetivus objectivus* und *genetivus subjectivus*. Im ersteren Fall des Genetivs wird impliziert, dass der Andere durch (erlernte und sozial vorgegebene) Zuschreibungsprozesse – und damit einhergehend – durch Wiedereinschreibungs- und Identifikationsprozesse seine irreduzible Andersheit mittels Objektivierung verliert.[1] Innerhalb einer »Anrufungsstruktur« (vgl. Kapitel IV.) bzw. einer sozialen oder kulturellen Ordnung wird der Andere wiederholt mit bestimmten Merkmalen versehen oder angerufen (Interpellation), die seine nachträgliche soziale Wahrnehmung beeinflussen. Wie der Andere im Alltagsverständnis erfahren wird, Gestalt annimmt und wie er im Wahrnehmungshorizont erscheint, wird in Folge zur unmittelbaren Realität und Gewissheit. Eine Wahrnehmung erzeugt so in wiederholenden, tagtäglichen Prozessen *Evidenz*. Im Erlebnismodus der Unmittelbarkeit, das heißt durch das Ausblenden von komplexen, sozio-kulturell vermittelten und kognitiven Prozessen wird die Wirkung der Evidenz bestärkt. Eine Erfahrung des Anderen verweist auf Ordnungen und Kontexte, die in ihren Grenzen variieren. Wie etwas erscheint, hängt davon ab, wie bestimmte Erfahrungsmöglichkeiten ausgeschlossen und gar nicht denkbar sind. »Ordnun-

---

1   Zu Prozessen der Zuschreibung und Verinnerlichung vgl. auch Niethammer (2000, 452ff).

gen, die etwas *so* in Erscheinung treten lassen und *nicht anders*, erweisen sich als selektiv und exklusiv, sie ermöglichen etwas, indem sie zugleich anderes verunmöglichen.« (Waldenfels 1999, 10) Infolge und innerhalb dieser sozio-kulturell gerahmten[2] Wahrnehmungsprozesse konstituiert sich der Andere sowie der Selbe (und wird konstituiert) gegenüber Projektionsoberflächen und -angeboten mittels Identifikationsprozessen und -praktiken (vgl. Kapitel III.), wobei die Praktiken in der Kultur, Gesellschaft oder sozialen Gruppe »vorgeschlagen, nahegelegt oder aufgezwungen werden.« (Foucault 1985, 19) Das Individuum ist nach Michel Foucaults Sichtweise mittels Kontrolle und Abhängigkeit einer identifizierenden sozialen Ordnung unterworfen sowie durch Bewusstsein und Selbsterkenntnis seiner eigenen Identität verhaftet (vgl. Foucault 1987*a*, 246f). Vor dem Hintergrund eines Identifikationsangebotes, das eine sozio-kulturelle Ordnung bereit hält, identifiziert sich das Individuum aus dem Grund, weil es, »unvertraut-mit-sich-selbst« (Mayer 1997, 147), nur so – als soziale Kategorie – zu sozialer Existenz gelangen kann.

»Called by an injurious name, I come into being, and because I have a certain inevitable attachment to my existence, because a certain narcissism takes hold of any term that confers existence, I am led to embrace the terms that injure me because they constitute me socially.« (Butler 1997*c*, 104)[3]

Sowohl soziale Ordnungen als auch Identitäten bilden sich als Evidenzen in Zuschreibungs- oder Identifikationsprozessen durch Dichotomisierungen und damit durch einen für sie wesentlichen Bezug zu einer Andersheit. So ist beispielsweise die Kategorie Mann nur denkbar, wenn sie sich von etwas anderem abgrenzt, wie zum Beispiel von der Kategorie Frau. Die zweite Kategorie wird dabei lediglich zu einer als sekundär betrachteten Ergänzung für die Erste. Oder wie Zygmunt Bauman es ausdrückt:

»In für die Praxis und die Vision gesellschaftlicher Ordnung entscheidend wichtigen Dichotomien versteckt sich die differenzierende Macht in der Regel hinter einem der Glieder der Opposition. Das zweite Glied ist nur *das Andere* des ersten, die entgegengesetzte (degradierte, unterdrückte, exilierte) Seite des ersten und seine Schöpfung.« (Bauman 1995*b*, 28f)[4]

---

2   Vgl. Goffman (1977) Bateson (1972).
3   In Kapitel II.7.1, III. und IV. wird dies noch deutlicher. Hier sei nur soviel gesagt, dass das Subjekt sein Ego vom Anruf des Anderen erlangt; es ist das vom Anruf des Anderen zu sich erweckte Ich (vgl. Mayer 1997, 147) oder ein »Subjekt als Mangel«, das seinen Mangel qua »spiegelbildlicher« Identifikation und Imagination immer wieder aufzulösen versucht ist. Zur Bildung des Egos und des Selbstbewusstseins vgl. auch Lévinas (1992*a*, 228ff). Das von Butler angesprochene »attachement« könnte man auch als Begehren auslegen (vgl. Lévinas 1992*a*, 273f) und (vgl. Deleuze 1996). Durch die Ansprüche eines fremden Begehrens wird ein *responsives Begehren* geweckt (vgl. Waldenfels 1994, 342).
4   Zu den Ansätzen Zygmunt Baumans vgl. auch die Studie »Postmoderne Ethik und Sozialität« (Moebius 2001*c*). In der vorliegenden Studie wird dagegen explizit nicht auf Baumans Entwürfe einer Soziologie der *Postmoderne* eingegangen. Zur Kritik an Baumans Soziologie der Postmoder-

Der Andere wird dabei zum sekundären Thema konstituiert, zu einer exkludierten anderen Identität und verliert somit seine absolute Andersheit. Unter Exklusion soll dabei der Ausschluss, die Stigmatisierung, die Zweitrangigkeit von Gruppen sowie Individuen und/oder die Randposition gegenüber anerkannten kulturellen oder sozialen Formationen gemeint sein. Die Beispiele dieser ausgeschlossenen oder marginalisierten Anderen sind in der vorliegenden Untersuchung Frauen und von der Heterosexualität abweichende Andersheiten.

Im zweiten Fall (im *genetivus subjectivus*) deutet der Titel dieser Studie darauf hin, dass die Bedingung einer Möglichkeit und streng genommen die Bedingung der Unmöglichkeit einer Einheit von dem Anderen abhängt. Jegliche geordnete Einheit, sei es beispielsweise eine soziale Ordnung, ein sozialer Kontext oder eine Identität, kann nur durch den Bezug zum Anderen existieren; d.h., nichts ist rein *als solches* möglich, der Andere konstituiert die Einheit. Dadurch wird sie möglich; ihre Geschlossenheit und »Reinheit« ist aber zugleich aufgrund ihres konstitutiven Bezugs zur Andersheit im strengen Sinne unmöglich. Das impliziert keineswegs, dass überhaupt keine Einheit mehr existiert, sondern problematisiert vor allem den Status der Einheit. Diese ist nämlich nicht mehr als statische und geschlossene gedacht, sondern als soziale, politische und historische Praxis mit Bezug zu einer Andersheit bzw. einer Form des Außer-Ordentlichen, das an den Rändern der Ordnungen auftaucht. Das Erkenntnisinteresse dieser Arbeit ist die Erfassung derjenigen Prozesse, durch die Identitäten und Alteritäten sowie damit verbundene »soziale Tatsachen« und Probleme konstituiert werden. Ferner wird geklärt, in welchem Verhältnis die Konstituierungsprozesse im Feld des Politischen situiert sind. Welche Schlussfolgerungen lassen sich dann daraus für eine Konzeptonalisierung einer poststrukturalistischen Sozialwissenschaft ziehen?

Der doppelte Genetiv des Titels impliziert demnach zwei Argumente: Jede Identitätsbehauptung grenzt sich von einem nicht-identischen Anderen ab und erhält auf diese Weise eine konstituierte Bestimmung, unter der eine Identität und ihr Anderes gefasst und begriffen wird. Die Beziehung zum Anderen ist konstitutiv für eine Identität; der Andere erscheint, wird konstruiert oder konstituiert sich selbst in einem bestimmten, durch den Kontext geschaffenen Bild.[5] Die beiden Fälle der sozialen, politischen und historischen Konstituierungen des Anderen verbinden sich mit dem Denken von Emmanuel Lévinas und Jacques Derrida. Lévinas erörtert in seinen Werken die irreduzible Andersheit, die sich nicht auf das Wahrgenommene reduzieren lässt. Der absolut Andere kann nur mittels identifikatorischer »Gewalt«

---

ne vgl. auch Knapp (2001).
5   Zur Wechselwirkung dieser zwei Fälle vgl. Simmel (1992b, 385). Wie noch deutlich wird, ist die Wechselwirkung zwischen diesen beiden Fällen eine asymmetrische und diachrone; das heißt, der Andere muss schon vor seiner Identifizierung oder Konstituierung empfangen worden sein.

in ein einheitliches Wahrnehmungsverhältnis integriert und als *spezifische* und *bestimmte* Andersheit konstituiert werden. Die Andersheit des Anderen wird im Zuschreibungsprozess auf ein Thema im Gesagten[6] eingeschränkt und die Spuren der *unendlichen* Andersheit werden durch die Einverleibung ins Selbe verwischt. Im gleichen Zug ist die konstitutive Bedeutung des absolut Anderen für das Selbstverhältnis oder die Identität sowie jegliche Verantwortung, die nach Lévinas aus einer Beziehung zum irreduziblen Anderen erwächst, ausgelöscht. Das poststrukturalistische Denken von Jacques Derrida vermag mittels der Praxis der Dekonstruktion dieser Andersheit in Identitäts-Konzepten und binären Codes nachzuspüren, um sie auf das Andere hin zu öffnen. Infolgedessen wird die Beziehung zum Anderen ermöglicht, der nicht mehr auf eine Erscheinung reduziert werden kann, sondern sich dieser immer entzieht. Die Beziehung zum Anderen ist streng genommen eine Nicht-Beziehung und zwar in dem Sinne, dass der Andere sich immer dem Zugriff entzieht, eine »Beziehung ohne Beziehung« (Lévinas 1987d, 110), die nicht auf Fundamenten, begrifflichen Gemeinsamkeiten oder Reziprozität beruht.[7]

Die normative Position, die eine Dekonstruktion verfolgt, liegt darin, dass sie »den Anspruch erhebt, Folgen zu haben, die Dinge zu *ändern* und auf eine Weise einzugreifen, die wirksam und verantwortlich ist [...]. [E]inzugreifen nicht nur im beruflichen Bereich, sondern ebenfalls in dem, was man den bürgerlichen, städtischen Raum [*cité*], die *polis* und allgemeiner noch die Welt nennt.« (Derrida 1991, 18f)[8] »Die Dekonstruktion [...]«, schreibt Derrida, »ist nicht *neutral*. Sie *interveniert*.« (Derrida 1986c, 179f)

In der Problematik des Anderen als die Differenz und das Außen, das einerseits als ein *spezifisches Außen* objektiviert wird und andererseits als *konstitutives Außen* eine Objektivierung bzw. Sinnprozesse ermöglicht, überlagern sich die poststrukturalistischen Sozialtheorien, die in dieser Studie erörtert werden.[9] Mit

---

6   Zum Unterschied von Sagen und Gesagtem vgl. Lévinas (1992a) sowie Kapitel I. und IV.
7   Vgl. Kapitel I. Die Dekonstruktion hinterfragt die evidente Wahrnehmung, um eine Ordnung auf ihr Anderes zu öffnen. »›Anders‹ wahrnehmen ist Anderes wahrnehmen.« (Lévinas 1983, 156)
8   Im Anschluss an seine instruktive Auseinandersetzung mit Weber und Adorno bescheinigt Thorsten Bonacker der Dekonstruktion eine »normative Kraft der Kontingenz« im Sinne einer nichtessentialistischen Gesellschaftskritik (vgl. Bonacker 2000a). Das Aufzeigen von Kontingenz und Unentscheidbarkeiten als Unmöglichkeit vollständig bestimmbarer und abgeschlossener Normativitätsbegründung kann selbst als normative, theoretische Bemühung verstanden werden (vgl. Bonacker 2000a, 274). Hier sei hinzugefügt, dass der Terminus »Kontingenz« sich vom lateinischen *contingere* = *sich ereignen, zukommen* ableitet.
9   Zur Erläuterung des Begriffs »Poststrukturalismus« und dem zuweilen synonym verwendeten Begriff »Dekonstruktion« vergleiche Kapitel II. Der Terminus »Sozialtheorie« wird hier dem Begriff »Soziologie« vorgezogen, weil er vor allem auf die gesellschaftstheoretische Dimension dieser Theorien verweist. Zur Begriffswahl siehe auch Seidman (1994a) und Lemert (1994, 267), wobei Lemert wiederum die Verbindung von poststrukturalistischer Sozialtheorie und Soziologie betont (vgl. Lemert 1994, 267ff). Die begriffliche Abgrenzung von »Sozialtheorien« zu »Sozialwissen-

»konstitutiven Außen« ist gemeint, dass jeder Diskurs oder Kontext sich von einem unverfügbaren Außen abgrenzt, das jedoch notwendig für die Herstellung eines Diskurses ist. Damit die »innere Reinheit« des Diskurses nicht gestört wird, muss das Außen ausgeschlossen werden. Streng genommen befindet sich dieses Außen, das hier zuweilen synonym zu »dem Anderen« oder »Alterität« verwendet wird, schon im Diskurs (vgl. Bennington und Derrida 1994, 227ff); es ist demnach kein absolut jenseitiges Außen.[10]

Auf je spezifische Weise behandeln die poststrukturalistischen Sozialtheorien das Thema von Identität und Alterität. Sie greifen zwar alle auf die Praxis der Dekonstruktion zurück, aber weisen kaum eine oder gar keine Anbindung an ein Denken der Andersheit im Lévinas'schen Sinne auf. Aus diesem Grund soll in einer poststrukturalistischen Lesart der Lévinas'schen Ethik nachgespürt werden, welche Anschlussfähigkeit dieses Denken in seiner Verbindung zur Dekonstruktion Derridas für folgende poststrukturalistischen Sozialtheorien besitzt: Die Hegemonietheorie von Ernesto Laclau und Chantal Mouffe, die mit ihrem Buch »Hegemonie und radikale Demokratie« (Laclau und Mouffe 1991) einen bedeutenden Eckpfeiler für eine poststrukturalistische Gesellschaftstheorie liefern; die poststrukturalistische, feministische Theorie von Judith Butler und die *Queer Theory*[11] Die Studie veranschaulicht auf diese Weise, welche Bedeutung das Denken von Lévinas und Derrida nicht nur für poststrukturalistische Sozialtheorien im Besonderen, sondern auch für eine Konzeptionalisierung einer poststrukturalistischen Sozialwissenschaft im Allgemeinen hat. Anhand von Schlüsselbegriffen der Sozialwissenschaften soll dies im letzten Kapitel aufgezeigt und als eine Umschreibung in Richtung einer poststrukturalistischen Sozialwissenschaft aufgefasst werden. Eine poststrukturalistische Sozialwissenschaft erhebt weder einen allge-

---

schaften« (vgl. insbesondere das Schlusskapitel) ergibt sich deshalb, weil der Begriff »Sozialwissenschaften« hier in einem übergreifenden Sinne verstanden wird: Er bezeichnet eine Äquivalenzbeziehung (zur Logik der Äquivalenz vgl. Kapitel III.) der verschiedenen Sozialtheorien. In diesem Sinne sind die einzelnen Abschnitte dieser Studie als Elemente dieser Äquivalenzbeziehung zu verstehen, die eine vorläufige Schließung oder einen Knotenpunkt im Signifikanten »Sozialwissenschaften« erfahren.

10 Vgl. Gehring (1994) und Derrida (1998*b*, 371). Wie in Kapitel II.2.2. noch erläutert wird, ist die Beziehung zwischen Innen und Außen demnach vielleicht vergleichbar mit der Innen- und Außenfläche eines *Moebius-Bandes*; ebenso ist dieses Außen bzw. der Andere verdoppelt: Er taucht einerseits am Horizont der Erfahrung auf und andererseits ist er nicht zu vergegenwärtigende, schon vorübergegangene, unendliche Andersheit.

11 Dass diese Theorien nicht nur als philosophische Übungen, sondern auch als Sozial- bzw. sozialwissenschaftliche Theorien gedacht werden müssen, wird dabei im Folgenden deutlich. Urs Stäheli spricht bei Laclau/Mouffe und Butler auch von poststrukturalistischen Soziologien (vgl. Stäheli 2000*b*). Im Unterschied zu Stähelis instruktiver Einführung in die »Poststrukturalistischen Soziologien« wird in der vorliegenden Untersuchung danach gefragt, wie das Denken von Lévinas und Derrida in poststrukturalistische Sozialtheorien intervenieren kann.

meingültigen Anspruch noch eine Ersetzung herkömmlicher sozialwissenschaftlicher Reflexion. Sie kann nur in einigen Teilbereichen der Sozialwissenschaften intervenieren, erübrigt aber beispielsweise keine allgemeinsoziologischen oder ökonomischen Betrachtungen. Eine poststrukturalistische Sozialwissenschaft versteht sich darum nicht als eine Destruktion oder Verabschiedung moderner Sozialtheorien, sondern als immer wieder zu geschehende, dekonstruktive In(ter)vention. Ziel dieser In(ter)vention ist es, die Inkohärenzen und Brüche scheinbar feststehender sozialer Tatsachen oder erkenntnistheoretischer Prämissen aufzuzeigen.

Bei der Frage nach der Anschlussfähigkeit von Lévinas und Derrida geht es vor allem um die Nähe der poststrukturalistischen Sozialtheorien zum Denken Lévinas' und Derridas und zu einer »Ethik der Dekonstruktion«.[12] So erhellt das Denken Lévinas' und Derridas beispielsweise die für die Hegemonietheorie von Laclau und Mouffe relevanten Begriffe der Entscheidung und Identifikation, in dem es auf eine handlungstheoretische Dimension der *passiven Entscheidung des Anderen in mir* und auf die Rolle der De-Identifikation verweist. Die Lévinas'sche Kategorie des Gesagten – vereinfacht gesagt, die inhaltliche Dimension der Sprache – kann die Frage der Performativität und der Subjektkonstitution bei Butler auf eine ethische Perspektive hin lenken. Die *Queer Theory* folgt einer Ethik der Dekonstruktion und folgt ihr wiederum nicht, was eine Neutheoretisierung und Neupolitisierung ihres Identitätsbegriffs erfordert.[13] Die allgemeine Frage lautet: Wie kann die (chiasmatische) Beziehung zwischen Lévinas' und Derridas Denken dazu verhelfen, die Konzeptionen poststrukturalistischer Sozialtheorien sowohl in ihrem Bezug zu einer Alterität zu bestärken als auch, sie konsequent zu theoretisieren und – infolge dessen – zu neuen In(ter)ventionen in einigen Bereichen der Sozialwissenschaften führen?

Oftmals wird der Vorwurf erhoben, mit dem Poststrukturalismus gehe eine Unmöglichkeit politischen Handelns einher (vgl. Benhabib 1993). Diesem Einwand zu entgegnen, ist ein weiteres Ziel dieser Untersuchung. Darum soll die Frage nach dem politischen Ereignis geklärt werden: Wie können mit Lévinas und Derrida die Momente des politischen Handelns und damit auch die des politischen Ereignisses in den poststrukturalistischen Sozialtheorien verstärkt werden? Wie kann die Frage und Theoretisierung des politischen Ereignisses so konzipiert werden, dass das Politische offen gehalten oder eröffnet wird? Welche praktischen Formen nimmt ein politisches Handeln an, das als ein *Ereignis* betrachtet werden kann? Dabei geht es – mit den Worten Derridas ausgedrückt – darum, »nicht im voraus der Zu-kunft

---

12 Ethik in dem Sinne, wie ihn Lévinas versteht. Vgl. insbesondere Kapitel II. und Critchley (1999*b*).
13 Im Feld der kulturellen, ethnischen und nationalen Identitäten kann im Anschluss an Lévinas und Derrida von einer (neuen) Politik der Gastfreundschaft gesprochen werden. Dieser Punkt wird hier nicht ausführlich behandelt. Vgl. aber dazu u.a. Moebius (2001*b*) und Moebius (2002).

des *Ereignisses* einen Riegel vorzuschieben: der Zukunft des *Kommenden*, der Zukunft dessen, was vielleicht kommt und was vielleicht von einem ganz anderen Ufer aus kommt.« (Derrida 1992a, 51) Ein Ereignis ist demnach das, was kommt, eine Andersheit, die wie im Fall oder im Zufall kommt – unsichtbar, gespenstisch unvorhersehbar (vgl. Derrida 1994d, 4).[14] Mit »Ereignis« ist in dieser Studie im Wesentlichen das Hereinbrechen des Anderen in geordnete Sinnzusammenhänge oder Diskurse bezeichnet. Ereignisse zeichnen sich vor allem dadurch aus, dass sie sich von bekannten und diskursimmanenten Handlungsabläufen unterscheiden und so auf das Andere des Diskurses verweisen. Ein Ereignis hat die »Gestalt eines *Bruchs*« (Derrida 1997d, 422) oder eines »Risses« (vgl. Derrida 1997d, 424), wie Derrida schreibt. Ein Ereignis bezeichnet einen Riss in eine Ordnung. Jedes Kapitel wird an seinem Schluss die Möglichkeiten politischen Handelns und die Möglichkeiten von »Brüchen« besprechen, so dass im schließenden Kapitel wenigstens fünf Politikformen im Sinne handlungstheoretischer Perspektiven aufgezeigt werden können. Handlungen werden dabei im Sinne »ereignishaften Handelns« verstanden.

Die Frage nach dem politischen Ereignis stellt sich aus zwei Gründen: Zum einen weisen Derridas eigene Arbeiten – insbesondere der neunziger Jahre – ein zunehmendes Interesse am dekonstruktiven Begriff des Politischen auf.[15] Dabei wird *das Politische* nicht mit Politik kurzgeschlossen, sondern ist das Terrain von Unentscheidbarkeiten, auf dem Entscheidungen getroffen, antagonistisch aufgelöst und (re-)artikuliert werden. Unentscheidbarkeiten bezeichnen dabei vereinfacht gesagt die Unmöglichkeit, einen Kontext vollständig zu schließen und zu fixieren, weil er immer schon vom Anderen »heimgesucht« ist.[16] Eine Unentscheidbarkeit bezeichnet sowohl die Bedingung der Möglichkeit eines Kontextes als auch die Bedingung der Unmöglichkeit der »Reinheit« oder Geschlossenheit eines Kontextes aufgrund dessen konstitutivem Außen. Das Problem der Unentscheidbarkeit

---

14 Vgl. auch den Begriff der Hantologie in Derridas Marx-Lektüre Derrida (1996b).
15 Vgl. vor allem Derrida (1996b) und Derrida (2000h). Für eine detaillierte Besprechung Derridas Begriff des Politischen vgl. Beardsworth (1996).
16 Eine unentscheidbare Situation ist davon geprägt, dass die Trennung zwischen zwei Möglichkeiten nicht völlig bestimmt werden kann. Geoffrey Bennington verdeutlicht die Unentscheidbarkeit anhand des folgenden Beispiels: »For it might be the case (nothing is a more common – political – experience: in fact, this is just the experience of the political) that the figure I take for a legislator is in fact a charlatan. It clearly *matters* whether I am faced with a legislator or a charlatan, but I have no means of making a confident decision between them: any decision of that sort would need to refer to an existing criterion, and thus foreclose the possibility that all my existing criteria are being challenged by the other – which comes down to disallowing in advance the alterity of the other.« (Bennington 1994, 2). Vgl. auch Gasché (1997, 239ff), der die Unentscheidbarkeit als Infrastruktur eines Systems und dessen Anderem beschreibt. Vgl. auch Kapitel II. zu »Dekonstruktion und *différance*«.

verweist, wie Derrida schreibt, auf den Mathematiker Kurt Gödel (1906-1978): »Ein unentscheidbarer Satz ist, wie Gödel 1931 der Möglichkeit nach bewiesen hat, ein Satz, der bei einem gegebenen Axiomensystem, das eine Mannigfaltigkeit beherrscht, weder eine analytische oder deduktive Schlußfolgerung aus den Axiomen noch im Widerspruch mit ihnen, weder wahr noch falsch im Hinblick auf diese Axiome ist.« (Derrida 1995c, 245f) Wie Gödel darlegte, ist es nicht möglich, mit den Sätzen oder Elementen eines Axiomensystems dessen Vollständigkeit zu beschreiben; jedes formale System ist unvollständig und verweist auf einen Rest. Das Politische, verstanden als das Terrain der Unentscheidbarkeit, gibt es darum nicht innerhalb eines politischen Systems oder Kontextes, sondern es kann als Konstitutionsbedingung eines politischen Systems überhaupt gelten sowie dessen »Grenzpolitik« zu anderen Systemen markieren oder offensichtlich machen. Es ist nicht nur die Konstitutionsbedingung einer Politik, sondern das Politische bezeichnet zugleich die Unmöglichkeit, eine Politik nur in einem Bereich einzugrenzen. Denn die Grenzziehung dessen, was als kohärentes politisches System zu betrachten ist und was nicht, ist selbst wiederum eine politische Entscheidung, die von dem ausgegrenzten Bereich oder dem konstitutiven Außen abhängt. Als Grenzziehungspolitik kann beispielsweise auch die wissenschaftliche Abgrenzung zu anderen Disziplinen gelten. Inwiefern sind selbst die Sozialwissenschaften von einer Grenzpolitik »heimgesucht« oder konstituiert?[17] In welcher Beziehung stehen sie zu ihrem Anderen? Wie im Weiteren deutlich wird, erfährt das Politische aus dekonstruktiver Sicht eine allgemeinere Perspektive. Ebenso der Begriff Ethik: Fasst man – wie Lévinas – Ethik als die Beziehung zum Anderen, so impliziert dies, dass auch Ethik aus einem selbstreferentiellen Rahmen gelöst werden muss und keinesfalls auf eine »Selbstreflexion der Moral« reduziert werden kann (vgl. Luhmann 1990, 20).

Die Frage nach dem politischen Ereignis und der politischen Handlungsfähigkeit im Anschluss an die Dekonstruktion stellt sich zum anderen deswegen, weil sich die vorliegende Studie als gesellschaftskritische und -theoretische Arbeit versteht. Obgleich als wesentlich theoretische Studie konzipiert, versucht sie handlungstheoretischen Praxisbezügen nachzugehen. Es werden dabei hauptsächlich diejenigen Handlungsformen, die ein politisches *Ereignis* eröffnen könnten, besprochen. Dabei kann es vorkommen, dass zeitgenössische, erstarrte Machtverhältnisse, die sich zum Beispiel in Form der heterosexuellen Normativität oder »männlichen Herrschaft« (vgl. Bourdieu 1998) ausdrücken, in Frage gestellt werden, was allerdings bei der Erörterung des Ereignisses nicht verwundern mag: Denn es geht ja bei der Frage nach einem Ereignis nicht um ein programmatisches

---

17 Zur »Heimsuchung« als »Epiphanie« des Anderen vgl. Lévinas (1983, 221).

Abspulen oder um »ein alltägliches Spiel« (Krais und Dölling 1997) vorhandener, erstarrter Muster, sondern um das Hereinbrechen des Anderen. Eine gesellschaftstheoretisch angelegte Beziehung zur Politik weiß sich – sofern sie kritisch oder auch diskursanalytisch durchdacht ist – in einer sozialwissenschaftlichen Tradition verortet, wie sie beispielsweise in Deutschland durch die Namen Marx, Adorno und Horkheimer oder in Frankreich durch die Namen Foucault oder Bourdieu (um nur wenige zu nennen) anzutreffen ist.

Bei einer Studie, die sich zwar als sozialwissenschaftliche versteht, aber auf Werke von Lévinas und Derrida zurückgreift, könnte folgender Einwand erhoben werden: Lévinas und Derrida, die gemeinhin der Philosophie zugeordnet werden[18], tragen vielleicht etwas zur Klärung philosophischer Fragen bei, aber nicht zu sozialwissenschaftlichen. Um diesem Einwand zu begegnen, sei hier kurz auf die Trennung von Philosophie und Sozialwissenschaft eingegangen. Dabei kann in zweifacher Weise argumentiert werden: Zum einen ist diese Trennung in der sozialwissenschaftlichen Tradition selbst keine so rigorose gewesen, wie man vermuten mag. Georg Simmels Denken ist beispielsweise auch von dem lebensphilosophischen Denken Henri Bergsons, insbesondere von Bergsons Kritik des Determinismus, geprägt (vgl. Peter 1996, 13). Der Soziologe Alfred Schütz knüpft sowohl an Husserls Begriff der Lebenswelt (vgl. Schütz und Luckmann 1979; 1984) als auch explizit an Bergson an (vgl. Schütz 1981). Kann man Marx als Philosophen von sozialwissenschaftlichen Fragestellungen ausschließen? Allgemein lässt sich sagen, dass die Proklamierungen einer starren Trennung sowie einer allzu weitreichenden Verschmelzung immer schon ein wissenschaftliches Vorverständnis dessen beinhalten, der sie vorträgt (vgl. Pollak 1978, 1). So lassen sich interne Fachkonflikte, ob eine Verbindung zur Philosophie positiv oder negativ zu bewerten ist, wo die Grenzen zwischen beiden zu ziehen sind oder es Überschneidungen gibt, nie ganz von historischen, ökonomischen, wissenschaftlichen, politischen oder sogar ideologischen Aspekten trennen. Zum anderen ließe sich fragen, wo und wie die Trennungslinie gezogen und begründet wird und sich bisweilen in einen tiefen Graben verwandelt: »Man wird angesichts der sich ausbreitenden Feindschaft gegen die Philosophie den Verdacht nicht los, als wollten manche Soziologen krampfhaft die eigene Vergangenheit abschütteln; dafür pflegt diese sich

---

18 Diese Zuschreibung ist jedoch weder im Falle Derridas noch Lévinas' eindeutig. Derrida wird zum Beispiel nicht als Philosoph betrachtet, sondern oftmals als Literaturwissenschaftler oder als jüdischer Mystiker (vgl. Habermas 1996), gleichsam um sein Denken als legitimes philosophisches Unternehmen zu disqualifizieren (vgl. Ronell 1997, 59ff). Ebenso ist es bei Lévinas strittig, inwiefern er der Philosophie zuzurechnen ist. Einerseits kann auch Lévinas' Denken durch befremdliche »Äußerungen (um es höflich zu sagen)« (Ronell 1997, 59) als jüdische Mystik degradiert werden (vgl. Habermas 1996, 217f) und andererseits will es über die griechische $\varphi\iota\lambda o\sigma o\varphi\iota\alpha$ hinaus (vgl. Derrida 1997*i*).

zu rächen.« (Adorno 1993a, 11).[19] Kann Philosophie zum Verständnis sozialwissenschaftlicher Fragen beitragen und umgekehrt?[20] Gibt es Überschneidungen, die in eine Sozialphilosophie münden könnten? Sind sozialwissenschaftliche Analysen auf philosophische Vorverständnisse und Denkweisen angewiesen? Wie auch immer diese Fragen zu beantworten sind, die vorliegende Studie stimmt diesbezüglich mit folgender Überlegung Claude Lévi-Strauss' überein:

> »[S]ociologists cannot satisfy themselves with being craftsmen, exclusively trained in the study of a particular group, or of a particular type of social phenomena. They need, even for the most limited study, to be familiar with the principles, methods and results of other branches of the study of man: philosophy, psychology, history etc.« (Lévi-Strauss 1971, 536)

Die Problematisierung einer »Grenzpolitik« in den Sozialwissenschaften weist darauf hin, dass Sozialwissenschaften weder als eine ahistorische Bedeutungseinheit noch lediglich als ein internes, selbstreferentielles Produzieren von Wissen gedeutet werden können. Vielmehr haben sie auch eine Geschichte, die immer auch »eine Geschichte der Verwerfungen, Verdrängungen, Krisen und triumphalen Siege, aber auch eine der Wiederentdeckungen, Vorstöße und schöpferischen Erneuerungen ist.« (Peter 2001, 54) Ist man gewillt, die Wissens- und Wahrheitsproduktion der Sozialwissenschaften auch als Grenzpolitik zu verstehen, so verweist dies beispielsweise in der Soziologie auf die umfangreiche Frage nach der »Soziologie als diskursive Macht« (vgl. Peter 2001, 54).[21] Warum wurden bestimmte Theorien oder Methoden verdrängt, warum tauchten sie plötzlich wieder auf oder warum bleiben manche Theorien ein blinder Fleck innerhalb der Wissensproduktion? Durch welche Prozesse können bestimmte Theorien, wie die Rational-Choice-Theorie, an diskursiver Macht gewinnen und die empirischen Sozialforschungen heute so maßgeblich beeinflussen? Solche diskursgeschichtlichen Fragen verweisen auf eine umfangreiche diskursanalytische Untersuchung, die – um beim Beispiel der Soziologie zu bleiben – leider noch aussteht.

Weil es im Folgenden aber nicht um eine Einebnung bestimmter Gegensätze von Philosophie und Sozialwissenschaften gehen soll, erübrigt die Problematisie-

---

19 Zum Verhältnis von Philosophie und Soziologie vgl. auch die Einleitung zum sogenannten »Positivismusstreit« Adorno (1993a).
20 Georges Gurvitch beispielsweise beschreibt das Verhältnis zwischen Philosophie und Soziologie als eine »dialektische Komplementarität« (Gurvitch 1965, 286ff).
21 Obgleich es in Deutschland nach Kriegsende kaum Soziologinnen und Soziologen gab, deren Reputation sich der empirischen Sozialforschung verdankte, avancierte »das amerikanische, von Ward, Lundberg, Parsons oder Skinner vorgedachte Paradigma in Deutschland nach 1945 zum mainstream [...]. Ohne diskursgeschichtliche Analyse insbesondere des wirkungsmächtigen Arrangements von empirischem Szientismus, Postulat der Ideologiefreiheit und der Gleichsetzung von Sozialwissenschaft und Demokratisierung, kann nicht verstanden werden, warum die soziologische Fachgemeinschaft in Deutschland trotz ihrer dezidiert gegenteiligen Tradition das amerikanische Modell weitgehend adaptierte.« (Peter 2001, 55).

rung einer möglicherweise starren Opposition nicht die Frage nach der Methode, die in der Vermittlung beider Pole besteht. Die Methode verortet sich in der vorliegenden Studie darin, wie zwischen den Werken Lévinas' und Derridas und den poststrukturalistischen Sozialtheorien vermittelt wird und wie sie verknüpft oder »supplementiert«, d.h. ersetzt und ergänzt werden.[22] Dem hier verfolgten Verfahren der Vermittlung liegt die Einsicht zugrunde, dass sich nichts unmittelbar, aus sich selbst heraus ergibt, sondern sich aus Verbindungen, Ersetzungen und Ergänzungen (Supplemente) ableitet. Darin folgt sie Jacques Derrida, der in seiner dekonstruktiven Lektüre Rousseaus schreibt: »Durch diese Abfolge von Supplementen hindurch wird die Notwendigkeit einer unendlichen Verknüpfung sichtbar, die unaufhaltsam die supplementären Vermittlungen vervielfältigt, die gerade den Sinn dessen stiften, was sie verschieben: die Vorspiegelung der Sache selbst, der unmittelbaren Präsenz, der ursprünglichen Wahrnehmung. Die Unmittelbarkeit ist abgeleitet. Alles beginnt durch das Vermittelnde, also durch das, was ›der Vernunft unbegreiflich‹ ist.« (Derrida 1998b, 272) Das vermittelnde Element in dieser Studie ist die Praxis der Dekonstruktion.[23] Dabei geht es weniger um Derrida-ähnliche, dekonstruktive Lektüren der zu behandelnden poststrukturalistischen Sozialtheorien. Vielmehr wird in einer poststrukturalistischen Lesart von Lévinas eine Beziehung seiner Ethik zur Derrida'schen Dekonstruktion aufgezeigt. Aufgrund der Beziehung der Lévinas'schen Ethik zur Dekonstruktion kann von einer »Ethik der Dekonstruktion« gesprochen werden.[24] Die Praxis der Dekonstruktion, der in Kapitel II.2. eine detaillierte Erklärung zukommt, ist wiederum ein grundlegendes Element der poststrukturalistischen Sozialtheorien, was schon daraus ersichtlich wird, dass sie auf verschiedenen Aspekten der Dekonstruktion aufbauen. In der Mitte beider, zwischen Philosophie und Sozialwissenschaften, liegt also die Dekonstruktion. Die Verbindung von Lévinas und Derrida, die Ethik der Dekonstruktion, wird in allen Abschnitten die Instanz der Befragung einnehmen, von wo aus die Konzepte der poststrukturalistischen Sozialtheorien und die Frage nach dem

---

22 Dabei wird einerseits das Ergänzende (Supplement) als konstitutiv für das Ergänzte betrachtet und andererseits fungiert es als Ersetzung oder Stellvertretung. Zum Begriff des *Supplements* vgl. Derrida (1998b, 250ff) und Kapitel II.2.
23 Im Folgenden wird bewusst von »Praxis« und nicht von »Methode« geschrieben, da die Dekonstruktion auf vielfältige Weise betrieben werden kann. Dies bedeutet erstens, dass man streng genommen von Dekonstruktionen sprechen müsste. Zweitens würde der Begriff Methode eine regelgerichtete, nach Anleitung anwendbare Praxis implizieren, gegen deren präsenthaften Charakter sich Derrida wehrt. »Deconstruction as such is reducible to neither a method nor an analysis (the reduction to simple things); it goes beyond critical decision itself. That is why it is not negative, even though it has often been interpreted as such despite all sorts of warnings. For me, it always accompanies an affirmative exigency, I would even say that it never proceeds without love.« (Derrida 1995a, 83)
24 Vgl. v.a. Critchley (1999b) und Wimmer (1988). Vgl. auch Kapitel II.

politischen Ereignis betrachtet werden. Dabei wird gegebenenfalls eine Ergänzung, Ersetzung oder »exorbitante Öffnung« (vgl. Derrida 1998*b*, 272ff) grundlegender Schlüsselbegriffe der angeführten Sozialtheorien vollzogen. Im Folgenden wird demnach versucht, die poststrukturalistischen Sozialtheorien auf die Beziehung zum Anderen zu öffnen und sie gegebenenfalls so zu dekonstruieren oder zu »supplementieren«, dass sie die Beziehung zum Anderen eröffnen oder zu theoretisieren vermögen, ohne ihren impliziten oder expliziten politischen Impetus zu verlieren.

Die Methode der Vermittlung speist sich aus der Ansicht, dass »keine sozialwissenschaftliche Theorie und Methode [...] heute ein Monopol wissenschaftlicher Gültigkeit in Anspruch nehmen [kann].« (Peter 1995, 201) Die Methode der Vermittlung, wechselseitiger Vermitteltheit und Verschränkung kann aus diesem Grund als ein Eklektizismus begriffen werden, der zwar die Eindeutigkeit hinterfragt, aber alles andere als relativistisch ist. Vielmehr ist dieser Eklektizismus ein dekonstruktiver und kritischer, wobei zu beachten ist, dass es ein historischer Vermittlungszusammenhang ist: Es gibt kein universelles Gesetz, dass diese Vermittlungen und Äquivalenzketten vollständig regelt, es kommt bei diesen Prozessen auch immer darauf an, was das Erkenntnisinteresse, der Gegenstand, die Problemdefinition und der sozio-historische Kontext ist.

Die allgemeinen Ausgangsfragen der vorliegenden Studie sind Folgende: Wie kann die Beziehung zwischen Lévinas' und Derridas Denken die Konzeptionen poststrukturalistischer Sozialtheorien sowohl in ihrem Bezug zu einer Alterität verstärken, neu theoretisieren und neue In(ter)ventionen in diese Theorien einführen? Welche theoretisch-praktischen Wirkungen ergeben sich aus diesen Verbindungen zwischen Lévinas, Derrida und poststrukturalistischen Sozialtheorien für einige Schlüsselbegriffe oder Grundannahmen (wie zum Beispiel hinsichtlich von Vergesellschaftung, Sinnsystemen, Subjektivität, Identitäten oder Handeln) in den Sozialwissenschaften? Wie kann mit Lévinas und Derrida der Moment des politischen Ereignisses in den poststrukturalistischen Sozialtheorien im Besonderen und in einer poststrukturalistischen Sozialwissenschaft im Allgemeinen verstärkt werden und neue Formen von Politik zeitigen? Wie könnten Grundrisse einer poststrukturalistischen Sozialwissenschaft nach Lévinas und Derrida aussehen?

Die Komposition der Kapitel ist folgendermaßen angelegt: Die einzelnen Unterkapitel schließen sich in der Frage der Politik. Jedes abschließende Unterkapitel widmet sich demnach dem politischen Ereignis. Ausgenommen der ersten beiden findet sich in der Mitte eines jeden Kapitels die Verbindung der Sozialtheorien zu Lévinas und Derrida.[25] In der Gesamtkomposition sieht es ähnlich aus: Die Ober-

---

25 In den ersten beiden Kapiteln ist dafür die Verwobenheit zu Husserl und Heidegger sowie zu de

kapitel haben ihre Verbindung vor allem in dem zweiten und dritten Kapitel und fügen sich im Allgemeinen Schlusskapitel zu einem vorläufigen Finale zusammen, das sie in eine Äquivalenzbeziehung führt. Wie im Weiteren noch deutlich wird, ist eine Äquivalenzbeziehung immer schon an ein Außen gebunden, so dass das letzte Kapitel nicht ein endgültiges Ende darstellt, sondern auf eine Öffnung verweist.

Zu Beginn der Untersuchung steht die Ethik von Emmanuel Lévinas. Nach einer allgemeineren Einführung seines Werks und seiner Beziehung und Abgrenzung von Husserl und Heidegger, werden seine Grundannahmen zur absoluten Andersheit, zur Beziehung zum Anderen und zur Verantwortung dargestellt. Wie schon angekündigt, wird am Ende des ersten Kapitels die Frage nach der Politik sowie der Gerechtigkeit im Lévinas'schen Denken gestellt werden. Wie sich Lévinas' Denken mit der Derrida'schen Dekonstruktion in Beziehung setzt, ist Gegenstand des zweiten Kapitels. Nach einer ersten Klärung dieser sich wechselseitig beeinflussenden, »chiasmatischen« Beziehung (vgl. Kapitel II.1.), wird die Praxis der Dekonstruktion erörtert. Weil die Praxis der Dekonstruktion die ganze Arbeit durchziehen wird, ist dies ein grundlegendes Kapitel zum Verständnis dieser Studie. Die Beziehung zwischen Lévinas und Derrida soll im weiteren Verlauf anhand ausgewählter Texte vertieft werden (II.3. – II.6.). In der Mitte des zweiten Kapitels kulminiert diese Betrachtungsweise in der Frage nach einer Ethik der Dekonstruktion und einer »post-dekonstruktiven Subjektivität« (II.7.). Davon ausgehend können die Politiken der Dekonstruktion erörtert werden, die ihre Verbindung zu Lévinas gerade durch eine unbedingte Bejahung des Anderen erfahren (II.8.). Hierbei wird dann die handlungstheoretisch bedeutende und im Verlauf der Studie – zum Beispiel anhand von Judith Butlers Theorie – dargelegte Konzeption einer *passiven Entscheidung des Anderen mir* von Derrida erstmals besprochen. Dass die Dekonstruktion zwar die Bedingungen der Möglichkeit und Unmöglichkeit von Politik zu konkretisieren vermag, wird dabei offensichtlich, aber in gewisser Hinsicht mangelt es ihr an einer konsequenten Theoretisierung handlungs-, sozialtheoretischer sowie politischer Artikulationspraktiken. Diese findet sich jedoch bei der Gesellschafts- und Hegemonietheorie von Ernesto Laclau und Chantal Mouffe, die im dritten Kapitel behandelt wird.

Die Hegemonietheorie von Laclau und Mouffe ist der komplexe Versuch, das Politische und das Soziale aus dekonstruktiver Perspektive neu zu erfassen. Mit dem dekonstruktiven Begriff der »Unentscheidbarkeit« innerhalb der unterschiedlichsten Diskurse konzipieren sie einen Begriff des Politischen, der als das Terrain und die Konstitutionsbedingung von Politik bzw. Entscheidung betrachtet wird. Wie kann die Entscheidung theoretisch erfasst werden? Es zeigt sich, dass Ernesto

---

Saussure oder Lévinas (Ethik der Dekonstruktion) zu finden.

Laclau auf der einen Seite und Derrida (mit Bezug zu Lévinas) auf der anderen Seite eine unterschiedliche Perspektive auf die Entscheidung entwickeln. Da eine Entscheidung, die durch die Unentscheidbarkeit geht, nach Laclau und Derrida nicht mehr endgültig begründet oder gegründet sein kann, stellt sich die Frage, woher sie denn dann kommt und wie sie begrifflich gefasst wird. Ist sie eine selbstbegründete Entscheidung oder ist eine Selbstbegründung auf eine »Andersheit im Selben« angewiesen? So geht die vorliegende Studie davon aus, dass sich »das Selbe« nur in Beziehung zu einer Andersheit konstituieren kann, so dass dieser Andersheit auch im Moment der Selbstbegründung und im Moment der Entscheidung Rechnung getragen werden muss.

Das Projekt der radikalen Demokratie, das Laclau und Mouffe im Zuge ihrer Hegemonietheorie entwerfen, kann ferner als theoretisches Instrumentarium von sozialen Bewegungen und deren Theoriekonzepten betrachtet werden. Laclau und Mouffe sehen in den sozialen Bewegungen, beispielsweise des Feminismus, neue Wege zu einer radikalen Demokratie, die den Konflikt und den Raum des Dissens' im Gegensatz zu konflikt-harmonisierenden Gesellschaftsmodellen betont. Im Bezug zu den sozialen Bewegungen ist denn auch das Bindeglied zur Analyse des Feminismus, der *queers* und der kulturellen Identitäten zu sehen.[26]

In »Den Anrufungsstrukturen widerstehen« wird die dekonstruktive und diskursanalytische feministische Theorie von Judith Butler im Mittelpunkt der Untersuchung stehen. Butler bietet mit ihrer Dekonstruktion der Ordnung von sex, gender und sexuellem Begehren eine anspruchsvolle Aufnahme dekonstruktiver Theorieelemente, um sie sowohl auf die Frage nach geschlechtlichen Identitäten als auch auf die Frage der Politik anzuwenden. Nach der Erläuterung ihrer theoretischen Grundannahmen, einer kurzen kritischen Betrachtung bezüglich der Rolle von Materialisierungen von Körpern und des Geschlechterbegriffs bei Lévinas und Derrida, soll Butler mit Lévinas verbunden werden. Dies geschieht mit der Kopplung der Lévinas'schen »Interpellation« vom Anderen und der »performativen Anrufung« des Subjekts bei Butler; eine Interpellation, die sich neben ihrer allgemeinen Struktur, wie sie im Kapitel zur postdekonstruktiven Subjektivität besprochen wird, immer schon in einem sozialen und historischen Kontext sowie im Gesagten vollzieht. Es wird sich dabei die Frage nach einer Ethik des Antwortens stellen, die jedoch durch eine Suspendierung bzw. Öffnung der Inhalte[27] die Zu-Künftigkeit und Ereignishaftigkeit nicht bannen will. Diese von der *passiven Entscheidung des*

---

26 Diese Kapitel sind in einer Tiefendimension nach den Graden von Andersheit angeordnet.
27 Wenn in dieser Studie zuweilen Inhalte wie die Neue Internationale, die radikale Demokratie oder bestimmte Reartikulationen auftauchen, so verstehen sich diese nicht als allgemein- oder endgültige, sondern als hegemoniell durchsetzbare Inhalte, die – wie sich zeigen wird – durch eine Offenheit auf das Andere hin geprägt sind.

Anderen in mir herkommende, in diesem Kapitel handlungstheoretisch vertiefte und in ein Konzept einer »Ethik der Performativität« mündende Komponente behandelt ebenso die formalen Strukturen wie die Möglichkeitsbedingungen sozialer und politischer Ereignisse in historisch-sozialen Kontexten bzw. Anrufungsstrukturen. Die »Ethik der Performativität« verweist wiederum auf die Entscheidung, auf die Selbst- und Alteritätskonstitutierung sowie auf die Krise, die eine Entscheidung in einem geordneten Feld politischer und sozio-kultureller Strukturen herbeizuführen vermag. Gegen Ende des Kapitels wird deutlich, wie die »Ethik der Performativtät« mit Pierre Bourdieus Theoriekonzeption verschränkt werden und Bourdieus zu strukturalistisch konzipiertes Handlungskonzept um den Punkt des ereignishaften und veränderbaren Handelns erweitern kann.

Eine zentrale These Butlers betont die Verwobenheit von Geschlechts- und Sexualitätsvorstellungen. Daran knüpft die *Queer Theory* an und wird so aus zweierlei Gründen für diese Untersuchung interessant: Zum einen stellt sie mit poststrukturalistischen Mitteln den theoretischen Hintergrund für die soziale Bewegung der *queers* dar, und zum anderen stellt sich auch bei ihr die Frage, wie sie eine Politik entwickeln kann, die ihren theoretischen Anforderungen gerecht wird. Denn wie sich bei der Analyse der *Queer Theory* erkennen lässt, bedarf es sowohl einer »Politik der Ambivalenz«, die auf die real gelebten Existenzweisen aufbaut, als auch eine Neutheoretisierung des politischen und sozialen Akteurs.

Aus einer ethisch-dekonstruktiven Perspektive kann der *Queer Theory* eine ethische Komponente zugesprochen werden. Diese kann jedoch nur dann aufrecht erhalten werden, wenn *queer* und die Subjekthaftigkeit von *queer* nicht verabsolutiert wird, sondern offen für prozesshafte Umgestaltung bleibt. Denn mit der Bildung eines *queer*-Subjekts besteht die Gefahr, wiederum eine kohärente Identität zu konstituieren, die ja gerade durch die identitätskritische Perspektive von *queer* vermieden werden sollte. Wie ist dem zu entkommen? Ist das überhaupt möglich? Falls nicht, wie kann dieses Problem neu gedacht und umgeschrieben werden? Dies wirft die Frage nach den »Grenzpolitiken« von sozialen und politischen Identitäten überhaupt auf. Aus diskursanalytischer Sicht sollen verschiedene Grenzpolitiken am Beispiel von sexuellen Identitäten betrachtet und anhand einer Logik der Verwerfung erörtert werden, um zu einem Verständnis von Identitäten »im Sinne der *différance*« zu gelangen.

In der Schließung dieser Studie werden die Elemente der verschiedenen Kapitel so angeordnet, dass sich die Spektren und Eckpfeiler ethisch-dekonstruktiver, poststrukturalistischer Sozialwissenschaften aufzeigen lassen. Es wird ein Resümee gezogen und sozialwissenschaftliche Schlüsselbegriffe mit einer ethisch-dekonstruktiven Perspektive konfrontiert. In dieser Zusammenfassung eröffnen sich neue Horizonte einer poststrukturalistischen Sichtweise auf folgende sozialwissenschaftliche Grundbegriffe: Gesellschaft und Individuum, Aufbau und Scheitern von Sinnprozessen, Konstituierung von Subjekten, Identitäten und sozialer sowie politischer Akteure, Handlungsfähigkeiten der Akteure, Formen politischer und sozialer Auseinandersetzung und die Frage des politischen Ereignisses. Eine so entwickelte poststrukturalistische Sozialwissenschaft versteht sich allerdings nicht als eine Destruktion anderer sozialwissenschaftlicher Zugangsweisen, sondern als eine dekonstruktive Perspektive *in den* und *am Rand der* Sozialwissenschaften. Das bedeutet, dass eine poststrukturalistisch informierte Sozialwissenschaft die verschiedenen Methoden sozialwissenschaftlicher Reflexion nicht hinter sich zurück lässt, sondern sich darin einnistet und von dort aus Umschreibungen vornimmt. Andere sozialwissenschaftliche Reflexionen werden dadurch nicht »bedeutungsloser«, sondern verknüpfen sich mit poststrukturalistischen Sozialwissenschaften. So behalten beispielsweise die Bourdieu'schen Analysen der verschiedenen Kapitalformen (vgl. Bourdieu 1983) ihren instruktiven Charakter und ihre sozialwissenschaftliche Relevanz, werden aber hinsichtlich kreativer Handlungsmöglichkeiten erweitert (vgl. Kapitel IV.). Poststrukturalistische Sozialwissenschaften verorten sich mit ihren Analysen von Grenzen und nicht assimilierbaren, »gespenstischen« Andersheiten in den Zwischenräumen sozialwissenschaftlicher Theoretisierung, von wo sie gleichzeitig In(ter)ventionen herbeiführen und Grenz-Orte aufspüren. Infolge der Konturierung dieser poststrukturalistischen Sozialwissenschaften wird verständlich, warum das Finale dieser Arbeit nur ein vorläufiges sein kann: Poststrukturalistische Sozialwissenschaften hantieren immer an den heterogenen, externen und internen Grenz-Orten, die in ihrer nicht zu schließenden und endlichen Form immer auf ein Zu-Kommen sozialwissenschaftlicher Reflexion verweisen. Sie verstehen sich insofern nicht als selbstreferentielles, geschlossenes Operieren, sondern deuten auf verschiedene Artikulationsweisen und -kämpfe um Grenzbestimmungen in den Sozialwissenschaften hin. Poststrukturalistische Sozialwissenschaften können deshalb auch im Sinne einer Grenz-Politik gedeutet werden, die in ihrer Suche nach In(ter)ventionen die Sozialwissenschaften in einigen Bereichen *vielleicht* auf eine nicht-vorhersehbare Zukunft zu öffnen vermögen.

I. Die Ethik von Emmanuel Lévinas

1. Einführung

> »Und die Analysen selbst verweisen nicht etwa auf *Erfahrung*, in der ein Subjekt stets nur das thematisiert, dem es gleicht, sondern auf die *Transzendenz*, in der es antwortet, was über das Maß seiner Intentionen hinausgeht.« (Lévinas 1988c, 114)

Das Werk eines Philosophen oder einer Philosophin ist ein intellektuelles Projekt, das aus Erfahrungen und einem existentiellen *frame* erwächst. Ein Denken, das sich nicht als scheinbare Bewegung eines Grundes denkt, wird immer in Erfahrungen und einem bestimmten traditionellen, kulturellen und ideengeschichtlichen Kontext positioniert gewesen sein, um nicht daran haften zu bleiben, sondern um diesen Kontext, der auch ein existentieller und erfahrbarer ist, an seinen Rändern auf das Andere hin zu überschreiten und neue Fragen, die sich daraus ergeben, zu eröffnen. Dem Werk von Emmanuel Lévinas ist es als *Werk* wesentlich inhärent, als Ausstehendes im Kommen zu existieren und darauf zu verzichten, die Ankunft an irgendeinem Ziel oder Ende zu erleben; das heißt aber auch im strengen Sinne, von der Notwendigkeit auszugehen, »zu handeln, ohne das gelobte Land zu betreten.« (Lévinas 1983, 216)

Die Philosophie und das Werk von Lévinas können nicht völlig getrennt von ihrem ideengeschichtlichen Kontext, den existentiellen Erfahrungen und dabei insbesondere deren des Nationalsozialismus betrachtet werden (vgl. Lévinas 1988c, 108); Erinnerungen, »die man sicher nicht vergessen kann, die jedoch weder im Gedächtnis beherbergt noch in Erinnerungen eingefügt werden können.« (Lévinas

1994, 131f) Trotz existentieller Einbettung seines Werks kann keine reine, aus sich selbst schöpfende Kontinuität zwischen Erfahrung und Wissenschaft postuliert werden. Vielmehr sind die entstandenen Erfahrungen, die sich nicht mehr in (ontologischen) Begrifflichkeiten erschöpfen, – hyperbolisch ausgedrückt – traumatischer Natur und bieten *eine*, wenn nicht sogar die erste Grundlage für philosophische Überlegungen.[1] Ohne ein Denken auf Erfahrungshintergründe zu reduzieren, oder – umgekehrt – Erfahrung und Denken kurzzuschliessen, soll kurz auf Lévinas' Biographie eingegangen werden.[2] Ist Lévinas gerade in den letzten Jahren in zunehmenden Maße in den Geisteswissenschaften thematisiert worden, legitimiert sich ein kurzer biographischer Abriss dadurch, dass er in den Sozialwissenschaften – trotz der Rezeption zum Beispiel durch Zygmunt Bauman – noch relativ unbekannt ist. Im Anschluss daran wird Lévinas diskontinuierlicher Denkweg kurz besprochen, wobei im Wesentlichen dazu beigetragen werden soll, die Hauptthemen seines Denkens anzuführen und zu erörtern. Diese Vorarbeit liefert dann den Boden für eine Vertiefung nicht aller, aber doch grundsätzlicher Motive im Werk Lévinas'.

Im Jahre 1906 wird Emmanuel Lévinas in Kaunas, Litauen, geboren.[3] Schon in seiner Kindheit liest er – vermittelt durch seine Eltern – die hebräische Bibel, für ihn »das Buch schlechthin« (Lévinas 1986*b*, 14) und lernt durch das Lesen der Bibel mit sechs Jahren Hebräisch. Bis zu seinem Tod im Jahre 1995 wird er neben seinen philosophischen Werken auch zahlreiche Talmudlektüren publizieren. Lévinas bewegt sich in einer Tradition des rabbinischen Judentums, die versucht, sich gegen Schwärmerei und Mystizismus durchzusetzen (vgl. Brumlik 1990, 139): In der Mitte des 19. Jahrhunderts entstand in Litauen die »Mussasbewegung« bzw. die »Moralbewegung«, gegründet von Rabbi Israel Salanter (1810–1883). Die Mussasbewegung, die sich als rationalistische Gegenbewegung (Mitnaggismus) zum Chassidismus verstand, verfolgte das Ziel, jene Erlösungsgedan-

---

1 »Die grundlegende Erfahrung, die selbst für die objektive Erfahrung vorausgesetzt wird, ist die Erfahrung des Anderen: Erfahrung par excellence.« (Lévinas 1988*c*, 111) Insofern ist die Beziehung zum Anderen erste Philosophie. Zum Trauma der Erfahrung und Ausgesetztheit an den Anderen vgl. Lévinas (1992*a*, 245ff) und Weber (1990). Der Status der Erfahrung bei Lévinas kann jedoch problematisiert werden. Vgl. Kapitel II.1.

2 Vgl. Taureck (1991) und Stegmaier (2002). Für eine ausführliche Lévinas-Biographie vgl. Lescourret (1994). Die Gefahr einer kurzen biographischen Ausführung, die sich nicht in einer ausführlichen chronologischen Dokumentation erschöpft, besteht allerdings – wie Hans-Dieter Gondek bemerkt – darin, auf »parat liegende Konstruktionen zu verfallen.« (Gondek 1998, 11) Die folgenden Ausführungen versuchen jedoch diese Gefahr so weit wie möglich zu bannen, gerade weil sie nicht von einer Kontinuität, Auslöschung des Kontingenten oder einer völligen »Spiegelung von Leben und Werk« ausgehen (vgl. Gondek 1998, 20).

3 »Nach dem Julianischen Kalender bin ich am 30. Dezember 1905 geboren, und nach dem Gregorianischen am 12. Januar 1906.« (Lévinas 1989*d*, 145)

ken, die die Mystik proklamierte, durch rigorose Befolgung der Thora im alltäglichen Leben umzusetzen: Nicht im Bestreben nach einer unsterblichen Seele liegt die Erfüllung der Gedanken der Propheten, die die Solidarität mit den Fremden, den Witwen und Waisen umfassen, sondern im gegenwärtigen Streben nach Gerechtigkeit. Menschen werden als freie und verantwortliche soziale Akteure begriffen, die das »Böse« nicht als enigmatische Offenbarung Gottes, sondern im Angriff der Menschen aufeinander sehen (vgl. Brumlik 1990, 139). Als Konsequenz ergibt sich daraus, dass die Handlungsfähigkeit der individuellen und kollektiven Akteure im Hier und Jetzt ansetzen und beginnen muss und nicht in einer weiten Zukunft. Anders gesagt heißt das, dass sich eine zu-kommende Zukunft schon im Hier und Jetzt tagtäglich ereignen sollte. Insofern lehnt auch Lévinas ein utopisches Denken ab, das die Herrschaft Gottes herbei zwingen will. Gegen jegliche Rede einer Erlösung in einer jenseitigen Welt, gilt es die Bedingungen, die Leiden und Tote verursachen und die sich im gegenwärtigen Gesichtsfeld *präsent*ieren, zum Zentrum politischen und sozialen Handelns zu machen. Insofern ist nicht auf einen Messias zu warten, der kommen wird, »wenn Finsternis diese Leute gänzlich bedeckt hat« (Lévinas 1992*b*, 99), als vielmehr den Messias im anderen Menschen zu erblicken (vgl. Lévinas 1992*b*, 93).

Neben der hebräischen Bibel bilden die russischen Klassiker wie Puschkin, Lermontow, Gogol, Turgenjew, Dostojewsky und Tolstoi, aber auch William Shakespeare die Schwerpunkte seiner Lektüren, später auch Goethe. Als er zwischenzeitlich in der Ukraine lebt, wird er Zeuge der russischen Revolution. 1923 beginnt Lévinas sein Philosophiestudium in Straßburg. Dort begegnet er u.a. dem Literat und späteren Freund Maurice Blanchot[4] und seinen Lehrern Charles Blondel, Maurice Halbwachs, Maurice Pradines und Henri Cateron. Er lernt in Frankreich ferner Jean Wahl, Léon Brunschvicg und Gabriel Marcel kennen. Einen anderen Einfluss erfuhr Lévinas' Denken auch durch den Soziologen Émile Durkheim und den Philosophen Henri Bergson.[5] »Sie waren es, die man zitierte, sie waren es, denen man sich entgegen stellte. Sie waren unbestritten die Lehrer unserer Meister gewesen.« (Lévinas 1986*b*, 18)

Zu seinen wichtigsten intellektuellen Einflüsse zählen neben seinen Studien in Geschichte, Soziologie, Theologie und Philosophie die Begegnungen mit Edmund Husserl und Martin Heidegger während seines Studiums in Freiburg im Breisgau.[6]

---

4   Zur Verbindung zu Blanchot siehe Taureck (1991), Blanchot (1986), Davis (1991) in Bernasconi und Critchley (1991) und Lévinas (1988*c*).
5   Vgl. dazu Lévinas (1986*a*, 13) sowie das Interview mit der Zeitschrift *Autrement* in Lévinas (1995, 266). Vgl. auch Lévinas (1996*a*, 64ff).
6   »Phenomenology represented the second, but undoubtedly most important, philosophical influence on my thinking. Indeed, from the point of view of philosophical method and discipline, I remain to this day a phenomenologist.« (Lévinas 1986*a*, 14) Im folgenden Kapitel wird dies näher erläutert.

Dies drückt sich zunächst in seiner Dissertation aus, die Lévinas 1930 zur »Théorie de l'intuition dans la phénoménologie de Husserl« schreibt. Im gleichen Jahr erwirbt er die französische Staatsbürgerschaft. 1939 wird Lévinas zum Militärdienst eingezogen. Von 1940 bis 1945 befindet sich Emmanuel Lévinas in deutscher Kriegsgefangenschaft. Dazu bemerkt der Lévinas-Interpret Stephan Strasser:

»Die militärische Niederlage Frankreichs und die eigene Kriegsgefangenschaft dürften ihn weniger schmerzlich getroffen haben als die Tatsache, dass das Regime des Marschalls Pétain und seine Anhänger mit der totalitären ›neuen Ordnung‹ sympathisierten. So lernt der junge Levinas die Gewalt und die Verführungskünste des Totalitarismus in verschiedenen Formen kennen: als den allmächtigen zaristischen Beamtenapparat, als faschistische und nationalsozialistische Staatsgewalt, als totale Mobilisation, totalen Krieg und totalen Ausrottungsfeldzug.« (Strasser 1987, 218f)

Lévinas' Familie wird in Litauen durch die Nationalsozialisten ermordet. Daraufhin will er niemals wieder nach Deutschland reisen. Vor allem diese existentielle Erfahrungen sowie die Frage, was sowohl Gott als auch die »westliche« Philosophie nach Auschwitz noch bedeuten können, begleiten Lévinas in seinen Werken (vgl. Lévinas 1988d, 162).[7] Ab 1946 leitete Lévinas die École Normale Israélite Orientale und hielt seit 1957 bei den von ihm mitgegründeten *Colloquien der Jüdischen Intellektuellen französischer Sprache* regelmäßig Talmud-Lektüren ab (vgl. Lévinas 1988c, 107ff). Nach einer Professur an der Universität Poitiers, dann an der Universität Paris-Nanterre, erhielt er 1973 eine Professur an der Sorbonne, 1976 emeritierte er. Am 25. Dezember 1995 starb Lévinas in Paris und Jacques Derrida hielt die Grabrede, auf die in der vorliegenden Studie unter dem Abschnitt »Adieu Lévinas« noch eingegangen wird.

Welche Folgen haben die existentiellen Erfahrungen, insbesondere der Weltkriege und der Shoa, für die philosophische, politische und ethische Entwicklung des Lévinas'schen Denkens? Verschiedene Bezüge und »Wirkungen« sollen hier in zusammengefasster Form festgehalten werden (vgl. Strasser 1987, 219f): Lévinas, der sich zunächst vor allem mit der hebräischen Bibel und den russischen Klassikern auseinandersetzt, lernt in Straßburg, in Freiburg im Breisgau und später in Paris die bedeutenden philosophischen und geistigen Traditionen des Westens kennen. Sie sind für ihn jedoch nicht rein verinnerlichte Denktraditionen. Oder mit den Worten Strassers ausgedrückt: »Er kennt die philosophischen Traditionen des

---

7 Wenn im Folgenden von den Werken Lévinas' die Rede ist, werden darunter sowohl die philosophischen Reflexionen als auch die Kommentierungen von Texten der rabbinischen Tradition aus dem Babylonischen Talmud sowie die »Versuche über das Judentutm« gefasst. Damit soll nicht impliziert werden, dass diese Denkbewegungen eins sind. Vielmehr soll damit eine chiasmatische Beziehung zwischen Talmudlektüren, den Talmud-nahen »Versuchen« und Lévinas'scher Philosophie gekennzeichnet werden. Ein Chiasmus oder Chiasmen, die sich beispielsweise durch das Thema des anderen Menschen markieren ließen.

Westens, sie sind jedoch für ihn nicht die Luft, in der man selbstverständlich atmet. Eben darum ist er imstande, diese Traditionen zu kritisieren.« (Strasser 1987, 218) Für Lévinas stellt sich die Frage, ob nicht gerade die ontologischen Philosophien des Abendlandes die Genesis verschiedener Formen des Totalitarismus begünstigt haben (vgl. Lévinas 1995). Im Zusammenhang zu dieser Frage konstatiert Lévinas ein Versagen der alten humanistischen und idealistischen Denktraditionen Europas und entwickelt seinen »Humanismus des anderen Menschen« (Lévinas 1989c). Auf der Ebene einer politischen Dimension folgt für ihn daraus – gerade im Hinblick auf seine eigenen existentiellen Erfahrungen von Krieg und Frieden, seiner Auseinandersetzung mit dem abendländischen Denken als auch aus seinem »Humanismus des anderen Menschen« –, dass der Frieden und dessen Erhaltung nicht eine militärisch-politische oder rein wirtschaftliche, sondern vor allem eine ethische Frage darstellt. Dieser »Humanismus des anderen Menschen« ist nach Lévinas geleitet

> »[...] von dem Recht der Person, wie es heutzutage der Marxismus behauptet, der humanistische Marxismus, jener, der nach wie vor verkündet, daß der Mensch ›das höchste Gut für den Menschen‹ sei, daß, ›damit der Mensch dem Menschen das höchste Gut sei, er wirklich Mensch werden müsse‹, und der sich fragt: ›Wie konnte der Mensch, der des Menschen Freund war, unter bestimmten Bedingungen zum Feind des Menschen werden?‹ [...].« (Lévinas 1998, 16f)[8]

Lévinas stellt jedoch klar, dass es in seinem Begriff des Humanismus zuerst auf den anderen Menschen ankommt: »Der Mensch, dessen Rechte es zu verteidigen gilt, ist zuerst der andere Mensch, nicht an erster Stelle ich. Nicht der Begriff ›Mensch‹ liegt diesem Humanismus zugrunde, sondern der Nächste.« (Lévinas 1998, 17)[9]

Das Denken Lévinas' bahnte sich seinen Weg über eine kritische Lektüre Heideggers, über die Phänomenologie Husserls hin zu einer »Ethik« jenseits der bisherigen ontologisch-geprägten Philosophie, ferner zu Sartre und – wie noch deutlich wird – zu poststrukturalistischen Theorien, wobei insbesondere die in der vorliegenden Studie behandelte Beziehung zwischen Lévinas und Derrida zu betonen ist.[10] Lévinas' Philosophie – oder genauer – seine Ethik lässt sich jedoch nach Bernhard Waldenfels nicht einer der philosophischen Richtungen wie der Existenzphilosophie, der Phänomenologie oder dem Poststrukturalismus zuordnen, sondern sie bewegt sich zwischen diesen philosophischen Feldern.[11]

---

8   Zur Unterscheidung dessen, was Lévinas als Person bzw. Maske (*persona*) begreift und als singulärer Anderer, dem gegenüber man verantwortlich ist vgl. Lévinas (1992a, 135) und Kapitel II.3.1. zur post-dekonstruktiven Subjektivität.
9   Zu Lévinas' Nähe zum marxistischen Denken vgl. Lévinas (1998, 11-52), Lévinas (1987d, 208, 333, 433)
10 Zur Auseinandersetzung mit Sartre vgl. Lévinas (1989c).
11 Bernhard Waldenfels arbeitet in seinem Buch »Phänomenologie in Frankreich« (Waldenfels 1987)

Wie fasst Lévinas den Begriff »Ethik« in seinem Denken auf? Inwiefern unterscheidet er diesen Begriff von seinem gewöhnlichen Gebrauch? Um sich diesen Fragen zu nähern, sei darauf verwiesen, dass manche Begriffe von Lévinas im Laufe seiner philosophischen Entwicklung ihre Bedeutung veränderten und so jeweils aus ihrem Kontext heraus zu interpretieren sind.[12] Mit »Ethik« bezeichnet er zunächst die Tatsache der Begegnung und der *Beziehung zum anderen Menschen*. »Ethik« ist demnach bei Lévinas nicht ein detailliert ausgearbeiteter Regelkatalog, bestimmte, zu einem allgemeinen Gesetz erhebbare Handlungsmaximen oder eine »Reflexionstheorie der Moral« (vgl. Luhmann 1990, 20). Ethik, ohne vorgängige Kriterien und ohne allgemeinerungsfähige Maximen, muss in jedem einzelnen Fall, in dem gehandelt wird, ihre Regeln neu aufsuchen und erfinden – im Bezug zum ganz Anderen. Jacques Derrida, dessen Auseinandersetzung mit Lévinas die Lektüre der vorliegenden Studie begleitet, schreibt diesbezüglich in »Gewalt und Metaphysik« (Derrida 1997*i*), seiner dekonstruktiven Lektüre des Lévinas'schen Werks:

>»Die Ethik im Levinas'schen Sinn ist zwar eine Ethik ohne Gesetz, ohne Begriffe, die ihre gewaltlose Reinheit nur solange behält, als sie nicht in Begriffen und Gesetzen bestimmt wird. Dies ist kein Vorwurf: vergessen wir nicht, dass Levinas uns keine Gesetze oder moralische Regeln vorschlagen will, er hat nicht die Absicht, *eine* Moral, sondern das Wesen des ethischen Verhältnisses im allgemeinen zu bestimmen. Da diese Bestimmung sich aber nicht als *Theorie* der Ethik versteht, handelt es sich um eine Ethik der Ethik.« (Derrida 1997*i*, 169)

Derrida macht in seinem Beitrag darauf aufmerksam, dass die Verwendung des griechischen Begriffs »Ethik« Lévinas' Intention, die griechische Philosophie zu verlassen, entgegen läuft. Der Terminus »Ethik« befinde sich in einer von der griechischen Philosophie genährten Sprache, die Lévinas doch eigentlich verlassen wolle (vgl. Derrida 1997*i*, 170ff). Lévinas hingegen will sich jedoch nicht in dem von Derrida unterstelltem Maße von der griechischen Sprache befreien (vgl. Lévinas 1994, 57ff), hat aber dennoch in den letzten Jahren – quasi als Antwort auf Derrida – versucht, »Ethik« als Terminus zu hinterfragen. In einem Gespräch mit François Poirié sagt er: »Das Wort Ethik ist griechisch. Ich denke viel mehr, und jetzt vor allem, an die Heiligkeit, an die Heiligkeit des Gesichts des Anderen oder an die Heiligkeit meiner Verpflichtung als solcher.« (Poirié 1987, 95) »Heiligkeit« [*kiddusch*] kann für Lévinas den Begriff der »Ethik« umschreiben.[13] Insofern er-

---

die Schnittpunkte und Genealogien verschiedener philosophischer Richtungen wie beispielsweise der Existenzphilosophie oder des Poststrukturalismus mit der Phänomenologie heraus.

12 Ein besonderes Beispiel stellt beispielsweise der Begriff der »Gerechtigkeit« dar, der anfangs für die Beziehung zum anderen Menschen steht – also das, was im folgenden mit Ethik bezeichnet wird –, später jedoch die Situation kennzeichnet, wenn der Dritte (*le tiers*) dazu kommt. An späterer Stelle dieser Arbeit wird auf diese Nicht-Synchronizität Lévinas'scher Termini und ihrer Rezeption zum Beispiel von Derrida noch einmal Bezug genommen.

13 Dennoch wird es so selten benutzt, so dass im Weiteren von ›Ethik‹ die Rede sein soll. In Kapitel

hält »Ethik« im Werk von Lévinas eine semantische Transformation und löst sich somit auch von Heideggers, im »Brief über den Humanismus« (Heidegger 1954a) kritisierten traditionellen metaphysischen Bestimmung. Der Sinn von »Ethik« liegt für Lévinas in der Beziehung zum anderen Menschen, in der Infragestellung »meiner« Spontanität durch die Gegenwart des Anderen (vgl. Lévinas 1987d, 51). Wenn im Weiteren von der »Ethik von Emmanuel Lévinas« die Rede ist, soll von dem Ethikbegriff im Lévinas'schen Sinne ausgegangen werden, den er wie folgt umschreibt:

> »Ein zweiter Punkt, den es nun anzusprechen gilt: er betrifft den Ausdruck Ethik selbst. Ich greife darauf zurück, obwohl ich die mitgeführten Nachklänge des Moralismus fürchte, die seine prinzipielle Bedeutung zu absorbieren drohen. Jacques Derrida bereits hatte dies, so mein Eindruck, während einer Zusammenkunft [...] an meinem Anliegen unterstrichen. Für mich bedeutet der Ausdruck Ethik immer die Tatsache der Begegnung, der Beziehung eines Ichs zum Anderen: Spaltung des Seins in der Begegnung – keine Koinzidenz.« (Lévinas 1988a, 28)

2. Von der Kritik zur Ersten Philosophie

Bevor im Folgenden eingehender auf Lévinas' Ethik eingegangen wird, sei kurz dessen philosophische Entwicklung skizziert. Dabei können seine Denkwege nach Stephan Strasser (vgl. Strasser 1987) in drei Phasen eingeteilt werden.[14]

Die erste Phase lässt sich mit den Termini »*Kritik der Ontologie*« kennzeichnen: Eines von Lévinas ersten Werken – »De l'évasion« –, das hier angeführt werden soll, beinhaltet eine phänomenologische Beschreibung des Ekels im Sinne eines Aufbegehrens des Subjekts gegen die reine Tatsache des Seins (vgl. Lévinas 1935). Es folgt 1947 das Buch »De l'existence à l'existant« (Lévinas 1947) (dt.: »Vom Sein zum Seienden« (Lévinas 1997)), das schon dem Titel nach an Heidegger erinnert. Betont sei hier, dass es sich nicht um eine Umkehrung der Heideggerschen ontologischen Differenz handelt, wie Lévinas im Vorwort zur zweiten Auflage erläutert (vgl. Lévinas 1997, 14), sondern um eine Bewegung der Öffnung auf eine Ethik jenseits der ontologischen Differenz von Sein und Seiendem. Lévinas versucht die Philosophie Heideggers zu überschreiten (vgl. Lévinas 1997, 20) und der platonischen Formel zu folgen, »die das Gute jenseits des Seins an-

---

II.2. folgt eine genauere Bestimmung der Begrifflichkeiten von Ethik, Gerechtigkeit und Recht.

14 Es wird bei der Vorstellung von Lévinas' Ethik sowie deren Entwicklung neben den Werken von Lévinas selber u.a. auch auf die Einführungen von Stephan Strasser (vgl. Strasser 1987) und Bernhard Taureck (vgl. Taureck 1991) zurückgegriffen. Leider konnte die neue und ebenfalls instruktive Einführung von Werner Stegmaier (2002) nicht mehr gebührend berücksichtigt werden.

siedelt [...].« (Lévinas 1997, 11) Hierin sieht Lévinas eine Bewegung, durch die ein Seiendes zum Guten geführt wird, die keine Transzendenz ist, die das Seiende zu einem höheren Sein erhebt, sondern ein Ausweg aus dem Sein und aus den Kategorien darstellt, die das Sein beschreiben: eine Ex-zendenz. Ein weiteres bedeutendes Frühwerk Lévinas' gibt das Stenogramm von vier Vorlesungen aus dem Jahre 1946/1947 wieder, versammelt unter dem Titel »Die Zeit und der Andere« (Lévinas 1989a). Dabei wird Zeit nicht als ein Faktum eines einsamen Subjekts oder als Seinsvollzug begriffen (vgl. Heidegger 1993, 252ff), sondern die Bedingung der Zeitlichkeit liegt in der Beziehung zum anderen Menschen. Nach Lévinas gilt es zu unterscheiden zwischen der Zeit des Selben, der synchronen Zeit des Gesagten, der Präsenz, des Logos, des Ego, der Zeit der Synchronie und des Seinsvollzugs *und* der Zeit des Verhältnisses zum Anderen, der Zeit der Diachronie: Die Ambiguität zwischen der Zeit des Anderen und der Gegenwart in der Welt; Diachronie, verstanden als Unterbrechung einer synchronen Zeitlichkeit, als ein Verweis auf das Unendliche im anderen Menschen, auf eine »unvordenkliche Vergangenheit« (vgl. Lévinas 1995, 194ff) und auf eine Zeit, »wo Fremdheit der Zukunft nicht von vornherein in ihrem Bezug zur Gegenwart beschrieben werden kann, wo diese eine Zu-Kommende (*à-venir*) wäre [...].« (Lévinas 1986b, 42).

Zusammengefasst ergeben sich für die erste Phase Lévinas'schen Denkens, die »vom Sein zum Seienden führt und vom Seienden zum anderen« (vgl. Lévinas 1963, 375) folgende Charakteristika (vgl. Strasser 1987): Das menschlich Seiende, das Dasein oder der Existierende verhalten sich immer bereits zum Sein. Lévinas beschreibt – durch verschiedene phänomenologische Analysen wie beispielsweise der Schlaflosigkeit (vgl. Lévinas 1989a, Lévinas 1997) – die *conditio humana* des Menschen als Gefangenschaft durch das anonyme Sein, das keineswegs das »schickend Geschickliche« (Heidegger) oder Rettende darstellt, sondern als eine endlose Folge von »es gibt«- Momenten – ohne Telos beschrieben werden kann.[15] Im Gegensatz zu Heidegger charakterisiert Lévinas die menschliche Existenz nicht in Begriffen der Angst um die Möglichkeit des Nicht-Seins oder des Seins-zum-Tode, sondern vielmehr wird das Sein in seiner Unpersönlichkeit als monotone Serie des »il y a« im Modus des Horrors erfahren (vgl. Strasser 1987, 221). Wie kommt man jedoch aus dieser Bedeutungslosigkeit des »es hat da« heraus? Am Ende seiner Analysen erscheint die Antwort darauf: Es geht Lévinas um den Versuch des Heraustretens aus dem ›es gibt‹. Dabei handelt es sich um ei-

---

15 »Ich sage immer:›*Il y a comme il pleut*‹. Heidegger spricht von ›es weltet‹.« (Lévinas 1989d, 138) Das »il y a« könnte aus Gründen der Vermeidung einer Verwechslung mit dem Heidegger'schen »es gibt« vielleicht besser mit dem süddeutschen Ausdruck »es hat da« übersetzt werden. Dieser Hinweis verdankt sich einem Gespräch mit Hans-Dieter Gondek.

ne Bewegung der Ab-setzung, »in dem Sinne wie man von abgesetzten Königen spricht. Diese Ab-setzung der Souveränität des *Ich* ist die soziale Beziehung zum *Anderen*, die selbst-lose (*dés-inter-essé*) Beziehung. Ich schreibe sie in drei Wörtern, um das Heraustreten des Seins hervorzuheben, das mit ihr gemeint ist. [...] Die Verantwortlichkeit für den *Anderen*, das Für-den-Anderen-Sein erweckte für mich von dieser Zeit an den Eindruck, das anonyme und sinnlose Rauschen des Seins aufzuhalten.« (Lévinas 1986b, 37ff)[16] Aufgrund der Beziehung zum Anderen entsteht nach Lévinas das Gute und das Sinnvolle. Das Seiende muss immer wieder die Last des Seins auf sich nehmen. Darum ist die Zeitlichkeit des Seienden keine Synchronie, sondern sie ist diskontinuierlich, Ereignis, Einbruch einer anderen Zeit angesichts des Anderen: Diachronie.

Lévinas' philosophische Entwürfe präzisieren sich in seiner zweiten Phase, für die das erste Hauptwerk »Totalité et infini« (Lévinas 1961) repräsentativ ist. Wie Franz Rosenzweigs »Stern der Erlösung« (Rosenzweig 1976), zitiert im Vorwort als Hauptquelle der Inspiration, beginnt sein Buch mit einer »Meditation« über den Krieg.[17] Nach Lévinas vermag der Krieg zu bewirken, dass die einzelnen Menschen Rollen darstellen und Taten ausführen, die sie einander anonymisieren. Dabei erfasst der Krieg alle und alles, weist allen ihren Platz innerhalb eines Systems zu, so dass es nichts Äußeres mehr gibt, im Lévinas'schen Sinne der Inbegriff von Totalität.[18] Der Krieg errichte eine Ordnung, in der es keinen Abstand mehr gibt:

---

16 Was dies für eine Beziehung bzw. für einen Bruch mit dem Heideggerschen Denken bedeutet, ist Gegenstand des nächsten Kapitels. Zum Begriff des »il y a« im Unterschied zu Heideggers »es gibt« vgl. Heidegger (1954a, 80). Bei aller Ähnlichkeit des Lévinas'schen »il y a« mit dem Heideggerschen »es gibt« verweist Lévinas auf folgenden Unterschied: »Ich wußte nicht, dass Apollinaire ein Werk mit dem Titel *Il y a* geschrieben hatte. Aber bei ihm bedeutet dieser Ausdruck die Freude über das, was existiert, den Überfluß, ein bißchen wie das Heideggersche ›es gibt‹ . Dagegen stellt für mich das ›es gibt‹ das Phänomen des unpersönlichen Seins dar: ›es‹.« (Lévinas 1986b, 34)

17 Zur Verbindung zum Denken von Franz Rosenzweig vgl. auch Cohen (1994), Taureck (1991) und Lévinas (1994). Was Rosenzweig und Lévinas verbindet, ist ein Versuch der Durchbrechung totalisierenden Denkens, ein Anti-Hegelianismus (vgl. Lévinas 1987d, 41) und eine Ablehnung gegenüber gängigen Begriffe von Religion. Lévinas wendet sich ganz im Sinne Rosenzweigs gegen eine ausschließlich historisch-objektivierende Wahrnehmung des Judentums. Vielmehr mache erst die historische Forschung etwas zu einer Religion. Dies kommt besonders deutlich in der ersten Talmudlektüre »Judentum und Revolution« in dem Buch »Vom Sakralen zum Heiligen« (Lévinas 1998) zum Ausdruck. Aus diesem Grund läge man nach Bernhard Taureck falsch, würde man Lévinas unter dem Klischee eines »religiösen Denkers« subsumieren (vgl. Taureck 1991, 37). Weitere Verbindungen zu Rosenzweig bestehen u.a. darin, die Liebe zum Anderen jenseits einer »autonomen« Sphäre des Selben oder einer allgemeinen Vernunftnatur des Menschen anzusiedeln, sondern als Bezug auf die reine Alterität, jenseits aller Identifikation mit ihm zu verstehen (vgl. Disse 1999).

18 Dabei trifft sich der Begriff der Totalität mit dem von Jean-Luc Nancy geprägten Terminus des Immanentismus. Immanentismus bezieht sich auf die Idee einer Gemeinschaft, die progressiv ver-

»Das Gesicht des Seins, das sich im Krieg zeigt, konkretisiert sich im Begriff der Totalität. Dieser Begriff beherrscht die abendländische Philosophie. In der Totalität reduzieren sich die Individuen darauf, Träger von Kräften zu sein, die die Individuen ohne ihr Wissen steuern. Ihren Sinn, der außerhalb dieser Totalität unsichtbar ist, erhalten die Individuen von dieser Totalität.« (Lévinas 1987d, 20)

Lévinas weitet den Terminus Krieg auch auf andere Bereiche aus: Es gibt beispielsweise den Krieg des Marktes und des Handels (vgl. Lévinas 1987d, 321ff). Hierbei werden Produkte der Arbeit, Werke, auf einem »anonymen Markt« verkauft oder gehandelt (Lévinas 1987d, 333). Lévinas folgt hier teilweise der Entfremdungsanalyse von Marx und konstatiert eine Gemeinsamkeit zwischen offenem Krieg und anonymen Markt, die sich in der Entfremdung – bei der Totalität des Marktes hauptsächlich in der Entfremdung des Arbeiters oder der Arbeiterin – ausdrückt (vgl. Lévinas 1987d, 328ff). Ebenso wie im militärischen Krieg hängt die Bedeutung des Einzelnen im *Kommerzium* – im »inter-personal commerce of customs« (Lévinas 1988d, 165) - nur von der Zukunft der unpersönlichen Totalität und nicht mehr vom Anderen ab. Den Aspekt der unpersönlichen Totalität im »globalen Kapitalismus« hat insbesondere Richard Sennett in seinem Buch »Der flexible Mensch« herausgearbeitet (vgl. Sennett 2000). Eine seiner Hauptthesen, die er am Schluss des Buches unter Bezug auf Lévinas entwickelt, lautet, dass der moderne Kapitalismus die Verantwortung für den Anderen und – damit verbunden – die Entwicklung eines »Sich« (Lévinas 1992a, 227ff) in eine Gleichgültigkeit verwandelt, in der der Andere als Mensch beliebig ersetzt werden kann und nicht mehr einzigartig (im Lévinas'schen Sinne einzigartig für den Anderen (vgl. Lévinas 1992a, 238)) ist (vgl. Sennett 2000, 200ff). Dabei wird der Selbstwert des Subjekts, das sich aber nach Lévinas vornehmlich vom Anderen her entwickelt (vgl. Kapitel II.7.1.), im reziproken Tauschverhältnis aufgelöst und die Identität des »Sich« nicht mehr vom Anderen her gedacht. Was nach Sennett im modernen Kapitalismus nicht mehr zählt, ist der »persönliche Charakter der Personen« (Lévinas 1998, 31), den es vom »Determinismus des Ökonomischen« zu befreien gilt (vgl. Lévinas 1998, 24). Sennett zufolge steigert sich die Indifferenz gegenüber dem Anderen, in der niemand mehr den Anderen braucht, durch eine Ökonomisierung des Sozialen, in der »reale Verbindungen mit anderen in schwierigen Streitfragen [...] durch Kommunitarismus und moralischen Protektionismus nur noch weiter eingeschränkt [werden] – durch jene klaren Affirmationen verbindlicher Werte, durch das Teamwork-›Wir‹ einer flachen Gemeinschaft.« (Sennett 2000, 202)[19] Ferner kann es zur »Totalität« kommen, wenn die Beziehung zum Ande-

---

sucht, alles, was anders ist, auf sich selbst zu reduzieren und so ihre eigene Essenz zu realisieren (vgl. Nancy 1986). Der Begriff der Totalität in der Gesellschaft oder der Gesellschaft ist somit als eine Kategorie der Vermittlung zu bezeichnen und meint nicht nur bloße Herrschaft oder Unterordnung.

19 Zum Themenkomplex des Kommunitarismus und Lévinas siehe Moebius (2001c).

ren in der Weise unmöglich gemacht wird, dass der Andere nicht mehr gehört, gesehen oder »gelesen« wird, wie dies beispielsweise in Südafrika mit den schriftlichen Eingaben seitens der Afrikanerinnen und Afrikaner an die weiße Regierung geschehen ist (vgl. Derrida 1987a, 30f). Aufgrund der Kategorisierung der Afrikanerinnen und Afrikaner als »unzivilisierte Andere« fühlte sich die weiße Macht nicht verpflichtet, auf die Eingaben zu antworten. Wie Derrida in einem Beitrag zu Nelson Mandela schreibt, konnte sich die schwarze Bevölkerung »noch nicht einmal durch ein Antwortschreiben, durch einen Austausch von Wort, Blick oder Zeichen darüber vergewissern, daß die andere Seite sich ein Bild von ihr gemacht hat, das ihr in der Folge auf irgendeine Weise vermittelt wird. Denn die weiße Macht begnügt sich nicht damit, nicht zu antworten: Sie macht etwas Schlimmeres: sie bestätigt noch nicht einmal den Empfang.« (Derrida 1987a, 32)

In Lévinas' zweiter Phase wird die Ablehnung der Ontologie ganz anders als in der ersten Phase begründet (vgl. Strasser 1987, 221): Das »Problem« der abendländischen Seinslehren liegt jetzt für ihn darin, dass das Sein als eine Totalität aufgefasst wird, die sich auch in der sogenannten *Egologie* ausdrückt.[20] Gegen die philosophische Sichtweise, die auch der Fundamentalontologie zugeschrieben wird und die Lévinas zufolge den anderen Menschen in Begriffen des Selben begreift, betont Lévinas die Andersheit des Anderen jenseits des Selben, wobei es sich dabei um ein Unendlich-anders-sein handelt. Diese Unendlichkeit (*infini*) ist als radikale Exteriorität aufzufassen, die die Totalität und die Einheit durchbricht. Stephan Strasser fasst die zweite Phase folgendermaßen zusammen: »Eine Philosophie, die jenes ›Außerhalb-‹ und ›Über-hinaus-sein‹ in den Mittelpunkt ihrer Betrachtungen rückt, ist Metaphysik. – Die zweite Etappe von Lévinas' Denkweg könnte man vielleicht mittels der von Strasser vorgeschlagenen Losung ›*Metaphysik statt Fundamentalontologie*‹ charakterisieren.« (Strasser 1987, 221)[21]

Dreizehn Jahre nach dem ersten großen Werk »Totalité et infini« (Lévinas 1961) erscheint Lévinas' zweites Hauptwerk unter dem Titel »Autrement qu'être ou au-delà de l'essence« (Lévinas 1974). Wie anhand des Titels erkennbar, knüpft Lévinas an der schon betonten, von Platons πολιτεια herrührenden Programmatik des »επεκεινα τῆς ουσιας« (Jenseits des Dings/Seins) an bzw. an das, was er mit Descartes als »Vorstellung des Unendlichen in mir« (vgl. Descartes 1965, 37) denkt.[22] Lévinas versucht in seinem Werk die bereits erwähnte dekonstruktive

---

20 Dieser Terminus wird in einem der nächsten Kapitel noch einmal aufgegriffen.
21 Metaphysik bezeichnet bei Lévinas die Beziehung zum Anderen, die sich nicht in einem (physischen) Kräfteverhältnis erschöpft. Ferner ist die Verwendung des Begriffs Metaphysik eine »Provokation« gegenüber Heidegger, insbesondere an dessen »Brief über den Humanismus« gerichtet.
22 Zwei weitere Figuren, in denen das Ethische die Ontologie durchbricht, sind die Lehre der »via eminentia« des Pseudo-Dionysius, in der das Sein durch das Göttliche übertroffen wird und die

Lektüre Derridas (vgl. Derrida 1997*i*) ernst zu nehmen und konzentriert sich in »Jenseits des Seins oder anders als Sein geschieht« auf die sprachlichen und »logozentrischen« Rückwirkungen, die sich ergeben, wenn er über die Ontologie mit Hilfe einer ontologisch-geprägten Sprache hinaus gelangen will.[23] Wo liegen jedoch inhaltliche Unterschiede zu »Totalität und Unendlichkeit« (Lévinas 1987*d*)?

Beispielsweise konstituiert sich jetzt »Subjektivität« im Zusammenhang mit der »Antwort«, der Passivität, des *Sagens* und als vorbehaltlose und alle aktiven »Intentionen« des Subjekts überschreitende Öffnung auf die *Anrufung* (Interpellation) des Anderen.[24] Lévinas vollzieht in »Jenseits des Seins« ferner einen *linguistic turn*: Anders als Seiendes und anders als Sein von allem Seienden ist die Sprache in ihrer *unvordenklichen Vergangenheit* und *Spur*.[25] Er unterscheidet zwischen dem »Gesagtem« (*le dit*) und dem »Sagen« (*le dire*), einem Sprechen oder ein Sich-Ausdrücken noch vor jeder verbalisierten und verdinglichenden Aussage, vor jeder Formulierung und Thematisierung. »Sagen« ist für Lévinas *die* Kommunikationsgrundlage, die logisch gesehen vor jeder logisch, semantisch oder linguistisch analysierbaren Äußerung geschieht, als schon geschehenes Sich-an-den-Anderen-gewendet-Sein, Hören und Empfangen (vgl. Lévinas 1992*a*, 92).[26] Insofern ist das *Sagen* nicht ein *aktiver* (Sprech)Akt, sondern *passivste Art einer Antwort bzw. eine passive performative Äußerung*. Lévinas gelangt zu der Überzeugung, dass das Geäußerte bzw. Gesagte Spuren des Äußern (Sagens) aufweist: Im Sprechen wird

---

Unterscheidung von Augustinus zwischen der »veritas redarguens« – die eine Infragestellung und Herausforderung des Ich bedeutet – und der ontologischen »veritas lucens«.

23 Lévinas versucht einer logozentrischen Rückwirkung beispielsweise auch dadurch zu entgehen, dass er mittels Sprüngen von Themen und Wörtern einer Thematisierung der Beziehung zum Anderen entgeht. So mag der Text oftmals redundant erscheinen, das heißt, es mag beim Lesen der Anschein ständiger Wiederholungen erweckt werden, da der Diskurs oftmals die Form dessen hat, über das er spricht (vgl. auch Derrida 1997*d*, 433). Dies ist aber nicht als nicht mangelhafter Stil aufzufassen, sondern als das Problem, etwas darzustellen und zu thematisieren, was eigentlich nach Lévinas über eine Thematisierung hinaus geht (vgl. Lévinas 1992*a*, 222). Diese Schreibweise und Stilistik, der sich auch die vorliegende Studie nicht gänzlich entzieht, könnte man als eine »iterative« bezeichnen. Zum Begriff der Iterabilität bzw. des Iterativen vgl. Kapitel II.

24 Diese Öffnung oder Offenheit kann jedoch nach Lévinas in mehrfacher Weise verstanden werden. Der erste Sinn beträfe die Offenheit jedes Objekts für alle anderen (Bezug auf Kants dritte Analogie der Erfahrung). Der zweite Sinn die Intentionalität bei Husserl oder die Ekstase der Ek-sistenz bei Heidegger. Der dritte Sinn ist für Lévinas von größerer Bedeutung. Er liegt in der »Entblößung der Haut, die der Verwundung und der Beleidigung ausgesetzt ist« und in den Sinnlichkeit, »schutzlos ausgeliefert, [...] offen wie eine Stadt, die man beim Nahen des Feindes zur offenen Stadt erklärt hat, [...] Sinnlichkeit, diesseits jedes Willens, jedes Aktes, jeder Erklärung, jeder Stellungnahme – die Verwundbarkeit.« (Lévinas 1989*c*, 93f) Unbedingte Gastfreundschaft, passiv, ausgesetzt und geduldet, schon in Anklage (Akkusativ), Sinnlichkeit und Nacktheit, die zum Sagen wird (vgl. Lévinas 1989*c*, 94ff).

25 Vgl. zu diesen Begriffen auch Kapitel II.2.

26 Ebenso wie das Sagen als empfangende Antwort ist das Hören der Stimme des Anderen konstitutiv für das Dasein. Vgl. dazu Derrida (2000*d*, 413-437).

aus sich herausgetreten, öffnet man sich jenseits dessen, was man sagt, schon dem Anderen. Aus dem, was artikulierend geäußert wird, kann zu einer Sphäre des Äußerns selbst zurückgegangen werden (vgl. auch Taureck 1991, 71f).

Das Gesagte weist somit immer eine Spur des *Sagens* auf, wobei es von entscheidender Bedeutung für Lévinas ist, dass *Sagen* immer Beziehung zum Anderen ist; im *Sagen* wird sich dem Anderen genähert und geöffnet. Die Ebene des *Sagens* wird weder durch Bewusstsein noch durch das Sein bestimmt, sondern durch die Sprache als Äußern, wodurch das Subjekt nicht dasjenige ist, das Zeichen aussendet, sondern selbst Zeichen für den Anderen wird, ihm bedeutet; ein Zeichen jedoch, das immer eine *Spur* einer nicht gegenwärtigen Vergangenheit beinhaltet und das durch das Gesagte im Sich-Ausdrücken als Hinwendung zu dem anderen Menschen erscheint. Die »Spur des Anderen« (Lévinas 1983), die Unendlichkeit, der Überschuss und unvordenkliche Vergangenheit im Gesicht des Anderen, ist Thema eines anderen Lévinas'schen Werkes. Dieses wird zu seiner dritten Denkphase gerechnet, die nach Stephan Strasser mit »Ethik als Erste Philosophie« bezeichnet werden kann.[27]

Aber stellt denn »Ethik« wirklich die ursprüngliche Region philosophischen Denkens dar, wie die Typisierung »Ethik als Erste Philosophie« von Lévinas es ausdrückt? Kann von einem »Davor« überhaupt gesprochen werden? Ethik konstituiert nach Lévinas nicht eine getrennte Domäne theoretischer oder philosophischer Reflektion. Im Gegenteil: Die Beziehung zu einem anderen Menschen bildet den *ersten* Horizont jeglicher Philosophie, insofern jegliche Philosophie ein Diskurs ist. Und es existiert kein Diskurs, der – selbst implizit – sich nicht an den Anderen richtet oder von ihm herkommt. Die asymmetrische, soziale Beziehung zum Anderen bildet die Voraussetzung für Philosophie und ebenso für die Sozialwissenschaften.[28]

Lévinas' Denkbewegungen vollziehen sich in einer Absetzung von der Phänomenologie Edmund Husserls und der Philosophie Martin Heideggers, wie an einigen Beispielen im nächsten Kapitel (I.2.) verdeutlicht wird. Die Differenzen kreisen zum einen um den Begriff der Intentionalität Husserls und zum anderen um das »Seinsverstehen«, der Sorge und die »Eigentlichkeit« Heideggers. Ge-

---

27 Der für Lévinas' Werk bedeutende Ausdruck des »Gesichts« (visage) wird oftmals in den deutschen Lévinas-Übersetzungen mit dem etwas aufgeladenen Wort »Antlitz« übertragen. Auch wenn dadurch vielleicht eine Nähe zu dem Wort *vision* zu verschwinden droht, soll aus Gründen der Lesbarkeit zwischen Text und Zitaten an dem Begriff »Antlitz« festgehalten werden.
28 Vgl. dazu das instruktuve Buch »Phänomenologische Soziologie. Ein kritischer Überblick« von Walter L. Bühl, in dem Lévinas ebenfalls in Beziehung zur Soziologie gesetzt und seine Bedeutung für die Soziologie besprochen wird (vgl. Bühl 2002, 74). Leider konnte dieses Buch, das bei der abschließenden Abfassung der vorliegenden Studie erst herauskam, nicht mehr gebührend aufgenommen werden.

fragt wird hierbei nach einer anderen Möglichkeit, die Beziehung zum Anderen zu beschreiben. Insbesondere die Sterblichkeit des Anderen markiert die Möglichkeit einer Verantwortung für diesen. Den Entstehungsprozess dieser Verantwortung beschreibt Lévinas mit den Begriffen des Antlitzes und des Sagens (I.3.). Beide Termini bezeichnen eine strukturelle Öffnung zum Anderen; einer Öffnung, der sowohl ein »Messianismus« (Lévinas 1995, 152) ohne konkreten Inhalt innewohnt als auch eine Infragestellung des Selben durch den Anderen bedeutet, die bis zur Konstituierung des Selben reicht (I.4.). Ausgehend von dieser strukturellen Öffnung kann Verantwortung entstehen. In Auseinandersetzung mit der europäischen Tradition, die nach Lévinas den Anderen *analog* zum »Ich« denkt, wird der Andere von ihm als absolut anders aufgefasst. Erst die absolute Andersheit markiert in ihrer Nicht-Reziprozität den ethischen Vorrang des Anderen. Dies hat auch Folgen für die Bestimmung des Seins mit dem Anderen und der Sozialität (vgl. Moebius 2001c): Lévinas geht nicht vom Modus des Mitseins, sondern des Fürseins aus – einer Differenz, die Nähe bedeutet (I.5.). Schließlich wird die Frage nach den politischen und sozialen Implikationen aufgeworfen (I.6.), wie dies am Ende jedes Hauptkapitels geschieht, und es wird gefragt: Wie entfaltet Lévinas das Spannungsverhältnis zwischen der außerordentlichen Beziehung zum Anderen und zu den anderen Anderen, den Dritten?

3. Die Idee der Unendlichkeit

In der kurzen Skizzierung der philosophischen Entwicklung von Lévinas wurde dessen Nähe zur Phänomenologie angesprochen. Sie ist für Lévinas sowohl eine Denkbewegung, die seine Philosophie maßgeblich beeinflusst, als auch eine philosophische Strömung, von der er sich in einigen Punkten distanziert. Selbst noch in seiner sogenannten letzten Phase, wo das Sagen als Resultat einer phänomenologischen Reduktion wirksam wird, sich jedoch nicht ohne weiteres in das (subjektive) intentionale Schema von Noesis-Noema einreihen lässt, wird das deutlich. Inwiefern distanziert sich Lévinas jedoch von der Phänomenologie Husserls oder Heideggers im Besonderen? Wird die von Husserl beschriebene Intentionalität absolut abgelehnt oder gibt es eine *andersartige Intentionalität* bei Lévinas, wie Stephan Strasser verdeutlicht hat (vgl. Strasser 1987)?

Einleitend soll Lévinas selbst zu Wort kommen, um seine Nähe zur Phänomenologie zu verdeutlichen:

»Vor allem Husserl – aber auch Heidegger – verdanke ich die Grundregeln solcher Analysen, die Beispiele und Vorbilder, die mir zeigten, wie man diese Horizonte wiederfindet und wie man sie zu suchen hat. Das ist für mich der Hauptertrag der Phänomenologie [...]. Dennoch kommt in der phänomenologischen Analyse dieser Konkretheit des Geistes bei Husserl – im Einklang mit einer altehrwürdigen abendländischen Tradition – ein Vorrang des Theoretischen zum Vorschein, ein Vorrang der Repräsentation, des Wissens; und somit des ontologischen Sinns des Seins. [...] Darin – aber auch in jenen Ereignissen, die sich zwischen 1922 und 1945 abspielten und die vom Wissen weder verhindert noch verstanden werden konnten – liegt der Grund dafür, dass mein Denken sich von den letzten Positionen der transzendentalen Philosophie Husserls oder zumindest von deren Formulierungen entfernt.« (Lévinas 1995, 154f)

Lévinas hat Husserl 1928/1929 selbst während seines Studiums in Freiburg gehört. Die Vorträge Husserls 1929 in Paris, aus denen die »Cartesianischen Meditationen« (Husserl 1995) hervorgingen, übersetzte Lévinas – zusammen mit Gabriele Pfeiffer – 1931 ins Französische und war damit einer der ersten in Frankreich, der den Geist der Phänomenologie einem französischen Publikum näher brachte (vgl. auch Lévinas 1973). Worin besteht die Distanz Lévinas' Denkens zur Phänomenologie Husserls?

Lévinas' Kritik orientiert sich insbesondere an dem »Problem« der Intersubjektivität bei Husserl und der Annahme, dass der Andere erst durch Zuschreibung dessen, was das Subjekt selbst schon kennt, also analog, erschlossen wird. Wie konstituiert sich Intersubjektivität in der Intentionalität? Es stellt sich dabei die Frage, wie der andere Mensch vom intentionalen Subjekt begriffen wird. Ist der Andere ein anderes »Ich«? Ist den durch »meine« Intentionalität konstituierten Subjekten ebenfalls der Status erkennender und weltkonstituierender Subjektivität zuzusprechen? Ist der Andere als *cogitatum* lediglich Korrelat »meines« *cogito* oder lässt er sich grundsätzlich nicht erfassen? Ist die Beziehung zum Anderen im Sinne einer »intermonadologischen Gemeinschaft« (vgl. Husserl 1995, 131ff) zu verstehen? Husserl formulierte die dargelegte Problematik in dem Werk »Cartesianische Meditationen« wie folgt:

»In dieser ausgezeichneten Intentionalität konstituiert sich der neue Seinssinn, der mein monadisches ego in seiner Selbsteigenheit überschreitet, und es konstituiert sich ein ego nicht als Ich-selbst, sondern als sich in meinem eigenen Ich, meiner ›Monade‹ spiegelndes. Aber das zweite ego ist nicht schlechthin da und eigentlich selbstgegeben, sondern es ist als *alter ego* konstituiert, wobei das durch diesen Ausdruck *alter ego* als Moment angedeutete Ego Ich-selbst in meiner Eigenheit bin. Der ›Andere‹ verweist seinem konstituierten Sinne nach auf mich selbst, der Andere ist Spiegelung meiner Selbst, und doch nicht eigentlich Spiegelung; Analogon meiner Selbst, und doch wieder nicht Analogon im gewöhnlichen Sinne. Ist also, und als erstes, das ego seiner Eigenheit umgrenzt und in seinem Bestande – nicht nur an Erlebnissen, sondern auch an von ihm konkreten unabtrennbaren Geltungseinheiten – überschaut und gegliedert, so muß, daran anschließend, die Frage gestellt werden, wie mein ego innerhalb seiner Eigenheit unter dem Titel ›Fremderfahrung‹ eben Fremdes konstituieren kann – also mit einem Sinne, der das Konstituierte von dem konkreten Bestande des sinnkonstituierenden konkreten Ich-selbst ausschließt, irgendwie als sein Analogon.« (Husserl 1995, 96f)

Lévinas' Einwände gegen Husserls Intentionalität und Subjektverständnis sind u.a. kurz gesagt folgende: Zunächst fragt Lévinas, ob wir die Andersheit wirklich als ein »Analogon« in seiner ganzen Andersheit erfahren können oder der Versuch, die Intersubjektivität subjektivitätstheoretisch einzuholen, nicht am Faktum der absoluten Andersheit scheitern muss (vgl. Kapitel I.5.). Kann der Andere überhaupt im Kontext von Erkenntnisleistungen in seiner Andersheit erschlossen werden oder überschreitet er un-endlich die »Erkenntnis« oder die Vorstellung von ihm? Gibt es notgedrungen eine Identität des Eigenen und des erscheinenden Anderen und darüber hinaus eine intersubjektive »Identität der Erscheinungssysteme« (Husserl 1995, 128)? Ist dann der Andere trotz seiner Andersheit nicht auf eine Gemeinsamkeit des Selbst reduziert? Zwar ist bei Husserl die Isolation eines monadischen Ichs teilweise aufgebrochen, doch der Bezug zum Anderen ist in diesem Sinne lediglich eine Ausweitung monadischer Subjektivität und vornehmlich als eigene transzendentale *Erkenntnis* des *alter ego* (gen. obj.) dargestellt. Intersubjektivität ist dann lediglich ein Korrelat intentionaler Bewusstseinsleistungen der transzendentalen Subjektivität.[29] Lévinas verweist dagegen auf eine »Intentionalität, die ganz anderer Art ist« (Lévinas 1987d, 23); eine Intentionalität, die Intersubjektivität nicht als Ausweitung monadischer und erkennender Subjektivität konzipiert, sondern die die Andersheit des Anderen »achtet, ohne ihm einen Stempel aufzudrücken« (Lévinas 1987d, 49) und die Andersheit und die Beziehung zum Anderen als Bedingung der Möglichkeit von Subjektivität ausweist. Diese »andersartige Intentionalität« findet Lévinas in der *Idee der Unendlichkeit*, wie sie Descartes in seiner III. Meditation beschrieben hat: »[...] wenngleich die Idee der (unendlichen) Substanz in mir ist, [...] so wäre es doch nicht die Idee der *unendlichen* Substanz, da ich *endlich* bin, wenn sie nicht von irgendeiner Substanz herrührte, die in Wahrheit unendlich ist.« (Descartes 1965, 37)

Es geht Lévinas jedoch nicht um einen Gottesbeweis, sondern um die Unendlichkeit der Andersheit des anderen Menschen. Die Asymmetrie der Beziehung für ihn kein Makel oder Übel und rührt daher, dass das »ideatum« die »idea« übertrifft – andersartige Intentionalität:

> »Hier haben wir eine Erfahrung im einzig radikalen Sinne des Wortes: eine Beziehung mit dem Äußeren, mit dem Anderen, ohne dass dieses Außerhalb dem Selben integriert werden könnte. Der Denker, der die Idee des Unendlichen hat, ist mehr als er selbst, und diese Aufblähung, dieses Mehr, kommt nicht von Innen wie der famose *Entwurf* der modernen Philosophen, in dem das Subjekt sich als schöpferisches übertrifft.« (Lévinas 1983, 197)

Was hier von Lévinas im Rückgang auf Descartes beschrieben wird, soll anders als die Gesetze des Bewusstseinslebens verstanden werden, von denen die klassische Phänomenologie ausgeht (vgl. auch Lévinas 1984a, 37ff). Vielmehr bildet

---

29 Zur transzendentalen Subjektivität vgl. auch Husserl (1995, 86).

sich Bewusstsein erst in der Begegnung mit dem Anderen. Richtet man sich an die vorhergegangene Beschreibung der zweiten Denkphase Lévinas', die bei Stephan Strasser unter den Begriffen *Metaphysik statt Ontologie* gefasst wurde, kann dies folgendermaßen präzisiert werden: »Ontologie« bezeichnet eine ein Denken, das von dem Einen ausgeht und zu ihm zurückkehrt, ein Denken der Rückkehr. Lévinas verdeutlicht die abendländische Ontologie mittels des Bildes von Odysseus und stellt diesem Abraham entgegen (vgl. Lévinas 1989*d*, 132f). Trotz seiner »Irrfahrten« und seiner phantastischen Abenteuer kehrt Odysseus wohlbehalten und sicher in seine Heimat nach Ithaka zurück, eine »Rückkehr zu Heimat und festen Besitz.« (Adorno und Horkheimer 1969, 53)[30]. *Heimat* ist »meine Welt«, die »ich« kenne, in der das »ich« waltet und schaltet. Abraham dagegen verlässt nach Gottes Geheiss sein »Haus des Seins« bzw. seine Heimat, um ein gänzlich anderes Land aufzusuchen. Er weiß, er wird nie wieder zurückkehren: Rückkehrlose Dissemination (vgl. Derrida 1993*a*, 67f).[31] Abraham ist Lévinas zufolge der Prototyp des Anderen (vgl. Lévinas 1983, 215f)

Die Beziehung zum anderen Menschen, die Lévinas beschreibt, ist nicht eine vom Seinsakt bestimmte Beziehung, sondern ein Bezug weg vom Selben ohne jede Belohnung. Um dies zu kennzeichnen, führt Lévinas den Begriff des *Werks* an. Ein Werk, eine Liturgie, das ohne reziproke Gegengabe geleistet wird, ist ein Gegenbegriff zum *Akt*, zur Aktualität des Seins: »*Radikal gedacht ist das Werk nämlich eine Bewegung des Selben zum Anderen, die niemals zum Selben zurückkehrt.* [...] Wird das Werk zu Ende gedacht, dann verlangt es eine radikale Großmut des Selben, das im Werk auf das Andere zugeht. Es verlangt infolgedessen die *Undankbarkeit* des Anderen. Die Dankbarkeit wäre gerade die Rückkehr der Bewegung zu ihrem Ursprung.« (Lévinas 1983, 215f) [32]

---

30 »Wenn die feste Ordnung des Eigentums, die mit der Seßhaftigkeit gegeben ist, die Entfremdung der Menschen begründet, in der alles Heimweh und alle Sehnsucht nach dem verlorenen Urzustand entspringt, dann ist es doch zugleich die Seßhaftigkeit und festes Eigentum, an dem allein der Begriff von Heimat sich bildet, auf den alle Sehnsucht und alles Heimweh sich richtet.« (Adorno und Horkheimer 1969, 85f)

31 Dissemination bedeutet im Denken Derridas die Streuung von Sinn und Bedeutung; eine Streuung, die sich nicht auf eine Pluralisierung oder Polysemie reduzieren lässt. Vielmehr ist jedes Zeichen durch seine Unmöglichkeit der Fixierung charakterisiert und somit sowohl jeder Sinn in sich selbst gespalten als auch die Möglichkeit der Verbindung von Kontexten gegeben. Kein Zeichen ist bei sich selbst zu Hause. Zur genaueren Klärung des Begriffs Dissemination vgl. Kapitel II.2.

32 Vgl. auch Derrida (1990*a*). »Das im metaphysischen Sinne ›Fremde‹ ist dagegen durch eine besondere Art der Alterität gekennzeichnet. Es ist nicht nur ›das Andere‹ wie das Brot, das ich esse, die Landschaft, die ich betrachte, das Werkzeug, das ich gebrauche. Derartige Realitäten kann ich mir zu eigen machen, ich kann sie benützen, sie in mich aufnehmen, mich von ihnen ›nähren‹. Sie sind etwas, das zu meiner dynamischen Entfaltung fehlt oder doch grundsätzlich fehlen kann. Habe ich mich dieser Realitäten bemächtigt, dann bin ich befriedigt; ihr Anderssein ist dann aufgehoben, sie gehen in der Identität von mir, dem Verbrauchenden, Besitzenden, Erkennenden unter. Solch ein

Dieses absolut Andere ist nach Lévinas der andere Mensch. Der Weg zum anderen Menschen bzw. das *Werk* geht für ihn nicht über den *aktiven* Prozess eines Identifikations- oder Identitätsdenkens, sondern führt vielmehr in den Bereich der *Passivität* des Affiziertwerdens und der Ohnmächtigkeit. »Passivität« bedeutet, dass man dem Anderen »wider Willen« (vgl. Lévinas 1992*a*, 42) und in einer »unwiederbringlichen Zeit« (vgl. Lévinas 1992*a*, 121) schon ausgesetzt ist. Insofern knüpft sich »Passivität« an die Bedeutung des Er-Leidens und der Nähe (vgl. Lévinas 1992*a*, 253). Erst nach dem »passiven« Empfang des Anderen kann man sich zu diesem Anderen aktiv oder passiv verhalten.

3.1. Heimkehr oder Aufbruch?

In seinem Buch »Die Grundbegriffe der Metaphysik« (Heidegger 1983) zitiert Martin Heidegger ein Fragment von Novalis, welches für ihn das Wesen des metaphysischen Verlangens offenbart: »Die Philosophie ist eigentlich Heimweh, ein Trieb überall zu Hause zu sein« (Heidegger 1983, 7)

Diese *Grundstimmung* erlaubt Martin Heidegger die Artikulation dreier grundlegender Thematiken metaphysischen Denkens: Welt, Endlichkeit und Einsamkeit. Die Definition des metaphysischen Verlangens Lévinas' ist diesem Denken jedoch diametral entgegengesetzt:[33] »Das metaphysische Begehren trachtet nicht nach Rückkehr; denn es ist Begehren eines Landes, in dem wir nicht geboren sind [...]. Das Begehren ist wie die Güte – es wird vom Begehrten nicht erfüllt, sondern vertieft. [...] Das Begehren ist Begehren des absolut Anderen.« (Lévinas 1987*d*, 36f)

Ausgehend von dieser – freilich noch nicht genau spezifizierten – Differenz stellt sich die Frage, wo genau die Trennung zwischen Lévinas und Heidegger zu markieren ist.[34] In seinem Werk »Sein und Zeit« (Heidegger 1993) konstatiert

---

Streben, das lediglich auf ›Er-gänzung‹ von Mir, dem Selben, gerichtet ist, nennt Lévinas *Bedürfnis* (›besoin‹). Er unterscheidet es streng von dem *metaphysischen Verlangen* (›désir‹), das auf das völlig Andere gerichtet ist.« (Strasser 1987, 225)

33 Für einen besonders lesenswerten Versuch, Heidegger und Lévinas einander näher zu bringen, wenngleich mit der notwendigen Vorsicht, die dieses Vorhaben benötigt, vgl. Greisch (1998).

34 Im Zusammenhang zu Heideggers Mitgliedschaft in der NSDAP schreibt Lévinas: »Heidegger ist für mich der größte Philosoph des Jahrhunderts; doch das macht mir zu schaffen, denn ich kann niemals vergessen, was er 1933 darstellte, selbst wenn er es nur für eine sehr kurze Zeit war.« (Lévinas 1995, 147) Und in einer von Lévinas' Talmudlektüren heißt es: »Es fällt schwer, Heidegger zu verzeihen. Wenn Chanina dem gerechten, humanen Rab [nachzulesen im Text aus dem Traktat 'Joma' (85a-85b) und in der Talmudlektüre von Lévinas, Anm.d.Verf.] nicht verzeihen konnte, weil er auch der geniale Rab war, dann kann man Heidegger umso weniger verzeihen.« (Lévinas 1993, 48) In dem Text »Das Diabolische gibt zu denken« (Lévinas 1988*b*) verweist

Heidegger in Paragraph 26 das *Mitsein* des Daseins aus dem Phänomen der Sorge heraus (vgl. Heidegger 1993, 121). Das Dasein ist stets auch die existenziale Erfahrung einer intersubjektiv geteilten Welt, Mitsein. Heidegger schreibt: »[...] im Seinsverständnis des Daseins liegt schon, weil sein Sein Mitsein ist, das Verständnis Anderer.« (Heidegger 1993, 123) Lévinas' Kritik richtet sich vor allem auf das *Wie* der Erfahrung des anderen Daseins, auf den Begriff des Verständnisses und Verstehens Anderer.

Die von Lévinas kritisierte Gewaltanwendung gegenüber dem Anderen mittels Objektivierung oder Reduzierung auf ein Selbiges liegt bei Heidegger zunächst nicht vor, da es Heidegger gerade darum geht, die Ebenen vor der Objektivierung zu erforschen.[35] Doch, so fragt sich Lévinas, lässt sich die Begegnung mit dem anderen Menschen auf das Verstehen zurückführen? Bei Heidegger kann die Koexistenz, die als Beziehung mit dem anderen angesetzt wird, nicht auf die objektivierende Erkenntnis zurückgeführt werden; »aber schließlich beruht auch sie auf der Beziehung zu Sein *überhaupt*, auf dem Verstehen, auf der Ontologie.« (Lévinas 1987*d*, 90f)

Ist derjenige, zu dem man spricht, schon im vorhinein in seinem Sein verstanden? Ist der Andere zunächst Gegenstand des Verstehens und dann Gesprächspartner? Lévinas verneint dies, indem er hinzufügt:

> »Eine Person verstehen heißt, bereits mit ihr zu sprechen. Die Existenz eines Anderen setzen, indem man sie sein läßt, das heißt, diese Existenz schon akzeptieren zu haben, sie schon berücksichtigt haben. ›Akzeptiert haben‹, ›berücksichtigt haben‹ läßt sich nicht auf das verstehen , auf das Seinlassen zurückführen. Die Sprache zeichnet eine ursprüngliche Beziehung vor. Es kommt auf die Einsicht an, dass das Fungieren der *Sprache* nicht dem *Bewußtsein* untergeordnet ist, das ich von der Gegenwart des Anderen habe, von seiner Nachbarschaft oder der Gemeinschaft mit ihm, sondern dass es die Bedingung dieser ›Bewußtwerdung‹ ist.« (Lévinas 1983, 111), (Lévinas 1995, 17)

Der Appell des anderen Menschen als auch das *Sagen*, auf das an späterer Stelle noch expliziter eingegangen wird, ist demnach für Lévinas ursprünglicher und bedeutender als das Verstehen Heideggers. Denn bevor der Andere verstanden wer-

---

Lévinas auf die Möglichkeit eines genialen Denkens, das mit einem ›menschlichen Versagen‹ einhergehen kann: »Ich glaube aber, dass zur Frage von Heideggers Beteiligung an den ›Hitler-Gedanken‹ weder irgendeine historische Forschung noch die aus den Archiven gewonnenen Fakten und auch nicht die gesammelten Berichte [...] mit der Gewißheit gleichzusetzen sind, die wir aus dem Schweigen ziehen, das er im besagten *Spiegel*-Testament zur Endlösung, zum Holocaust, zur Shoah gewahrt hat. [...] Aber im wieder eingekehrten Frieden das Schweigen zu Gaskammern und Todeslagern zu wahren, ist das nicht – abgesehen von den schlechten Entschuldigungen – das Zeugnis vollständiger Verschlossenheit der Seele gegenüber Sensibilität und wie eine Zustimmung zu dem Entsetzlichen? [...] Was die intellektuelle Stärke in *Sein und Zeit* angeht, so kann dem ganzen immensen Werk, das auf dieses außergewöhnliche Buch von 1926 gefolgt ist, die Bewunderung nicht versagt werden.« (Lévinas 1988*b*, 103f)

35 Zur quasi-ursprünglichen Gewalt der objektivierenden Sprache bzw. des Gesagten , die die Anrufung suspendiert vgl. Derrida (1998*b*, 197).

den kann, ist schon die Beziehung zum Anderen da, muss der Andere schon empfangen worden sein. Das ursprüngliche Verstehen könnte bedeuten, den Anderen von Anfang an in den eigenen Sinnhorizont hereingeholt zu haben. Dies kann sich jedoch nur ereignen, wenn der Andere schon zuvor erschienen ist und eine strukturelle Öffnung stattgefunden hat.

Allerdings kann bei Heidegger »vielleicht« dennoch ein moralischer Aspekt beobachtet werden, insbesondere wenn man Heideggers »Spruch des Anaximander« (Heidegger 1950*a*) berücksichtigt (vgl. dazu v.a. Gondek 1997, 213f). Obgleich sich Heidegger gegen jede moralische Lektüre des »Spruchs« ausgesprochen hat, so wird dieser jedoch von Lévinas (wie im Übrigen auch von Derrida, der diesen Text als Ausführung über die Gabe und die Gerechtigkeit liest, (vgl. Derrida 1996*b*, 50)) sozusagen gegen den Strich gebürstet und interpretiert (vgl. Gondek 1997, 213f). Heidegger denkt im »Spruch« einen Bezug zum Anderen bzw. zum Abwesenden, der jedoch von den Anwesenden vergessen wird. Bezogen auf den »Spruch des Anaximander« schreibt Lévinas: »Hier haben wir die indiskrete – oder die ›ungerechte‹ – Anwesenheit, um die es vielleicht in ›Der Spruch des Anaximander‹ geht, so wie Heidegger ihn in *Holzwege* interpretiert: Infragstellung jener ›Positivität‹ des *esse* in seiner *Anwesenheit*, jäh ein Übergreifen und eine Usurpation bedeutend! Ist Heidegger hier nicht – trotz allem, was er über den Vorrang des ›Seinsdenkens‹ zu lehren vorhat – auf die ursprüngliche Signifikanz des Ethischen gestoßen?« (Lévinas 1991*a*, 187)[36] Wie nah ist Heidegger dem Denken Lévinas'?

In »Sein und Zeit« erwähnt Heidegger zwei unterschiedliche Formen der Sorge um den anderen Menschen (vgl. auch Sandherr 1998, 165). Diejenige Form der Fürsorge, die den anderen Menschen enteignet, in dem sie ihm die Sorge abnimmt, nennt er die *einspringende*. Hier spricht Heidegger diejenige moralische Situation an, die Zygmunt Bauman in seiner »Postmodernen Ethik« (Bauman 1995*c*) unter dem Stichwort der *Ambivalenz der Moral* soziologisch analysiert hat. Die Frage hinsichtlich der ambivalenten Verfassung von Verantwortung oder Sorge lautet nach Bauman: Wie weit geht die eigene Verantwortung und wo hört sie auf? So kann die Fürsorge dahin führen, den Anderen zu entmündigen, obgleich das entscheidende Movens der Fürsorge lediglich vom Guten geprägt ist. In der *einspringenden* Fürsorge beherrscht der Fürsorgliche den anderen Menschen, lässt ihn sich von ihm abhängig machen und nimmt seinen Platz ein (vgl. Heidegger 1993,

---

36 Hier wird der Übersetzung von Hans-Dieter Gondek, der auf diese Stelle aufmerksam gemacht hat, gefolgt, wie sie in Gondek (1997, 213) zu finden ist. Zur detaillierten Besprechung, die hier nicht geleistet werden soll, sei insgesamt auf den instruktiven Beitrag von Hans-Dieter Gondek verwiesen.

122). Die in »Jenseits des Seins oder anders als Sein geschieht« beschriebene verantwortende Stellvertretung für den Anderen unterscheidet sich von einer »Entmündigung« des anderen Menschen (vgl. Sandherr 1998, 165). Lévinas' gedachte Verantwortung für den Anderen bricht mit der Aneignung des Anderen durch das Selbe. Somit wird die Verantwortung des Anderen nicht in derjenigen des Selben gänzlich aufgelöst. Diese Verantwortung des »Ich« gilt auch *der Verantwortung des Anderen* und kann aus diesem Grund den Anderen nicht ohne Selbstwiderspruch von dessen Verantwortung befreien und dessen Freiheit einschränken. Stellvertretung für den Anderen bedeutet bei Lévinas, dem Nächsten gegenüber verantwortlich zu sein wie *auch* für seine Freiheit verantwortlich zu sein. Die Fürsorge der Lévinas'schen Stellvertretung könnte man *vielleicht* mit der zweiten Form der Fürsorge Heideggers, der *vorspringenden* Fürsorge kennzeichnen (vgl. Heidegger 1993, 122), wobei aber Lévinas die Beziehung zum Anderen schon *vor* der Ontologie situiert; Stellvertretung *über die Fürsorge hinaus* bedeutet bei ihm vielmehr, dass »der Andere in mir«, genau im Innersten »meiner« Identifizierung ist (vgl. Lévinas 1992*a*, 278), schon vor der Fürsorge oder der Verweigerung der Fürsorge, die ja auch Antwort wäre. Die Verantwortung ist ja nur eine Verantwortung, wenn noch nicht im Vorhinein geregelt ist, wie sie aussieht, ob sie also Fürsorge oder ganz anders ist. Die Ethik Lévinas lediglich auf Aspekte der Fürsorge oder des Mitleids zu reduzieren (und womöglich noch mit einer sogenannten weiblichen Fürsorge im Sinne Carol Gilligans engzuführen) verfehlt darum letztendlich Lévinas' Denken.[37]

Lévinas kritisiert ferner die Heidegger'sche »Eigentlichkeit« der Sorge, die die Sorge aus der ursprünglich selbstbezogenen Sorge entspringen lässt.[38] Für Lévinas entsteht die »Eigentlichkeit« vielmehr aus der Sorge um den anderen Menschen, genauer: Erst die Sorge um den Tod des anderen Menschen macht die Menschlichkeit und Eigentlichkeit aus. In dem Heideggerschen »Jargon der Eigentlichkeit« (vgl. Adorno 1967) ist nach Lévinas der Bezug zum Eigenen, zum eigenen Seinkönnen zu stark und der Bezug zum Anderen zu schwach ausgeprägt. Auf ähnliche Weise hat schon 1935 Paul Ludwig Landsberg in seinem »Essai sur l'Expérience de la Mort« eine Kritik an Heidegger formuliert, als er schrieb:

»Niemand will behaupten, daß die Erfahrung vom Tode des Nächsten gleichen Erkenntniswert einschließe wie vielleicht für mich die Erfahrung meines Todes haben könnte, die ich einmal machen werde. Aber jedenfalls ist die Bedeutung solcher Erfahrung am Andern so tief, daß sie wesentlich in meine Existenz eingeht und keineswegs an der Oberfläche des Sozialen, der Region des ›Man‹, verhaftet bleibt.« (Landsberg 1973, 32)[39]

---

37 Zur Differenz zwischen Lévinas' Ethik und Gilligans Fürsorgeethik vgl. auch Moebius (2001*c*, 88ff) und Gürtler (2001, 221).
38 »Eigentlichkeit und der Andere sind zwei unvereinbare Wege.« (Lévinas 1991*b*, 172)
39 Für Landsberg ist allerdings der nächste Andere ein Mensch, denen man im Leben nahe war und

Lévinas betont, wenn man in dieser Begrifflichkeit verbleiben will, den Unterschied zwischen Eigentlichkeit und Uneigentlichkeit geradezu konträr zu Heidegger und kehrt den Dualismus von Eigentlichkeit/Uneigentlichkeit um: Die eigentliche Seinsweise des menschlichen Daseins verdankt sich bei Lévinas vielmehr der authentischen Nähe des Antlitzes des Anderen. Zur Uneigentlichkeit schreibt Lévinas:

> »Wer die Welt alltäglich nennt und sie als uneigentlich verurteilt, verkennt die Aufrichtigkeit von Hunger und Durst; unter dem Vorwand, die durch die Dinge kompromittierte Würde des Menschen zu retten, schließt er die Augen vor den Lügen eines kapitalistischen Idealismus, vor den Ausflüchten in die Rhetorik und vor dem Opium, das er anbietet. Die große Kraft der marxistischen Philosophie, die vom ökonomischen Menschen ausgeht, liegt in ihrer Fähigkeit, sich radikal die Heuchelei der Predigt zu versagen.« (Lévinas 1997, 53f)[40]

Die Möglichkeitsbedingung des *eigentlichen* Existierens ist nach Lévinas nicht im jemeinigen Seinkönnen zu finden, sondern im Empfang des Anderen und in der Sorge um das Existieren-Können des anderen Menschen entspringt das Selbst. Die »Lévinas'sche Eigentlichkeit« in der Sorge um den Tod des anderen Menschen steht im Unterschied zu Heideggers Eigentlichkeit, dem jemeinigen Seinkönnen und der Sorge um den eigenen Tod, von der Heidegger schreibt: »Wenn das Dasein als diese Möglichkeit seiner selbst sich bevorsteht, ist es *völlig* auf sein eigenstes Seinkönnen verwiesen. So sich bevorstehend sind in ihm alle Bezüge zu anderem Dasein gelöst.« (Heidegger 1993, 250)

Lévinas erörtert seine von Heidegger differenzierte Auffassung 1975/1976 in seinen Vorlesungen über den Tod und die Zeit, in denen er betont, dass der Tod nicht nur Nicht-Mehr-Sein bedeute, sondern auch Aufbruch: »Aufbruch ins Unbekannte, Aufbruch ohne Wiederkehr, Aufbruch, ›ohne eine Anschrift zu hinterlassen‹. Der Tod – der Tod des Anderen – ist von diesem dramatischen Charakter nicht zu trennen, er ist die emotionale Erschütterung *par excellence*, das affektive Betroffensein *par excellence*. [...] Heidegger bezeichnet den Tod als so gewiß, dass er in dieser Gewißheit des Todes den Ursprung der Gewißheit selbst sieht, und er weigert sich, diese Gewißheit aus der Erfahrung des Todes Anderer zu beziehen.« (Lévinas 1996a, 19ff)[41] Lévinas' Annahme, der Tod des Anderen sei der

---

nicht so sehr auch der Fremde oder absolut Andere.
40 Ausgehend von einer Lektüre Derridas, die den Heidegger'schen Satz: »Das Hören konstituiert sogar die primäre und eigentliche Offenheit des Daseins für sein eigenstes Seinkönnen, als Hören der Stimme des Freundes, den jedes Dasein bei sich trägt.« (Heidegger 1993, 163), ließe sich jedoch *vielleicht* eine Annäherung Heideggers an Lévinas konstatieren (vgl. Derrida 2000d) und *eine* Kritik Lévinas' an Heidegger vielleicht entschärfen.
41 »*Meine* Beziehung zum Tod ist ebenso aus dem emotionalen und intellektuellen Widerhall entstanden, den das Wissen um den Tod Anderer auslöst. [...] Der Tod, der das Ende bedeutet, kann nur dann die ganze Tragweite des Todes ermessen, wenn er zur Verantwortung für den Anderen wird – durch die man in Wirklichkeit man selbst wird: In dieser unübertragbaren, nicht delegierbaren

erste Tod, charakterisiert eine wesentliche Grenzsitution für den Selben. Erst durch den Tod des Anderen wird sich der Selbe seines eigenen Todes, seiner eigenen Grenze des Seins bewusst.

In Bezug auf die Einwände Lévinas' gegen Heideggers ursprüngliche Jemeinigkeit des Sterbens ergeben sich jedoch weitere Fragen, auf die Derrida aufmerksam gemacht hat (vgl. Derrida 1998a): Muss nicht zwischen dem *Ableben* und dem *Sterben* (vgl. Heidegger 1993, 247) unterschieden werden? Wird die Kritik Lévinas' nicht dadurch abgeschwächt, dass er eigentlich das *Ableben* meint, dort wo er vom *Sterben* spricht? Die Lévinas'schen Aussagen bezeichnen für Derrida »[...] entweder die Erfahrung, die ich vom Tod des anderen beim Ableben mache, oder sie setzen auch, wie Heidegger es tut, die Gleich-Ursprünglichkeit des *Mitseins* und des *Seins zum Tode* voraus. Diese Gleich-Ursprünglichkeit widerspricht nicht, sie setzt vielmehr eine Jemeinigkeit des Sterbens oder des Seins-zum-Todes voraus, die nicht diejenige eines Ich oder einer egologischen Selbstheit ist.« (Derrida 1998a, 69) Dennoch kann nach Derrida die fundamentalistische Dimension der existentialen Analyse sich nicht halten oder selbst Anspruch auf irgendeine Kohärenz erheben (vgl. Derrida 1998a, 127):

> »Wenn die *Jemeinigkeit* – sei es die des *Daseins* oder diejenige des Ichs (im geläufigen Sinne, im psychoanalytischen Sinne oder im Sinne von Levinas) – sich in ihrer Selbstheit ausgehend von einer ursprünglichen Trauer konstituiert, dann empfängt oder unterstellt folglich dieser Selbstbezug den anderen innerhalb seines Selbst-seins als von sich selbst verschiedenes. Und umgekehrt: Der Bezug zum anderen (an sich außerhalb von mir, außerhalb von mir in mir) wird sich nie von einem trauernden Begreifen unterscheiden. Die Frage zu wissen, ob sich ausgehend vom eigenen Todes oder vom Tod des anderen der Bezug zum Tod oder die Gewißheit des Todes einstellt, sieht so ihre Relevanz von Anfang an begrenzt. [...] Wenn der Tod vielmehr die Möglichkeit der Unmöglichkeit und folglich die *Möglichkeit des Erscheinens als solchen der Unmöglichkeit, als solche zu erscheinen* ist, hat der Mensch oder der der Mensch als *Dasein* niemals – auch er nicht – Bezug auf den Tod als solchen, sondern allein auf das Verenden, auf das Ableben, auf den Tod des anderen, der nicht das Andere ist. Der Tod des anderen wird so wieder ›primär‹, immer primär, als Erfahrung der Trauer, die meinen Bezug auf mich selbst einrichtet und die in der – weder internen noch externen – Differenz, die sie strukturiert, ebenso die Egoität des *Ego* aufrichtet wie jede *Jemeinigkeit*. Der Tod des anderen, dieser Tod des anderen in mir, ist im Grunde genommen der einzige Tod, der im Satzteil ›mein Tod‹ mit allen Konsequenzen genannt wird, die man daraus ziehen kann.« (Derrida 1998a, 102ff)

Wie entsteht jedoch die Verantwortung für den anderen Menschen, wo rührt sie her (falls sie nicht anthropologisch bestimmt werden soll) und wie kann die Verantwortung aufrechterhalten werden, wenn zum Verhältnis zum Anderen der Dritte hinzu kommt?

Verantwortung wird man man selbst. Ich bin für den Tod des Anderen in einem solchen Maße verantwortlich, dass ich mich in den Tod einbeziehe. Vielleicht wird das in einer akzeptableren Aussage deutlich: ›Ich bin für den Anderen verantwortlich, insofern er sterblich ist‹. Der Tod des Anderen ist der erste Tod.« (Lévinas 1996a, 19ff)

4. Der Appell und das Sagen

Die Begegnung mit dem anderen Menschen von-Angesicht-zu-Angesicht (*face-à-face*) bestimmt Lévinas zunächst als den Augenblick und Moment, in der sich der Andere dem »Ich« qua *Gesicht* ausdrückt und darstellt – der Moment, in dem Verantwortung entstehen kann:

> »Die Weise des Anderen, sich darzustellen, indem er *die Idee des Anderen in mir* überschreitet, nennen wir nun Antlitz. Diese *Weise* besteht nicht darin, vor meinem Blick als Thema aufzutreten, sich als ein Ganzes von Qualitäten, in denen sich ein Bild gestaltet, auszubreiten. [...] Das Antlitz manifestiert sich nicht in diesen Qualitäten, sondern *kath' auto*. Das Antlitz *drückt sich aus*.« (Lévinas 1987d, 63)

Das *Antlitz/Gesicht* des Anderen bezeichnet nicht nur die Physiognomie: Über die leibliche Wirklichkeit des Anderen hinaus, bedeutet das Gesicht die Kontingenz und Unendlichkeit des Anderen, seine Schwäche und Sterblichkeit, oder in Ausdrücken von Lévinas: Der Andere drückt sich in seiner Ausgesetztheit und Unbeholfenheit aus, das heißt in der »stummen Bitte«, die er durch die bloße Präsenz hindurch an »mich« richtet. Das Gesicht offenbart dem Selben die Realität des Anderen in seiner Menschlichkeit, jenseits aller sozialen Rollen und ist als »anarchische« soziale Beziehung und Erzeugung von Sozialität zu betrachten. Das Antlitz gibt sich nicht nur durch Gesehenwerden kund, sondern es *spricht* (vgl. Lévinas 1987d, 9). Dieses quasi-ursprüngliche, nicht der konstituierenden Sinngebung des transzendentalen Bewusstseins entstammende Bedeuten[42] des Antlitzes bestimmt Lévinas als einen Appell des Anderen. Damit meint er ein hinwendendes Sprechen, das noch *vor* jeder verbalisierten Aussage, vor jeder Formulierung und Thematisierung als das reine Mich-Angehen des Anderen geschieht (vgl. Wenzler 1989b, 87).[43]

Der Ruf des Anderen hat wesentlich einen appellierenden Charakter. Die pränominale Sprache des Antlitz des anderen Menschen fordert »mich« auf, zu antworten; zu antworten auf die Verwundbarkeit, Unbeholfenheit und auf die Bitte, die aus dem Antlitz spricht.[44] Die Bitte lautet: Du wirst mich nicht töten (tu ne

---

42 Vgl. Esterbauer (1992, 209ff).

43 Im konkreten Vollzug muss sich dieses ursprüngliche, wortlose Sagen wandeln und in Gesagtes, Aus-Gesagtes, in objektivierende Rede inkarnieren. Aber ebenso notwendig ist es, dass das Gesagte sich ständig in Frage stellen und transformieren lässt von der Forderung des anderen Menschen. In diesem Zusammenhang konstatiert Wenzler: »Diese Umwandlung des Bewußtseins scheint nicht genügend bedacht zu werden in der sog. Diskursethik. [...] An den entscheidenden Stellen kann der Diskurs keine kontinuierlichen Schritte machen – die würden sich immer noch innerhalb der Dimension des ›Selben‹ bewegen.« (Wenzler 1989a, XXVI) Zu Lévinas, Derrida und der Diskursethik von Habermas vgl. Honneth (1994).

44 Das Sprechen des Antlitzes bzw. der Appell und das Sagen seien hier des Verständnisses halber analytisch getrennt. Insofern wird im weiteren Verlauf die Rede von Anrufung, Vokativ, Appell, Interpellation oder Ruf dann die Rede sein, wenn der Andere das »Ich« zur Antwort bzw. zur

tueras point). Die Bitte, die – nach Lévinas' Hinweis auf Tolstois »Krieg und Frieden« und Alexander Puschkins »Boris Godunow« (vgl. Lévinas 1988c, 111) – zum Innehalten vor dem Gesicht des Anderen anhält, die sich nur an »mich« richtet, die »mich« ver*antwort*lich macht und die »mich« in der Öffnung zum Anderen performativ konstituiert.[45] In der Unterscheidung von *Sagen* und *Gesagtem* liegt nach Simon Critchley auch die innovative Kraft der Lévinas'schen Phänomenologie. »The Saying is [...] the performative stating, proposing, or expressive position of myself facing the Other. It is a verbal or non-verbal ethical performance, whose essence cannot be caught in constative propositions. It is a performative *doing* that cannot be reduced to a constative description.« (Critchley 1999b, 7)

Das *Sagen* kann anhand des Begriffs des *Messianismus* noch verdeutlicht werden: Jedesmal wenn das »Ich« spricht oder schreibt, wenn es den Mund öffnet, gibt es ein *Versprechen* (vgl. Derrida 1989b, 28f).[46] Dieses Versprechen ist ein Messianismus, der nicht in judeo-christliche oder islamische Termini übersetzt werden kann. Es ist ein Versprechen ohne konkreten Inhalt, eine unreduzierbare strukturelle Öffnung, eine Art *messianische Struktur*, die jeder Sprache innewohnt (vgl. Derrida 1999b, 183). Dabei ist mit Derrida zu differenzieren zwischen dem Versprechen und der Intention, die oftmals mit dem Versprechen assoziiert wird:

> »Das Performativ dieses Versprechens ist kein *speech act* unter anderen. Er ist allen anderen Performativen implizit, und dieses Versprechen kündigt die Einzigartigkeit einer kommenden Sprache. [...] Sie muß dem Anderen weder gegenübergestellt noch von ihm unterschieden werden. Sie ist die Einsprache (*monolangue*) *des* Anderen. Das ›des‹ kehrt hier seinen Genetiv um (es steht hier für den genetivus subjectivus: die Sprache gehört dem Anderen, kommt vom Anderen, ist *das* Kommen des Anderen). Das Versprechen, von dem ich rede und von dem ich sage, dass es das Versprechen des Unmöglichen ist und gleichzeitig die Möglichkeit jedes Sprechens, dieses Versprechen entspricht hier keinem messianischen oder eschatologischen *Inhalt*. Aber dass es für dieses Versprechen des Anderen in der

---

Verantwortung ruft. Die Antwort, das Hören, der passive Empfang des Anderen, die schon geschehene Öffnung, das Versprechen, die performative Äußerung oder das sensible Exponieren des »Ich«, das zum akkusativen (angeklagten) »mich« wird, sind das Sagen. Beide, Appell und Sagen, sind deswegen jedoch dem *Sagen* zuzurechnen, insofern sie nicht in den Bereich des *Gesagten* fallen.

45 Zur Bestimmung von *Antwort* und *Verantwortung* vgl. auch Derrida (2000h, 337ff). Mit dem sowohl gebietenden als auch prophezeienden »Du wirst keinen Mord begehen.« (Lévinas 1987d, 285), wie es in der Bibel steht – mit Ausnahme der vor allem deutschen Ausgaben, in der der ursprüngliche Ausdruck mit »Du sollst nicht töten« übersetzt wurde – ist folgendes gemeint: Lévinas bestreitet keineswegs die Möglichkeit, den Anderen physisch zu töten. Der Mord verursacht den physischen Tod, aber dieser bedeutet nach Lévinas nicht das Ende der Andersheit und Transzendenz des Anderen (vgl. Lévinas 1987d, 285). Wie in Shakespeares Macbeth, kann der Andere über-leben. Vgl. auch Derrida (1996b) und Derrida (2002b, 6). Man könnte sogar so weit gehen und in Bezug auf das Kapitel »Ethik und Antlitz« aus »Totalität und Unendlichkeit« sagen, dass beim Mord der ethische Widerstand durch den physischen Nicht-Widerstand potenziert wird (vgl. Lévinas 1987d, 286).

46 An dieser Stelle sei auf die etymologische Nähe von Versprechen (*spondere*) und Antworten (*respondere*) im Lateinischen hingewiesen.

Sprache des Anderen keinen notwendig bestimmbaren Inhalt gibt, macht die Struktur oder die Öffnung der Sprache durch etwas, was dem Messianismus oder der Eschatologie ähnelt, nicht weniger unreduzierbar, unauslöschlich. Es ist die strukturelle Öffnung, ohne die der *Messianismus* selbst, im strengen, wortwörtlichen Sinne, nicht möglich wäre. Vielleicht ist der Messianismus eben dieses ursprüngliche Versprechen ohne konkreten Inhalt.« (Derrida 1997*b*, 39f)

Lokalisiert man das Lévinas'sche *Sagen* in der Sprache, bedeutet dies, dass es keine Sprache ohne die performative Dimension des Versprechens, des Sich-Öffnens oder *Sagens* gibt: Das »Ich« ist im Versprechen, sobald sich sein Mund öffnet. Auch wenn gelogen oder etwas versprochen wird, das nicht gehalten werden kann, existiert nach Lévinas das Ereignis des Messianismus des Sagens, der sich dem Anderen zuwendet, aussetzt und nicht *egologisch* auf »mich« zurückverweist. »Der Angerufene ist nicht Gegenstand meines Verstehens: *Er steht unter keiner Kategorie*. Er ist der, mit dem ich spreche – er hat Bezug nur auf sich selbst, er hat keine Washeit. [...] Das Sprechen setzt eine Möglichkeit voraus, mit der Totalität zu brechen und anzufangen.« (Lévinas 1987*d*, 92ff)[47] Das »Brechen der Totalität« bedeutet, die strukturellen Bedingungen, unter denen der Andere auftaucht, zu brechen.

Die Erfahrung des Von-Angesicht-zu-Angesicht kann folglich nur im Bruch mit den Kategorien, im *Sagen*, entstehen (vgl. Lévinas 1987*d*, 96); im Bruch mit dem eigenen Sein und mit den Kontexten, die eine Erfahrung bestimmen.

Lévinas Unterscheidung zwischen *Sagen* und *Gesagtem* erinnert an die Theorie der Kommunikation von Georges Bataille. Auch wenn sich Lévinas nicht explizit auf Bataille bezieht, so greift Lévinas in seinem Werk nach Angaben des Lévinas-Interpreten Stephan Strasser Anregungen von Bataille auf (vgl. Strasser 1987, 263). Eine ausführliche Analyse der Verbindungen zwischen Bataille, Lévinas und Maurice Blanchot hat Joseph Libertson vorgelegt, in der er schreibt: »It is possible to perceive at the heart of the Levinasion *éthique* the configuration of ›transgression‹, in its Bataillian definition [...]. The *éthique* is the destiny and the precise context of Bataillian transgression – and *vice versa*.« (Libertson 1982, 3)[48] Bataille, dem Lévinas' Dissertation zu Husserl aus dem Jahr 1930 als Vorlage seiner Entwürfe zur Heterologie diente (vgl. Mattheus 1984, 182), entwarf neben seiner allgemeinen Ökonomie und der Theorie der Verausgabung (vgl. Bataille 1985) auch eine Theorie der Kommunikation (vgl. Bataille 1999). Er unterscheidet zwischen einer schwachen und einer starken Kommunikation. Zum Beispiel gibt es in sexuellen Akten oder in der Erotik verschiedene Arten von »starker« Kommunika-

---

47 Zur Verdeutlichung des Sagens als Versprechen vgl. Derrida (1995*e*, 384)
48 »When Levinas speaks of an ›exigency coming from the other‹ to open a ›limitless deficit in which the *Soi* expends itself [se dépense]‹, he speaks in Bataille's voice.« (Libertson 1982, 338f) Zum »Soi« vgl. Lévinas (1992*a*, 243ff). Zur Theorie der Verausgabung Batailles und Lévinas' »alterzentrischen Version der Verausgabung« vgl. Keller (2001, 158).

tion, die grundlegend von rationalen Gesprächen sowie von der Dreiteilung »Sender, Information, Adressat« zu unterscheiden sind. Sie haben nach Bataille einen »stärkeren« Charakter, weil sie zu Brüchen in den eigenen Körpergrenzen beitragen. Sie müssen nicht unbedingt einen informativen Gehalt haben und können unintendiert bzw. unbewusst sein. Andere Beispiele für diese »starken« Kommunikationen sind intersubjektive Austauschformen, in denen gelacht, geweint oder geschrien wird – allgemein, wenn sich der Kommunikationspartner zum Anderen hin *öffnet* und zuwendet.

»Wenn eine Gruppe von Personen über einen Satz lacht, der eine Absurdität enthüllt, oder über eine zerstreute Geste, passiert sie in den Lachenden einen Strom intensiver Kommunikation. Jede isolierte Existenz tritt aus sich heraus, kraft des Bildes, das den Irrtum der lähmenden Isolierung verrät. Sie tritt aus sich heraus in einer Art leichten Aufblitzens, und sie öffnet sich gleichzeitig der Ansteckung durch eine Flut, die in sich zurückschlägt, denn die Lachenden werden insgesamt wie die Wellen des Meeres, es existiert keine Scheidewand mehr zwischen ihnen, solange das Lachen andauert, sie sind nicht *mehr* getrennt als zwei Wellen, doch ihre Einheit ist ebenso unbestimmt, ebenso prekär wie die der erregten Gewässer.« (Bataille 1999, 136)

Bataille geht es in seiner Theorie der »starken« Kommunikation nicht um die Dimensionen einer idealen, rationalen Kommunikationsgemeinschaft, sondern um den wesentlich unbewussten Aspekt von Kommunikation. Letzterer kann soweit führen, dass sich kommunitäre Formen sozialen Zusammenlebens konstituieren, die jenseits einer reinen Diskussion anzusiedeln sind. Nach Bataille muss man begreifen, »daß die Kommunikation dem Objekt wie dem Subjekt den Stuhl wegzieht.« (Bataille 1999, 79f) Die intensive Kommunikation drückt sich beispielsweise in Festen oder Spielen aus; Bataille bezieht sich hierbei vor allem auf seinen Kollegen am *Collège de Sociologie*, Roger Caillois, der u.a. auf den kommunitärkommunikativen Aspekt von Festen einging (vgl. Caillois 1979*b*).[49] Caillois, ein Schüler von Marcel Mauss und Georges Dumézil, betont insbesondere den kommunitären Charakter von Festen, der sogar soweit reichen kann, dass die individuelle Position des Einzelnen aufgebrochen wird. Allerdings betont Lévinas auch den trennenden Charakter der »starken« Kommunikation. So ist für Lévinas Kommunikation weder Aufhebung der Trennung und Andersheit der an der Kommunikation Beteiligten noch reine diskursive Verständigung. Sprache überbrückt nicht den Abgrund der Trennung des Selben und des Anderen, sie kann ihn sogar vertiefen (vgl. Lévinas 1987*d*, 426f).

---

49 Zum *Collège de Sociologie* sowie zu den am Collège gehaltenen Vorträgen vgl. Hollier (1979). Die Wirkungen, die das *Collège de Sociologie* und insbesondere dessen Hauptakteur Bataille auf eine poststrukturalistische Sozialwissenschaft sowie auf Lévinas, Derrida oder Foucault haben, sozusagen der Geschichte der poststrukturalistischen Sozialwissenschaft, geht ein eigener Artikel von mir nach (vgl. Moebius 2003); dieser wird im »Jahrbuch für Soziologiegeschichte« erscheinen und auch die Differenzen zwischen Batailles und Lévinas' Denken des Heiligen und Sakralen aufzeigen.

4.1. Die Spur

Die Andersheit der Anderen, seine Kontingenz und absolute Unvordenklichkeit reißt das Bewusstsein aus seiner Immanenz und Endlichkeit heraus und verweist auf das Unendliche bzw. auf eine Jenseitigkeit (Illeität). Das Antlitz »bedeutet« als Spur, das heißt nach Lévinas, es gibt *ohne* Intention ein Zeichen: »Trace, for Lévinas, refers to the ›unthinkable‹; it can be thought as ›the presence‹ of whoever, strictly speaking, has never been there, of someone who is always past‹.[...] We can imagine the trace of the other to be marked by the ›a‹ of différance, this unrepresentable spacing which, nevertheless, makes all thought possible.« (Venn 1997, 21)[50] Mit diesem Gedanken eines Anderen, der jegliche mentalen Akte bzw. Intentionen verfehlen muss und der immer auf Spuren der nicht einzuholenden Andersheit verweist, kann man nach Lévinas – wie im vorigen Kapitel zu sehen war – auch Husserls »Intentionalität« anders auffassen. Es wird immer einen Rest und Spuren von Spuren geben, die jegliche Objektivierung des Selbst (im Sinne des genetivus subjectivus) überschreiten – einen Nicht-Ort.[51] Der Andere verweist auf eine meine Ideen überschreitende Idee der Unendlichkeit[52], die – konkret ausgedrückt – den »unendliche[n] Abstand des Fremden« (Lévinas 1987d, 62), seine Spur meint.

Der Andere führt zu einer Vorstellung bzw. Spur der Unendlichkeit des endlichen Mitmenschen und andererseits zu einer Verantwortung (wobei der Grund von Moral im Sinne einer »moralischen Motivation« (Gürtler 2001, 21) verstanden wird): Der Andere widersteht in seiner Andersheit und Unendlichkeit dem völligen Bewusstsein, das noch in seiner Infragestellung vom Anderen zeugt: »Die Infragestellung des Selbst ist nichts anderes als das Empfangen des absolut Anderen. Die Epiphanie des absolut Anderen ist Antlitz, in dem der Andere mich anruft und mir durch seine Nacktheit, durch seine Not, eine Anordnung zu verstehen gibt. Seine Gegenwart ist eine Aufforderung zur Antwort. [...] Das Jenseits, von dem das Antlitz kommt, bedeutet als Spur.« (Lévinas 1983, 223ff)[53] Verantwortung ist

---

50 Das »Bedeuten« ist auch als appellierendes »anweisen« zu verstehen, in dem Sinne von: bedeuten, etwas zu tun.
51 Die Kennzeichnung des »Jenseits des Seins« als Nicht-Ort verhindert, dass das ›Jenseits‹ wieder zu einer neuen Ordnung als Positivität versammelt oder abgeschlossener Totalität eingeführt wird. Vgl. Lévinas (1992a, 35) und zu einer gewissen Distanz diesbezüglich zu Bergson vgl. Lévinas (1992a, 161)
52 Die Idee der Unendlichkeit findet sich ebenfalls in dem französischen à-Dieu-Sagen, das Derrida Emmanuel Lévinas bei dessen Begräbnis am 27. Dezember 1995 nachrief (vgl. Derrida 1999a).
53 Der durch den Anderen erfolgende Appell oder Aufruf zur Verantwortung unterbricht – kurz gesagt – kantische Vorstellungen vom freien Subjekt der Moralität. »Das kantische Subjekt ist von der Pflicht vereinnahmt, doch diese Pflicht ist stets eine selbstauferlegte. Das kantische Subjekt der Moralität ist ein selbstgesetzgebendes.« (Cornell 1994, 72) In Lévinas' Bestimmung der ethi-

nicht schon in einem Subjekt als natürliches Moralbewusstsein vorhanden, sondern wird in der sozialen Beziehung zum Anderen als Antwort auf den Anderen eröffnet.

5. Die absolute Andersheit

>»Die Zeit ist aus den Fugen; Schmach und Gram,
>daß ich zur Welt, sie einzurichten, kam!«(Hamlet)

Lévinas' Denken distanziert sich in erster Linie von der europäischen Philosophie dahingehend, dass er der Meinung ist, dass jede »philosophische Erfahrung auf einer präphilosophischen Erfahrung [ruht].« (Lévinas 1984*b*, 142) Philosophie ist mit eigner Erfahrung verbunden, die wiederum auf etwas zurückverweist, auf vorher Erfahrenes, etwas, das außerhalb philosophischer Sätze Gültigkeit hat: Lévinas zufolge ist Ethik darum auch keine »einfache Seinsregion«, sondern die Begegnung mit dem anderen Menschen ist *die* Erfahrung schlechthin (vgl. Lévinas 1984*b*, 142).[54]

Weil Lévinas die Beziehung mit dem Anderen nicht mehr innerhalb einer Seinsregion beheimaten will, entwirft er eine Kritik an der Ontologie. Um dies zu erläutern, soll eine Begriffsopposition aus »Totalité et infini« herangezogen werden, die für die Alternative zwischen eines griechisch-okzidentalen Humanismus und dem Humanismus jüdischer Tradition steht (vgl. auch Taureck 1991): der Gegensatz von Sokratismus und Messianismus.

Die Ent-deckung des *menschlichen Selbst* entstammt nach Lévinas der sokratischen Tradition (vgl. auch Lévinas 1992*a*, 229).[55] Diese Sichtweise kritisiert Lévinas folgendermaßen:

>»Hinsichtlich der Dinge besteht das Werk der Ontologie darin, das Individuum (das allein existiert), nicht nur in seiner Einzelheit zu ergreifen, sondern in seiner Allgemeinheit, von der es allein Wissenschaft gibt. Die Beziehung zum Anderen erfüllt sich darin allein durch einen dritten Terminus, den ich in mir finde. Das Ideal der sokratischen Weisheit beruht folglich auf der wesentlichen Genügsamkeit Desselben, auf seiner Identifizierung als Selbstheit, auf seinem Egoismus. Die Philosophie ist eine Lehre von der Ichheit (egologie).« (Lévinas 1961, 14), (Lévinas 1987*d*, 53)

---

    schen Beziehung ist dagegen das Subjekt an den Anderen (*heteros*) gebunden. Entwirft Kant eine Moralität der Pflicht, findet sich bei Lévinas die Gabe einer Ethik der Verantwortung.
54 Der vorliegende Abschnitt beruht auf einer veränderten und überarbeiteten Version des Kapitels III.2. meines Buches »Postmoderne Ethik und Sozialität« (Moebius 2001*c*)
55 Vgl. Hegel (1970, 328ff).

Lévinas geht davon aus, dass ein »sokratisches Denken die Andersheit auf das Selbe reduziert. Die »gewaltvolle« Reduktion des Anderen geschieht durch die analogisierende Gleichsetzung zwischen Selben und Anderem. Es wird nicht mehr einer irreduziblen Andersheit, sondern einem Selbst, einem *alter ego* begegnet. Insofern verweist Subjektivität nicht auf etwas anderes, sondern nur auf sich. Anderes kann in Selbigem nicht auftreten.[56] Lévinas stellt dagegen die Subjektivität als empfangende *Gastlichkeit* dar, wobei der Andere konstitutiv für das empfangende Ego ist; der andere Mensch konstituiert das Ego als gastliches Subjekt (vgl. auch II.7.1.).

Es wird nach Lévinas in den westlichen Philosophien hervorgehoben, der Andere sei gleich und vor allem gleichartig mit dem *Ego*. Dagegen setzt er seine Behauptung, das absolut Andere ist der Andere: »L'absolument Autre, c'est Autrui« (Lévinas 1961, 9), (Lévinas 1987*d*, 44).[57]

Diese Andersheit oder Fremdheit des anderen Menschen[58] ist so zu verstehen, dass der andere Mensch *absolut* anders ist als das »Ich«.[59] Lévinas verunsichert damit eine Selbstverständlichkeit der sokratischen Tradition, in der der Andere

---

56 Dabei darf Lévinas' Sichtweise nicht mit der Hegels verwechselt werden, der dem Anderen gerecht werden wollte, indem er »Identität« zur »Differenz« im Namen beide umfassenden »Identität der Identität und Nicht-Identität(Differenz)« überschritt (vgl. Hegel 1963, 59). Lévinas schreibt hingegen, dass die Aufnahme des anderen Menschen durch »Subjektivität« weder eine Handlung ist, die das Subjekt machen oder unterlassen kann, noch geschieht sie nur als eine moralische Handlung innerhalb bereits als Identität vorausgesetzter Institutionen (Gesellschaft, Gemeinschaft), sondern eine Ermöglichung von Subjektivität besteht durch deren immer schon geschehene Öffnung zum Anderen. Man könnte eventuelle Gemeinsamkeiten zwischen Hegel und Lévinas darin erkennen, dass beide die Illusion einer normativen Selbstbegründung von Recht in einer transzendentalen Subjektivität als auch eine positivistische Lösung einer Grundlosigkeit verwerfen (vgl. Cornell 1994).
57 Hier könnte man noch hinzufügen, dass ›absolut‹ seinen etymologischen Ursprung im lateinischen Verb *absolvere* hat, was soviel heißt wie losmachen, sich lösen von, befreien. Lévinas unterscheidet nach *Totalität und Unendlichkeit* zwischen *Autrui* und dem Anderen, der kein Mensch ist, sondern Illeität, Gott oder das Gute. Pascal Delhom verweist darauf, dass *Autrui* dem Sinn nach weder männlich noch weiblich ist und dass eine Übersetzung mit »der Andere« wesentliche Aspekte dieses unbestimmten Pronomen im Dunklen lässt. Zur genaueren Bestimmung von *Autrui* vgl. Delhom (2000, 78ff). Hans-Dieter Gondek verdeutlichte in einem Gespräch, dass *Autrui* sowohl den Singular als auch den Plural bezeichne. Um eine Lesbarkeit und Verstehbarkeit der Lévinas'schen Philosophie zu garantieren, wird im Folgenden dennoch von »dem Anderen« oder »dem absolut Anderen« geschrieben, eingedenk der gewaltvollen Verkürzung und Beschneidung des reichhaltigen Sinns und Klangs, den *Autrui* erweckt.
58 Hier könnte man mit Georg Simmel und seinem »Exkurs über den Fremden« ergänzen, dass selbst in die »engsten Verhältnisse ein Zug von Fremdheit [kommt]« (Simmel 1992*a*, 769), selbst in erotischen Beziehungen kann Fremdheit einsetzen, so dass »das vollkommene Erkennen dennoch eine vollkommene Gleichsetzung vorraussetzen [würde]« (Simmel 1992*b*, 48), die es aber nicht gibt und demzufolge der Andere immer auf irgendeine Weise fremd und anders ist.
59 Wie schon angesprochen, versteht Lévinas mit »absoluter Andersheit« die Unmöglichkeit, einem objektivierenden, abgeschlossenen Konstitutionsprozess des transzendentalen Ich zu unterliegen, als auch von einem transzendentalen Ich überhaupt auszugehen.

als ein anderes *Ego* angesehen wurde. Lévinas schließt die Möglichkeit aus, den anderen Menschen mit dem Begriff der »Ich-heit« einzuholen bzw. ihn in irgendeiner Weise *analog* zum *Ego* zu begreifen. Woher kann man sicher sein, dass der begegnende Andere ein anderes *Ego* und nicht unendlich anders ist?

Anstatt von einem *Ego* auszugehen, das den Anderen als Gleichwertigen erkennt, wird nach Lévinas das *Ego* und das Selbe erst durch den Anderen ermöglicht. Der »mir« begegnende Andere macht »mich« erst zu einem verantwortlichen Subjekt.[60] Verantwortung für den Anderen ist die wesentliche, primäre und grundlegende Struktur zur Ermöglichung von Subjektivität. Ethik folgt nicht aus Subjektivität, sondern vielmehr ist Subjektivität grundlegend ethisch. Subjektivität meint hier eine Beziehung zu sich, die erst über die Beziehung bzw. über das Ereignis des Anrufs des Anderen entsteht, eine »Erfahrung‹, die Infragestellung und Unterbrechen des Bewusstseins ist (vgl. Lévinas 1989*a*, 5). Dies bedeutet: »Gerade in dem Maße, in dem die Beziehung zwischen dem Anderen und mir nicht gegenseitig ist, bin ich dem Anderen unterworfen (Je suis sujétion à autrui); und vor allem in diesem Sinn bin ich Subjekt (sujet)« (Lévinas 1986*b*, 75f).[61] Die Beziehung zum Anderen ist es, welche die Beziehung zu »sich selbst« erst begründet, in der das »Ich« sich in seiner Einzigkeit findet. Aufgrund dieser doppelten Beziehung zum Anderen und »sich« würde man fehlgehen, Lévinas‹ Ethik altruistisch zu nennen, denn es geht in ihr auch um das »Ich« (vgl. Schmid 1993).

Erst durch die intersubjektive, aber asymmetrische Situation der Begegnung von Angesicht zu Angesicht wird man zu einem »Ich« und müsste sich demnach eigentlich akkusativisch (unter Anklage)[62] begreifen, sprich als ein »Mich«; dies bedeutet eine Entsubjektivierung des »Ich« zum »Mich«. Bevor es ein bewusstes »Ich« ist, ist das Subjekt *passiv*, aber nicht im reziproken Sinne von aktiv-passiv, sondern eine Passivität noch vor dieser Opposition (vgl. Lévinas 1992*a*, 115): Die Verpflichtung für den Anderen, die außerhalb der Aktiv-Passiv – Opposition steht, diese Verpflichtung nennt Lévinas auch *an-archisch*, das heißt ohne Ursprung; eine schon immer geschehende Öffnung zum Anderen, deren *unvordenkliche Vergangenheit* und *Spuren* nicht mehr gänzlich in die Zeit der Gegenwart hereingeholt werden können; eine uneinholbare Vergangenheit, vergleichbar mit der »Suche nach der verlorenen Zeit« Marcel Prousts, dessen gleichnamiges Werk von der

---

60 Vgl. hierzu Kapitel II.7. Ein antwortendes Subjekt zu werden ist nach Lévinas vor jeglichem Bewusstsein anzusiedeln. Es ist nicht eine aktive, sondern vom Anderen eingesetzte passive Entscheidung des Anderen im Selben. Vgl. dazu auch Derrida (2000*h*, 105ff).
61 Vgl. hier auch Foucaults Begriff des *assujetissement*, der subjektivierenden Unterwerfung in Foucault (1977*b*, 78)und Foucault (1987*a*, 246f).
62 Die Tatsache, dass Lévinas doch ein Element artikulierter Sprache aufnimmt: »Ich« als Akkusativ, als »mich« (vgl. Lévinas 1974, 143) begreift, widerspricht nicht seinem gegen den Logozentrismus gerichteten Ansatz (vgl. Lévinas 1989*b*, 361). Zum Begriff des Logozentrismus vgl. Kapitel II.2.

Uneinholbarkeit der Vergangenheit durch eine sie vergegenwärtigende Erinnerung handelt.[63]

Die radikale Andersheit des Anderen im ethischen Verhältnis bedeutet, dass dieses Verhältnis nicht reziprok ist. Es handelt sich nicht um eine Tauschbeziehung. Der Andere ist nicht dazu verurteilt, irgendetwas gemäß einer symmetrischen Wechselseitigkeit zurückzuerstatten: »Eine solche Wechselseitigkeit ist das Kennzeichen der ökonomischen Beziehungen, deren Kreislauf durch die Regel des gegenseitigen Nutzens beherrscht wird; sie erfaßt nicht die Einzigartigkeit des ethischen Verhältnisses, bei dem das Ich gegenüber dem Anderen zurücktritt.« (Mosès 1993, 367f)[64] Eine absolute Verantwortlichkeit, die als Anordnung aus der Erfahrung des Gesichts des (unendlich) Anderen hervorgeht, ist von ganz anderer Art als Forderungen der Moral, die durch abstrakte Grundsätze, formalistische Universalitätskriterien oder (traditional-normative) Regeln begründet werden.[65]

Das Sprechen des Antlitzes hat keinen Anfang, kein Prinzip, von dem es ausgeht. Dies bestimmt auch die Gestalt der Freiheit in diesem Verhältnis zum Anderen: Freiheit hat hier die Gestalt des *Antwortens*.[66] Antwort und Ver*antwort*ung ist als Vollzug auf der Seite des Subjekts, auf der anderen Seite aber initiiert von dem Antlitz des Anderen. Die Verantwortlichkeit – vor der Freiheit – ist nach Lévinas das, was dem »Ich« die Freiheit gibt.[67] »Insofern ist das Ich dem Anderen unter-

---

63 Vgl. auch den Lévinas'schen Text zu Proust: Lévinas (1988c, 93-100).
64 »Die Beziehung zum Nächsten ist nicht symmetrisch, es ist keineswegs wie bei Martin Buber, wenn ich Du sage zu einem Ich, hätte ich auch nach Buber dieses Ich vor mir als denjenigen, der zu mir Du sagt.« (Lévinas 1995, 134). Lévinas distanziert sich dadurch von Martin Buber, dessen dialogische Philosophie (vgl. u.a. Buber 1983) dennoch großen Einfluss auf Lévinas Denken ausübte. Zur Nähe und Distanz zu Bubers Philosophie vgl. Bernasconi (1988a).
65 Derrida schrieb im Bezug zur Verantwortlichkeit in einem Buch, das er Chris Hanis widmete, der ermordet wurde, weil er Kommunist war, folgendes: »Keine Gerechtigkeit – sagen wir nicht: kein Gesetz, und noch einmal: Wir sprechen nicht vom Recht – keine Gerechtigkeit scheint möglich oder denkbar ohne das Prinzip einer Verantwortlichkeit, jenseits jeder lebendigen Gegenwart, in dem, was die lebendige Gegenwart zerteilt, vor den Gespenstern jener, die noch nicht geboren oder schon gestorben sind, seien sie nun Opfer oder nicht: von Kriegen, von politischer oder anderer Gewalt, von nationalistischer, rassistischer, kolonialistischer, sexistischer oder sonstiger Vernichtung, von Unterdrückungsmaßnahmen des kapitalistischen Imperialismus oder irgendeiner Form von Totalitarismus.« (Derrida 1996b, 11f) Zur Unterscheidung Derridas zwischen Gerechtigkeit und Recht und der wechselseitigen Implikation dieser Begriffe, insbesondere der Nicht-Dekonstruierbarkeit der Gerechtigkeit, wie Derrida schreibt, vgl. Kapitel II.
66 Freiheit im Sinne des Be-Herrschens kommt aber erst nach der Antwort. Die Antwort bzw. die Verantwortlichkeit »ist« schon vor der freien Wahl zu Verantwortlichkeit.
67 In welchem Zusammenhang diese Art von Subjektivität zur metaphysischen und postmetaphysischen Bestimmung vom Subjekt steht, wird in Kapitel II.7.1. erläutert. Zur Präzisierung des Antwortens sei hier noch eine Bemerkung von Derrida hinzugestellt: »[...] I would add something that remains required by both the definition of the classical subject and by these latter nonclassical motifs, namely, a certain *responsibility*. The singularity of the ›who‹ is not the individuality of a thing that would be identical to itself, it is not an atom. It is a singularity that dislocates

worfen (sujeté) und wird erst durch diese Unterwerfung (sujétion) zum wahren, unverwechselbaren Subjekt.« (Wenzler 1989a, XV)

6. Nicht-Indifferenz, Substitution

Die Vorzeitigkeit einer ethischen Forderung im Menschen wurde schon angesprochen: Lévinas stellt dem »Sein« der Ontologie – jenem »esse«, das als »interesse« (lat.: teilnehmen, dazwischensein, mitsein) erscheint, das »Des-inter-esse«, das Sich-vom-Sein-Lösen, das Jenseits von Sein gegenüber, »in welchem die Subjektivität sich von der Sorge, die Wirklichkeit zu ergreifen, um sie zu verstehen und zu beherrschen, zurückzieht. Dieses Sich-vom-Sein-Lösen bringt den Vorrang einer anderen Sorge im Menschen zum Ausdruck, der des ›Für-den-Anderen‹, die über dem Prinzip des Beharrens im Sein, von dem die ganze Ontologie bestimmt ist, steht.« (Mosès 1993, 373) Die Absetzung der Souveränität des »Ich« ist die soziale Beziehung zum anderen Menschen, die selbst-lose (des-inter-essé) Beziehung, ein Sich-Lösen vom je eigenen Sein.

Lévinas zufolge impliziert Heideggers *Mitsein* eine Symmetrie von Anfang an und erreicht somit nicht den ethischen Impetus der Möglichkeit des Für-Seins (vgl. auch Derrida 2000h, 399). Bei Heidegger ist das »Ich« mit den Anderen ein »Wir«, da »auf dem Grunde dieses *mithaften* In-der-Welt-seins [...] die Welt schon immer die [ist], die ich mit den anderen teile.« (Heidegger 1993, 118) Lévinas schreibt, dass der ethischen Beziehung zum Anderen bei Heidegger keine zentrale Bedeutung zukomme: »*Mit* [dt.i.Org.], das heißt immer sein neben [...], das ist nicht in erster Linie das Antlitz, das ist *zusammensein* [dt.i.Org.], vielleicht *zusammenmarschieren* [dt.i.Org.].« (Lévinas 1995, 148)

Auch in der Heideggerschen Bestimmung des Mitseins spürt Lévinas wieder die *Egologie* auf; insbesondere in Heideggers Weltanschauung in *Sein und Zeit*, in der die Wirklichkeit des Menschen durch die Sorge um seinen *eigenen* Tod definiert wird. Während *Mitsein* symmetrisch ist, ist *Für-Sein* nicht-symmetrisch: »der Modus des Seins, der nicht nur die Einsamkeit ausschließt (wie es schon Mitsein tat), sondern auch die Indifferenz.« (Bauman 1995c, 81) Nicht Mit-Sein, sondern – nicht auf Reziprozität hoffendes – Für-Sein, nicht Synthese, sondern das Angesicht-zu-Angesicht bildet die ethische Beziehung: »Die irreduzible und letzt-

---

or divides itself in gathering itself together to answer to the other, whose call somehow precedes its own identification with itself, for this call I can *only* answer, have already answered, even if I think I am answering ›no‹.« (Derrida 1995d, 261)

endliche Erfahrung der Beziehung scheint mir in der Tat woanders zu liegen: nicht in der Synthese, sondern im Von-Angesicht-zu-Angesicht der Menschen, in der Sozialität im moralischen Sinne. [...] Intersubjektive Beziehung [ist] eine nicht-symmetrische Beziehung.« (Lévinas 1986*b*, 58f)

Die Bequemlichkeit, bestimmte Normen oder Regeln zu befolgen, die dem »Ich« ein schlechtes Gewissen ersparen würden, ist nach Lévinas dem moralischen Selbst zu wenig. Gerade die ambivalente Situation, die sich bei einer Nicht-Vorhandenheit von Regeln ergibt, die Ambivalenz oder Unentscheidbarkeit, nicht zu wissen, ob jetzt gut oder schlecht gehandelt wurde, fordert auf, jedes Mal neu und situationsgemäß zu entscheiden. Ein »Mehr an Verantwortung« (Lévinas 1986*b*, 59) kann nur als *einzige*, »meine« Regel vor jeder Reziprozität ausgedrückt werden. Damit verantwortlich gehandelt werden kann, gilt es immer, in dieser Unentscheidbarkeit zu entscheiden. Gäbe es diese Unentscheidbarkeit nicht, wäre die freie Entscheidung oder die Verantwortlichkeit gar nicht möglich, sondern lediglich eine Verwirklichung eines bestimmbaren Wissens oder ein Abspulen von Handlungsprogrammen als Konsequenz einer vorherbestimmten Ordnung.[68] Verantwortung kann es nur geben, wenn sie nicht im Voraus an bestimmte Regeln, gemeinschaftliche Normen oder biologische Gemeinsamkeiten gebunden ist: »Der Nächste betrifft mich vor jeder Übernahme, vor jeder bejahten oder abgelehnten Verpflichtung. [...] Außer-biologisches Verwandtschaftsverhältnis, ›gegen alle Logik‹. Nicht deshalb betrifft mich der Nächste, weil er als einer erkannt wäre, der zur selben Gattung gehörte wie ich. Er ist gerade Anderer. Die Gemeinschaft mit ihm beginnt in meiner Verpflichtung ihm gegenüber.« (Lévinas 1992*a*, 189f)

Das heißt, dass zwischen dem »Ich« und dem Anderen, für den es verantwortlich ist, zunächst eine Differenz besteht. Eine Differenz, die aber gerade Nähe bedeutet. Diese Nähe ist nicht im Sinne einer rein räumlichen Nähe zu verstehen (vgl. Lévinas 1992*a*, 221), sondern sie ist Nahheit, Ereignis des Nah-Seins und des An-gehens. Ähnlich wie es keine gemeinsame Zeit zwischen dem Selben und dem Anderen gibt, bedeutet Nähe einen anderen Raum:

»Die Nähe ist eine Differenz – eine Nichtübereinstimmung, eine Arhythmie in der Zeit, eine der Thematisierung gegenüber widerständige Diachronie – widerständig gegenüber der Erinnerung, die die Phasen einer Vergangenheit synchronisiert. Das Nicht-Darstellbare – verliert doch der Andere in der Darstellung sein Gesicht als Nächster. Unbeschreibbare Beziehung, im buchstäblichen Sinne des Wortes: unverwandelbar in Geschichte, irreduzibel auf die Gleichzeitigkeit *des Geschriebenen*, auf die *ewige Gegenwart* des Geschriebenen, das Ergebnisse verzeichnet oder präsentiert. Diese Differenz in der Nähe zwischen dem Einen und dem Anderem – zwischen mir und dem Nächsten – schlägt um in *Nicht-Indifferenz*, in gerade *meine Verantwortung*. Nicht-Indifferenz, Menschlichkeit, der-Eine-für-den-Anderen – eben Bedeutsamkeit der Bedeutung, Verstehbarkeit des Verstehbaren und so, auch hier noch, Vernunft. Nicht-Indifferenz der Verantwortung *bis hin zur Stellvertretung für den Nächsten* [...].

Die Nähe bedeutet also eine Vernunft vor der Thematisierung der Bedeutung durch ein denkendes

---

68 Vgl. auch Derrida (2000*a*).

Subjekt, vor der Sammlung der Begriffe in eine Gegenwart, eine *vorursprüngliche Vernunft*, die aus keinerlei Initiative eines Subjekts hervorgeht, eine *an-archische Vernunft*.« (Lévinas 1992a, 361)

Der *an-archischen Vernunft* steht nach Lévinas die Verstehbarkeit als unpersönlichem Logos gegenüber (vgl. Lévinas 1992a, 363). Dieses unpersönliche Logos drückt sich beispielsweise in der Staatsräson, der verteilenden Gerechtigkeit, der Thematisierung des Anderen oder der Synchronizität der Zeit aus. Was geschieht, wenn zur Nähe mit dem anderen Menschen der Dritte hinzu kommt? Wie entsteht eine (verteilenden) Gerechtigkeit? Daran schließen sich weitere Fragen an, die die folgenden Ausführungen bestimmen: Wie kann aus der Synchronisierung oder der Vernunft der Thematisierung wieder die Verstehbarkeit der Nähe zur absoluten Andersheit des anderen Menschen auftauchen? Wie kann durch die Vereinnahmung in Kohärenz, die notwendig für eine vergleichende Gerechtigkeit erscheint, wieder das *Sagen* des Anderen vernommen werden?

7. Ethik, Gerechtigkeit und das Problem des Dritten

»als ob die Welt nicht aus den Fugen wäre.«
(Lévinas 1988c, 104)

Der absolute Vorrang des anderen Menschen bedeutet für Lévinas nicht die Vernachlässigung sozialen und politischen Handelns angesichts der ökonomischen, sozialen oder politischen Verhältnisse. Es stellt sich vielmehr die notwendige Aufgabe einer *ständigen* Neuerfindung (Invention) des Politischen. Vielleicht kann es das Politische ja nur geben, wenn die ethische Beziehung zum Anderen eröffnet wurde? Vielleicht liegt die Bedingung der Möglichkeit des Politischen genau in der ersten sozialen Situation, in der Beziehung zum Anderen? Auf jeden Fall schreibt Lévinas: »Die Analyse der Beziehung von Personen, die die ursprüngliche Bedeutung des Rechtes des Einzelnen in der Nähe und der Einzigkeit des *anderen* Menschen aufzuzeigen versuchte, ist in gar keiner Weise eine Geringschätzung des Politischen.« (Lévinas 1995, 236)[69]

---

[69] Dabei sei noch einmal daran erinnert, wie sich Lévinas auch einem bestimmten Geist des Marxismus verbunden fühlt. In einem Interview antwortet er auf die Frage: *Ist Ihr Denken, das ein Denken der Liebe ist, vereinbar mit einem Denken der Eroberung, wie dem Marxismus?* – »Nein, im Marxismus gibt es nicht nur Eroberung: es gibt auch die Anerkennung des Anderen. Sicher, die Aussage ist: Den Anderen können wir retten, wenn er fordert, was ihm zusteht. Der Marxis-

Die Vorstellung einer Gerechtigkeit, die sich im Rechtsystem, in politischen Institutionen oder in einer rationalen Organisierung des Sozialen verkörpern könnte, ist für Lévinas einerseits nur unter der Bedingung ursprünglicher Verantwortung für den Anderen möglich und andererseits unmöglich, weil niemals abgeschlossen (vgl. Lévinas 1986*b*, 53). Das heißt, Gesellschaftlichkeit bzw. Sozialität wird dynamisch und als unendliche Ausweitung der face-à-face–Beziehung gesehen (vgl. Moebius 2001*c*). Dabei ist die Blickrichtung diejenige, dass formale Gleichheit der Gesellschaftsmitglieder nicht von sich her die Verantwortung der Individuen – im Sinne der absoluten Verantwortung für den Anderen – erzeugt, sondern dass die Verantwortung für den Anderen sowohl die Grundlage formaler Gleichheit liefert als auch deren Grenze markiert, insofern diese formale Gleichheit niemals an ein Ende gelangt (vgl. Derrida 2000*h*). Lévinas' Auffassung des Vergesellschaftungsprozesses steht dagegen geradezu konträr zur Hobbes'schen Vorstellung des Naturzustandes und seines beschränkenden Prinzips:

> »Es ist äußerst wichtig, ob die Gesellschaft im üblichen Sinn das Ergebnis einer Beschränkung des Prinzips, daß der Mensch dem Menschen Wolf ist, darstellt oder ob sie im Gegensatz dazu aus der Beschränkung des Prinzips, daß der Mensch für den Menschen da ist, hervorgeht. Stammt das Soziale mit seinen Institutionen, mit seinen universellen Formen, seinen Gesetzen daher, daß man die Folgen des Krieges zwischen den Menschen limitiert hat oder daß man die Unendlichkeit limitiert hat, die sich in der ethischen Beziehung zwischen Mensch und Mensch eröffnet?« (Lévinas 1986*b*, 62)

Unter welchen Bedingungen tritt die Beschränkung der Unendlichkeit auf? Welche Folgen hat die Tatsache, dass das »Ich« niemals nur in einer Beziehung von-Angesicht-zu-Angesicht existiert, sondern es noch »Dritte« gibt?

»Der Dritte« (*le tiers*) bezeichnet nicht bloß ein weiteres Individuum (vgl. Delhom 2000, 201). Der Dritte bezeichnet strukturell alle Menschen, die der nichttotalisierbaren Pluralität und Verstreuung der Menschen angehören. Insofern gibt es keinen Vierten.[70] Das Hinzukommen des Dritten bedeutet auch nicht, dass man sich wie einen Anderen und den Anderen wie sich selbst, also aus dem Blickwinkel eines Dritten beobachtet; er ist *nicht* die Möglichkeitsbedingung der Be-

---

mus ermutigt die Menschheit, zu fordern, was ihre Pflicht wäre, ihr zu geben. Das unterscheidet sich ein wenig von meiner radikalen Unterscheidung zwischen mir und den Anderen, aber man kann den Marxismus dafür nicht verdammen. Nicht weil er so geglückt wäre, sondern weil er den Anderen ernst genommen hat.« – *Als politische Ideologie ist der Marxismus nichtsdestotrotz eine Philosophie der Macht, die die Eroberung der Macht durch die Gewalt predigt.* – »Das ist bei allen politischen Ideologien so ... Doch eigentlich hofften die Verkünder des Marxismus die politische Macht überflüssig zu machen. Das ist der Gedanke bei einigen besonders sublimen Sätzen, wenn Lenin zum Beispiel sagt, der Tag werde kommen, wo eine Köchin den Staat werde regieren können. Das heißt keineswegs, dass sie ihn regieren wird, sondern das sich das Problem der Politik nicht mehr in den heutigen Begriffen stellen wird. Da gibt es einen Messianismus.« (Lévinas 1995, 152) Zur weiteren Bestimmung des Messianismus vgl. Chalier (1988) und Derrida (1999*a*, 105ff).

70 Vgl. auch Simmel (1992*b*, 124). Der Dritte kann entweder eine Gruppe, eine Person oder eine soziale Ordnung oder Formation sein.

ziehung zwischen Selbem und Anderem (vgl. Waldenfels 1999, 118) und ebenso wenig die Instanz der Gerechtigkeit. Bernhard Waldenfels hat in seinen Studien zur »Phänomenologie des Fremden« auf die Beziehung zwischen den Dritten und dem Fremden/Anderen folgendermaßen hingewiesen:

> »Die kommunikative Vereinnahmung des Fremden scheitert daran, daß die Konfiguration, die den Fremden einer Ordnung des Dritten einverleibt, immer wieder aufbricht. Das Gefüge zeigt Risse, die sich nicht schließen. Der Fremde und der Dritte bewegen sich in verschiedenen Dimensionen, die zwar miteinander verschränkt sind, aber in ihrer Heterogenität keiner gemeinsamen Skala zuzuordnen sind. Der Fremde und der Dritte fügen sich nicht in eine kommunikative Ordnung, vielmehr verhalten sie sich zueinander wie der *Überschuß eines Außer-Ordentlichen zum Gleichmaß einer normalen Ordnung.*« (Waldenfels 1999, 118)

In seinem Essay zu Lévinas beschreibt Stephane Mosès deutlich das Hinzukommen des Dritten in die face-à-face Begegnung, wobei das Verhältnis des »Ich« zum Dritten genauso persönlich ist wie zu dem Anderen. Daraus folgert er, dass sich der Begriff der Gesellschaft bei Lévinas durch eine kontinuierliche Ausweitung der Sorge für den Anderen konstituiert (vgl. Mosès 1993, 376).[71] Der Dritte ist aber nicht ein Es oder die grammatische Kategorie der dritten Person, sondern das Verhältnis zum Dritten ist genauso persönlich wie zum Anderen; nur der Grad der räumlichen Nähe zwischen dem Anderen und dem Dritten kann unterschiedlich sein, sowie die Tatsache, dass die Dritten zahlreich sind – bis zur multiplizitären Unzählbarkeit.

Angesichts der Dritten erfolgt Lévinas zufolge die Notwendigkeit eines Vergleichs, einer Reziprozität und einer Synchronisierung der widerstreitenden Ansprüche in einem Rechtssystem: »Es ist nicht so, daß der Eintritt des Dritten eine empirische Tatsache wäre und daß meine Verantwortung für den Anderen sich durch den ›Zwang der Verhältnisse‹ zu einem Kalkül genötigt findet. In der Nähe des Anderen bedrängen mich – bis zur Besessenheit – auch all die Anderen, die Andere sind für den Anderen, und schon schreit die Besessenheit nach Gerechtigkeit, verlangt sie nach Maß und Wissen, ist sie Bewußtsein.« (Lévinas 1992a, 344) Die soziale und kontextuelle Situation des Mitseins, die durch die Dritten gegeben ist, erfordert, dass »Ich« »Unvergleichbare, Einzige vergleiche. [...] Urteil und Gerechtigkeit bzw. Justiz wird mit dem Dritten nötig.« (Lévinas 1995, 259). Die Verpflichtung des Anderen im Hinblick auf den Dritten ruft nach Prinzipien, Thematisierung, Objektivierung, Vergleich: Suche nach Gerechtigkeit im Sinne formaler Gleichheit. Gleichsetzen des Nicht-Gleichen. Was geschieht nun mit dem »Anders als Sein«? Wird die Unendlichkeit des Anderen für immer ausgelöscht?

Im Vergleich mit den Dritten wird der absolut Andere auf die Partikularität eines Exemplars unter Vielen reduziert, »auf den Rang des Staatsbürgers. Abstieg.«

---

71 Vgl. auch Lévinas (1993, 40).

(Lévinas 1995, 237) Um aber auf den Anspruch des Anderen zu antworten, muss dieser als Singularität und nicht als Exemplar unter Vielen erscheinen. Einerseits braucht es den Vergleich und somit das Recht, andererseits wird man im vergleichenden, abstrakten Recht der Besonderheit oder der singulären Situation des Anderen nicht gerecht. Hieraus ergeben sich zwei Handlungsrichtungen: Einerseits muss die Singularität der Andersheit situativ beachtet werden und andererseits gibt es Situationen, in denen verglichen werden muss; Situationen, in denen gegenüber dem Anderen und gegenüber den Dritten, also in einer unentscheidbaren Situation, eine Entscheidung gefällt werden muss. Dadurch ergibt sich ein unentscheidbares Problem, ein Nicht-Wissen, wohin man sich wenden soll (vgl. Derrida 1998*a*, 29): dem singulären Anderen zu oder den Dritten? Genau wie beim *Sagen*, das sich im *Gesagten* ausdrückt und dadurch fast verdeckt wird, kann die Allgemeinheit des Menschen den absolut Anderen verdecken. Der Dritte, der zugleich der Nächste ist – und Nächster der Nächsten – ist allen Kriterien der Gerechtigkeit unterworfen, die für alle gleich sind. Wie soll aber das Fürsein für den Anderen sich gestalten, zum Ausdruck kommen, ohne den Dritten zu schaden?[72]

In diesem Widerspruch ist nach Lévinas die Beziehung zum Anderen immer in Gefahr, in einem System von allgemein gültigen Gesetzen unterzugehen, obgleich diese Beziehung dieses System erfordert, weil es daraus hervorging. Der Augenblick des institutionalisierten Rechts bedeutet keine Verminderung der anarchischen Verantwortung:

> »Doch auch die Gerechtigkeit kann den Ursprung des Rechtes und die Einzigkeit des Anderen, die nunmehr die Besonderheit und die Allgemeinheit des Menschen verdecken, nicht vergessen machen. Sie kann die Einzigkeit nicht der politischen Geschichte überlassen, die in den Determinismus der Macht, der Staatsräson, der Versuchungen und Gelegenheiten der Totalitarismen verstrickt ist. Sie erwartet die Stimmen, die die Urteile der Richter und Staatsmänner wieder auf das unter den Identitäten der Staatsbürger verborgene menschliche Antlitz aufmerksam werden lassen.« (Lévinas 1995, 237)

Das Für-den-Anderen-Sein kann beispielsweise in der Forderung nach einer unabschließbaren Vervollkommnung der gesellschaftlichen Regeln zum Ausdruck kommen, in der Bewegung zu einer nie abgeschlossenen, zu-kommenden Gerechtigkeit (vgl. Lévinas 1995, 273). Im Gegensatz zu einer abgeschlossenen Ordnung des Sozialen, die sich über einen anfänglichen Vertrag oder Gründungsakt her konstituiert[73], will das Für-den-Anderen-Sein Lévinas' keine (räumliche oder

---

72 Hier konstatiert Derrida eine Aporie, die darin besteht, dass das »Ich«, wenn es einen bestimmten Anderen allen Anderen (den Dritten) vorzieht, den Dritten gegenüber ungerecht ist und möglicherweise für deren Tod verantwortlich sein kann. Dies ist eine Situation ethischer Unentscheidbarkeit, oder wie Derrida mit Kierkegaard formuliert: »Der Augenblick der Entscheidung ist ein Wahnsinn ... « (Derrida 1997*c*, 53) Aber ohne diese Unentscheidbarkeit gäbe es nach Derrida keine Verantwortung und keine Entscheidung (vgl. Kapitel II. und III.).
73 Wobei ein Gründungsakt bzw. Konstitution den Charakter von ausschließender Gewalt und perfor-

zeitliche) Begrenzung zulassen. Insofern trägt die Lévinas'sche Idee der Gerechtigkeit in sich die Forderung einer unendlichen, unabgeschlossenen Bewegung. Die Verantwortung für den Anderen kann sich beispielsweise in der Kritik an den Institutionen artikulieren, seien es normative Verfestigungen eingespielter Muster sozialen Handelns oder Organisationssysteme; anders gesagt, Verantwortung kann sich im permanenten Widerstand gegen eine etablierte soziale Ordnung im Namen des singulären Anderen, des Außer-Ordentlichen ereignen. Aus dieser Perspektive stellt der demokratische und egalitäre Staat für Lévinas nicht das letzte Wort der Gerechtigkeit dar, obgleich die Pluralität der Demokratie und die formale Gleichheit notwendige (aber nicht zureichende) Prinzipien einer zu-kommenden gesellschaftlichen Gerechtigkeit sind: »Ohne die beständige Sorge um das Wohl des Anderen, die mich über die bloße Gleichheit hinaus mitreißt, läuft die formelle Demokratie Gefahr, nur eine Maske zu sein, hinter der die Gewalt gegen die Schwachen, gegen die Opfer und die Ausgeschlossenen perpetuiert.« (Mosès 1993, 377)[74]

Folglich gewährt Lévinas dem absolut Anderem den Vorrang, auch innerhalb oder am Rand des Vergleichbaren, das sich ihm gegenüber als unverantwortlich erweisen kann. Dies bedeutet, dass die Epiphanie des Antlitzes nicht gänzlich in einem un-politischen Raum stattfindet, der völlig außerhalb des öffentlichen oder politischen Rahmens anzusiedeln wäre (vgl. Moebius 2001c). Vielmehr heißt dies, dass es darauf ankommt, das Antlitz innerhalb des Terrains der Politiken, der Objektivierungen und des vergleichenden Rahmens wieder sichtbar zu machen. Die erste Norm ist nach Lévinas »die Fähigkeit des Menschen, dem Anderen den Vortritt vor sich zu lassen.« (Lévinas 1995, 139)

Dies sind nach Lévinas ethische Schritte jenseits des rein Politischen und dennoch keineswegs unpolitisch, eher eine Ankündigung einer anderen Politik, eine »messianische Politik« (vgl. Derrida 1999a, 105ff): *Eine Politik jenseits des Politischen im Politischen.*[75] Eine ethisch-politische Position, wie sie in der vorlie-

---

mativer Produktion des Wir und des Anderen im Sinne eines konstitutiven Außen bedeutet. Vgl. Derrida (1986a) und Derrida und Kittler (2000).

74 Insofern die Verantwortung für den Anderen immer auch innerhalb der Beziehung zu Dritten, d.h. in der Gesellschaft stattfindet, ist Gesellschaft bei Lévinas kein statischer Begriff, der eine geschlossene Ordnung impliziert, sondern verdankt sich der Dynamik der Beziehung von Angesicht-zu-Angesicht im sozio-politischen Bereich, ist also Gesellschaftlichkeit. »Was konkret oder empirisch bedeutet, daß die Gerechtigkeit [als Beziehung zu den Dritten, S.M.] nicht eine über Massen von Menschen herrschende Legalität ist, der sich eine Technik des ›sozialen Gleichgewichts‹ entnehmen läßt, durch die antagonistische Kräft harmonisiert werden; es wäre dies eine Rechtfertigung des Staates, der seinen eigenen Notwendigkeiten überlassen bleibt. Die Gerechtigkeit ist unmöglich, ohne daß derjenige, der sie gewährt, sich selbst in der Nähe befindet. Seine Funktion beschränkt sich nicht auf die ›Funktion der Urteilskraft‹, auf die Subsumtion von Einzelfällen unter die allgemeine Regel.« (Lévinas 1992a, 346f)

75 Zum Begriff des Politischen als das Terrain der Unentscheidbarkeit auf dem Entscheidungen (Politiken) getroffen werden müssen vgl. Kapitel III. Lévinas schreibt in »Jenseits des Seins oder anders

genden Arbeit verfolgt wird, wäre demnach diejenige, die den Anderen jenseits regelförmigen Verhaltens und der objektivierten Thematisierung erblicken lässt und die Beziehung zum außer-ordentlichen Anderen bestärkt. Eine Position, die der Unendlichkeit des anderen Menschen nachspürt, indem sie ihn aus der Thematisierung, der festen, geschlossenen Identität und Objektivierung – eine Thematisierung und Objektivierung, die aus dem Vergleich entsprang – herauslöst. Eine Position, die das Antlitz zum *Sagen* erweckt, außerhalb aller Aneignung: »Diese Herauslösung aus aller Objektivität bedeutet für das Sein positiv seine Gegenwärtigung im Antlitz, seinen *Ausdruck*, seine Sprache.« (Lévinas 1987d, 95)

Die Frage der Politik kann jetzt noch eingehender behandelt werden. Es wird zum einen der Begriff des Politischen konkreter erläutert und zum anderen Lévinas' Sichtweisen zu den Menschenrechten, der Gemeinschaft und dem liberalen Staat herausgearbeitet.

7.1. Die Frage der Politik

Die Spur von der Ethik (der Begegnung mit dem absolut Anderen) hin zur Politik ist markiert durch die Beziehung zum Dritten, zu all den Anderen, die die »Gemeinschaftliche Gesellschaft« (vgl. Lévinas 1996b, 103ff) bilden.[76] Der Weg zur Politik und zur Entscheidung, der in der unentscheidbaren Situation zwischen Anderem und den Dritten eingeschlagen werden muss, wird durch Lévinas anhand des Erscheinens folgender Frage spürbar: »Der Dritte führt einen Widerspruch in das Sagen ein, dessen Bedeutung angesichts des Anderen bis dahin nur in eine Richtung ging. Von selbst findet nun die Verantwortung eine Grenze, entsteht die Frage: ›Was habe ich gerechterweise zu tun?‹ Gewissensfrage.« (Lévinas 1992a,

---

als Sein geschieht«: »das Ethische ist jenseits des Politischen [...]. (Lévinas 1992a, 268) Wie im Folgenden noch deutlich wird, beschreibt dieses »Jenseits« keinen absolut transzendenten Ort, sondern ist immer schon in das eingeschrieben, von dem es sich als Jenseits begreift. So kann beispielsweise Lévinas' Werk als eine Phänomenologie jenseits der Phänomenologie begriffen werden, da sie die Phänomenologie durch die Phänomenologie selbst unterbricht (vgl. Derrida 1999a, 84). Das »Jenseits des Politischen« deutet also nicht auf ein Nicht-Politisches hin (vgl. Derrida 1999a, 106), sondern auf eine Verschiebung des Begriffs des Politischen als »den Diskurs der Philosophie griechisch-römischer Herkunft über das Politische, das Gemeinwesen, den Staat, über Krieg und Frieden.« (Derrida 1999a, 106) Jedenfalls eröffnet dieses Denken auch die Frage nach der Grenze zwischen dem Politischen und Nicht-Politischen. Wo sind diese Grenzen zu ziehen? Wie lässt sich eine Grenzziehung letztendlich begründen? Die Fragen werden wohl selbst unentscheidbar sein, in dem Sinne vielleicht, wie man fragen kann: Ist die Grenzziehung zwischen dem Politischen und Nicht-Politischen nicht selbst wieder politisch?

76 Vgl. zur »Gemeinschaftlichen Gesellschaft« auch den instruktiven Beitrag von Gondek (1994a).

343)⁷⁷ Was nach Lévinas verhandelt werden muss, ist demnach die Frage der Politik. Ethik bedeutet die Unterbrechung totalisierender Politik; Politik wird zum Raum von Befragungen. Wie die hebräischen und (in der Übersetzung) deutschen Epigraphen von »Jenseits des Seins oder anders als Sein geschieht« (Lévinas 1992a) verdeutlichen, ist der nationalsozialistische Antisemitismus nicht nur auf den Hass gegen die jüdischen Menschen bezogen, sondern wird von Lévinas ausgedehnt auf die Bedeutung von einem Hass gegen den anderen Menschen als solchen.⁷⁸ Insofern ist Anti-semitismus ein Anti-humanismus, wobei Lévinas unter »Humanismus« einen Humanismus des anderen Menschen versteht. Der Nationalsozialismus ist ein Beispiel totalisierender Politik bzw. eine Form von Immanentismus (Nancy), die sich auf einer Reduktion der Transzendenz des Anderen aufbaut.⁷⁹ In Lévinas' beiden Hauptwerken *Totalität und Unendlichkeit* (Lévinas 1987d) und *Jenseits des Seins oder anders als Sein geschieht* (Lévinas 1992a) beginnen die Einleitungen mit einer Schilderung der Dominanz totalisierender Politik, die er mit dem Krieg assoziiert (vgl. Kapitel I.1.). Wie in der Einführung deutlich wurde, ist damit sowohl die empirische Tatsache des Krieges gemeint als auch die Hobbes'sche Behauptung, dass sich eine friedliche soziale und politische Ordnung auf dem Krieg aller gegen aller gründet (vgl. auch Kapitel I.6.) sowie die Reduzierung des absolut Anderen auf Selbiges. Dabei ist für Lévinas von entscheidender Bedeutung, ob sich eine Gesellschaft auf diesem *bellum omnium contra omnes* aufbaut oder von der irreduziblen Verantwortung des Einen für die Anderen herrührt. Merold Westphal bemerkt in diesem Zusammenhang, dass die Geschichte zeigt, dass Gemeinschaften, die auf einer anderen als der Lévinas'schen Verantwortung gegründet wurden und werden, besonders gewaltvoll sind: »His [Lévinas', S.M.]

---

77 Gewissensfrage, die sich eben in der Frage und der ihr innewohnenden Konfliktualität ausdrückt: »Hier liegt der Unterschied zwischen der Polizeiaktion im Dienst des bestehenden Staates und revolutionärem Handeln. Es genügt nicht, gegen etwas zu sein, man muß im Dienst einer Sache stehen. Ich denke, das revolutionäre Handeln erkennt man nicht an gewalttätigen siegreichen Straßendemonstrationen. Die Faschisten waren darin sogar besser. Das revolutionäre Handeln ist zunächst das des einzelnen Menschen, der die Revolution unter gefahrvollen Umständen vorbereitet, aber auch unter Gewissenskonflikten, im doppelten Untergrund der Katakomben und des Gewissens. Unter Gewissenskonflikten, die die Revolution unmöglich werden zu lassen drohen. Denn es geht [...] auch darum, den Unschuldigen nicht leiden zu lassen.« (Lévinas 1998, 37f)
78 Der Epigraph lautet: »Dem Gedenken der nächsten Angehörigen unter den sechs Millionen von den Nationalsozialisten Ermordeten, neben den Millionen und Abermillionen von Menschen aller Konfessionen und aller Nationen, Opfer desselben Hasses auf den anderen Menschen, desselben Antisemitismus.« (Lévinas 1992a, 7)
79 In diesem Zusammenhang schreibt Simon Critchley: »The crematoria at Auschwitz are testimony to the attempted destruction of transcendence and otherness. The philosophy of Levinas, like that of Adorno, is commanded by the new categorial imperative imposed by Hitler: namely, ›that Auschwitz not repeat itself‹ (dass Auschwitz sich nicht wiederhole).« (Critchley 1999b, 221)

view, then, is that we move to solidarity not by rising above the particular interests of clan or contract to the universality of knowledge or justice as constructed by traditional ethical theory, but by rising above both the particularity of interests and the universality of knowledge to the particularity of obligation that requires my presence to the Other.« (Westphal 1988, 314)[80] Nach Simon Critchleys Verständnis Lévinas'schen Denkens, dem im Folgenden gefolgt wird, kann sich die Dominanz der Totalität auch in einer Dominanz der Politik ausdrücken, in der die Politik alles beherrscht und Politik als systemüberschreitendes Ereignis nicht stattfinden kann. Anders ausgedrückt bedeutet dies, dass das Politische nicht mehr ein offenes Terrain, sondern mit einer bestimmten Politik identisch und als System völlig geschlossen ist:[81]

»Left to itself, politics engages in the reduction of all areas of social life, and more particularly that of ethics to politics. The primacy of politics is the primacy of the synoptic, panoramic vision of society, wherein a disinterested political agent view society as a whole. For Levinas, such a panoramic vision, not only that of the philosopher but also of the political theorist, is the greatest danger, because it loses sight of ethical difference – that is, of my particular relation to and obligations towards the Other.« (Critchley 1999b, 222)

Auf der einen Seite kann Critchley zugestimmt werden. Für Lévinas ersetzt die Politik keinesfalls die Ethik, die Verpflichtung gegenüber dem absolut Anderen, denn eine Politik ohne Ethik und Beziehung zum Anderen kann schnell zu instituionalisierten Verfahrensweisen führen, die den Anderen außen vor lassen. Politische Entscheidungen gleichen dann eher abspulbaren Programmen.[82] Auf der anderen Seite lässt sich jedoch *die* Politik und das Politische keinesfalls auf ein identifizierbares, geschlossenes, präsentes oder substantielles Terrain festlegen, sondern die Lévinas'sche Ethik eröffnet eine andere Form von Politik (vgl. I.6.), die sich wiederholt (oder mittels Iteration, vgl. Kapitel II.) darum bemüht, alle Versuche der Totalisierung und einer endgültigen Schließung zu unterbrechen: Eine Sichtweise von Politik als Ereignis und Entscheidung, die nicht als Aushandeln zwischen Dritten, sondern als ein intervenierender Bruch mit der geregelten Ordnung verstanden wird. Dies macht auch ihre Nähe zur Dekonstruktion aus, die im nächsten Kapitel genauer untersucht wird. Dort wird deutlich, dass Lévinas von einem Begriff des Politischen ausgeht, der von der Beziehung zum Anderen noch vor einer Unterscheidung in beispielsweise Freund/Feind entwickelt werden kann. Zu unterscheiden sei dabei, dass Politik die konkrete Handlung und entschiedene Tat meint, die sich angesichts des ganz Anderen und unter dem Hinzukommen der Dritten ereignen muss. Das Politische ist jedoch der (unentscheidbare) Raum, aus dem diese

---

80 Im diesem Sinne kommt Solidarität erst durch das Hinzukommen des Dritten und ist in der asymmetrischen Verantwortlichkeit für den Anderen begründet (vgl. Lévinas 1996b, 104f).
81 Vgl. Kapitel III. zur Offenheit des Politischen und der Politik als eine Entscheidung im Politischen.
82 Vgl. Kapitel II.5.

entschiedene Aktion erwächst, wobei noch zu spezifizieren sein wird, wie diese Entscheidung zu denken ist (vgl. Kapitel III.3.). Unentscheidbarkeit liegt in diesem offenen Raum jedoch nicht in der voluntaristischen Entscheidung für Freund oder Feind, sondern in der nicht geregelten Erfahrung zwischen einer Entscheidung für den ausgeschlossenen und deswegen singulären und absolut Anderen angesichts einer ebenso dringenden Entscheidung für die Anderen des Anderen, denen man ebenso gerecht werden muss. Eine Unterscheidung in Freund oder Feind findet erst nach der Begegnung mit dem Anderen statt, indem dieser Andere in der Dimension des Gesagten objektiviert wird.[83] Die Notwendigkeit einer neuen Grenzziehung zwischen dem Ethischen und Politischen wird dadurch ersichtlich, dass die Beziehung zum Anderen das »Terrain« darstellt, von wo sich aus Politik oder Entscheidungen ereignen können. Um beispielsweise den Anderen zu identifizieren (als Freund oder Feind), muss er schon empfangen worden sein. In den Worten Derridas ausgedrückt: »Die strukturelle Komplikation des Politischen findet also eine topologische Bestimmung. [...] Die Grenze zwischen Ethischem und Politischem verliert dort für immer die unteilbare Einfachheit einer Grenzziehung. Was immer auch Lévinas darüber sagt, die Bestimmbarkeit dieser Grenze war nie ungetrübt und wird es niemals sein.« (Derrida 1999a, 126f)

Richtet sich Lévinas' Kritik lediglich gegen totalitäre Regimes? Was sagt er zu demokratischen Regierungsformen? Seine Kritik zielt nicht nur speziell auf definierte Totalitarismen, sondern Lévinas richtet sich ebenfalls gegen Formen liberaler Politik, insofern sie von der Vorstellung der Autonomie, der universalistischen Vernunft und einer Kosten-Nutzen-Maximierung des Subjekts geprägt sind: Auf der einen Seite stellt für ihn der liberale Staat zwar kein von vornherein zu verurteilendes Übel dar, im Gegenteil (vgl. Lévinas 1995, 259): Der liberale Staat ist für ihn dadurch geprägt, dass er die Verteidigung der Menschenrechte zulässt.[84] Es bleibt aber für Lévinas andererseits die Frage bestehen, ob der liberale Staat – und da-

---

83 Die Unentscheidbarkeit als Verräumlichung und Kennzeichen, dass niemals endgültig ein politischer, sozialer oder kultureller Kontext geschlossen ist und darum immer schon auf die Dimension der Alterität dieses Kontextes verwiesen ist, führt zu einer *passiven* und ethischen Entscheidung für diese Alterität (vgl. Kapitel II.8.2. und III.3.). Von dieser Alterität her kommt es zur Veränderung von Politik, des Sozialen und zur Verhandlung zwischen verschiedenen Pluralitäten, zur Institutionalisierung und zum politischen und kontextuellen Handeln. Dies führt zu einer neuen vorläufigen Schließung bestimmter Kontexte. Da aber Kontexte niemals rein geschlossen sind, gibt es immer diese Andersheit. Aufgrund einer unendlichen Verantwortung hinsichtlich dieser Alterität gibt es permanente Politisierung und die Möglichkeit von Ereignissen. Im weiteren Verlauf wird dieses Modell – von der Unentscheidbarkeit zur Politik – ersichtlicher und zum Angelpunkt dieser Arbeit. Ebenso wird der Begriff des Politischen, wie er hier zugrunde liegt, anhand der Demokratietheorie Ernesto Laclaus und Chantal Mouffes eingehender dargestellt.
84 Vgl. für die folgenden Überlegungen auch Taureck (1997, 79ff).

mit auch andere Staatsformen – hinreichend sind, um die Würde des menschlichen Subjekts zu erhalten. Oder anders gesagt: es geht ihm darum, Staatsformen zu kritisieren, die behaupten, sie verwirklichen Gerechtigkeit. Vielmehr deutet sich bei Lévinas eine Entkörperung der Gerechtigkeit an, die stets – im Sinne einer »messianischen Zeit«(vgl. Lévinas 1987d, 416) – eine zu-kommende bleibt. Mit »zukommend« ist gemeint, dass man zu keinem Zeitpunkt genau sagen kann, jetzt existiert Gerechtigkeit oder – in Zukunft – wird es eine genau definierte Gerechtigkeit geben. Die Öffnung des Zu-Kommenden bedeutet ein Engagement hinsichtlich der ethischen Gerechtigkeit, das eine Irreduzibilität des Versprechens anerkennt, ein messianisches Moment, das nicht inhaltlich bestimmt werden darf/kann, ohne in Gewalt oder Instrumentalität zu führen (vgl. Derrida 1998a, 35f). In der Bewegung des Versprechens »Die Gerechtigkeit kann kommen« oder »Es gibt Zu-kunft« gibt es ein »Ja« zur Gerechtigkeit und zu Emanzipation. Es ist im Engagement zu dieser Gerechtigkeit ein Glaube am Werk, ein messianisches Versprechen, das die Zukunft und die Unendlichkeit der Verantwortung offen hält (vgl. Lévinas 1986b, 42,53) und nicht in eine Totalität einschließt, die in der Behauptung bestünde: Jetzt *ist* Gerechtigkeit. Indem es diese Bewegungen gibt, schließt sich die Beziehung zum Anderen nie ab und existiert auch keine kontinuierliche Stabilität der Ethik und der Politik. Gäbe es diese Stabilität, wäre keine Notwendigkeit für Politik gegeben. Da diese Stabilität nicht essentiell, natürlich oder substantiell ist, wie die Praxis der Dekonstruktion es zeigt, gibt es Politik und die Möglichkeit für Ethik.

Die messianische Struktur bezeichnet eine bestimmte Erfahrung in der Beziehung zum anderen Menschen (vgl. Kapitel I.3.): Das Versprechen als bestimmte Erfahrung des Messianismus ist ein Versprechen, dass – jenseits von Utopie – Ereignisse zeitigen und neue Formen des sozialen und politischen Handelns und der Praxis induzieren kann. In diesem Sinne könnte man die *andere* Politik Lévinas' als »messianische Politik« (Derrida 1999a, 106) bezeichnen.[85]

Auch im liberalen Staat kann nach Lévinas die interpersonale Beziehung mit dem Anderen unmöglich werden (vgl. Lévinas 1995, 135).[86] Am Beispiel der Lévinas'schen Betrachtung der Menschenrechte soll dies verdeutlicht (vgl. auch Lévinas 1995, 252ff) und eine längere Passage von Lévinas zitiert werden:

---

85 Diese neuen Formen politischen und sozialen Handelns, die messianische Politik, stehen bei aller Vorsicht, die mit dieser Subsumierung zu beachten sind, unter dem normativen Banner eines *demokratischen Sozialismus* (DS): »Ideal des ›demokratischen Sozialismus‹, ein Begriff der uns teuer sein muß, schon alleine weil er unter Hitler als Abstraktion degenerierter jüdischer Intellektueller behandelt wurde. Wir sollten, aufs neue ermutigt durch den Rabbi, der Schmied war [vgl. Traktat Bab Kama, S. 60a-60b aus dem Talmud, S.M.], diesen Begriff wagen und ihn als Herausforderung in die Diskussion werfen.« (Lévinas 1998, 178)

86 Vgl. in diesem Kontext auch Taureck (1997, 81), dessen Untersuchungen hier den Hintergrund folgender Ausführungen liefern.

»Als Bezug des menschlichen Rechts auf den Staat und auf die Logik des Allgemeinen und des Besonderen ist das Menschenrecht zweifellos die unumgängliche Ordnung für die Humanisierung des Einzelnen, für Gerechtigkeit und Frieden. Ist dort aber auch mit gleichem Recht der Moment des Ursprungs jener Humanisierung des Einzelnen? Muß dessen politisches Schicksal, wenn es sich im Frieden für den Besonderen (abgesondert Lebenden) setzt und zur Ruhe setzt, sich nicht einer anderen Verleihung von Recht und einer älteren Modalität von Frieden entsinnen? Hier liegt mein Problem. Doch das Gewissen des Europäers lebt nicht im Frieden in der Epoche der Modernität, jener für Europa so wesentlichen, die auch die Zeit der Abrechnungen ist. Schlechtes Gewissen am Ausgang von Jahrtausenden der siegreichen Vernunft, der triumphierenden Vernunft des Wissens; aber auch am Ausgang von Jahrtausenden politischer, doch blutiger Bruderkriege, eines Imperialismus, der sich für Universalität hielt, der Menschenverachtung und Ausbeutung, und, bis zu diesem Jahrhundert, zweier Weltkriege, der Unterdrückung, der Völkermorde, des Holocaust, des Terrorismus, der Arbeitslosigkeit, des unverminderten Elends der Dritten Welt, der gnadenlosen Doktrinen des Faschismus und des Nationalsozialismus und bis zum unüberbietbaren Paradox der Verteidigung der Person im Stalinismus. Hat die Vernunft immer den Willen zu überzeugen vermocht? Ist der Willen praktische Vernunft gewesen, blieb er doch in einer Kultur, in der die triumphierende Vernunft der Wissenschaften sogar die Geschichte bestimmte und sich dabei niemals irrte, dennoch unbelehrbar?« (Lévinas 1995, 231)

Die Menschenrechte traten unter dem Banner der Rationalität der Wissenschaften und der *techne* auf (vgl. Taureck 1997, 81). Die Gleichheitsrechte, die Rechte auf Leben und Sicherheit und auf formale Gleichheit vor dem Gesetz begründeten sich auf einer »kognitive[n] Vorstellung vom Menschen« (vgl. Taureck 1997, 81). Lévinas beschreibt die Praxis der Menschenrechte in diesem Sinne als eine »rationale Disziplin« (Lévinas 1987a, 180f), deren Entwicklung – speziell die Technik – die für die Menschenrechtswahrnehmung vorausgesetzte Freiheit gefährdet.[87]

Eine Praxis dieses technomorphen Determinismus ist nach Lévinas der politische Totalitarismus (vgl. Taureck 1997, 81f). Eine zweite Gefahr besteht nach Lévinas darin, von einer ursprünglichen Freiheit des Subjekts auszugehen. Denn »meine« Freiheit bedeute auch immer schon die Negation der Freiheit der anderen Menschen. Vielmehr liege die Basis der Menschenrechte in der Nicht-Indifferenz gegenüber dem Anderen. Anstatt die Menschenrechte ausgehend von der eigenen Freiheit zu begründen, sind sie als Rechte des anderen Menschen zu verstehen (vgl. Lévinas 1987a, 187). Dieses Recht des anderen Menschen gründet und übersteigt im besten Falle jede institutionalisierte Gerechtigkeit.[88]

Die von Lévinas unbestrittene Notwendigkeit der Menschenrechte sollte dahingehend führen, die Institution der Menschenrechte zu verbessern. Erst durch die

---

87 Vgl. Lévinas (1990, 16)
88 »Should not the fraternity that is in the motto of the republic be discerned in the prior non-indifference of one for the other, in that original goodnesss in which freedom is embedded, and in which the justice of the rights of man takes on an immutable significance and stability, better than those guaranteed by the state? A freedom in fraternity, in which the responsibility of one-for-the-other is affirmed, and through which the rights of man manifest themselves *concretely* to consciousness as the rights of the other [...] – that is the phenomenology of the rights of man.« (Lévinas 1987c)

ständige Befragung der Rechte und durch permanente Non-Indifferenz zum Anderen hin, innerhalb, aber auch jenseits der Institution, geschieht die *unendliche Verantwortung* für den Anderen. Insofern lässt sich die in »Totalität und Unendlichkeit« explizierte Gerechtigkeit so verstehen, dass der Andere Vorrang vor allem anderen hat (vgl. Lévinas 1987*d*, 97). In dem immer neuen Versuch, dem Anderen gerecht zu werden, ihn in seiner Andersheit sein zu lassen und das appellierende Sagen des Antlitzes möglich zu machen, übersteigt nach Lévinas das Ethische jedwede festgesetzte, positive Institutionalisierung von Gerechtigkeit – Gerechtigkeit ist in diesem Sinne eben nicht auf das Recht, den Staat oder auf freie Selbstbestimmung zurückzuführen, sondern ist Beziehung zum Anderen. Hans-Dieter Gondek formuliert dies folgendermaßen:

> »Der von Lévinas geltend gemachte Vorrang des Ethischen gegenüber der Ontologie läßt kaum einen Topos der neuzeitlichen Moral- und Rechtstheorie unberührt. So ist für ihn eben nicht die Freiheit im Sinne einer Selbstbestimmung des praktischen Subjekts die Grundbedingung moralischen Handelns; in die Freiheit gesetzt wird das »Ich« allein vom Anderen her, insofern dieser es in die Verantwortung ruft – und dieser Ruf geht nach Lévinas jeder selbstgewählten Handlung voraus.« (Gondek 1994*a*, 318)

Zusammengefasst lässt sich die Kritik an der Politik, die den Liberalismus mit einbezieht, folgendermaßen – mit den prägnanten Worten von Simon Critchley – formulieren: »The Levinasian critique of politics is a critique of the belief that only political rationality can answer political questions.« (Critchley 1999*b*, 222) Mit anderen Worten heißt das: Die ethische Beziehung zum absolut Anderen kann eine politische Rationalität überschreiten, über sie hinausgehen oder aber auch leiten; ein »Überschuß des Außer-Ordentliche zum Gleichmaß einer normalen Ordnung« (vgl. Waldenfels 1999, 118). Dies sollte nicht auf eine apolitische Spur in Lévinas' Werk hinweisen, sondern eher als andere Form der Politik verstanden werden. Insofern ist auch eine soziale Ordnung als soziales Miteinander mit den zahlreichen Dritten gerechtfertigt, jedoch ständiger Kritik und Befragung unterworfen, die sich aus dem Fürsein der Ethik speist – zugunsten der Anderen, die sozialer Exklusion oder Marginalisierung unterworfen werden. Lévinas hält die beiden Sphären – Ethik und Politik – für gleich unverzichtbar und belässt sie in einer wechselseitigen, sich durchdringenden Spannung:[89] Die Politik im Sinne institutionalisierter

---

89 Eine Spannung, wie sie schon bei der Relation von *Sagen* und *Gesagten* zu beobachten war. Überhaupt könnte man schlussfolgern, dass die Philosophie von Lévinas das allgemeine Verfahren von Gegenüberstellung und Oszillation verschiedener Positionen verfolgt und diese in ihrem Widerspruch zu bewahren versucht. So kritisiert er zum Beispiel zwar die Ontologie, verwehrt sich aber zugleich einem Idealismus, der das Sein aus dem Subjekt ausschließt. Ebenso verhält es sich mit der Relation von Selbigkeit und Andersheit. Auf der einen Seite lebt das Subjekt in Trennung vom Anderen, vom *absolut* Anderen. Auf der anderen Seite schließt diese Trennung gerade nicht die Beziehung zum anderen Menschen aus, sondern ist vielleicht sogar Bedingung derer: Nähe und doch unaufhebbare Ferne, dennoch nicht »Einheit von Nähe und Ferne« (Simmel 1992*a*, 765). Vgl. auch Kapitel II.1. Die beiden relationalen Pole werden dabei nicht zu einer Einheit zusam-

Verfahren, das Recht, die Gleichheit aller vor dem Gesetz, kann nicht der Ethik geopfert werden. Andererseits hindert die Rechtmäßigkeit der Politik jedoch nicht an der Notwendigkeit von Ethik: ein *double bind* zwischen Ethik und Politik. Robert Bernasconi bemerkt dazu:

> »There is no ethics without politics, no desire without need and no saying without a said. To ignore institutions and politics would be like remaining on the spiritual level of desire, thereby approaching the Other with empty hands. It would be to seek the condition of empirical situations, while ignoring the concretization which specifies their meaning. The ethical interrupts the political, not to direct it in the sense of determining what must be done, but to challenge its sense that it embodies the ultimate wisdom of the ›bottom line‹. Levinas's thought cannot be assimilated to what conventionally passes as political philosophy, but it has never intended to do so and that is its strength.« (Bernasconi 1999, 86)[90]

Ferner lässt sich resümieren, dass Ethik zurück zur Politik, zum politischen Ereignis als das, was eine Ordnung übersteigt oder »heimsucht« (im Gegensatz zu Politik als institutionalisierten Verfahren) führen kann, zur Verantwortlichkeit des (oben genannten) Fragens, zur fragenden Forderung zugunsten einer gerechten Politik.[91] Es lässt sich mit den Worten Simon Critchleys sagen: »[...] *Ethics is ethical for the sake of politics* – that is, for the sake of a new conception of the organization of political space. [...] Politics provide the continual horizon of Levinasian ethics, and [...] the problem of politics is that of delineating a form of political life that will repeatedly interrupt all attempts at totalization.« (Critchley 1999*b*, 223)

Wie im Folgenden aufgezeigt wird, tritt in den gegenwärtigen sozialen und politischen Problemen sozialer Exklusion und Marginalisierung deutlich das hervor, was Lévinas mit den Termini »Thematisierung« oder »Objektivierung« umschrieben hat: Ausgehend von diskursiven Identifikationsoberflächen werden die Anderen anhand abweichender oder als zweitrangig erachteter (geschlechtlicher, sexueller oder kultureller) Identitäten objektiviert und identifiziert.

Die Philosophie von Lévinas kann mit der Dekonstruktion ergänzt werden, um geschlossene Ordnungen auf ihr »Außer-Ordentliches« zu öffnen.[92] Warum gerade die Praxis der Dekonstruktion von Derrida? Beinhaltet die Dekonstruktion eine

---

mengeschlossen, sondern diese Einheit bleibt die unendliche oder zu-kommende, nie erreichbare Forderung. Lévinas versucht diese Relationen in ihrer Widersprüchlichkiet und Unentscheidbarkeit zu bewahren, ohne sie in einer endgültigen Schließung oder Totalität auszusöhnen. Zu der Spannung zwischen der Achtung der irreduziblen Singularität bzw. Alterität und der »Berechnung« gleicher Subjekte als Bedingung von Demokratie vgl. Derrida (2000*h*, 47f).

90 Zu diesem Aufsatz von Bernasconi vgl. auch Delhom (2000, 319ff).
91 Zur Logik des Heimsuchens und des Gespenstes als ein Denken des Ereignisses vgl. Derrida (1996*b*, 107ff) und Kapitel II.8. Lévinas schreibt zur »Heimsuchung«: »Die Epiphanie des Antlitzes ist *Heimsuchung*.« (Lévinas 1983, 221)
92 Dadurch bekommt die Dekonstruktion, die Ordnungen auf ihr Anderes öffnet, die Rolle einer Vermittlerin zwischen Philosophie, sozial- und politikwissenschaftlicher Reflexion, auf die sie erheblichen Einfluss ausübt (vgl. Seidman und Wagner 1992).

in ihr angelegte ethische Beziehung im Lévinas'schen Sinne? Wie wirkt sich die Dekonstruktion politisch und sozialtheoretisch aus? Nach einer ersten Erläuterung der Derrida'schen Dekonstruktion und ihrer Beziehung zu Lévinas (Kapitel II.), wird ihr sozialwissenschaftlicher Gehalt in den folgenden Kapiteln näher bestimmt und anhand poststrukturalistischer Sozialtheorien aufgezeigt.

II. Unbedingter Ruf und unbedingte Bejahung – Lévinas und Derrida

Eine Verbindung zwischen der Dekonstruktion im Derrida'schen Sinne und der Ethik von Emmanuel Lévinas herzustellen, mag auf den ersten Blick nicht unmittelbar einleuchtend sein. Doch können bestimmte strategische und thematische Ähnlichkeiten und Übereinstimmungen der beiden Denker markiert werden, die es sowohl erlauben, die Dekonstruktion als ethische Bewegung zu verstehen, als auch sich Fragen der Ethik dekonstruktiv zu nähern. Wie schon angedeutet, wird im weiteren Verlauf der Dekonstruktion eine praxisvermittelnde Rolle zwischen einer philosophischen und einer sozialwissenschaftlichen Dimension zugesprochen. Um zu dieser sozialwissenschaftlichen Dimension zu gelangen, verfolgt das folgende Kapitel zunächst die Spuren von Lévinas' und Derridas Denkwegen. Hierfür werden Texte herangezogen die die Beziehung zwischen Lévinas und Derrida maßgeblich verdeutlichen (Kapitel II.1.). Nach dem ersten, von Derrida verfassten Essay zu Lévinas folgt das Kapitel zur Dekonstruktion (Kapitel II.2.). Dieses veranschaulicht die Begrifflichkeiten und Denkbewegungen der Derrida'schen Dekonstruktion, die sich durch die ganze Arbeit hindurch erstrecken werden. Im Anschluss daran folgen weitere Textbesprechungen von Derrida und Lévinas, die anhand der in Kapitel II.2. entwickelten Terminologien entfaltet werden (Kapitel II.3. – II.5.) und sowohl die Nähe als auch die Differenzen zwischen Lévinas und Derrida verdeutlichen. Die Beziehung zwischen Derridas und Lévinas' Denken wird auf einer weiteren Ebene, die sich mit der Ethik, der Gerechtigkeit und dem Recht (Kapitel II.4.) befasst, fokussiert. Eine zentrale Stellung in dieser Arbeit hat jene Analyse, die die Dekonstruktion als eine implizite ethische Bewegung ausweist (Kapitel II.5.). Schon in der Kommentierung der Lévinas'schen Ethik tauchte die Frage nach dem Subjekt auf. Diese Frage soll mit Hilfe der Dekonstruktion in einem ersten Schritt erkenntnistheoretisch und begrifflich wieder aufgenommen und mit der Begrifflichkeit der »post-dekonstruktiven Subjekitivität« spezifiziert werden (Kapitel II.5.1.). Die Frage des Subjekts eröffnet entscheidende *Weggabelungen* zu einer Analyse des sozialen Handelns im Sinne einer »passiven Entscheidung des Anderen in mir«, der Konstituierung der Akteure und des politischen Ereignisses. Am Ende des Kapitels soll die Frage nach der Politik aufgeworfen werden, einerseits um zu zeigen, dass Dekonstruktion alles andere ist als ein unpolitisches Spiel und andererseits, um die Dekonstruktion als eine theoriepolitische Praxis einzuführen, die gerade durch ihre Verbindung mit dem Denken Lévinas' ihren *entscheidenden* ethisch-politischen Impetus erfährt (Kapitel II.6.).

1. Von Angesicht zu Angesicht

Die seit über dreißig Jahren währende Auseinandersetzung von Jacques Derrida mit Lévinas führte immer mehr zu annähernden Stellungnahmen seitens Derrida, die inzwischen so weit reichen, dass von einer »Ethik der Dekonstruktion« gesprochen wird. Insbesondere Robert Bernasconi, Simon Critchley, Klaus-Michael Wimmer und Werner Stegmaier, auf deren Arbeiten in den folgenden Abschnitten u.a. zurückgegriffen wird, haben hier Pionierarbeit geleistet (vgl. u.a. Bernasconi (1987), Critchley (1999*b*) und Wimmer (1988) und Stegmaier (1996).).[1] Doch bevor auf den ethischen Impuls der Dekonstruktion eingegangen werden soll, gilt es, die Situation der Begegnungen, Überschneidungen und Spuren, sozusagen den »Faden« (Celan 1968, 151f) zwischen Derrida und Lévinas (aus der Sicht von Dritten) kurz zu rekonstruieren. Beide haben über viele Jahre hinweg einige ihrer Texte »kreuzen« lassen und sich im Denken einander angenähert (vgl. Stegmaier 1996, 51). Als ein Antwortschreiben auf die bereits erwähnte dekonstruktive Lektüre Derridas in »Gewalt und Metaphysik« (Derrida 1997*i*) kann der Essay »Ganz anders – Jacques Derrida« (Lévinas 1988*c*, 67-76) gelesen werden, in dem Lévinas diese »Kreuzung« des Denkens folgendermaßen umschreibt:

> »Wir werden die Verlaufsbahn eines Denkens nicht in der der Streuung (Dissemination) seines Wortes entgegengesetzten Richtung verfolgen. Der lächerliche Ehrgeiz, einen wahrhaftigen Philosophen zu

---

1 Die folgenden Analysen zum Verhältnis zwischen Derrida und Lévinas wären ohne diese Arbeiten vielleicht nicht möglich gewesen. Dabei seien vor allem diejenigen Kapitel betont, die sich mit der ethischen Bewegung der Dekonstruktion, der post-dekonstruktiven Subjektivität als auch zu Lévinas, Derrida und die Frage der Politik beschäftigen. Sie verdanken insbesondere Simon Critchleys instruktiven Analysen viel und greifen auch auf diese zurück. Auch wenn dort nicht immer Bezug auf ihn genommen wird, so steht doch vieles unter seinem Geist.

›verbessern‹, liegt nicht in unserer Absicht. Ihn auf seinem eigenen Wege zu treffen, ist schon sehr viel, und vermutlich die einzige Art von Begegnung in der Philosophie. Indem wir die erstrangige Bedeutung der von Derrida gestellten Fragen unterstrichen, wollten wir unsere Freude über einen Kontakt im Herzen eines Chiasmus ausdrücken.« (Lévinas 1988c, 76)

Die hier verfolgte These, es gebe bestimmte thematische und strategische Modalitäten und Ähnlichkeiten zwischen dem Denken Lévinas' und Derridas, die es ermöglichen, die Dekonstruktion als eine ethische Bewegung zu verstehen, als auch, sich der Ethik dekonstruktiv zu nähern, bedeutet nicht, beide Denker in homogenisierender Art und Weise zu vervollständigen oder auf eine Identitätsbeziehung zu reduzieren. Vielmehr soll ihre jeweilige Alterität behalten werden. Diese Begegnung bzw. dieser philosophische Dialog wird von Lévinas wohl auch aus diesem Grund in der Figur eines Chiasmus beschrieben, der eine Überkreuzung oder Verflechtung bezeichnet. Im Kontext Derridas gibt es viele Verwendungen des Chiasmus, der von Kreuzung bis zu ›Überkreuzung‹, ›Durchstreichung‹ oder ›Geflecht‹ reicht (vgl. auch Stegmaier 1996, 51). Derrida verwendet diese Trope mehrfach in seinen Werken zur Beschreibung der doppelten Geste dekonstruktiver Lektüre.[2] Die von Lévinas beschriebene Verflechtung oder Kreuzung bedeutet Berührung und Kontakt in seinem »Herzen«, Berührung, die nur durch die sich übereinander kreuzenden Linien selbst bezeichnet werden kann und für beide zum gemeinsamen Anhaltspunkt wird (vgl. auch Critchley 1997).

Jacques Derrida wurde am 15. Juli 1930 in El Biar bei Algier geboren. Der Erlass von Crémieux gewährte im Jahre 1875 der jüdischen Familie von Derrida die fran-

---

2 So schreibt er in »Positionen« (Derrida 1986c): »Alles läuft über diesen *Chiasmus*, die gesamte Schrift ist darin gefangen – praktiziert ihn. Die Form dieses Chiasmus, dieses χ, interessiert mich sehr, aber nicht als Symbol für das Unbekannte, sondern weil man da, wie es *La dissémination* heraussreicht, eine Art Gabelung (*fourche*) findet (es handelt sich um die Reihe *carrefour* [Wegkreuzung], *quadrifurcum, grille* [Gitter], *claie* [Geflecht], *clé* [Schlüssel] usw.), die übrigens ungleich ist, weil eine ihrer Spitzen weiter reicht als die andere: Sie ist ein Bild der doppelten Geste und des Überkreuzen, von dem wir vorhin sprachen.« (Derrida 1986c, 137f) Zu anderen Bezügen auf den Chiasmus vgl. Srajek (2000). Martin C. Srajek untersucht in seinem Buch »In the Margins of Deconstruction. Jewish Conceptions of Ethics in Emmanuel Levinas and Jacques Derrida« die Bezüge beider zur modernen jüdischen Philsophie. Unter Berücksichtigung der Ethik der Korrelation von Hermann Cohen können gewisse Ähnlichkeiten bei Lévinas und Derrida festgestellt werden: »It is the concept of the limit which, in my mind, constitutes the intersection of the thought of Derrida and Levinas with Hermann Cohen. Neither Derrida nor Levinas have studied Cohen extensively. Yet, indirectly, through the work of philosophers like Husserl, Bergson, Heidegger, Rosenzweig and others, his thought has exerted a tremendous formative power on them.« (Srajek 2000, 24) Zu Cohen, Rosenzweig und Buber bei Derrida vgl. insbesondere Derrida (1997j). Da eine genaue Besprechung der Verbindungen zur modernen jüdischen Philosophie von Lévinas und Derrida hier den Rahmen sprengen würde, sei auf die Arbeit von Srajek verwiesen. In der vorliegenden Untersuchung hingegen wird der Schwerpunkt auf die gemeinsamen Verbindungen zur Ethik und zum Anti-Essentialismus gelegt.

zösische Staatsbürgerschaft. Unter dem Vichy-Regime verloren sie ihre Staatsbürgerschaft und erhielten wieder den Status »ortsansässiger Juden« (vgl. Bennington und Derrida 1994, 331). Der junge Derrida wuchs als französischer Jude in Algerien auf, sozusagen als ein Franzose unter Arabern, ein Jude unter Muslimen und in der Zeit des Vichy-Regimes war er sogar ein durch den Antisemitismus gefährdeter Jude. Vielleicht liegt gerade in dieser Erfahrung der Fremdheit und Ausgeschlossenheit ein Grund für Derridas Interessen an dem »Außen«, dem Anderen oder dem Fremden. 1942 wird Derrida aufgrund seiner jüdischen Herkunft der Schule verwiesen:

»[...] haben sie mich nicht von der Schule gesandt, als ich 11 Jahre alt war, kein Deutscher hatte den Fuß nach Algerien gesetzt? Der einzige Oberaufseher, an dessen Namen ich mich heute erinnere: er ließ mich in sein Büro kommen: ›du wirst wieder nach Hause fahren, mein Kleiner, deine Eltern werden ein Wörtchen bekommen‹. In dem Moment habe ich nichts kapiert, aber seither? Würden sie nicht, wenn sie könnten, wieder anfangen, mir die Schule zu verbieten? Habe ich mich nicht aus diesem Grund hier immer schon eingerichtet, um sie hier zu provozieren und ihnen die größte Lust einzugeben, immer an der Grenze, mich wieder auszustoßen?« (Derrida 1989a, 110)

Derrida geht bis zum Frühjahr 1943 auf das *Lycée Émile-Maupas*, in dem von der Schule entlassene jüdische Lehrer den Unterricht wieder aufgenommen hatten. Die Atmosphäre dieser Schule erträgt er jedoch nicht und bleibt ihr fast ein Jahr lang fern. Der Derrida-Interpret Geoffrey Bennington schreibt dazu: »Zweifellos waren es diese Jahre, in denen sich, wenn ich so sagen darf, der besondere Charakter der ›Zugehörigkeit‹ J.D.s zum Judentum herausgebildet hat: Verletzung, gewiß, empfindliche und engagierte Sensibilität für den Antisemitismus wie für jeden Rassismus, Antwort eines ›Verwundeten‹ auf die Xenophobie, aber auch Ungeduld angesichts jeder herdenhaften Identität und des militanten Charakters der Zugehörigkweit im allgemeinen – sei es auch eine jüdische.« (Bennington und Derrida 1994, 332f) Neben der Erfahrung des Antisemitismus und des Rassismus, die u.a. aufgrund von Identifizierungen bewirken, den Juden Derrida aus der Schule auszuschliessen, spürt Derrida auch in der jüdischen Schule ein Unbehagen an der »Zugehörigkeit« zu einer Identität. Möglicherweise hatten diese Erfahrungen bestimmte Auswirkungen auf sein Denken, wie Beninngton schreibt: »Ich denke, daß das gesamte Werk J.D.s von diesem Unbehagen an der Zugehörigkeit: man könnte fast sagen: an der Identifikation befallen ist, und die ›Dekonstruktion des Eigen(tlich)en‹ scheint mir das Denken dieses Unbehagens selbst, das denkende Unbehagen zu sein.« (Bennington und Derrida 1994, 333)[3]

---

3   Hier kann nicht die gesamte Biographie Derridas wieder gegeben werden. Es soll hier lediglich auf den lebensweltlichen Hintergrund von Derrida verwiesen werden, woraus sich eine mögliche Antwort auf die Frage ergibt: In welchem historischen und sozio-kulturellen Milieu wurde Derrida geboren und welche *möglichen* Folgerungen lassen sich hieraus auf die Dekonstruktion schliessen? Zur detaillierten Biographie Derridas sei hier Bennington und Derrida (1994, 331ff) empfohlen.

Trotz einiger, ähnlicher Biographie- und Denkverläufe von Lévinas und Derrida, die sich mit den Stichworten Judentum, Husserl/Heidegger, Auschwitz entkommen (vgl. Stegmaier 1996, 51) kurz charakterisieren lassen, sind sie verschiedene Wege gegangen und unterschiedlichen Spuren gefolgt (vgl. Waldenfels 1987). Dass sich ihr Denken kreuzt, bedeutet jedoch nicht, dass es absolute Übereinstimmungen: »Daß es dort, wo man einander im Denken nahe ist, nur Berührungen, nicht Übereinstimmungen geben kann, ist ein Grundzug des Denkens beider.« (Stegmaier 1996, 52).

Ein gemeinsamer Bezugspunkt ihres Denkens besteht darin, alte philosophische Traditionen nicht ersetzen zu wollen, sondern sich quasi in diese »einzuweben« und neue Anfänge *in* diesen Traditionen zu zeitigen. Dabei ist beiden ein Begriff von Zeit eigen, der besagt, dass Zeit immer in neuen Anfängen, niemals in der statisch stehen gebliebenen Präsenz besteht (vgl. Stegmaier 1996, 52).

Seinen Anfang nahm das Ereignis der »Einschreibungen des Denkens« und der chiasmatischen Berührungen zwischen Derrida und Lévinas durch den 1964 erschienen Essay »Gewalt und Metaphysik« (Derrida 1997*i*).[4] Diese Monographie über das Denken Lévinas', wie es bis zu diesem Zeitpunkt in den Werken »Totalité et Infini« (1961), »Die Zeit und der Andere« (Orig.:1947) und »Difficile liberté« (1963) ausgearbeitet war, bildete in den sechziger Jahren die einzige umfassende Auseinandersetzung mit Lévinas. Obgleich dieser Text in verschiedenen Rezeptionen lediglich als Kritik an Lévinas aufgefasst wird (vgl. u.a. Manning (1988) oder Hauck (1990)), kann er auch als dekonstruktive Lektüre verstanden werden (vgl. Bernasconi 1987) – oder er ist zugleich beides: Kritik und dekonstruktive Annäherung (vgl. Bernasconi 1986).

Derrida zeigt, dass Lévinas' ethische Überwindung der Ontologie und der griechischen Philosophie im Allgemeinen in den Ontologien (Husserls Phänomenologie, Hegels Dialektik und Heideggers Denken des Sinns von Sein) selbst gefangen bleibt. Um *gegen* die griechische Philosophie zu denken, müsse Lévinas sich des von der griechischen Philosophie bereitgestellten Logos bedienen (vgl. auch Taureck 1997, 93f). Denn auf welche andere Art und Weise lässt sich die Transzendenz des Anderen ausdrücken, wenn nicht im und durch den $\lambda o\gamma o\varsigma$ selbst, dem Lévinas gerade die Unterdrückung dieser Transzendenz vorwirft? Eine Schwierigkeit, die jeder Philosophie, die sich des $\lambda o\gamma o\varsigma$ entledigen will, begegnen wird. Anhand des Platonischen und von Lévinas aufgenommenen Ausdrucks »Jenseits des Seins« demonstriert Derrida in seinem Essay die ›Notwendigkeit‹, dass ein Bruch mit dem $\lambda o\gamma o\varsigma$ bzw. der griechischen philosophischen Rede nur aus die-

---

4   Die folgenden Analysen zu Derrida/Lévinas beruhen neben den Werken von Lévinas und Derrida insbesondere auch auf den Untersuchungen von Bernasconi (1987), Critchley (1999*b*) und Wimmer (1988), Stegmaier (1996) und Taureck (1997).

ser Sprache heraus zu bewerkstelligen sei: »Wir stellen hier nicht eine Inkohärenz der Sprache oder einen Widerspruch im System in Anklage. Wir fragen nach dem Sinn einer Notwendigkeit: in der überlieferten Begrifflichkeit sich einrichten zu müssen, um sie destruieren zu können.« (Derrida 1997*i*, 170) Inwiefern Derridas Essay über eine reine Kritik hinaus als dekonstruktive Lektüre gelesen werden kann, wird hier deutlich und insbesondere von Critchley und Bernasconi betont: Denn auch die Dekonstruktion Derridas muss sich in der überlieferten Sprache und Begrifflichkeit einrichten, um sie zu de*kon*struieren. Statt Lévinas zu kritisieren, macht Derrida auf bestimmte Notwendigkeiten aufmerksam, die das ganze philosophische Feld, seine Philosophie eingeschlossen, betreffen:[5]

> »Gesetzt, man will *durch* den philosophischen Diskurs *hindurch*, dem man sich unmöglich entreißen kann, einen Durchbruch zu seinem Jenseits versuchen, so hat man nur dann eine Aussicht, *in der Sprache* (Levinas gibt zu, daß es kein Denken vor der Sprache und außer ihr gibt) dahin zu kommen, wenn man *das Problem der Beziehungen der Zugehörigkeit und dem Durchbruch*, das heißt das *Problem der Geschlossenheit, formal und thematisch* stellt.« (Derrida 1997*i*, 169)

Die Un-endlichkeit des Anderen, von der Lévinas spricht, verrät sich nach Derrida schon in der Sprache (vgl. Derrida 1997*i*, 172). Das Un-endliche, das positiv als das Andere der abendländischen Tradition gedacht wird, kann von Lévinas nur per negationem beschrieben werden, in Begriffen von Nicht-Endlichkeit und Nicht-Innerlichkeit. In dem Moment selbst, in dem der Andere in der Positivität des Unendlichen gedacht und von ihm gesprochen wird, erscheint die von Lévinas problematisierte Symmetrie (vgl. Kapitel I.5.) und die asymmetrische Relation und wechselseitige Konstitutierung von Endlichkeit und Unendlichkeit geht verloren. Somit ergibt sich eine Paradoxie, da die Sprache die *positive* Unendlichkeit nur in einem relationalen Bezug, nämlich negativ (un-endlich) auszudrücken vermag. Das Sprechen zum anderen Menschen birgt zwar nach Lévinas einerseits ein asymmetrisches Moment, kann aber andererseits in der phänomenologischen Analyse eines Kommunikationsmodells nur auf der Ebene der Symmetrie erscheinen (vgl. Hauck 1990, 134). Aus diesem Grund bietet nach Derrida das Denken Lévinas' nicht nur eine »gesetzlose Ethik« an, sondern schlägt auch eine »satzlose Sprache« vor (vgl. Derrida 1997*i*, 226). Und eben diese »satzlose« Sprache ist für Derrida immer noch griechische Philosophie, insofern jede $\varphi\iota\lambda o\varsigma o\varphi\iota\alpha$ eigentlich griechisch ist. Um das zu begreifen und zu vermitteln, was Lévinas sagen will, muss er notwendigerweise auf ein hellinistisch geprägtes Denken zurückgreifen. In diesem

---

5 Dasselbe ließe sich anhand des Derrida'schen Vorwurfs des Empirismus verdeutlichen, wie Simon Critchley vorschlägt. Vgl. Critchley (1997, 317f). Dabei kann hinzugefügt werden, dass Derrida nicht dem Empirismus zuzuordnen ist, sondern vielmehr zeigt, wo das Empirische hereinbricht (vgl. Derrida 1998*b*, 279f).

Zusammenhang zitiert Derrida am Ende seines Essays einen Griechen »der gesagt hat: ›Wenn man philosophieren muß, dann muß man philosophieren; wenn man nicht zu philosophieren braucht, muß man immer noch philosophieren (um es zu sagen und zu denken). Man muß immer philosophieren.‹« (Derrida 1997*i*, 233) Derrida verweist im selben Moment auf einige Bemerkungen von Lévinas, die dessen Zustimmung zu diesem Satz, der vermutlich von Aristoteles stammt[6], andeuten sollen (vgl. Derrida 1997*i*, 233). Lévinas weist dies jedoch in dem Text »God and Philosophy« (Lévinas 1996 [Org.: 1975]) zurück. Mittels einer Kontradiktion antwortet er auf Derrida: »*Not to philosophize would not be ›to philosophize still,‹* nor to succumb to opinions.« (Lévinas 1996 [Org.: 1975], 148)

Lévinas insistiert in seinem Text auf das »Jenseits des Seins« bzw. auf die »Idee des Unendlichen«, die ethische Forderung des Anderen, die jenseits der Philosophie, die immer griechisch ist, zu dem »Ich« kommt. Auf den Hinweis von Derrida, das Unendliche (infini) könne »nur« per negationem beschrieben werden, geht Lévinas insofern ein, als er eine weitere Bedeutung dieser Negation sichtbar macht:

> »Or, conversely, it is as though the negation of the finite included in In-finity did not signify any sort of negation resulting from the formal structure of negative jugdement but rather signified the *idea of the infinite*, that is, the Infinite in me. Or, more exactly, it is as though the psyche in subjectivity were equivalent to the negation of the finite by the Infinite, as though – without wanting to play on words – the *in* of the Infinite were to signify both the *non* and the *within*.« (Lévinas 1996 [Org.: 1975], 136)

Die Idee des Unendlichen ist somit nicht nur einfache Verneinung, sondern im Anschluss an Descartes, eine »genuine Idee«, die im »Ich« als Passivität des Bewusstseins noch vor der Negation der Endlichkeit besteht. Die Unendlichkeit ist die Idee des Unendlichen innerhalb von Endlichkeit. Die reine Negation der Endlichkeit ist bereits Intentionalität. Die Unendlichkeit, so könnte man mutmaßen, ist die »Ur-Spur« oder an-archische Bewegung, die erst eine relationale Unterscheidung zwischen Endlichkeit und Unendlichkeit möglich macht (vgl. Lévinas 1996 [Org.: 1975], 137f).[7]

Nach Lévinas wird die Sprache durch den Anderen ermöglicht, in der unvordenklichen Begegnung, die sprachlich nicht mehr eingeholt und die durch die Lévinas'schen Termini der Ethik und Asymmetrie beschrieben werden kann. Gewiss ist die Ethtizität des Antlizes nicht mehr vollständig sichtbar zu machen, weswegen Lévinas sowohl auf religiöse Begriffe als auch auf Umkehrungen und Negationen der traditionell-ontologischen, griechisch-okzidentellen Sprache zurückgreift. Derrida mag deshalb zuzustimmen sein, wenn er einen notwendigen Rekurs auf die philosophische Rede in Lévinas' versuchten Beschreibungen kon-

---

6   Obgleich dies umstritten ist (vgl. Chroust 1964).
7   Zum Begriff der Ur-Spur vgl. Kapitel II.2.

statiert und dadurch einen Widerspruch markiert. Würde dem Lévinas etwas entgegen setzen? Ist in diesen Widersprüchen nicht vielmehr die Unaussagbarkeit des Anderen am Werke, d.h. »seine *in* der Räumlichkeit verborgene Unräumlichkeit, seine Unendlichkeit *in* der Endlichkeit(!)?« (Hauck 1990, 134f) Ist es nicht so sehr die Rede bzw. das *Gesagte*, sondern eher die Möglichkeit des *Sagens*, die Antwort auf den Ruf des Anderen, die sich nach Lévinas in der Priorität des *Sagens* vor dem *Gesagten* ausdrückt, was der Unendlichkeit des Anderen gerecht wird? Das *Gesagte*, das immer auch ein *Sagen* ist, behält in sich die *Spur* des Anderen. Die Konzeption von *Sagen* und *Gesagtem* ist jedoch, wie man gegenüber Derrida gerechterweise zugeben muss, erst in Lévinas' Werk »Jenseits des Seins oder anders als Sein geschieht« vertieft worden, das nach Derridas Essay erschien. Dabei verdankt sich Lévinas' Aufmerksamkeit für die sprachlichen und logozentrischen Rückwirkungen des *Sagens* im *Gesagten* in diesem Werk der dekonstruktiven Lektüre seitens Derridas.[8]

Eine andere Richtung der Kritik schlägt Derrida in seinem Essay dadurch ein, dass er Lévinas mit Husserl konfrontiert. Die Unterdrückung der Idee der Unendlichkeit bzw. der »Inadäquation«, wie sie Lévinas in der Husserl'schen Intentionalität am Werke sieht, ist nach Derrida mit einer widersprüchlichen Betrachtungsweise des Husserl'schen Werkes behaftet. Denn Husserl habe sehr wohl gezeigt, dass die Anschauung wesenhaft Inadäquation der Innerlichkeit und der Äußerlichkeit ist (vgl. Derrida 1997*i*, 183), dass der andere Mensch erst als der Andere erscheinen muss, bevor dessen Irreduzibilität erkannt werden könne. Die Unmittelbarkeit der Erfahrung des Anderen geht nach Derrida nicht der Relation zum Anderen voraus, sondern erst die Beziehung als Struktur und Öffnung eines Raums ermöglicht eine Erfahrung. Der Andere wird demnach nicht als »nackte Erfahrung«, sondern strukturell betrachtet (vgl. Derrida 1997*i*, 128). Der Andere ist somit nicht ein *transzendentales Signifikat*, das absolut äußerlich wäre, sondern wird durch Relation zu einem bestimmten Kontext auf bestimmte Weise erfahren und erscheint in bestimmter Weise, was von den Ketten differentiell angeordneter Zeichen abhängt, die Erfahrung hervorbringen. Anders und mit Lévinas gesagt: Die »Transzendenz des Antlitzes spielt sich nicht außerhalb der Welt ab [...].« (Lévinas 1987*d*, 250) Dennoch kann der Andere niemals auf eine *bestimmte* Erscheinung oder Erfahrung reduziert werden, weil diese selbst keinem geschlossenen Kontext unterliegt. Die Erfahrung ist somit weder festgelegt noch im Stillstand. So schreibt auch der

---

8 Zu Beginn von »Jenseits des Seins oder anders als Sein geschieht« schreibt Lévinas, es erscheine gewagt, den Begriff *essence*, das Seinsgeschehen im Unterschied zum Seienden, mit »a«, *essance* zu schreiben (vgl. das Kapitel zu Dekonstruktion und *différance*). Und er schließt das Werk unter dem Hinweis auf eine »unaussprechliche Schrift« (vgl. Lévinas 1992*a*, 23, 395). In »Wenn Gott ins Denken einfällt« (Lévinas 1999*b*) wird Lévinas dann von der *ess-a-nce* schreiben (vgl. Lévinas 1999*b*, 79).

französische Soziologe Georges Gurvitch bezüglich der Erfahrung: »Wahrhaft einem Proteus vergleichbar, entschlüpft sie [die Erfahrung, S.M.] uns, wenn wir sie zu fassen glauben; meinen wir, wir hätten ihr Geheimnis ausgespäht, so haben wir uns getäuscht; wenn wir glauben, uns von ihr befreit zu haben, sind wir ihr Opfer, sei es auch nur für einen Augenblick!« (Gurvitch 1965, 12)

Die Phänomenologie Husserls konstituiert nach Derrida nicht vollständig den Anderen,[9] wie anhand des Begriffs des Horizonts bzw. des Konstitutionshorizont, der nie völliger Gegenstand einer Konstitution sein wird, gesehen werden kann. Der Andere muss vielmehr schon als ein bestimmter Anderer erscheinen, obgleich er nicht auf diese Erscheinung reduziert werden kann:

> »Die Wichtigkeit des Begriffs des Horizontes liegt eben darin, nie *zum Gegenstand* irgendeiner Konstitution werden zu können und die Arbeit der Objektivation unendlich zu eröffnen. Das Husserlsche Cogito scheint uns nicht die Idee des Unendlichen zu konstituieren. In der Phänomenologie gibt es keine Konstitution der Horizonte, sondern Konstitutionshorizonte. Wenn die Unendlichkeit des Husserlschen Horizontes die Gestalt der un-bestimmten Öffnung besitzt, wenn er sich endlos der Negativität der Konstitution (der Objektivierungsarbeit) darbietet, ist das nicht das, was ihn am sichersten vor jeder Totalisierung, vor der Illusion der unmittelbaren Präsenz eines erfüllten Unendlichen bewahrt, in dem der Andere plötzlich unauffindbar würde? [...] Ist die Intentionalität nicht die Achtung selbst? Die ewige Irreduzibilität des Andern auf das Selbst, des Andern aber, der dem Selbst *als* anders *erscheint*? Ohne dieses Phänomen des Andern als Andern nämlich gäbe es die Möglichkeit der Achtung nicht. Das Phänomen der Achtung setzt die der Phänomenalität und die Ethik der Phänomenologie voraus.« (Derrida 1997*i*, 183f)

In der zitierten Passage aus »Gewalt und Metaphysik« misst Derrida der Interpretation Bernasconis zufolge Husserl an den Maßstäben von Lévinas und befindet, dass Husserl diesen Maßstäben gerecht wird (vgl. Bernasconi 2001, 25). Ferner greift Derrida ein Grundthema Lévinas' auf (vgl. Dreisholtkamp 1999, 164): Ethik setzt einen Bezug zu einer Andersheit voraus, die sich nicht auf meine Konstitutionsleistung und auf meinen Entwurf reduzieren lässt. Während sich bei Lévinas die Andersheit als der andere Mensch darstellt, erweitert Derrida gemäß der Phänomenologie den Begriff der Andersheit: In jeder Konstitution, durch die etwas als etwas erschlossen werden kann, besteht der irreduzible Moment, dass das, was erscheint, *mehr* ist, als das gegenwärtig Erscheinende. Selbst das Bewusstsein kann diese Perspektivität und Horizontalität nicht aufheben (vgl. Dreisholtkamp 1999, 164). Die Bedingung der Möglichkeit (sowie gleichermaßen die Bedingung der Unmöglichkeit)[10] der Konstitutionsleistung liegt nach Derrida darin, dass die eigene Konstitution nicht vollständig die Andersheit beherrscht. Im Unterschied zu Lévinas lässt Derrida die ethischen Ansprüche auch Tieren oder Sachen zukommen, die am Konstitutionshorizont erscheinen (vgl. Derrida 1995*d*, 278).[11]

---

9 Vgl. dazu Kapitel I.2.
10 Vgl. dazu den Begriff der Quasi-Transzendentalität in Bennington und Derrida (1994).
11 Vgl. auch Dreisholtkamp (1999, 165).

Nach dieser kurzen und selektiven Untersuchung[12] der ersten philosophischen Auseinandersetzung Derridas mit dem Denken von Emmanuel Lévinas, sollen verschiedene Bewegungen des Derrida'schen Denkens verdeutlicht werden. Da sich Derrida und Lévinas im Rahmen ihrer chiasmatischen Berührungen im Laufe der letzten drei Jahrzehnte in ihrem Denken einander näher kamen, ist eine Analyse der Grundlagen der Derrida'schen Dekonstruktion für die Untersuchung dieser Annäherungen sowie überhaupt für den weiteren Verlauf und das Verständnis der gesamten vorliegenden Studie notwendig.

2. Dekonstruktion und *différance*

>»Es ist sehr leicht, für jede Epoche auf ihren verschiedenen ›Gebieten‹ Zweiteilungen nach bestimmten Gesichtspunkten vorzunehmen, dergestalt daß auf der einen Seite der ›fruchtbare‹, ›zukunftsvolle‹, ›lebendige‹, ›positive‹, auf der anderen der vergebliche, rückständige, abgestorbene Teil dieser Epoche liegt. Man wird sogar die Konturen dieses positiven Teils nur deutlich zum Vorschein bringen, wenn man ihn gegen den negativen profiliert. Aber jede Negation hat ihren Wert andererseits nur als Fond für die Umrisse des Lebendigen, Positiven. Daher ist es von entscheidender Wichtigkeit, diesem, vorab ausgeschiednen, negativen Teile von neuem eine Teilung zu applizieren, derart, daß, mit einer Verschiebung des Gesichtswinkels (nicht aber der Maßstäbe!) auch in ihm von neuem ein Positives und ein anderes zu Tage tritt als das vorher bezeichnete.« (Benjamin 1991, 573)

Derridas Dekonstruktion kann als eine Radikalisierung des Strukturalismus betrachtet werden, die nicht auf endgültige Schließungen oder Zentrierungen von Strukturen abzielt. Auch wenn dies kein »glücklicher« Begriff sein wird und vor allem nicht im Sinne einer zeitlichen oder epochalen Einteilung sowie als Verabschiedung des Strukturalismus verstanden sein will, sondern eben im Sinne der

---

12 Eine andere Analyse hätte sich freilich dem Thema der Gewalt widmen können und hätte gezeigt, dass immer wenn gesprochen wird, der Sprache Gewalt innewohne. Vgl. dazu Stegmaier (1996).

Radikalisierung, erscheint die Dekonstruktion vor diesem Hintergrund im Folgenden zuweilen auch unter dem Etikett des »Poststrukturalismus«.[13] Der Poststrukturalismus entstand aber gleichwohl auf phänomenologischem und fundamentalontologischem Terrain: Derridas Philosophie ist auch geprägt durch die Philosophie Husserls und Heideggers. Wie Lévinas gab Derrida sein philosophisches Debüt mit Studien zu Husserl.[14] Insofern lässt sich der Poststrukturalismus Derridas zum Teil als »Transformation der Phänomenologie« (Waldenfels 1987, 488) charakterisieren. Gerade die neueren Arbeiten Derridas, in denen es beispielsweise um die Gabe (vgl. Derrida 1993*d*), die Verantwortung (vgl. Derrida 1994*b*) oder das Verzeihen (vgl. Derrida 2000*e*) geht, belegen, in welchem Maße die *Phänomene* nach wie vor Ausgangspunkt einer dekonstruktiven Philosophie bleiben. Zur Tradition des Strukturalismus, der Phänomenologie oder der Fundamentalontologie – um nur ein paar und vielleicht prominente Einflüsse zu nennen – kommt noch der Marxismus hinzu, jedenfalls, wenn man Derridas Aussage Glauben schenken mag, dass die »Dekonstruktion [...] in einem prämarxistischen Raum unmöglich und undenkbar gewesen [wäre].« (Derrida 1996*b*, 149)

Warum existiert dennoch die Etikettierung des Poststrukturalismus? Anhand der »Geschichte« der Derrida'schen Dekonstruktion soll dies kurz erschlossen werden.[15] In seinem Vortrag vom 21. 10. 1966 mit dem Titel »Die Struktur, das Zeichen und das Spiel im Diskurs der Wissenschaften vom Menschen« (Derrida 1997*d*) bemerkte Derrida: »Vielleicht hat sich in der Geschichte des Begriffs der Struktur etwas vollzogen, das man ein ›Ereignis‹ nennen könnte. [...] Was für ein Ereignis könnte dies sein? Äußerlich hätte es die Gestalt eines *Bruchs* und einer *Verdoppelung*.« (Derrida 1997*d*, 422)

---

13 Nach Wissen des Autors verwendet Jean-Joseph Goux das erste Mal 1973 den Ausdruck »poststructuraliste« (Goux 1973*a*, 47) in einem Aufsatz mit dem Titel »Dialectique et histoire«. Dort fordert Goux mit Bezug auf Marx, Lenin und Althusser eine Integration von Psychoanalyse und historischem Materialismus, um den Strukturalismus zu dynamisieren. Insbesondere Lévi-Strauss, Lacan und Derrida werden dabei zu denjenigen gezählt, die einen dynamischen Poststrukturalismus entwerfen, was natürlich etwas ganz anderes ist, als den Strukturalismus zu verwerfen. In diesem Sinne ist das »Post-« nicht als Abschied oder zeitliches Nacheinander zu verstehen, sondern vielleicht eher als eine Radikalisierung strukturalistischer Fragestellungen, die auch schon *vor* dem Strukturalismus beobachtet werden kann (vgl. Moebius 2003). Vielleicht ist es zweitrangig, ob man Dekonstruktion oder Poststrukturalismus etc. zu der Bewegung zum Anderen hin sagt, vielleicht kann man sagen, es bedarf einer »Vielfältigkeit von Namen, die sich zu einer Serie zusammenfügen« (Bennington und Derrida 1994, 314), zu einer unabgeschlossenen Serie.
14 Vgl. Derrida (1990*b*), Derrida (1967) und die Übersetzung und Einführung zu Husserls Schrift *Vom Ursprung der Geometrie* (vgl. Derrida 1962).
15 Eine Beschreibung der Dekonstruktion bieten die Bücher »Dekonstruktion: Derrida und die poststrukturalistische Literaturtheorie« von Culler (1988) und die Einführung von Dreisholtkamp (1999), auf die im Folgenden teilweise zurückgegriffen wurde. Siehe aber neben den Werken Derridas selbst besonders Bennington und Derrida (1994) und Descombes (1981). Zur Geschichte des Strukturalismus vgl. auch Dosse (1999).

In Bezug auf den Strukturalismus von Ferdinand de Saussure kann die Spur zum Poststrukturalismus, die äußerlich als Verdoppelung erscheint, verfolgt werden. Im Mittelpunkt des Saussure'schen Strukturalismus steht der Begriff des Zeichens. Dabei definiert de Saussure das Zeichen folgendermaßen: »Ich nenne die Verbindung der Vorstellung mit dem Lautbild das Zeichen.« (Saussure 1967, 78)

Das Zeichen setzt sich demnach aus zweierlei zusammen: Auf der einen Seite aus dem Lautbild als ›materielle‹ oder ›sinnliche‹ Komponente: dem Bezeichnenden oder *Signifikanten*. Der intelligible Teil des Zeichens ist auf der anderen Seite die Vorstellung vom Gegenstand, das Bezeichnete bzw. das *Signifikat*. Bedeutung wird durch die Verknüpfung von Signifikat und Signifikant im Zeichen produziert. Die schematische Trennung des Signifikanten und des Signifikats verschmilzt im Begriff des Zeichens. Nicht ein vorangegangenes Subjekt positioniert das Zeichen in der Sprache oder ist die Quelle der Bedeutung, sondern die Bedeutung ergibt sich durch die differentiellen Beziehungen zu anderen Zeichen, in die jedes Dasein und jede Intention »geworfen« sind. Ferner ist der Kontext unbegrenzt und das »Band, welches das Bezeichnete mit der Bezeichnung verknüpft, [...] beliebig.« (Saussure 1967, 79) Anders gesagt: Bedeutung ergibt sich nicht aus dem Signifikat, sondern aus der Differenz zwischen den Signifikanten. Bedeutung ist nicht mehr als der Sprachstruktur äußerlicher Sinn zu betrachten, sie wird vielmehr in der Struktur der Sprache produziert, die je nach Ort und Zeit verschiedenen Regeln folgt, und Bedeutung entsteht aus den differentiellen Signifikanten-Ketten, aus der Relation der Elemente zu den anderen Elementen. Insofern bekommt beispielsweise das Wort ›Baum‹ seine Bedeutung nicht durch einen unmittelbaren Bezug zu einer natürlichen Wirklichkeit, die *motivierend* auf Lautbildungen wirkt, sondern zum einen durch die Übereinkunft einer sprachlichen Gemeinschaft, gerade dieses Objekt ›Baum‹ zu nennen, und zum anderen durch das Prinzip der Differenz: Das Wort ›Baum‹ ist demnach genau das, was es nicht ist, wonach ›Baum‹ eben nicht-Wiese-sein, nicht-Busch-sein usw. bedeutet. Folglich konstituiert sich Bedeutung und die Möglichkeit von Verständigung in der Unterscheidung und Relation zu anderen Zeichen, die als ›Andere‹ sowohl akustisch als auch visuell wiedererkannt werden können.

Inwiefern und auf welche Art und Weise überschreitet oder radikalisiert Derrida den Strukturalismus? Welche möglichen Schlussfolgerungen aus der Saussure'schen Zeichentheorie ergeben sich für Derridas Denken? Nach Derrida verwischt de Saussure mit seiner schematischen Trennung des Zeichens in Signifikat und Signifikant, in Form und Inhalt und trotz der Erkenntnis, dass Zeichen sich durch Differenz und Konventionen konstituieren, die Bedeutung von Differenz. Insbesondere Saussures Bevorzugung der Sprache vor der Schrift wird von Derrida kritisiert. Saussure setzt ein Zentrum der Sprache, bindet sie an eine Seele, in der sich die Bedeutungen rein, d.h. frei von Nicht-Sprachlichem bzw. Schriftlichem, konstituieren (vgl. Derrida 1998*b*). Angenommen die Beziehung und die Bedeutung der Zeichen bestimmt sich aus differentiellen Ketten und die Zahl der Differenzen geht gegen unendlich, auf welche Art und Weise kann dann ein geschlossen-strukturiertes Verhältnis der Zeichen und darüber hinaus ein Zentrum oder ein einzelner Ursprung behauptet werden? Wenn sich die Bedeutung aus der Anordnung der Signifikanten herstellt, wie kann dann noch von einem übergreifenden oder externen Signifikat ausgegangen werden? Gibt es eine absolut geschlossene Struktur der Signifikanten? Existiert ein reiner Ursprung oder eine reine Geschlossenheit? Ist nicht jedes Zentrum wiederum von seiner eigenen Differenz heimgesucht?

Im Vordergrund der Betrachtung der Struktur steht demnach das Spiel der Differenzen bzw. der Signifikanten. Jeder Bezeichnungsvorgang ist ein formales Spiel von Differenzen. Die Annahme eines geschlossenen Systems der Sprache (oder auch von Gesellschaften oder Kulturen, beispielsweise durch das Inzestverbot (vgl. Derrida 1997*d*, 428ff)) und einer festen Bedeutung von Zeichen ist nach Derrida lediglich ein Versuch oder eine Entscheidung, das Gleiten der Signifikanten zum Stillstand zu bringen. Wenn hingegen vom Prinzip des Spiels ausgegangen wird, ist es nicht möglich, sich auf irgendeinen festen, präsenten Punkt zu berufen, wie zum Beispiel auf das Signifikat, die zentrale Bedeutungsinstanz. Wenn auf einem alles beherrschenden Referenten wie dem Signifikat bestanden wird, wird übersehen, dass das Signifikat oder etwas, das am Ursprung stehen soll, selbst nur ein Signifikant ist und seine Bedeutung durch das bekommt, was es nicht ist. Jedes Element (wie beispielsweise »der Baum«) bekommt seinen Bedeutungscharakter nicht durch eine inhärente Wirklichkeit, sondern durch seinen Platz innerhalb einer Kette von Signifikanten und deren unzähligen Querverweisen. Eine *endgültige* Schließung der Kette von Signifikanten ist nicht möglich, obgleich es *zeitweilige oder partielle Schließungen* gibt, geben muss, will man untereinander kommunizieren. Bedeutung wird durch die Differenzen zu den anderen Signifikanten und deren Zerstreuung erzeugt, sie ist nicht fest und sie ist innerhalb des einzelnen Signifikanten abwesend. Aus der notwendigen aber kontingenten Beziehung zu allen anderen Zeichen folgt, dass jedes Zeichen in seiner Relationalität auf Elemente oder *Spuren* aller anderen Zeichen verweist, Spuren anderer Elemente aufweist; somit zeugt das Zeichen von einem *Überschuss* an Bedeutung. Das Zeichen kann nicht von selbst Bedeutung tragen, sondern kann sich nur vervollständigen und vergegenwärtigen, wenn es ergänzt bzw. *supplementiert* wird. Insofern, kraft des Überschusses, einer *Verräumlichung* und *Verzeitlichung bzw. Zeitaufspreizung* und der Notwendigkeit des Supplements, wird reine in sich ruhende Bedeutung unmöglich. Aus demselben Grund besitzt aber auch der Signifikant (Zeichen, Element) keine reine, präsente Materialität (vgl. Bennington und Derrida 1994, 40ff), sondern ist selbst Produkt von anderen Signifikanten.

»Das Spiel der Differenzen setzt in der Tat Synthese und Verweise voraus, die es verbieten, daß zu irgendeinem Zeitpunkt, in irgendeinem Sinn, ein einfaches Element als solches *präsent* wäre und nur auf sich selbst verwiese. Kein Element kann je die Funktion eines Zeichens haben, ohne auf ein anderes Element, das selbst nicht einfach präsent ist, zu verweisen, sei es auf dem Gebiet der gesprochenen oder auf dem der geschriebenen Sprache. Aus dieser Verkettung folgt, daß sich jedes ›Element‹ – Phonem oder Graphem – aufgrund der in ihm vorhandenen Spur der anderen Elemente der Kette oder des Systems konstituiert. Diese Verkettung, dieses Gewebe ist der *Text*, welcher nur aus der Transformation eines anderen Textes hervorgeht. Es gibt nichts, weder in den Elementen noch im System, das irgendwann oder irgendwo einfach anwesend oder abwesend wäre. Es gibt durch und durch nur Differenzen und Spuren von Spuren.« (Derrida 1986c, 66f)

Sprache ist gemäß ihrer wesentlichen Unmöglichkeit, Bedeutung endgültig zu fixieren, ein permanentes Gleiten von Signifikanten und ein »Überleben« [survie] von Spuren (vgl. Derrida 1994a, 149f).

Jedes Element oder Zeichen erhält seine Bedeutung nur, indem es auf etwas anderes als sich selbst verweist. Diese Signifikation ist aber keine reduktive oder teleologische Bewegung mehr, die genau an dem Punkt endet, wo etwas bezeichnet worden ist. Im gleichen Maße wie bei Lévinas die Andersheit des anderen Menschen unendlich ist und immer wieder über den festgesetzten Begriff, wie der Andere denn beschaffen sei, hinaus geht, so ist für Derrida das Spiel der Signifikation endlos – ein unendlicher, nicht-teleologischer Verweisungszusammenhang. Es existieren also nur Differenzen und Spuren von Spuren. Um dies zu verdeutlichen sei ein Beispiel von Jonathan Culler vorgestellt, das außerdem auf eine Passivität vor jeder Aktiv-Passiv-Opposition und auf eine an-archische Struktur verweist, wie sie schon in der Skizzierung Lévinas'schen Denken auftauchte.

»Wenn ein Höhlenmensch Sprache dadurch erfolgreich inauguriert, daß er einen Grunzlaut mit der Bedeutung ›Essen‹ hervorbringt, müssen wir annehmen, daß dieser Grunlaut sich bereits von anderen Grunzlauten unterscheidet und dass die Welt bereits in ›Essen‹ und ›Nichtessen‹ eingeteilt ist. Akte des Bezeichnens hängen von Differenzen ab wie dem Gegensatz von ›Essen‹ und ›Nichtessen‹, wodurch Essen erst bezeichnet werden kann, oder dem Gegensatz signifikanter Elemente, die eine Lautfolge erst als Signifikanten funktionieren lassen.« (Culler 1988, 107)

Positivitäten – wie beispielsweise ›Essen‹ – sind somit Differenzen nachgeordnet; sie werden etwas nachgeordnet, was nicht *ist*. Die Differenz ist keine neue Positivität, sondern lässt sich nur über die Effekte erkennen, die sie nachträglich zum Leben erweckt. Sie ist vorgeordnet in einer *unvordenklichen Vergangenheit*, so dass sich nicht mehr genau bestimmen lässt, was der Gegenwart ihr Sein gegeben hat. Insofern erscheint die Differenz über *Spuren*, die sie hinter(sich)lässt und unter einer Phänomenalität, unter der sie zu verschwinden droht. Diese Bedingung der Möglichkeit der Produktion von Bedeutungen beschreibt Derrida mit dem Neologismus der *différance*. Mit *différance* wird jene Bewegung gekennzeichnet, durch die sich die Sprache, Codes und Verweisungssysteme konstituieren (vgl. Derrida 1976a, 18):

> »Die *différance* bewirkt, dass die Bewegung des Bedeutens nur möglich ist, wenn jedes sogenannte ›gegenwärtige‹ Element, das auf der Szene der Anwesenheit erscheint, sich auf etwas anderes als sich selbst bezieht, während es das Merkmal (*marque*) des vergangenen Elementes an sich behält und sich bereits durch das Merkmal seiner Beziehung zu einem zukünftigen Element aushöhlen läßt, wobei die Spur sich weniger auf die sogenannte Gegenwart bezieht, als auf die sogenannte Vergangenheit, und durch eben diese Beziehung zu dem, was es nicht ist, die sogenannte Gegenwart konstituiert.« (Derrida 1976a, 18f)

Die *différance* ist weder ein einfaches Wort oder ein Begriff, sondern liegt der Produktion von Bedeutungen zugrunde: »Ein solches Spiel, die *différance*, ist nicht einfach ein Begriff, sondern die Möglichkeit der Begrifflichkeit, des Begriffsprozesses und -systems überhaupt.« (Derrida 1976a, 16). Die *différance* gehört somit keiner Kategorie eines an- oder abwesenden Seienden an, weder zum Bereich der Dinge oder des Verstandes. Sie verweist auf eine Ordnung, die »jener für die Philosophie grundlegenden Opposition zwischen dem Sensiblen und dem Intelligiblen widersteht [...], weil sie sie trägt.« (Derrida 1976a, 9). Der Neologismus der diffé*rance* setzt sich aus *différence* und dem Suffix *ance* zusammen. Der vom *e* unterschiedene Buchstabe *a* kündigt über das Suffix *ance* ein Geschehen oder Vollzug an, das der Alternative von Aktivität und Passivität entzogen ist und eher eine mediale Form ankündigt oder in Erinnerung ruft (vgl. Derrida 1976a, 13). Ferner kann das *a* nur gelesen, aber nicht gehört werden, gleichsam phonetisch nicht wahrnehmbar.

Différance und Differenz sind unterschieden, da die *différance* sich nicht als Positivität be-greifen lässt, sondern dieser voraus geht. Das *a* der *différance* entstammt dem Partizip Präsens (*différant*) des Verbs *différer*, das eine Aktivität ausdrückt, wobei das »*ance* unentschieden *zwischen* dem Aktiv und dem Passiv verharrt.« (Derrida 1976a, 13) und sich somit »weder als Erleiden noch als Tätigkeit eines Subjekts« denken lässt. Das Partizip Präsens *différant* verweist auf den Aufschub. Etymologisch kommt das Verb *différer* von dem lateinischen *differre*, das sowohl die Verschiebung als auch den Prozess des Sich-Unterscheidens markiert. Die *différance* nutzt die Dissemination des Neologismus bewusst aus, um einen Doppelcharakter sichtbar zu machen: Zeichen sind wirksam in dem doppelten Gestus der Differenz (Verräumlichung oder besser: Zwischenräumlichkeit, Raum-Werden der Zeit) und Aufschub (Temporisation, Zeitaufspreizung, Zeit-Werden des Raumes). Temporisieren heißt dabei auf die zeitliche Verzögerung, die Nicht-Präsenz, zu rekurrieren.[16] Teilt man das Prinzip der *différance* in eine vertikale und

---

16 Temporisation ist dabei nicht mit der Zeitigung im Heidegger'schen Sinne zu verwechseln. Die Bewegung der *différance* kann vielmehr als die Möglichkeit der Zeitigung gesehen werden (vgl.

eine horizontale Ebene ein, ergibt sich folgendes: Auf der horizontalen Ebene bilden die Zeichen den Unterschied zu anderen Zeichen als diejenigen, die stets das beschreiben, was sie nicht sind. Auf der temporären, vertikalen Ebene existieren sie als das Produkt der Differenz in der Form unendlich weiterverweisender Signifikante. Jedes Zeichen beinhaltet stets Aufschub und Differenz. Der unverzichtbare Effekt der Verzeitlichung kann durch die différence nicht erfasst werden. Insofern sind *différance* und différence (die ja auch nur ein Effekt der *différance* ist) nicht identisch. Derrida hat somit den Saussaure'schen Begriff der Differenz als Bewegung konsequent ausgeführt. Die *différance* untergräbt jede einfache und positiv gefüllte Begrifflichkeit von Differenz und produziert erst letztere. »Nach den Forderungen einer klassischen Begrifflichkeit würde man sagen, daß ›*différance*‹ die konstituierende, produzierende und originäre Kausalität bezeichnet, den Prozeß von Spaltung und Teilung, dessen konstituierte Produkte oder Wirkungen die *differents* oder die *différences* wären.« (Derrida 1976a, 13)

Ein System von Differenzen wird demnach von der *différance* produziert, d.h. die Differenzen sind das Ergebnis von Transformationen (vgl. Derrida 1986c, 68). Kurz gesagt ergibt sich folgendes: Die *différance* benennt zum einen die Differentialität der Zeichen, die auch den Charakter eines Widerstreits (*différend*) annehmen kann. Zum anderen den Verzug, den Aufschub oder die Verspätung, allgemeiner die Temporisation, die bewirkt, dass der Sinn stets antizipiert oder reproduziert wird. Drittens ist die *différance* die Möglichkeit jeder begrifflichen Unterscheidung. Viertens muss, wenn von *différance* gesprochen wird, auch von der *Spur* die Rede sein. Denn wenn jedem Element eines Systems die Identität alleine durch seinen Bezug und zu seiner Differenz zu allen anderen Elementen des Systems zuteil wird, so wird es auch von allen markiert, die es nicht ist; das heißt, dass jedes Element Spuren von anderen Elementen tragen wird und somit keine kohärente Identität besitzt. Die Elemente sind somit nicht unteilbare Entitäten oder Atome, sondern vielmehr Gebinde solcher Spuren, die Spuren der Abwesenheit des je anderen Elementes sind (vgl. Bennington und Derrida 1994, 83). Nach dieser kurzen Zusammenfassung kann der Begriff der Spur verdeutlicht werden: Die Spur bezieht sich weniger auf eine Gegenwart oder Präsenz, sondern auf eine Vergangenheit. Mit Rekurs auf Emmanuel Lévinas schreibt Derrida:

»Man kann die Spur – und also die *différance* – nicht von der Gegenwart oder vom Anwesen des Anwesenden her denken. Eine Vergangenheit, die nie gegenwärtig war, mit dieser Formel hat Emmanuel Levinas, auf ganz anderen Wegen als denen der Psychoanalyse, die Spur und das Rätsel der absoluten Andersheit: des Anderen qualifiziert. Insofern zumindest impliziert der Gedanke der *différance* die von Levinas vorgenommene Kritik der klassischen Ontologie.« (Derrida 1976a, 29)[17]

Derrida 1998b, 105). Vgl. in diesem Kontext auch Gondek (1997).
17 In *Grammatologie* heißt es: »Damit rücken wir den Begriff der Spur in die Nähe eines anderen,

Diese zerteilende und verteilende Äußerlichkeit, die nicht mehr im Moment der Präsenz sich sammelt, wurde zunächst von Derrida in »Gewalt und Metaphysik« im Gegensatz zu einer positiven, geschlossenen Andersheit betont.[18] Derrida schließt sich Lévinas insofern an, als dass er der Totalität des Seins die »Spur des Anderen«, den Überschuss entgegen setzt bzw. in der Totalität wieder zu erlangen sucht. Dabei folgt Derridas Erkundung der Spur auch einer Spur der Differenz aus Heideggers »Spruch des Anaximander« und Freuds »Bahnen des Gedächtnisses« sowie Nietzsches grammatischen Spurgängen (vgl. Derrida 1976a). Aber es ist nach Bernhard Waldenfels' Interpretation insbesondere diese Lévinas'sche Kennzeichnung eines konstitutiven Verzugs des Bewusstseins, eine absolute Vergangenheit, die nie Gegenwart war (vgl. Waldenfels 1987, 542), die Derridas Verständnis von der Lévinas'schen Spur prägt (vgl. Derrida 1976a, 29). Und Lévinas spezifiziert nach der Derrida'schen Lektüre seines Werkes in »Gewalt und Metaphysik« die Beziehung zwischen Vergangenheit und Gegenwart. So schreibt er in »Jenseits des Seins oder anders als Sein geschieht«: »Die im Gesicht vorübergegangene oder vergangene Spur ist nicht die Abwesenheit eines Noch-nicht-Offenbarten, sondern die An-archie dessen, was niemals gegenwärtig gewesen ist, eines Unendlichen [...].« (Lévinas 1992a, 217f)[19]

Will man die Spur des Anderen erläutern, kann dies anhand der *différance* geschehen. Spur bezieht sich für Lévinas auf das »Undenkbare«, auf eine Gegenwart von jemandem, der immer schon vergangen ist.[20] Die Spur des Anderen

---

der im Mittelpunkt der Schriften von Emmanuel Levinas und seiner Kritik der Ontologie steht: das Verhältnis zur Illeität wie zur Alterität einer Vergangenheit, die in der ursprünglichen oder modifizierten Form der Präsenz nie erlebt worden ist, noch je in ihr erlebt werden kann.« (Derrida 1998b, 123)

18 Wobei im Bezug zur Spur zu sagen ist, dass Derrida die entscheidenden Werke Lévinas', die sich mit der Spur beschäftigen, nämlich »Die Spur des Anderen« (Lévinas 1983) und »Die Bedeutung und der Sinn« (Lévinas 1989c), zum Zeitpunkt der Verfassung von »Gewalt und Metaphysik nicht kannte. Vgl. auch die erste Fußnote von »Gewalt und Metaphysik«. Zur genaueren Bestimmung der chiasmatischen Entwicklung der Spur bei Derrida und Lévinas, vgl. Bernasconi (1988b). Mit Rekurs auf Lévinas (1983, 232) kann jedoch gesagt werden, dass Lévinas die Spur für eine »aufspürerische«Arbeit eines »Graphologen« oder eines »Psychoanalytikers« offen hält. Diese können die Spur zum intentionalen Gegenstand ihrer Untersuchungen machen. Aber: »Was aber dann im Schriftbild oder Stil eines Briefes spezifisch Spur bleibt, bedeutet keine dieser Intentionen, keine dieser Qualitäten, es offenbart oder verbirgt gerade nichts.« (Lévinas 1983, 232)

19 Simon Critchley schreibt in diesem Zusammenhang: »For Levinas, the enigma of time – the time of justice – lies in an experience of time that differs from the present, both as an absolute past and an ungraspable future, precisely as trace and as *différance*. And yet, this experience of time happens now, blasting through the continuum of the present in a relation to the other, the experience of justice.« (Critchley 1999c, 155) Die *différance* zeigt sich selbst als Diachronie in dem Ereignis der Verantwortung für den Anderen.

20 Die *Spur* hat bei Lévinas ihre Wurzeln in den Enneaden von Plotin. Lévinas versucht auch hier, wie schon bei dem »Jenseits des Seins« Platons oder der Unendlichkeit bei Descartes, einem klassischen Text eine andere Bedeutung zuzusprechen, als die er in der Geschichte der Ontologie inne

kann durch das »a« der *différance* markiert werden, dieser unrepräsentierbaren Verräumlichung und Zeitaufspreizung, die jedes Denken erst möglich macht (vgl. Venn 1997, 21). Insofern *bedeutet* das Sagen des Antlitzes als Spur, das ohne Intention in der Bewegung der *différance* sich zum Zeichen macht: »Das Subjekt des *Sagens* gibt nicht Zeichen, es macht sich zum Zeichen, es geht auf in Verpflichtung.« (Lévinas 1992a, 118f)

Die *différance* »ist« eine vorgeordnete Produktion jeglicher Bedeutung. Sinn, Präsenz und Subjektivität entstehen aus ihr, aus einer ursprünglichen Abwesenheit des Subjekts wie des Referenten (vgl. Waldenfels 1987, 542). In Lévinas'schen Termini ausgedrückt heißt das: Das Gesagte muss eine Alterität voraussetzen: Die Alterität eines Sagens, das das Gesagte nicht als solches auszusprechen vermag. Allein diese Art von Andersheit ermöglicht die »Operationen der Aussöhnung« (Bennington und Derrida 1994, 312), in denen sich die Spur dessen erhalten muss, was ihnen nicht angehört.

»Um markiert und remarkiert zu werden, müssen aber diese Unterbrechungen ihrerseits *in* einem Gesagten gesagt werden, das nicht gleichzeitig sein Sagen zu sagen vermag. [...] Was vermag aber die Texte, die gleichwohl die Risse des Sagens zu denken versuchen (der Text Levinas', aber auch Derridas), von jenen zu unterscheiden, die ihnen keine Aufmerksamkeit schenken? Der Riß des Sagens (aber auch der *différance*) hinterläßt seine Spuren noch in den Diskursen, die nichts von ihm wissen wollen – so wie die Dekonstruktion in gewisser Weise schon ›in‹ der Schrift Platons oder Hegels am Werk ist.« (Bennington und Derrida 1994, 312)[21]

Der Andere verweist somit wie jedes Element eines Systems auf Spuren. Er ist nie absolute Präsenz[22], sondern ein Gewebe von Spuren, die wiederum auf Spuren

---

hatte. »Die Spur ist die Gegenwart dessen, was eigentlich niemals da war, dessen, was immer vergangen ist. Plotin hatte von der Zeugung aus dem Einen einen Begriff, der weder die Unwandelbarkeit des Einen anficht noch seine absolute Trennung anficht. In dieser zunächst bloß dialektischen und quasi-verbalen Situation skizziert sich das außerordentliche Bedeuten der Spur in der Welt.« (Lévinas 1983, 233) Lévinas zitiert aus den Enneaden V, 5: »Was das Prinzip angeht, was den Seienden vorausgeht, das Eine, so bleibt dieses in sich selbst; aber obwohl es bleibt, ist es nicht etwas von ihm Verschiedenes, das die Seienden, ihm gleich an Gestalt, erzeugt; hier bedarf es nur seiner, um sie zu erzeugen, die Spur des Einen läßt das Wesen entstehen, und das Sein ist nur die Spur des Einen.« (Lévinas 1983, 233) Ferner gehen Derrida und Lévinas von einem Begriff der Spur aus, wie ihn Heidegger in seiner Abhandlung »Der Spruch des Anaximander« (Heidegger 1950a) vorgegeben hat. Vgl. dazu Derrida (1976a).

21 Streng genommen befinden sich die Spuren *in* dem Diskurs, an den Rändern oder Zwischenräumen des Diskurses (vgl. Derrida 1994a, 144), als »Falte« innerhalb des Diskurses (vgl. Derrida 1994a, 144), am äußeren Rand einer Umschließung; ein Rand, der auf ein Jenseits deutet (vgl. Derrida 1994a, 148). Der Ort der Dekonstruktion, an dem der Bezug zum Andere auftaucht, kann man sich als den Rand fließend ineinander übergehender Innen- und Außenflächen, Vorder- und Rückseiten eines »Moebius«-Bandes, das der Leipziger Professor August Ferdinand Möbius (1790-1868) entwickelte, vorstellen – Verbindung und Trennung zugleich, Beziehung zum Anderen; jene »Einstülpung, durch die eine äußere Oberfläche sich ins Innere zurückfaltet und zu einer inneren Oberfläche wird [...].« (Bennington und Derrida 1994, 233)

22 »Der Signifikant, derjenige, der das Zeichen gibt, zeigt trotz der Zwischenkunft des Zeichens sein

verweisen – er ist unendlich: »But in the idea of the Infinite there is described a passivity more passive still than any passivity befitting consciousness [...]. It is then an idea signifying with a signifyingness prior to presence, to all presence, prior to every origin in consciousness and thus an-archical, accessible in its trace.« (Lévinas 1996 [Org.: 1975], 137)

Der Andere »ist« eine Vergangenheit, die nie gegenwärtig war (vgl. Lévinas 1996 [Org.: 1975], 140). In ihm findet sich eine Alterität, die die Opposition anwesend/ abwesend überschreitet. Im Anderen ist immer diese unendliche Andersheit »gegenwärtig«, die als das Andere-im-Selben die Bedingung des Selbst ist. An der Selbstheit zehrt die Fremdheit des Anderen. Ein *Supplement*, endlos wie die Spur, das in einer unvordenklichen Vergangenheit, nicht zu vergegenwärtigen Vergangenheit zu suchen, aber nie zu finden ist. Eine bestimmte Andersheit, die von jedem Prozess der Vergegenwärtigung unterschlagen wird. Die unendliche Spur – stets differierend – stellt sich nie als solche dar. Sie muss unbemerkt bleiben. Anders gesagt: Die Spur ist kein Phänomen, denn wollte man ihr einen (Eigen-)Namen geben, so hätte sie man schon dem Gesagten einverleibt und damit die Spuren, vom dem dieses Gesagte herrührt, ausgelöscht. Vielleicht ist deswegen eine Vielfältigkeit von (Eigen-)Namen notwendig, die sich zu einer Serie zusammenfügen, »[...] zu jener Serie der Namen eines vielfältigen Quasi-Transzendentalen [...]. Diese gibt nicht so sehr eine Anzahl ›voller‹, in sich abgeschlossener und nachträglich wie die Perlen einer Kette aufgereihter Begriffe, sondern vielmehr jene Verräumlichung zu lesen, die ihre *différance* ist [...]. Jeder Begriff dieser Serie nennt das Ereignis einer Unterbrechung.« (Bennington und Derrida 1994, 314)

Eine Serie kann bei Lévinas in der seriellen Verwendung der Termini »Ethik«, »Heiligkeit«, »Messianismus« oder »Gerechtigkeit« gesehen werden. Dabei versucht eine Serie erneut ein Gewebe zu nennen, aber eines, das aus Unterbrechungen gesponnen ist, die ebenso zahlreiche Ereignisse darstellen:

> »Tatsächlich schlägt Derrida vor, ›Unterbrechungen‹ jene von Levinas gedachten und ins Werk gesetzten Momente zu nennen, in denen der Diskurs, der seine Inhalte oder Themen in der Kontinuität des Sagens, der Adresse, durchschnitten oder zerrissen wird, in der er sich dem anderen öffnet, die Verantwortung für ihn übernimmt und zugleich dem anderen die Verantwortung für sich selbst überträgt.« (Bennington und Derrida 1994, 311)[23]

Der *différance* geht kein Ursprung weder als Subjekt noch als Präsenz voraus, sie ist an-archisch, wie die Passivität der Verpflichtung bei Lévinas, die dem Subjekt voraus geht (vgl. Kapitel I.3.). Die Re-Präsentation eines Seienden ist immer

---

Antlitz, ohne sich als Thema darzubieten. Er kann natürlich von sich sprechen – aber dann bezeichnet er sich selbst als Signifikat und macht sich infolgedessen seinerseits zum Zeichen. Der Andere, der Signifikant, zeigt sich im Wort, indem er von der Welt spricht und nicht von sich [...].« (Lévinas 1987*d*, 135f)

23 Auf die Beziehung des Sagens und der Gabe im Denken Derridas wird noch später eingegangen.

durchsetzt mit Nicht-Gegenwart. Wird jedoch behauptet, es gebe ein Subjekt, das das Spiel der Differenzen meistern könnte, wird diese Nicht-Gegenwart geleugnet. Dieses Subjekt denkt sich als Bewusstsein seiner Präsenz, als Selbst-Gegenwart, und es ist die »lebendige Gegenwart, der die Fähigkeit zur Synthese und zum unaufhörlichen Sammeln der Spuren eingeräumt wird. Dieses Privileg ist der Äther der Metaphysik, das Element unseres Denkens, sofern es in der Sprache der Metaphysik befangen ist.« (Derrida 1976a, 23)

2.1. Dekonstruktion der Metaphysik der Präsenz

Wie Geoffrey Bennington deutlich gemacht hat, ist die Dekonstruktion nichts, was man *an* der Metaphysik vornehmen kann (vgl. Bennington und Derrida 1994, 45). Die Beziehung zwischen Dekonstruktion und Metaphysik ist also komplizierter als man gemeinhin denken möchte. Derrida geht es vor allem *nicht* darum, Paradoxien oder Unentscheidbarkeiten an die Metaphysik *von außen* heran zu tragen oder die Metaphysik damit zu konfrontieren. Vielmehr konstituieren die Paradoxien die Metaphysik selbst (vgl. Bennington und Derrida 1994, 49f). Auf irgendeine Weise wird man niemals der Metaphysik entkommen sein:

»An dem Punkt, wo der Begriff der *différance* – und alles, was mit ihm verkettet ist – ins Spiel kommt, werden alle begrifflichen Gegensätze der Metaphysik, weil sie letzten Endes immer auf die Präsenz eines Gegenwärtigen bezugnehmen (zum Beispiel in der Form der Identität des Subjekts, das bei allen seinen Tätigkeiten, in allen seinen Un- und Vorfällen gegenwärtig ist, das selbstgegenwärtig ist in seinem ›lebendigen Sprechen‹, in seinen Aussagen, in den gegenwärtigen Objekten und Akten seiner Sprache usw.), werden also alle diese metaphysischen Gegensätze (wie Signifikant/Signifikat, sinnlich wahrnehmbar/ intelligibel, Schrift/Sprechen, Sprechen/Sprache, Diachronie/ Synchronie, Raum/Zeit, Passivität/Aktivität usw.) unwesentlich. Sie kommen alle früher oder später darauf zurück, die Bewegung der *différance* der Präsenz eines Wertes oder eines *Sinns* unterzuordnen, der der *différance* vorausginge, der ursprünglicher als sie wäre und der in letzter Instanz über sie hinausgehen und sie bestimmen würde. Wir finden also das, was wir vorhin ›transzendentales Signifikat‹ genannt haben, wieder.« (Derrida 1986c, 71)

Derridas Dekonstruktion der Metaphysik richtet ihren Fokus auf die binären Logiken, die Sprache und die »transzendentalen Signifikate«. In einem Gespräch mit Julia Kristeva bemerkt Derrida, dass Metaphysik auch bedeute, einen reinen Sinn oder ein reines Signifikat anzunehmen (vgl. Derrida 1986c, 72ff). Metaphysik ist aber auch die Bevorzugung des Denkens, des Bewusstseins, des ursprünglichen, voluntaristischen und intentionalen Subjekts, der Vernunft oder der Präsenz – die Setzung eines noch nicht vom Gleiten der Signifikanten betroffenen *Zentrums* des Denkens; dieser *Logozentrismus* ist sprachtheoretisch ein *Phonozentrismus*:

»Man ahnt bereits, daß der Phonozentrismus mit der historischen Sinn-Bestimmung des Seins überhaupt als *Präsenz* verschmilzt, im Verein mit all den Unterbestimmungen, die von dieser allgemeinen

Form abhängen und darin ihr System und ihren historischen Zusammenhang organisieren (Präsenz des betrachteten Dinges als *eidos*, Präsenz als Substanz/Essenz/Existenz [*ousia*], Präsenz als Punkt [*stigme*] des Jetzt oder des Augenblicks [*nun*], Selbstpräsenz des cogito, Bewußtsein, Subjektivität, gemeinsame Präsenz von und mit dem anderen, Intersubjektivität als intentionales Phänomen des Ego usw.). Der Logozentrismus ginge also mit der Bestimmung des Seins des Seienden als Präsenz einher.« (Derrida 1998b, 26)

Der Phonozentrismus drückt sich anhand einer Bevorzugung der Sprache (phone) vor der Schrift aus. Derrida stellt dar, wie auch die phonetische Sprache den Regeln der Schrift unterworfen ist, sofern sie funktionieren will (vgl. Derrida 1976e). In diesem Kontext entwickelt er den Begriff einer Ur-Schrift (*archi-écriture*), die schon beim Sprechen am Werke ist. Die Bewegung der *différance* erhält ebenfalls den Namen der *Schrift*. Insofern wird auch die *Schrift* als *Spur* charakterisiert: Sie ist Ur-Spur, da sie nicht auf eine ursprüngliche Gegenwart verweist. Eine Regel der Schrift ist die Notwendigkeit der Zeichen, wiederholbar, zitierbar oder *iterierbar* zu sein. Insofern gibt es Kontext oder »Text, weil es diese Iteration gibt.« (Derrida 1989b, 87) Die Iteration, ein Begriff hergeleitet aus dem Sanskrit-Adjektiv itara, das »anders« oder »verschieden« bedeutet, hält die Möglichkeit des Zeichens bereit, mit seinem vorangegangenen Kontext zu brechen, sofern sich jedes Zeichen notwendigerweise als Schrift und ohne Ursprung konstituiert:

»[...] als Schrift, das heißt als die Möglichkeit eines Funktionierens, das an einem gewissen Punkt von seiner ›ursprünglichen‹ Bedeutung und von seiner Zugehörigkeit zu einem saturierbaren und zwingenden Kontext abgeschnitten ist. Jedes linguistische oder nicht-linguistische, gesprochene oder geschriebene (im üblichen Sinne dieser Opposition) Zeichen kann als kleine oder große Einheit *zitiert*, in Anführungszeichen gesetzt werden; dadurch kann es mit jedem gegebenen Kontext brechen, unendlich viele neue Kontexte auf eine absolut nicht saturierbare Weise erzeugen. Dies setzt nicht voraus, daß das Zeichen (*marque*) außerhalb von Kontext gilt, sondern im Gegenteil, daß es nur Kontexte ohne absolutes Verankerungszentrum gibt. Diese Zitathaftigkeit, diese Verdoppelung oder Doppelheit, diese Iterierbarkeit des Zeichens (*marque*) ist kein Zufall und keine Anomalie, sondern das (Normale/Anormale), ohne welches ein Zeichen (*marque*) sogar nicht mehr auf sogenannt ›normale‹ Weise funktionieren könnte.« (Derrida 1976e, 141)

Anders gesagt heißt das, dass die Bedeutung eines Zeichens niemals fest ist, sondern je nach Kontext bzw. je nach seiner Stellung in der Kette der differentiellen Relationen und iterativen Wiederholungen entsteht. Für jegliche Bedeutung gilt deswegen, dass sie nicht schon existiert, um dann wiederholt zu werden, sondern erst durch das Zusammenspiel konstitutiver und serieller Wiederholungen entsteht.[24] Insofern existieren keine »ursprünglichen« Bedeutungen, sondern nur Spuren von Spuren. Die Wiederholung ist somit nicht ohne die Spur zu denken. Die Iterabilität erlaubt es, dass sich ein Zeichen seinem Kontext entzieht, den Kontext verwirrt und sich in einem anderen Kontext wiederholt, wobei das

---

24 »Von Anfang an gab es einen doppelten Ursprung und dazu noch seine Wiederholung. Drei ist die erste Zahl der Wiederholung.« (Derrida 1997g, 450)

Zeichen anders oder ›falsch‹ zitiert werden, sich vervielfältigen und damit eine gänzlich andere Bedeutung bekommen kann.[25] Um als erkennbares Zeichen überhaupt zu funktionieren, muss das Zeichen wiederholbar sein und in einem endlosen Verweisungs- und Veränderungszusammenhang von Wiederholungen erzeugt werden (vgl. Derrida 1994*d*, 12f). Deshalb lässt sich fragen, ob eine (performative) Äußerung gelingen oder verständlich werden könnte, wenn sie nicht eine iterierbare Äußerung wiederholte, das heißt, wenn »die Formel, die ich ausspreche, um eine Sitzung zu eröffnen, ein Schiff oder eine Ehe vom Stapel laufen zu lassen, nicht einem iterierbaren Muster *konform*, wenn sie also nicht in gewisser Weise als ›Zitat‹ identifizierbar wäre.« (Derrida 1976*e*, 150)

Die Wiederholung tritt somit nicht an eine schon bestehende, ideale Bedeutung des Zeichens heran, sondern das Zeichen bekommt seine Bedeutung erst durch die ständige *performative* Iteration – jedesmal von Neuem. Denn ein »wesentlich singuläres und nur einmal verwendbares Zeichen wäre kein Zeichen.« (Bennington und Derrida 1994, 65) Jegliche Bedeutung (als Produkt der *différance*) wird zu einer solchen als Wiederholung von Wiederholungen in der Alterität, die nie völlig das Selbe wiederholen. Da eben eine Struktur, ein Diskurs oder eine Bedeutung nicht stabil gegeben ist, bedarf es der Wiederholung; es gibt einen *Wiederholungszwang*, den die Praxis der Dekonstruktion verdeutlicht. Eine vermeintliche ursprüngliche Bedeutung muss, um erkennbar zu sein, wiederholt oder zitiert worden sein und zitiert werden, wodurch sie eine veränderte Bedeutung erfährt oder erfahren kann; das Zeichen ist schon immer gespalten. Somit ergibt sich eine dreifache Bewegung: Ist die Bedeutung (als Produkt der *différance*, einer vorläufigen Schließung und Wiederholung) das Erste, die Iteration, die versucht, die Bedeutung jedes Mal neu zu konstituieren, das Zweite, so kommt drittens die damit bewirkte Veränderung dazu.

Mittels des Begriffs der Iterabilität kann auch ein traditionelles Kommunikationskonzept revidiert werden, das ein intentionales Sender-Subjekt voraussetzt, dessen Botschaft sicher an einen Empfänger weitergeleitet wird. Derrida problematisiert hingegen die Vorstellung eines fixen Ausgangspunktes (Subjekt und Intention) und betont, dass die Intention selbst von der Iteration strukturiert ist, die einen wesentlichen Bruch in die Intention einführt (vgl. Derrida 1976*d*, 150); Intentionen sind selbst keine fixen Ausgangspunkte, sondern kontextabhängig situiert, konstituiert und können nur aufgrund von Zitathaftigkeit Ereignisse und einen Teil des Bedeutungsuniversums zeitigen. Derrida wendet sich damit gegen einen Kommunikationsbegriff, der eine »Transmission« impliziert, die davon ausgeht,

---

25 Dies ist beispielsweise bei der Queer-Bewegung der Fall, die den ehemaligen Hassbegriff *queer* in einem positiven Sinne verwenden will und ihm somit eine gänzlich neue Einschreibung in einen bestimmten Kontext ermöglicht.

dass die »*Identität* eines *bezeichneten* Objekts, eines *Sinns* oder eines *Begriffs*, die von Rechts wegen vom Übergangs- und Bezeichnungsvorgang selbst abgetrennt werden können, *von einem Subjekt zum anderen weitergeleitet werden soll.*« (Derrida 1986c, 62) Dieser Begriff von Kommunikation geht von einem gesetzten Subjekt und von einem gesetzten Objekt aus, die ihre Identität schon vor jedem Bezeichnungsvorgang haben. Aus diesem metaphysischen und repräsentationstheoretischen Rahmen muss »Kommunikation« gelöst und mittels des Begriffs der Iterabilität reformuliert werden. Iterabilität bedeutet dann von einer notwendigen Abwesenheit von Empfänger und intentionalem, ursprünglichen Sender auszugehen: »Abwesenheit des Empfängers. Man schreibt, um den Abwesenden etwas mitzuteilen. Die Abwesenheit des Senders vom Zeichen, das er verläßt, das sich von ihm trennt und weiterhin über seine Anwesenheit und die anwesende Aktualität seines Meinens, ja sogar über sein Leben selbst hinaus Wirkungen hervorruft [...].« (Derrida 1976d, 130) Die Dekonstruktion geht nicht von einer vollständig konstituierten Sendung aus, sondern analysiert, wie die Botschaft in der Wiederholung produziert wird.[26] Kommunikation muss dabei in der Abwesenheit der Empfänger und zu einer anderen Zeit wiederholbar sein, sofern sie funktionieren will. Gerade diese Wiederholbarkeit oder Iterabilität kann aber einen allgemeinen Sinn der Kommunikation verfehlen, jede Schickung einer Sendung ist an das kontingente Schicksal gebunden (vgl. Derrida 1994d, 4ff). Es kann immer ganz anders und in ganz anderen Kontexten wiederholt werden, so dass der ursprüngliche Sinn den vorangegangenen Kontext überschreitet und mit ihm bricht. Dadurch ist eine *Streuung* von Sinn oder Bedeutung immer schon gegeben.

Hierbei kommt der Begriff der *dissémination* ins Spiel (vgl. Derrida 1995c). Die Bewegung der Zeichen, die selbst keinen fixen Ausgangsort oder ein Fundament haben, machen eine feste Semantik unmöglich. Die Streuung von Bedeutung ist aber keineswegs eine Polysemie oder eine Pluralisierung von Bedeutung; vielmehr als dies der Begriff der Polysemie vermag, verweist die *dissémination* von Zeichen darauf, dass keine Fixierung eines Signifikats möglich ist (vgl. Derrida 1999e). Die *dissémination* benennt einen endlosen Prozess der Zerstreuung, der noch seinen Ausgangspunkt berührt bzw. diesen zerteilt (Substitution im Ursprung) und in andere Sinnbahnen übergeht.[27] Eine Stabilisierung von Be-

---

26 Gemäß einer anderen Begrifflichkeit kann gesagt werden, dass es kein Original vor der Kopie gibt. Der Sender ist schon in einen Kontext eingeschrieben, von dem aus die Botschaft iterativ geschaffen wird. Vgl. auch Kapitel IV., in dem die Frage nach dem Original und dem Ursprung anhand von *sex* (biologisches Geschlecht) und *gender* (Geschlechstidentität) wieder aufgenommen wird.

27 »Die *dissémination behauptet* (ich sage nicht erzeugt oder konstituiert) die endlose Substitution [...].« (Derrida 1986c, 169) Vgl. auch Derrida (1993a, 124). »Die *dissémination* ist auch die Möglichkeit des Dekonstruierens [...] oder, wenn Sie wollen, des Auftrennens [...] der symbo-

deutungselementen, die die Beweglichkeit der Signifikanten – wie zum Beispiel im Falle des Strukturalismus – diese noch einmal an eine *arche* rückbindet, eine solche »Sicherheit dieses im Namen des Gesetzes arretierten Punktes« wird im Denken der *dissémination* »gesprengt« (vgl. Derrida 1995c, 34). Durch die *dissémination* wird der Sinn selbst gespalten und es wird nicht von einer absolut anfänglichen, abgeschlossenen oder endgültigen Kontextualisierung von Bedeutung ausgegangen; die Bedeutung geht niemals voll in ihrem Kontext auf. Die notwendige Wiederholung der Bedeutung und ihrer Zerstreuung bezeichnen vielmehr eine unmögliche Rückkehr zu einer Einheit des Sinns (vgl. Derrida 1995c, 301). Die *dissémination* bejaht den Nicht-Ursprung, »bejaht die stets bereits geteilte Erzeugung des Sinns« und »läßt ihn von vornherein fallen.« (Derrida 1995c, 301) Durch eine »Sprengung« des Sinns werden Ereignisse nicht auf eine vordiskursive Ebene geholt, sondern ereignen sich in der Zerstreuung und (intervenierenden) Iterabilität. Iterationen von Bedeutungen, die in einem Kontext stattfinden, lassen den Kontext, seine Schließungen und selbst die Elemente der Wiederholung nicht unberührt. Die Elemente, selbst zerteilt, sind von festen Bedeutungen entleert.[28]
Ein Denken der *dissémination* überschreitet ein Denken, das von einem Ursprung, einem Zentrum oder einer Basis der Bedeutung ausgeht. Es zeigt auf, dass Stabilisierungen zur Verständigung zwar notwendig sind, aber ebenfalls, dass Stabilisierungen immer von Kontingenz heimgesucht werden und nicht auf einen letzten Ursprungsort verweisen.[29]

Durch die *dissémination* ist die Möglichkeit gegeben, dass jede Verständigungspraxis versagen kann, weil Argumentationen beispielsweise durch widersprüchliche Logiken heimgesucht werden können oder Argumente ihre Empfänger

---

lischen Ordnung in ihrer allgemeinen Struktur *und* ihren Modifikationen, in den allgemeinen *und* bestimmten Formen der Gesellschaft, der ›Familie‹ oder der Kultur.« (Derrida 1986c, 166f) »An der Stelle ihrer selbst stehend, kennt die Familie nicht mehr ihre Grenzen. Das ist zugleich ihr ursprünglicher Verfall und die Chance für all die Gastfreundschaften. Es ist, wie das falsche Geldstück, die Chance für die Gabe selbst: die Chance des Ereignisses. Nichts kann zwar ohne Familie und ohne Ökonomie passieren, aber es kann auch nichts im Familienbereich passieren, im Familienbereich, das heißt in der abgekapselten und andererseits unvorstellbaren Geschlossenheit der beschränkten Ökonomie [...].« (Derrida 1993a, 203)

28 Vgl. Derrida (1994d, 8). Vgl. auch Kapitel III., in dem auf den »leeren Signifikanten« näher eingegangen wird.

29 Dabei ist zu beachten, dass die (Zer-)Streuung nicht einfach einer Stabilisierung bzw. einer Bindung im Sinne von zwei *absolut getrennten* Bewegungen entgegengesetzt ist (vgl. Derrida 1994d, 7). Streuung und Bindung sind nur in ihrer asymmetrischen Spannung zu denken. »Die Zerstreuung arbeitet mit der Versammlung und der Bindung, denen sie sich daher auch nicht entgegensetzt.« (Bennington und Derrida 1994, 241) Es besteht demnach eine »Verwicklung von Notwendigkeit und Zufall« (Derrida 1994d, 5), die auch in der Hegemonietheorie von Ernesto Laclau und Chantal Mouffe (vgl. Kapitel III.) eine wesentliche Rolle spielen wird. Auf die Verwicklung von Zerstreuung und Bindung hat beispielsweise auch Georges Gurvitch in seinem Buch »Dialektik und Soziologie« aufmerksam gemacht (vgl. Gurvitch 1965, 226f).

anders oder gar nicht erreichen, so dass das Verstehen, das sich an einer *idealen* Kommunikationsstruktur orientiert, unmöglich werden kann, gerade aufgrund der Unmöglichkeit einer geschlossenen Idealität. Es könnte vermutet werden, dieses Argument führe zu einem »performativen Widerspruch«, da doch das, was soeben ausgeführt wird, selbst wiederum verstanden wird und seine Empfänger erreicht. Doch ist eben auch die Möglichkeit gegeben, dass es die Empfänger niemals erreicht oder diese gar nicht kennt (vgl. Derrida 1994d, 2ff). Zum Argument des performativen Widerspruchs schreibt Alexander Garcia Düttmann: »Damit der performative Widerspruch sich als ein Widerspruch konstituiert und der Begriff eines ›performativen Widerspruchs‹ entstehen kann, muß eine gewisse Gleichartigkeit zwischen den ›Strukturen der Äußerung‹ bestehen, die sich widersprechen sollen – zwischen dem theoretischen Wissen, auf das ein Argument zielt, und der performativen Dimension der Argumentation.« (García Düttmann 1999, 66f) Doch diese Gleichartigkeit zwischen den Strukturen der Äußerung ist nur gegeben, wenn man feste, ideale Strukturen voraussetzt und eine Zerfallslogik der begrifflichen Einheiten bzw. die *dissémination* bestreitet. Allgemein lässt sich sagen, dass die *dissémination* über ein Denken, das Sinn als ein Bei-sich-Sein versteht, hinausgeht; *Dissémination* überschreitet jede reine Gegenwärtigkeit und jeden Logozentrismus.

2.2. Doppelte Geste

Die begrifflichen Gegensätze der Metaphysik nehmen immer Bezug auf die Präsenz, wobei der binären Logik eine hierarchische Anordnung inhärent ist:

> »Sehr schematisch: eine Opposition metaphysischer Begriffe (zum Beispiel, Sprechakt/ Schrift, Anwesenheit/Abwesenheit, etc.) ist nie eine Gegenüberstellung zweier Termini, sondern eine Hierarchie und die Ordnung einer Subordination. Die Dekonstruktion kann sich nicht auf eine Neutralisierung beschränken oder unmittelbar dazu übergehen: sie muß durch eine doppelte Gebärde, eine doppelte Wissenschaft, eine doppelte Schrift, eine *Umkehrung* der klassischen Opposition *und* eine allgemeine *Verschiebung* des Systems bewirken.« (Derrida 1976e, 154)

Die Praxis der Dekonstruktion liegt in der doppelten Geste, die in einem ersten Schritt versucht, die Hierarchie von Oppositionspaaren wie beispielsweise den Gegensatz Signifikat/Signifikant oder Innen/Außen umzukehren. Indem die Dekonstruktion gemäß der *différance*, als Möglichkeit der Produktion von Präsentem, zeigt, dass das Innen oder das Erste nicht rein präsent oder vollständig ist, verdeutlicht sie, dass dem Ersten ein Bedeutungsmangel inne wohnt, der durch Elemente des Zweiten *supplementiert* werden muss. Insofern gehört dieses Zweite zu einer Möglichkeitsbedingung des Ersten.[30] Dies produziert einen Bedeutungsüberschuss bzw. eine Unreinheit des Präsenten, der in der binär-hierarchischen Anordnung geleugnet oder verdeckt wird. Es geht aber bei dieser »allgemeinen Strategie der Dekonstruktion« (Derrida 1986c, 87) nicht um eine Neutralisierung der binären Gegensätze oder um eine Aufhebung in einem Dritten, sondern um eine Verschiebung und heterologische Überschreitung der binären Logik.

»Wer diese Umbruchsphase vernachlässigt, übersieht die konfliktgeladene und unterwerfende Struktur des Gegensatzes. Wer zu rasch, und ohne den vorangegangenen Gegensatz im Auge zu behalten, zu einer *Neutralisierung* übergeht, die das frühere Feld *praktisch* intakt läßt, nimmt sich jede Möglichkeit, dort tatsächlich *einzugreifen*. [...] Die Notwendigkeit dieser Phase ist strukturbedingt und erfordert daher eine unaufhörliche Analyse: denn die Hierarchie der dualen Gegensätze stellt sich immer wieder her.« (Derrida 1986c, 88)[31]

Die erste Geste muss permanent und unendlich wiederholt werden.[32] Die zweite strategische Geste der Dekonstruktion besteht in einer *Verschiebung* des Feldes, auf dem die Opposition bestand, bis hin zu einer Ersetzung durch Neues, das sich freilich nicht einer »unaufhörlichen Analyse« widersetzen kann. Dies geschieht durch das Aufspüren von etwas, »was sich in der vorangegangenen Ordnung nicht mehr verstehen läßt [...], um somit die ganze übliche Anordnung zu zerrütten und in das gesamte Feld einzudringen.« (Derrida 1986c, 89) Dieser Schritt ist notwendig, damit sich die Umkehrung nicht der gleichen binär-hierarchischen Logik bedient und diese reproduziert. Die Erschütterung einer bestimmten Logik liegt dann in dem Aufspüren ihrer Möglichkeitsbedingungen und in dem Aufspüren dessen, was diese Logik ausschließen muss, um überhaupt funktionieren zu können. Die Zerrüttung, die Überschreitung oder das ständige Durchbrechen der Schließungsversuche eines diskursiven Feldes oder einer Anordnung kann mit dem Begriff des *konstitutiven Außen*[33] beschrieben werden. Das *konstitutive Außen* ist selbst

---

30 Aber auch zur Bedingung der Unmöglichkeit des Ersten, weil dieses nicht mehr absolut geschlossen, präsent oder positiv ist.

31 Eine Umkehrung der Gegensätze ist dabei in einem ersten Schritt wichtig. Doch bedarf sie der Verschiebung. Wird zum Beispiel in einer Umkehrung des Ethnozentrismus die »Natürlichkeit« fremder Ethnien positiv betont, um die fremden »Anderen« gegen einen eigenen Ethnozentrismus zu schützen, bleibt auch diese Umkehrung immer noch ein Ethnozentrismus, nur eben in umgekehrter Form: Es ist dann die Ethnie der »Anderen«, der eine volle Präsenz zugesprochen wird (vgl. Derrida 1998b): »The classical inversion or reversal [...] is also unavoidable in the strategy of political struggles: for example, against capitalist, colonialist, sexist violence. We must not consider this to be a moment or just a phase; if from the beginning another logic or another space is not clearly heralded, then the reversal reproduces and confirms through inversion what it has struggled against.« (Derrida 1995a, 84)

32 Wie die doppelte Geste der Dekonstruktion auf einer sozial-praktischen Ebene zu verstehen ist und wie sowohl der erste Schritt (und insofern auch die ständige Wiederherstellung der Gegensätze) als auch der zweite Schritt politisch-produktiv umgesetzt werden kann, wird im Kapitel zur *Queer Theory* erläutert.

33 Sofern nicht genauer bestimmt, umfasst in der vorliegenden Arbeit der Begriff des *konstitutiven*

noch einmal zweigeteilt; es verdoppelt sich, in dem es einerseits auf ein Jenseits, auf das ganz Andere hinweist und andererseits als eine »Repräsentation« im Sinne eines konkreten Anderen am Rand einer partiellen Schließung erscheint, der jedoch selbst wieder von einer supplementierenden Bewegung heimgesucht werden kann.[34] Dass ein Anderer oder ein Außen als *spezifischer* Anderer erscheinen kann, setzt die Spur, also das schon nicht zu vergegenwärtigende Vorübergegangen-Sein des Anderen voraus. Jede Anordnung, jede zeit-räumliche, soziale oder symbolische Ordnung und Struktur, jeder Diskurs, jede Institution (im Sinne verfestigter normativer, symbolischer Interaktionsmuster sowie systematischer Organisierung sozialer Aktivitäten und Funktionen) bzw. jeder Kontext grenzt sich von einem Außen ab, auf das er jedoch existentiell angewiesen ist, um (sich begrenzend) zu schließen und um existieren zu können. Nicht alles, was einen Diskurs oder eine Anordnung umrandet, ist ein konstitutives Außen, sondern nur dasjenige, was notwendigerweise ausgeschlossen werden muss, damit diese Ordnung sich ihrer eigenen oder inneren Reinheit versichern kann (vgl. auch Stäheli 2000*b*, 25). Deshalb gibt es beispielsweise keine nationale, ethnische oder sexuelle Identität ohne dieses Außen, d.h. ohne das, was die Identität nicht ist und von dem sie sich davon abgrenzen muss, um zu sein. Dieses Außen ist selbst nicht in einer völlig losgelösten Position vom Innen bzw. »transzendental«, sondern liegt streng genommen schon im Innern (der Identität, des Kontextes, der Struktur, etc.), als dessen Möglichkeitsbedingung. Bildlich lässt sich dies vielleicht anhand des physikalischen Phänomens des »*Moebius*«-Bandes veranschaulichen: Ein »Moebius-Band« hat fließende, ineinander übergehende Innen- und Außenflächen. Der Ort des Außen bzw. des Anderen ist jene Einstülpung, durch die eine äußere Oberfläche sich ins Innere zurückfaltet und zu einer inneren Oberfläche wird.[35] Das Außen ist also das, was den Diskurs oder Kontext ermöglicht, was die vollständige Schließung des Diskurses verhindert und den Diskurs zu neuen Ausschlussversuchen veranlasst. Allgemein gibt es demnach kein festes, letztgültiges Zentrum einer Struktur oder Anordnung, sondern nur Supplements, Andersheiten und Außen. Das, was eine Struktur ermöglicht, ist auch das, was ihre *vollständige* Konstitution verhin-

---

Außen sowohl das Andere, das konstitutiv für eine Ordnung ist und partiell repräsentiert werden kann (das spezifische, bestimmte Andere), als auch die Spuren der Andersheit, deren Unendlichkeit nicht im Sinne einer Anwesenheit oder Abwesenheit repräsentiert werden können und den »Störenfried« jeder Ordnung darstellen. Jede daraus entstehende Politik stellt sich somit als »Grenz-Politik« (Waldenfels 1999, 180) zwischen der Ordnung und dem Außer-Ordentlichen dar.

34 Eine präzise und ausführliche Erläuterung dieses Sachverhalts findet sich bei Wimmer (1988, 110ff). Zur Teilung, Faltung und eines doppelten Begriffs der Grenze und der Ränder vgl. auch Derrida (1998*f*, 172ff), Derrida (1998*a*, 37) und Derrida (1994*a*, 148) sowie das Kapitel zur Ethik der Performativität.

35 Ein Beispiel der Moebius-Schleife findet sich in dem Bild von M.C. Escher mit dem Titel: Moebiusstreifen II, 1963, Holzschnitt.

dert. In der ständigen und notwendigen Iterabilität oder Wiederholung machen sich die Spuren dieses konstitutiven Außen, des Anderen, immer wieder bemerkbar, in Form von Supplements, Sinnbruch oder – wie in Bezug auf Judith Butler noch zu spezifizieren sein wird – als Re-Signifizierung und Sinnverschiebung des Ausgeschlossenen.

Die (oben erwähnte) Verschiebung bewirkt somit eine »quasi-transzendentale« Aporie, die in der Spannung zwischen Innen und konstitutiven Außen, zwischen Schließung und Offenheit, zwischen Bedingung der Möglichkeit und Bedingung der Unmöglichkeit schon immer am Werk gewesen sein wird. Eine »neue« Auffassung von Oppositionalität ohne reine Präsenz einer ihrer Teile an- oder fürsich kann man sich beispielsweise terminologisch anhand der Schrift als *archiécriture*, in dem Auffinden der *différance* und anhand der Spuren vorstellen, die, wie oben erläutert, Spuren des Anderen sind, die die Gegensätze erst ermöglichten.[36] Geoffry Bennington schreibt bezüglich der Verschiebung folgendes: »›Quasi-transzendental‹ ist das Resultat dieser Verschiebung zu nennen – eine Benennung, in der die Spur der Durchquerung der traditionellen Opposition lesbar bleibt und diese Opposition von einer radikalen Ungewißheit affiziert wird, die unter Voraussetzung einiger zusätzlicher Vorkehrungen ›Unentscheidbarkeit‹ heißen kann.« (Bennington und Derrida 1994, 285)

Derrida geht es darum, dieses *Unentscheidbare* (vgl. Derrida 1999*b*, 176), Aporetische (vgl. Derrida 1998*a*, 35) oder diese Antinomie (vgl. Derrida 1992*a*, 58) als die Punkte, an dem das konstitutive Außen[37] arbeitet, zu de-kon-struieren, so dass Oppositionspaare in ihrer Reinheit zerstört und darüber hinaus verschoben, unentschieden oder überschritten werden. Das heißt, selbst die beiden Pole einer Opposition haben keine reine, sinnhaft fixierte Einheit, nicht nur weil sie supplementär und selbst nicht geschlossen sind oder es so zahlreiche Kontexte gibt, sondern auch, weil der Kontext ihres Auftretens auf ein Außen verweist und nicht völlig fixiert ist. Dabei ist »Unentscheidbarkeit«, die die Struktur der Beziehung zwischen den Polen selbst erfasst, nicht mit »Unbestimmtheit« zu verwechseln, da Unbestimmtheit ein völliges »free-play« von Sinn umschreiben könnte. Derrida betont vielmehr die Möglichkeit und Notwendigkeit von relativen Sinnstabilisierungen, denn nur Bewegungen relativer – und historisch je nach Situation ereigneter – Stabilisierung lassen Unentscheidbarkeiten hervortreten: »I want to recall that undecidability is always a *determinate* oscillation between possibilities (for

---

36 »Beyond this division one may begin to see the promise or the profile of a singularity of the *trace* that is not yet language or speech or writing or sign or even something ›proper to mankind‹. Neither presence or absence, beyond binary, oppositional, or dialectical logic.« (Derrida 1995*a*, 79)
37 Auch das, was außerhalb einer vorläufigen Opposition des Innen/Außen, wie beispielsweise in der traditionellen Form Mann/Frau, diese umrandet, quasi das konstitutive Außen einer Innen/Außen-Binarität.

example, of meaning, but also of acts). These possibilities are themselves highly *determined* in strictly *defined* situations (for example, discursive – syntactical or rhetorical – but also political, ethical, etc.). They are *pragmatically* determined.« (Derrida 1988*b*, 148)[38] Für Derrida ist Unentscheidbarkeit also nicht Unbestimmtheit, sondern bezeichnet zum Beispiel die Nicht-Identität einer Identität mit sich selbst im Prozess der Determination (vgl. Derrida 1988*b*, 149).[39] Eine dekonstruktive Lektüre versucht in Texten den Unentscheidbarkeiten auf die Spur zu kommen, d.h. im Inneren des Textes dessen Ränder zu markieren. Streng genommen existiert nach Derrida gar kein Textäußeres, da alles Textualität ist. Dies bedarf einer genaueren Klärung: Um die Grenze zwischen Text und das, was außerhalb des Textes liegt zu denken, ist der Begriff des Kontextes dienlich. Dabei muss sich der Terminus nicht alleine auf diskursive Kontexte beschränken, sondern er bezieht sich auch auf soziale, politische oder historische Kontexte.[40] Nach Derrida gibt es eine allgemeine Textualität in dem Sinne, dass es nur Kontexte gibt. Jedes Element des Kontextes ist seinerseits wiederum ein (Kon)Text, ein Teil eines Kontextes, der

---

38 Zur Verdeutlichung vergleiche die Unentscheidbarkeit von öffentlich und privat in Derrida (1999*b*). Derrida spricht in *Positionen* von Zeichen, die er per Analogie als unentscheidbare bezeichnet hat, d.h. »als Scheineinheiten, als ›falsche‹ verbale, nominale oder semantische Eigenschaften, die nicht mehr innerhalb des philosophischen (binären) Gegensatzes verstanden werden können und ihm dennoch innewohnen, ihm widerstehen, ihn desorganisieren, aber *ohne jemals* einen dritten Ausdruck zu bilden, ohne jemals zu einer Lösung nach dem Muster der spekulativen Dialektik Anlaß zu geben (das *Pharmakon* ist weder das Heilmittel noch das Gift, weder das Gute noch das Böse, weder das Drinnen noch das Draußen, weder das gesprochene Wort noch die Schrift; das *Supplement* ist weder ein Mehr noch ein Weniger, weder ein Draußen noch die Ergänzung eines Drinnen, weder etwas Akzidentielles noch etwas Wesentliches usw.; das *Hymen* ist weder die Vereinigung noch die Trennung [...]« (Derrida 1986*c*, 90). Andererseits bestimmt Derrida die Unentscheidbarkeit in *Apokalypse* als eine Zufälligkeit (vgl. Derrida 1985, 125). Zwischen diesen beiden Formen besteht wiederum ein unentscheidbares Verhältnis (vgl. Bennington und Derrida 1994, 286).
39 Diese Nicht-Identität im Prozess der Determination wird vor allem in Kapitel III.3., wenn es um die Entscheidung geht, noch einmal auftauchen. Dabei wird sich zeigen, dass vielleicht genau in dieser Nicht-Identität einer Identität mit sich selbst im Prozess der Determination der Fall auftaucht, dass man Identitäten nicht nur als einfache Determinierungen einer vorangegangen Struktur beschreiben kann, sondern noch das konstitutive Außen der determinierenden Struktur beachten muss.
40 »Daher die Notwendigkeit für die Dekonstruktion, mit Texten anders umzugehen denn als diskursiven Inhalten, Themen oder Thesen, sie vielmehr als institutionelle Strukturen aufzufassen und, wie man gewöhnlich sagt, als politisch-juridisch-soziohistorische Strukturen [...]. Das bedeutet jedoch in keiner Weise einen Mangel an Interesse oder Rückzug von diesen Dingen – Realität, Geschichte, Gesellschaft, Recht, Politik –, und außerdem stimmt es vollkommen mit dem Textbegriff überein, der auf der Dekonstruktion des Logozentrismus basiert und der irreduzibel ist auf ›den Diskurs‹ oder ›das Buch‹ oder auf das, was einige immer noch als das Textuelle abgrenzen, indem sie versuchen, es von der Realität, dem Sozialen, dem Historischen usw. zu unterscheiden oder es ihm entgegensetzen. [...] Wenn man eine altmodische Sprache verwenden wollte, könnte man daher sagen, daß der dekonstruktive Entwurf nicht essentiell theoretisch, thetisch oder thematisch ist, weil er auch ethisch-politisch ist.« (Derrida 1997*f*, 48f)

selbst nicht vollständig bestimmbar ist. Um einen Text zu lesen, muss man bereits seinem Kontext angehören und im Inneren dieser Lektüre können unterschiedliche Widerstände entwickelt werden. Nichts ist also absolut außerhalb von Kontexten sowie es »nur Kontexte ohne Verankerungszentrum gibt.« (Derrida 1976e, 141) Es gibt keine Entität, keine Sache oder Existenz außerhalb des Kontextes, das heißt, es existiert kein transzendentales Signifikat. Das bedeutet auch, dass es eine Unabgeschlossenheit jedes spezifischen Kontextes gibt, eine Öffnung:

> »Die Logik der Spur verbietet den Gedanken eines Zeichens außerhalb jeden Kontextes, erlaubt aber zugleich die Ausschöpfung sehr offener Kontexte. [...] In dem Maße, in dem jede Spur Spur der Spur ist, kann kein Text ausreichend er selbst sein, um sich jeden Kontext entschlagen zu können – eben darum vermag aber auch kein Kontext sich jemals wirklich zu schließen.« (Bennington und Derrida 1994, 95)

Die Abschließung eines Kontextes ist also keine endgültige Schließung. Es existiert kein Signifikat, das als Zentrum fungiert, sondern ein konstitutives Außen bestimmt die Systematizität eines bestimmten Kontextes bzw. Signifikationssystems sowie dessen Bedrohung oder möglichen Zusammenbruch; es ist Bedingung der Möglichkeit und der Unmöglichkeit.[41] Wie das *Sagen* stets im *Gesagten* erscheinen muss, so steht ein Zeichen immer schon innerhalb eines Kontextes. Aber ebenso wie das *Sagen* kann das Zeichen mit jedem gegebenen Kontext brechen und mittels seiner *Iterabilität* in einem anderen Kontext erscheinen. Dabei sollte jedoch nicht das Sagen mit dem Zeichen gleichgesetzt werden, da das Sagen noch mehr die Spurhaftigkeit verdeutlicht als der Begriff des Zeichens.[42]

Von welcher Position aus arbeitet die Praxis der Dekonstruktion? Die Dekonstruktion nimmt in ihrer Dekonstruktion der abendländischen Vernunft keine Position ein, die in einem wie auch immer beschaffenen Jenseits anzusiedeln wäre, sondern eine, die sich *innerhalb* des Zusammenhangs der abendländischen Geistesgeschichte befindet, innerhalb eines Zusammenhangs, den es weder einfach zu vermeiden noch zu verlassen gilt, der aber von Heterogenitäten, dem Vergessen oder dem Ausschluss bestimmt ist:

> »Ich versuche mich an der *Grenze* des philosophischen Diskurses aufzuhalten. Ich sage Grenze und nicht Tod, weil ich an das, was man heutzutage den Tod der Metaphysik zu nennen pflegt, ganz und gar nicht glaube. [...] Die Philosophie ›dekonstruieren‹ bestünde demnach darin, die strukturierte Genealogie ihrer Begriffe zwar in der getreust möglichen Weise von einem ganz Inneren her zu denken, aber gleichzeitig von einem gewissen, für sie selbst unbestimmbaren, nicht benennbaren Draußen her festzulegen, was diese Geschichte verbergen oder verbieten konnte [...].« (Derrida 1986c, 37f)

Anstatt im Namen einer ›anderen‹ Vernunft oder im Namen eines ›Anderen‹ der Vernunft zu argumentieren, arbeitet Derrida an der Frage nach Fremd- und An-

---

41 Vgl. dazu auch Derrida (1988c, 102ff) und Kapitel III.1.
42 In dem Kapitel, in dem es um die ethische Bewegung der Dekonstruktion geht, wird auf den Kontext noch näher einzugehen sein.

dersheiten *in* der Vernunft, ohne die eine Vorstellung der Vernunft nicht möglich wäre. Es geht also darum, sich an der Grenze der Philosophie zu bewegen und zu analysieren, wie die Philosophie diese Grenze als Bedingung ihrer Möglichkeit errichtet hat. Die Dekonstruktion ist immer schon auf irgendeine Weise mit der Metaphysik verbunden und sei es nur in dem Moment selbst, in dem sie die Metaphysik mit ihrer eigenen Sprache erschüttert. Insofern ist es für Derrida

»[...] *sinnlos*, auf die Begriffe der Metaphysik zu verzichten, wenn man die Metaphysik erschüttern will. Wir verfügen über keine Sprache – über keine Syntax und keine Lexik –, die nicht an dieser Geschichte beteiligt wäre. Wir können keinen einzigen destruktiven Satz bilden, der nicht schon der Form, der Logik, den impliziten Erfordernissen dessen sich gefügt hätte, was er gerade in Frage stellen wollte.« (Derrida 1997d, 425)

Am Ende dieses Kapitels, das in das Denken der *différance* und der Dekonstruktion einführen wollte, scheint ein Hinweis, den Bernhard Waldenfels hervorgehoben hat, für eine genauere Bestimmung der dekonstruktiven Lektüre hilfreich: Derrida spricht in seinen neuen Ausführungen nicht mehr von *der* Metaphysik, sondern von Rändern im Plural (vgl. Waldenfels 1987, 546):

»Derrida kommt auf seine Anfänge zurück, nun in noch stärkerer Annäherung an Levinas. Was über unsere Eigenwelt hinausführt, heißt nun nicht mehr nur *inter-rogation*, sondern *inter-pellation*, eine Stimme des Andern, die sich als Appell, Aufforderung, Begehren und Anspruch vernehmen läßt. [...] Damit öffnet sich der ›atopische Raum eines nicht-theoretischen Blicks‹, der empfänglich ist für das, was man seit alters her Ethos nennt. Bedeutet dies, daß das Spiel mit den ›indécidables‹ einer neuen Entschiedenheit weicht? Von einer Abschaffung des Subjekts ist jedenfalls nicht mehr die Rede, wohl aber von einem Zurücktreten (retrait), das dem Andern Raum läßt.« (Waldenfels 1987, 546f)

3. Der betrunkene Barbier

Tout autrement ist der Titel eines Textes von Lévinas über Derrida, den Lévinas 1973, kurz vor seinem zweiten Hauptwerk »Jenseits des Seins oder anders als Sein geschieht«, veröffentlicht hat. Der Text erschien später in der Sammlung *Eigennamen* (Noms propres) (vgl. Lévinas 1988c), auf deutsch unter dem Titel »Ganz anders – Jacques Derrida« (vgl. Lévinas 1988c, 67ff). Der Artikel ist einerseits deswegen interessant, da Lévinas darin die Notwendigkeit sowohl der Eingebundenheit in eine Tradition als auch den Bruch mit einer Tradition hervorhebt. Diese Notwendigkeit gilt nach Lévinas auch für die Dekonstruktion Derridas. Andererseits macht Lévinas in diesem Text deutlich, wie sich seine »Ethik« mit der Dekonstruktion und der *différance* kreuzt: In der Bewegung der *différance* zeigt sich der Andere, die Diachronie und die Nicht-Gleichgültigkeit (Non-Indifferenz).

Bevor auf den Text eingegangen wird, soll kurz die Frage angeschnitten werden, warum dieser Text unter dem Sammeltitel »Eigennamen« gestellt wurde. Folgt man der Interpretation von Werner Stegmaier, so kann man die Lévinas'sche Thematisierung der Eigennamen von Individuen, als »Aneignung von Derridas Thematisierung des Eigensinns von Zeichen in den eigenen Kontext verstehen« (Stegmaier 1996, 59). Eigennamen werden nicht vom »Ich« gewählt, sondern gegeben; »Namen, unter denen man durch andere angeeignet wird« (Stegmaier 1996, 59). Wollte man aber den Spuren des Anderen einen Eigennamen geben, so wären sie schon einem (transzendentalen) Gesagten einverleibt (vgl. Bennington und Derrida 1994, 314).[43] Einen Eigensinn bekommen diese Namen nur in einem bestimmten Kontext und durch deren ständige Iteration. Derrida thematisiert selbst in verschiedenen Werken die Eigennamen und auch die *Signature*, so ein Texttitel von Lévinas am Ende der Textsammlung (vgl. Derrida und Kittler 2000).[44]

Lévinas entwickelt – gemäß der hier gefolgten Interpretationen von Simon Critchley und Werner Stegmaier (1996, 61) – in »Ganz anders« eine ähnliche, dekonstruktive Lektüre der Derrida'schen Dekonstruktion wie sie Derrida in »Gewalt und Metaphysik« an Lévinas' Werk vorgenommen hat (vgl. Critchley 1999*b*, 145ff): Nach Lévinas gibt es in der Dekonstruktion eine doppelte Bewegung. Auf der einen Seite sieht er Derrida als Nachfolger Kants und dessen Metaphysikkritik (vgl. Lévinas 1988*c*, 67). Auf der anderen Seite gibt es bei Derrida einen Bruch dieser Tradition sowie eine Öffnung zu einer ethischen Dimension im Sinne Lévinas'; das heißt für Lévinas vornehmlich, dass innerhalb des *Gesagten* der Derrida'schen Texte, »wenn dank einer rigorosen Denkweise die Risse des Seins sichtbar werden« (Lévinas 1988*c*, 72), es ein ethisches *Sagen* gibt. Derridas Dekonstruktion befindet sich somit – folgt man den hier vorgestellten Analysen Simon Critchleys – in einer ambivalenten Stellung, zwischen Bruch und Kontinuität der philosophischen Tradition (vgl. Critchley 1999*b*). Lévinas umschreibt diese Position mit den Begriffen eines Zwischen und dem des Niemandlandes (vgl.

---

43 Vielleicht bedarf es, um das Sagen aus diesem Gesagten hervorscheinen zu lassen einer Serie von Namen, wie sie schon oben in Bezug auf »Ethik« angesprochen wurde. Diese Serie gibt nicht so sehr die Anzahl abgeschlossener Begriffe zu lesen, sondern vielmehr deren *disseminale* Verräumlichung, ihre *différance* (vgl. Bennington und Derrida 1994, 314). Und »jeder Begriff dieser Serie nennt das Ereignis einer Unterbrechung.« (Bennington und Derrida 1994, 314) In der Bibel sind Namenswechsel keine Seltenheit. Jakob erhält von Gott in Genesis 32, 28 und Genesis 35, 10 den Namen Israel, Gottesstreiter. Auch Abram erhält den Namen Abraham, wodurch anhand des hebräischen He der Buchstabe Gottes in seinen Namen eingetragen wird. Der Name Jakobs wird aber nicht abgeschafft, sondern ist – neben Israel – Zweit- oder Nebenname. Später, in Genesis 46, 2, redet Gott Israel wieder mit dem Namen Jakob an. Vgl. auch Lévinas (1994, 112ff). Hier findet ein Bruch in der Erinnerung statt (vgl. Weber und Tholen 1997, 9ff). Eigennamen werden nicht erwählt, sondern gegeben.

44 Vgl. auch Bennington und Derrida (1994) und Derrida (1976*e*).

Lévinas 1988c, 67).⁴⁵ Die Ambivalenz der Dekonstruktion verdeutlicht er anhand zweier Bilder bzw. Erzählungen:

»Wenn ich ihn lese [gemeint ist Derrida, S.M.], sehe ich noch immer den Exodus von 1940 vor mir. Eine militärische Einheit gelangt auf ihrem Rückzug in einen Ort, der noch nichts ahnt, dessen Cafés geöffnet sind, dessen Damen sich für die ›Neuigkeiten für die Damen‹ interessieren, dessen Frisöre frisieren, dessen Bäcker backen, und dessen Vicomtes andere Vicomtes treffen, um sich Vicomtegeschichten zu erzählen, und wo eine Stunde darauf alles menschenleer und verlassen ist (*tout est déconstruit et désolé une heure aprés*): die Häuser, zugesperrt oder bei offener Tür im Stich gelassen, sind plötzlich unbewohnt, da die Bewohner von einem Auto- und Fußgängerstrom durch die ihrem ›tiefen Einst‹ als Straßen wiedergegebenen Straßen gezerrt werden, die in unvordenklicher Vergangenheit einmal von den großen Wanderungen angelegt wurden (*restituées à leur ›profond jadis‹ de routes, tracées dans un passé immémorial par les grandes migrations*).« (Lévinas 1988c, 68)

Folgt man dem französichen Text, aber auch der englischen Übersetzung von Simon Critchley (vgl. Lévinas 1991c, 4), sieht man in dem von Lévinas gezeichneten Bild keine ›menschenleere‹, sondern eine dekonstruierte Stadt.⁴⁶ Warum erinnert die Dekonstruktion Lévinas an den Exodus? Gemäß der Interpretation Critchleys (vgl. Critchley 1999b, 145ff) ergeben sich einige Anhaltspunkte: Zum einen wird sich der Rückzug in einer Zwischenzeit ereignen, zwischen der dritten und vierten Republik Frankreichs. Zweitens verwüstet (désolé) der Prozess der Dekonstruktion alles, was vorher existierte, in der Art und Weise wie die Auto- und Fußgängerströme, die vor den ankommenden Okkupanten fliehen, die Bewohner wegzerren. Das ›tiefe Einst‹, das daraus evoziert wird, ist ein Zitat von Paul Valéry, das Lévinas in ›Totalität und Unendlichkeit‹ gebraucht.⁴⁷ In dem Unterkapitel aus »Totalität und Unendlichkeit« »Die Bleibe« (Lévinas 1987d, 217ff), wo dieses Zitat erscheint, ist die Rede von der Bewegung aus dem Selben zur Transzendenz oder Ethik. »Woher kommt mir diese transzendentale Energie, dieser *Aufschub* [hervorgehoben von S.M.], der die Zeit selbst ist, diese Zukunft, in der sich die Erinnerung mit einer Vergangenheit befassen wird, die vor der Vergangenheit war, mit dem ›tiefen Einst, niemals genügend Einst‹ –, und woher diese Energie, die schon von der Sammlung in einem Haus vorausgesetzt wird?« (Lévinas 1987d, 246)

In »Ganz anders« finden sich Lévinas' Themen der ›unvordenklichen Vergangenheit‹, Kennzeichen der ethischen Subjektbildung, sowie die Spuren (tracées), die niemals präsent gewesen sind. Die Dekonstruktion zerstört das alltägliche Le-

---

45 Die unentscheidbare Weise im *no man's land* zu »sein und Noch-nicht-zu sein« bezeichnet Lévinas an anderer Stelle als Zärtlichkeit (vgl. Lévinas 1987d, 378). Vgl. dazu auch den Derrida'schen Begriff der »aimance« in Kapitel III.3.1.
46 Die deutsche Übersetzung erschwert durch ihre allzu freie Wiedergabe entscheidender Wörter wie *déconstruit* oder *tracées* sowohl den von Lévinas hervorgerufenen Bezug zur Dekonstruktion als auch zu seinem Werk.
47 Siehe Fußnote h in Lévinas (1987d, 246).

ben, während sie zur gleichen Zeit dieses »tiefe Einst«, die unvordenkliche Vergangenheit (der Spuren) hervorruft. Critchley interpretiert den Text folgendermaßen:

»The roads down which the evacuees flee is compared to the trace of an immemorial past which evokes in the reader of Levinas, almost subliminally, a chain of concepts that describe the structure of ethical selfhood. [...] Deconstruction both suspends the present in a no man's land, a time dominated by the synonymous concepts of Being and war, while at the same time allowing the trace of ethical peace to persist beneath the fact of war.« (Critchley 1999b, 152f)

Auf das erste Bild folgt ein weiteres, durch das Lévinas sowohl der *différance*, aber auch gleichzeitig der metaphysischen Präsenz eine »Positivität« abgewinnt (vgl. Critchley 1999b). So hat die Präsenz, jenseits der Ontologie, ihren Wert in ihrem Aufschub (différer), als ein »Entwurf ohne mögliche Vollendung, da dieser immer wieder aufgeschoben wird, eine *messianische Zukunft*, unvorhanden wie jene Präsenz.« (Lévinas 1988c, 69f)[48] Bei der Betrachtung der zweiten Erzählung, in der Derrida die Rolle des halb-betrunkenen Barbiers zukommt, sollte man lieber dem französischen Original folgen, da die deutsche Übersetzung viele wichtige Details nicht zum Ausdruck kommen lässt.[49]

»En ces jours d'entre-temps, un épisode symbolique: quelque part entre Paris et Alençon, un coiffeur à moitié ivre invitait les soldats qui passaient sur le route – les ›petit gars‹ comme il les appelait dans un langage patriotique planant au-dessus des eaux, surnageant dans le chaos – à venir se faire raser gratuitement dans son échoppe. Avec ses deux compagnons, il rasait gratis et ce fut aujourd'hui. La procrastination essentielle – la future différance – se resorbait dans le présent. Le temps arrivait à sa fin avec lui ou avec l'interim de la France. A moins que le coiffeur ne fut aussi délirant que la quatrième forme du délire du *Phèdre*, où, depuis Platon, se tient le discours de la métaphysique occidentale.« (Lévinas 1976, 83)

Das, was eigentlich morgen »abgehen sollte« (angelehnt an der idiomatischen Phrase *demain on rase gratis*), passiert in eben diesem Moment[50], in diesem Au-

---

48 Lévinas macht aber auch darauf aufmerksam, dass das Andere der Ontologie *in* der Ontologie sichtbar wird: »Presence is only possible as a return of consciousness to itself [...]. That is so even though this return to itself, in the form of self-consciousness, is only a forgetting the Other which awakens the Same from within, and even if the freedom of the same is still only a waking dream. Presence is only possible as an incessant taking up of presence again, an incessant re-presentation. The incessant or presence is repetition [...].« (Lévinas 1996 [Org.: 1975], 133) Gerade innerhalb und durch diese Wiederholung geschieht die Ankündigung der oder des Anderen: »Deshalb folge ich dem Weg einer Wiederholung, der den Weg des ganz Anderen kreuzt, ohne mich dem entgegenzusetzen, was ich in seiner frühesten Möglichkeit zu denken versuche, ja ohne andere Wörter und Begriffe als die der Überlieferung zu gebrauchen. Das ganz Andere kündigt sich in der strengen Wiederholung an. Diese Wiederholung ist schwindelerregender und abgründiger als alle übrigen. [...] Wir rufen das ganz Andere im Andenken eines Versprechens oder im Versprechen eines Andenkens an.« (Derrida 1993c, 132)
49 So geht es vielleicht nicht darum, dass die *différance* im Heute untergeht – wie die deutsche Übertragung suggeriert–, sondern *in* der Gegenwart, im Augenblick, wieder aufgenommen (*résorbait*) wird.
50 Hier sei an den von Derrida geschriebenen Text »Eben in diesem Moment in diesem Werk findest

genblick. Die Zeit steht für einen Augenblick still, wird unterbrochen, »is out of joint«, Aufschub vor dem Tod, im Stillstand.[51]

Das Unmögliche geschieht Heute, in einem Akt der Gegenwärtigung irreduzibel zur Gegenwart, und es geschieht im Werk Derridas.[52] Wie der Titel »Morgen ist Heute«, unter dem diese Erzählung steht, ausdrückt, *passiert* das Unmögliche in der Diachronie, weder Heute noch Morgen oder sowohl Heute als auch Morgen. Derridas Werk befindet sich gemäß Lévinas in dem Spannungsfeld der kontradiktorischen Verbindung von Bruch und Kontinuität, so wie sich das *Sagen* innerhalb des *Gesagten* abspielt: Durch die *rase gratis* eröffnet der Barbier die unmögliche Tat eines Aufschubs des Wesentlichen (*différance*) innerhalb einer Zeit des Krieges bzw. des Seins.[53]

Andererseits bleibt diese *différance* innerhalb des metaphysischen Diskurses, in dem er sich seit Plato befindet. Im Lichte der hier gefolgten Interpretation von Simon Critchley ist der Dekonstruktivist oder die Dekonstruktivistin »*half* Platonic lover, symbol for Western metaphysics, and *half* anti-Platonist voice, making possible the impossible other to the *logos*.« (Critchley 1999*b*, 155) Die *différance* bewirkt nach Lévinas eine »Varianz der Selbstpräsenz«, ein dem-Anderen-Ausgesetzt-Sein und von ihm Getragen-Werden, versinnbildlicht im Bild der Mut-

---

du mich« (Derrida 1990*a*) erinnert, der im nächsten Kapitel zu besprechen ist.
51 In seiner Rede anlässlich der Verleihung des Adorno-Preises 2001 macht Derrida darauf aufmerksam, wie sich sein Denken der Möglichkeit des Unmöglichen mit dem Denken Benjamins und Adornos verbindet: »Es ist erneut Adorno, auf den ich mich mit diesen eröffnenden Fragen berufe, genauer: eine andere Bemerkung Adornos, die mich umso mehr berührt, als Adorno, wie ich es meinerseits immer häufiger, vielleicht zu häufig tue, an dieser Stelle buchstäblich von der Möglichkeit des Unmöglichen spricht, vom ›Paradoxon der Möglichkeit des Unmöglichen‹.« (Derrida 2002*a*, 12) Derrida bezieht sich hier auf eine Stelle des Adorno-Texts »Charakerisitik Walter Benjamins« im »Prismen«-Teil von Kulturkritik und Gesellschaft I (Adorno 1997*a*, 252).
52 Zur Verdeutlichung, dass Verantwortung in der *différance*, im Werk und (performativ) durch das Werk Derridas geschieht, sei hier aus Derridas »Spectres de Marx« zitiert (in eigener Übersetzung): »Es ist dort, daß *différance*, wenn sie irreduzibel bleibt – irreduzibel bleiben muß durch die Verräumlichung jedes Versprechens und durch die Zu-kunft, die sie zu öffnen kommt –, nicht nur, wie man zu oft und allzu naiv geglaubt hat, Verzögerung (*différement*) bedeutet, Verspätung, Aufschub, *postponement*. In der unvermeidlichen *différance* breitet sich das Hier und Jetzt [l'ici-maintenant] aus. Ohne Verspätung, ohne Aufschub, aber auch ohne Anwesenheit, das ist das Sichüberstürzen einer absoluten Singularität, singulär weil *differierend*, justament, und immer anders, notwendig verbunden mit der Form des Augenblicks, *im unmittelbaren Bevorstehen und in der Unaufschiebbarkeit*: Auch wenn er auf das hindrängt, was noch aussteht, gibt es das *Unterpfand* [*le* gage] (Versprechen, Verpflichtung, Verfügung und Antwort auf die Verfügung usw.). Das Unterpfand wird hier und jetzt gegeben, vielleicht sogar bevor eine Entscheidung es bestätigt. Es antwortet so, ohne zu warten, auf die Forderung der Gerechtigkeit. Diese ist per definitionem ungeduldig, unnachgiebig und bedingungslos. Keine *différance* ohne Alterität, keine Alterität ohne Singularität, keine Singularität ohne Hier-und-Jetzt. (Derrida 1993*b*, 60)
53 Zur In(ter)vention des Un-möglichen vgl. Kapitel III.2.

terschaft.[54] Den Begriff der Nicht-Indifferenz, d.h. der Nicht-Gleichgültigkeit, sondern Zuwendung aus dem Anderssein, umschreibt die *différance*. Insofern ist »das Zeichen, wie auch das Sagen, [...] – gegenläufig zur Präsenz – das außerordentliche Ereignis der Exposition zum Anderen hin, der Sub-jektion unter den Anderen, d.h. das Ereignis der Sub-jektivität.« (Lévinas 1988c, 75) Ein Zeichen, ein Antlitz, ein Sprechen oder eine *Anzeige* des Anderen, die auf der »unscheinbarsten Zeitdifferenz« (Lévinas 1988c, 74) aufsitzt, diese Anzeige erblickt Lévinas in der Verräumlichung (absolute Andersheit, absolute Differenz) und Verzeitlichung, einer ethischen *durée*, der *différance*: »In der Vertagung oder dem unaufhörlichen Differenzgeschehen (*Différance*) dieser reinen Anzeige vermuten wir die Zeit selbst, aber als eine aufhörliche Diachronie: Nähe des Unendlichen, das *Immer* und das *Nie* eines Des-inter-esses und des Zu-Gott (*à-Dieu*). Affektion, aber ohne Berührung: Affektivität. [...] Nähe, die schon der bloßen Dauer, der Geduld zu leben, einen Sinn verleiht, den Sinn des rein, ohne Daseinszweck gelebten Lebens, Rationalität, die älter ist als die Offenbarung des Seins.« (Lévinas 1999a, 165)[55] Aufgrund dessen, was sich hier mit der *différance* Derridas kreuzt, wird vielleicht die eingangs erwähnte »Freude über einen Kontakt im Herzen eines Chiasmus« (Lévinas 1988c, 76) deutlich.

---

54 Zum Begriff der Mutterschaft bei Lévinas vgl. Gürtler (1994).
55 Am 30. 1. 1976 sagt Lévinas bezüglich Bergson: »Die Dauer wird zu der Tatsache, daß ein Mensch einen Appell an das Innere eines Anderen richten kann.« (Lévinas 1996a, 66)

4. Zeichen geben – die (Un-)Möglichkeit der Gabe

> »Wo wir von einem andern Dankenswertes erfahren haben, wo dieser ›vorgeleistet‹ hat, können wir mit keiner Gegengabe oder Gegenleistung – obgleich eine solche rechtlich und objektiv die erste überwiegen mag – dies vollkommen erwidern, weil in der ersten Leistung eine *Freiwilligkeit* liegt, die bei der Gegenleistung nicht mehr vorhanden ist. [...] Die erste, aus voller Spontanität der Seele quellende Erweisung hat eine Freiheit, die der Pflicht – auch der Pflicht der Dankbarkeit – mangelt.« (Simmel 1995 [1907], 215)

Derridas komplexer Text »Eben in diesem Moment in diesem Werk findest du mich« (Derrida 1990*a*) markiert in der »chiasmatischen Berührung« zwischen Lévinas und Derrida ein ethisches Geschehen, ausgedrückt durch die *Gabe*.[56] Er kann zum einen als Antwort auf Lévinas' »Jenseits des Seins oder anders als Sein geschieht« gelesen werden. Zum anderen entwickelt der Text durch seine »verantwortliche Antwort« eine inhärente »ethische« Undankbarkeit gegenüber dem Werk Lévinas'. Simon Critchley, dessen Lesart und Ausführungen hier wiederum gefolgt wird (vgl. Critchley 1999*b*), versteht den Derrida'schen Text aus diesem Grund weder als Hommage noch als Kritik an Lévinas, sondern wiederum im Sinne einer dekonstruktiven Lektüre (vgl. Critchley 1999*b*, 107-144).[57] Derrida versucht in seiner Antwort die asymmetrische Begegnung zu seinem Anderen (Lévinas) ernst zu nehmen und Lévinas nicht im reziproken Sinne zu antworten. Der Artikel ist so komplex gestaltet, so dass an dieser Stelle nur auf wenige Komponenten eingegangen werden soll, wobei wiederum die Frage nach der Nähe und der Differenz im Zentrum des Erkenntnisinteresses steht. Seine zentrale Stellung für die Besprechung der Nähe und der Distanz zwischen Lévinas und Derrida erhält der Text deswegen, weil durch ihn eine grundlegende Differenz zwischen den beiden Denkern deutlich wird: die Sichtweise auf Geschlecht.

Der Titel dieses Textes verknüpft verschiedene Begriffe von Lévinas, wie insbesondere im Französischen deutlich wird (*En ce moment même dans cet ouvrage me voici*).[58] Im Mittelpunkt des Textes steht die Möglichkeit einer *Gabe*, die den

---

56   Vgl. zu Folgendem die Texte von Critchley (1999*b*), Stegmaier (1996) und Dreisholtkamp (1999).
57   Indem Derrida durch den Text eine ethische Handlung vollzieht, könnte man seine Lektüre auch im Sinne einer ethischen Performativität verstehen. Zur Ethik der Performativität vgl. Kapitel IV.
58   Vgl. Derrida (1980); insbesondere der Begriff des Werks und die Antwort, das »hier bin ich, sieh

Kreislauf des Tausches, der Vor- und Rückgabe, der Gegengabe und Wiederaneignung verlassen kann. Lévinas, dem dieser Text gewidmet ist, ist in diesem Text als derjenige zugegen, der Derrida die Gabe zum Geben dieses Textes gegeben hat. Derrida entwickelt in seinem Text die Problematik, dass er durch die Gabe des Lévinas'schen Werkes zu einer verantwortlichen *Antwort* verpflichtet wurde, aber diese Gabe nicht – will er der Ethik Lévinas' gerecht werden – in reziprokem Sinne zurückgeben kann.[59] Lévinas selbst macht mittels seiner Unterscheidung zwischen Odysseus und Abraham [60] darauf aufmerksam, dass es bei der ethischen Bewegung, die er *Werk* nennt, nicht um die Rückkehr geht, sondern um den Aufbruch (vgl. Kapitel I.2.) ohne Heimkehr: »Folglich *ist das radikal gedachte Werk eine Bewegung des Selben auf das Andere hin, die niemals zum Selben zurückkehrt.* Das bis zu Ende gedachte Werk fordert eine radikale Großzügigkeit der Bewegung, die im Selben auf das Andere hinführt.« (Lévinas 1989c, 34)[61]

Wie müsste Derridas Werk sein, wollte er jenseits aller Rückerstattung – gemäß der Lévinas'schen Auffassung der Nicht-Reziprozität – handeln? Mit Lévinas kann folgende Antwort gegeben werden: »Sie [die Großzügigkeit der Bewegung, S.M.] fordert folglich eine *Undankbarkeit* des Anderen. Die Dankbarkeit wäre genau die Rückkehr der Bewegung zu ihrem Ursprung.« (Lévinas 1989c, 34)

---

mich an« (me voici). »Hier, sieh mich – Sagen der Inspiration, die nicht die Gabe schöner Worte oder Gesänge ist. Zwang zum *Geben*, mit vollen Händen, und folglich zur Leiblichkeit.« (Lévinas 1992a, 311)

59 Derrida wird im weiteren Verlauf seines Denkens wieder auf die Thematik der Gabe zurückkommen. Manche sprechen gar schon von einer »Ethik der Gabe« bei Derrida (vgl. Wetzel und Rabaté 1993).

60 Vgl. Genesis 22,11. Auf den Ruf Gottes antwortet Abraham mit den Worten *me voci* – hier, sieh mich an, hier findest du mich, sende mich. Ebenso findet sich das *me voici* bei Jesaja 8, 11. Der Ausdruck, den Derrida sowohl am Titel als auch am Ende seines Textes hervorhebt, ist im Werk Lévinas' der Ausdruck für die Geiselschaft des Subjekts: »Das Wort *ich* bedeutet: *hier, sieh mich*, verantwortlich für alles und für alle. Die Verantwortung für die Anderen ist nicht eine Rückkehr [...].« (Lévinas 1992a, 253) Der Ausdruck versucht der Nennung des Personalpronomens im Akkusativ, im Kasus des Angeklagten, zu entsprechen. Das »Ich« ist gegenüber dem Anderen nach Lévinas schon immer unter der Anklage des Anderen. Dabei ist das *me voici* als Zeichen zu verstehen, das dem Anderen gegeben wird, als »mein« *Sagen*, »meine« schon vor allem Gesagten geschehene Öffnung gegenüber dem Appell des Anderen. »Den Befehl finde ich gerade in meiner Antwort, die mich als Zeichen an den Nächsten, als ›hier, sieh mich‹ aus der Unsichtbarkeit herausholt [...].« (Lévinas 1992a, 328)

61 Hinsichtlich des Werk-Begriffs wäre eine Untersuchung zur Nähe und Distanz des Lévinas'schen Werk-Begriffs und zu dem von Karl Mannheim interessant. Eine Studie diesbezüglich steht noch aus. Hierzu sei nur soviel provisorisch gesagt: Während Mannheim das *Werk* zunächst als eine kulturunabhängige Wirklichkeit der Seele beschreibt, also als Innerlichkeit, ist es bei Lévinas als Beziehung zum Anderen gerade aus dem Bereich einer reinen Innerlichkeit heraus verlagert. Allerdings meint Mannheim auch, dass das *Werk* in einen sozialen Zusammenhang gestellt werden muss, um überhaupt mit anderen Menschen in Berührung zu kommen, wobei man sich dabei *zwischen sich selbst stellt*, weil sowohl der Andere als auch man sich selbst unnahbar ist (vgl. Lichtblau 1996, 497).

Derridas Geste, einen Text für Lévinas zu schreiben, müsste also in absoluter Undankbarkeit gegenüber der Gabe Lévinas' handeln, sofern Derrida der nichtreziproken Bewegung eines antwortenden Textes Folge leisten will. Aber diese Undankbarkeit könnte selbst in eine Ordnung des bloßen Tausches und in den Zirkel der Gegenseitigkeit eingeschrieben werden.

»Dies wäre eine Weise, die Gabe anzuerkennen, um sie abzulehnen. Nichts ist schwieriger, als eine Gabe anzunehmen. Nun, was ich hier ›tun‹ ›möchte‹ ist, die Gabe anzunehmen und sie als das, was ich empfangen habe, zu bejahen und wieder zu bejahen. [...] Und wenn ich dir (meinerseits) auf diese Weise gebe, wird das nicht mehr eine Kette von Rückerstattungen sein, sondern eine andere Gabe, die Gabe des anderen. [...] Nimm also an: jenseits aller Rückerstattung, in radikaler Undankbarkeit (doch Achtung, nicht egal welche, nicht jene, die noch dem Zirkel der Anerkennung und der Gegenseitigkeit angehört) begehre ich (es begehrt in mir, aber das ›es‹ ist kein neutrales Nicht-ich) ihm, E.L. zu geben zu versuchen.« (Derrida 1990a, 46f)

Derrida »bejaht« Lévinas' Ethik, die Ethik vom Anderen her.[62] Und er versucht »E.L.«, wie er im Weiteren schreibt, im Verlauf seines Textes folgendes zu geben, wobei Derridas Gabe vornehmlich in zweierlei Hinweisen besteht: Derrida bekräftigt die Sprachkonzeption (dire, dit) von »Jenseits des Seins oder anders als Sein geschieht«, indem er in Bezug auf den Lévinas'schen Satz »Responsibilité qui, avant le discours portant sur le dit, est probablement l'essence du langage.« (Lévinas 1982, 157), schreibt:

»Obwohl die Sprache auch, indem sie zur Präsenz, zum Selben, zur Ökonomie des Seins zurückführt, das ist, was niemals *sicher* sein Wesen in dieser Anderem Antwort schuldenden Verantwortung hat als einer Vergangenheit, die niemals gegenwärtig gewesen sein wird, ›ist‹ es doch diese Verantwortung, die die Sprache in Bewegung setzt. Es gäbe keine Sprache ohne diese (ethische) Verantwortung, aber es *ist niemals sicher*, daß die Sprache sich der Verantwortung (üb)ergibt, die sie ermöglicht (ihrem lediglich wahrscheinlichem Wesen) [...].« (Derrida 1990a, 55)

Derrida hebt die sprachliche Dimension des *Sagens* und der Ver*antwort*ung bei Lévinas hervor und enthüllt dabei deren dynamischen Aspekt: Sprache ist nicht nur die Artikulation von Signifikanten oder Zeichengebung, sondern sie ist Bewegung hin zum Anderen.

Ist der erste Hinweis bzw. die Bekräftigung der Sprachkonzeption im Wesentlichen ein Kommentar, der versucht, die Gabe anzunehmen, ist der zweite Moment der Derrida'schen Lektüre durch eine »undankbare« Kritik an dem Werk Lévinas' bestimmt: Derrida hält Lévinas eine Sekundarisierung des Weiblichen vor.[63] Zwar wird die geschlechtliche Differenz dem »ganz Anderen« untergeordnet, aber diese Andersheit ist von Anfang an maskulinisiert:

---

62 Die komplexe Argumentation Derridas und die Entwicklung seiner eigenen Theorie der Gabe ist hier aufgrund einer Ausuferung dieser Arbeit nicht vollständig nachzuzeichnen. Vgl. aber den Abschnitt zu Derrida in Moebius (2003) und Wetzel und Rabaté (1993).

63 Vgl. auch Derrida (1999a, 63ff), sowie Lévinas (1987d) und Lévinas (1963). Und vgl. Kapitel IV.2.

»Nun, ist der Geschlechtunterschied einmal untergeordnet, so findet es sich immer, daß der ganz andere, der noch *nicht gezeichnet* ist, sich als *schon* von der Männlichkeit gezeichnet wiederfindet (er – vor er/sie, Sohn – vor Kind Sohn/Tochter, Vater – vor Vater/Mutter, usw.). Eine Operation, deren Logik mir ebenso konstant (letztes Beispiel bis dato, die Freudsche Psychoanalyse und alles, was zu ihr zurückkehrt) wie unlogisch erschienen ist, jedoch von einem Unlogischen, das die gesamte Logik ermöglicht und sie derart – seit es sie als solche gibt – mit jenem prolegomenalen ›er‹ gezeichnet haben wird. Wie kann man eben dies im Maskulinum markieren, das man der geschlechtlichen Differenz vorgängig oder noch fremd erklärt?« (Derrida 1990a, 72f)

Ausgehend von diesem »Fehler« Lévinas', entwickelt Derrida eine weitere Dimension und Performativität seines Textes: Um seine Gabe des Textes nicht im reziproken Sinne zu Emmanuel Lévinas zurückzugeben, lässt der Text immer mehr im Unklaren, wer ihn eigentlich schreibt und an wen er eigentlich gerichtet ist.[64] Wenn der Text selbst ethisch sein will, muss er dann nicht an jemand anderes adressiert sein? Derrida »gibt« seinen Text gegen Ende nicht mehr dem Eigennamen E.L., sondern dem gleichklingenden Pronomen »Elle«. Ebenso wird in dem Text immer unentscheidbarer, wer hier eigentlich schreibt: ein Mann, ein Neutrum oder eine Frau? Sender und Empfänger sind selbst nicht mehr eins (oder zwei, oder drei, ...), sondern einer Zerstreuung (Dissemination) ausgesetzt.

Am Schluss des Textes steht eine (ethische) Anrufung. Dabei scheint es nicht mehr Derrida zu sein, sondern Lévinas selbst: »Ich höre deine Stimme nicht mehr, ich unterscheide sie schlecht von der meinen, von jeder anderen, dein Fehler wird mit einem Schlag unlesbar für mich. Unterbrich mich.« (Derrida 1990a, 78)

Schließlich heißt es dann wie in Genesis 24, 18: Trink![65] *Trink* ist das performative Ereignis des ethischen *Werks*, die Gabe für den Fremden – ohne Hoffnung auf Gegengabe.[66]. Derridas letztes Wort ist das erste Wort der Verantwortung: die Gastlichkeit (vgl. Lévinas 1992a, 178) gegenüber dem Fremden bzw. dem Anderen, der Empfang und die »Stellvertretung als die eigentliche Subjektivität des Subjekts, Unterbrechung der unumkehrbaren Identität, die dem *sein* zugehört, Unterbrechung dieser Identität in der Übernahme der Verantwortung, die mir aufgebürdet wird, unausweichlich [...].« (Lévinas 1992a, 47)[67]

---

64 Vgl. Kapitel II.2., in dem die Ungewissheit über den Sender und über die Erreichbarkeit der Empfänger von Botschaften betont wird.
65 Der letzte Teil der Anrufung, die einem Gebet gleicht lautet wie folgt: »[...] DA ICH DOCH AUF DER ANDEREN SEITE DIESES MONUMENTALEN WERKES MIT MEINER STIMME DIES HIER WEBE UM MICH DARIN AUSZULÖSCHEN NIMM SIEH DA BIN ICH ISS – KOMM NÄHER – UM IHR/M ZU GEBEN – TRINK« (Derrida 1990a, 79)
66 »Geben, für-den-Anderen-sein, wider Willen, doch dabei das Für-sich unterbrechend, heißt: sich das Brot vom Munde reißen, den Hunger des Anderen mit meinem eigenen Fasten stillen.« (Lévinas 1992a, 134) Vgl. auch dazu Derrida (1995d, 282f). Ein Sich-Geben, mit dem Körper (bailér, hergeleitet von baiulus-Lastträger), »Angebot an den Nächsten, dem Anderen ›übertragene Bedeutsamkeit‹ (signifiance bailée à Autrui)« (Lévinas 1992a, 113) »Significance«, kritisch angelehnt an *différance*.
67 »Das Herausgehen aus sich selbst ist die Annäherung an den Nächsten; die Transzendenz ist Nähe,

Anhand der Sekundarisierung des Weiblichen bei Lévinas, ausführlicher behandelt im Abschnitt »Anders als der Andere – die Frau«, wird deutlich, dass es in der Nähe der chiasmatischen Berührungen, auch Differenzen gibt, die Derrida nicht im Sinne einer Distanz zum allgemeinen Denken Lévinas' setzen will. Auf die Frage nach der intellektuellen Distanz gegenüber Lévinas bemerkt Derrida:

> »Angesichts eines Denkens wie dem von Lévinas habe ich niemals einen Einwand. Ich bin bereit alles zu unterschreiben, was er sagt. Das bedeutet nicht, daß ich die gleiche Sache in der gleichen Weise denke, doch die Unterschiede sind da sehr schwierig zu bestimmen; was bedeutet in diesem Fall der Unterschied von Idiom, Sprache, Schrift? Als ich ihn las, habe ich versucht, Levinas eine bestimmte Anzahl von Fragen zu stellen, was seinen Bezug zum griechischen Logos, seine Strategie, sein Denken über die Weiblichkeit zum Beispiel angeht; aber was da geschieht, hat nichts mit Uneinigkeit oder Distanz zu tun.« (Derrida und Labarrière 1986, 74)

5. Adieu Lévinas

Mit Lévinas' Tod im Dezember 1995 scheint die chiasmatische Beziehung zwischen Derrida und Lévinas zunächst abgebrochen. Dennoch hat Lévinas und sein Werk immer noch die Kraft, Derrida auf »gespenstische Weise« heimzusuchen. Dies wird dadurch deutlich, dass einerseits Derridas Beschäftigung mit Lévinas' Werk nicht beendet ist und andererseits Derrida ein ethisch-politisches Anliegen damit verbindet. Gerade letzterer Punkt ist für diese Arbeit, die sich auch mit der Frage des ethisch-politischen Ereignisses nach Lévinas und Derrida beschäftigt, von besonderem Interesse.

Derrida gab seiner Ansprache, die er am Grab Lévinas' auf dem Pariser Friedhof Pantin am 27. Dezember 1995 hielt, den Titel *Adieu* (vgl. Derrida 1999a). Gleich zu Beginn des Nach-Rufes thematisiert er die Form der Grabrede:[68] Mit »Tränen in der Stimme« den schweigenden Anderen duzen, ihn ohne Umschweife ansprechen und sich ohne Vermittlung an ihn wenden – das sei »nicht unbedingt eine konventionelle Notwendigkeit, nicht immer eine rhetorische Bequemlichkeit,

---

die Nähe ist Verantwortung für den Anderen, Stellvertretung für den Anderen, Sühne für den Anderen, die Bedingung – oder Un-bedingung – der Geiselschaft; die Verantwortung als Antwort ist das vorgängige *Sagen*; die Transzendenz ist Kommunikation, die über den bloßen Austausch von Zeichen hinaus die ›Gabe‹ beinhaltet, das ›offene Haus‹ [...].« (Lévinas 1999b, 43) Zur Gastlichkeit vgl. Derrida (1999a, 38, 41, 62, 96f).

68 Zum Genre der Grabrede vgl. Derrida (1987b, 31f): »In ihrer klassischen Form hatte die Grabrede etwas Gutes, besonders wenn sie erlaubte, den Toten unmittelbar anzusprechen, ihn manchmal auch zu duzen. Eine zusätzliche Fiktion, gewiß, es ist immer der Tote in mir [...]. Man muß den Umgang der Überlebenden unterbrechen, den Schleier zum Anderen zerreißen, dem toten Anderen, der *in uns* ist [...].« (Derrida 1987b, 32)

was die Grabrede angeht.« (Derrida 1999a, 9) Es gehe auch darum, durch das Sprechen dem zu folgen, was hier Gesetz sei – dem Gesetz der *Redlichkeit* (vgl. Derrida 1999a, 10). Dies bedeutet vor allem den »selbstbezogenen Diskurs« zu verlassen, der nur mit sich selber beschäftigt ist (vgl. Derrida 1999a, 10). Das Gesetz der Redlichkeit ist »stärker als der Tod« (Lévinas 1993, 91) und fordert auf, »sich direkt *an* den Anderen [zu] wenden und *für* den Anderen reden, den man geliebt und bewundert hat, noch bevor man *von* ihm spricht.« (Derrida 1999a, 10)[69] Genau dies habe Emmanuel Lévinas gelehrt, wenn er den französischen Abschiedsgruß – *àdieu* auch zum Empfang benutzte (vgl. Lévinas 1999b, 92) und den Tod vom *adieu* her gedacht hat (vgl. Lévinas 1996a, 25). Derrida schreibt in seinem Text »Den Tod geben« (Derrida 1994b), der sich u.a. mit Lévinas und der Unentscheidbarkeit von Verantwortung auseinandersetzt, dass *adieu* dreierlei bedeuten kann:

»1. Der Gruß oder der erteilte Segen (vor jeder konstativen Sprache kann ›adieu‹ genauso auch ›guten Tag‹, ›ich sehe dich‹, ›ich sehe, daß du da bist‹, ›ich spreche zu dir, bevor ich überhaupt irgend etwas anderes zu dir sage‹ bedeuten – und im Französischen geschieht es mancherorts, daß man sich im Augenblick der Begegnung *adieu* sagt und nicht in dem der Trennung); 2. Der Gruß oder der erteilte Segen in dem Moment, da man sich trennt und sich verläßt, manchmal für immer (und ausschließen kann man es niemals): ohne Wiederkehr hier hernieden, im Moment des Todes. 3. Das *à-dieu*, das für Gott oder vor Gott vor jeder und in jeder Beziehung zum Anderen, in jedem anderen Adieu. Jede Beziehung zum Anderen wäre, vor und nach allem, ein Adieu.« (Derrida 1994b, 375)[70]

Derrida nimmt dennoch einige Merkmale einer Grabrede auf: Thematisiert werden u.a. Erinnerungen an Lévinas, ihre dreißig Jahre dauernde Freundschaft, Lévinas' Angst um eine Unterbrechung oder Nicht-Antwort während eines Telephonates und es findet sich ebenso eine Würdigung seines Werks. Der zweite Text, der in »Adieu« (Derrida 1999a, 31-170) versammelt ist, geht zurück auf eine Vortragsreihe für Lévinas vom 7. Dezember 1996 in Paris, die unter dem Titel »Visage et Sinai« stand. In dem Beitrag mit dem Titel »Das Wort zum Empfang« unterbreitet Derrida eine politische Lévinas-Interpretation, die sich vor allem um den Begriff der »Aufnahme« und der »Gastfreundschaft« dreht (vgl. Lévinas 1987d, 370). Im Mittelpunkt stehen für Derrida die politischen Fragen der ansteigenden Zahl der Verfolgten, Flüchtlinge und Asylbewerber. In diesem Kontext sei auch das Grundlegende bei Lévinas nicht das Antlitz, sondern die Aufnahme, bzw. synonym verwendet: der Empfang (vgl. Derrida 1999a, 44). Gastfreundschaft, Hospitalität und Empfang sind die Themen, die Derridas politischen Zuspitzungen seit den späten

---

69 Vgl. auch Derrida (2000h, 22).
70 Lévinas fasst das *à* nicht im Sinne einer intentionalen Zielbewegung, sondern als ein Erwecktwerden-zu oder Erwachens-zu auf (vgl. Lévinas 1999b, 92, 103, 124, 145,165, 220): Zu-Gott, zum-Unendlichen in jeder non-in-differenten Beziehung zum Anderen, ein Gruß des Anderen jenseits des Seins.

achtziger Jahren zugrunde liegen (vgl. Derrida 2000*h*, 80ff).⁷¹ Jenseits von Thematisierungen soll der Andere empfangen werden,

»[...] unabhängig seiner Eigenschaften [...], doch legte er [E.L., S.M.] genauen Wert auf das Wort ›empfangen‹, und dabei vor allem auf ›unmittelbar‹, dringlich, ohne zu zögern, so als ob die Eigenschaften, Atttribute, ›realen‹ Eigenarten (alles, was bewirkt, daß ein Lebewesen kein ›Phantom‹ ist) die Reinheit des Empfangs verlangsamen, mediatisieren oder kompromittieren könnten. Man soll den Anderen in seiner Andersheit empfangen, ohne abzuwarten, sich also nicht damit aufhalten, erst seine realen Prädikate zu erkennen. Noch vor deren Wahrnehmung muß der Andere aufgenommen werden.« (Derrida 1999*a*, 140f)⁷²

In Lévinas' Werk erblickt Derrida auch ein ethisch-politisches Anliegen: Reflexion auf Politik, Kritik an ihrem Zustand gegen alle Blut-und-Boden-Metaphorik, des Ortes, der Heimat usw., den Ruf nach einer Veränderung des sozio-geopolitischen Raumes sowie die Forderung eines anderen internationalen Rechts, das heißt eine »andere humanitäre Politik, ja, ein humanitäres Engagement, das *effektiv* jenseits nationalstaatlicher Interessen anzusiedeln ist.« (Derrida 1999*a*, 129).⁷³

Der aktuellen Bedeutung wegen, die Derrida dem Lévinas'schen Werk zukommen lässt, sei hier noch eine längere Passage zitiert:

»Mit diskreten, aber durchschaubaren Anspielungen hat Lévinas unser Augenmerk auf etwas gelenkt, was sich heute sowohl in Israel als auch in Europa und Frankreich abspielt, in Afrika so gut wie in Amerika und Asien, spätestens seit dem Ersten Weltkrieg, seit dem, was Hannah Arendt als *Der Untergang des Nationalstaats* bezeichnet hat: überall da, wo Flüchtlinge aller Art, Einwanderer mit oder ohne Staatsbürgerschaft, Exilanten oder Vertriebene, mit Papieren oder ohne, von der Mitte Nazi-Europas bis nach Ex-Jugoslawien, vom Mittleren Osten nach Ruanda, von Zaire bis Kalifornien, bis der Kirche Saint-Bernard im XIII. Pariser Arrondissement – überall, wo Kambodschaner, Armenier, Palästiner, Algerier und viele, so viele andere den Ruf nach einer Veränderung des gesellschafts- und geopolitischen Raums laut werden lassen – nach einer rechtspolitischen Veränderung, doch in allererster Linie, sofern diese Scheide noch von Bedeutung ist, nach einem ethischen Schwenk. Emmanuel Lévinas spricht davon, er hat schon seit langem von dieser Not und diesem Rufen gesprochen. Das Wunder der Spur, die uns heute erlaubt, ihn zu lesen und seine uns mitteilende Stimme zu vernehmen, vollzieht sich noch immer. Es ist schlimmer geworden, könnte man sagen, durch die Verbrechen gegen die Gastlichkeit, welche heutzutage von den Eingekerkerten oder den von einem Konzentrationslager ins nächste Auffanglager, von Grenze zu Grenze Abgeschobenen, hier bei uns und fern von uns, erlitten werden. (Jawohl, Verbrechen *gegen* die Gastlichkeit, zu unterscheiden vom ›Gastlichkeitsdelikt‹, das heute unter diesem Namen von der französischen Rechtsprechung wieder Aktualität geworden ist ganz im Geiste der Dekrete und Verordnungen aus der Zeit zwischen 1938 und 1945, um mit Inhaftierung den zu bestrafen, der einen Ausländer ohne Aufenthaltsgenehmigung bei sich aufnimmt.)« (Derrida 1999*a*, 96f)

---

71 Im Kapitel »Die Politiken der Dekonstruktion« wird darauf Bezug genommen.
72 Vgl. auch Derrida (1998*a*, 61f): »Der Ankommende hat noch keinen Namen und keine Identität.« (Derrida 1998*a*, 62)
73 Eine Politik, die jenseits nationalstaatlicher Grenzen operiert, kann jedoch auch eine neoliberale, ökonomische Globalisierung bedeuten. Zur »mondalisation« vgl. aber Derrida (2001*a*, 60) und Derrida (1996*b*), in dem es auch um eine »Neue Internationale« geht. Vgl. auch das Kapitel »Die Gespenster gehen um. Hantologie und Marx«.

Die politischen Überlegungen Derridas zu Lévinas' Gastfreundschaft erfahren eine weitere Fokussierung in seiner Bezugnahme auf Kant und Carl Schmitt sowie hinsichtlich der Frage, wie eine Gastfreundschaft im Lévinas'schen Sinne politisch realisiert werden kann.[74] Für Lévinas setzt der Krieg – die »Allergie«, die (Gast)Feindschaft – den Frieden voraus, eine vorursprüngliche Gastfreundschaft und Begegnung, eine an-archische Güte, die noch in jeder Feindschaft bezeugt wird (vgl. Lévinas 1987d, 286).[75] Für Derrida liegt hier ein wesentlicher Unterschied zu Kant, der 1795 in seiner Schrift *Zum ewigen Frieden* einen Friedensbegriff konzipiert hat, der noch die Spur einer »natürlichen, aktuellen oder drohenden Feindschaft beibehält« (Derrida 1999a, 115). Frieden sei bei Kant weder mit einer Friedhofsruhe noch mit einem bloßen Waffenstillstand identisch und könnte sich nach Derrida wirklich und wirksam in Richtung eines internationalen Rechts hin bewegen. Aber, so betont Derrida, bei Kant sei der dauerhafte Frieden noch an Nationalstaaten geknüpft und das Recht der Hospitalität, das für alle Menschen gefordert wird, eher ein »Besuchsrecht« als ein »Gastrecht« (vgl. Derrida 1999a, 114). Kant stehe für Weltbürgertum, Lévinas dagegen wolle Universalität: Der Staatsabhängigkeit des ewigen Friedens Kants stehe die universelle Aufnahme des Antlitzes bei Lévinas gegenüber. Der Vollzug des Weltbürgerrechts ist auf eine allgemeine weltbürgerliche Verfassung angewiesen, wobei die Universalität Lévinas' darauf insistiert, dass der Frieden bereits *jetzt* bestehe bzw. *in eben diesem Moment*, im alltäglichen politisch-sozialen Handeln umgesetzt werden müsse.[76] Dennoch besteht zwischen Lévinas und Kant die Vorstellung, der Friede müsse den Gedanken der Ewigkeit bzw. Unendlichkeit beinhalten. Insofern ist die Distanz zwischen Kant und Lévinas an dieser Stelle nicht allzu groß. Viel gewichtiger und größer ist sie zwischen Lévinas und Carl Schmitt, dessen Verständnis vom Wesen des Politischen von einer Unterscheidung zwischen Freund/Feind ausgeht. Indem Schmitt die Sichtweise vernachlässigt, dass der Andere erst empfangen werden muss, um ihn dann in einem zweiten Schritt als Freund oder Feind zu identifizieren – für Lévinas bezeugt noch die Feindschaft den vorangegangenen Empfang des Anderen, sozusagen die Freundschaft –, ist Schmitt zum »absoluten Gegner« Lévinas' geworden (vgl. Derrida 1999a, 165). Am Ende seines Textes kommt Derrida auf die Thematik der Aporie, der Unentscheidbarkeit bzw. des *double binds* zurück.

---

74 Vgl. zum Folgenden auch Taureck (1997, 112ff).
75 So schreibt Lévinas auch: »Unfehlbar blickt mich durch meine Idee des Unendlichen hindurch der Andere an – sei er feindlich, freundlich, mein Meister oder mein Schüler.« (Lévinas 1987d, 112)
76 Derridas eigene Positionierung liegt dennoch zwischen Kant und Lévinas. Auf der einen Seite will er das Weltbürgertum Kants nicht aufgeben (vgl. Derrida 1997e). Vgl. zu Kant auch Derrida (1998a, 41ff) und Derrida (1997j). Auf der anderen Seite setzt er Kant das Konzept Lévinas' entgegen. Vielleicht liegt auch hier jene »Politik der Ambivalenz« zugrunde, die an späterer Stelle skizziert wird.

Hinsichtlich der Verantwortung und einer Entscheidung für den Anderen steht die Unentscheidbarkeit als Bedingung der Möglichkeit von Entscheidung *vor* der Entscheidung (vgl. Derrida 1998a, 35). Ansonsten wäre die Entscheidung oder die Verantwortung keine freie, sondern ein bloßes Abspulen vorhergegangener Entscheidungsentwürfe oder ein Berufen auf allgemeine Prinzipien oder Regeln, also im strengen Sinne keine Verantwortung mehr (vgl. Derrida 2000g, 31). Derrida betont, dass es unmöglich ist, über Konzeptionen politischer Entscheidungen und ethischer Verantwortlichkeit nachzudenken, ohne eine Unentscheidbarkeit in Betracht zu ziehen.[77] Entscheidungen, die ein Gefühl von Zufriedenheit und Sicherheit erzeugen, ist mit Misstrauen zu begegnen, da sie implizit leugnen, dass sie gleichzeitig anderen zum Nachteil gereichen können. Insofern kann auch eine Politisierung niemals enden, da die Unentscheidbarkeit nie aufhört, die Entscheidung heimzusuchen. Ebenso ist die Verantwortlichkeit unendlich: eine Erfahrung des Unentscheidbaren: Wenn der Andere im Fürsein allen anderen (den Dritten) vorgezogen wird, kann der Allgemeinheit oder den Dritten dann nicht Ungerechtigkeit widerfahren, sogar möglicherweise bis zum Tod? Insofern konstatiert Derrida in Bezug auf Kierkegaard: »Der Augenblick der Entscheidung ist ein Wahnsinn...« (Derrida 1997c, 53) Im Hinblick auf Lévinas wird die Notwendigkeit einer solchen Unentscheidbarkeit deutlich. Denn das (relative) Schweigen Lévinas' über konkrete Inhalte der Politik und des Rechts legt eine Zwischenzeit der Entscheidung, ein *out of joint* frei (vgl. Derrida 1996b, 52ff, 124). Dieser »Mangel« oder Überschuss an konkreten Vorstellungen und diese Nicht-Antwort auf Fragen des Konkreten ist die eigentliche Bedingung der Entscheidung und der Verantwortung, die je nach Situation immer wieder neu erfunden werden muss:[78]

> »Diese Nicht-Antwort bedingt meine Verantwortung da, wo es mir allein zufällt zu antworten. Ohne das Schweigen, ohne den Hiatus, der nicht die Abwesenheit von Regeln bedeutet, sondern die Notwendigkeit eines Sprungs hin zum Moment einer ethischen, juristischen oder politischen Entscheidung, bräuchten wir nur unser Wissen in einem Handlungsprogramm abzuspulen. Doch nichts wäre unverantwortlicher und totalitärer.« (Derrida 1999a, 146f)[79]

Wenn es aber Unentscheidbarkeit gibt, vor der Entscheidung, vor der Verantwortung (und noch bei der Verantwortung selbst, wenn dem Nächsten sich zugewendet wird und dadurch *vielleicht* Andere des Anderen vernachlässigt werden (vgl. Derrida 1999a, 52f)), wie entsteht das zu entscheidende Subjekt und wie kommt es dann zur Entscheidung, zu dem »Sprung« oder der Vermittlung hin zu eben diesem Moment selbst einer politischen oder ethischen Entscheidung?[80]

---

77 Zur Unentscheidbarkeit und deren Bedeutung für das Politische vgl. Kapitel II.5., II.8. und II.9. sowie Kapitel III.
78 Vgl. zum Mangel auch Kapitel III.3.
79 Vgl. auch Derrida (1998a, 35f) und Derrida (2000g).
80 In Kapitel II.8., II.9. und III.3. wird dies näher ausgeführt.

Auch wenn Derrida dem Denken Lévinas' nahe erscheint, ist wie in »Eben in diesem Moment in diesem Werk findest du mich« eine Distanz zu einigen Aspekten des Lévinas'schen Werks spürbar. In Anlehnung an die Themen, die Derrida in seinem Buch »Politik der Freundschaft« (Derrida 2000*h*) entwickelt, lassen sich folgende Probleme bei Lévinas kurz skizzieren:[81] Lévinas verbindet die Problematik der Gerechtigkeit, der Gemeinschaft und des Dritten mit dem Begriff der Brüderlichkeit (vgl. Derrida 1999*a*, 91), der das Politische an die Bruderschaft oder an die brüderliche Verbundenheit, also an einen bestimmten Schematismus der Abstammung, des Geschlechts oder der Familie rückbindet (vgl. Derrida 2000*h*, 11).[82] So schreibt beispielsweise Lévinas an einer Stelle: »Nicht deshalb betrifft mich der Nächste, weil er als einer erkannt wäre, der zur selben Gattung gehörte wie ich. Er ist gerade *Anderer*. Die Gemeinschaft mit ihm beginnt in meiner Verpflichtung ihm gegenüber. Der Nächste ist Bruder.« (Lévinas 1992*a*, 195) Neben einem impliziten Androzentrismus gilt es nach Derrida auch jene Renaturalisierung zu dekonstruieren, die in Begriffen wie (menschlicher) Bruderschaft jenen Ort der Verbrüderung im Sinne eines symbolischen Bandes als Wiederholung eines genetischen bestimmen. Bleibt man in diesen genetischen, geschlechtlichen und familiären Begrifflichkeiten oder Schemata, so werden diese potentiell den »schlimmsten Symptomen des Nationalismus, des Ethnozentrismus, des Populismus, ja der Xenophobie [ausgeliefert sein].« (Derrida 2000*h*, 147) Andererseits ist das letzte Wort um diese Auseinandersetzung noch nicht gesprochen, denn der Vorwurf könnte durch folgenden Satz von Lévinas abgeschwächt werden: »Liebe von fremd zu fremd in der Brüderlichkeit selbst, besser als die Brüderlichkeit.« (Lévinas 1987*d*, 10) Derrida hält Lévinas' Idee einer brüderlichen Gemeinschaft und der Familie für androzentrisch. Sobald man aber die Offenheit des Empfangs einem »weiblichen Sein« übertrage und nicht der »Tatsache empirischer Frauen«, könnte Lévinas nach Derrida im Sinne eines »feministischen Manifests« gelesen

---

[81] Derridas »Politik der Freundschaft« (Derrida 2000*h*) erschien im Original (vgl. Derrida 1994*e*) vor seinem Nachruf auf Lévinas. Der Text »Das Wort zum Empfang« könnte als Supplement zu den Ausführungen in »Politiques de l'amitié« (Derrida 1994*e*) gelesen werden. Der Vollständigkeit halber sei noch hinzugefügt: An anderer Stelle problematisiert Derrida außerdem Lévinas' (aber auch Heideggers) Vernachlässigung der Tiere als Lebewesen, denen – folgte man der Ethik Lévinas konsequent – Verantwortung zukommen sollte (vgl. Derrida 1995*d*, 278ff). Insofern ist Lévinas hinsichtlich seines Humanismus des Anderen noch zu humanistisch bzw. anthropozentristisch.

[82] Ähnliche Argumente bezüglich einer Kritik der Brüderlichkeit im allgemeinen Verständnis des Politischen finden sich in Carol Patemans Aufsatz »The Fraternal Social Contract« (Pateman 1989*b*), die den liberalen Staatstheorien, sofern sie auf dem Sozialvertrag beruhen, eben diese Geschlechtsblindhiet vorwirft bzw. verdeutlicht, dass der Sozialvertrag, der mit universalen Ansprüchen versehen ist, in Wirklichkeit ein brüderlicher Akt und männlich orientiert ist. Es ist zwar nicht mehr der Vater, der als Patiarch die Macht inne hat, sondern – im Zuge des Vatermords der Theoretiker des Sozialvertrags – sind es die Brüder.

werden (vgl. Derrida 1999a, 64).[83] Lévinas' Verbindung des Androzentrismus mit der Privilegierung der Vaterschaft ist ebenfalls problematisch, weil das Kind immer in erster Linie der Sohn (des Vaters) ist (vgl. Derrida 1999a, 152). »Die Tatsache, die Möglichkeiten des Anderen als die eigenen anzusehen, aus der Abgeschlossenheit der eigenen Identität und aus dem, was einem zugeteilt ist, zu etwas, was einem nicht zugeteilt und dennoch von einem selbst ist, herauszutreten – das ist die Vaterschaft.« (Lévinas 1986b, 54) Und an anderer Stelle heißt es: »Auf der einen Seite ist der Sohn nicht irgendein Ereignis, das mir widerfährt, wie zum Beispiel meine Traurigkeit, mein Unglück oder mein Leiden. [...] Schließlich ist die Anderheit des Sohnes nicht die eines alter ego.« (Lévinas 1989a, 62)[84]

Trotz einiger Differenzen – bezüglich der Rolle des Männlichen beispielsweise – sind sich Lévinas und Derrida in dem, was Lévinas »Ethik« nennt, nahe. Doch Derrida bezeichnet diese »Ethik« für sich selber teilweise ganz anders. Er schreibt zum Beispiel auch von »Gerechtigkeit« (vgl. Derrida 1991).

6. Gerechtigkeit und Recht bei Lévinas und Derrida

Warum schreibt Derrida von »Gerechtigkeit« und nicht von »Ethik«? In welchen Bezug setzt er die Gerechtigkeit? Derridas Zurückhaltung gegenüber dem Wort »Ethik« ist vergleichbar mit derjenigen, die Heidegger in seinem Humanismusbrief dargelegt hat. Im Vergleich mit der Seinsfrage ist die Ethik eine späte Errungenschaft, ähnlich wie die Logik und Physik (vgl. Heidegger 1954a, 106f). Insofern wäre die Ethik, wenn sie zur »ersten Philosophie« emporgehoben und Metaphysik werden würde, bestimmt von einer »Seinsvergessenheit«, die von jedem metaphysisch-ethischen Diskurs vorausgesetzt und verleugnet wird. Derrida meint, dass man diese Vorbehalte nicht einfach beiseite schieben darf; von der im Humanismusbrief gemeinten Ethik sei bei Lévinas aber keinesfalls die Rede:

»Ich glaube, daß, wenn Levinas von Ethik spricht – ich würde nicht sagen, daß dies nichts mehr mit dem gemein hat, was dieses Wort von Griechenland bis zur deutschen Philosophie des 19. Jahrhunderts abgedeckt hat –, Ethik ganz anders ist; und doch ist es dasselbe Wort.«(Derrida und Labarrière 1986, 70f)

Bei Lévinas wird also das Wort »Ethik« ganz anders benutzt und löst sich von der traditionellen metaphysischen Bestimmung, wie sie Heidegger kritisierte. Es geht

---

83 Vgl. Lévinas (1987d, 226). Insofern ginge es nicht um irgendeinen empirischen Geschlechtsunterschied, sondern um eine Dimension des Handelns, die man mit weiblich konnotieren könnte. Zur Problematisierung dieser Seite Lévinas' und dessen Verbindung zum Feminismus s. Kapitel IV.2.
84 Zum Schema der Familie vgl. Lévinas (1987d, 446).

ihm nicht um bestimmte zu befolgende Regeln oder einen Aufbau einer Ethik, wie Lévinas in einem Gespräch mit Phillipe Nemo beschreibt: »Meine Aufgabe besteht nicht darin, die Ethik aufzubauen; ich versuche nur, ihren Sinn zu suchen.« (Lévinas 1986b, 69) Lévinas hat vielmehr eine bisher verborgene Bedingung der Möglichkeit von Ethik gefunden. Und in der Weise, wie er sein Werk in »Jenseits des Seins oder anders als Sein geschieht« weiter entwickelte, schlägt er eine dritte Möglichkeit »jenseits oder diesseits der Doppeldeutigkeit von Sein und Seiendem« (Lévinas 1992a, 106) vor. Dies führt dazu, dass Lévinas' Gebrauch des Wortes »Ethik« eine semantische Transformation erfährt: Es ist dasselbe Wort, dessen Bedeutung sich verschoben hat: »Für mich bedeutet der Ausdruck Ethik immer die Tatsache der Begegnung, der Beziehung eines Ichs zum Anderen: Spaltung des Seins in der Begegnung – keine Koinzidenz.« (Lévinas 1988a, 28)

Durch die Sichtweise einer asymmetrischen Beziehung, die bis hin zur Stellvertretung (der Andere in mir) reichen kann, geht das Wort »Ethik« über seine traditionellen Bestimmungen hinaus: in dem Vorrang der irreduziblen Besonderheit der Verpflichtung gegenüber dem singulären Anderen, die alle Prozeduren allgemeiner Rechtsbegründung, der Gesetzgebung und dem Recht vorausgeht und überschreitet.[85] Derrida nimmt in seinem Werk »Gesetzeskraft« (Derrida 1991) explizit Bezug zu Lévinas und vermeidet durch die Verwendung des Begriffs der »Gerechtigkeit« den Begriff der Ethik. Dabei bezieht er sich auf den Begriff der Gerechtigkeit, wie ihn Lévinas in »Totalität und Unendlichkeit« gebraucht (vgl. Lévinas 1987d, 124). Dort identifiziert Lévinas (im Unterschied zur späteren Verwendung des Begriffs für das Hinzutreten des Dritten) Gerechtigkeit mit der *Beziehung zum Anderen* angesichts dessen das »Ich« zur Geisel des Anderen wird.[86] Im weiteren Verlauf von »Gesetzeskraft« wird Derrida diese Gerechtigkeit von ih-

---

85 Lévinas spricht anstatt von Ethik auch von Heiligkeit, wie in der Einführung dargelegt wurde. Vgl. zu Lévinas' und Derridas Verwendung von »Ethik« und »Gerechtigkeit« auch Bernasconi (1997), dem hier zuweilen gefolgt wird.
86 Im Vorwort der deutschen Übersetzung von *Totalität und Unendlichkeit* unterstreicht Lévinas, dass Gerechtigkeit in dieser Schrift als Synonym für Ethik bzw. das Ethische steht, also in der Weise, wie Derrida in *Gesetzeskraft* den Begriff Gerechtigkeit verwendet (vgl. Lévinas 1987d, 8). In *Jenseits des Seins oder anders als Sein geschieht* wird Gerechtigkeit dagegen von der ethischen Beziehung mit dem Anderen unterschieden. Lévinas betont, dass sich die Frage der Gerechtigkeit erst mit dem Auftreten des Dritten stellt, der zur Entscheidung zwischen konkurrierenden moralischen Verpflichtungen zwingt und die Beziehung zum Anderen in einen sozio-politischen Kontext rückt. Beachtenswert ist, dass es trotz dieser Spannung zwischen der Verantwortung für den Anderen und der Gerechtigkeit nicht um zwei moralische Orientierungslinien handelt. Für Derrida ebenso wie für Lévinas gibt es nur eine moralische Orientierungslinie, d.h. Ethik im Lévinas'schen Sinne (vgl. Derrida 1995d, 285f). Und diese gilt es im (notwendigen) reziproken Verhältnis zu dem Dritten bzw. der Gleichbehandlung immer wieder herzustellen; einerseits aufgrund der absoluten Verantwortung gegenüber jedweder Singularität und wegen einer ständigen Verbesserung der Gleichbehandlung.

rer Ausübung in der Gestalt des Rechts trennen (also einer der Teilbereiche dessen, was in der späteren Verwendung (vgl. Kapitel I.6.) des Begriffs der Gerechtigkeit bei Lévinas auftaucht). Derrida unterscheidet zwischen einer Gerechtigkeit (die als Beziehung zum Anderen unendlich ist, die gegenüber jeder Regel und Symmetrie fremd ist) und der Ausübung des Rechts, der Legalität und der Legitimität, die durch ein geregeltes System codierter Vorschriften und ihre Berechenbarkeit geprägt sind:

> »Ich bin versucht, den Begriff der Gerechtigkeit, den ich hier tendenziell von dem des Rechts unterscheide, in gewissem Maße jenem anzunähern, der sich bei Lévinas findet, und zwar gerade aufgrund der Unendlichkeit, die ihn auszeichnet, und des heteronomen Verhältnisses zum Anderen, zum Antlitz des Anderen, das mir befiehlt, dessen Unendlichkeit ich nicht thematisieren kann und dessen Geisel ich bin. Lévinas schreibt in seinem Werk *Totalität und Unendlichkeit* (›Wahrheit und Gerechtigkeit‹): ›[...] die Beziehung zum Anderen – das heißt die Gerechtigkeit‹[87] – die Gerechtigkeit, die in einem anderen Abschnitt als ›Geradheit und Rechtschaffenheit des Empfangs, [der dem] Antlitz [bereitet] wird‹[88] definiert wird. Die Geradheit, die Rechtschaffenheit reduziert sich selbstverständlich nicht auf das Recht, obwohl zwischen beiden ein Bezug besteht. Lévinas spricht von einem unendlichen Recht: es hat seinen Ort in dem von ihm sogenannten ›jüdischen Humanismus‹, dessen Grundlage nicht ›der Begriff des Menschen‹ ist, sondern der Andere [...]. Die Gerechtigkeit beruht hier nicht auf Gleichheit, auf einem berechneten Gleichmaß, auf einer angemessenen Verteilung, auf der austeilenden Gerechtigkeit, sondern auf einer absoluten Asymmetrie. Der Begriff der Gerechtigkeit, den Lévinas bildet, nähert sich eher dem an, was im Hebräischen der Heiligkeit entspricht (dem, was wir mit dem Wort ›Heiligkeit‹ – *sainteté* übersetzen).« (Derrida 1991, 45f)

Diese Art von Gerechtigkeit ist nach Derrida im Recht niemals erschöpft. Die Ausübung des Rechts muss sich immer auf Gesetze als vergangene Formalisierungen der Gerechtigkeit berufen und wird doch mit jeder Entscheidung einer Singularität gerecht werden müssen, also eigentlich ohne vergleichbare Regeln agieren und dadurch das Recht jedesmal performativ neu begründen müssen (vgl. Derrida 1991, 46f). Insofern bleibt eine Gerechtigkeit immer im Kommen und ist als Ideal nie gegenwärtig: »Unendlich ist diese Gerechtigkeit, weil sie sich nicht reduzieren läßt, auf etwas zurückführen läßt, irreduktibel ist sie, weil sie dem Anderen gebührt, dem Anderen sich verdankt, [...] da sie das Kommen des Anderen ist, dieses immer anderen Besonderen. [...] Die Dekonstruktion ist verrückt nach dieser Gerechtigkeit, wegen dieser Gerechtigkeit ist sie wahnsinnig, Dieses Gerechtigkeitsverlangen macht sie verrückt. Diese Gerechtigkeit, die kein Recht ist, ist die Bewegung der Dekonstruktion.« (Derrida 1991, 52)[89]

Die Dekonstruktion setzt an diesem Punkt an, wo sie das bestehende Recht immerfort auf die singuläre Andersheit aufmerksam macht. Sie weist gemäß der Interpretation von Drucilla Cornell auf, dass

---

87 Vgl. Lévinas (1987d, 124).
88 Vgl. Lévinas (1987d, 112).
89 Vgl. auch Derrida (1996b, 110).

»[...] es keine *Letzt*begründung eines gegebenen Systems von Rechtsregeln und Normen im Gesetz des Gesetzes geben kann. Ich möchte noch hinzufügen, daß beide Versionen[90] nicht nur die Illusion der normativen *Selbstbegründung* des Rechts in einer transzendentalen Subjektivität verwerfen, sondern auch die positivistische Lösung der *Grundlosigkeit* verwerfen, die das Gesetz des Gesetzes in dem von einem bestehenden Rechtssystem intern erzeugten Bestätigungsmechanismus findet. [...] Das Streben nach einem gerechten und egalitären Staat geht aus der irreduziblen Verantwortung des Subjektes gegenüber dem Anderen hervor.« (Cornell 1994, 62ff)

Nach Derrida ist die Gerechtigkeit und ihre Verwirklichung im Recht der Zukunft geweiht (vgl. Derrida 1991, 57), wird jedoch nie ein endgültiges Telos erreichen, ist unendlich. Sie gibt es nur, wenn sich etwas ereignen kann, was die Berechnungen, Programme und Regeln übersteigt. Insofern ist sie als Erfahrung der absoluten Andersheit im Recht undarstellbar. Denn Erfahrung kann nur das sein, was das Wissen überschreitet. Aber dieses »Übermäßige des Undarstellbaren« darf nach Derrida nicht als Alibi dazu dienen, um sich »im Inneren einer Institution oder eines Staates (in der Beziehung zwischen einer Institution oder einem Staat zu anderen Institutionen oder Staaten) von den juridisch-politischen Kämpfen fernzuhalten.« (Derrida 1991, 57) Genausowenig wie das gerechte Recht zu irgendeinem Zeitpunkt verwirklicht sein kann, sofern es in seinem vergleichendem Status der Einzigartigkeit des Anderen gerecht werden will, genausowenig ist die Politisierung, die eine Verbesserung des Rechts erfordert, ein Prozess, der zu einem Ende kommt.[91]

Das Recht lässt sich nach Derrida permanent in Beziehung zu einer Alterität dekonstruieren. Eine »Dekonstruktion betrifft wie immer die Institution von als unüberschreitbar *deklarierter Schranken*, ob es sich nun um das Recht der Familien oder des Staates, um die Beziehungen zwischen dem Geheimen und dem Nicht-Geheimen oder, was etwas anderes ist, zwischen dem Privaten und dem Öffentlichen handelt, ob es sich um die Eigentums- oder Zugangs-, Publikations- oder Reproduktionsrechte handelt, ob es sich um Klassifizierung und um die Schaffung einer *Ordnung* handelt [...].« (Derrida 1997a, 14) Aber warum kann Derrida behaupten, die Gerechtigkeit bzw. die Ethik im Lévinas'schen Sinne ist die Bewegung der Dekonstruktion? Wie wird dies begründet? Was oder wer übersteigt *wie* das Recht oder den Kontext des Rechts? »Wenn es so etwas gibt wie die Gerech-

---

90 Drucilla Cornell unterscheidet die Version eines dekonstruktivistischen Nihilismus und die eines (an Lévinas orientierten) affirmativen, d.h. bejahenden und bekräftigenden Dekonstruktivismus. Vgl. Cornell (1994, 62) und Derrida (1997d, 441).
91 »Jedes Vorstoßen der Politisierung zwingt uns dazu, die Grundlagen des Rechts, die aus einer schon erfolgten Berechnung und Abgrenzung resultieren, erneut in Erwägung zu ziehen und folglich neu zu deuten. So hat es sich zum Beispiel bei der Erklärung der Menschenrechte zugetragen, bei der Abschaffung der Sklaverei, im Zuge all jener Befreiungskämpfe, die statthaben und weiterhin statthaben werden, überall in der Welt, im Namen der Frauen und Männer. Nichts scheint mir weniger veraltet zu sein als das klassische emanzipatorische Ideal.« (Derrida 1991, 58)

tigkeit als solche, eine Gerechtigkeit außerhalb oder jenseits des Rechts, so läßt sie sich nicht dekonstruieren. Ebensowenig wie die Dekonstruktion selbst, wenn es so etwas gibt. Die Dekonstruktion ist die Gerechtigkeit.« (Derrida 1991, 30) Diese Gerechtigkeit, die nicht das Recht ist, liegt nach Derrida außerhalb jeglicher Dekonstruierbarkeit, eröffnet aber ihrerseits die Möglichkeit für Dekonstruktion herrschender Diskurse, da sie die Andersheit eröffnet, d.h. die Beziehung zum konstitutiven Außen. Daraus folgt, Gerechtigkeit bzw. die Beziehung zum Anderen ermöglicht Dekonstruktion und Dekonstruktion, als Praxis des Aufspüren des Anderen, ermöglicht Gerechtigkeit bzw. die Beziehung zum Anderen. Diese Gerechtigkeit ist die »Erfahrung« des Unentscheidbaren, die einen, als *passive Entscheidung* vom absolut Anderen eingesetzt (vgl. Derrida 2000*h*, 105f), in die Sphären der Politik und in die Sphären der Rechtssprechung führt.[92] Das folgendes Kapitel soll verdeutlichen, inwiefern die Dekonstruktion eine ethische Bewegung sein kann.

7. Die Dekonstruktion – implizit ethische Bewegung

> »**Ja** markiert, daß es Sich-an-den-anderen-adressieren gibt. Diese Adresse ist nicht unbedingt Dialog oder Interlokution, da sie weder die Stimme noch die Symmetrie voraussetzt, sondern im voraus die Überstürzung einer Antwort, die schon fragt. Denn, wenn es anderes gibt, wenn es also **ja** gibt, läßt der/die/ das andere sich nicht mehr vom Selben oder vom Ich erzeugen. **Ja** [...] richtet sich an anderes, das es nicht konstituiert, und das es nur zu **fragen** anfangen kann, als Antwort auf eine immer vorgängige Frage, **es zu fragen, ja** zu sagen.« (Derrida 1988*d*, 102f)

In »Grammatologie«, einem seiner Hauptwerke, beschreibt Derrida die Bewegung der Dekonstruktion: »Wir möchten jenen Punkt erreichen, der gegenüber der Totalität der logozentrischen Epoche in gewissem Sinne äußerlich ist. Ausgehend von diesem Exterioritätspunkt könnte eine bestimmte Dekonstruktion dieser Totalität in die Wege geleitet werden, die selbst ein vorgezeichneter Weg ist.«

---

92 Zur *passiven Entscheidung* vgl. Kapitel II.9. und III.3.1.

(Derrida 1998b, 279) Die strategische Bewegung der Dekonstruktion liegt in der Lokalisierung dieser Exteriorität bzw. Andersheit am Rand von bzw. in Kontexten – des Anderen im Selben.[93] Gemäß des unendlichen Prozesses der Supplementarität ist ein Kontext immer schon von dem, was er nicht ist, umrandet. Ausgehend von dem äußerlichen Punkt, der kein Signifikat ist, sondern immer nur im differentiellen Bezug und in der Bestimmung eines jeweiligen Kontextes aufzuspüren ist, kann der Kontext dekonstruiert werden. Dekonstruktion wird durch dieses konstitutive Außen oder das Andere möglich. Da es streng genommen keine absolute Geschlossenheit eines Kontextes gibt, gibt es immer schon diese (supplementäre) Beziehung zum Anderen. Daraus ergibt sich eine doppelte Bewegung: Diese Beziehung zum Anderen bzw. zum Außen, die Gerechtigkeit, ermöglicht Dekonstruktion. Man könnte sogar sagen, dass »die Praxis der Dekonstruktion als eine Antwort auf das Gesetz des Gesetzes als dem Ruf zur Verantwortung verstanden werden [sollte].« (Cornell 1994, 73). Da diese Beziehung jedem Kontext anhaftet, gab es eigentlich schon immer Dekonstruktion. Und, zweite Bewegung, die Dekonstruktion ermöglicht diese Beziehung zum Anderen, weil sie genau an den Rändern des Kontextes operiert und dieser Andersheit nachspürt.[94] Insofern ermöglicht, zusammengefasst, Dekonstruktion die Beziehung zum Anderen und die Beziehung zum Anderen ermöglicht Dekonstruktion: Dekonstruktion ist Gerechtigkeit, die Beziehung zum Anderen. »Das Sich-nicht-dekonstruieren-Lassen der Gerechtigkeit ermöglicht ebenfalls die Dekonstruktion, ja läßt sich von ihr nicht unterscheiden.« (Derrida 1991, 30) Diese Unterbrechungen vom Anderen des Kontextes sind gemäß der Analysen und der Interpretation Simon Critchleys die Momente ethischer Transzendenz, in denen sich eine strukturelle Notwendigkeit jenseits der Ontologie ankündigt, ein Ereignis in dem sich das ethische Sagen eines Textes über sein ontologisches Gesagtes hinwegsetzt (vgl. Critchley 1999b, 30); eine unbedingte ethische Bedingung der Möglichkeit für eine Unterbrechung einer (ontologischen oder logozentrischen) Schließung.[95] Diese Beziehung zum

---

93 Wie schon Kapitel zur Dekonstruktion festgehalten, sind mit Kontext nicht nur diskursive, sondern auch historische, soziale oder politische Kontexte bzw. zeitweilige Schließungen gemeint, wie sie zum Beispiel (essentialistische oder kulturelle) Identitäten darstellen. Dass die Schließungen nur zeitweilig sein können, liegt darin, dass es kein endgültiges, schließendes Signifikat gibt, sondern nur Signifikanten. Deshalb kann die Lokalisierung auch nie eine rein gegenwärtige oder vollendete sein, da es immer noch Spuren von Spuren der Andersheit gibt.

94 »An den Rändern des Kontextes operieren« bedeutet dann in einem sozialwissenschaftlichen Sinne, von und für den Anderen des Selben (des Kontexts) und *im* Selben auszugehen, d.h. die an den Rand der Gesellschaft Gedrängten, die Marginalisierten und von sozialer Exklusion Betroffenen in den Mittelpunkt sozialwissenschaftlicher Reflexion zu stellen.

95 Die Begriffe »Text« und »Kontext« besagen dasselbe (vgl.Kapitel II.2. und die Unterscheidung von Text und Textualität). Dabei sollte jedoch deutlich geworden sein, dass Text nicht ein Buch bedeutet, sondern dass Derrida Text im Sinne von Kontext als »ganz reale Geschichte der Welt«

Anderen, die die Dekonstruktion eröffnet, ist im Wesentlichen eine unbedingte Bejahung [affirmation] oder *Zu-Sage* der Andersheit und eine Bejahung noch der Andersheit der Andersheit (der Spuren, d. h. ohne Schließung):

> »But for this surplus of responsibility that summons the deconstructive gesture or that the deconstructive gesture of which I am speaking calls forth, a waiting period is neither possible nor legitimate. The deconstructive explication with provisional prescriptions might require the indefatigable patience of the re-beginning, but the affirmation that motivates deconstruction is unconditional, imperative, and immediate – in a sense that is not necessarily or only Kantian, even if this affirmation, because it is double, as I have tried to show, is ceaselessy threatened. This is why it leaves no respite, no rest. It can always upset, at least, the instituted rhythm of every pause [...].« (Derrida 1995d, 286)

Die Bejahung versucht nicht, die unmögliche Präsenz und den Ursprung wieder als Zentrum zu behaupten. Das Nicht-Zentrum wird durch diese Bejahung nicht als Verlust bestimmt, sondern als »Begehren« für das, was im Kommen bleibt. Die Bejahung liefert sich einer Unbestimmtheit einer (*seminalen*) Spur aus (vgl. Derrida 1997d, 441).[96] Wie könnte man dies präzisieren? Wo befindet sich das, was im Kommen bleibt? Ist die Frage nach dem »Wo« nicht schon ein Versuch einer Thematisierung und Topologisierung?

Obgleich im Kapitel zur Dekonstruktion und *différance* die Frage des Kontextes behandelt wurde, erscheint es an dieser Stelle sinnvoll, noch einmal darauf zurückzukommen, um das Argument, die Dekonstruktion habe eine implizite ethische Bewegung, zu stützen; dabei wird wiederum auf die grundlegende und instruktive Studie »The Ethics of Deconstruction« von Simon Critchley zurückgegriffen [97] Sehr deutlich wird die unbedingte Bejahung der Alterität und die Unterbrechung eines allgemeinen Kontextes der Dekonstruktion in Derridas »Limited Inc.« (Derrida 2001c), wie Simon Critchley in seinem Buch »Ethics of Deconstruction« (vgl. Critchley 1999b, 31) betont. Derrida schreibt in dem Kapitel »Unterwegs zu einer Ethik der Diskussion« in »Limited Inc.«:

> »Das führt mich dazu, rasch zu präzisieren, worauf ich weiter oben bezüglich des Kontexts, seiner Nicht-Abgeschlossenheit oder seiner irreduziblen Öffnung, wenn Sie so wollen, hinwies. [...] In den verschiedenen Texten, die ich über (gegen) die Apartheid schrieb, sprach ich wiederholt von ›bedingungsloser‹ Affirmation und ›bedingungslosem‹ ›Appell‹. Das kam bei mir auch in anderen ›Kontexten‹ vor und jedes Mal, wenn ich von der Verbindung zwischen der Dekonstruktion und dem ›Ja‹ spreche. Das mindeste, was man über die Bedingungslosigkeit (ein Wort, dessen ich mich nicht zufällig

---

auslegt.
96 Zur Bejahung heißt es bei Lévinas folgendermaßen: »Beginnen wir nicht den Leichtsinn, zu behaupten, das erste Wort, das alle anderen möglich machte, sogar das Nein der Negativität, sogar das ›Zwischen‹ der ›Versuchung der Versuchung‹, sei ein bedingungloses Ja gewesen? Bedingungslos gewiß, aber nicht naiv. [...] Es handelt sich um ein Ja, das älter ist als die naive Spontanität.« (Lévinas 1993, 92)
97 Die Studie »Dekonstruktion und ethische Passion« von Alwin Letzkus (vgl. Letzkus 2002) bildet hierbei ein weiteres Werk zur Verbindung von Lévinas und Derrida, ist jedoch bei Abfassung der vorliegenden Arbeit soeben erschienen und konnte nicht mehr aufgenommen werden.

bediene, um an den Charakter des kategorischen Imperativs in der von Kant beschriebenen Form zu erinnern) sagen kann, ist, daß sie unabhängig von jedem bestimmten Kontext ist, ja sogar von der Bestimmung eines Kontexts überhaupt unabhängig ist. Sie tritt als solche nur in der *Öffnung* des Kontexts auf. Nicht daß sie einfach anderswo, außerhalb des Kontexts präsent wäre (existieren würde), aber sie greift in die Bestimmung eines Kontexts ein, ausgehend von seiner Öffnung und von einem Befehl, einem Gesetz, einer Verantwortung, die diese oder jene Bestimmung eines gegebenen Kontexts überschreiten. Im Anschluß daran ist diese Bedingungslosigkeit mit den bestimmten (Kant würde sagen ›hypothetischen‹) Imperativen dieses oder jenes Kontexts zu verbinden; und das ist der Moment der Strategien, der Rhetorik, der Ethik und der Politik. Die so beschriebene Struktur geht sowohl davon aus, daß es nur Kontexte gibt, daß es nichts außerhalb des Kontexts gibt, wie ich oft ausgeführt habe, aber auch, daß die Grenze des Rahmens oder der Rand des Kontexts immer eine Nicht-Abschließungsklausel beinhalten. Das Außen dringt ein und bestimmt so das Innen.« (Derrida 2001c, 235)

Die Implikationen des Satzes: »*Es gibt nichts außer(halb eines) Kontext(es)*« erläutert Simon Critchley folgendermaßen: Es gibt oder es existiert nichts – keine Entität oder keine Sache –, die eine Existenz außer(halb von) Kontext hat; anders gesagt, der Kontext wird nicht von einem transzendentalen Signifikat oder einem dominanten Referenten beherrscht (vgl. Critchley 1999*b*, 32), sei dies Gott, Selbstbewusstsein oder – wie man hinzufügen kann – ein Anderer, der selbst als transzendentales Signifikat und ohne supplementäre Relation zum Kontext »ist«. Dieser Andere hat vielmehr in der Bewegung der Supplementarität keinen feststellbaren Sinn, ist eine »Figur des Überschusses« (vgl. Bernasconi 2001, 39), kann aber, nach Klaus-Michael Wimmer, selbst als *Wort*, das nie einen endgültigen, bestimmten Sinn erlangen kann, die Spur des Anderen, signifizieren. Insofern hat das Wort Anderer im Denken eine Bedeutung, als dass es das Nicht-Wissbare markiert (vgl. Wimmer 1988, 231).[98] Der Andere kann immer nur in Relation zu einem Kontext erscheinen, überschreitet jedoch jegliche Funktionsbestimmung und jede endgültige, statische Sinnzuschreibung.

Critchley fährt folgendermaßen fort: Der Kontext wird nicht von einem transzendentalen Signifikat zentriert, sondern enthält eine Klausel der Unabgeschlossenheit; er gehorcht einer Logik der Abschließung [*clôtural* logic].[99] Der Logik der Abschließung zufolge, der ein Kontext gehorcht, wird die Grenze, die einen Kontext umrahmt, einschließt und bestimmt, notwendigerweise von dem unterbrochen, was über den Kontext hinausgeht (vgl. Critchley 1999*b*, 32): »Folgt man Derridas Argumentation, so ist das, was die Abgeschlossenheit eines determinierten Kontextes unterbricht und den Kontext zur offenen Struktur macht, eine unbedingte Bejahung, die in diesen Kontext interveniert und die Dekonstruktion begründet. Dies, so behaupte ich, ist das ethische Moment in Derridas Denken.«

---

98 Vgl auch Wimmer (1988, 137ff) und Kapitel IV.
99 Vgl. zur Logik der Abschließung (clôture) die instruktiven Analysen von Simon Critchley in Critchley (1999*b*, 59ff).

(Critchley 1997, 328)[100] Die Dekonstruktion macht darauf aufmerksam, dass kein Kontext jemals völlig geschlossen, determiniert oder gesättigt werden kann, sondern immer ein konstitutives Außen als Unterbrechung und Unabgeschlossenheit eines bestimmten Kontextes entsteht: Risse, Brüche, Falten oder Spaltungen. Die Kontextbedingungen, aber auch die Denkbedingungen sind abhängig von einer Alterität; eine Alterität, »die selbst nicht mehr als Grund vorstellbar ist«, wie Klaus-Michael Wimmer schreibt (vgl. Wimmer 1988, 231). »Das Sinnsystem der Präsenz wird dezentriert und läßt durch die Dekonstruktion eine Offenheit erkennbar werden, durch die und in der das Andere sich im Diskurs ankündigt, ohne je von ihm eingeholt werden zu können.« (Wimmer 1988, 231)

Es gibt nur Kontexte oder Diskurse, die durch eine Klausel der Unabgeschlossenheit unterbrochen werden können. Die dekonstruktive Lektüre bringt diese Unabgeschlossenheit hervor, in dem sie dem konstitutiven Außen eines jeden bestimmten Kontextes nachspürt und »ja« zum Unbenennbaren sagt. Wechselseitig »begründet« die »unbedingte Bejahung« auch die Dekonstruktion[101]. Simon Critchley bringt den ethischen Charakter der Dekonstruktion folgendermaßen auf den Punkt: »Der ethische Moment, der die Dekonstruktion begründet, ist dieses Ja-Sagen zum Unbenennbaren, ein Moment unbedingter Bejahung, der an eine Alterität adressiert ist, die weder von der logozentrischen Begrifflichkeit ausgeschlossen noch in ihr eingeschlossen sein kann. [...] Meine Behauptung ist, daß ein *unbedingter kategorischer Imperativ oder Moment der Bejahung die Quelle des Gebotes ist, das die Dekonstruktion hervorbringt und durch dekonstruktive Lektüre hervorgebracht wird.*« (Critchley 1997, 340f) Die Alterität im Sinne Lévinas' ist diejenige, die nicht völlig in einen Kontext eingeschlossen werden kann, sondern über diesen hinausgeht und dessen geschlossenen Charakter »stört«: Der Andere ist der Störenfried der Ordnung. Die Dekonstruktion erhellt die Verschleierung des Anderen durch ihre dekonstruktive Lektüre von Kontexten. Den ethischen Charakter der Dekonstruktion hebt Derrida in einem Interview mit Florian Rötzer folgendermaßen hervor: »Zunächst möchte ich unterstreichen, daß die Dekonstruktion weit davon entfernt ist, der amoralische oder unethische Nihilismus zu sein, als

---

100 Vgl. auch Critchley (1999*b*, 32).
101 Zur Bejahung vgl. auch Derrida (1988*d*). Derrida schreibt über diese Unbedingtheit als auch über sein Zögern, diese in Kant'schen Begriffen auszudrücken, folgendes: »This unconditionality also defines the injunction that prescribes deconstructing. Why have I always hesitated to characterize it in Kantian terms, for example, or more generally in ethical or political terms, when that would have been so easy and would have enabled me to avoid so much criticism, itself all to facile as well? Because such characterizations seemed to me essentially associated with philosophemes that themselves call for deconstructive questions. Through these difficulties, another language and other thoughts seek to make their way. This language and these thoughts, which are also new responsibilities, arouse in me a respect which, whatever the cost, I neither can or will compromise.« (Derrida 1988*b*, 153)

der sie oft dargestellt wird. Die Dekonstruktion ist ein affirmatives Denken einer möglichen Ethik, eines Engagements jenseits der Technik des Kalkulierbaren. Die Sorge um die Verantwortlichkeit steht im Zentrum der dekonstruktiven Erfahrung.« (Derrida 1986*b*, 77f) Eine Dekonstruktion kann an jedem Kontext ansetzen und zum Beispiel dadurch geschehen, dass die verleugnete Andersheit des Selbst durch eine Dekonstruktion der Selbstpräsenz des Subjekts geschieht, wie dies im Folgenden dargelegt wird. Dadurch wird ein Denken der Verantwortungen und Entscheidungen möglich, wobei zu bedenken ist, dass diese weder ihren »Grund« im Subjekt oder übergeordneten Regeln haben, noch das »Subjekt« endgültig annullieren.

7.1. Post-dekonstruktive Subjektivität

> »But there is another possibility that interests me more at this point: it overwhelms the question itself, re-inscribes it in the experience of an ›affirmation‹, of a ›yes‹ or of an ›en-gage‹ [...], that ›yes, yes‹ that answers before even being able to formulate a question, that is responsible without autonomy of the who-subject, etc. The relation to self, in this situation, can only be différance, that is to say alterity, or trace. Not only the obligation not lessened in this situation, but, on the contrary, it finds in it its only possibility, which is neither subjective nor human. Which doesn't mean that it is inhuman or without subject, but that it is out of this dislocated *affirmation* [...] that something like the subject, man, or whoever it might be can take shape.« (Derrida 1995*d*, 261)

Die Frage oder die Befragung der Kategorie des Subjekts ist auch eine Frage der Politik, der Handlungsfähigkeit und der Schöpfungs- und Widerstandspotentiale. Dieses Kapitel wird sich zur Aufgabe machen, sich einer näheren Bestimmung der Subjektivität bei Derrida unter Bezug auf Lévinas zu widmen und einen provisorischen Begriff der Kategorie des Subjekts vom *Sagen* her zu entwickeln. Die Notwendigkeit einer solchen Ausführung verdankt sich im Wesentlichen einer geläufigen Auffassung, derzufolge das »Subjekt« durch poststrukturalistische und dekonstruktivistische Theoriebildung jeglichen Platzes und damit jeglichen Handlungspotentials beraubt werde. So fragt sich beispielsweise Seyla Benhabib, woher die Kraft eines Widerstands gegen hegemoniale Diskurse geschöpft werden könne. Was bedeutet die Behauptung, das Subjekt sei zwar konstituiert, aber gleichzeitig nicht vollständig von den Strukturen differentieller Verhältnisse determiniert (vgl. Benhabib 1995, 241)? Um auf diese – für politisches ebenso wie soziales Handeln bedeutsamen Fragen – zu antworten, soll auf der einen Seite die Beschreibung der Konstituierung anhand einer analytischen Trennung zwischen »Sagen« und »Gesagtem« geschehen, um zu verdeutlichen, wie diese Konstituierung vorzustellen ist. Anhand der Trennung von Sagen und Gesagtem, die Emmanuel Lévinas hauptsächlich in »Jenseits des Seins oder anders als Sein geschieht« vornimmt, ergeben sich zwei (nur analytisch zu trennende) Wege, die die Konstituierung des Subjekts beschreiben:

Auf der anderen Seite wird sich zwar der konstituierte Charakter der Subjekte zu erkennen geben, aber keine völlige Determiniertheit des »Subjekts«. Vielmehr kann nach Auffassung Simon Critchleys eine provisorische Auffassung von Subjektivität entwickelt werden, die jenseits von Handlungsunfähigkeit anzusiedeln ist, sondern erst Handeln ermöglicht: eine »post-dekonstruktive Subjektivität« (vgl. Critchley 1996).[102] Die Lévinas'sche Trennung der Korrelation von *Sagen* und *Gesagtem* wird aus dem Grund von mir vorgenommen, um der Konstituierung des Subjekts innerhalb dieser beiden Dimensionen gerecht zu werden und um sie im Kapitel zur Ethik der Performativität (Kapitel IV.3), in dem die Konstituierung des Subjekts auf der Ebene des *Gesagten* dargestellt wird, zugunsten eines politischen Handlungspotentials wieder gemeinsam auftreten zu lassen.[103]

Die Kategorie des Subjekts als ein konstituiertes zu charakterisieren, bedeutet eine Infragestellung der »konstitutiven« Rolle der Individuen, die sowohl der Rationalismus als auch der Empirismus dem Subjekt zugeschrieben haben.[104] Aus der Kritik an dieser konstitutiven Rolle folgt insbesondere eine Problematisierung

---

[102] Es ist vor allem Simon Critchleys Verdienst, die Thematik der post-dekonstruktiven Subjektivität in Critchley (1996) detaillierter besprochen zu haben. Sein Text dient den folgenden Ausführungen zur postdekonstruktiven Subjektivität als Grundlage, Hintergrundfolie und Bezugspunkt.

[103] In Kapitel V.4 wird am Beispiel der Konstituierung sexuierter Subjektpositionen unter Bezugnahme auf Michel Foucault und Judith Butler die Konstituierung von Subjekten als auch das Problem des Verhältnisses und der Durchdringung verschiedener, überdeterminierter Subjektpositionen auf der Ebene von Diskursen (also dem Gesagtem) beispielhaft durchgeführt. Mit Hilfe des von Althusser geprägten Begriffs der »Interpellation« sollen in einem zweiten Schritt die Widerstandspotentiale der konstituierten Subjekte auf der Ebene des Gesagten und des Sagens verdeutlicht werden. Das »Sagen« bezeichnet hierbei die Öffnung jeder Sprache, ohne die die Inhalte und Thematisierungen des »Gesagten« nicht möglich wären. Aber Sagen kann sich nur durch Gesagtes, also in Korrelation, ereignen (vgl. Lévinas 1992a, 32). Sagen ist somit allem Performativem implizit, während Gesagtes bestimmte Performative und Inhalte ausdrückt. Geht es im vorliegenden Kapitel lediglich um die Dimension des Sagens und ihre Bedeutung für die Subjektkonstitution, soll späteres Kapitel dieser Korrelation von Sagen und Gesagtem gerecht werden.

[104] Zur Kritik am Empirismus als auch des cartesianischen Bewusstseins (vgl. Lévinas 1997, 58f).

der Auffassung, das Subjekt sei ein rationaler und sich selbst transparenter Agent sowie eine Einheit und Homogenität des Ensembles seiner Positionen. Ferner soll auch die Konzeption des Subjekts als Ursprung und Grund der gesellschaftlichen Verhältnisse in Frage gestellt werden. Infolge dieser kritischen Betrachtung wird das Subjekt als Effekt materieller, historischer, ökonomischer, diskursiver Praktiken und linguistischer Strukturen betrachtet, die Subjektivität konstituieren. Eine Infragestellung eines »einheitlichen« oder »ursprünglichen« Subjekts, die fernab von jeglicher »Auslöschung« oder dem »Ende« des Subjekts anzusiedeln ist, ergab sich vor allem durch die Theorien von Louis Althusser, Michel Foucault, Jacques Lacan und Jacques Derrida.[105] Althusser beispielsweise versucht eine Autorität des Subjekts insofern zu diskreditieren, indem er das »Subjekt« als ideologischen Ausdruck interpretiert; außerhalb der idelologischen Intervention und Interpellation existiert kein Subjekt (vgl. Althusser 1977).[106] Michel Foucault untersucht den historischen Prozess subjektivierender Unterwerfung und die Produktion des Subjekts innerhalb von Dispositiven, d.h. machtstrategischer Verknüpfungen diksursiver und nicht-diskursiver Praktiken, Wissen und Macht (vgl. Foucault 1977b). Das konsistente und selbstreflexive Individuum hat dadurch als analytische Kategorie nicht aber als Hegemonialprojekt seinen Platz verloren. Bei Jacques Lacan hingegen ist die Subjektivität dreifach dezentriert: hinsichtlich des Anderen (Ich ist ein Anderer), des Sprechens, das als Diskurs des Anderen schon vor dem Subjekt da war, und in Bezug auf die Vermittlung durch das Begehren des Anderen (vgl. Lacan 1973-1980).[107] Bezüglich Derrida erscheint das Subjekt auf den ersten Blick als Effekt innerhalb differentieller Verhältnisse der Sprache bzw. der *différance*.

Bevor die post-dekonstruktive Subjektivität erläutert wird, soll aufgezeigt werden, dass Emmanuel Lévinas' Sichtweise der Subjektivität nicht in eine Vorrangstellung eines freien, autonomen Selbst mündet, sondern dass durch die Herabsetzung der Souveränität des Subjekts, die mittels dekonstruktiver oder poststrukturalistischer Lektüren vorangetrieben wird, die ethische Beziehung der Stellvertretung angezeigt werden kann.[108] Wie Critchley verdeutlicht hat (vgl. Critchley 1996, 34), weist Lévinas in seinem kurzen Essay »Ganz anders – Jacques Derri-

---

105 Keiner dieser Theoretiker hat nach Derrida endgültig die Auslöschung des Subjekts proklamiert, sondern eher eine Neubestimmung. Besonders deutlich wird dies in den letzten Büchern Foucaults (vgl. Foucault 1989). »For these three discourses (Lacan, Althusser, Foucault) and for some of the thinkers they privilege (Freud, Marx, Nietzsche), the subject can be re-interpreted, re-stored, re-inscribed, it certainly isn't ›liquidated‹. (Derrida 1995d, 257)
106 Vgl. auch Althusser (1974).
107 Auf die produktive Subjekterzeugung von Subjekten durch Identifikationsprozesse mit den verschiedenen Subjektpositionen wird in Kapitel III.2.3. eingegangen.
108 Zu einer detaillierten Besprechung der Bildung des Subjekts und des Bewusstseins des »Sich« vgl. Mayer (1997) und Lévinas (1992a, 219ff).

da« darauf hin, dass die Derrida'sche Dekonstruktion des Subjekts die Sichtweise eröffnet, den Menschen in Begriffen der *Kreatur* zu denken:

> »Weniger leicht wird man zugeben – und Derrida wird sich wahrscheinlich dagegen sträuben – daß diese Kritik des Seins und seiner ewigen Präsenz in der Idealität zum ersten Mal in der Geschichte des Westens erlaubt, das *Sein der Kreatur* zu denken, ohne einen ontischen Begriff über einen göttlichen Eingriff zu Hilfe zu nehmen, ohne gleich zu Spielbeginn das ›Sein‹ der Kreatur wie ein Seiendes zu behandeln. [...] Das Zeichen, wie auch das Sagen, ist – gegenläufig zur Präsenz – das außerordentliche Ereignis der Exposition zum Anderen hin, der Sub-jektion unter den Anderen, d.h. das Ereignis der Sub-jektivität. [...] Was in der dekonstruierenden Analyse des Selbst – sehr wahr gesehen – als Fehlen begegnet, ist nicht das ›Mehr‹ (das ja noch ein Glücksversprechen, eine letzte Zuflucht der Ontologie wäre), sondern das ›Besser‹ der Nähe, eine höchste Qualität, eine Erhebung, das Ethische, das dem Sein vorausgeht [...].« (Lévinas 1988c, 73ff)

Die in diesem Zitat angesprochene Kreatürlichkeit beschreibt nach Lévinas die Verantwortlichkeit als eingeschrieben in der ethischen Subjektivität. Die Kreatur ist das, was immer schon in Beziehung zu etwas Anderem als Schöpfer steht und bezeichnet so die absolute Passivität der Subjektivität.[109] Die absolute Getrenntheit vom Schöpfer bzw. vom Anderen, lässt sich nicht wieder totalisieren. »Kreatur« bezeichnet die Abhängigkeit vom Anderen für die Subjektivierung. Diese Beziehung ist im Wesentlichen eine der Stellvertretung, der Gastfreundschaft oder der Geiselschaft, wie sie in Kapitel I zu Wort kam. So schreibt Lévinas in »Jenseits des Seins«:

> »Wenn der moderne Antihumanismus den Primat leugnet, der der menschlichen Person, als freiem Ziel ihrer selbst, für die Bedeutung des Seins zukommt, so hat er recht über die Gründe hinaus, die er selber anführt. Er schafft damit Raum für eine Subjektivität, die sich in der Selbstlosigkeit, im Opfer, in der gegenüber dem Willen vorgängigen Stellvertretung bildet. Seine geniale Annahme liegt darin, daß er die Idee der Person, die sich selbst Ziel und Ursprung ist und in der das Ich noch Sache ist, weil es noch ein Seiendes ist, aufgegeben hat. [...] Der Humanismus verdient nur deshalb Kritik, weil er nicht human genug ist. (Lévinas 1992a, 284)[110]

Lévinas sollte jedoch nicht voreilig in die Reihe von Poststrukturalisten eingegliedert werden, denn ihm zufolge brauchen wir kein Wissen um bzw. für die Beziehung, in der der Andere der Nächste ist (vgl. Lévinas 1992a, 140), d.h. die Beziehung zum Anderen ist auch ohne dieses Wissen möglich (vgl. Wimmer 1988). In anderen Worten ausgedrückt: Obgleich die dekonstruktive Einsicht in die kontextuelle Abhängigkeit der Subjektivität notwendig sein kann, ist sie keine hinreichende Erklärung der außer-ordentlichen Stellvertretung. Die Dekonstruktion der Subjektivität schafft allerdings den Raum für eine Sichtweise und Beziehung

---

109 Lévinas will mit dem Begriff der Schöpfung ex nihilo (vgl. Lévinas 1992a, 251f) ein detheologisiertes Konzept von Schöpfung ansprechen (vgl. Critchley 1996, 35), insofern die Subjektwerdung des Sich, das als absolute Passivität und Kreatur gedacht wird, in der Verantwortung für die Kreatur vollzogen wird (vgl. Lévinas 1992a, 280). Zur »Schöpfungs-Spur« bei Lévinas und zur Subjektwerdung vgl. Sandherr (1998).
110 Hier ist freilich ein gänzlich anderer Antihumanismus gemeint als der eines Totalitarismus.

des ethischen, stellvertretenden Sub-jekts, aber sie kann sie in ihrer Einzigartigkeit *nicht völlig* erfassen bzw. in Frage stellen: Es gibt Spuren von Spuren. Würde man mittels eines poststrukturalistischen Vokabulars fragen, wie sich anhand von Lévinas die Subjektposition bestimmen lässt, ließe sich folgendermaßen antworten: Die Subjektposition ergibt sich aus der unabweisbaren Verantwortung – »Subjektivität ist geheiligt in ihrer Anderheit, vor der ich, aus meiner Souveränität entlassen, in einer unabweisbaren Verantwortung meine ›Position‹ finde.« (Lévinas 1992*a*, 141)

Die Verantwortung, das »der Eine-für-den-Anderen« (Lévinas 1992*a*, 299f), geht nach Lévinas als äußerliche Beziehung dem inneren »Für-Sich« und der (unendlichen) Bewegung zu sich selbst – der »Rekurrenz« (Lévinas 1992*a*, 227ff) – voraus.[111] Das »Sich« wird durch die Ausgesetztheit auf die Antwort gespalten (vgl. Lévinas 1992*a*, 315). Das fortwährende[112] Eindringen der Andersheit des Anderen in das geschaffene Für-Sich (des Selbstbewusstseins) beschreibt Lévinas mit der Formel »der Andere im Selben« (Lévinas 1992*a*, 249). Der Andere in »mir« oder im Selben kündigt keine Rückkehr zur Immanenz, sondern die Zerbrechlichkeit der stabilen Identität an; eine Identität, die nicht mit sich selbst übereinstimmt (vgl. Lévinas 1992*a*, 159). Eine Subjektivität der Antwort geht sowohl einem erkenntnistheoretischen Subjekt als auch einem selbstbewussten Ego voraus: Vor der wechselseitigen Anerkennung oder einer Orientierung am Ausdruck des Anderen steht die Beziehung zum Anderen. Der Anruf des Anderen bedingt das Ego, das grundlegend »unheimlich« oder unvertraut mit sich ist (vgl. Mayer 1997, 147).[113]

Nachdem die »schöpferische« Kraft des Anderen, die nach Lévinas' Verständnis grundlegend für Subjektivität ist, beschrieben wurde, soll nun Derridas Subjektverständnis behandelt werden (vgl. Critchley 1996): Derridas Abschied vom »klassischen« Subjekt vollzieht sich im Durchlauf der Dekonstruktion und eröffnet das, was Derrida im Interview mit Jean-Luc Nancy *post-dekonstruktiv* nennt:

»To the brief, I would say that it is in the relation to the ›yes‹ or the *Zusage* presupposed in every question that one must seek a new (post-deconstructive) determination of the responsibility of the

---

111 »Insofern sie von Verantwortungen besessen ist, die nicht auf Entscheidungen eines ›frei nachsinnenden‹ Subjekts zurückgehen, als folglich schuldlos angeklagte, ist die Subjektivität im Sich ein Auf-sich-Zurückgeworfenwerden, was konkret meint: angeklagt dessen, was die Anderen tun oder erleiden, oder verantwortlich für das, was die Anderen tun oder erleiden.« (Lévinas 1992*a*, 248)
112 »Ursprüngliche Iteration – das letzte Geheimnis der Geschichtlichkeit des Subjekts.« (Lévinas 1983, 180)
113 »Selbstbewußtsein als faktische Fiktionalität oder fiktionale Faktizität, als ein notwendiger Schein, eine Art notwendiger Lüge oder Selbstlüge oder das vielleicht, was Lacan ›imaginär‹ genannt hätte. Imaginärer Status des Selbstbewußtseins, das im Anderen immer nur das Medium seiner ungebrochenen Selbstbezüglichkeit anerkannte, um noch in aller Entfremdung zuletzt doch wieder bei sich selbst sein und in sich ein Genügen finden zu können.« (Mayer 1997, 148)

›subject‹. But it always seems to me to be more worthwhile, once this path has been laid down, to forget the word to some extent. Not to forget it, it is unforgettable, but to rearrange it, to subject it to the laws of a context that it no longer dominates from the center.« (Derrida 1995d, 268)

Mit der *Zusage* beschäftigt sich Derrida vornehmlich in seinem Werk »Vom Geist. Heidegger und die Frage« (Derrida 1993c). Die Zusage verbindet sich mit der Bejahung, die – schon im voraus, also auch vor der Frage nach dem Subjekt,– antwortet. Die Zusage bestimmt sich als (bejahende) Öffnung auf den Anderen hin, als ein »Versprechen«. In Lévinas'schen Termini kann man die »Frage« mit den Worten *Sagen, Antwort* beschreiben (vgl. Lévinas 1996a, 128), wobei Derrida gleichwohl vom *Hören* ausgeht bzw. diese Begriffe noch mehr an das Hören bindet (vgl. Derrida 2000d, 414).[114] Vor jeder Frage, der Frage nach dem Subjekt oder auch der Sprache selbst, ist die Sprache schon da:

> »Deshalb übersteigt sie [die Sprache, S.M.] die Frage. Dieses Im-Voraus-Sein, dieser Vorsprung ist, vor allen Verträgen, eine Art ursprüngliches Versprechen oder Bündnis, dem wir schon zugestimmt, dem wir schon *ja* zugerufen, für das wir uns schon verbürgt haben müssen, gleichgültig, ob der dann folgende Diskurs problematisch oder mit Negativität behaftet ist oder nicht. Dieses Versprechen, diese Antwort, die *a priori* in Gestalt einer Zustimmung erfolgt, dieser Einsatz der Sprache für die Sprache, dieses Wort/Versprechen, das die Sprache gibt und das der Sprache gegeben wird, nennt Heidegger ›Zusage‹. (Derrida 1993c, 148)

Insofern ist der Quasi-Ursprung der Sprache die Beziehung zum Anderen. Selbst die Frage der Politik oder des Subjekts ist von der Zusage her zu betrachten – immer schon antwortet die Frage (vgl. Derrida 1993c, 149) auf den Ruf des Anderen. Bevor eine Frage gestellt werden kann, muss schon die Beziehung zum Anderen sein, von der sich aus eine Frage entwickeln kann. In dieser Dimension der Verantwortlichkeit (vor) der Frage, eröffnet durch die Bejahung der Zusage, kann eine neue (post-dekonstruktive) Be-stimmung[115] des Subjekts gesucht werden. Das Subjekt ist demnach nicht mehr im Zentrum, sondern selbst den Diskursen bzw. den Kontexten und deren Außen unterworfen und von diesen produziert. Diese neue Bestimmung des Subjekts in Begriffen einer offenen Bejahung, kann allerdings erst erlangt werden durch die Erfahrung der Dekonstruktion, wie Derrida sagt:

> »In order to recast, if not rigorously re-found a discourse on the ›subject‹, on that which will hold the place (or replace the place) of the subject (of law, morality, of politics – so many categories caught up in the same turbulence), one has to go through the experience of a deconstruction. This deconstruction (we should once again remind those who do not want to read) is neither negative nor nihilistic; it is not even a pious nihilism, as I have heard said. A concept (that is say also an experience) of responsibility comes at this price. We have not finished paying for it. I am talking about a responsibility that is not

---

114 Zur Verbindung von Hören und dem Sagen bei Lévinas vgl. Lévinas (1992a, 91).
115 Den Begriff *determination* könnte man auch mit *Entscheidung* übersetzen, auf die in Kapitel II.5. eingegangen wird. Insofern ginge es um eine post-dekonstruktive Entscheidung des Subjekts, die durch die Bejahung oder der Zusage eröffnet wird.

deaf to the injunction of thought. As you said one day, there is duty in deconstruction. There has to be, if there is such a thing as duty. The subject, if subject there must be, is to come *after* this. (Derrida 1995*d*, 272)

Neue (zu-kommende) Bestimmungen von Subjektivität können nach den dekonstruktiven Ereignissen kommen. Post-dekonstruktive Subjektivitäten sind Simon Critchley zufolge Subjektivitäten, die aufgrund dekonstruktiver Bewegungen erscheinen und durch dekonstruktive Bewegungen nicht in ein vor-dekonstruktives oder klassisches Konzept zurückfallen können (vgl. Critchley 1996). Dies bedeutet, dass jede Bestimmung einer vor- oder post-dekonstruktiven Subjektivität selber wieder zu einer Figur dekonstruktiver Bewegungen wird. Auf einer eher praktischen Ebene könnte dies so vorgestellt werden: Gelangt man mittels dekonstruktiver Lektüre zum konstitutiven Außen bestimmter Kontexte oder Konzepte, erreicht man ein neues Feld ausgeschlossener Anderer, die zu neuen Subjektivitäten gerinnen. So geschah es beispielsweise mit der Queer-Bewegung. Aus den politischen wie sozio-kulutrellen Diskursen um Hetero- und Homosexualität wurden diejenigen sichtbar, die deren konstitutives Außen schufen. All diejenigen nämlich, die nicht unter die sexuierten Subjektpositionen von Hetero- oder Homosexualität zu subsumieren waren. Dies ermöglichte die dekonstruktive und diskursanalytische Befragung herkömmlicher sexuierter Subjektpositionen und das Auftreten einer neuen Subjektposition: die queers. Dass diese, wie die anderen Subjektpositionen, nur eine fragile innere Konsistenz oder identifikatorische Kohärenz beinhalten und durch ein konstitutives Außen wiederum ihren Kontext schaffen, ermöglicht weitere dekonstruktive Bewegungen. Streng genommen kann es in den diskursiven und von jedem konstitutiven Außen heimgesuchten Kontexten also nur provisorische Subjektivitäten geben, die durch weitere Dekonstruktionen ihren kohärenten Subjektstatus verlieren.[116]

Insofern muss gefragt werden, erstens, welche Gefahren neue Bezeichnungen in sich bergen, nämlich wieder in geschlossene Konzepte von Subjektivität zu münden und damit diejenigen, die überwunden werden sollten, wieder neu und fester einzuschreiben, als auch zweitens, wie politisch mit der Inkohärenz und dem konstitutiven Außen jedes geschlossenen Subjektstatus umzugehen ist. Vielleicht sollte deswegen der Begriff »Subjekt« als auch die anderen Begriffe, die Subjektpositionen ausdrücken, nur provisorisch oder als »notwendiger Irrtum« benutzt werden: »I would keep the name [subject, S.M.] provisionally as an index for the discussion, but I don't see any necessity of keeping the word ›subject‹ at any price, especially if the context and conventions of discourse risk re-introducing precisely what is in question.« (Derrida 1995*d*, 259)

---

[116] Kapitel V.5. wird dies näher ausführen.

Die Bestimmung des Subjekts als post-dekonstruktiv weist kein Zentrum, keine kohärente Identität oder Ursprünglichkeit des Subjekts auf. Das »Subjekt« bzw. die Subjektposition, deren vielfältigen Positionen (durch deren konstitutives Außen) nicht wiederum gänzlich in ein geschlossenes System von Differenzen fixiert werden können, ist wesentlich Nicht-Identität mit sich selbst, Nicht-Ursprung und zeugt von der Spur des Anderen.

Derridas Bemerkungen zur Subjektivität weisen eine Nähe zu Lévinas auf, die sich vor allem auf folgendem aufbaut: Die dekonstruktiven Bewegungen (bzw. der Poststrukturalismus) eröffnen den Raum für eine »neue« Subjektivität, die nicht länger als Ursprung oder Identität mit sich selbst angesehen wird, sondern in Begriffen der Bejahung, der Zusage, der Verantwortlichkeit, der Anrufung, der Stellvertretung oder der Spur beschrieben werden kann, wie folgendes Zitat Derridas verdeutlicht:

> »Some might say: but what we call ›subject‹ is not the absolute origin, pure will, identity to self, or presence to self of consciousness but precisely this noncoincidence with self. [...] By what right, conversely, can we be forbidden to call this ›subject‹? I am thinking of those today who would try to reconstruct a discourse around a subject that would not be pre-deconstructive, around a subject that would no longer include the figure of mastery of self, of adequation to self, center and origin of the world, etc. ... but which would define the subject rather as finite experience of non-identity to self, as the underivable interpellation inasmuch as it comes from the other, from the trace of the other [...].« (Derrida 1995d, 265f)

8. Politiken der Dekonstruktion

Zu den Schlüsselbegriffen des ethisch-politischen Denkens Derridas gehören die *Aporie* (vgl. Derrida 1998a), die *Unentscheidbarkeit* (vgl. Derrida 1995d), die *Gerechtigkeit* (vgl. Derrida 1991) und die *Freundschaft* (vgl. Derrida 2000h). Derridas Begriff des Politischen setzt sich aus der Beziehung des Unentscheidbaren/Aporie *und* der Entscheidung zusammen, wobei es die Entscheidung nur ausgehend von der aporetischen oder unentscheidbaren Situation geben kann.[117] Die Situation, in der alles schon immer eine Beziehung zu einem konstitutiven Au-

---

117 Folgende Werke behandeln ebenfalls Derridas »politisches Denken« und bilden neben Derridas Überlegungen zuweilen den Hintergrund der folgenden Ausführungen: Zum politischen Denken Derridas in Begriffen der Aporie der Zeit und des Gesetzes vgl. die instruktive Analyse von Richard Beardsworth (1996). Zum Begriff der Aporie und seiner *Unterscheidung* oder Differenz zur Bestimmung von Aporien als Oszillation zwischen Kontradiktionen vgl. Beardsworth (1996, 32) und Derrida (1976c). Eine weitere instruktive Lektüre zu Derrida und Politik ist Bennington (2000, 18ff); ferner der instruktive Beitrag von Thorsten Bonacker (1999).

ßen hat und haben wird, und diese Beziehung selbst von nicht vollständig bestimmbaren Kontexten umrandet ist, diese (auch temporale) Situation ist die der Unentscheidbarkeit – das Politische:[118] die *doppelte Pflicht* gegenüber den Ansprüchen der Allgemeinen und des singulärem Anderen, zwischen dem Recht und dem, was es notwendigerweise ausschließt, zwischen der Synchronie und der Diachronie, zwischen dem Kontext und dem *ja*, der Bejahung. Diese Unentscheidbarkeiten, dieses »nicht wissen, wohin man sich wenden soll«, werden bei jeder neuen Entscheidung wieder auftauchen, nach jeder neuen Schließung wird es wieder die Öffnung geben, die wieder neue Entscheidungen verlangt. Insofern ist die Unentscheidbarkeit die »quasi-transzendentale« Bedingung der Möglichkeit und Unmöglichkeit für Politik und deren Motor. Aus diesem Grunde wird es auch nie eine endgültige Schließung, ein Ende der Geschichte, eine endgültige, zukünftige Demokratie oder Gerechtigkeit geben, sondern immer nur zum Beispiel eine Demokratie, die im Kommen bleibt, eine zu-kommende (à venir).[119]

»Wenn das ursprüngliche ›ja‹ markiert, daß es (schon) anderes gibt, daß es schon immer begonnen hat, dann ist auch festzuhalten, daß man schon im Gesellschaftlichen und Politischen ist – aber zugleich festzuhalten, daß man nicht schon weiß, worum es sich bei diesem Gesellschaftlichen und Politischen eigentlich handelt.« (Bennington und Derrida 1994, 237)

Wirkliche Entscheidungen und damit auch Politik kann es nur im Durchgang durch die Unentscheidbarkeit, Antinomien oder Aporien geben (vgl. Derrida 1995*d*, 273), denn sonst wäre Entscheidung, Verantwortung oder Politik bloßes Kalkül, automatische Wiederholung oder Abspulen eines Programms. Mit der Anwendung einer vorgängigen Regel oder Logik des Wissens wäre die absolute Andersheit des singulären Außen nicht mehr anders, nicht mehr außen bzw. die Entscheidung wäre schon vorherbestimmt gewesen – ohne Einbruch des Außen und somit keine Entscheidung im strengen Sinne mehr. Mit der Annahme, Entscheiden gebe es mittels eines vorgegebenen Vermögens oder Wissen, das der Besonderheit einer Entscheidung vorausgeht, »damit wäre die sicherste, beruhigendste Bestimmung der *Verantwortlichkeit als Unverantwortlichkeit* gegeben, die Moral mit dem juridischen Kalkül verwechselt, die Politik mit einer Techno-Wissenschaft eingerichtet.« (Derrida 1992*a*, 53) Hier wird allerdings von Derrida nicht für eine Suspension von Regeln gestimmt, sondern dass sich die bestehenden Regeln immer im Verhältnis zu dem ausgeschlossenen Anderen befinden. Bestehendes Recht beruft sich auf Gesetze als vergangene Formalisierungen der Gerechtigkeit und muss doch mit jeder Entscheidung einer singulären Andersheit gerecht werden, also ei-

---

118 So bestimmen auch Hans Scheulen und Zoltán Szánkay das Politische »im Sinn eines sowohl ›objektiv‹ wie ›subjektiv‹ *Unentscheidbaren*, das heißt einer pluralen Entscheidung im ›Zwischen‹.« (Scheulen und Szánkay 1999, 14)
119 Vgl. Lévinas (1986*b*, 42).

gentlich ohne diese Regeln agieren und damit jedesmal das Recht performativ neu begründen müssen. Der Kontext mit den *Dritten*, um die Lévinas'sche Terminologie zu bemühen, wird immer unterbrochen gewesen sein durch die absolute Andersheit des Anderen.

In seinem Werk »Politik der Freundschaft« (Derrida 2000*h*)[120] hat Jacques Derrida die »bejahende« Beziehung zum Anderen als allgemeines Merkmal der Sozialität bestimmt (vgl. auch Derrida 1999*d*, 182), der Sozialität als Freundschaft oder, wie Alexander Garcia Düttmann schreibt, der »Mindestfreundschaft, ohne die nicht einmal der Feind angeredet [...] werden könnte.« (García Düttmann 1999, 59)[121] Diese Mindestfreundschaft ist die schon immer geschehene *Zusage* oder Versprechen zum Anderen, noch vor der Freund/Feind-Unterscheidung. Diese Freundschaft unterscheidet Derrida in seinem Buch, das vor dem Hintergrund der Ethik Lévinas' gelesen werden kann und dessen Supplement das Werk »Adieu« (Derrida 1999*a*) bildet, von der überlieferten idealen Vorstellung von Freundschaft. Der überlieferte Begriff von Politik, so eine These des Buches, ist geprägt von einer Freundschaft, die eine der männlichen »Brüderlichkeit« war und ist. Diese verwandtschaftliche, familiäre und quasi natürliche freundschaftliche Brüderlichkeit stand Pate für die Konstitution politischer Ordnungen wie »Stadt«, »Stamm«, »Staat«, »Volk« und »Nation« etc. Der Begriff der freundschaftlichen Brüderlichkeit und der auf ihm konstituierten politischen Ordnungen greift zurück auf den Ausschluss der »Schwester« bzw. der Frauen und entwirft einen Schematismus der Abstammung: der Herkunft, des Geschlechts, der Art, des Blut und Bodens, der Natur und der Nation. Schemata, Hierarchisierungen und performative Setzungen, abhängig von Konventionen, der Sprache und grenzziehenden Naturalisierungen, die dekonstruiert bzw. denaturalisiert werden können, zu Gunsten einer anderen Politik, für Politiken des Anderen (vgl. Derrida 2000*h*, 219). Derrida kritisiert, dass die Beziehungen zwischen Männern als Leitidee bürgerlicher Freundschaft dienten und zu einer rigorosen Trennung der politischen Bereiche für Frauen und Männer führte.[122]

Die Problematik solcher Konventionen oder Kategorien wie Brüderlichkeit liegt aber nicht nur darin, dass sie durch Naturalisierung und Produktion kohärenter Identitäten die Differenzen zwischen angeblichen identischen Entitäten verdecken. Genauso problematisch sind auch die Erzeugungen von Hierarchien zwischen ihnen: zwischen Brüdern und Schwestern, Staatsangehörigen und Ausländern und

---

120 Die richtige Übersetzung müsste eigentlich »Politiken der Freundschaft« lauten.
121 So gesehen ereignet sich die Idee des Unendlichen in der Sozialität, wie Lévinas in »Totalität und Unendlichkeit« schreibt (vgl. Lévinas 1987*d*, 282). Zur Mindestfreundschaft bzw. »minimalen Freundschaft«, wie Derrida schreibt, vgl. Derrida (1999*d*, 185).
122 Zu einer explizit feministischen Adaption der Derrida'schen Kritik am traditionellen Freundschaftskonzept vgl. Cornell (1996).

zwischen Freunden und Feinden. So ist es nicht verwunderlich, dass im Mittelpunkt der Derrdida'schen Lektüre und Kritik das Politikverständnis Carl Schmitts steht, welches die politische Beziehung als eine im Wesentlichen gegnerische Beziehung zwischen Freund und Feind definiert (vgl. auch Weber 1997). Derrida dekonstruiert die Schmitt'schen Vorannahmen, seine diskursiven Strategie und deren Verankerung im europäischen Recht, seine oppositionelle Logik und sein dezisionistisches Denken der Souveränität und des Ausnahmezustands.[123] Ziel dieser Demontierung des schmittianischen Diskurses ist eine Schärfung eines neuen politischen Denkens und die Entwicklung eines anderen Denkens der Entscheidung (vgl. Kapitel II.8.2. und III.3.).

Trotz seiner dekonstruktiven Lektüren der »Brüderlichkeit« bei Schmitt, Blanchot, Aristoteles, Cicero, Kant, Nietzsche und Lévinas verzichtet Derrida aber keineswegs auf den Moment des Universellen oder der Gleichheit, den dieser Begriff impliziert. Seine Idee des Politischen lebt von der Idee der Unauflösbarkeit und Unentscheidbarkeit zwischen Allgemeinen und Singulären, der doppelten Pflicht und ihrem Anspruch auf Universalität (vgl. Derrida 1991, 41): Eine Universalisierung, die über die Grenzen von Nation und des Staates hinausgeht, die »nichts anderes universalisiert als eine Berücksichtigung der namenlosen und irreduziblen Singularitäten von Einzelnen, deren Differenz unendlich und also jener partikularen Differenz gegenüber indifferent ist, um die es dem blindwütigen Eifer einer Identitätsbehauptung zu tun ist [...].« (Derrida 2000*h*, 157).

Wenn der singuläre Andere als Freund begriffen wird, kann sich ein anderer Freundschaftsbegriff entwickeln; Freundschaft als Mindestfreundschaft, die wesentlich asymmetrisch und nicht reziprok ist. Die Beziehung zum Anderen – Freundschaft – gibt es vor der gängigen Freund/Feind-Unterscheidung (vgl. auch Derrida 2000*h*, 330). Die Beziehung zum Anderen, die Freundschaft, geht schon immer jeder Institutionalisierung voraus.

Der Gedanke der doppelten Pflicht wird auch auf den Begriff der Demokratie angewendet: Jede bestehende Verfassung, die sich demokratisch nennt, beruft sich auf das universale Ideal der Demokratie und muss ständig ein in die Zukunft weisendes Versprechen performativ erneuern – im Kommen bleiben:

»Keine Demokratie ohne Achtung vor der irreduziblen Singularität und Alterität. Aber auch keine Demokratie ohne ›Gemeinschaft der Freunde‹ (*koina to philon*), ohne Berechenbarkeit und Errechnung der Mehrheiten, ohne identifizierbare, feststellbare, stabilisierbare, vorstellbare, repräsentierbare und untereinander gleiche Subjekte. Diese beiden Gesetze lassen sich nicht aufeinander reduzieren; sie sind in tragischer und auf immer verletzender Weise unversöhnbar. [...] Schwerwiegender als ein Widerspruch, hält die Kluft zwischen diesen beiden Gesetzen auf immer das politische Begehren wach.« (Derrida 2000*h*, 47)

---

123 Vgl. dazu Bonacker (1999, 107) und zu »Politik der Freundschaft« auch die Rezension von Bonacker (2000*b*) und Moebius (2000*a*).

Die Demokratie muss sich ständig selbst de-limitieren und entgrenzen; eine Bewegung, die sie an die Dekonstruktion bindet: »Keine Dekonstruktion ohne Demokratie, keine Demokratie ohne Dekonstruktion« (Derrida 2000*h*, 156). Insofern muss jede Demokratie, auch die liberale westlich-kapitalistische, die Francis Fukuyama programmatisch als das Ende der Geschichte begreift (vgl. Fukuyama 1992, 11), ständig auf ihre Grenzen und ausgeschlossenen Singularitäten hin befragen lassen.[124] Es kann also nur aufgrund eines wesentlich undemokratischen Ausschlusses die Behauptung aufgestellt werden, es gebe die endgültige Demokratie. Da sich aber jegliche Demokratie durch ihr konstitutives Außen bestimmt, ist sie immer schon im Scheitern.

»Dieses Scheitern und dieses Auseinanderklaffen charakterisieren vielmehr auch, *a priori* und *per definitionem*, alle Demokratien, einschließlich der ältesten und stabilsten der sogenannten westlichen Demokratien. Es geht hier um den Begriff der Demokratie selbst als Begriff einer Verheißung, die nur aus einem solchen Abstand (Auseinanderklaffen, Scheitern, Unangemessenheit, Disjunktion, Trennung, ›out of joint‹ - Sein) hervorgehen kann. Deswegen schlagen wir immer vor, von *kommender* Demokratie zu sprechen (*démocratie à venir*) und nicht von *zukünftiger* Demokratie (*démocratie future*), zukünftig im Sinn von ›zukünftiger Gegenwart‹, und noch nicht einmal von einer regulativen Idee im Kantischen Sinne oder von einer Utopie - in dem Maß wenigstens, in dem noch deren Unzugänglichkeit die zeitliche Form einer *zukünftigen Gegenwart* bewahrte, einer zukünftigen Modalität der lebendigen Gegenwart.« (Derrida 1996*b*, 109)[125]

Wie das Recht ist auch die Demokratie immer verbesserungswürdig und offen zu halten für das Andere.[126] Da das konstitutive Außen bzw. die singuläre Andersheit jede Institutionalisierung schon immer heimsuchen wird, bleibt Gerechtigkeit und Demokratie immer im Kommen. Die emanzipatorischen Ideale wie Gleichheit, Gerechtigkeit, Demokratie und Befreiung, auf die Derrida keineswegs verzichten will, befragt Derrida innerhalb der aufklärerischen Tradition auf neue Weise. Diese Ideale implizieren die grenzenlose Verpflichtung gegenüber dem absolut Anderen und sind damit immer Erfahrungen von Unentscheidbarkeit und Öffnungen der Spuren des Anderen. Dadurch wird eine Gegenwart von Demokratie oder Gerech-

---

124 Zur Auseinandersetzung mit Fukuyama vgl. Derrida (1996*b*) und Kapitel II.8.1.
125 »Es geht um eine politische Übersetzung, deren Risiken und Schwierigkeiten, ja deren Aporien sich nicht werden ausräumen lassen. [...] Es ginge also darum, eine Alterität ohne hierarchische Differenz am Ursprung der Demokratie zu denken.« (Derrida 2000*h*, 311f)
126 Zur Frage, warum Derrida am Begriff der Demokratie bei der Bezeichnung *démocratei à venir* festhält, schreibt er in einem Interview mit der »Zeit«: »Es gibt eine irreduzible Kluft, eine unwiderlegbare Unangemessenheit zwischen der Idee der Demokratie und dem, was sich in der Wirklichkeit unter ihrem Namen darbietet. Dies wird für immer zwiespältig bleiben. Allerdings ist diese Idee keine Idee im Kantischen Sinne, gleichzeitig regulativ und unendlich. [...] Warum ich trotzdem an diesem alten Namen der Demokratie festhalte und häufig von der kommenden Demokratie spreche, dann aus folgendem Grund: Es ist der einzige Name einer politischen Regierungsform, die damit ihre Historizität und ihre Perfektibilität zum Ausdruck bringt. Sie erlaubt uns im Prinzip, diese beiden Öffnungen in aller Freiheit öffentlich anzusprechen. So können wir den aktuellen Zustand der Demokratie kritisieren.« (Derrida 1998*c*, 48)

tigkeit, und sei es noch die, die in die Zukunft als *telos* gesetzt wird, immer durch eine unüberbrückbare Kluft oder Andersheit markiert sein. Diese Andersheit ermöglicht die Dekonstruktion des Gegenwärtigen oder der bestehenden Schließung (zum Beispiel der bürgerlichen oder nationalen Identität, Abstammung aber auch des Rechts). Emanzipation bedeutet dann die Bejahung dieser Kluft als der Ort des Anderen und nicht eine Annäherung an eine regulative Idee. Immer wenn sich etwas geschlossen hat, gibt es Andersheit. Diese ermöglicht Dekonstruktion. Insofern ist die Dekonstruktion eine unendliche Bewegung, da sich nicht endgültig schließen kann, sondern immer schon vom Anderen heimgesucht wurde. Die bloße Notwendigkeit eines Außen einer Schließung verweist auf die ständige Dekonstruktion dieser Schließung und treibt die *Bewegungen* der Dekonstruktion voran. Ein Ende der Geschichte, die Behauptung, es gebe schon faktisch *die* Demokratie oder irgendein bestehendes Gesetz sei gerecht, kann mit der Dekonstruktion nicht legitimiert werden: »Denn gegen den Verdacht, hier werde ungeachtet seiner jeweiligen Gestalt einem passiven Gehorsam gegenüber dem Gesetz das Wort geredet, ist zunächst festzuhalten, daß durch diese Ko-Implikation des Gesetzes, der Wiederholung und der Bejahung das Gesetz selber von einer konstitutiven Ungesetzlichkeit kontaminiert ist. Einzig diese Ungesetzlichkeit wird uns zu verstehen erlauben, inwiefern dieses oder jenes gegebene Gesetz ungerecht zu sein vermag.« (Bennington und Derrida 1994, 246) Politiken der Dekonstruktion sind die unterschiedlichen Zeitigungen und zugleich Öffnungen von Ereignissen, dem absolut Anderen – der Öffnung zum Anderen; Politiken sind Entscheidungen im Durchgang des Unentscheidbaren.

8.1. Die Gespenster gehen um. Hantologie und Marx

> »Marx, das ist jemand, aber wer? [...] Es geht natürlich nicht darum, ihm erneut das Wort zu geben; er, Karl Marx *selbst*, ist nicht mehr da, um es zu ergreifen. Es geht aber darum, in seinem Namen das Wort zu geben, für die Zeit einer aus den Fugen gegangenen Zeit, *out of joint*, die Zeit einer Anachronie, einer Störung. Die Kunst der Störung, des Kontratempo, ist auch eine Kunst des Politischen, eine Kunst des Theatralischen, die Kunst, jenen zu ungelegener Zeit das Wort zu geben, die bei den gegenwärtigen Zeitläufen kein Recht haben, ihre Stimme zu erheben.« (Derrida 2000f, 69)

Die Werke, in denen sich Jacques Derrida sehr deutlich zu den Spektren der Politik, einer politischen Unentscheidbarkeit und der doppelten Pflicht äußert, sind »Fines hominis« (Derrida 1976b), »Apokalypse« (Derrida 1985), »Die Bewunderung Nelson Mandelas oder Die Gesetze der Reflexion« (Derrida 1987a), »Gesetzeskraft« (Derrida 1991), »Das andere Kap. Die vertagte Demokratie« (Derrida 1992a), »Aporien« (Derrida 1998a), »Adieu« (Derrida 1999a), »Monolingualism of the Other« (Derrida 1998d), »Nietzsche - Politik des Eigennamens« (Derrida und Kittler 2000), »Politik der Freundschaft« (Derrida 2000h) und »Marx' Gespenster« (Derrida 1996b). Letzteres Werk soll in diesem Abschnitt in Augenschein genommen und behandelt werden.[127] Welche Verbindungen gibt es zwischen der Dekonstruktion und dem Geist des Marxismus? Schließen sich Dekonstruktion und marxistisch orientierte Kritik nicht absolut gegeneinander aus? Oder können beide als sich wechselseitig implizierende Strategien und Denkwege aufgefasst werden?

Obgleich Derrida schon 1968 in seinem Vortrag »Fines hominis« einige Kommentare zu Marxismus und Dekonstruktion gab (vgl. Derrida 1976b, 96), stand eine ausführliche Auseinandersetzung mit Marx' Werken noch aus und war lediglich als genau definierte »Lücke« (Derrida 1986c, 124f) in seinen Texten anwesend. Dies ändert sich jedoch mit dem Werk »Marx' Gespenster. Der Staat der Schuld, die Trauerarbeit und die neue Internationale.« (Derrida 1996b). Denn spätestens seit den Umbrüchen von 1989, seit einerseits das erwähnte Buch von Fukuyama mit seinen Thesen über das Ende der Geschichte, des Todes des Marxismus und des Sieges der liberal-kapitalistischen Demokratie »in allen ideologischen Super-

---

127 Vgl. zum Folgenden auch u.a. Critchley (1998) und Eßbach (1996).

märkten eines verängstigten Okzidents derartig Furore macht« (Derrida 1996*b*, 114), und andererseits, seit die »Dogmenmaschinerie und die ideologischen Apparate des Marxismus [...] im Verschwinden begriffen sind, haben wir keine Entschuldigung mehr, nur noch Alibis« (Derrida 1996*b*, 32), um uns der Verantwortung einer Auseinandersetzung mit Marx zu entziehen. »Ohne das wird es keine Zukunft geben. Nicht ohne Marx, keine Zukunft ohne Marx. Nicht ohne die Erinnerung an und das Erbe von Marx: jedenfalls nicht ohne einen bestimmten Marx, sein Genie, wenigstens einen seiner Geister.« (Derrida 1996*b*, 32)

Und von diesen Geistern gibt es mehr als einen, wie Derrida das ganze Buch hindurch betont (vgl. Derrida 1996*b*, 32, 125), d.h., es gibt *mehr als einen* Marxismus. Aber, obgleich die Dekonstruktion weder marxistisch noch nicht-marxistisch gewesen ist (vgl. Derrida 1996*b*, 125) und Derrida, wie Marx vor ihm, sagt: »Sicher ist, daß ich kein Marxist bin« (Derrida 1996*b*, 143), ist die Dekonstruktion wenigstens einem Geist des Marxismus treu geblieben (vgl. Derrida 1996*b*, 125). Denn, so Derrida: »Die Dekonstruktion hat [...] immer nur Sinn und Interesse gehabt als eine Radikalisierung, das heißt auch *in der Tradition* eines gewissen Marxismus, in einem gewissen Geist *des Marxismus.*« (Derrida 1996*b*, 149) Insofern gilt, »daß wir *das Erbe* des Marxismus *übernehmen* müssen [...].« (Derrida 1996*b*, 92) Wie schon bei einer Lévinas'schen Art der Gerechtigkeit geschehen, wird hier ein Marxismus in die Nähe der Dekonstruktion gerückt.

Der Text kann folgendermaßen aufgeteilt werden: in eine Beschreibung einer Dekonstruktion innerhalb des zu klärenden Begriffs der »Hantologie«, eine Kritik der neoliberalen Hegemonie und möglichen Re-Politisierungsstrategien (vgl. Derrida 1996*b*, 140ff) und in die dekonstruktiven Lektüren von Marx' »achtzehnten Brumaire des Louis Bonaparte«, »Deutsche Ideologie« und »Der Fetischcharakter der Ware und sein Geheimnis.« Wie man es aus früheren Lektüren Derridas kennt, wird ein Wort aus einem Text des zu behandelnden Denkers zum zentralen Begriff der dekonstruktiven bzw. doppelhändigen Lektüren. Alle drei Teile stehen unter dem »Gespenst«, das die Beziehung zwischen der Dekonstruktion und dem Marxismus heimsucht. Dieses Gespenst, das immer wieder auch unter Bezugnahme auf Shakespeares Hamlet heraufbeschworen wird, kann in eine Serie von Begriffen eingereiht werden, die zum Kennzeichen der Dekonstruktion avancierten und bestimmte Unentscheidbarkeiten ausdrücken sollten, wie zum Beispiel *Geist* bei Heidegger (vgl. Derrida 1993*c*) oder *supplement* bei Rousseau (vgl. Derrida 1998*b*). Ein Gespenst steht zwischen den Oppositionen von Leben und Tod, Seele und Leib, Sinnlichem und Materiellem, »weder Seele noch Leib, und doch beides zugleich.« (Derrida 1996*b*, 21) Das Gespenst ist Sinnbild dessen, was das Bewusstsein oder die Vernunft bestrebt war, auszuschließen und was doch als das Andere schon irgendwie immer wieder einen »anblickt«.[128] Der *Spuk* besteht dann darin, dass das, was ausgeschlossen wird, immer wieder als Ereignis in der konstituierenden Iteration eine Schließung (sei es Identität, Vernunft, Bewusstsein oder die liberal-kapitalistische Demokratie selbst etc.) heimsuchen wird. Das Gespenst öffnet die Zeit der »lebendigen Gegenwart«, eröffnet die Möglichkeit für ein Ereignis jenseits der Gegenwart her:

> »Von da an, wo keine Ethik, keine Politik, ob revolutionär oder nicht, mehr möglich und denkbar und *gerecht* erscheint, die nicht in ihrem Prinzip den Respekt für diese anderen anerkennt, die nicht mehr oder die noch nicht *da* sind, *gegenwärtig lebend*, seien sie schon gestorben oder noch nicht geboren, von da an muß man vom Gespenst sprechen, ja sogar *zum* Gespenst und *mit* ihm. Keine Gerechtigkeit – sagen wir nicht: kein Gesetz, und noch einmal: Wir sprechen hier nicht vom Recht – keine Gerechtigkeit scheint möglich oder denkbar ohne das Prinzip einer *Verantwortlichkeit*, jenseits jeder *lebendigen Gegenwart*, in dem, was die lebendige Gegenwart zerteilt, vor den Gespenstern jener, die noch nicht geboren oder schon gestorben sind, seien sie nun Opfer oder nicht: von Kriegen, von politischer oder anderer Gewalt, von nationalistischer, rassistischer, kolonialistischer, sexistischer oder sonstiger Vernichtung, von Unterdrückungsmaßnahmen des kapitalistischen Imperialismus oder irgendeiner Form von Totalitarismus.« (Derrida 1996*b*, 11f)

Das Gespenst erscheint in der Aufspreizung, dem Auseinanderklaffen, der Disjunktion und dem »out of joint« in der Gegenwart und dem, was im Kommen bleibt (à venir). Die »Logik« des Gespenstes, des Anderen, ist im Gegensatz zur Ontologie die Logik der Heimsuchung, des Ereignisses des Anderen, die *Hantologie* (vgl. Derrida 1996*b*, 27).[129] Die Logik der Heimsuchung, die Spektralität, das Gespenst, der Spuk, die Hantologie stehen in ihrer Kraft, gleichzeitig die Möglichkeit aber auch die Unmöglichkeit zu beschwören, für die Unentscheidbarkeit, die *différance*, Iterabilität etc. – allgemein: für die Dekonstruktion. Daraus folgt, dass die Hantologie die Bedingung der Möglichkeit und Unmöglichkeit von Ontologie ist (vgl. auch Critchley 1998, 196). Das Gespenst steht für die Rückkehr des (doppelt verdrängten) Anderen, des Ereignisses und die Wiederholung dessen, was eine gesellschaftliche Ordnung oder jede Apologie der liberal-kapitalistischen Demokratie (Fukuyama) aus ihrem Blick verbannte. Wie gestaltet sich jedoch das Verhältnis zwischen Marx und Dekonstruktion? Wo ist Marx dekonstruktivistisch und wo verliert er seinen Bezug zur Dekonstruktion? Derrida verdeutlicht seine doppelhändige Lektüre gegen Ende des Buches anhand eines »double bind«:

---

128 »Dieser gespenstische *jemand anders* erblickt uns, und wir fühlen uns von ihm erblickt, außerhalb jeder Synchronie, vor jedem Blick von unserer Seite und jenseits davon, gemäß einer absoluten Dissymmetrie und Vorzeitigkeit [...].« (Derrida 1996*b*, 23) Zum »Anderen«, zur Diachronie, Vorzeitigkeit und Dissymmetrie vgl. Kapitel I. Der Ausdruck »Gespenst« vermag sowohl das Erscheinen als auch die Unendlichkeit des Anderen zu bedeuten, die Sichtbarkeit des Unsichtbaren (vgl. Derrida 2000*f*, 67).
129 Hantologie ist abgeleitet von fr. »hanter« – heimsuchen und kann in der französischen Aussprache, ähnlich wie die *différance* von difference, nicht von Ontologie unterschieden werden.

»Wenn etwas sich von der *Deutschen Ideologie* bis hin zum *Kapital* nicht verändert zu haben scheint, dann sind es zwei Axiome, deren Erbe uns gleichermaßen angeht. Aber es ist das Erbe eines *double bind*, das im übrigen auf das *double bind* jeden Erbes und also jeder verantwortlichen Entscheidung verweist. [...] Einerseits legt Marx Wert darauf, die Originalität und die Eigenwirkung, die Verselbständigung und die Automatisierung der Idealität als endlich-unendliche Prozesse der (gespenstigen, phantastischen, fetischhaften oder ideologischen) *différance* zu respektieren [...]. Andererseits hört Marx nicht auf, seine Kritik oder seinen Exorzismus des gespenstigen Simulakrums auf eine Ontologie gründen zu wollen [...]. Es handelt sich um eine – kritische, aber prä-dekonstruktive – Ontologie der Präsenz als tatsächlicher Wirklichkeit und Gegenständlichkeit. Diese kritische Ontologie will die Möglichkeit entfalten, das Gespenst zu zerstreuen, wagen wir es und sagen wir es noch einmal: es als das vorstellende Bewußtsein eines Subjekts zu beschwören und diese Vorstellung zurückzuführen, um sie auf ihre Bedingungen in der matieriellen Welt der Arbeit, der Produktion und des Tausches zu reduzieren. Prä-dekonstruktiv heißt hier nicht falsch, überflüssig oder illusorisch. Es charakterisiert aber ein relativ verfestigtes Wissen, das nach Fragen verlangt, die radikaler sind als die Kritik selbst und als die Ontologie, in der die Kritik gründet.« (Derrida 1996b, 266f)

Wie Simon Critchley in seinem Beitrag »Dekonstruktion – Marxismus – Hegemonie. Zu Derrida und Laclau« (Critchley 1998) betont, respektiere Karl Marx also Derrida zufolge auf der einen Seite die Heimsuchung der *différance* an der »Basis jeder begrifflichen Ordnung, ökonomischer oder politischer Herrschaftsform« (Critchley 1998, 195), und Derrida liefere dafür einige Beispiele: »Marx' Behandlung der Technologien und der Medien«, der Spektralität des Kapitals (Fetischcharakter der Warenform, die unsichtbar-werdende Ideologie, der Tauschwert) und der Spektralität des Kommunismus selbst (»Ein Gespenst geht um in Europa - das Gespenst des Kommunismus«) (vgl. Critchley 1998, 195). Insofern ist Marx' Werk selbst heimgesucht von der *Hantologie*, der Logik der Heimsuchung. Auf der anderen Seite, wie Derrida schreibt, will Marx seine Kritik auf einer Ontologie, gründen; eine kritische zwar, aber eine prä-dekonstruktive (vgl. Critchley 1998, 197). Marx verankert seine Kritik in einer »Konzeption von Präsenz« (Critchley 1998, 197). Aus der Setzung des Zentrums der Ökonomie und der zuweilen ontologischen Behandlung der Spektralität resultieren nach Derrida auch die Schrecken des totalitären Marxismus; einer Gesellschaftsform, die »von einer Identifikationslogik beherrscht wird [...]« (Critchley 1998, 198): Identität zwischen Volk und Proletariat, zwischen Proletariat und Partei, zwischen Politbüro und Partei, dem Vorsitzenden und dem Politbüro etc. (vgl. Critchley 1998, 198). Durch diese Identitäts- oder Identifikationslogik wird das »Phantasmatische« einer homogenen, geschlossenen und transparenten sozialen Ordnung verdeckt.

Derrida geht es insbesondere darum, die *hantologische* Seite Marx' zu »beerben«, indem er einerseits eine Kritik des gegenwärtigen Zustands der Welt vornimmt und andererseits, das *messianistische Versprechen*, das dem Marxismus innewohnt, bekräftigt. Denn Derrida elaboriert eine *doppelte Pflicht* bzw. eine doppelte Bewegung in seinem Werk: Einerseits die Pflicht einer notwendigen Tugend der Kritik, nämlich »die Tugend der *Idee der Kritik*, die Tugend der *kritischen Tradition* zu pflegen« (Derrida 1998a, 38) und andererseits nicht auf die Dekonstruktion zu verzichten: Dieselbe Pflicht diktiert auch, die Kritik, »jenseits der Kritik und der Frage, zum Gegenstand einer dekonstruktiven Genealogie zu machen, die ihr Wesen denkt und über sie hinausgeht, ohne sie aufs Spiel zu setzen.« (Derrida 1998a, 38) Man hat es also mit zwei Seiten zu tun, der Kritik und der Dekonstruktion, dem messianischen Versprechen, dem sich auch eine Kritik stellen muss.[130]

Zunächst soll es um die Kritik in »Marx' Gespenster« gehen, die ihrerseits wieder in zwei Stränge untergliedert werden kann: Ein Strang widmet sich einer bestimmten Rhetorik und Ideologie der »neuen Weltordnung« und einer Kritik ausgehend von den Gespenstern dieser Welt-Ordnung. Die erste ist eine Kritik des »neuen Evangeliums« vom Ende der Geschichte im Sinne Fukuyamas. Ein dominierender ideologischer Diskurs, durch den »eine neue, weltweite Unordnung ihren Neo-Kapitalismus und ihren Neo-Liberalismus zu installieren versucht [...].« (Derrida 1996b, 66) Mit Hilfe performativer Setzungen versichert sich diese Ideologie, dass Marx – und mit ihm die Alternativen zur westlich-liberal-kapitalistischen Demokratie – tot seien bzw. tot sein sollen. Dieses neue Evangelium ist somit auch ein performativer Exorzismus gegen neue Gespenster, die beispielsweise in Form des Postmarxismus oder einer *Neuen Internationalen* wiederkehren.

Im Gegensatz zu einer Wiederkehr des marxistischen Geistes, spricht Fukuyama in seinem Bestseller »Das Ende der Geschichte« von einem absoluten Ende der Evolution. Begründet wird die Apologie der liberal-westlichen Demokratie und des Kapitalismus erstaunlicherweise mit der Hegelschen Geschichtsphilosophie. Marx wird hierbei jedoch als Vor-Hegelianer eingestuft, was sich realiter durch den Zusammenbruch des Kommunismus gezeigt haben soll. Insofern ist der Kommunismus nicht das Ende der Geschichte, sondern war nur eine Übergangsphase zum *Telos* der liberal-westlichen Demokratie. In ähnlicher Weise wie Alexandre Kojève spricht Fukuyama vom Ende antagonistischer Konflikte (vgl. Derrida 1996b, 120); was bleibt, sind verschiedene Variationen über das Thema kapitalistischer Ökonomie und liberaler Demokratie. Anhand dieser »frohen Botschaft« verdeutlicht sich ein christliches Erbe Fukuyamas, auf das insbesondere Wolfgang Eßbach in seinem Vortrag »Ende und Wiederkehr intellektueller Vergangenheit. Fukuyama und Derrida über Marxismus« (Eßbach 1996) vom 20. März 1996 erinnert. Auf die Frage nach dem zukünftigen Schicksal geben Fukuyama und Derrida zwei verschiedene Antworten: Fukuyama eine ontologische, Derrida eine *hantologische*

---

130 Denn, folgt man dem griechischen Ursprung des Wortes Kritik, so bedeutet κρισις (krisis) auch Entscheidung. Wie jede Entscheidung, folgt man Derrida, wird auch die Kritik immer schon von einer Unentscheidbarkeit heimgesucht; das heißt, die Entscheidung bzw. Kritik gerät selbst in die Krise, in die *aporia*, Entscheidung in der Krise (vgl. auch das letzte Kapitel von Kapitel IV.).

(vgl. Eßbach 1996, 12). Wolfgang Eßbach verweist darauf, dass Ontologien zur Versicherung dessen beitragen, was ist und was nicht ist: »Der Ontologe wird uns immer belehren: ›Es gibt keine Gespenster. Seht, der Tisch tanzt nicht! Er steht fest auf dem Boden! Das ist die Realität!‹ Ontologien geben Platzanweisungen, und die Phänomene werden gebeten, die Plätze nicht zu verlassen. Man kann die Hegelsche Philosophie als die letzte große Ontologie bezeichnen, in der alles, was ist – vom Sternenhimmel bis zur Staatsverfassung – sicher plaziert ist.« (Eßbach 1996, 12f) Hegel hat ferner die prozessierende Vernunft als eine christliche Angelegenheit verteidigt (vgl. Eßbach 1996, 13). Wie Eßbach fortführt, nimmt Fukuyama die Reintegration von Marx in das Hegelsche System in einer Weise vor, der man zunächst zustimmen kann: Marx gehört hierbei »als Theoretiker der Moderne an die Stelle des Hegel'schen Systems, wo es um Begierde und Vernunft geht. Denn den Kampf um Anerkennung, der systematisch danach kommt, hat der Marxismus [...] global verloren. Fukuyama hat so viel von Marx gerettet, wie man retten kann, wenn man der Hauptlinie der abendländischen Philosophie, der kapitalen Linie, treu bleibt.« (Eßbach 1996, 13) Im Gegensatz zu Fukuyama plaziert Derrida Marx nicht, sondern beschwört ihn –

> »wohl wissend, daß er mit diesem Tun die christliche Figur von Wesen und Erscheinung, das Mysterium der Inkarnation, die leibhaftige Idee, die Dialektik von Leben und Tod und Auferstehung irritiert und an jene zutiefst unchristliche Erfahrung rührt, die im Auferstandenen ein Gespenst bzw. in der Erscheinung ein Unwesen sieht. Sollte man es vergessen haben, daß die Befreiung von der Gespensterfurcht vor allem im Christentum und seinen Säkularisaten stattgefunden hat? Derrida nennt Fukuyama einen ›Neo-Evangelisten‹, dessen christliche Eschatologie im geopolitisch fixierten Friedensreich und Gelobtem Land der liberalkapitalistischen Welt sich zur guten Hälfte gegen den bösen Rest der Welt erfüllt hat. Bekanntlich hat ja die Kritik der Marxschen Eschatologie oft nur dazu gedient, die eigene anders gelagerte Eschatologie zu verbergen und zu schützen.« (Eßbach 1996, 13f)[131]

Zur ontologischen Perspektive mit ihren »Platzanweisungen« gesellt sich eine christliche Fundierung, die – folgt man Derrida – auch nicht vor Heidegger Halt gemacht hat. So erinnert Derrida in dem Buch »Die Religion« (Derrida 2001*b*) an die Frage, ob Heidegger in »Sein und Zeit« nicht eine ontologisch-existentiale Wiederholung christlicher Motive unternimmt und fügt hinzu: »Vertraut Heidegger nicht schon im Jahr 1921 Karl Löwith an, daß er, um das geistige Erbe antreten zu können, das die Faktizität seines ›Ich bin‹ ausmacht, ›Ich bin ein ›christlicher Theologe‹‹ sagen muß?« (Derrida 2001*b*, 29) Die Konsequenzen dieses Denkens beschreibt Wolfgang Eßbach folgendermaßen: »Das ›Ende der Geschichte‹ hat christlich fundiert immer den Sinn einer Halbzeit gehabt, in dessen Mitte das absolute Wesen zur leiblichen Erscheinung gekommen ist. Die Christen waren erlöst, die anderen nicht. Daher ist in der Gemeinschaft der Christen die Rache suspendiert, nicht aber gegenüber den anderen, die diese Autonomie nicht

---

[131] Zu Christentum und einem hegelianischen Neo-Evangelismus vgl. auch Derrida (1996*b*, 161f).

teilen.« (Eßbach 1996, 14) Ausgesprochen deutlich ist dies im Golfkrieg geworden, der nach Derrida an eine erneute Marx'sche Analyse technisch-ökonomischer Kausalitäten und religiöser Phantome sowie an eine Untersuchung der Abhängigkeit des Juridischen im Dienst der sozio-ökonomischen Kräfte gemahnt (vgl. Derrida 1996*b*, 100).

Die zweite Kritik, die in »Marx' Gespenster« zu finden ist, dreht sich um die Beschreibung der Gespenster, die die liberal-kapitalistischen Demokratien und den »Zynismus des guten Gewissens« im Stile Fukuyamas heimsuchen und verdrängt werden. Derrida zählt dazu die Arbeitslosigkeit, den Ausschluss Obdachloser, die Abschiebung von Exilanten und die damit verbundenen Grenzziehungen infolge nationaler und bürgerlicher Identität, Wirtschaftskriege, die Widersprüche des liberalen Marktes, die Auslandsverschuldung, Rüstungsindustrie und Waffenhandel, die Ausweitung atomarer Bewaffnung, die interethnischen Kriege, geleitet von einem archaischen Phantasma der Gemeinschaft, des Blut und Bodens, des Nationalstaats und der Grenzen[132], die Mafia, die historische Abhängigkeit und die von bestimmten Nationalstaaten ausgeübte Kontrolle des Internationalen Rechts und seiner Institutionen (vgl. Derrida 1996*b*, 132ff). Aufgrund der »Wunden der neuen Weltordnung« (Derrida 1996*b*, 132) spricht sich Derrida für eine *Neue Internationale* aus:

> »Eine ›neue Internationale« sucht sich durch diese Krisen des internationalen Rechts hindurch; sie denunziert bereits die Grenzen eines Diskurses über die Menschenrechte, der unangemessen, manchmal scheinheilig, auf jeden Fall formal und in sich selbst inkonsequent bleibt, solange das Gesetz des Marktes, die »Auslandsverschuldung«, die Ungleichheit der wissenschaftlich-technischen, militärischen und ökonomischen Entwicklung eine so monströse Ungleichheit aufrechterhalten wie die, die heute mehr als je zuvor in der Geschichte der Menschheit vorherrscht. Denn in dem Augenblick, wo einige es wagen, Neo-Evangelisierung zu betreiben im Namen des Ideals einer liberalen Demokratie, die endlich zu sich selbst wie zum Ideal der Menschheitsgeschichte gekommen wäre, muß man es herausschreien: Noch nie in der Geschichte der Erde und der Menschheit haben Gewalt, Ungleichheit, Ausschluß, Hunger und damit wirtschaftliche Unterdrückung so viele menschliche Wesen betroffen. [...] Die neue Internationale [...] ist ein unzeitgemäßes Band [...], zuordnungs-, partei- und heimatlos, ohne nationale Gemeinschaft (Internationale vor jeder nationalen Bestimmung, durch diese hindurch und über diese hinaus), ohne Mitbürgerschaft und ohne gemeinsame Zugehörigkeit zu einer Klasse.« (Derrida 1996*b*, 139)

Diese *Neue Internationale* muss also ohne die traditionellen Mittel kollektiver Identifikation oder Hegemonialisierung auskommen, also auch ohne die Partei oder das Proletariat (vgl. auch Critchley 1998, 204). Was aber ist das gemeinsame »Band« der neuen hegemonialen Formation (vgl. Kapitel III.)? Neben einem

---

132 Derrida schreibt in diesem Zusammenhang von einer Ontopologie. Ontopologie ist eine Axiomatik, die den ontologischen Wert des Anwesend-Seins (on) untrennbar mit einem Ort, einer Situation und einer stabile Bestimmung von Lokalität (topos) verknüpft, also an ein Territorium, den Boden, die Stadt oder den Körper im Allgemeinen (vgl. Derrida 1996*b*, 134f).

gewissen Geist der Aufklärung, einer kritischen Idee oder fragenden Haltung gibt es noch einen Geist, der sich strategisch mit der Kritik (bzw. den oben erwähnten zwei Kritiken) verflechten muss:

»Wenn es nun einen Geist des Marxismus gibt, auf den zu verzichten ich niemals bereit wäre, dann ist das nicht nur die kritische Idee oder die fragende Haltung (eine konsequente Dekonstruktion muß darauf Wert legen, auch wenn sie gleichzeitig lehrt, daß die Frage weder das erste noch das letzte Wort ist). Es ist eher eine gewisse emanzipatorische und *messianische* Affirmation, eine bestimmte Erfahrung des Versprechens, die man von jeder Dogmatik und sogar von jeder metaphysisch-religiösen Bestimmung, von jedem *Messianismus* zu befreien versuchen kann. Und ein Versprechen muß versprechen, daß es gehalten wird, das heißt, es muß versprechen, nicht ›spirituell‹ oder ›abstrakt‹ zu bleiben, sondern Ereignisse zeitigen, neue Formen des Handelns, der Praxis, der Organisation usw. Mit der ›Parteiform‹ oder mit dieser oder jener Form des Staates oder der Internationale zu brechen heißt nicht, auf jede praktische oder effektive Form von Organisation zu verzichten. Genau das Gegenteil ist es, was uns hier am Herzen liegt.« (Derrida 1996*b*, 144f)[133]

Eine *Neue Internationale* muss nach Derrida einem Geist der marxistischen Kritik (der Kritik der Ideologie, des Kapitals) und einem Geist des messianischen Versprechens und der Bejahung verpflichtet sein. Ebenso wie Derridas Vorstellung einer zu-kommenden Gerechtigkeit können die Ereignisse, die eine *Neue Internationale* zeitigen oder die *démocratie à venir* in Bewegung halten, nicht unendlich aufgeschoben werden, sondern die messianische Erfahrung findet im Hier und Jetzt statt.[134] Im einzigartigen Ereignis des Engagements kann das Kommen geschehen, in einem Hier und Jetzt (ohne Präsenz) (vgl. Derrida 1999*b*, 184), d.h. ein Jetzt ohne Stillstehen in einer Gegenwärtigkeit, sondern vielleicht in der Bewegung und Neu(er)findung neuer Formationen.

Bevor auf die politisch bedeutsame Frage der Entscheidung (und insofern der Politik) im Feld der Unentscheidbarkeiten eingegangen wird, soll hier noch einmal festgehalten werden: Indem die Dekonstruktion verschiedene strukturelle Unent-

---

133 Genau um diese neuen Formen des Handelns und der Praxis soll es in den folgenden Kapiteln gehen, in denen poststrukturalistischen Theorien und Bewegungen sowie dieser Messianismus im Mittelpunkt der Betrachtungen stehen. Zum Messianismus vgl. auch Kapitel I.. Inwiefern politisches Handeln nicht vom Versprechen getrennt werden kann, hat Hannah Arendt in ihrem Werk »Vita activa« (Arendt 1999) beschrieben. Sie betont die historische Bedeutung des Versprechens für die politische Theorie und Praxis. Ohne jedoch auf die Charakteristika der strukturellen Öffnung einzugehen, wird bei Arendt doch deutlich, wie sehr das Versprechen im Gegensatz zu einer Vorbestimmung oder Garantie der Zukunft steht. Sie schreibt: »Denn das Versprechen und die aus ihm sich ergebenden Abkommen und Verträge sind die einzigen Bindungen, welcher einer Freiheit adäquat sind, die unter der Bedingung der Nicht-Souveränität gegeben ist. [...] Sobald Versprechen aufhören, solchen Inseln in einem Meer der Ungewißheit zu gleichen, sobald sie dazu mißbraucht werden, den Boden der Zukunft abzustecken und einen Weg zu ebnen, der nach allen Seiten gesichert ist, verlieren sie ihre bindende Kraft und heben sich selbst auf.« (Arendt 1999, 312f) Bei Derrida ist beispielsweise die Demokratie an das Versprechen gebunden; dies bedeutet, dass die Demokratie nicht gegeben, sondern aufgegeben ist; eine Aufgabe, für die Verantwortung übernommen werden muss.
134 Vgl. auch den Anfang dieses Kapitels zu Lévinas' Text »Ganz anders«.

scheidbarkeiten des Gesellschaftlichen aufdeckt, zeigt sie auch die Kontingenz des Gesellschaftlichen auf und kann somit das Feld der politischen Institution als auch das Feld politischen und sozialen Handelns erweitern. Darum hält beispielsweise Chantal Mouffe die Dekonstruktion für eine politische Logik (vgl. Mouffe 1999, 14).

Nach Chantal Mouffe ist die Dekonstruktion unerlässlich für ein Nachdenken über heutige und zu-kommende Demokratiepolitik. Denn dadurch, dass die Dekonstruktion »auf den nicht reduzierbaren Antagonismus hinweist, zeigt sie auch auf, wie Vorstellungen von Unentscheidbarkeit und Entscheidung nicht nur von grundlegender Bedeutung für die Politik sind, wie dies Laclau nahelegt, sondern daß sie geradezu die Folie bilden, auf der je erst eine pluralistische Politik formuliert werden kann.« (Mouffe 1999, 29f)

Auch wenn viele Kritiker und Kritikerinnen der Dekonstruktion einen wesentlich unpolitischen Charakter nachzuweisen versuchen (vgl. Rorty 1999), kann dies aufgrund der vorgestellten und der noch folgenden Beispiele widerlegt werden. Entscheidungen und Politiken werden immer in einem Feld von Unentscheidbarkeiten gefällt, d.h. in einem Verhältnis zum Anderen. Und diese Entscheidungen, Hegemonisierungen (ein Begriff der noch genauer zu klären sein wird) werden wiederum von Unentscheidbarkeiten heimgesucht, so dass die Aufgabe eines Konflikts, der Entscheidung oder auch der Politik sich endlos gestaltet. Niemals wird es mit der Dekonstruktion ein gutes Gewissen über die getroffene Entscheidung geben können, da die Entscheidung auch immer anderen zum Nachteil gereicht haben wird. Aus diesem Grund kann man die politische Logik der Dekonstruktion, das Politische im Sinne der Unentscheidbarkeit als eine »Hyperpolitisierung« (Mouffe 1999, 30) ansehen, die aufgrund ihrer Heimsuchung des Anderen zugleich Politik ermöglicht als auch ein Ende des Politischen unmöglich macht. Dieses Ende könnte nur mittels einer kontinuierlichen Stabilität und Schließung, das, was Lévinas als Totalität bezeichnet, einhergehen, also ohne Dekonstruktion.

Da aber die Dekonstruktion davon ausgeht, dass die relationale Differenz bzw. das konstitutive Außen die Bedingung der Möglichkeit zur Herstellung jeder Schließung, jeder Einheit, jeder Totalität oder jeder Institution ist und gleichzeitig deren grundlegenden Grenzen markiert bzw. sie darauf eröffnet, kann sie einer Zerstörung der »in den demokratischen Gesellschaften immer vorhandenen Versuchung, ihre Grenzen zu naturalisieren und ihre Identität zu essentialisieren, dienen. Deshalb ist das von der Dekonstruktion gebildete Projekt einer ›radikalen und pluralistischen Demokratie‹ hellhöriger für die Stimmenvielfalt, die in einer pluralistischen Gesellschaft zusammengefaßt wird, wie auch feinfühliger für die Komplexität der Machtstrukturen, die ihr Netz von Differenzen impliziert.« (Mouffe 1999, 33)

Dennoch reicht die Dekonstruktion allein nicht aus. Einerseits hat Derrida angesichts der *Neuen Internationalen* die dekonstruktiven Vorbedingungen für eine sozialistische Hegemonie und Artikulation umrissen und insofern eine politische Entscheidung gefällt. Andererseits reicht dies nicht aus, um diese *Neue Internationale* als ein hegemoniales Projekt zu artikulieren und zu theoretisieren. Wie soll politische Agitation aussehen? Um welche Figuren herum? Wie bilden sich diese Figuren? Woher kommen sie ganz konkret *heute*? Fragen, die einer Theorie der Hegemonie bedürfen, wie sie Ernesto Laclau und Chantal Mouffe (vgl. Laclau und Mouffe 1991) aufgestellt haben und die zu besprechen sein wird. Diese Theorie verbindet sich mit der Dekonstruktion und einer Neuartikulation eines Postmarxismus und kann so auf der Grundlage der Dekonstruktion vielleicht neue Erkenntnisse sowohl hinsichtlich der Zeitigung neuer politischer Ereignisse, des sozio-politisches Handeln und Entscheidens als auch für die Bildung hegemonialer Blöcke, neuer sozialer sowie politischer Beziehungen und Identitäten liefern (vgl. Derrida 1999*b*, 184). Wie kommt es aber nach Derrida zu einer Hegemonialisierung, zu einer Entscheidung im Feld des Unentscheidbaren?

8.2. Die Frage des politischen Ereignisses: Anderer, Passivität, passive Entscheidung

Bezüglich der Unentscheidbarkeit stellt sich die Frage, wie sich Entscheidungen und Politik ereignen. Kein Argument, so scheint es, kann eine positive Begründung für eine Entscheidung innerhalb der strukturellen Unentscheidbarkeit liefern und dennoch wird entschieden und gehandelt werden müssen, sofern sich Politik ereignen soll. Deswegen wird ein *supplement* zur Unentscheidbarkeit, eine Entscheidung, benötigt, die Politik ermöglicht. Simon Critchley beispielsweise ist – im Gegensatz zu Ernesto Laclau – der Meinung, dieses *supplement* sei die radikale Öffnung auf den Anderen hin, wie sie Lévinas herausgearbeitet hat (vgl. Critchley 1999*a*). Diese ethische Öffnung ist dabei eine grundsätzliche Erfahrung, die politische Ereignisse vorantreibt.[135] Herkömmliche Konzeptionen, die das politische Ereignis und das soziale Handeln theoretisieren, betrachten vielfach die politische Entscheidung entweder unabhängig von einem Verhältnis zum Anderen, als Verfahrensprozedur innerhalb von Systemen oder als intentionalen Akt ei-

---

[135] Die Auseinandersetzung zwischen der Position Derridas, die den Anderen ins Blickfeld führt, und Laclau bezüglich dieses *supplements* wird noch Gegenstand einer hier zu behandelnden Diskussion sein.Vgl. Kapitel III.4. und vgl. Critchley (1998). Critchley folgt im Wesentlichen Derrida, wobei ihm das Verdienst zukommt, Derridas Position näher bestimmt zu haben (vgl. Critchley 1999*c*, 254ff). Dennoch stellt sich die Frage, ob Simon Critchley nicht all zu schnell die irreduzible Unentscheidbarkeit verlässt und zu schließen versucht (vgl. Critchley 1999*b*, 231f).

nes willensbegabten oder interesse-geleiteten Subjekts. Anhand Derridas Auffassung einer *passiven* Entscheidung, die im Terrain der Unentscheidbarkeit getroffen wird, zeigt sich eine ganz andere Konzeption von Entscheidung, die politische Entscheidungen als Ereignisse und In(ter)ventionen vom Anderen begreift. Weil diese In(ter)ventionen Brüche und Risse in Kontexten und Systemen bewirken, sind sie Ereignisse; etwas, das diesen Systemen zustößt und nicht mehr in einem Denken, das politische Ereignisse von instutionalisierten Verfahren, einem geschlossenen System der Politik oder intentionalen Akten eines klassischen Subjekts abhängig macht, begriffen werden kann.[136]

Zunächst soll in diesem Kapitel das Verhältnis von Ethik und Politik, das die ganze vorliegende Arbeit durchzieht, kurz angerissen und die Dekonstruktion als Bewegung zunehmender Politisierung gewürdigt werden.[137] Im Anschluss daran wird es darum gehen, den Moment der Entscheidung zu beschreiben: Wie kann die Entscheidung ein politisches Ereignis zeitigen, welche Auffassung von Entscheidung ist dabei notwendig und in welchem Verhältnis dazu steht der Andere und die Antwort Lévinas'?

Kann eine Ethik im Lévinas'schen Sinne, eine Ethik der Gastfreundschaft, wie sie Derrida in »Adieu« (Derrida 1999a) beschreibt, die Sphären der Politik, der Entscheidungen heimsuchen? Kann man Politik von Ethik ableiten? Oder stehen Ethik und Politik in einem ganz anderen, durch Ableitung nicht deduzierbaren Verhältnis zueinander? Lévinas hält Politik und Ethik in einer Spannung (vgl. Kapitel I.6.), als den unentscheidbaren Anspruch, der sowohl dem singulären Anderen als auch den Dritten zukommt, wobei der absolute Andere immer wieder über die Beziehung zu den Dritten hinaus verweist.[138] Aufgrund dieser irreduziblen Spannung, die immer da sein wird, solange es das Andere gibt, kann nicht von einer einfachen, d.h. endgültigen und geschlossenen Ableitung von Ethik zu Politik ausgegangen werden; das Wie der Antwort sowie die Bewegung des Antwortens lässt

---

[136] Dabei geht es keineswegs darum, zu leugnen, dass es Intentionen gibt, sondern, dass Intentionen situiert, konstituiert und durch Iterabilität strukturiert sind. Die Kategorie der Intention wird »nicht verschwinden, sie wird ihren Platz haben, aber von diesem Platz aus wird sie nicht mehr den ganzen Schauplatz und das ganze System der Äußerung beherrschen können. Vor allem hat man es dann mit verschiedenen Arten von iterierbaren Zeichen (*marques*) und Zeichenketten zu tun, und nicht mit einer Opposition von zitathaften Äußerungen einerseits, von einzelnen und einzigartigen Äußerungs-Ereignissen andererseits. [...] [I]ist diese Struktur der Iteration einmal gegeben, so wird die Intention, welche die Äußerung beseelt, sich selbst und ihrem Inhalt nie vollkommen gegenwärtig sein. Die Iteration, die sie strukturiert, führt a priori in sie eine wesentliche Dehiszenz und einen wesentlichen Bruch ein.« (Derrida 1976d, 150)

[137] In Kapitel III.3. wird in Auseinandersetzung mit einer Laclau'schen Position detaillierter auf die Frage der Entscheidung und des Subjekts eingegangen werden.

[138] Dies bedeutet, dass diese Spannung nicht eine zwischen zwei positiven, geschlossenen abgegrenzten Bereichen stattfindet, sondern die Grenzen zwischen Ethik und Politik selbst nicht klar zu ziehen sind.

Lévinas offen. Diese Spannung bedeutet aber auch, dass beide nicht getrennt voneinander zu betrachten sind. Nur solange es dieses Andere, das konstitutive Außen gibt, nur solange können sich politische Ereignisse zeitigen. In diesem Sinne wurde in Bezug auf Derrida von einer »Hyperpolitisierung« gesprochen. Die Zeitigung von politischen Ereignissen wird dieser Auffassung zufolge nie an ihr Ende gelangen, genausowenig, wie *eine* politische Entscheidung endgültig begründet werden kann:

> »Nehmen wir einmal an, *concesso non dato*, es gäbe entsprechend einer Gründungsordnung, entsprechend einer Hierrachie Gründer/Gegründetes, grundsätzlicher Ursprünglichkeit/Ableitung, keinen Übergang zwischen einer Ethik oder einer ersten Philosophie der Gastlichkeit einerseits und einem Recht oder einer Politik der Gastlichkeit andererseits. Nehmen wir an, man könnte aus dem ethischen Diskurs von Lévinas über Gastlichkeit kein Recht und keine Politik ableiten, keinerlei Recht und keinerlei Politik in irgendeiner gegebenen Situation heute, nahe bei uns oder fern von uns [...]. Wie wäre dann eine solche Unmöglichkeit zu begründen, abzuleiten, zu folgern, auszulegen? Verweist sie auf eine Schwachstelle? Man müßte vielleicht vom Gegenteil ausgehen. In Wirklichkeit wären wir vielleicht zu einer anderen Prüfung aufgerufen aufgrund der offenkundigen Negativität dieser Lücke, aufgrund dieses Hiatus zwischen der Ethik (der ersten Philosophie bzw. der Metaphysik, natürlich in dem Sinne, den Lévinas diesen Wörtern verleiht) einerseits und andererseits dem Recht bzw. der Politik. Wenn dort überhaupt kein Mangel vorliegt, verlangt ein solcher Hiatus dann nicht von uns, Recht und Politik anders zu denken? Und öffnet er nicht vor allem, eben wie ein Hiatus, den Mund, eröffnet er nicht die Möglichkeit eines anderen Sprechens, einer Entscheidung und einer Verantwortung, [...] da wo diese *getroffen, übernommen* werden müssen, wie man das von Entscheidungen und Verantwortlichkeiten sagt, ohne einer ontologischen Begründung? Im Lichte dieser Hypothese wäre die Abwesenheit von Recht und Politik im engeren und festgelegten Sinne dieser Termini lediglich eine Illusion. Jenseits dieses Anscheins wäre eine Rückkehr zu den Bedingungen von Verantwortung und Entscheidung zwischen Ethik, Recht und Politik zwingend.« (Derrida 1999a, 38f)

Derrida verweist wiederum auf die irreduzible Unentscheidbarkeit zwischen Ethik und Politik. Ein Hiatus ruft immer wieder auf, den Ruf des Anderen zu hören und ruft auf, Entscheidungen zu treffen. Diese Entscheidungen bzw. die Politik werden einen Raum begründen, der wiederum nach Entscheidungen verlangt. Insofern besteht eine Ableitung aus der Beziehung zum Anderen, die nach politischen Ereignissen verlangt, aber eine unendliche, nie schließbare und nie endgültig mit Inhalt gefüllte Ableitung. Denn das Verhältnis zwischen Ethik und Politik kommt zu keinem Schluss. »*Es braucht dieses Verhältnis*, es muß existieren, es muß aus der Ethik eine Politik und ein Recht ableiten. Es braucht diese Ableitung, um das ›Beste‹ oder das ›geringere Übel‹ bestimmen zu können[...].« (Derrida 1999a, 144) Dieses Verhältnis verlangt nach Entscheidungen, Interventioen und Inventionen, nach »politischen Erfindungen« (vgl. Derrida 1999a, 152), getroffen im Namen des absolut Anderen ohne auf irgendeine Art (gerade wegen der Absolutheit der Andersheit) von moralischem Kalkül oder Regeln zurückgreifen zu können. Denn »ohne den Hiatus, der nicht die Abwesenheit von Regeln bedeutet, sondern die Notwendigkeit eines Sprungs hin zum Moment einer ethischen, juristischen oder politischen Entscheidung, bräuchten wir nur unser Wissen in einem Handlungsprogramm abspulen. Doch nichts wäre unverantwortlicher und totalitärer.« (Derrida 1999a, 146) Die Entscheidung, getroffen im Namen des Anderen, ist nach Derrida in die Beziehung zum Anderen und zu den Dritten eingebettet, in den unentscheidbaren (Zeit-) Raum zwischen Kontext und singulärem Anderen. Diese Entscheidung, die aufgrund der Unentscheidbarkeit ohne ontologische Begründung oder letztendlichen Garantien auskommen muss, ist die Antwort auf den appellierenden Ruf des Antlitz des Anderen, außerordentliche Antwort jenseits des Politischen im Politischen bzw. Entscheidung im Unentscheidbaren. Aus dem Grund, dass die Antwort auf den Ruf des Anderen gemäß Lévinas jenseits der reziproken Binarität von Aktiv/Passiv anzusiedeln ist und auf eine unvordenkliche Passivität verweist, ist auch die Entscheidung kein voluntaristischer Akt (wie im Dezisionismus Schmitts), sondern eine *passive Entscheidung*. Die nicht durch Regeln determinierte Passage von Ethik zu Politik beinhaltet die Aufnahme, das Auf-sich-Nehmen einer politischen Entscheidung als Antwort auf die jeweilige singuläre Andersheit eines Kontextes und des Kontextes selbst. Die *passive Entscheidung* lässt sich mit Verweis auf die dargestellte »post-dekonstruktive Subjektivität« (vgl. auch Critchley und Dews 1996) nicht als eine voluntaristische Entscheidung eines freien Subjekts oder einer Gemeinschaft denken. Die Ansicht eines voluntaristischen Subjekts würde zu einer Entscheidung im Schmitt'schen Sinne führen (vgl. Derrida 2000h, 248).

Ferner sind Entscheidung bzw. Verantwortung nach Derrida nicht ein Abspulen von Regeln, sondern immer vom Anderen herkommend und sei es »vom Anderen in mir« (vgl. Derrida 1999a, 42).[139] Dies hat auch Konsquenzen für den Begriff der Subjektivität, die nicht mehr als indifferente erscheinen kann. Um den Aspekt einer *passiven* Entscheidung, der für Derridas Konzept und Verständnis der Politiken zentral ist, zu verdeutlichen, sei hier eine längere Passage aus »Politik der Freundschaft« zitiert:

»Gewiß zeitigt die Entscheidung ein Ereignis. [...] *Eine Theorie des Subjekts ist unfähig, auch nur der geringsten Entscheidung Rechnung zu tragen.* Aber dies muß a fortiori vom Ereignis, und vom Ereignis gerade in seinem Verhältnis zur Entscheidung gelten. Stößt nämlich keinem Subjekt jemals etwas zu, kein Ereignis, das des Namens würdig wäre, so läuft das Schema der Entscheidung zumindest in seiner landläufigen und vorherrschenden Fassung (die noch der Dezisionismus Schmitts, seine Theorie der Ausnahme und der Souveränität zu beherrschen scheint) regelmäßig darauf hinaus, die Instanz des Subjekts, eines klassischen, willensbegabten, freien Subjekts einzuschließen, also die Instanz eines Subjekts, dem nichts, nicht einmal jenes singuläre Ereignis zustößt, das es aus eigener, ihm allein vorbehaltener Initiative hervorzurufen glaubt – etwa im Ausnahmezustand. Sollte man deshalb mit dem Gedanken einer gleichsam ›passiven‹ Entscheidung spielen? [...] Diese muß eine Unterbrechung zeitigen, sie markiert einen absoluten Anfang. Sie bezeichnet als das andere in mir selbst, oder: den anderen, der entscheidet, den Riß einer Entscheidung des anderen. Bedingung des Ereignisses, ist die

---

139 Zur Verantwortung in mir vgl. auch Lévinas (1992a, 229).

Entscheidung ihrer Struktur nach stets eine andere Entscheidung, eine zerreißende Entscheidung als Entscheidung des anderen. In mir. Des absolut anderen in mir, des anderen als des Absoluten, das in mir über mich entscheidet. Prinzipiell und schon ihrem traditionellsten Begriff nach absolut singulär, ist die Entscheidung nicht allein stets eine Ausnahme. *Sie ist die Ausnahme von mir.* [...] Vor anderen für mich selbst verantwortlich, bin ich zugleich und zuvor *gegenüber dem anderen für den anderen verantwortlich*, und muß mich *vor ihm verantworten*. [...] Aber der entscheidende Augenblick der Verantwortung setzt einen Sprung voraus, in dem ein Akt *ent-springt*, in dem er aus der Abfolge dessen, *was ist*, also wissentlich oder bewußt festgestellt werden kann, jäh heraustritt und sich so durch den Akt seines Aktes von dem *befreit*, was ihm in diesem Augenblick heterogen ist, nämlich vom Wissen (das ist es, was man Freiheit nennt). *Eine Entscheidung ist letztlich unbewußt*, so unsinnig dies auch scheinen mag, sie trägt das Unbewußte in sich und bleibt doch verantwortlich. Und das ist nur die Entfaltung der klassischen, unabdingbaren, unerschütterlichen Konsequenz eines klassischen begriffs der Entscheidung. Der Akt dieses Aktes ist es, was wir hier zu denken versuchen: ›passiv‹, dem anderen preisgegeben, vom Herzschlag des anderen abhängig.« (Derrida 2000*h*, 104ff)

Jede Entscheidung ist insofern eigentlich eine Entscheidung des Anderen in mir, im Namen des Anderen (vgl. Derrida 1999*b*, 186ff).[140] Dieses »in mir« des Anderen bezeichnet Lévinas auch mit den Worten der Besessenheit, als ein unter die Haut gehen, ein Wahnsinn und eine In-Spiration (vgl. Lévinas 1992*a*, 222ff). Die Wendungen – »die Entscheidung des Anderen in mir« oder »im Namen des Anderen« – rücken die Entscheidung in die Nähe dessen, was mit Lévinas unter »Antwort« bzw. »Verantwortung« verstanden werden kann.[141] Jede Politik ist damit die verantwortliche bzw. zu verantwortende Entscheidung angesichts der Beziehung zum Anderen. Politik als Ereignis – im Gegensatz zu Politik als institutionalisierte Verfahren oder Programme – kann nur geschehen, wenn sie über den Sinnhorizont gegebener Möglichkeit hinaus Risse und Brüche, das Andere intervenieren lässt.[142] Jede Entscheidung ist dabei notwendigerweise verschieden; jedes Mal, wenn entschieden wird, muss – nicht nur zeitlich – ein neues Gesetz *erfunden* werden, eine neue Norm. Es muss geantwortet werden, aber der Inhalt der Antwort kann nicht wie in einem ethischen Fundamentalismus vorherbestimmt sein, sondern es bedarf der In(ter)vention.

Absolut anders und als *passive Entscheidung* in der Unentscheidbarkeit ist die Entscheidung nicht abgeleitet von einer prozeduralen Konzeption von Gerechtigkeit oder dem moralischen Gesetz. Vielmehr kann Entscheidung – mit den Worten Simon Critchleys – vom Anderen provoziert werden: »*It is the demand provoked*

---

140 Mit Erwähnung eines Unbewussten einer Entscheidung stellt sich die Frage nach einer Verbindung Lévinas und der Psychoanalyse Lacans. Eine Analyse dazu liefert Simon Critchley in: Critchley (1999*c*, 183ff). Es wäre eine interessante Untersuchung wert, die Rolle des Menschen als *Begehren*« (Juranville 1990, 19) bei Lacan und Lévinas herauszuarbeiten. Zum Begehren bei Lévinas siehe zum Beispiel Lévinas (1992*a*, 272f) Im Zusammenhang einer Lévinas-nahen Position Lacans vgl. auch Gondek (1992), Assoun (1993) und Gondek (1994*b*, 221).
141 Das griechische apo-krinesthai hat die Bedeutung des Antwortens. In diesem Wort steckt aber auch krinein, entscheiden. Zur Verantwortung »in mir« vgl. Lévinas (1992*a*, 229).
142 Auf griechisch meint *Horizont* auch die Grenze.

by the other's decision in me that calls forth political invention, that provokes me inventing a norm and taking a decision.« (Critchley 1999c, 277) Politische Agitation im Sinne von Entscheidung und Ereignis hängt gemäß dieser Konzeption auch von dem Anderen ab und ist von dem Kontext abhängig, vor dem der Andere als konstitutives Außen erscheint. Politische Ereignisse sind auch auf den historischen Kontext angewiesen, vor dem das Andere erscheint.

Eine Entscheidung muss durch die Unentscheidbarkeit hindurch, weil sie sonst eine reine Prozedur wiederholt. Durch die Unentscheidbarkeit, die jede Entscheidung heimgesucht haben wird, ist nach Derrida – Kierkegaard zitierend –, »der Augenblick der Entscheidung [...] ein Wahnsinn.« (Derrida 1997c, 53) Wird sich für etwas entschieden, werden andere vernachlässigt. Wie soll entschieden werden? Die Bejahung der Offenheit eines jeden Kontextes, die die Ethik der Dekonstruktion ausmacht, ist stets eine Antwort auf einen singulären Kontext und treibt die In(ter)vention und »Kreation« politischer Entscheidungen voran.[143] Politische Ereignisse können als die Antwort verstanden werden, die angesichts des singulären Kontextes *und* des singulären Anderen gegeben werden und den Kontext selbst von seinem Außen her verändern. Wie im Folgenden noch verdeutlicht wird, können solche Antworten in der Bildung neuer hegemonialer Formationen (Kapitel III.), in der Resignifizierung (Kapitel IV.) oder in der Eröffnung einer anderen Politik (Kapitel V.), einer Politik des Anderen, liegen, wobei das »Wie« stets nach Situation entschieden werden und offen bleiben muss.

Nach der kurzen Beantwortung der Frage (die in Kapitel III.3. noch detaillierter beschrieben wird), wie es aus dem Unentscheidbaren zu einer Entscheidung kommen kann, nämlich als *passive Entscheidung durch den Anderen*, bleiben jedoch weitere offen, die nur teilweise mit Hilfe Derridas oder Lévinas gelöst werden können. Wie lässt sich der Abstand zwischen Unentscheidbarkeit und Entscheidung theoretisieren? Wie können die politischen Effekte der Dekonstruktion ausgeschöpft und beschrieben werden? Wie können sich Entscheidungen zu »hegemonialen Formationen« generieren? Diese Fragen, die eine politische als auch sozialtheoretische Notwendigkeit für eine die Dekonstruktion supplementierende Theorie der Hegemonie erfordern, betreffen vor allem folgende Topoi: Um welche Figuren herum dreht sich eine neue Hegemonie jenseits nationaler oder bürgerlicher Identität? Welche Formen werden Hegemonialisierungen annehmen? Wie sehen ihre Strategien und Taktiken aus? Wie können Demokratisierungsprozesse theoretisiert und hegemonisiert werden? Auf welcher Ebene der Artikulation geschieht dies? Wie sieht eine Repräsentation außerhalb eines klassischen Begriff des Subjekts aus? Wie sind diese Hegemonialisierungen in Machtverhältnisse ver-

---

143 Zum Begriff der Kreatürlichkeit vgl. Kapitel II.3.

strickt? Was bedeutet *passive Entscheidung* handlungstheoretisch im Rahmen einer poststrukturalistischen Sozialwissenschaft? Antworten auf diese und weitere Fragen soll das nächste Kapitel zum Projekt der radikalen Demokratie geben. Dies wird ein weiterer Schritt sein, einen tieferen Einblick sowohl in die sozialtheoretischen als auch politisch-praktischen Dimensionen und Konsequenzen der Dekonstruktion und der Ethik Lévinas' zu geben.

III. Hegemoniale Radikalisierungen

Die Hegemonietheorie von Ernesto Laclau und Chantal Mouffe ist der gesellschaftstheoretische Versuch, die Dekonstruktion in die Felder der politischen Theorie im Besonderen und der Sozialwissenschaften im Allgemeinen zu übertragen. Ihr 1985 gemeinsam verfasstes und 1991 auf deutsch publiziertes Buch »Hegemonie und radikale Demokratie. Zur Dekonstruktion des Marxismus« stellt einen wichtigen Beitrag für eine poststrukturalistische Sozialtheorie dar. Ernesto Laclau und Chantal Mouffe verstehen unter der Dekonstruktion des Marxismus, dem Untertitel des Buches, keineswegs eine endgültige Verabschiedung von diesem, sondern einen Post-Marxismus, dem es um eine an Gramscis Hegemoniebegriff orientierte und mit zeitgenössischen Theorien angereicherte Strategie des Marxismus und insbesondere um eine demokratisch-sozialistische (ds) Strategie geht, die wiederum in ein radikaldemokratisches Projekt mündet. Jedes Projekt einer radikalen Demokratie enthält ihrer Meinung nach »notwendigerweise eine sozialistische Dimension (die Abschaffung kapitalistischer Produktionsverhältnisse); es verwirft jedoch die Vorstellung, dass aus dieser Abschaffung notwendig die Beseitigung anderer Ungleichheiten folgt.« (Laclau und Mouffe 1991, 260)

Seinen Ausgangspunkt hat der dekonstruktive Marxismus oder Post-Marxismus sowohl in den veränderten gesellschaftlichen, politischen und theoretischen Herausforderungen[1] und historisch neuartigen Beziehungen zwischen den sozialen Akteuren als auch in der kritisch-dekonstruktiven Auseinandersetzung mit den zentralen Bewegungen des Marxismus, dem revolutionären Syndikalismus und

---

1   Eine von Laclau und Mouffe konstatierte Veränderung liegt beispielsweise in der (von Michel Agliettas regulationstheoretischen Fordismuskonzept begründeten) Transformation von einem extensiven zu einem intensiven Akkumulationsregime, für das die Ausdehnung kapitalistischer Produktionsverhältnisse auf alle sozialen Verhältnisse charakteristisch ist (vgl. Laclau und Mouffe 1991, 220f).

dem Revisionismus sowie mit deren geläufigen Denkerinnen und Denkern wie zum Beispiel Rosa Luxemburg, Karl Kautsky, Eduard Bernstein oder Georges Sorel (vgl. v.a. Laclau und Mouffe 1991, 33-137). Die Kritik von Laclau und Mouffe bezieht sich hierbei im Wesentlichen auf den Ökonomismus und (Klassen-) Reduktionismus der Zweiten und Dritten Internationalen (vgl. Hintz und Vorwallner 1991, 16), aber auch auf bestimmte Ausprägungen des hegelianischen »westlichen Marxismus« und der Sozialdemokratie.[2] So schließt der Ökonomismus nach Laclau und Mouffe zu schnell von den »objektiven« materiellen Lebensverhältnissen auf die sozialen Praktiken, das Wissen und das Handeln. Diese Kritik am Ökonomismus stellt auf den ersten Blick allerdings nichts Neuartiges dar. Das Neue des radikal-demokratischen Denkens von Laclau und Mouffe liegt vielmehr in ihrer Verbindung von Dekonstruktion, Diskursanalyse und Marxismus. Sie kritisieren insbesondere folgende »Essentialismen« des Marxismus: Den Ökonomismus, die angenommene Gesetzmäßigkeit des Klassenantagonismus und die Vorstellung eines falschen Bewusstseins (vgl. v.a. Laclau und Mouffe 1991, 33-137). Essentialismen sind ihnen zufolge aber nicht nur in vielen marxistischen Strömungen vorzufinden, sondern beherrschen ihrer Form nach auch die Basiskategorien liberalen Denkens sowie Konzeptionen postmodernen Denkens. Die postmoderne Verabschiedung »großer Erzählungen« zum Beispiel ersetzt den Essentialismus der Totalität (die Geschlossenheit des politischen Feldes als durch und durch kapitalistisch beispielsweise) durch einen Essentialismus der Elemente. Dieser drückt sich einerseits in der Bestimmung einer vollkommen geschlossenen sozialen Identität, Institution oder in der postmodernen Konzeption einer Fragmentierung des Sozialen aus, die ihren Blick zwar weg von den »Metaerzählungen« (Lyotard), aber hin zu der Multiplizität atomisierter, präsenter und fixierter Identitäten bzw. kleiner Erzählungen richtet, wobei die ausdifferenzierten Elemente als geschlossene aufgefasst werden. So werden im Postmodernismus zwar Differenzen betont, diese aber nicht in ihrer Relationalität und gegenseitigen konstitutiven Abhängigkeit betrachtet: Die postmoderne »Würdigung« einer »Pulverisierung des Sozialen« (Laclau und Mouffe 1991, 153) weigert sich, den Elementen jegliche Art relationaler und verschränkter Identität, ihre offene Bestimmung und ihren politisch aushandelbaren Charakter zuzusprechen (vgl. Laclau und Mouffe 1991, 28). Ausgehend von der Dekonstruktion geschlossener Elemente verstehen Laclau und Mouffe die politische Praxis in einer demokratischen Gesellschaft nicht als die

---

2 Im vorliegenden Kapitel wurde neben den Werken von Laclau und Mouffe bei der Erläuterung ihrer Theorie teilweise auch auf folgende, entweder in die Theorie einleitende oder sie darstellende Beiträge zurückgegriffen: Hintz und Vorwallner (1991), Stäheli (1999), Stäheli (2000*a*), Stäheli (2000*b*), Stäheli (2000*c*), die Beiträge in Marchart (1998*a*), die Magisterarbeiten von Dirk Jörke (1996) und Christoph Dahm (1998) sowie die Einführungen von Kaltenecker (1999), Marchart (1999) und Smith (1998*b*).

Verteidigung der Rechte quasi-natürlicher Identitäten, sondern sie begreifen diese Identitäten selbst als Produkte politischer Artikulation.

Der Post-Marxismus von Laclau und Mouffe greift die Konzeptionalisierung des *Hegemoniebegriffs* von Antonio Gramsci auf und verknüpft diesen insbesondere mit der Dekonstruktion Derridas, der Diskursanalyse Foucaults und der Psychoanalyse Lacans: Anhand der poststrukturalistischen Re-Theoretisierung von Hegemonie als der Logik des Politischen wird verdeutlicht, dass auch »die Gesellschaft« als eine geschlossen Totalität und Objektivität des Sozialen unmöglich ist: »[...] we tend nowadays to accept the *infinitude of the social*, that is, the fact that any structural system is limited, that it is always surrounded by an ›excess of meaning‹ which it is unable to master and that, consequently, ›society‹ as a unitary and intelligible object which grounds its own partial processes is an impossibility.« (Laclau 1990, 90)[3] Jede partielle, soziale Objektivität ist letztlich politisch, das heißt ein Produkt heterogener politischer Artikulationen und Machthandlungen, die aus den hegemonialen Praxen verstreuter sozialer Kräfte resultieren (vgl. Hintz und Vorwallner 1991, 18). Wie im Weiteren deutlich wird, verstehen Laclau und Mouffe die Grenzziehungen zwischen den sozialen Identitäten (der Gesellschaft sowie der sozialen Subjekte) nicht als endgültig fixiert, sondern diese werden vor dem Hintergrund hegemonialer Verschiebungen und Iterationen immer wieder neu definiert und konstituiert. Der nicht-geschlossene Charakter dieser relationalen Identitäten verweist auf die Spuren eines »konstitutiven Äußeren« bzw. Ausschließungen, die sowohl als Möglichkeitsbedingungen als auch als potentielle Verunmöglichungen jeglicher sozialen Objektivität wirken (vgl. Laclau und Mouffe 1991, 29), indem jede »Positivität« eines Innen der Identität »blockiert« und jede Objektivität verhindert wird (vgl. Hintz und Vorwallner 1991, 18). Die Kritik an Vorstellungen von geschlossenen, transparenten, selbstreferentiellen und quasi-organischen Gesellschaften oder sozialen Objektivitäten wendet sich ferner gegen herkömmliche Vorstellungen des Subjekts bzw. der sozialen Akteure: Ausgehend vom Poststrukturalismus und der Lacan'schen Psychoanalyse wird das Subjekt von Laclau und Mouffe weder als ein passiver Effekt geschlossener Strukturen noch als selbstbestimmtes Subjekt begriffen. Der soziale Akteur ist vielmehr *zunächst* im Sinne des Habituskonzepts von Bourdieu zu betrachten: Der *modus operandi* des Subjekts ist strukturiert und erzeugt wiederum soziale Praxisformen. Dennoch liegt ein Unterschied zum Habitusbegriff vor, der bei Bourdieu die verschiedenen Subjektpositionen in einem Subjekt vereinheitlicht: Sowohl das Subjekt als auch die strukturierende Struktur sind nur möglich (und damit im strengen Sinne einer Geschlossenheit unmöglich) aufgrund ihrer Beziehung zu einem ab-

---

3   Vgl. auch Stäheli (2000*b*, 34f).

solut Anderem ihrer selbst. Gemäß des Poststrukturalismus wird der Dualismus zwischen Struktur und Handeln und deren wechselseitige Dynamik mit dem radikal Anderen bzw. konstitutiven Außen konfrontiert und mit der Serie von Struktur – Außen der Struktur – Handeln selbst unterminiert.[4] Sowohl die Annahme des Subjekts als selbstreflexive, positive Identität als auch die Annahme der Geschlossenheit der Strukturen werden verworfen (vgl. Laclau und Mouffe 1991, 19f). Dies muss aber keineswegs als ein Mangel der Handlungsmöglichkeiten der sozialen Akteure oder der Subjekte gedeutet werden. Der Handlungsspielraum öffnet sich in der notwendigen Wiederholung und Iteration jeder dislozierten, dezentrierten Struktur, die stets *anders*, vom Anderen her wiederholt werden kann. Laclau und Mouffe sehen diesen Subjektivität ermöglichenden Raum in dem Abstand zwischen Unendscheidbarkeit und der Entscheidung, wobei die Entscheidungsinstanz (das Subjekt) erst im Moment der Entscheidung geschaffen wird. *Wie* jedoch die Entscheidung aufgefasst wird, kann unterschiedlich ausfallen: Denn es stellt sich die Frage, ob diese Entscheidung als *passive* vom Anderen her entfaltet wird (Derrida/Lévinas) oder ob diese Entscheidung mit einer sich selbst überlassenen Selbstbegründung (Laclau) verwandt ist, die jedoch radikal kontingent bleibt. Letztere Frage steht im Mittelpunkt des vorliegenden Kapitels, weil hierbei beantwortet werden soll, wie eine poststrukturalistische Sozialwissenschaft nach Lévinas und Derrida soziales und politisches Handeln theoretisiert. Wie kann die Entscheidung eines postdekonstruktiven Subjekts im Moment der Entscheidung selbst gedacht werden, ohne entweder auf voluntaristische, dezisionistische oder rein deterministische Erklärungen der Entstehung von Handlung zurückgreifen zu müssen?

Wird *die* Gesellschaft – im Sinne von Laclau und Mouffe – selbst als Effekt hegemonialer Artikulation (innerhalb der Unendlichkeit des Sozialen bzw. des Feldes der Diskursivität) begriffen und die hegemoniale Logik selber zur Logik einer Institutierung des Sozialen, so sind bürgerlich-kapitalistische Gesellschaftsformationen Resultate sozialer und politischer Kämpfe und hegemonialer Formationen, die keine endgültige Fixierung aufweisen und darum auch nicht zwangsläufig ein angebliches Ende der Geschichte darstellen. Dabei ist es nicht nur die Durchsetzung der eigenen Ideologie, die den Erfolg eines hegemonialen Blocks ausmacht, sondern auch die Verschleierung von Alternativen im Feld des Denkbaren, in der Matrix der Intelligibilität. Die bereits angesprochene These von Francis Fukuyama, die vom Ende der Geschichte und des endgültigen Sieges des westlich-liberalen Kapitalismus ausgeht, ist ein Beispiel für eine hegemoniale Artikulation. Dieser Universalismus kann sich nur durch einen konstitutiven Ausschluss von Partikularität und einer Beseitigung von Alternativen im Denkbaren behaupten, das heißt

---

4   Hier ist zum Beispiel ein wesentlicher Unterschied zu Giddens zu konstatieren, der von einem Dualismus von Struktur und Handeln ausgeht. Vgl. dazu Stäheli (2000*b*, 58ff).

mittels einer Politik als dem Prozess der Konstruktion des Undenkbaren (vgl. Laclau 1988). Durch Wiederholungen beginnt eine hegemoniale Artikulation ihren eigenen Charakter des Kontingenten und Historisch-Politischen allmählich durch Sedimentierung zu verlieren und avanciert zu einer quasi-nomologischen Erklärung des Sozialen, ungeachtet ihres wesentlich normativen und politisch anfechtbaren Gehalts. In diesen notwendigen Wiederholungen bzw. Reaktivierungen kann aber wiederum die Historizität und Kontingenz einer hegemonialen Formation aufgezeigt werden und die Möglichkeiten subversiver Aneignungen und Problematisierungen der hegemonialen Identitäten entstehen (vgl. dazu auch Butler 1998).

Das Hegemoniekonzept Gramscis verbindet sich durch Laclau und Mouffe mit dem noch zu erklärenden Begriff des Diskursiven und der Zentralität von Machtverhältnissen (im Foucault'schen Sinne).[5] Zwar befürworten Laclau und Mouffe ebenso wie der Liberalismus Differenzen und Pluralitäten als demokratisches Imaginäres ihres radikal-demokratischen Projekts, aber sie sind sich auch bewusst, dass einer Ausdehnung des Pluralismus Grenzen gesetzt sind:

»Im Gegensatz zu den traditionellen liberalen Pluralisten, die sich über die Erfordernisse einig sind, die Sphäre der Rechte auszuweiten, um bisher ausgeschlossene Gruppen einzuschließen – aber diesen Prozeß als einen reibungslosen Prozeß fortschreitender Eingliederung in eine (angeblich) neutrale Konzeption des Bürgerrechts sehen –, betonen wir die Zentralität von Machtverhältnissen. Das heißt, daß der Ausdehnung des Pluralismus Grenzen gesetzt sind, was von der Tatsache herrührt, daß einige existierende Rechte durch die völlige Ausschließung oder Unterordnung der Rechte anderer Kategorien konstituiert worden sind.« (Laclau und Mouffe 1991, 26)[6]

Damit ein Pluralismus möglich wird, müssen nach Laclau und Mouffe die verschiedenen Unterordnungsformen zerstört werden, was die Bildung von »Äquivalenzketten« zwischen den verschiedenen demokratischen Forderungen voraussetzt. In der Bedeutung, die Laclau und Mouffe den Machtverhältnissen beimessen, unterscheiden sie sich vom extremen Pluralismus postmoderner Autoren, die »alle Formen der Differenz feiern, ohne die Möglichkeit der Unterscheidung zwischen jenen Differenzen zu erlauben, die genuiner Ausdruck demokratischer Rechte und jenen, die Ausdruck von Unterordnungsverhältnissen sind.« (Laclau und Mouffe 1991, 26f) Letztlich teile ein postmoderner Pluralismus mit dem liberalen Pluralismus die Blindheit gegenüber Machtverhältnissen, wobei in beiden Fällen das Politische selbst verschwunden sei (vgl. Laclau und Mouffe 1991, 26f).

Hegemonie kann nach Laclau und Mouffe als eine Verbindung und gleichzeitig als wechselseitiger Zusammenbruchs von Macht und Objektivität bezeichnet werden. Dabei ist Macht nicht als eine *äußerliche* Beziehung zu denken, die sich

---

5 Wie die Machtverhältnisse im Foucault'schen Sinne zu verstehen sind, ist sowohl im Kapitel zum Feminismus von Judith Butler und zur *Queer Theory* Thema.
6 Die Risiken einer postmodernen Pluralisierung werden in dem Kapitel zur Queer Theory besonders deutlich.

zwischen zwei prä-konstituierten Identitäten abspielt, sondern Machtverhältnisse konstituieren diese Identitäten selbst (vgl. Laclau und Mouffe 1991, 29), wie es Foucault in seinen genealogischen und diskurstheoretischen Ausführungen zur Produktivität von Machtverhältnissen beschrieben hat (vgl. u.a. Foucault 1977b). Die hegemonielle Anordnung besetzt den »leeren Ort der Macht« (vgl. Lefort und Gauchet 1990) und kann folglich keine andere Begründung für sich in Anspruch nehmen als die Machtbasis, auf der sie gegründet ist (vgl. Laclau und Mouffe 1991, 29). Wie dies im einzelnen zu verstehen ist – was eine »Äquivalenzkette« bedeutet, wie der Begriff des »Antagonismus« und des Diskursiven aufgefasst wird, was eigentlich eine hegemoniale Artikulation ist –, dies alles soll nach diesem einführenden Teil anhand der Grundkategorien von Laclau und Mouffe in der Skizzierung ihres radikal-demokratischen Projekts erläutert werden (III.1.). Ausgehend von der Begriffsdefinition des Diskurses stellt sich die Frage, wie diskursive Praktiken entstehen. Der »Produktionsprozess« diskursiver Praktiken kann mittels des Terminus der Artikulation erläutert und anhand der Nicht-Fixiertheit des Sozialen dargestellt werden (III.1.1.). Mittels der Artikulation werden soziale und politische Identitäten und Subjektpositionen gebildet. Die Produktion der Positionen und Identitäten ist mit einem ständigen Scheitern der vollständigen Stabilisierung von Identitäten verbunden, was zu einer allgemeinen »Erfahrung« des Antagonismus führt. Auf welche Weise neue Antagonismen auftauchen, kann anhand der *Logik der Äquivalenz* und ihrer Gegenbewegung, der *Logik der Differenz* beschrieben werden (III.1.2.). In einem dritten Schritt werden diese Momente in Bezug zur Theorie der Hegemonie gesetzt (III.1.3.). Des öfteren tauchten in dieser Arbeit die Begriffe des Politischen und der Politik auf. Nach den Ausführungen zur Hegemonietheorie von Laclau und Mouffe können diese Termini nun eingehender analysiert und ihr Verhältnis näher bestimmt werden (III.2.). Aufgrund dieser Bestimmungen ist es sodann möglich, die zentrale Fragen zu bearbeiten, die den Moment der Entscheidung, des Handelns und den Übergang zwischen dem Politischen und der Politik betreffen (III.3.). Hier scheiden sich die Geister zwischen Laclau und Derrida: Letzterer vertritt eine dezidiert Lévinas'sche Haltung bei der Beantwortung der Frage des Übergangs. Er hebt dadurch die zentrale Stellung Lévinas'schen Denkens für die Analyse sozialen und politischen Handelns, sowie für eine *démocratie à venir* hervor (III.3.1.).[7] Schließlich wird – nach der Reflexion über die Genese des Handelns und der Entscheidung – die radikale und plurale Demokratie selbst als ein hegemonialer Block dargestellt und näher nach den aktuellen kollektiven Subjekten gefragt, die die Möglichkeiten einer hegemoniellen Veränderung

---

[7] Wenn im folgenden an mancher Stelle nur von Ernesto Laclau die Rede sein wird, soll damit impliziert sein, dass dies »seine« Position darstellt, die von ihm allein – zumindest den Werken nach – vertreten wird und nicht mit der von Chantal Mouffe übereinstimmen muss.

aktueller Politik bereit halten (III.4.).[8] Dieses Kapitel näht das textuelle Band zwischen Hegemonietheorie und der Betrachtung des Butler'schen Feminismus und der Queer-Bewegung.

1. Eckpfeiler einer Theorie der Hegemonie

Im Folgenden wird es darum gehen, sowohl den Begriff der Artikulation als auch den Begriff des Diskurses sowie seine Verwendung bei Laclau und Mouffe zu erörtern. Wenn eine Verbindung zwischen diskursiven Momenten entsteht, bildet sich eine Artikulation, wobei die Beziehung der diskursiven Momente jedoch nicht vorgegeben, sondern kontingent ist. So kann sich beispielsweise ein feministischer Diskurs mit einem sozialistischen Diskurs verbinden. Der dadurch zustande gekommene Diskurs verändert dabei die Bedeutung der zwei artikulierten Momente (Feminismus, Sozialismus) zu einer neuen Artikulation (zum Beispiel sozialistischer Feminismus). Diese Beziehung ist deshalb kontingent, weil Feminismus und Sozialismus nicht notwendigerweise verknüpft werden müssen; das heißt, bei einer Artikulation bestehen mehrere Möglichkeiten ein Sinnmoment herzustellen.

Jeder Diskurs hat ein konstitutives Außen, das an der Grenze des Diskurses erscheint. Die Grenzen der Diskurse bezeichnen Laclau und Mouffe als *antagonistische* Grenzen. Mit dem Begriff des Antagonismus erklären sie die *Beziehung* zwischen Außen und Identität (vgl. Stäheli 1999, 150). Laclau und Mouffe versuchen zu zeigen, wie in antagonistischen Konflikten Identitäten produziert und die jeweiligen Interessen konstruiert werden (vgl. Stäheli 1999, 151). Dies bedeutet, dass die beiden Konfliktparteien sich über ihre *Beziehung* zueinander konstituieren. Der Andere ist dabei einerseits die Bedingung der Unmöglichkeit der Identität, sich zu schließen, andererseits aber auch die Bedingung der Möglichkeit für die Selbstdefinition (vgl. Kapitel III.1.2.). Das Wechselspiel zwischen notwendigem Außen und Identität erörtern Laclau und Mouffe mit den Logiken der Differenz und der Äquivalenz, letzteres meint die Schließung eines Diskurses bzw. einer Identität mittels eines *Knotenpunkts*.

Da die Prozesse der Artikulation und der Antagonismen keine subjektlosen Abläufe sind, wird es notwendig, die Frage nach den sozialen Akteuren und ihrer Theoretisierung zu stellen. Es wird sich zeigen, dass Laclau und Mouffe von

---

8 Neuste Formationen sind die sogenannten Globalisierungskritikerinnen und -kritiker, die jedoch nicht mehr behandelt werden konnten. Aber es dürfte nicht allzu schwer sein, die vorgestellten Theorien auch hier analytisch anzuwenden.

einem wechselseitigen Prozess zwischen *Subjekt* und *Subjektpositionen* ausgehen (vgl. Stäheli 1999, 155f). Nachdem all diese zentralen Bestandteile der politischen Theorie von Laclau und Mouffe erörtert worden sind, werden die Grundbegriffe anhand einer praxisorientierten Dimension am Beispiel des Äquivalenzverhältnisses »Sexualität« dargestellt. Die Konstruktion von Äquivalenzverhältnissen begreifen Laclau und Mouffe als Aufgabe einer hegemoniellen Politik. Wie eine hegemonielle Formation gebildet wird, soll am Ende dieses dritten Kapitels erläutert werden (Kapitel III.1.3.).

1.1. Diskurs, Artikulation und die Unmöglichkeit von Gesellschaft

Ein wichtiger theoretischer Bestandteil des postmarxistischen Ansatzes von Ernesto Laclau und Chantal Mouffe stellt der Begriff des *Diskurses* bzw. der *diskursiven Formation* von Michel Foucault dar, wie Foucault ihn in der »Archäologie des Wissens« (Foucault 1973) konzipiert hatte; der Begriff wird im weiteren Verlauf der Theoretisierung von Laclau und Mouffe überschritten. Nach Foucault besteht ein Diskurs – zumindest in der »Archäologie des Wissens« – aus einer »Menge von Aussagen, die einem gleichen Formationssystem zugehören.« (Foucault 1973, 156) Ein Diskurs bzw. eine diskursive Formation ist durch ihre Regelmäßigkeit der Verstreuung der Aussagen charakterisiert. Diskurse sind Gebilde, Redemengen und Redepraktiken, die Aussagen einrahmen, strukturieren und hervorbringen – geregelte Formationen. Doch was ist eine Aussage? Unter Aussagen (énoncé) versteht Foucault weder eine Proposition bzw. eine deskriptive Aussage noch den grammatischen Satz bzw. eine grammatikalische Einheit oder einen Sprechakt. Aussagen sind an Zeit und Raum gebunden, sie sind die »völlig individualisierte, kontingente, anonyme und ebenso knappe Materialität des zu einer bestimmten Zeit und an einem bestimmten Ort wirklich Gesagten [...].« (Fink-Eitel 1989, 58) Aussagen sind deshalb weder als Ausdruck des Willens eines konkreten Subjekts noch als Ausdruck eines transzendentalen Subjekts zu verstehen. Den einzelnen Aussagen kommen an sich keine Bedeutungen zu. Die Bedeutungen erhalten Aussagen erst durch ihre relationale Anordnung innerhalb eines Ensembles von Regeln, d.h. innerhalb eines Diskurses. Die Formationsregeln weisen den Aussagen und auch dem sie durchführenden Subjekt eine Position im jeweiligen Diskurs zu, soweit der Diskurs an sie angeschlossen ist. Dabei wäre es jedoch verfehlt, dem Subjekt einen vor-diskursiven Status zuzuweisen, sondern dieses Subjekt entsteht erst durch den Akt seiner Positionierung ausgehend vom Diskurs.[9]

---

9   Ebenso wie die Aussagen wird eine diskursive Formation weder durch eine logische Kohärenz ihrer Aussagen noch durch ein Apriori eines transzendentalen Subjekts noch durch eine intentio-

Ein Diskurs ist ein *Ensemble differentieller Positionen* ohne vereinheitlichendes Prinzip; ein Ensemble, das durch den *relationalen Charakter aller Momente* gesichert wird. Davon ausgehend bedeutet Diskursanalyse, dass nicht versucht wird, die »wahren Dinge« zu entdecken, sondern eine Freilegung des Ensembles der Regeln stattfindet. Nicht der Inhalt, die vermeintliche Substanz oder die Wahrheit, sondern die Codes, Taxinomien oder Regeln, mittels derer die Wahrheit oder Inhalte erst entstehen, definiert und institutionalisiert werden, bilden das Erkenntnisinteresse der Diskursanalyse. Es wird noch deutlich werden, dass sich der Begriff des Diskurses grundlegend von einer Definition im Habermas'schen Sinne unterscheidet, der diesen Begriff auf die Artikulierung und die Kommunikation von Geltungsansprüchen bezieht. Hinter dem Diskurs steht kein Subjekt bzw. kein Autor, der ihn initiiert.

Der *Diskurs* ist Laclau und Mouffe zufolge durch ein Ensemble differentieller Positionen und ihrer Regelmäßigkeit gekennzeichnet, die Bedeutungen in einem »Feld der Diskursivität« (Laclau und Mouffe 1991, 163) hervorbringen. Jedes System differentieller Momente (Diskurs, Kontext, Text etc.) ist eine partielle Begrenzung eines »Bedeutungsüberschusses«, der es potentiell überschreitet. Das *Feld der Diskursivität* ist das Terrain, das sowohl den notwendigen diskursiven Charakter jedes Objekts als auch die Unmöglichkeit jedweder endgültigen Schließung (Naht) eines Diskurses beschreiben soll (vgl. Laclau und Mouffe 1991, 163). Auf dem Feld der Diskursivität entsteht die Bedeutung der sozialen Praktiken und Objekte (sowie das Scheitern von Sinn). Laclau und Mouffe erweitern den Diskursbegriff über eine rein linguistische Definition hinaus in Richtung einer Analyse der sozialen und politischen Diskurs- bzw. Signifikationslogik. Insofern ist es nicht nur der Aspekt der Machtverhältnisse, der die Foucault'sche Diskursanalyse für die Sozialwissenschaften attraktiv macht, sondern die Logik der Bedeutungsherstellung durch differentielle Signifikantenketten selbst.

Laclau und Mouffe gehen in ihrem diskurstheoretischen Ansatz über Foucault hinaus, denn dieser behält ihrer Meinung nach eine inkonsistente Unterscheidung zwischen diskursiven und nicht-diskursiven Praxen bei (vgl. Laclau und Mouffe 1991, 157).[10] So kreist die Frage bei Foucault darum, ob nicht-diskursive Prakti-

---

nales, sinnstiftendes Subjekt oder durch die Kohärenz der Erfahrung vereinheitlicht (vgl. Laclau und Mouffe 1991, 155).

10 Diese Bewertung des Foucault'schen Werkes ist jedoch nicht unstrittig. Foucault's Unterscheidung zwischen diskursiven und nicht-diskursiven Praktiken ist selbst nicht kohärent bzw. ist im Laufe der Zeit immer wieder modifiziert worden, insbesondere dort, wo vielmehr von Macht als von Diskurs die Rede ist (vgl. Foucault 1977*b*). Zu theoretischen Verschiebungen der Beziehung von diskursiven und nicht-diskursiven Praktiken vgl. auch Lemke (1997, 46ff). Vgl. auch Waldenfels (1991, 280ff), wo über die angesprochene Problematik der nicht-diskursiven Praktiken hinaus verschiedene Formen des Außen (an der Grenze von Diskursen) erläutert werden.

ken (Institutionen, Techniken, Materialitäten) die diskursiven bestimmen oder ob im umgekehrten Sinne die diskursiven Praktiken die nicht-diskursiven leiten. Sind Diskurse nur als Verknappungen und Organisationen von nicht-diskursiven Praxen anzusehen, also Produkte einer repressiven Praxis? Oder sind Diskurse selbst Produkte einer strategisch-produktiven Macht (vgl. Foucault 1977*b*)? Beinhalten die »Dispositive der Macht« nicht sowohl diskursive wie nicht-diskursive Praktiken? Und ist diese Macht nicht selbst wieder ein Produkt und Instrument des Diskurses (vgl. Foucault 1977*b*, 122)? Diese – gerade für die Sozialwissenschaften bedeutenden Fragen – versuchen Laclau und Mouffe folgendermaßen zu lösen:

> »Unsere Analyse verwirft die Unterscheidung zwischen diskursiven und nicht-diskursiven Praxen und behauptet, daß zum einen sich jedes Objekt insofern als Objekt eines Diskurses konstituiert, als kein Objekt außerhalb jeglicher diskursiver Bedingungen des Auftauchens gegeben ist und zum anderen jede Unterscheidung von gewöhnlich linguistisch und behavioristisch bezeichneten Aspekten gesellschaftlicher Praxis entweder eine falsche Unterscheidung ist oder als eine Differenzierung innerhalb der sich in verschiedene diskursive Totalitäten strukturierenden gesellschaftlichen Sinnproduktion verortet werden sollte.« (Laclau und Mouffe 1991, 157)

Anders gesagt heißt das: Das Diskursive beinhaltet bei ihnen nicht nur die diskursiven, sondern auch die nicht-diskursiven Praxen, da auch die als nicht-diskursiv bezeichneten Praktiken in ihren Bedeutungen notwendigerweise mittels einer Beziehung zu anderen Objekten bestimmt werden und diskursiv ausgedrückt werden müssen. Folglich lässt sich das Diskursive nicht allein auf Sprache reduzieren: *Jegliche* soziale Relation ist sinnhaft, trägt und stellt Bedeutung her.

Wie wird diese These begründet? Laclau und Mouffe geben folgendes Beispiel: Ein Erdbeben oder der Fall eines Steins sind Ereignisse, die ohne einen subjektiven Willen stattfinden. Ob man sie in Form von »natürlicher Phänomenalität« begreift oder ob sie vielleicht als »Zorn Gottes« konstruiert werden, ist abhängig von der Strukturierung des diskursiven Feldes. »Nicht die Existenz von Gegenständen außerhalb unseres Denkens wird bestritten, sondern die ganz andere Behauptung, daß sie sich außerhalb jeder diskursiven Bedingung des Auftauchens als Gegenstände konstituieren könnten.« (Laclau und Mouffe 1991, 158)

Missverständnisse bezüglich des notwendig diskursiven Charakters von sozialen Prozessen beruhen auf der Vorstellung, dass das Diskursive lediglich einen *geistigen* Charakter besitze. Laclau und Mouffe verstehen ihre Theorie als *materialistische Theorie*, das heißt, sie kritisieren ein Denken, das von einer natürlichen Gegebenheit der Dinge ausgeht und das nicht die Geschichtlichkeit und Gesellschaftlichkeit berücksichtigt. Sie betonen den *materiellen* Charakter der diskursiven Strukturen, was wiederum bedeutet, dass materielle »Realität« selbst Produkt eines Konstitutionsprozesses ist. Genau in diesem offenen Charakter der Gesellschaft liegt auch die Möglichkeit ihrer Veränderung. Ihre weitere Begründung dessen, dass die sprachlichen und nicht-sprachlichen Elemente zusammen ein differentielles und strukturelles System von Positionen (d.h. einen Diskurs) bilden, verläuft unter Rückgriff auf die Sprachspiele Wittgensteins. Hier seien zwei Beispiele genannt, das eine aus dem Buch »New Reflections on the Revolution of Our Times« (Laclau 1990), das andere aus »Hegemonie und radikale Demokratie«: Wird auf der Straße oder in einem Fußballspiel ein kugelförmiger Gegenstand getreten, dann ist der physikalische Ablauf der gleiche, aber die Bedeutung ist eine andere. Der Gegenstand ist nur dann ein Fußball, wenn er sich in einem System von Relationen mit anderen Objekten befindet (Fußballfeld, Stadion etc.), und diese Relationen sind nicht aus den einzelnen Objekten heraus gegeben (im Sinne eines Signifikats), sondern vielmehr eine soziale Konstruktion (vgl. Laclau 1990, 100).[11] Ein kugelförmiger Gegenstand ist nur dann ein Fußball, wenn die Arrangements und Objekte um ihn herum ihn als solchen performativ definieren, wobei die Beziehungen keineswegs durch die bloße Materialität der Objekte vorgegeben ist.[12]

Das zweite Beispiel betrifft einen Bau aus Steinen. Dabei sind Würfel, Säulen, Bauplatten und Balken vorhanden. Die Person A sei diejenige, die den Bau ausführt. Person B ist diejenige, die A der Reihe nach die Bausteine anreicht, so wie A sie benötigt. Beide bedienen sich einer Sprache, die die Wörter »Würfel«, »Säule« etc. verwendet. A ruft diese Wörter aus und B bringt den Stein, den sie gelernt hat, auf diesen Ruf hin zu bringen (vgl. Laclau und Mouffe 1991, 159). Das Beispiel verdeutlicht, dass die materiellen Eigenschaften der Gegenstände (sowie die nicht-sprachliche Handlung des Heranreichens) selbst Teil der Sprachspiele sind.

»Was eine differentielle Position und deshalb eine relationale Identität mit bestimmten sprachlichen Elementen konstituiert, ist nicht die Idee eines Bausteins oder einer Platte als solche. (Die Verbindung von Ideen ›Bausteins‹ hat bisher – soviel wir wissen – nicht zum Bau irgendeines Gebäudes ausgereicht.) Die sprachlichen und nicht-sprachlichen Elemente werden nicht bloß nebeneinander gestellt, sondern konstituieren ein differentielles und strukturiertes System von Positionen, das heißt einen Diskurs. Die differentiellen Positionen erhalten deshalb eine Verstreuung ganz verschiedener materieller Elemente.« (Laclau und Mouffe 1991, 159)

---

11 »Even if we assume, that there is a strict equation between the social and the discursive, what can we say about the natural world, about the facts of physics, biology or astronomy that are not apparently integrated in meaningful totalities constructed by men? The answer is that natural facts are also discursive facts. And they are so for the simple reason that the idea of nature is not something that is already there, to be read from the appearances of things, but is itself the result of a slow and complex historical and social construction. To call something a natural object is a way of conceiving it that depends upon a classificatory system.« (Laclau 1990, 102)
12 An dieser Stelle sei Dirk Jörke gedankt, der mit zahlreichen Tips, seiner Magisterarbeit, auf die an dieser Stelle zurückgegriffen wurde, und mit seiner Lektüre dieser Arbeit dem Autor zur Seite stand und auf dieses Beispiel aufmerksam machte. Vgl. zu diesem Beispiel auch Kaltenecker (1999).

Insofern unterliegen auch Institutionen dem Diskursiven; sie haben ihre Bedeutung nur aufgrund ihres relationalen Charakters und sind selbst ein Ensemble differentieller Positionen.[13]

Die Elemente und Identitäten sind der Hegemonietheorie nach *überdeterminiert*. Laclau und Mouffe entnehmen den Begriff der Überdeterminierung von Louis Althusser und versuchen dessen Bedeutung für ihren radikal-demokratischen Ansatz weiter zu entwickeln (vgl. Laclau und Mouffe 1991, 144f). Der Begriff der Überdeterminierung wurde von Althusser selbst der Freud'schen Psychoanalyse entliehen.[14] So bezeichnet die Überdeterminierung einen bestimmten Prozess des »Verschmelzens«, durch den Symptome auf verschiedene, das heißt wenigstens zwei Elemente verweisen. Im vorliegenden Kontext bedeutet dies, dass keine Identität völlig fixiert und endgültig geschlossen werden kann. Überdeterminierung bedeutet, dass alle Elemente eines Diskurses Spuren in den anderen Elementen haben. Dies entspricht der Derrida'schen Auffassung, dass es keine reinen, geschlossenen Signifikanten gibt, sondern sich gegenseitig konstituierende Differenzen und Spuren von Spuren. Damit wird die Möglichkeit aufgegeben, das Spiel der Differenzen wie im Strukturalismus auf eine zugrunde liegende *zentrale* Bedeutungsinstanz zu fixieren.

Der Prozess des Verschmelzens durch die Überdeterminierung ist jedoch nicht eine beliebige Form von Multikausalität, sondern »ist im Feld des Symbolischen konstituiert und hat außerhalb davon überhaupt keine Bedeutung. Infolgedessen liegt die weitreichendste *potentielle* Bedeutung von Althussers Aussage, daß alles, was im Sozialen existiert, überdeterminiert ist, in der Behauptung, daß das Soziale sich als symbolische Ordnung konstituiert.« (Laclau und Mouffe 1991, 145) Die gesellschaftlichen Verhältnisse können aufgrund ihres überdeterminierten Charakters nicht auf ein immanentes Gesetz reduziert werden. Ferner haben die Gesellschaft und die sozialen Akteure kein Wesen, und ihre »Regelmäßigkeiten bestehen lediglich aus den relativen und prekären Formen der Fixierung, die die Errichtung einer bestimmten Ordnung mit sich bringt.« (Laclau und Mouffe 1991, 145)[15]

---

13 Dass diese Auffassung vom Diskursiven nicht einem Marx'schen Materialismus widerspricht, legen Laclau und Mouffe unter Bezugnahme auf die Logik des Prozesses der Warenproduktion und der Analyse der Wertform dar, die eine strikte soziale Logik darstellt, die sich durch die Errichtung eines Äquivalenzverhältnisses zwischen stofflich heterogenen Gegenständen durchsetzt (vgl. Laclau und Mouffe 1991, 277). Die verschiedenen Seiten und deren verschiedenen Gebrauchsweisen der Dinge zu entdecken ist deshalb geschichtliche Tat, wie Marx am Anfang des *Kapitals* im Gegensatz zu einem, den Dingen intrinsischen Wert (Barbon) (vgl. Marx 1972, 50) betont. Vgl. auch das Beispiel des Baus einer Wachszelle der Bienen im Kapitel über den Arbeitsprozess auf Seite 192 des *Kapitals*.

14 Zum Begriff der Überdeterminierung (als auch einer Verwendung des Begriffs des Knotenpunktes) vgl. Freud (1991, 290).

15 Der Begriff der symbolischen Ordnung verdankt sich der psychoanalytischen Theorie von Jacques

Ausgehend von der dekonstruktiven Lektüre und Kritik an jeder Art endgültiger Fixiertheit und vollständiger Präsenz von diskursiven Formationen ergibt sich die Vorstellung eines unvollständigen, offenen und politisch verhandelbaren Charakters jeder Identität. Dies führt weder zu einem Essentialismus der Totalität noch zu einem Essentialismus der Elemente. Denn aus der Logik der Überdeterminierung folgt, dass jedes soziale Element seine Identität nicht durch eine buchstäbliche Wirklichkeit erhält, sondern durch seine relationale Positionierung innerhalb einer Signifikantenkette mit unzähligen Querverweisen. Wie ereignet sich jedoch eine Positionierung? Laclau und Mouffe erklären dies anhand des Begriffs der *Artikulation*.

Diskurse sind strukturierte, partiell geschlossene Formationen, die aus *artikulatorischen Praktiken* hervorgehen. Durch die artikulatorische Praxis werden die frei flottierenden Elemente bearbeitet und zu einer diskursiven Formation gebracht, das heißt sie werden von Elementen zu *Momenten* innerhalb einer relationalen Struktur transformiert (vgl. Laclau und Mouffe 1991, 155). Laclau und Mouffe beschreiben diesen Prozess mit dem Begriff der Artikulation:

> »Im Kontext dieser Diskussion bezeichnen wir als *Artikulation* jede Praxis, die eine Beziehung zwischen Elementen so etabliert, daß ihre Identität als Resultat einer artikulatorischen Praxis modifiziert wird. Die aus der artikulatorischen Praxis hervorgehende strukturierte Totalität nennen wir *Diskurs*. Die differentiellen Positionen, sofern sie innerhalb eines Diskurses artikuliert erscheinen, nennen wir *Momente*. Demgegenüber bezeichnen wir jede Differenz, die nicht diskursiv artikuliert ist, als *Element*.« (Laclau und Mouffe 1991, 155)

Der Übergang vom Element zum Moment ist niemals vollständig vollzogen. Eine Identität sowie der gesamte Diskurs sind nie gänzlich fixiert. Aufgrund der Überdeterminierung kann jedes Element auch Teil eines anderen Diskurses uns somit überdeterminiert sein.[16] Die Elemente haben den Status von »frei flottierende Signifikanten« (vgl. Lévi-Strauss 1999, 39) und bekommen durch die artikulatorische Praxis in einer Struktur eine Bedeutung (Signifikat) (vgl. Laclau und Mouffe 1991, 165). Ein Beispiel für die Artikulation eines flottierenden Signifikanten ist Laclau zufolge der Signifikant »Demokratie« (vgl. Laclau 1990, 28).

Lacan. Insbesondere Ernesto Laclau hat in späteren Arbeiten die begrifflichen Beziehungen zwischen der »Radikaldemokratie-Theorie« und der Lacan'schen Psychoanalyse weiter verfolgt. Vgl. dazu Laclau (1990, 93ff) und Laclau, Butler und Žižek (2000). Infolge einer Vereinfachung könnte man das, was mit symbolischer Ordnung beschrieben wird, mit dem vergleichen, was im Kapitel II. mit »Text« beschrieben wurde, sozusagen die Gesamtheit der Strukturen oder der Signifikantenketten. Vielleicht sollte man aber lieber von einer signifikanten und nicht von einer symbolischen Ordnung sprechen, da das Wort »Symbol« fast immer schon eine Beziehung von Bezeichnendem und Bezeichnetem, Signifikant und Signifikat ausdrückt.

16 Insofern kommt ein »Niemandsland« (vgl. Lévinas 1988c, 67) – vgl. auch Kapitel II. – zum Vorschein, das die artikulatorische Praxis erst ermöglicht (vgl. Laclau und Mouffe 1991, 162).

Der Signifikant »Demokratie« kann in einer artikulatorischen Praxis innerhalb des diskursiven Rahmens eines »Anti-Faschismus« eine gänzlich andere (momentane) Bedeutung erwerben als im Rahmen eines »Anti-Kommunismus«, insofern ist keine Bedeutung von vornherein fixiert. »The field of the social could thus be regarded as a trench war in which different political projects strive to articulate a greater number of social signifiers around themselves. The open nature of the social would stem from the impossibility of managing a total fixity.« (Laclau 1990, 28)

Die Offenheit, Dynamik und Dezentralisierung ermöglicht eine artikulatorische Praxis, wobei eine totale Geschlossenheit die Gesellschaft zu einer »genähten und selbstdefinierten Totalität« (Laclau und Mouffe 1991, 162) machen würde. Da es aber Offenheit nur geben kann, wenn es auch Fixiertheit gibt, betonen Laclau und Mouffe die unauflösliche Spannung zwischen Interiorität und Exteriorität, was soviel bedeutet, dass weder absolute Fixiertheit noch absolute Nicht-Fixiertheit möglich ist (vgl. Laclau und Mouffe 1991, 163). Diese Spannung lässt sich zusammenfassend als eine Unentscheidbarkeit zwischen Notwendigkeit und Kontingenz beschreiben: Jegliche Identität hängt von *kontingenten* historischen Beziehungen und Machtverhältnissen zwischen verschiedenen Kräften ab, die nicht auf eine einheitliche Logik oder einen letzten Ursprung zurückgeführt werden können. Diese Beziehungen sind aber für die Existenz einer Identität *notwendig*. Die vollständige Fixiertheit einer Identität wird durch ein konstitutives Außen blockiert und zeigt dadurch die *Kontingenz* der Identität. Die Identität ist relational und würde darum außerhalb einer Beziehung zum Anderen nicht das sein, was sie ist. Die Relation der Elemente untereinander und zum konstitutiven Außen sind somit gleichsam die Bedingungen der Existenz der Identität; sie sind deshalb *notwendig*. Jenseits einer strikten notwendigen Determinierung von Identitäten (abgeleitet von einer notwendigen Struktur), eröffnet diese Verknüpfung von Kontingenz und Notwendigkeit eine Verbindung, die eine Situation radikaler Unentscheidbarkeit in der objektiven Struktur erscheinen lässt. Für die Identität ist dieser Moment der Unentscheidbarkeit *konstitutiv* (vgl. Laclau 1990, 27).

Alle Fixierungen des Diskursiven oder von Identitäten sind immer nur partielle Positionierungen, die niemals *völlig* fixiert werden können, sondern von einem Bedeutungsüberschuss bzw. einer Überdeterminierung untergraben werden (vgl. Laclau und Mouffe 1991, 163). Aus diesem Grund wird von der *Unmöglichkeit* eines jeden Diskurses ausgegangen, eine endgültige *Naht* zu bewerkstelligen (vgl. Laclau und Mouffe 1991, 163).[17] Die Momente können nicht vollständig fixiert

---

17 Zum Begriff der Naht, der der Psychoanalyse entnommen ist vgl. Laclau und Mouffe (1991, 270), Fußnote 1.

werden, denn jeder Diskurs ist im Feld der Diskursivität dem Wirkungsbereich anderer diskursiver Formationen ausgesetzt, die seine Struktur verändern, so dass keine endgültige Bedeutungsfixierung stattfinden kann.[18] Dies bedeutet allerdings nicht, dass es überhaupt keine Fixierungen geben kann: »Die Unmöglichkeit einer endgültigen Fixierung von Bedeutung impliziert, daß es partielle Fixierungen geben muß – ansonsten wäre das Fließen der Differenzen selbst unmöglich. Gerade um sich zu unterscheiden, muß es *eine* Bedeutung geben.« (Laclau und Mouffe 1991, 164)[19]

Die temporären Festlegungen können durch Bedeutungüberschüsse zersetzt und allgemein dekonstruiert werden. Aus diesem Grund ist die politische und soziale Produktion des Diskursiven niemals beendet, sondern ein fortlaufender Prozess der Artikulation, wodurch immer wieder neue partielle Bedeutungen und Sinnzusammenhänge (und damit auch Sinnzusammenbrüche (vgl. Stäheli 2000c)) entstehen. Diese Produktion von Bedeutung bzw. die artikulatorische Praxis geschieht durch die partielle Fixierung mittels der Konstitution von *Knotenpunkten* (vgl. Laclau und Mouffe 1991, 165).[20] Diese rhizomatischen Knotenpunkte, selber Signifikanten, die die Rolle einer zeitweiligen Schließungsfunktion übernehmen, sind niemals völlig geschlossen, sondern selbst dem Wandel der Bedeutung ausgesetzt.[21] Insofern kann es nur eine geschlossene Struktur in dem vergeblichen Streben (Begehren) nach derselben geben. Laclau und Mouffe fassen die Beschreibung der artikulatorischen Praxis wie folgt zusammen:

> »Die Gesellschaft kann niemals mit sich selbst identisch sein, da jeder Knotenpunkt in einer überflutenden Intertextualität konstituiert ist. *Die Praxis der Artikulation besteht deshalb in der Konstruktion von Knotenpunkten, die Bedeutung teilweise fixieren. Der partielle Charakter dieser Fixierung geht aus der Offenheit des Sozialen hervor, die ihrerseits wieder ein Resultat der beständigen Überflutung eines jeden Diskurses durch die Unendlichkeit des Feldes der Diskursivität ist.*« (Laclau und Mouffe 1991, 165)

Das *Soziale* selbst ist das Produkt von Artikulationen; das Ergebnis artikulatorischer Praktiken, die bestimmte diskursive Praktiken und Formationen erzeugen. »Gesellschaft« ist aus dieser Sicht unmöglich: »›Society‹ as a unitary and intelli-

---

18 Zur Untermauerung dieser These verweisen Laclau und Mouffe auf Derrida (1997d, 424).
19 Deshalb kann in diesem Ansatz nicht von einer Leugnung von Identitäten gesprochen werden. Vielmehr gibt es Identitäten; aber sie sind weder auf einen letzten Grund zurückführbar noch jemals abgeschlossene Prozesse.
20 »Wir werden die privilegierten diskursiven Punkte dieser partiellen Fixierung *Knotenpunkte* nennen. (Lacan hat diese partiellen Fixierungen mit seinem Begriff der *points de capiton* – Stepp-Punkte – hervorgehoben, das heißt privilegierte Signifikanten, die die Bedeutung einer Signifikantenkette fixieren. Diese Beschränkung der Produktivität der Signifikantenkette erzeugt jene Positionen, die Aussagen möglich machen – ein Diskurs, der keine Fixiertheit von Bedeutung erzeugen kann, ist der Diskurs des Psychotikers).« (Laclau und Mouffe 1991, 164)
21 Zur Figur des Rhizoms vgl. Deleuze und Guattari (1977).

gible object which ground its own partial processes is an impossibility.« (Laclau 1990, 90) Laclau und Mouffe wenden somit den Begriff des »konstitutiven Außen« auch auf die Analyse des Sozialen und von Gesellschaft an. Wie Urs Stäheli, auf dessen Überlegungen im Folgenden zurückgegriffen wird, verdeutlicht, bedeutet die Unmöglichkeit von Gesellschaft soviel, »dass Gesellschaft immer auf einem Außen beruht, das sich in ihr als Dislokation und Bruch zeigt« (Stäheli 2000b, 34). Gesellschaft zerfalle nicht in »diskursive Streuungsverhältnisse«, Fragmentierungen oder kleine geschlossene Elemente, sondern ist der »fehlschlagende Versuch«, eine einheitliche Geschlossenheit zu etablieren und ist deswegen in einem strengen Sinne unmöglich (vgl. Stäheli 2000b, 34). Die Konzeption von »Gesellschaft« als fundierende Totalität wird dabei aufgegeben, nicht aber das *Soziale*, welches als ein Gewebe und eine Serie von heterogenen diskursiven Praktiken bezeichnet wird (vgl. Stäheli 2000b, 35).[22] Nicht das Wesen des Sozialen soll analysiert werden, sondern die Frage, wie das Soziale über Sinnprozesse hergestellt wird und wie mit Sinnzusammenbrüchen umgegangen wird (vgl. Stäheli 2000b, 35). Wie wird mittels der verschiedenen diksursiven Praktiken versucht, Gesellschaft zu konstituieren? Das Terrain, auf dem das Soziale instituiert wird, ist das Terrain der Spannung zwischen Fixiertheit und Nicht-Fixiertheit, zwischen Interiorität und Exteriorität und deren übergeordneten, nicht-geschlossenen Kontexten: Das Feld der Unentscheidbarkeit.

Die artikulatorischen Praxen, die in einem unentscheidbaren Verhältnis zueinander stehen, werden von Laclau und Mouffe als *das Politische* bezeichnet. Das Politische ist demnach das gesamte Feld der verschiedenen und unentscheidbaren Diskurse. Politik hingegen ist die »Praxis des Erzeugens, der Reproduktion und Transformation sozialer Verhältnisse« (Laclau und Mouffe 1991, 212); Politik ist die Produktion bzw. Artikulation von Diskursen, die zu antagonistischen Verhältnissen generieren können. Politik kann nicht auf einer gemeinsamen Ebene mit dem Gesellschaftlichen verortet werden, da »das Problem des Politischen das Problem der Einrichtung des Sozialen ist, das heißt der Definition und Artikulation sozialer Beziehungen auf einem kreuz und quer von Antagonismen durchzogenen Feld.« (Laclau und Mouffe 1991, 212) Auf dem Terrain des Politischen werden durch Politik soziale Verhältnisse konstituiert.[23] Das Politische ist damit nicht auf einer bestimmten gesellschaftlichen Ebene wie zum Beispiel dem Staat oder der Öffentlichkeit angesiedelt. Die liberale Trennung zwischen öffentlicher Sphäre als das Politische und dem Privaten als die nicht-politische Sphäre ist nach dieser

---

22 Das Soziale wird somit gleichbedeutend mit dem Diskursiven; es ist strukturiert *wie* eine Sprache, was nicht das gleiche ist, wie zu sagen, es wäre Sprache.
23 Der Beschreibung des Politischen, das auch hier im Sinne einer Unentscheidbarkeit auftritt, wird in einem eigenen Kapitel nachgegangen (III.2.). Vgl. auch Dyrberg (1998).

Auffassung selbst eine Manifestation des Politischen qua hegemonieller Artikulation – ist also selbst Ergebnis von Politik; die spezifische Trennung in öffentlich und privat ist ein Ausdruck von Machtverhältnissen, die zum Beispiel bestimmte Bevölkerungsgruppen (wie zum Beispiel Frauen) von der Selbstregierung der Gesellschaft fernhielt (vgl. Pateman 1989*a*). Die Konstruktion eines Diskurssystems (und jeder sozialen Identität) ist demzufolge nach Laclau und Mouffe ein Produkt von Machtverhältnissen, die sich jedoch nicht auf ein transzendentales Subjekt rückbeziehen können.[24] Laclau und Mouffe stellen mit ihrer These der Unmöglichkeit von Gesellschaft diejenigen Gesellschaftsbegriffe in Frage, die diese als sich selbst reproduzierende Kohärenz oder Transparenz denken. Ihrer Ansicht nach ist Gesellschaft auf einem Außen und auf Antagonismen gegründet, die zeigen, dass Gesellschaft nicht einheitlich gedacht werden kann. Oder mit den Worten des Soziologen Armin Nassehi ausgedrückt: »Die Konzeption von Gesellschaft als normativ integriertem, durch *gesellschaftliche Gemeinschaft* harmonisiertem Zusammenhang dürfte den soziologischen Blick lange darauf verstellt haben, daß die moderne Gesellschaft in erster Linie durch Differenz denn durch Identität geprägt ist.« (Nassehi 1995, 453) Der Knotenpunkt, der die Einheit von Gesellschaft »näht«, kann nach Laclau und Mouffe immer wieder aufgehen, wobei dann neue Unentscheidbarkeiten entstehen. Wenn von Laclau und Mouffe behauptet wird, Gesellschaft gründe sich auf Antagonismen, so bedeutet dies nicht nur, dass verschiedene Gruppen sich in der Gesellschaft einander gegenüberstehen, sondern vor allem, dass die antagonistischen Konflikte, die durch Einbruch des Außen entstehen, überhaupt erst Gesellschaft instituieren. Im Vordergrund ihres theoretischen Interesses stehen somit die Bedingungen von Gesellschaft, sich *als solche* zum Beispiel durch Ausschluss zu gründen. Das kann zum Beispiel dazu führen, dass insbesondere die Grenzenziehungsprozesse von Gesellschaft interessant werden. Wie werden Grenzen der Gesellschaft durch ein schematisiertes Außen gezogen, das sich zum Beispiel in rassistischen Objektivierungen des Anderen oder in der sozialen Konstruktion des Fremden ausdrücken kann?[25] Und ferner führt dies zur

---

24 »Einerseits erlaubt der offene und unvollständige Charakter jeder sozialen Identität ihre Artikulation zu verschiedenen historisch-diskursiven Formationen, das heißt zu »Blöcken« im Sinne Sorels und Gramscis; andererseits ist die Identität der artikulatorischen Kraft ausschließlich auf dem Feld der Diskursivität konstituiert, dies eliminiert jede Referenz auf ein transzendentales oder ursprüngliches Subjekts.« (Laclau und Mouffe 1991, 166) Der Begriff der »Machtverhältnisse« wird insbesondere in Kapitel IV. aufgegriffen und anhand der Foucault'schen Machtanalyse erläutert.
25 Dies ist die Situation, wenn der Andere, der den Sinnhorizont der sozialen Ordnung (des Eigenen) überschreitet bzw. nicht völlig in der Sinnhaftigkeit des Systems aufgeht, als etwas bestimmtes typisiert und repräsentierbar wird, um seine gespensterhafte Unsichtbarkeit sichtbar werden zu lassen und die Stabilität des Systems zu sichern. Er wird zu einer Unterscheidung im System selbst. Aus einer diskursanalytischen und Lévinas'schen Sicht kann das Außen aber nicht vollständig in das System integriert werden, sondern geht über diese Repräsentation hinaus und bezeichnet so

Auffassung, dass Gesellschaft keine Sammlung von *In-Groups* bezeichnet, die sich durch interne, einheitliche Strukturen auszeichnen: Jedes Element sowie jede soziale Struktur innerhalb von Gesellschaft ist differentiell.

Die verschiedenen sozialen Ordnungen sind dabei letztlich die »prekären« und verfehlten Versuche, das Feld der Differenzen zu zähmen (vgl. Laclau und Mouffe 1991, 142). Das Soziale hat kein Wesen, weil es keinen endgültig geschlossenen bzw. »genähten« Raum der Gesellschaft gibt; das Soziale ist selbst diskursiv. Von Laclau und Mouffe wird ein spezifischer Begriff von Gesellschaft in Frage gestellt, der diese als transparente und autopoietische Einheit denkt. Darum schlagen sie eine Theorie vor, die von (der Produktion von) Antagonismen ausgeht, die die Grenzen des Sozialen markieren.[26] Es richtet sich eigentlich die erste Frage nach Gesellschaft weniger darauf, was Gesellschaft ist, sondern, was sie von ihrem vollständigen Sein abhält. Dabei wird deutlich, dass *das Politische* im Sinne der generativen Prinzipien einer Gesellschaftsform nicht selbst ein Subsystem der Gesellschaft sein kann, weil es deren Dimensionen zuallererst instituiert und generiert (vgl. Kapitel III.2.).

Im Folgenden sollen drei Aspekte geklärt werden, um die Entwicklung ihres Hegemoniebegriffs und die Entwicklung der Diskursanalyse zu einer Theorie des Politischen darzustellen. Erstens die Frage nach dem handlungsfähigen und entscheidenden Subjekt. Zweitens steht noch eine Beschreibung dessen aus, was eigentlich Antagonismus bei Laclau und Mouffe bedeutet, und drittens, wie es zu Äquivalenzverhältnissen kommt.

1.2. Subjektpositionen, Antagonismen, Äquivalenz

Ernesto Laclau und Chantal Mouffe gehen von der poststrukturalistischen Annahme aus, dass »Subjektpositionen« diskursiv in einem heterogenen Ensemble von Kontexten erzeugt werden. Subjekte sind ihrer Meinung nach nicht der Ursprung sozialer Verhältnisse (vgl. Laclau und Mouffe 1991, 168), aber das Subjekt ist auch keinesfalls nur ein Resultat einer strukturalen oder diskursiven Determination. Hier wird ein Unterschied deutlich, der zwischen dem Begriff »Subjektposition« und »Subjekt« hervorzuheben ist: Jede Subjektposition kann als ein Effekt einer strukturalen Determination betrachtet werden, was soviel heißt, dass kein substantielles Bewusstsein außerhalb der Struktur konstituiert wird. Da jedoch je-

---

auch die Grenzen der Objektivierbarkeit.
26 Beispielsweise durch die diskursive Erzeugung Anderer als a-sozial, Vorstellungen des Anderen in rassistischen Diskursen oder Vorstellungen eines absoluten Chaos, das eine Gesellschaftsordnung bedroht.

de Struktur selber nicht gänzlich fixiert ist, das heißt konstitutiv unentscheidbar ist, kann es Entscheidungen geben, die nicht gänzlich von der Struktur vorherbestimmt werden bzw. zumindest auch von dem Außen der Struktur abhängen müssen. Dies ist für Laclau der Augenblick der Entscheidung und der Moment des Erscheinens des *Subjekts*. Dieses unterscheidet sich insofern von der *Subjektposition*, als die Entscheidung, die das Subjekt hervorbringt, unter der Bedingung der Unentscheidbarkeit getroffen werden muss. Sie ist darum eine Entscheidung, die nicht die Identität oder die Subjektposition zum Ausdruck bringt (also was das Subjekt schon ist), sondern die Akte der Identifikation erfordert. Diese Identifikation, die der Entscheidung inhärent ist, spaltet die neue Identität des Subjekts in einen partikularen Inhalt, der andererseits eine abwesende Fülle des Subjekts verkörpert (das Andere im Selben) (vgl. Laclau 1999, 132f). Jede strukturale Determination scheitert daran, ihr eigener Grund zu sein, weil sie stets supplementiert werden muss.[27]

»The structure will obviously not be able to determine me, not because I have an *essence* independent from the structure, but because the structure has failed to constitute itself fully and thus to constitute me as a subject as well. [...] I am *condemned* to be free, not because I have no structural identity as the existentialists assert, but because I have *failed* structural identity.« (Laclau 1990, 44)

Da jede Subjektposition eine diskursive Position ist, hat sie auch an dem nichtfixierten Charakter jeder diskursiven Formation teil. Die verschiedenen Subjektpositionen können somit nicht vollständig in einem geschlossenen System von Differenzen fixiert werden, wie dies der Strukturalismus behauptet. Vom Strukturalismus aus wurde jede Subjektposition als Verstreuung und schließlich als Trennung zwischen den Subjektpositionen betrachtet und führte insofern von einem Essentialismus des Ganzen zu einem der Elemente. Wenn aber jede Subjektposition eine diskursive Position ist, muss auch hier wiederum die Überdeterminierung eine Rolle spielen (vgl. Laclau und Mouffe 1991, 168). So wenig wie eine diskursive Formation eine gänzliche Geschlossenheit aufweisen kann, so wenig kann dies eine Subjektposition. Jede diskursive Differenz (insofern auch jede Subjektposition) beinhaltet in ihrer Notwendigkeit den kontingenten Charakter eines konstitutiven Außen und dessen Spuren.

Wie entstehen handlungsfähige individuelle als auch kollektive Subjekte innerhalb politischer Artikulationen? Eine Identität oder Subjektposition ist immer Ergebnis artikulatorischer Praxen. Die Subjektposition ist ein Punkt der Verdichtung einer Multiplizität (Knotenpunkt), dessen Artikulation Resultat hegemonialer Praktiken ist.[28] Verschiedene Subjektpositionen wie beispielsweise »Mensch«

---

27 Wie schon angedeutet, wird auf die Thematiken der Unentscheidbarkeit, der Entscheidung und des Subjekts noch näher eingegangen werden (III.3.).
28 Im Abschnitt zu »Wie ist Gesellschaft möglich« des Schlusskapitels wird auf die Nähe dieser

oder »Frau« können andere überdeterminieren (vgl. Laclau und Mouffe 1991, 169f) und so eine *partiell* geschlossene Identität konstituieren.

Das Subjekt gibt sich durch Akte der Identifikation, durch kontingente Entscheidungen im Unentscheidbaren eine zeitweilige Identität (vgl. v.a. Stäheli 1999, 155). Im Unterschied zu einer schon partiell sedimentierten »Subjektposition«, ist das »Subjekt« die Bezeichnung für den Abstand zwischen Unentscheidbarkeit und Entscheidung, durch die sich das Subjekt gemäß einer temporalen Differenz dann »positioniert«. Das »Subjekt« ist jedoch selbst nicht eine Entität oder ein substantiell geschlossenes Subjekt, sondern bedarf dieser Entscheidung, um sich überhaupt zu konstituieren und zu positionieren. Das heißt, das Subjekt bildet sich gerade *im Moment der Entscheidung*, »näht« seine Identität durch Identifikation und positioniert sich.[29] Weit davon entfernt, ein voluntaristischer Akt eines autonomen Subjekts selbst zu sein, ist die Notwendigkeit der Entscheidung (»notwendig« deswegen, damit das Subjekt überhaupt »ist«) und diese Identifikationen teilweise strukturell vorgegeben. Das Subjekt identifiziert sich mit dem, was innerhalb der Intelligibilität liegt. Eine vollständige Identifikation bzw. ein vollständiges »Aufgehen« bzw. Objektivieren in der Identität kann nicht stattfinden, da jede diskursive Formation oder jeder Kontext durch einen Überschuss (Spur, Andersheit, Außen etc.) gekennzeichnet ist. Es existiert also keine reine positive noch eine absolut determinierte Identität.[30] Die Subjektpositionen sind Produkt diskursiver Formationen: Beispielsweise werden Frauen heutzutage noch vielmals sowohl durch die unterschiedlichen insititutionalisierten Vorgaben (Ehe, Erwerbsarbeit des Mannes etc.) als auch durch die historisch produzierten und soziokulturellen Bestimmungen (Frau als irrationales, emotionales Wesen etc.) subjektiviert. Subjektpositionen sind jedoch überdeterminiert, da sie nicht eine einzige Subjektposition darstellen, sondern ein Ensemble und Gewebe von Positionen und deren Außen. Die Diskurse sind ebenfalls überdeterminiert; die Problematik des Geschlechterverhältnisses durchzieht zum Beispiel die unterschiedlichsten Strukturen und Institutionen und ist mit diesen verwoben (vgl. Kapitel IV.).[31] Insofern aber keine Subjektposition aufgrund des konstitutiven Außens gänzlich in einem Diskurs festgelegt ist, bestehen Veränderungsmöglichkeiten durch Artikulationen. Da sämtliche Identitäten nicht essentialistisch vorgegeben, sondern Ausdruck und Manifestation von

---

Auffassung zu Simmels Individualitätsbegriff und der sozialen Kreise eingegangen.
29 In Kapitel III.3. wird darauf detaillierter eingegangen.
30 Da jede Struktur, jeder Kontext oder jede diskursive Formation nur deswegen existieren kann, weil sie sich ständig wiederholt bzw. weil sie permanent iteriert, liegt in dieser Wiederholung der Struktur die Möglichkeit einer veränderbaren artikulatorischen Praxis der sozialen Akteure. Dieser Strang wird im Kapitel zum Feminismus weiter geführt.
31 So lässt sich »Geschlecht« nicht von den Vorstellungen von Sexualität oder Ethnie trennen, sondern ist für seine Konstituierung auf diese angewiesen (vgl. Moebius (2001a)).

Machtverhältnissen und artikulatorischen Praktiken sind, können sie auch prinzipiell verändert werden. Aus diesem Grund können sich auch Bündnisse oder politische Kollektivsubjekte bilden, die ein Ergebnis artikulatorischer Praktiken sind, was auch bedeutet, dass sie offen für die Artikulation mit anderen Subjektpositionen sind.[32]

Die Sichtweise der Konstituierung von partiellen Subjekten im Akt der Entscheidung und ihrer partiellen Sedimentierung in Subjektpositionen, also ihre beiderseitige Anstrengung sich zu »nähen« und dabei jedoch immer zu scheitern, führt unmittelbar zum Begriff des Antagonismus: Die Ansicht, dass eine endgültige Fixierung von Diskursen notwendig scheitert, transformieren Laclau und Mouffe in ein Verständnis von antagonistischen Verhältnissen. Die Unmöglichkeit einer Schließung, die »Unmöglichkeit von Gesellschaft« (Laclau und Mouffe 1991, 176) als Totalität, bedeutet für sie, die Unmöglichkeit einer stabilen Differenz und somit jeder Objektivität. Das Scheitern der vollständigen Stabilisierung einer Identität (und nicht nur deren Aufschub) markiert die Grenze jeglicher Objektivität, das heißt, ihren Antagonismus.

In »Hegemonie und radikale Demokratie« können zwei Begriffe des Antagonismus unterschieden werden: Die erste Verwendung bezeichnet die strukturelle Grenze und Unabschließbarkeit des Sozialen. Im zweiten Gebrauch fungiert »Antagonismus« als Organisationsprinzip hegemonialer diskursiver Artikulation.[33] Die erste Anwendung beschreibt eine Teilung am Rand der Gesellschaft (Antagonismus), die zweite die Teilungen innerhalb der Gesellschaft (Antagonismen) (vgl. Marchart 1998a, 99). Zur ersten terminologischen Verwendungsweise, die formal auch die zweite beschreibt, kann folgendes expliziert werden: Zur ihrer Ausführung dessen, was sie unter einem Antagonismus verstehen, greifen Laclau und Mouffe auf Lucio Colletis (von Kant abgeleiteten) Unterscheidung zwischen »Realopposition« und »logischem Widerspruch« zurück. Bei der *Realopposition* kommt beiden gegensätzlichen Gliedern die Positivität eines A – B zu. Jedes der beiden Glieder besitzt unabhängig von seiner Relation eine eigene Positivität (vgl. Laclau

---

32 »Eben die Nicht-Fixierung beziehungsweise Offenheit des Systems diskursiver Differenzen ermöglicht diese Effekte der Analogie und wechselseitigen Durchdringung. [...] Während das Infragestellen der Idee einer ursprünglichen, sich im Nachhinein in den sozialen Praxen darstellenden Geschlechter-Trennung völlig berechtigt ist, ist es gleichfalls notwendig anzuerkennen, daß eine Überdeterminierung zwischen den verschiedenen Geschlechter-Differenzen einen systematischen Effekt geschlechtsspezifischer *Trennung* produziert. [...] Es ist deshalb möglich, die Idee eines ursprünglichen, für die Geschlechter-Trennung konstitutiven Antagonismus zwischen Männern und Frauen zu kritisieren, ohne dabei bestreiten zu müssen, daß es in den unterschiedlichen Konstruktionsweisen von ›Weiblichkeit‹ ein gemeinsames Element gibt, das stark überdeterminierte Effekte hinsichtlich der Geschlechter-Trennung hat.« (Laclau und Mouffe 1991, 170f)
33 Zu diesen zwei Verwendungen vgl. u.a. Dyrberg (1998), Marchart (1998a) und Stäheli (2000c).

und Mouffe 1991, 177). Der *logische Widerspruch* hingegen bestimmt den Gegensatz in der Formel A – nicht A. Der Sinn eines Gliedes kommt einem anderen nur durch seine Relation zu. Der logische Widerspruch existiert für Laclau und Mouffe nur als Proposition, das heißt nur auf einer logisch-begrifflichen Ebene. Ihre Kritik beider Auffassungen resultiert daraus, dass in beiden Fällen die Glieder als volle und positive Identitäten gedacht werden. Im Fall der Realopposition wird ein Verhältnis zwischen zwei realen Objekten beschrieben; im Falle des Widerspruchs ein Verhältnis zwischen zwei begrifflichen Objekten. In beiden Fällen jedoch ist es so, dass die Gegenstände *schon sind*: Beim logischen Widerspruch ist A schon in vollständiger Weise A – und Nicht-A sein Widerspruch. Bei der Realopposition ist A ebenfalls schon völlig A. Erst aufgrund dieser vollen Identität können sich sowohl Nicht-A als auch B absetzen. Laclau und Mouffe gehen jedoch von der unvollständigen Konstitution der zwei Glieder bzw. deren differentiellen Relation aus:

»Im Fall des Antagonismus stehen wir jedoch vor einer anderen Konstitution: Die Präsenz des ›Anderen‹ hindert mich daran, gänzlich Ich selbst zu sein. Das Verhältnis entsteht nicht aus vollen Totalitäten, sondern aus der Unmöglichkeit der Konstitution. [...] Realopposition ist ein *objektives*, also bestimmbares und definierbares Verhältnis zwischen Dingen; Widerspruch ist ein ebenso definierbares Verhältnis zwischen Begriffen; Antagonismus hingegen konstituiert die Grenzen jeder Objektkivität, die sich als partielle und prekäre *Objektivierung* enthüllt.« (Laclau und Mouffe 1991, 180f)[34]

Der Antagonismus markiert die Grenze durch den Anderen. Dieser oder dieses Andere kann deshalb nicht in der Sprache oder im Gesagten völlig erscheinen, weil er deren Tendenz zur Fixierung subvertiert (vgl. Laclau und Mouffe 1991, 181).[35] Laclau und Mouffe beschreiben den Antagonismus komplementär zum Begriff eines konstitutiven Außen. Dieses Außen ist nicht im strengen Sinne ein Außen als absolutes Jenseits (vgl. Laclau und Mouffe 1991, 182). Ansonsten wäre der Antagonismus wieder selber (ähnlich einer strukturalistischen Auffassung) zu einer alles umfassenden Totalität oder einem Signifikat geworden, das selber kein Außen mehr besitzt. Vielmehr verlegen Laclau und Mouffe diese äußere Grenze ins Innere des Sozialen, so dass das Außen immer schon mit dem Innen verschränkt ist: »Die Grenze des Sozialen muß innerhalb des Sozialen selbst gegeben sein, als etwas, das es untergräbt, seinen Wunsch nach voller Präsenz zerstört. Gesellschaft kann niemals vollständig Gesellschaft sein, weil alles an ihr von ihren Grenzen durchdrungen ist, die verhindern, daß sie sich selbst als objektive Realität konstituiert.«

---

34 Der Begriff der »Präsenz« (des Anderen) ist natürlich mit Vorsicht zu gebrauchen, da der Andere nicht diesen präsenthaften Charakter haben kann. Dies zum einen aus Gründen, die in Kapitel I. und II. angesprochen wurden, und zum anderen, weil die Bestimmung des Auftretens des Anderen in der Präsenz selbst wieder eine gewisse Objektivierung eröffnet, die dekonstruiert werden kann.

35 Dieses Aufkommen des Anderen in der Sprache und die Probleme des Umgangs mit der »Unendlichkeit« des Anderen im Gesagten, werden im Kapitel zum Feminismus weiter verfolgt.

(Laclau und Mouffe 1991, 183) Der jegliche Totalität blockierende Antagonismus wird demnach am Rand der Gesellschaft verortet. Dieser Rand erscheint innerhalb der Gesellschaft in Form von *Antagonismen*.[36]

Antagonismen sind als Organisationsprinzipien hegemonialer diskursiver Artikulationen sowohl Ursache als auch Effekt dieser Artikulationen: Die Artikulationen tauchen nur in einem antagonistischen Feld auf und verursachen neue Antagonismen. In Anlehnung an die dargestellten Ausführungen zur Unentscheidbarkeit lässt sich Folgendes zusammenfassen: Ein Antagonismus basiert auf einem konstitutiven Außen, das die Identität des Innen blockiert. Demzufolge handelt es sich nicht um einen Widerspruch irgendeines *internen* Moments eines Konzepts mit irgendeinem internen Außen, sondern um einen Antagonismus mit dem Außen, von dem sich der diskursive Moment abgrenzen muss, um zu sein. Der Antagonismus ist selbst ein Moment oder Ort struktureller Unentscheidbarkeit zwischen dem Kontingenten (der Unmöglichkeit einer reinen Objektivität) und der Notwendigkeit (relationale Beziehung zu radikalem Außen).

> »It is true that in the *final instance* no objectivity can be referred back to an absolute ground; but no important conclusion can be drawn from this, since the social agents never act in the final instance. They are therefore never in the position of the absolute chooser who, faced with the contingency of all possible courses of action, would have no reason to choose. On the contrary, what we always find is a limited and given situation in which objectivity is *partially* constituted and also *partially* threatened; and in which boundaries between the contingent and the necessary are constantly displaced. Moreover, this interplay of mutual subversion between the contingent and the necessary is a more primary ground, ontologically, than that of pure objectivity or total contingency. To assert, as we have, the constitutive nature of antagonism does not therefore mean referring all objectivity back to negativity that would replace the metaphysics of presence in its role as an absolute ground, since that negativity is only conceivable within such a very framework. What it does mean is asserting that the moment of radical undecidability between the contingent and the necessary is *constitutive* and thus that antagonism is too.« (Laclau 1990, 27)

Zur genaueren Erklärung dessen, wie neue Antagonismen auftauchen, muss in einem weiteren Schritt die »Logik der Äquivalenz« erläutert werden. Im Anschluss daran erfolgt eine Ausführung des Hegemoniebegriffs und des Politischen als dislokativer Ort des Antagonismus.

Die *Logik der Äquivalenz* ist die Bedingung für die Bildung von (neuen) Identitäten und Antagonismen.[37] Wenn sich verschiedene diskursive Momenten durch eine ihnen gemeinsame Bedeutung verknüpfen, dann existiert ein Äquivalenzverhältnis. Dabei heben sich die Differenzen zwischen den Momenten gegenseitig auf, werden zu Elementen und formieren sich in Richtung eines »leeren Signifikanten« einer Identität. Deshalb liegt beispielsweise in dem Begriff *queer*

---

36 Diese internen Exterioritäten könnten zum Beispiel durch Begriffe wie *pharmakon* beschrieben werden, was sowohl Heilmittel als auch Gift bedeutet.

37 Zur Logik der Äquivalenz und Differenz vgl. Stäheli (1999, 148f) und Stäheli (2000*a*).

eine Äquivalenzkette vor, da sich unter diesem Begriff verschiedene Momente oder Identitäten versammeln. Queer selbst konstituiert sich jedoch in Opposition zur normativen Heterosexualität. Die gemeinsame Bedeutung von Positionen in den verschiedenen Diskursen (zum Beispiel der Bisexuellen, Homosexuellen oder Transsexuellen, die sich unter dem Begriff *queer* subsumieren[38]) kann nur in etwas liegen, was diese Positionen alle *nicht* sind (vgl. Laclau und Mouffe 1991, 184). Ebenso kann zum Beispiel eine feministische, eine *queer*- Bewegung und sozial unterprivilegierte Klassen zusammen mit anti-rassistischen Bewegungen unter dem gemeinsamen Rahmen eines *anti*-rassistischen Diskurses auftauchen und auf diese Weise ein neues Äquivalenzverhältnis bilden.

»Wherever different subject positions are symbolically located together in opposition to another camp, such that their meanings are subsequently transformed by their overlapping identifications with partially shared sets of beliefs, then we are dealing with an articulated chain of equivalence. We should note, however, that a chain of equivalence never dissolves into a singular homogeneous mass; the differences between the subject positions in question are always to some extent preserved.« (Smith 1998b, 89)

Die differentiellen Momente zum Beispiel zwischen einer Frauenbewegung, der sozial unterprivilegierten Klasse und einer *queer*-Bewegung werden in dem oben konstruierten Beispiel entfixiert und zu Elementen. Das heißt, die Bedeutungen von Frau, Klasse und *queer* artikulieren sich in einem neuen Rahmen, dem des Anti-Rassismus. Insofern verlieren sie den Charakter von differentiellen *Momenten* und werden so zu *Elementen* des »neuen« Moments des Anti-Rassismus. Das gleiche gilt im Übrigen auch für die Frauenbewegung selbst, die ein Äquivalenzverhältnis zwischen unterschiedlichen Frauen (zum Beispiel aus der Mittelklasse und Unterschichten oder zwischen weißen und schwarzen Frauen etc.) darstellt, in Abgrenzung zur patriarchalen Gesellschaft.[39] Beim Beispiel der Frauenbewegung wird deutlich, wie sich diese erst durch ein Äquivalenzverhältnis mit einem demokratischen Diskurs verbinden musste, um einen Antagonismus zu konstituieren. So wurden nach Laclau und Mouffe die Frauen bis ins 17. Jahrhundert als Subjekte in einer *untergeordneten* Position fixiert. Der Kampf gegen Frauen*unterdrückung* konnte nach Laclau und Mouffe bis dahin nicht als politischer Kampf zum Vorschein kommen. Erst ab dem Augenblick, als der demokratische Diskurs aufkam und mit ihm die Behauptung »angeborener Rechte eines jeden Menschen«, konnten die Widerstandsformen gegen *Unterordnung* artikuliert werden und in Kämpfe

---

38 Vgl. Kapitel zu *Queer Theory*.
39 Ebenso können zum Beispiel neue Formen für die Konstruktion neuer Antagonismen auftauchen wie beispielsweise die Verbindung von Feminismus und Ökologie, marxistischer Feminismus oder spiritueller Feminismus etc. Allgemein kann man sagen, die Formen einer Artikulation eines Antagonismus (wie zum Beispiel im Fall des marxistischen Feminismus, dessen Gegenüber der mit dem Patriarchat verbundene Kapitalismus darstellt) sind selbst Resultat einer »hegemonialen Artikluation« und nicht vorherbestimmt.

gegen *Unterdrückung* münden (vgl. Laclau und Mouffe 1991, 213). Die demokratischen Prinzipien von Freiheit und Gleichheit stellen somit einen wichtigen Knotenpunkt in der Konstruktion diskursiver (hegemonieller) Formationen dar, der die Möglichkeit für neue Äquivalenzketten und damit Antagonismen bietet.

Bei einer Neubildung eines Äquivalenzverhältnisses wird die relationale Objektivität zugunsten einer neuen negativen Identität (wie zum Beispiel beim *Anti*-Rassismus) aufgelöst. In diesem Prozess entsteht ein neuer Antagonismus. Dies lässt folgende Schlüsse zu:

»Aber auf jeden Fall und was auch immer die politische Orientierung ist, durch die sich der Antagonismus kristallisiert (dies wird von den Äquivalenzketten abhängen, die ihn konstruieren): *die Form des Antagonismus als solche* ist in allen Fällen identisch. Er besteht immer in der Konstruktion einer sozialen Identität – einer überdeterminierten Subjektposition – auf der Basis einer Äquivalenz zwischen einer Reihe von Elementen oder Werten, die jene anderen, denen sie entgegengesetzt sind, ausschließen oder nach außen verlagern. Wir sind wieder mit der *Spaltung* des sozialen Raumes konfrontiert.« (Laclau und Mouffe 1991, 226)

Es ist zu beachten, dass der Inhalt der »neuen« Identität nicht ein gemeinsames Merkmal ist, das alle differentiellen Positionen von sich aus gemeinsam haben, sondern die Identität der Äquivalenzkette wird rein negativ bestimmt (Anti-). Die Logik der Äquivalenz ist somit für Laclau und Mouffe einerseits ein Mittel zur diskursiven Erzeugung von Antagonismen und andererseits die Enthüllung eines schon immer gegebenen Antagonismus im Sinne der Grenze einer Objektkonstitution. Die Logik der Äquivalenz wird von Laclau und Mouffe somit als eine Vereinfachung des politischen Raumes charakterisiert, die eine notwendige Voraussetzung für die Entstehung von Antagonismen darstellt. Der *Logik der Äquivalenz* wirkt die *Logik der Differenz* entgegen.

Eine endgültige Fixierung von Bedeutung differentieller Positionen kann niemals völlig stattfinden. Dann wären die Elemente nämlich gänzlich identisch (vgl. Laclau und Mouffe 1991, 184). Nur dadurch, dass es Differenzen und Spuren von Spuren gibt, kann sich eine symbolische Überdeterminierung durch Äquivalenz ereignen. Differenz ist die übergreifende Kategorie, welche die relationale Identitätskonstruktion durch Artikulation zulässt. Einfach ausgedrückt geht es um *Bewegungen*: Um überhaupt äquivalente Beziehungen zu knüpfen, bedarf es eines Feldes von Differenzen. Dieses verhindert die völlige Schließung einer Identität. Eine totale Differenz (Identität) ist jedoch ebenso unmöglich, da es sonst keine Bedeutung geben könnte; das heißt, diese Differenzen könnten nicht einmal wahrgenommen werden, wenn sie nicht zuvor systematisiert worden wären.[40] Differenz und Äquivalenz bedingen also einander und sind miteinander artikuliert. Differenz

---

40 Man könnte die Differenz folgendermaßen analytisch aufteilen: einerseits als Differenzen innerhalb einer diskursiven Formation und andererseits als Differenz im Sinne eines konstitutiven Außen.

setzt Systematisierungseffekte voraus. Systematisierungseffekte existieren jedoch nur aus Negativität (Differenz).[41] Die Bedingung der Möglichkeit von Differenzen ist sogleich auch ihre Bedingung der Unmöglichkeit, sich vollständig als (System)Differenzen in einem geschlossenen Sinn zu konstituieren. Zwischen Differenz und Äquivalenz findet darum eine permanente wechselseitige »Subversion« statt (vgl. Laclau und Mouffe 1991, 185). Angewandt auf »Gesellschaft« bedeutet dies dann folgendes:

> »Aber ebenso wie die Logik der Differenz niemals einen völlig genähten Raum bilden kann, erreicht dies auch die Logik der Äquivalenz nie. Die Auflösung des differentiellen Charakters der Positionen des sozialen Agenten durch die äquivalentielle Verdichtung ist niemals vollständig. Wenn Gesellschaft nicht gänzlich möglich ist, so ist sie auch nicht gänzlich unmöglich. Von daher lässt sich folgende Schlussfolgerung formulieren: Wenn Gesellschaft sich niemals selbst transparent ist, weil sie sich nicht als objektives Feld konstituieren kann, ist auch der Antagonismus nicht vollkommen transparent, da er die Objektivität des Sozialen nicht gänzlich auflösen kann.« (Laclau und Mouffe 1991, 186)

Die Logik der Äquivalenz und die Logik der Differenz sind zwei miteinander verwobene Logiken, die in einem paradoxen Verhältnis zueinander stehen. Sie sind wesentlich für die Bestimmung einer Struktur jeden Diskurses. In anderen Termini könnte von der Logik der Äquivalenz als die der Metapher gesprochen werden.[42] Bei der Metapher steht ein Element für das andere, was soviel bedeutet, dass verschiedenartige Elemente in einen hegemonialen Diskurs integriert werden können und ihr Sinn partiell fixiert wird. Alle Elemente teilen trotz ihrer Heterogenität die Gemeinsamkeit, dass sie zu diesem Diskurs gehören und sich von einem Außen abgrenzen. Die Logik der Differenz verweist auf die Logik der Metonymie.[43] Sie beschreibt den differentiellen und überschüssigen Charakter eines Elements, der sich aus seiner Positionierung im immanenten Differenzsystem des Diskurses ergibt. Die Metonymie zeigt das Umstellen von Bedeutung. Sie bezeichnet die Bewegung der Signifikanten, »wie sie durch die differentielle Funktion miteinander verbunden sind als Kette und dies auch dann bleiben, wenn ein Signifikant ausfällt. Sie erzeugt die konkrete Verkettung des Diskurses und ist die *eigentliche* Funktion des Signifikanten, insofern sie den Signifikationsprozeß beschreibt und

---

41 Zur Unterscheidung dieser »Negativität« von einer Hegel'schen Auffassung von Negativität vgl. Laclau: »While the outside that we have attempted to define is a radical and constitutive outside, dialectical negativity is not true outside since it is merely present to be recovered by the inside. But if the negativity of which we are speaking reveals the contingent nature of all objectivity, if it is truly constitutive, then it cannot be recovered through any *Aufhebung*. It is something which simply shows the limits of the constitution of objectivity and cannot be dialecticized.« (Laclau 1990, 26)
42 Vgl. dazu auch Laclau und Mouffe (1991, 166) und Stäheli (2000*b*, 38f).
43 Zu der Terminologie und den Techniken von Metapher (Verdichtung) und Metonymie (Verschiebung) vgl. Sigmund Freuds »Traumdeutung« (Freud 1991, 284ff). Vgl. auch Bennington und Derrida (1994, 128ff).

den Signifikanten zum Signifikanten erst werden läßt [...].« (Wimmer 1988, 126) Ein Element »ist« nur etwas durch den Verweis und die Spuren anderer Elemente: Diese Bewegung, die als Verkettungsdifferenz eine reine Bedeutung (Signifikat) aussperrt, ist die Metonymie. Jede Artikulation ist demnach durch die Metapher und die Metonymie bestimmt. Klaus Michael Wimmer beschreibt dies in Bezug zu Jacques Lacan folgendermaßen: »Beide Bewegungen sind voneinander abhängig, aber die metaphorische kann sich nur in der metonymischen entfalten, die Metonymie sich aber nur in der Metapher konkretisieren.« (Wimmer 1988, 126)

Eine diskursive (hegemoniale) Formation verfügt über kein sie schließendes Zentrum, sondern ist stets auf neue Elemente, Supplements und reartikulierte Wiederholungen angewiesen. Als eine hegemoniale Formation, ein Begriff der in Abschnitt III.1.3. näher bestimmt wird, bedarf diese Formation neuer Elemente und kann somit den Überschuss der Bedeutung von Diskursen und Elementen politisch anwenden. Aufgrund der Arbeit der Metonymie, der Verschiebung und der Re-artikulation von Elementen, kann beispielsweise eine feministische Bewegung zusammen mit einem anti-rassistischen Projekt (äquivalent) artikuliert werden, obgleich keine notwendige Beziehung zwischen beiden Elementen besteht. Um äquivalent sein zu können, dürfen die Elemente nicht identisch sein. Da die Elemente aufgrund ihrer Differentialität niemals eine reine Bedeutung haben, können sie verschoben werden. Aufgrund der Differenzlogik kann die hegemoniale Formation davor geschützt werden, in einen Essentialismus zu fallen, der nur von *einem* übergeordneten Element seinen Sinn erfährt. Wie Urs Stäheli in seinem Buch »Poststrukturalistische Soziologien« konstatiert, kann diesen beiden Bewegungen noch eine dritte beigefügt werden: die rhetorische Figur der Katachrese oder des Bildbruchs.[44] Durch sie können nicht nur Verschiebungen und Verdichtungen, sondern neue diskursive Verbindungen, eine »Interdiskursivität«, entfaltet werden. Dies geschieht, wie bei dem Begriff *queer*, der vom Hassbegriff zu einem positiven Begriff avancierte, durch ein Springen der leeren Elemente von einem diskursiven Rahmen zum anderen (vgl. Stäheli 2000*b*, 39f). Die Fehlverwendung von Worten bzw. der Bildbruch bezeichnet dann ein Gleiten von Sinn. Mit Hilfe der Katachrese kann die Verschiedenartigkeit der Beziehungen zwischen heterogenen Diskursen (aber auch Subjekten oder Systemen) gedacht werden. In der notwendigen Wiederholung eines Elements eröffnet sich diese Wiederholung auch für das radikal Andere, da keine Wiederholung ohne einen Abstand zu sich selbst möglich ist, wie im Kapitel zur Dekonstruktion beschrieben worden ist.[45] Diese Wiederholung

---

44 Katachrese bezeichnet eine Vermengung von nicht zusammengehörenden Metaphern.
45 Dabei kommt auch die Generalisierbarkeit der *usure* zum Tragen: der sprachliche Mehrwert und Verschleiß von Elementen. Elemente können durch ihren übermäßigen Gebrauch eine Generalisierung und damit eine Entleerung ihrer Bedeutung erfahren, so dass sie multipel einsetzbar werden.

oder Iteration des Elements kann zu einer Katachrese und damit zu einer Veränderung des Sinns und Interdiskursivität führen, wie es sich beispielsweise mit dem ehemaligen Hassbegriff *queer* zugetragen hat. Anhand der Praxis der Katachrese nähert sich Laclau an die Praxis des Performativen an, die ein zentrales Moment für das Verstehen von politischer Handlungsfähigkeit bei Judith Butler darstellt. Dabei kann jedes Element, das von seiner ständigen Wiederholung lebt, auch anders zitiert und wiederholt werden und damit neue Kontexte eröffnen:[46]

> »In actual fact, *any* political action – a strike, a speech in an election, the assertion of its right by an oppressed group – has a parodic component, as far as a certain meaning which was fixated within the horizon of an ensemble of institutionalized practices is displaced towards new uses which subvert its literality. This movement is *tropological* inasmuch as the displacement is not governed by any necessary logic dictated by what is being displaced, and *catachrestical* inasmuch as the entities constituted through the displacement do not have any literal meaning outside the very displacements from which they emerge. This is why I prefer to speak not of *parody* but of the social organized as a rhetorical space – not only because in that way we can avoid misunderstanding based on the playful connotations of the term parody; but also because the latter unduly restricts the *tropoi* which could be constitutive of social identites.« (Laclau et al. 2000, 78)

Wie kann die Analyse von Äquivalenzverhältnissen auf eine praxisorientierte Dimension geholt werden. Wie könnte ein Äquivalenzverhältnis in der vorliegenden Arbeit beschrieben werden? Wie sind Äquivalenzketten angeordnet? Gibt es nicht verschiedene Ebenen von Äquivalenzverhältnissen? Einmal angenommen, »Sexualität« – und dass, was als »natürliche Sexualität« angesehen wird – kann im Sinne Foucaults als eine historische und machtstrategische Verknüpfung bzw. Verknotung – als ein Dispositiv – angesehen werden (vgl. Foucault 1977b). Das »Sexualitätsdispositiv« wäre dann eine Ebene von Äquivalenz und Ordnung, innerhalb der beispielsweise von Hetero-, Homo- oder Bisexualität gesprochen wird. Innerhalb des gemeinsamen Rahmens von »Sexualität« wird über verschiedene Bedeutungen von Sexualität gestritten, nicht jedoch über die Sexualität *als solche*. Sexualität ist hier der Signifikant, der die Äquivalenzkette und die Vergleichsordnung verschiedener »sexuierter Positionen« sichert. Diese Funktion eines Signifikanten beschreibt Laclau mit dem Begriff des »leeren Signifikanten« (Laclau 1996, 36ff). Ein »leerer Signifikant« kann eine Schließung eines Diskurses mittels eines gemeinsamen Knotenpunkts bedeuten: Sexualität ist der organisierende Horizont,

---

Die Leere ermöglicht dabei sowohl katachrestische Umwege, generalisierende Wirkungen als auch »unreine« Verbindungen; die *usure* bricht mit jeglicher Kontinuität und öffnet potentiell jedes System für die Heterogentität. Zum Begriff der *usure* vgl. Derrida (1999e).

46 Dabei ist jedoch zu beachten, dass diese Neuverwendungen nicht in einem voluntaristischen Sinn artikuliert werden. Begriffe (wie beispielsweise Demokratie, Gleichheit oder Freiheit) sind nicht gänzlich »leer«, sondern weisen immer Spuren von vergangenen Artikulationen auf. Der Ausdruck *queer*, vormals ein Schimpfwort gegen Homosexuelle, würde in seiner iterativen Verwendung der *Queer*-Bewegung überhaupt keinen politischen Sinn machen, wenn er diese Vergangenheit nicht gehabt hätte. Vielmehr ist jeder sogenannte performative Akt von seiner Historizität mobilisiert.

ohne den zum Beispiel Vergleiche oder Konflikte nicht funktionieren könnten. Der Begriff des »leeren Signifikanten« drückt dabei aus, dass er als Signifikant, der eine Identität des Diskurses ausdrückt, besonders »bedeutungsvoll« sein mag, jedoch nur deshalb funktioniert, weil er in zunehmenden Maße der Bedeutung entbehrt.[47] Er muss immer mit Inhalt gefüllt werden. Die Logik des leeren Signifikanten hat deshalb etwas mit Politik zu tun, weil die Besetzung des Signifikanten Gegenstand hegemonialer Artikulation ist. Welcher partikulare Signifikant (Heterosexualität zum Beispiel) für eine bestimmte Zeit die Rolle einer universellen Repräsentation erreicht oder – in diesem Falle – als »natürliche Sexualität« erscheint, ist Ergebnis politischer Artikulationen.

Wenn »natürliche Sexualität« als imaginärer Horizont einer Einschreibung (also als leerer Signifikant) verstanden wird, ist er die Voraussetzung für eine bestimmte historische Definition. Dabei wird deutlich, dass, wenn zum Beispiel Heterosexualität lediglich deswegen kritisiert wird, weil es eine hegemoniale Stellung im Sozialen inne hat, dies zu kurz greift. Denn dabei wird übersehen, dass sich Heterosexualität über den undefinierbaren Ort der Sexualität organisiert und sich dann als »natürliche« auf bestimmte Weise artikuliert. Dies wird noch deutlicher, wenn die verschiedenen Dimensionen der vergleichenden Ordnung innerhalb von Sexualität dargestellt werden. Auf der einen Ebene sind die Elemente wie Heterosexualität, Homosexualität und Bisexualität (die selbst wiederum Knotenpunkte dessen darstellen, was zum Beispiel unter ihrem jeweiligen Begriff gefasst wird) in Bezug auf die Tatsache, dass sie zur gleichen regelmäßigen Verstreuung der Ordnung (dem Diskurs) von Sexualität gehören, *äquivalent*. Gleichzeitig sind sie *differentiell*, indem sie für eine *spezifische* Auffassung der Sexualität stehen. Die Wechselseitigkeit von Äquivalenz und Differenz bedeutet also sowohl die Zugehörigkeit zu einer universalen Ordnung als auch differentielle Partikularität. Die Elemente sind nicht alle gleich (identisch), sondern nur in einer Hinsicht: Sie setzen die Sexualität als »leeren Signifikanten« oder generelles Kommunikationsmedium[48] voraus, was dazu führt, dass sie sich innerhalb des Sexualitätsdispositivs

---

47 Zum leeren Signifikanten oder dem symbolischen Nullpunkt vgl. auch Deleuze (1992, 41ff).
48 Wobei die Generalisierbarkeit auch eine Begrenzung erfahren kann. Denn die »Leere« ermöglicht Resignifizierungen und »unreine Verbindungen. »Das soziologische Medienkonzept [gemeint ist Luhmanns Systemtheorie, Anm.d.Verf] schließt dagegen die katachrestische Wanderung einzelner marks von einem System ins andere aus – oder neutralisiert sie. [...] Dadurch, daß Medien auf einem Prozeß der Entleerung beruhen, müssen gleichzeitig Normalisierungstechniken angewandt werden, die den katachrestischen Ausfransen des Mediums möglichst verhindern und regulieren sollen. Man denke hier etwa an die Fälschung von Geld, was die Anschlussfähigkeit sehr riskant macht, oder an die Etablierung von parawissenschaftlichen Wahrheitsbegriffen, die wiederum die Grenzen von Wissenschaftlichkeit ungewiß machen.« (Stäheli 2000c, 176f) Die Fixierung eines Mediums wird in der Diskurstheorie von Laclau und Mouffe als ein politischer Prozess verstanden, als eine Konstruktion eines Machtmittels. So richten sie ihren Blick auch auf die machtba-

bewegen. Die Äquivalenz besteht also in diesem gemeinsamen Punkt, der quasi als eine Kategorie angesehen wird, die jeglichem Spiel der Differenzen enthoben ist. »Sexualität« dient somit als Projektionsfläche für unterschiedliche Bedeutungen dessen, was als »normale Sexualität« angesehen wird. Innerhalb des »leeren« Raums der Sexualität kann über verschiedene Vorstellungen von Sexualität gestritten werden.

Auf einer anderen Ebene wird ein weiterer Aspekt dieser Ordnung von Sexualität deutlich. Indem Sexualität eine semantische Leere aufweist, tauchen in ihr Momente der *Unentscheidbarkeit* auf. Es zeigt sich, dass diese Leere einen Ort für verschiedene Auffassungen dessen darstellt, was als »natürliche Sexualität« angesehen werden kann. Sexualität hat für alle Elemente eine Bedeutungsfülle, die aber immer anders sein kann; die Bedeutungsleere untergräbt jegliche Festlegung auf eine Bedeutung. Die Bedeutung von Sexualität oder was als natürliche Sexualität angesehen wird, ist kontingent und kann umstritten sein. Allerdings kann die Formation der Elemente nur funktionieren, wenn »Sexualität« vor Dekonstruktion »geschützt« wird. Der eigene Maßstab, in diesem Beispiel der Knotenpunkt »Sexualität«, darf dann also nicht selbst in den Konflikt hereingezogen werden.

Dieser Knotenpunkt lässt sich wiederum selbst in Frage stellen. Es kann also zwischen einer Unentscheidbarkeit innerhalb eines Dispositivs und einer Unentscheidbarkeit zwischen dem gesamten Dispositiv und seinen Außen unterschieden werden. Im letzten Fall steht die gesamte Sexualität auf dem Spiel, denn es geht nicht mehr nur darum, wie der Begriff Sexualität verschieden besetzt wird, sondern um diesen Begriff selbst als Totalität. Wie könnte eine solche Dekonstruktion sich ereignen? Was wird von der Äquivalenzkette der Sexualität ausgeschlossen, damit diese überhaupt funktionieren kann? Konstituiert sich Sexualität nicht auch über ein bestimmtes Bild von Geschlecht oder Ethnie? Ist sie nicht selbst mit diesen Bildern verwoben? Wie anhand der Besprechung der feministischen Theorie von Judith Butler noch deutlich wird, kann Sexualität nicht von »Geschlecht« getrennt werden. Bei einer Dekonstruktion von Sexualität kann aufgezeigt werden, wie Sexualität sowohl von »Geschlecht« als auch davon abhängt, was nicht als Sexualität angesehen wird. Wo sind die Grenzen von Sexualität? Ist Sexualität lediglich auf Genitalverkehr zurückzuführen oder ist alles sexuell? Ist Sexualität nicht selbst wiederum ein bestimmtes *historisches* Dispositiv, wie Michel Foucault dargelegt hat? Ist die Trennung zwischen sexuellem Begehren und Nicht-Sexualität nicht selbst wiederum Ausdruck eines bestimmten Begehrens und einer bestimmten Artikulation?

---

sierten Instituierungen von Diskursen, Unentscheidbarkeiten und Paradoxien und greifen nicht auf ein Modell zurück, das von evolutionären Mechanismen der Paradoxie-Regulierung ausgeht (vgl. Stäheli 2000c, 273).

Nach der Beschreibung und Problematisierung des Äquivalenzverhältnisses »Sexualität« kann allgemein festgehalten werden: Äquivalenz und Differenz bezeichnen nach Laclau und Mouffe zwei Logiken, die unmittelbar mit Politik zu tun haben. Die Logik der Äquivalenz ist eine »Logik Vereinfachung des Politischen« (Laclau und Mouffe 1991, 187). Die Logik der Differenz bezeichnet auf dieser allgemeinen Ebene eine Logik der Erweiterung und Komplexität des politischen Raums (vgl. Laclau und Mouffe 1991, 187). Sie erweitert die Anzahl der Positionen, die eine Verknüpfung eingehen können.

Die beiden Logiken werden in dem Werk »Hegemonie und radikale Demokratie« von Laclau und Mouffe in einen hitorischen Zusammenhang gebracht. Im Gegensatz zwischen Volk und *ancien régime* gab es 1789 zum letzten Mal einen Moment totaler Äquivalenz (vgl. Laclau und Mouffe 1991, 209), da sich nur zwei Seiten gegenüber standen. Von da an wurde die Trennungslinie lediglich zweier Äquivalenzsysteme zerbrechlicher; die soziale Differenzierung schritt so weit voran, dass die Rekurrenz auf einen privilegierten Bruchpunkt zur Produktion eines totalen Antagonismus in einem synthetischen politischen Raum unmöglich wurde. In einer an Lacan angelehnten Terminologie beschreiben Laclau und Mouffe die Situation folgendermaßen: Selbst der Marxismus ging noch von einem »jakobinischen Imaginären« aus: es wurde angenommen, dass es *einen* grundlegenden Moment des Bruchs und einen *einzigen* Raum gibt, in dem das Politische sich konstituiert (vgl. Laclau und Mouffe 1991, 210). Diesem »jakobinischen Imaginären« stellen Laclau und Mouffe das »radikaldemokratische Imaginäre« als zeitgenössische Komponente entgegen:

> »In diesem Kapitel stellen wir die These, daß es dieses Moment der Kontinuität zwischen jakobinischen und marxistischen politischen Imaginären ist, daß durch das Projekt für eine radikale Demokratie in Frage gestellt werden muß. Die beiden wesentlichen Voraussetzungen für die Konstruktion eines neuen politischen Imaginären, das radikal libertär und in seinen Zielen unendlich anspruchsvoller als das der klassischen Linken ist, sind die Ablehnung von privilegierten Bruchpunkten und der Vorstellung des Zusammenfließens der Kämpfe zu einem einheitlichen politischen Raum sowie im Gegensatz dazu die Anerkennung der Pluralität und Unbestimmtheit des Sozialen.« (Laclau und Mouffe 1991, 210f)

Aufgrund der Komplexität, Pluralität und der sozialen Ausdifferenzierung sowie dem Aufkommen des demokratischen Imaginären, ausgedrückt durch die Entstehung der Menschenrechte beispielsweise, wurde die beständige Konstruktion von Äquivalenzsystemen zum entscheidenden Merkmal der Politik (vgl. Laclau und Mouffe 1991, 209). Die Konstruktion von Äquivalenzsystemen und Knotenpunkten ist die Aufgabe einer »hegemonialen« Politik, die aufgrund der Erläuterung von Subjektpositionen, Antagonismen und der Logiken der Äquivalenz und der Differenz im Folgenden dargestellt werden kann. Was verstehen Laclau und Mouffe unter »Hegemonie«?

1.3. Hegemonie

Laclau und Mouffe bündeln in dem von Gramsci aufgenommenen Begriff der »Hegemonie« die geschilderten Grundkategorien ihres theoretischen Ansatzes. Innerhalb der theoretischen Auseinandersetzung der Zweiten Internationalen stand der Begriff der Hegemonie noch in einem engen Zusammenhang mit der historischen Rolle der Arbeiterklasse und bezeichnete einen Typus von Beziehung zwischen dieser und der Bourgeoisie (vgl. Laclau und Mouffe 1991, 112ff). Die Arbeiterklasse wurde hierbei jedoch nicht als das kontingente Resultat eines Kampfes, sondern als notwendiger struktureller Rahmen für jeden Kampf betrachtet. Insofern bildete sie die quasi-ontologische Grundlage für Befreiung. Laclau und Mouffe können aufgrund ihres theoretischen, aber auch eigenen Erfahrungshintergrundes (vgl. Laclau 1990, 200) weder der Arbeiterklasse noch irgendeiner anderen Identität einen absolut privilegierten Platz einräumen. Hegemonie wird bei ihnen deshalb zu einer politischen Kategorie, die eine *kontingente* Vorherrschaft einer artikulatorischen Praxis innerhalb des Feldes der Diskursivität bezeichnet. In diesem Feld artikulatorischer Praxen, der kontingenten Verbindung verschiedener diskursiver Momente, kann sich eine hegemoniale Formation bilden. Hegemoniale artikulatorische Praxen transformieren partiell fixierte diskursive Positionen in überdeterminierte Knotenpunkte (und setzen dabei die Instabilität jeder Objektivität und Identität voraus). Doch nicht jede artikulatorische Praxis muss gleich eine hegemoniale sein. Dafür ist vielmehr notwendig, dass die »Artikulation durch Konfrontation mit antagonistischen artikulatorischen Praxen erfolgt – mit anderen Worten, daß Hegemonie auf einem kreuz und quer von Antagonismen durchzogenen Feld auftaucht und deshalb Äquivalenzphänomene und trennende Grenzeffekte voraussetzt.« (Laclau und Mouffe 1991, 194) Hier eröffnen sich zwei Grundbedingungen einer hegemonialen Artikulation: auf der einen Seite die Existenz antagonistischer Kräfte und auf der anderen die Instabilität der sie trennenden Grenzen (vgl. Laclau und Mouffe 1991, 194). Die Bedingungen der Möglichkeit hegemonialer Artikulation verweisen auf den zentrumslosen Charakter des Sozialen:

> »Hegemonie ist ganz einfach ein politischer *Typus von Beziehung*, eine *Form*, wenn man so will, von Politik, aber keine bestimmbare Stelle innerhalb einer Topographie des Gesellschaftlichen. In einer gegebenen Gesellschaftsformation kann es eine Vielzahl hegemonialer Knotenpunkte geben. Von diesen werden offensichtlich einige in hohem Maße überdeterminiert sein: Sie können Verdichtungspunkte einer Anzahl sozialer Beziehungen bilden und somit zum Brennpunkt einer Vielzahl totalisierender Effekte werden. Insofern das Soziale jedoch ein unendlicher Raum ist, der auf kein ihm zugrundeliegendes einheitliches Prinzip reduziert werden kann, macht die bloße Vorstellung eines Zentrums des Sozialen überhaupt keinen Sinn mehr.« (Laclau und Mouffe 1991, 198)[49]

---

49 Hegemonie ist dabei als Typus von Beziehung grundlegend metonymisch: »Ihre Effekte gehen immer aus einem Bedeutungsüberschuß hervor, der sich aus einer Verschiebung ergibt.« (Laclau

Hegemonie ist demnach der Name für eine Beziehung zwischen verschiedenen artikulatorischen Praxen, wobei wenigstens eine von diesen gegenüber den anderen die Vorherrschaft erlangt. Wie wird dies jedoch erreicht? Hierfür ist die Bildung einer »hegemonialen Formation« notwendig. Ein historischer Block wird auf einem antagonistischen Terrain konstituiert. In der Regelmäßigkeit der Verstreuung (der Formation) werden die verschiedenen Subjektpositionen gemäß einer Logik der Äquivalenz partiell fixiert. Dies geschieht durch die Konstruktion von Knotenpunkten, die eine partielle Verdichtung des sozialen Feldes darstellen. Der hegemoniale Diskurs verleiht somit den Elementen der hegemonialen Formation eine vorläufige Identität mit konstitutiven Grenzen.

Bei einer hegemonialen Formation dreht es sich um ein diskursiv erzeugtes Beziehungssystem (zum Beispiel Bündnis) von verschiedenen Subjektpositionen, die durch ein oder mehr Ziele gestiftet werden. Dabei kommt es zur Konstruktion und (Re)Artikulierung von Äquivalenzketten zwischen den jeweiligen Positionen. Beispiele für hegemoniale Formationen sind die Neuen Sozialen Bewegungen wie die Friedensbewegung, Frauenbewegung, Ökologiebewegung, Anti-Globalisierungsbewegung oder *Queer*-Bewegung, die sich auf einem antagonistischen Terrain bilden. Auch diejenigen diskursiven Ordnungen, die sich zur Zeit als hegemoniale durchgesetzt haben, können als »hegemoniale Formationen« bezeichnet werden. Diese kommen einem Begriff von Herrschaft im Sinne Foucaults wesentlich nahe: Sind Machtbeziehungen eng an die Prozesse der Diskursivierung gebunden, versteht Foucault unter Herrschaft Zustände, in denen Machtbeziehungen starr, blockiert und relativ unbeweglich sind. Herrschaft bedeutet dann, dass es gelungen ist, ein Feld von Machtbeziehungen zu blockieren und eine dauerhafte Asymmetrie und einen stabilen Antagonismus zu etablieren (vgl. Foucault 1987*b*, 260f). Insofern existieren derzeit die insitutionalisierte Vorherrschaft einer bürgerlich-kapitalistischen oder neoliberalen Auffassung des Sozialen sowie bestimmte Vorstellungen des Subjekts als Mann, Frau, weiß etc., das den jeweils konstitutiven Anderen gegenübersteht.[50] Diese oftmals als selbstverständlich hingenommenen Ordnungen von Identitäten und des Sozialen sind – folgt man der poststrukturalistischen Auffassung – nicht natürlicherweise oder a priori gegeben, sondern sedimentierte Effekte hegemonialer Diskursivierungen (vgl. Bröckling, Krasmann und Lemke 2000).

Ernesto Laclau und Chantal Mouffe gehen von einer Vielzahl hegemonialer Knotenpunkte auf dem Feld der Diskursivität aus. Dabei ist das Auftauchen einer diskursiven Konfiguration zu einem spezifischen Zeitpunkt eine machtgestützte

---

und Mouffe 1991, 201)
50 Zur neoliberalen Auffassung des Sozialen, sowie zur historischen Hegemonisierung des ökonomischen und sozialen Neoliberalismus vgl. Dixon (2000).

Stabilisierung einer Bedeutung, quasi der Kampf um den leeren Ort der Macht (vgl. Lefort 1999), der jedoch um der Demokratie willen immer offen gehalten werden muss. In einer Demokratie ist nach Claude Lefort der symbolische Ort der Macht leer, was nicht bedeutet, es gebe keine Macht, sondern vielmehr darauf verweist, dass die Machtverhältnisse sich nicht in erstarrte Machtformen, in Herrschaft verwandeln. Lefort geht davon aus, dass die republikanische Revolution wesentlich dazu beigetragen hat, den vom Körper des Königs besetzten Ort der Macht zu entleeren. Gemäß seiner historischen Argumentation liegt die Entleerung des Ortes der Macht bereits im Ancien Régime und im Prozess der Säkularisierung, der symbolisch in der Enthauptung des Königs Louis XVI. 1793 kulminiert – quasi die Geburt des demokratischen Dispositivs.[51] Ab diesem Zeitpunkt wird die Gesellschaft mit einer radikalen Unbestimmtheit ihrer eigenen Legitimationsgrundlage zurecht kommen müssen. Das Paradox der Demokratie liegt darin, dass die eigentliche Grundlegung der Demokratie gerade in der konstitutiven Unmöglichkeit einer endgültigen und festen Grundlegung besteht. Dies hat ebenfalls zur Folge, dass der politische Konflikt als notwendig anerkannt und institutionalisiert wird sowie regelmäßig stattfindende Wahlen es keinem Akteur gestatten, den leer gewordenen Ort der Macht dauerhaft symbolisch einzunehmen. Diese dynamische Demokratiekonzeption geht von einer permanenten Neu-Erzeugung von Demokratie aus, von deren Sicht her eine verwirklichte Demokratie keine mehr wäre. Nach Lefort beinhaltet diese Demokratisierung jedoch auch die Möglichkeit des Totalitarismus. Der Totalitarismus bestimmt sich in seinem Verhältnis zum leeren Ort der Macht: Totalitarismus bedeutet, dass Gesellschaft und Macht miteinander identifiziert werden, der soziale Raum homogenisiert und geschlossen wird. Wenn die Beziehung zum Anderen nicht ermöglicht wird und die Gesellschaft insofern geschlossen wird, besteht die Gefahr des Totalitarismus. Eine gesellschaftliche Teilung bzw. die Beziehung zum Außen sowie die damit einhergehende Kontingenz der Gesellschaft wird dabei geleugnet und der leere Ort der Macht mit einem neuen Körper besetzt. In Leforts Worten:

>»Es wird eine Logik der Identifikation durchgesetzt, die der Vorstellung einer verkörpernden Macht (*pouvoir incarnateur*) gehorcht. Proletariat und Volk, Partei und Proletariat, Politbüro und Partei und schließlich die Partei und der *Egokrat* fallen in eins. Indem sich die Vorstellung einer homogenen und für sich selbst durchsichtigen Gesellschaft, des *einen* Volkes ausbreitet, wird die gesellschaftliche Teilung in allen Formen geleugnet, werden alle Zeichen des Unterschieds zwischen Glaubensansichten, Meinungen und Sitten bestritten.« (Lefort 1990, 287)

---

51 Vgl. hier die Bedeutung, die Georges Bataille dem Tag der Enthauptung für sich gegeben hat: Das Datum des 21. Januar 1793 sowie der Place de la Concorde (früher Place de la Révolution) nehmen bei Bataille eine besondere Rolle ein; bei der politischen Gruppierung »Contre-Attaque und noch bei der Gruppe »Acéphale« und zu Zeiten des Collège de Sociologie wollte Bataille, dass man immer zum 21. Januar der Köpfung Louis XVI. gedenke. Eine Einladung zum Gedenken findet sich in Bataille (1970, 393).

Im Unterschied jedoch zum König, der auch als himmlischer, von Gott legitimierter Körper auf ein Jenseits des Gesellschaftlichen verwies, herrscht im Totalitarismus die Macht so, als wäre sie grenzenlos und es gäbe nichts »außer« ihr (vgl. Lefort 1990, 287). Die Macht bezieht sich dann auf eine Gesellschaft, die ebenfalls nichts außerhalb ihrer selbst zu kennen scheint (vgl. Lefort 1990, 288). Dennoch muss sich ein totalitärer Volkskörper, wenn er sich als Identität oder »als ganzer« vorstellt, auf ein Außen beziehen. Diese Beziehung drückt sich durch die Kategorisierung des Außen als beispielsweise »Volkfeind« aus. Damit wird aber eine beständige Gefahr des Totalitarismus für sich selbst beschworen: wenn nämlich die Unversehrtheit eines Volkskörpers von der andauernden Bekämpfung der Volksfeinde abhängt oder diesen Kampf erfordert, setzt die Idee der totalitären Organisation die Idee der Des-Organisation voraus. Im Grunde bedeutet dies, dass der Totalitarismus immer wieder die Verleugnung des Anderen wiederholen muss.

Eine hegemoniale Formation im Sinne einer radikalen Demokratie kämpft beständig mittels der Produktion von Knotenpunkten um den leeren Ort der Macht, um die Entleerung des Ortes der Macht und um die Nicht-Verleugnung des Anderen, indem dieses Andere mobilisiert wird. Eine radikale Demokratie als hegemonielle Praxis versucht aufzuzeigen, dass keine Stabilisierung von Knotenpunkten endgültig ist, so dass der Ort der Macht immer leer, das heißt stets umkämpft bleibt und sich niemals schließt (vgl. Kapitel III.4.).

Die Stabilisierung von Knotenpunkten deutet wiederum auf den »leeren Signifikant« als der mit Inhalt zu füllende Knotenpunkt hin. Die inhaltliche »Füllung« der Leere des Signifikanten ist die wesentliche Aufgabe, um die sich eine hegemonielle Formation herum artikuliert, denn er repräsentiert mittels seiner Partikularität die Universalität des hegemonialen Diskurses. Der Kommunitarismus beispielsweise beansprucht mit dem Hinweis auf Partikularität universell gültig zu sein. So schreibt Laclau: »This relation by which a particular content becomes the signifier of the absent [...] fullness is exactly what we call a *hegemonic relationship*. The presence of empty signifiers [...] is the very condition of hegemony.« (Laclau 1996, 43) Wenn der grundlegenden These zugestimmt werden kann, die besagt, dass ein leerer Signifikant sich nicht unmittelbar aus der Struktur ableiten lässt (oder wegen der Offenheit jeden Diskurses nicht völlig determiniert ist), sondern kontingent ist, dann kann keine Vorhersage darüber getroffen werden, welche Signifikanten die Rolle des leeren Signifikanten einnehmen werden.

Das Scheitern endgültiger Bedeutungsfixierung – selbst noch des leeren Signifikanten –, wird von Laclau und Mouffe als Ermöglichung sowohl neuer Artikulationen als auch des Fortbestands des Politischen überhaupt angesehen. Aufgrund vorangegangener Ausführungen soll nun der Begriff des Politischen, wie er im Kapitel zu Derrida schon auftauchte, näher erläutert werden. Welche Folgen ergeben sich daraus, das Politische als Terrain der Unentscheidbarkeiten, auf dem Entscheidungen getroffen werden, aufzufassen? Wie kann das Verhältnis zwischen dem Politischen und der Politik vorgestellt werden? Wo sind die handelnden sozialen Akteure innerhalb dieses Verhältnissen anzusiedeln? Wie fügen sich die hegemonialen Praxen in das Verhältnis des Politischen und der Politik ein? Im Anschluss an die folgenden Betrachtungen wird die radikale Demokratie im Sinne einer hegemonialen Praxis bestimmt.

2. Das Politische und die Politik

Das Politische wird von Laclau als der Moment des Antagonismus begriffen, an dem die Unentscheidbarkeit von Alternativen und ihre Auflösung durch Machtbeziehungen sichtbar wird (vgl. Laclau 1990, 35). Dies bedeutet, dass das Politische das Feld von Unentscheidbarkeit(en) ist, vom dem sich ausgehend Antagonismen bilden können. Laclau verwendet (auch) den Begriff der »Dislokation« (Laclau 1990, 60) zur Bezeichnung für die dem Antagonismus zugrundeliegende Unentscheidbarkeit: Die Dislokation beschreibt die Unmöglichkeit der vollständigen Schließung jeder Identität aufgrund eines konstitutiven Außen (vgl. auch Stäheli 1999, 152). Trennt man Dislokation und Antagonismus ergibt sich folgendes Bild: Das Verhältnis zwischen Innen und Außen eines diskursiven Systems ist immer bereits ein disloziertes. Der Antagonismus hingegen ist die bestimmte *historische* Konfiguration eines unentscheidbaren Systems, d.h. die spezifische Artikulation einer Dislokation (vgl. Dyrberg 1998, 34).[52] Die konfliktuelle Entscheidung, die auf dem System basiert und dieses überschreitet (vgl. Kapitel III.3.), ist eine antagonistische. Insofern ist das Politische sowohl die Bedingung der Konstitution des Sozialen als auch das unentscheidbare Terrain für das Ensemble von Entscheidungen und Politiken, die darin getroffen werden und das Terrain reproduzieren oder verschieben (vgl. Laclau 1996, 103).

Die Unentscheidbarkeit impliziert in diesem Falle vorerst zwei Dinge: Das Politische als Feld der Unentscheidbarkeiten ist die Bedingung für die fortwährende politische Institutierung des Sozialen[53] sowie für die Unabgeschlossenheit

---

52 Zur Dislokation und Antagonismus vgl. auch die instruktiven Abschnitte in Stäheli (2000c, 56ff).
53 In einer eher an Derrida angelehnten Terminologie und anhand des Beispiels des Gesellschaftsvertrags könnte dies folgendermaßen umschrieben werden: Wenn der Moment der »Bejahung« des Anderen und dessen Verhältnis zum Selben schon immer geschehen ist, d.h. wenn es Unentscheidbarkeit und Dislokation als Verhältnis des Selben und dem Anderen schon gegeben hat, so geht dieses Verhältnis auch jedem Gesellschaftsvertrag als Bedingung seiner Möglichkeit voraus (vgl.

aller Maßnahmen der politischen Institutionen (vgl. Laclau 1999, 112f). Daher kann von zwei analytischen Dimensionen ausgegangen werden (vgl. zu Folgendem Dyrberg 1998): Eine Ebene erster Ordnung betrifft das Politische als »quasiuniversales Phänomen« gegenüber Gesellschaftsordnungen als Zeit-Raum von Entscheidungen (vgl. Dyrberg 1998, 24). Eine »tiefer gelegene« Ebene ist die Politik als die spezifische Strukturierung hegemonialer Verhältnisse: die Entscheidung. Politik ist der Versuch, »Partikularität und Universalität zu artikulieren« (Dyrberg 1998, 24) . Sie ist somit der »kreative« Akt der Artikulation von Partikularität (dem Aktualen), Universalität (dem Möglichen) und dem Un-möglichen (das, was den Sinnhorizont eines System überschreitet).[54] Das Politische kann nicht auf bestimmte Formen wie Staat, Freund/Feind-Konflikt oder Klassenkampf reduziert werden, sondern es stellt vielmehr die »ontologische« und plurale Ebene dieser Artikulationen und Unterscheidungen dar (vgl. Dyrberg 1998, 25). Was bedeutet diese Auffassung des Politischen? Das Politische als unentscheidbares Terrain betont die Kontingenz hegemonialer Formationen und verweist auf die Möglichkeit, dass jede politische Institutionierung des Sozialen und jede diskursive Formation auch ganz anders sein könnte.[55] Daher kann das Politische auch als Bedingung der Strukturierung hegemonieller Praxen begriffen werden, jedoch – aufgrund der Unentscheidbarkeit – nicht als letzter Determinierungsfaktor einer bestimmten Entscheidung bzw. der Politik.[56] Eine Entscheidung, getroffen auf dem

---

Bennington und Derrida 1994, 238f). Denn wie sollte sich der Gesellschaftsvertrag unterzeichnen lassen, wären die Vertragsschließenden nicht durch eine minimale Verbindung gebunden. Natürlich ist dies wiederum auch die Bedingung seiner Unmöglichkeit, denn der Gesellschaftsvertrag kann nicht die von ihm angestrebte Ursprünglichkeit erlangen, wenn er zuvor dieses vorgängige Verhältnis voraussetzen muss. Um einen Vertrag zu schließen, muss schon eine vorgängige Beziehung mit dem Anderen und damit eine minimale Bindung einer absoluten Zerstreuung (dissémination) geschehen sein (vgl. Bennington und Derrida 1994, 239f). Hinsichtlich der »Ethik« Lévinas' ließe sich unter der Verwendung der Derrida-Lévinas'schen Terminologie bezüglich des Sozialen folgendes sagen: Das Verhältnis zum Anderen (des konstitutiven Außen) ist die Bedingung des Sozialen. Aber es ist auch die Bedingung der Unmöglichkeit des Sozialen, weil dieses sich niemals schließen wird. Insofern es aber streng genommen keine Andersheit außerhalb des Sozialen geben kann, kommt man zu folgendem Schluss: Die Ethik, die Beziehung zum Anderen, ist jenseits des Sozialen im Sozialen (vgl. Moebius 2001c).

54 Derrida schreibt in einem Interview bezüglich des Un-möglichen: »Das Un-Mögliche (*l'impossible*), von dem ich häufig rede, ist nicht das Utopische. Im Gegenteil. Das Un-Mögliche gibt dem Wunsch, der Handlung und der Entscheidung die Bewegung. Das Un-Mögliche ist die Figur des Wirklichen selbst. [...] Wenn man sich mit dem Möglichen begnügen würde, würde man Regeln anwenden oder Programme ausführen, würde man vorhersehbare Kausalitäten vorgeben, würde sich ›pragmatisch‹ an das anpassen, was scheinbar im Gang wäre, und man würde infolgedessen in der Politik wie anderswo weder etwas tun noch etwas entscheiden. Es würde niemals wirkliche Verantwortung übernommen.« (Derrida 1998c, 48f)

55 Zur Instituierung des Sozialen vgl. auch Lefort und Gauchet (1990).

56 »Die doppelte Bejahung muß ihrem Wesen nach riskant, gefährdet, offen bleiben. Sie läßt sich vor allem nicht definieren oder setzen; sie geht in keiner bestimmten Position auf. Entzieht sich aber als

Feld des Politischen, ist kontingent, da sie aufgrund der Unentscheidbarkeit einerseits auch anders hätte ausfallen können und andererseits wiederum keine völlige Schließung bewirkt.

Das Politische steht für die Derrida'schen Begriffe wie Spur, *différance*, Supplementarität, Iterabilität oder eben Unentscheidbarkeit (vgl. Laclau 1999, 113f) und ist sowohl die Bedingung der Möglichkeit für Politik als auch Bedingung der Unmöglichkeit von Politik (auf einer Letztbegründung oder absoluten Grund zu beruhen oder sich zum Beispiel als Einheit (Volk, Partei, Nation) zu schließen). Das Unentscheidbare impliziert die Notwendigkeit, immer wieder geschlossen zu werden, oder anders gesagt, entschieden zu werden; damit gehandelt werden kann, muss es Stabilisierungen durch Entscheidung geben; das heißt, zwischen dem Politischen und der Politik bedarf es eines vermittelnden Gliedes – der Entscheidung. Diese Entscheidung ist ein performatives Ereignis, das, sofern es nicht lediglich ein Programm abspulen, sondern Entscheidung sein will, nicht von bereits bestehenden Regeln abgeleitet werden kann; weil keine etablierten, absolut festen Sinngefüge zur Auflösung der Unentscheidbarkeit bereitstehen, kann nach Derrida auch keine völlig von diesen Sinngefügen abgeleitete Motivation eine Entscheidung hervorrufen.[57] Nach Derrida kann nur das im strengen Sinn Entscheidung heißen, was nicht einfach eine schon im Sinnsystem entfaltete Möglichkeit ist (vgl. Derrida 2000*a*, 39).[58]

Zusammengefasst ergeben sich für die Unentscheidbarkeit also folgende Charakeristika: Auf Grund der Unentscheidbarkeit kann es – auch nach einer Entscheidung – keine endgültige strukturale Schließung oder Präsenz geben. Das Subjekt ist der Struktur weder absolut innerlich noch gänzlich äußerlich, sondern *gegenüber* und *in* der Struktur durch Identifikation konstituiert; es ist die Distanz zwischen Struktur und Entscheidung (vgl. Laclau 1999, 126). Die Unentscheidbarkeit stört den Horizont eines Kontextes oder eines Systems und fordert als Entscheidun-

---

solche auch der Opposition [...]. *Der Begriff des Politischen* ließe sich von hier aus *re-situieren*.« (Derrida 2000*h*, 330)

57 Zum performativen Ereignis und zur »Entscheidung des anderen« in der Unentscheidbarkeit vgl. auch Derrida (2001*b*, 32f).

58 Dasselbe gilt auch für die Verantwortung: »Sobald man weiß oder zu wissen glaubt, was die eigene Verantwortung ist, gibt es keine Verantwortung. Damit eine Verantwortung eine Verantwortung ist, muß man, sollte man wissen, was immer man wissen kann. Man muß versuchen das Maximum zu wissen, doch der Moment von Verantwortung oder Entscheidung ist ein Moment des Nicht-Wissens, ein Moment jenseits des Programms. Eine Verantwortung muß unendlich sein und jenseits jeder theoretischen Gewißheit oder Bestimmung.« (Derrida 2000*a*, 43) Anders gesagt führt dies dazu, dass man sich niemals auf einer Entscheidung ausruhen kann, indem man sagt, dies war die richtige Entscheidung. Denn diese Entscheidung ist wiederum von Unentscheidbarkeiten heimgesucht worden, so dass neue Entscheidungen nötig werden. Wie bzw. woher die Motivation der Entscheidung jenseits des Programms dann kommt, ist Teil des nächsten Kapitels.

gen *Inventionen* und *Interventionen* neuer Begriffe, die über den Sinnvorrat der vorherigen Ordnung hinausgehen. Es handelt sich also nicht um eine reine Wahl zwischen zwei Optionen, die schon *innerhalb* des Systems denkbar sind, sondern um Störungen, die Artikulationen erlauben, die in das System eingeführt werden und so den Systemhorizont überschreiten. Erst eine Entscheidung, das heißt eine partielle Fixierung eines Signifikanten, der *partiell* den Sinn eines Diskurses leitet, löst vorübergehend die Unentscheidbarkeit auf (vgl. auch Stäheli 2000*b*, 152). Dabei werden andere Möglichkeiten und Unmöglichkeiten unterdrückt *oder* neu produziert, damit die Entscheidung stattfinden kann; da sie einerseits Möglichkeiten und Unmöglichkeiten unterdrückt oder aber auch neu produziert, ist die Entscheidung eng mit Macht (im Foucault'schen Sinne) verknüpft.[59] Da Macht die konstitutive Rolle der Sinnproduktion mittels Entscheidung darstellt,[60] ist sie in ihrer Unterdrückung von Alternativen nicht nur repressiv, sondern auch regulativ und produktiv; das heißt, die Entscheidung kann nicht nur Bedeutungen unterdrücken sondern auch produzieren; sie kann bewirken, dass eine bestimmte Bedeutung zu einem bestimmten Zeitpunkt in der diskursiven Formation auf radikal neue und andere (iterative) Weise auftaucht, also neue Bedeutungen hervorruft. Solche In(ter)ventionen sind selbst nicht in den Bereich zu erwartender Möglichkeiten einzuschreiben, sondern als absolut andere aufzufassen, da sie zwar auf einer Struktur basieren, diese aber selbst durch die Schaffung unbekannter Möglichkeiten überschreiten. Somit kann man davon ausgehen, dass eine Entscheidung sowohl Spuren des Außen hat als auch neue Sinnbeziehungen gründen kann und dass sie Diskurse re-artikuliert; ein Prozess, der zu einer neuen Instituierung von Hegemonie führen kann. Weil aber jede Entscheidung wieder eine partielle Schließung einer diskursiven Formation bedingt und diese Schließung wiederum ein Außen haben wird und Spuren hinterlässt, gibt es wiederum Unentscheidbarkeiten und Dislokationen – das Politische.[61]

Die Unterscheidung zwischen Politik und dem Politischen kann folgendermaßen spezifiziert werden: Das Politische ist das konstitutive Ordnungsprinzip jeder sozialen und hegemonialen Formation ohne vorherbestimmbares Telos oder Inhalt. Das Politische bezeichnet den Spalt zwischen dem, was gerade aktuell gegeben und dem was möglich als auch in einem radikalen, sinnüberschreitenden Sinne unmöglich/absolut anders ist.[62] Unmöglich kann folgendes bedeuten: Ereignisse, die bestimmten kontextuellen Regeln widersprechen; etwas, was durch

---

59 Dies wird im Kapitel zum Feminismus von Judith Butler noch detaillierter ausgeführt.
60 Insofern ist Macht auch produktiv, vgl. Foucault (1977*b*).
61 Aus diesem Grund muss das Politische keinesfalls nur als ein (Nicht-) Ort, sondern auch als ein temporaler Prozess verstanden werden, der überall stattfindet. Die Formen des Politischen können unendlich variieren und sind nicht mit endgültigen, bestimmten Praxistypen zu identifizieren.
62 Zur Unmöglichkeit vgl. auch Waldenfels (1994, 626ff).

eine bestimmte Ordnung ausgeschlossen – außer-ordentlich – ist oder eine radikale Unmöglichkeit:

> »Doch wenn wir Unmöglichkeiten einen ›positiven‹ Charakter zusprechen, so denken wir nicht an eine Unmöglichkeit schlechthin, sondern an etwas, dem eine bestimmte Unmöglichkeit anhaftet, nicht bloßer Mangel, sondern als Ingrediens der ›Sache selbst‹. [...] Wenn wir annehmen dürfen, daß jede Ordnung etwas er-möglicht, anderes verunmöglicht, so müssen wir das, was sich den Ordnungen entzieht, als un-möglich bezeichnen, also auch als unsichtbar, unsagbar, untubar, unantastbar. Ohne dieses Schattenregister des Fremden wäre das Antworten nicht, was es ist, nämlich ein Reden und Tun, das auf fremde Ansprüche antwortend sich selbst überrascht.« (Waldenfels 1994, 630ff)

So gesehen ist beispielsweise eine *démocratie à venir* unmöglich, weil sie niemals in einer Gegenwart möglich oder erfüllt sein wird.[63] Das Politische ist mit der vom Außen ermöglichten *In(ter)vention des Un-möglichen* verschränkt: Dem Einbruch/der Erfindung von Undenkbarem und Unerkennbarem, das zwar auf einer Struktur (und ihrem Außen) basiert, diese jedoch durch die In(ter)vention unbekannter Möglichkeiten überschreiten und Ereignisse zeitigen kann.[64] »Der Einbruch des Ereignisses muß jeden Erwartungshorizont aufbrechen.« (Derrida 2001b, 17)

Das Politische geht als Terrain der Unentscheidbarkeiten und der vielfältigen Diskurse den spezifischen hegemonialen Strukturierungen logisch voraus. Politik ist das Ensemble von Entscheidungen die auf dem Feld des Politischen getroffen werden; für die In(ter)ventionen des Un-möglichen bedeutet dies: In(ter)ventionen des Un-möglichen werden sogleich – als Beobachtetes – zu (im Sinnhorizont) internalisierten Möglichkeiten. Das Un-mögliche ist an eine faktische Möglichkeit gebunden, sie behält etwas »Okkasionelles«(vgl. Waldenfels 1997a, 391). Die Bindung des Un-möglichen an die Möglichkeit, die auch schon Adorno in seiner »Charakteristik zu Walter Benjamin« thematisiert hat (vgl. Adorno 1997a, 252), wird durch den Bindestrich bei dem Wort »Un-Möglich« lesbar gemacht; ein Bindestrich, der auch zugleich als Trennungsstrich fungiert (vgl. Waldenfels 1997a, 391). Der Einbruch des Un-möglichen kann zur politischen oder realisierten Möglichkeit gerinnen, die sich dann in dem antagonistischen Verhältnis zwischen hegemonialen Formationen ausdrückt. Die Möglichkeit ist dann die hegemoniale Systematisierung von Differenzen in Zeit und Raum *in* und *zwischen* Systemen. Diese Systematisierung konstituiert sich mittels Artikulationen und versucht so mit den Dislokationen umzugehen. Als *partielle Begrenzung* mittels Knotenpunk-

---

63 Zur In(ter)vention des Un-möglichen vgl. auch Kapitel II.3.
64 Beispielsweise durch das Ausnutzen der Iterabilität jedes Signifikanten, die auch eine *Andersheit in der Wiederholung* instituiert, wie es zum Beispiel durch den Begriff *queer* geschehen ist. Die Invention lebt auch von von dem Außen der Strukturen und Sinnhorizonte. Eine Erfindung des *Unmöglichen* ist sie deshalb, weil sie den Sinnhorizont überschreitet, absolut anders ist, im Gegensatz zum Möglichen; Möglichkeiten sind immer schon erkannte, das heißt dem Sinnhorizont schon eigen.

ten produziert Politik wiederum Unentscheidbarkeiten und setzt andererseits diese Dislokationen voraus – es gibt weder einen eindeutigen Ursprung noch ein endgültiges Ziel dieser Systematisierungen. Insofern es nach jeder Entscheidung wieder Unentscheidbarkeiten gibt, ist eine »Hyperpolitisierung« möglich. Erst wenn das Feld der Unentscheidbarkeit eliminiert wird, wird Politik unmöglich.

Es wurde bislang wenig auf das Subjekt und insbesondere auf die Entscheidung als *Bedingung für das Erscheinen des Subjekts* eingegangen. Dies soll nun erfolgen, indem einerseits zunächst Laclaus Begriffe von Subjekt und Entscheidung vorgestellt werden und andererseits diese Auffassung derjenigen von Derrida gegenübergestellt wird. Dabei wird sich zeigen und begründen lassen, dass die Lévinas'schen Begriffe des Anderen und der Verantwortung für eine Theorie der Entscheidung und damit sowohl für die Politik als auch für ein sozialwissenschaftliches Verständnis des Handelns wichtig sind.

Fasst man die Ergebnisse zusammen, die Lévinas und Derrida für eine sozialwissenschaftliche Reflexion bedeutsam machen, kommt man zu folgendem *vorläufigen* Schluss: Anhand der Beziehung zu einer absoluten Andersheit, die durch die Dekonstruktion »aufgedeckt« wird, lässt sich die prinzipielle Offenheit und Konstruiertheit jedes Kontextes, jeder Struktur und jeder sozialen Identität beschreiben. Die Produktion und die partielle Sicherung von diskursiven Formationen könnte ohne dieses Außen nicht funktionieren; dieses Außen ist aber auch verantwortlich für die Unmöglichkeit einer Schließung dieser Formationen. Dies führt zu verschiedenen »neuen« Perspektiven hinsichtlich von Gerechtigkeit und Recht, von Gemeinschaft und Gesellschaft, sowie der Bildung von hegemonialen Formationen und Demokratie. Ferner kann anhand der Iterabilität und »des Anderen« die Prozesshaftigkeit und die Genese sozialer Praktiken gefasst werden, wie sie auch in der konstitutiven, sich stets generierenden Unentscheidbarkeit zum Ausdruck kommt. Drittens verweist die poststrukturalistische Sichtweise dieser Phänomene auf eine ethische Komponente, die noch anhand von Beispielen näher expliziert wird. Und viertens kann mittels »des Anderen« sowohl die Handlungsfähigkeit als auch die Konstitution sozialer und politischer Akteure verständlich gemacht werden, ohne auf irgendeine theoretisch-philosophisch überholte, transzendentale Bewusstheit, Selbstreflexivität des Subjekts oder auf eine Vereinheitlichung von Identitäten rekurrieren zu müssen. Die folgende handlungstheoretische Dimension der *passiven Entscheidung des Anderen in mir*, die mit der post-dekonstruktiven Subjektivität aufs engste verknüpft ist, erfährt im weiteren Verlauf der Studie beim Kapitel zu Judith Butler durch die »Ethik der Performativität« eine weitere Erläuterung, in dem sie von der relativ hohen Abstraktionsebene auf das soziale Feld von »Rissen des Sagens im Gesagten« und Re-Signifizierungen in der Iterabilität verlagert sowie am lebensweltlichen Beispiel von »queer« erläutert wird .

3. Die Entscheidung – die Frage des Sujets und der Politik

Wie deutlich geworden ist, dekonstruieren Laclau und Mouffe die herkömmliche Gegenüberstellung von Struktur und handelndem Subjekt. Einerseits gibt es keine absolut geschlossene Struktur und damit keine absolute Determinierung durch diese Struktur und andererseits existiert kein völlig souveränes, transzendentales Subjekt, das allein aus seinem Willen heraus die diskursive Struktur verändert. Wie »Subjektivität« dennoch vorgestellt werden könnte – quasi als immer wieder sich ereignende Antwort auf das Außen (das Andere, den Anderen) – war Thema der »post-dekonstruktiven Subjektivität«, die weder als Einheit noch als abgeschlossener Prozess verstanden wird (II.3.1.). Aber selbst die »post-dekonstruktive Subjektivität« bedarf noch einer genaueren Klärung, denn neben der »post-dekonstruktiven Subjektivität«, der Subjektivität im Moment der Verantwortung und Entscheidung selbst, gibt es die Subjektpositionen.

In »Hegemonie und radikale Demokratie« basiert die Konzeption des Subjekts noch vornehmlich auf der Foucault'schen Annahme von *Subjektpositionen*. Dabei stellen die diskursiven Formationen die Positionen bereit, an denen und durch die Subjekte und ihre Interessen produziert werden. Die Möglichkeit, sich innerhalb des diskursiven Feldes der Sexualität beispielsweise zu positionieren, besteht darin, sich innerhalb der angebotenen Positionen zu konstituieren und zu subjektivieren (zum Beispiel als heterosexuell, homosexuell, etc.). Subjektpositionen regulieren meistens die Möglichkeiten der Aussage in den Diskursen und entscheiden dadurch einerseits mit, wer Zugang zu den Diskursen hat (und wer nicht), und andererseits, was sagbar ist (oder nicht). Da es eine Vielfalt von Diskursen im Feld der Diskursivität gibt, existiert eine ebenso große Vielfalt von Subjektpositionen. Aus diesem Grund kann auch kein »Subjekt« sich lediglich nur auf *eine* dieser Positionen reduzieren, sondern konstituiert sich durch mehrere mit denen sie auch verwoben ist. Die Idee eines einheitlichen Subjekts wird wegen der Zerstreuung (Dissemination) der Elemente aufgegeben. Laclaus und Mouffes Erkenntnisinteresse richtet sich auf die Produktion von relationalen Bindungen *in* und *zwischen* verschiedenen Subjektpositionen mittels hegemonialer Formierung und Politik.

Die Auffassung der Konstituierung von Subjektpositionen ist nach Laclau jedoch nicht hinreichend, um politische Veränderungen zu erklären. Eine Beschreibung der Konstituierung von Subjektpositionen durch Positionierung innerhalb des Diskurses vermittelt ihm zufolge eine »zu« strukturalistische Konzeption des Subjekts. Sie ist noch strukturalistisch, weil sie nicht das Subjekt mit dem Scheitern partiell geschlossener Diskurse in Zusammenhang bringt. Bei einer strukturalistischen Sichtweise ist der politische Spielraum für die (durch den Diskurs konstituerten) Identitäten äußerst begrenzt. Richtet man seinen Blick aber darauf, dass das Subjekt nicht völlig unter eine strukturale Determinierung subsumiert werden kann, welche Folgerungen müssen dann geschlossen werden? Welche logischen Folgen lassen sich aus der Unabschließbarkeit von Diskursen für eine Subjektkonzeption und für das Handeln ziehen? Die Unmöglichkeit, eine geschlossene Identität zu formieren, zeigt sich wieder in Formen der Unentscheidbarkeit. In Anlehnung an Slavoj Žižek(vgl. Žižek 1989) ist das Subjekt, das nicht eins ist, mit der Terminologie »Subjekt als Mangel« zu beschreiben und kann sich nur durch *Identifikation* mit einem bestimmten Inhalt, der die Unentscheidbarkeit beheben soll, konstituieren. Das Subjekt muss sich, um sich als Subjekt konstituieren zu können, mit etwas identifizieren (vgl. Stäheli 1999, 155). Die diskursiven Formationen suggerieren eine Einheit und offerieren eine Projektionsfläche, die den Mangel des Subjekts aufzulösen scheint. Im Gegensatz zu einer rationalistischen Subjektkonzeption, in der das Subjekt die Entscheidungsprobleme aus sich heraus lösen würde, lautet Laclaus Auffassung, dass ein Subjekt nur von der Unentscheidbarkeit her existiert, die es durch seine Entscheidung (Identifikation) immer zu bewältigen hat (vgl. auch Stäheli 1999, 155). Hierbei ist das Subjekt (im Gegensatz zur Subjektposition) der Abstand zwischen Unentscheidbarkeit der Struktur und der Entscheidung (vgl. Laclau 1999, 126). Jede Struktur (jeder Kontext, jeder Diskurs etc.) bildet sich mittels Verschiebung. Diese Verschiebung beschreibt dabei die Kontingenz der Struktur. Darum ist die Identifikationsfläche für das Subjekt selbst kontingent.

Einer Struktur ihre eigene Kontingenz vorzuhalten, sie zu dekonstruieren und dadurch ihre Unentscheidbarkeiten (das Verhältnis zu Anderen) aufzuzeigen, bedeutet die Pluralität ihrer (Un-)Möglichkeiten darzustellen und auf den Abstand dessen zu verweisen, was letztlich aktualisiert, entschieden oder bevorzugt wurde. Eine Entscheidung ist dann durch folgendes zu charakterisieren: Sie ist (wegen des Außens der Struktur) nicht durch die »ursprünglichen« Terme der Struktur determiniert. Zweitens bedarf sie einer Passage durch die Erfahrung der Unentscheidbarkeit. Sie ist ein kreativer Akt, der nicht in der Begrifflichkeit einer zugrunde liegenden rationalen Vermittlung erklärt werden kann (vgl. Laclau 1999, 127).[65] Im Augenblick der Entscheidung, *in eben diesem Moment* der Entscheidung, bleibt das Subjekt nach Laclau sich selbst überlassen und ist nicht in der Lage, seine Entscheidungs-Gründe durch »irgend ein System von Regeln, die [die Entscheidung, S.M.] transzendieren, auszuweisen: dieser Augenblick ist der Augenblick des Subjekts. [...] Die Bedingung für das Erscheinen des Subjekts (=

---

65 Vgl. Kapitel II.1.2.

die Entscheidung) ist, daß es nicht unter irgend einen strukturalen Determinismus subsumiert werden kann.« (Laclau 1999, 127)

Aus der Unentscheidbarkeit kann also keinerlei Begründung für eine Entscheidung geliefert werden. Für Laclau (im Gegensatz zu Derrida) ist der Augenblick der Entscheidung (der Quasibegründung) mit einer *Selbstbegründung* verwandt, die aber nicht abgeleitet werden kann und somit absolut *kontingent* bleibt.[66] Die Entscheidung gründet auf ihrer eigenen Singularität (vgl. Laclau 1999, 128). Diese Selbstbegründung kann jedoch nur durch den Prozess der Identifikation beschrieben werden, weil die Selbstbegründung nicht vor der Entscheidung ausdrückt, wer oder was das Subjekt *schon* ist. Denn ist die Frage nach dem *Wer* der Entscheidung nicht schon selbst wiederum eine Entscheidung und steht somit vor der Bestimmung dieses *Wer*? Die Selbstbegründung drückt vielmehr den Mangel bzw. die Unfixiertheit der strukturalen Identität des Subjekts aus; das, was es an Stelle dessen ist (vgl. Laclau 1999, 129). Aufgrund des Mangels oder des Überschusses wird ein imaginärer Horizont konstituiert. Das Bedürfnis nach Identifikation mit dem imaginären Horizont liegt in dem Verfehlen einer vollständigen Identität.

Das Erscheinen des Subjekts liegt im Augenblick der Unentscheidbarkeit, in dem die Identifikation als inhärente Dimension der Entscheidung statt hat, wobei jede Identifikation letztlich insofern scheitert, als das Subjekt als geteiltes nie vollständig in seiner Identifikation aufgeht bzw. sich schließen kann. Nach der Identifikation mit einem imaginären Inhalt bleibt das Subjekt eine Kontingenz dieser Identifikation – außer es würde gelingen die Unentscheidbarkeit (irreduzible Andersheit) auszulöschen.

An dieser Stelle sei noch einmal zusammengefasst:[67] Jegliche Subjektposition ist ein Effekt einer Struktur. Deshalb gibt es kein substantielles oder transzendentales Bewusstsein, das sich im Zentrum oder außer- oder oberhalb der Struktur situiert. Weil jede Struktur aber niemals geschlossen und völlig bestimmbar und und darum konstitutiv unentscheidbar ist, sind Entscheidungen gefordert, die (sofern es nicht ein Abspulen von Regeln sein soll) nicht vorherbestimmt werden können. Hier entsteht der Augenblick des Erscheinens des Subjekts, das sich von der Subjektposition durch seinen Akt unterscheidet. Weil die Entscheidung, die das Subjekt konstituiert indem es sich artikuliert, nur unter den Bedingungen der Unentscheidbarkeit bzw. dem Fehlen von letzten Instanzen getroffen werden kann, ist sie eine, »die nicht die *Identität* des Subjekts zum Ausdruck bringt (etwas, was das Subjekt *schon* ist), sondern sie erfordert Akte der *Identifikation*.« (Laclau 1999, 132) Das Subjekt kommt im Zuge der Identifikation mit einem be-

---

66 Entscheidungen sind aber auch *konstitutiv* für das diskursive System, da sie soziale Beziehungen als notwendiges Supplement einführen. Zur Entscheidung siehe auch Stäheli (2000c, 237ff).
67 Dabei wird der Zusammenfassung von Laclau (1999, 132f) gefolgt.

stimmten Inhalt, der die Situation der Unentscheidbarkeit auflösen soll, zustande. Konstituiert durch die identifikatorische Entscheidung, ist es kein *reines* Subjekt, sondern das partielle Ergebnis sedimentierter Praktiken (vgl. Laclau et al. 2000, 84f); seine Entscheidung geschieht niemals *ex nihilo*, sondern als Displazierung eines un-möglichen Objekts bzw. als (performative) Iteration. Die Identifikationsfläche, welche die Nicht-Fixiertheit und Unvollständigkeit einer Struktur mit dem Versprechen einer imaginären Vollständigkeit partiell auflöst, ist selbst kontingent. Zur Verdeutlichung des Moments der Identifikation sei auf ein Beispiel von Urs Stäheli zurückgegriffen, der schreibt :

>»Wenn in England mit *New Labour* oder in Deutschland mit der *Neuen Mitte* ein Imaginäres angeboten wird, das eine soziale Krisensituation (Zerfall des Sozialstaates etc.) ›nähen‹ soll, dann liegt die Kontingenz dieses politischen Angebots in der Unterdrückung alternativer Identifikationsflächen (zum Beispiel ›Old Labour‹ oder Neo-Liberalismus). Der Moment des Subjekts besteht nicht in der vollzogenen Identifikation mit ›New Labour‹, sondern in jenem Moment der Unentscheidbarkeit, in dem die Identifikation noch nicht stattgefunden hat. Dieses ›noch‹ ist nicht einfach in einem zeitlichen Sinn zu verstehen, sondern als Hinweis darauf, daß jede Identifikation scheitert, da das Subjekt nie vollständig in seiner Identifikation aufgeht. Das Subjekt bleibt also auch nach der Identifikation mit einem Imaginären gegenwärtig als die Kontingenz dieser Identifikation. Nur wenn es gelingen würde, ein Imaginäres als die einzige mögliche Option zu installieren, würde das Moment des Subjekts verschwinden.« (Stäheli 1999, 155)

Die Akte der Identifikation spalten wiederum die neue Identität des Subjekts: Einerseits ist die Identität ein partikularer Inhalt und anderseits verkörpert sie die abwesende Fülle des Subjekts (die unmögliche Schließung bzw. andere Alternativen der Identifikation). Es existiert demnach kein Inhalt, der von vornherein endgültig bestimmt ist.

Nach dieser kurzen Zusammenfassung kann der Begriff der Entscheidung weiter spezifiziert werden: Die Entscheidung ist innerlich gespalten. Als Erfordernis aus der Unentscheidbarkeit ist sie auf einer »ontologischen« Ebene *eine* Entscheidung. Auf einer »ontischen« Ebene ist sie aber *diese* Entscheidung (vgl. Laclau et al. 2000, 85). Das heißt, sie ist immer in bzw. im Verhältnis zu einem bestimmten Kontext getroffen worden; aber dennoch ist sie eine Entscheidung, die partiell auch von Außen kommt und »jenseits« der diskursiven Ordnung liegt.[68]

>»Der Wahnsinn der Entscheidung ist, wenn Sie so wollen, wie jeder Wahnsinn ein regulierter. Die Dialektik zwischen gesellschaftlichen Entscheidbarkeiten und Unentscheidbarkeiten ist basaler als die Einseitigkeit der einzelnen Momente von entweder strukturaler/regelgeleiteter Determination oder Entscheidung. Daher muß die Passage von der Universalität der Regel zur Singularität der Entscheidung und *vice versa* auf eine bestimmte Art und Weise gesichert werden, obwohl sie weder eine logische,

---

68 Wobei noch einmal hinzuweisen ist, dass dieses Außen nicht ein transzendentales Außen ist, sondern immer an den Rändern in einer supplementierenden Relation steht, als eine »Falte« innerhalb der Ordnung. Ein *doppeltes* Außen, das zugleich in einem bestimmten Bezug stehen muss und zugleich darauf verweist, dass es über diesen Bezug hinausgeht (Spur). Vgl. auch Kapitel zur Ethik der Performativität.

und wie ich denke, auch keine ethische Forderung beinhaltet. Was die Passage ermöglicht, ist erstens die Spaltung der Entscheidung zwischen ihrem aktuellen Inhalt und der Inhaltsfunktion ihrer Verkörperung der abwesenden Fülle des Subjekts. Da diese Fülle sich selbst durch Inhalte ausdrücken muß, die kein gemeinsames Maß haben, wird eine Vielzahl von Inhalten in der Lage sein, die Funktion einer universalen Repräsentation zu übernehmen.« (Laclau 1999, 85f)

Das Verhältnis, in der ein partikulares Element (queer, eine Klasse, eine Bewegung, eine politische Gruppe etc.) die unmögliche Funktion einer universalen Repräsentation auf sich nimmt, ist ein hegemoniales Verhältnis. Da die Partikularität der Entscheidung die Schließungsfunktion übernimmt, obgleich sie diese Schließung niemals völlig bewerkstelligen kann, gibt es eine wechselseitige und unendliche Subversion zwischen *Universalem und Partikularem*, ein endloser Versuch des Partikularen, das Universale zu verkörpern.[69]

So zeigt sich, dass sich beide Konzeptionen des Subjekts – Subjektposition und Subjekt als Mangel[70] – in einem Wechselspiel befinden. Die Identifikationen führen zu stabilisierten Subjektpositionen und zum vorläufigen Ende des Augenblicks des Subjekts (vgl. Stäheli 1999, 155f). Subjektpositionen sind partielle Schließungen von Unentscheidbarkeitsmomenten. Diese Konstitutionen werden jedoch wiederum nur von einem konstitutiven Außen ermöglicht und bilden zu diesem Außen neue Momente der Unentscheidbarkeit. Es ist demnach also gerade das Scheitern einer völligen Schließung des Diskurses oder der Subjektposition, in dem sich die Entscheidungs- und damit Handlungsfähigkeit der Subjekte mittels Iterationen einschreibt. Die Handlungsinstanz und die Handlungsmöglichkeit wird erst im Moment der Entscheidung konstituiert und geht nicht – wie in der Rational-Choice-Theorie beispielsweise – auf einen autonomen Akteur zurück. Die Möglichkeit des Akteurs ist abhängig von Raum und Zeit sowie von den dislokativen Momenten einer Struktur. Nun kann vor dem Hintergrund der analysierten Unentscheidbarkeit auch das Verhältnis zwischen Dekonstruktion und Hegemonietheorie spezifiziert werden: Würde die Dekonstruktion nicht die radikale Unentscheidbarkeit aufzeigen, würden viele soziale Sphären als essentiell mit einer notwendigen Logik verbunden werden. Folglich gäbe es nichts zu entscheiden und zu hegemonisieren (vgl. Laclau 1999, 136). Andererseits benötigt die Dekonstruktion die Hegemonie als Theorie der Entscheidungen, denn ansonsten wäre der Abstand zwischen »strukturaler Unentscheidbarkeit und Aktualität untheoretisiert.« (Laclau 1999, 137f) Es steht aber noch die Frage offen, wie die »Abhängigkeit« des Akteurs von den Momenten der Dislokation einer Struktur konzipiert werden kann: Gründet die hegemoniale Entscheidung und damit auch die Identifikation *in*

---

69 Endlos deswegen, weil eine endgültige Schließung nicht stattfindet.
70 Durch die Bestimmung des Subjekts als Mangel ergeben sich auch die Distanzen zu einem Dezisionismus; denn das Subjekt der Entscheidung ist ein *partielles* Subjekt (vgl. Laclau et al. 2000, 85).

sich selbst oder ist sie – angelehnt an Lévinas/Derrida als *passive Entscheidung des Anderen in mir* aufzufassen?

3.1. Im Namen des Anderen

> »Wenn die Daten eines Problems oder einer Aufgabe nicht als unendlich widersprüchlich erscheinen und mich vor die Aporie einer doppelten Botschaft stellen, dann *weiß ich* im vorhinein, was es zu tun gilt, jedenfalls glaube ich es zu wissen, wobei dieses Wissen das Handeln beherrscht und programmiert: Es ist fertig, es gibt keine Entscheidung mehr, noch Verantwortung zu übernehmen. Ein gewisses Nicht-Blößt muß mich dagegen entblößt vor dem lassen, was ich tun muß, damit ich es zu tun habe, damit ich mich dabei auf freie Weise verpflichtet und gehalten fühle, es zu verantworten. Ich muß also, und unter diesen Umständen allein, diese Transaktion zwischen zwei widersprüchlichen und gleichermaßen gerechtfertigten Imperativen verantworten. Nicht daß man *nicht wissen* müßte. Im Gegenteil, man muß soviel und so gut wie möglich wissen, aber zwischen dem ausgedehntesten, verfeinertsten, notwendigsten Wissen und der verantwortlichen Entscheidung bleibt ein Abgrund und muß er bleiben.« (Derrida 2000e, 17)

Die Position Ernesto Laclaus bezüglich eines ethischen Moments der Dekonstruktion und des Politischen ist folgende: Einerseits folgt er Derridas dekonstruktiven Herausarbeitung der Unentscheidbarkeit und Heterogenität, widersetzt sich aber andererseits, diese Unentscheidbarkeit selbst als einen politischen Inhalt – beispielsweise in die Vorstellung einer *démocratie à venir* – einfließen zu lassen (vgl. Laclau 1996, 66ff). Die Unentscheidbarkeit aller Diskurse muss nach Laclau unabhängig davon gedacht werden, welches politische Projekt und welche Hegemonie aufgrund der Unentscheidbarkeit entwickelt wird. Es ist demzufolge nach Laclau nicht zwingend, dass aus der Unentscheidbarkeit die Forderung nach einer zu-kommenden Demokratie folgt. Entgegen der Ansicht Derridas, der den Moment des Offenhaltens des Verhältnisses zu einer Alterität und damit der Zukunft an die zu-kommende Demokratie bindet (vgl. Derrida 2000h, 311f, 403,), ist das Projekt bzw. die Hegemonisierung der radikalen Demokratie im Verständnis von

Laclau *eine* mögliche Artikulation und Hegemonisierung; sie ist selbst wiederum *eine* strategische Entscheidung im Sinne hegemonialer Politik. Während Derrida die Besonderheit der absoluten Alterität und die Unentscheidbarkeit, die durch die Dekonstruktion hervortritt, als Bedingung einer *démocratie à venir* (und vice versa) betont und die Unentscheidbarkeit selbst zum Politikum macht, sieht Laclau die Konstruktion partieller hegemonialer Formationen unter dem Gesichtspunkt *einer* möglichen Strategie (vgl. auch Critchley 1998). Derrida hebt zwar die Unentscheidbarkeit hervor, aber bindet diese auch an Strategien, so dass auch andere Strategien als die Betonung und Ermöglichung von Unentscheidbarkeit durch die Dekonstruktion geben kann (vgl. Derrida 2000*h*, 218ff)[71]; Strategien, die zum Beispiel darin liegen, andere Begriffe, die eine andere Politik prägen, zu mobilisieren, »alte« Begriffe beizubehalten, jedoch deren Logik und Topik in Frage zu stellen, anders zu analysieren und in anderer Form einzusetzen – beispielsweise durch das »Neue in der Reiteration« (Derrida 2000*h*, 36) – oder eine immer neu abzuschätzende Verflechtung zwischen »klassischer«, kritischer Idee und Dekonstruktion einzugehen (vgl. Derrida 1996*b*, 140ff).[72] Der Unterschied liegt vorerst in der Betonung dessen, ob die hegemonietheoretische Radikalisierung der Demokratie *eine* oder *die* Strategie der Dekonstruktion ist oder nicht und wo die Grenzen zwischen nicht-strategischen und strategischen Einsätzen der Dekonstruktion zu ziehen sind. Vielleicht kann dieser mögliche Konflikt dennoch vertieft werden: Bedeutet die Hegemonisierung einer radikalen Demokratie eine sich immer wieder verändernde Entscheidung, die zum Beispiel anderen politischen Hegemonien antagonistisch gegenübersteht, so kann aus der Sicht der Dekonstruktion betont werden, dass jede strategische Entscheidung und hegemoniale Formation wieder von Unentscheidbarkeiten heimgesucht wird. Die Dekonstruktion macht darauf aufmerksam, dass jede Hegemonie als Entscheidung nicht von sich behaupten kann, sie sei *gerecht*, weil sie stets wieder ein Außen haben und in Unentscheidbarkeiten geraten wird.[73] Insofern kann man es auch eine »Anmaßung« nennen, wenn vorgegeben wird, zu wissen, was eigentlich Demokratie zu einem gegeben Zeitpunkt sein soll (vgl. Derrida 1992*c*, 41). Eine pluralistische Demokratie wird nach Laclau und Mouffe als die Bedingung ihrer Möglichkeit durch Konflikte und Antagonismen konstituiert, die durch die Dekonstruktion aufgespürt werden. In historischen Momenten können Dislokationen zu Antagonismen werden. Diese konstituieren aber »zugleich die Bedingung der Unmöglichkeit ihrer endgültigen Erfüllung [ge-

---

71 Wobei die Trennungslinien oder Verbindungen mit diesen Strategien und der Dekonstruktion selbst unentscheidbar sind. Denn auch schon die Forderung einer zu-kommenden Demokratie macht Dekonstruktion möglich (vgl. Derrida 2000*h*, 219f).
72 Letzteres ist auch Leitbild der in Kapitel V dargelegten Politik der Ambivalenz.
73 Bei der Besprechung der *Queer-Theory* wird auf dieses Problem zurückzukommen sein. Vgl. insbesondere Kapitel V.

meint ist die der pluralistischen Demokratie, S.M.]. Das ist der *double bind*, der von der Dekonstruktion enthüllt wird. Daher wird, wie Derrida sagt, die Demokratie ›immer im Kommen‹ bleiben, traversiert sein von einer Unentscheidbarkeit und für immer ein Versprechen offenhalten.« (Mouffe 1999, 34). Derrida betont demnach das Offenhalten bzw. das »noch nicht« einer Demokratie, die durch Dekonstruktion ermöglicht wird und die vice versa weitere Dekonstruktionen ermöglichen kann. Dabei zeigt sich, dass der Begriff der Demokratie selbst keine reine, inhaltliche Fülle hat, er also immer wieder von Neuem resignifiziert werden kann:

»Behauptet man, das Festhalten an diesem griechischen Namen, Demokratie, sei eine Frage des Kontextes, der Strategie, ja der Polemik; beharrt man darauf, daß dieser Name so lange wie nötig, aber kaum länger überdauern wird; und hält man schließlich fest, daß es in diesen Zeiten mit einer einzigartigen Beschleunigung der Dinge zu tun haben, so überläßt man sich nicht schon dem Opportunisimus oder Zynismus des Antidemokraten, der im Verborgenen sein Spiel treibt. Man behält sich ganz im Gegenteil das uneingeschränkte Recht auf die Frage, die Kritik, die Dekonstruktion vor (und verteidigt diese Rechte, die prinzipiell von jeder Demokratie garantiert werden – keine Dekonstruktion ohne Demokratie, keine Demokratie ohne Dekonstruktion). Und man behält sich dieses Recht vor, um in einem strategischen Vorgehen zu markieren, was keine Frage der Strategie mehr ist: jene Grenze, die zwischen dem Bedingten (den Randlinien des Kontextes und des Begriffs, von denen die wirkliche Praxis der Demokratie in Grenzen gehalten und durch den Boden und das Blut genährt wird) und dem Unbedingten verläuft. Es ist diese Grenze, die dem Motiv der Demokratie selbst, seit den Anfängen, eine selbstdekonstruktive Kraft einbeschrieben hat: Die Möglichkeit, ja die Pflicht der Demokratie, sich selbst zu de-limitieren: ihre Grenzen nicht sowohl festzusetzen und aufzuzeigen als vielmehr auszusetzen, zu ent-grenzen.« (Derrida 2000*h*, 156)

Das wesentliche Verdienst von Laclau und Mouffe ist es, dass sie politisch zu theoretisieren vermögen, auf welche Weise Entscheidungen sowohl Sinn fixieren als auch unterminieren oder allgemein: wie politische Hegemonien aus der Dekonstruktion entstehen und wie Hegemonien wiederum von Dekonstruktionen heimgesucht werden können; dazu ist die Dekonstruktion notwendig. Beide Bewegungen, Dekonstruktion und Hegemonie, sind also miteinander verwoben. Es ist notwendig qua Hegemonie zu stabilisieren, gerade weil es Instabilitäten gibt. Diese sind aber nach Derrida zugleich auch eine Chance eines Wandels (vgl. Derrida 1999*b*, 186). Insofern wäre der vorläufige Schluss, der aus einem möglichen Konflikt zu ziehen wäre, der, dass dieser Konflikt eigentlich nur bestünde, wenn man unwiderruflich sich für eine Seite, entweder dekonstruktive Öffnung des Kontextes vom Anderen her oder Hegemonie, entscheiden müßte, obgleich ja beide miteinander verwoben sind.

Hinsichtlich eines anderen Punktes sind die Differenzen vielleicht offensichtlicher: in der Auffassung von Entscheidung und – daraus folgend – darin, ob es möglich sein sollte, die Unmöglichkeit einer letzten Schließung im Sinne eines ethischen Imperativs zu kultivieren (vgl. Laclau 1996, 77f).[74] Sowohl Derrida als

---

74 Vgl. dazu auch Critchley (1998, 199).

auch Laclau stimmen darin überein, dass die Entscheidung nicht vom Willen oder einer angenommenen Rationalität des Subjekts determiniert ist, noch allein aus der Struktur in einem abgeleitetem Sinne erfolgt. Wie schon dargelegt wurde, spricht Derrida jedoch von einer *passiven Entscheidung, getroffen im Namen des Anderen*; eine Situation, zu antworten, die wir nicht wählen oder »kontrollieren, indem wir *unvorhersehbaren Anrufen* antworten, das heißt Anrufen *des Anderen*, der sich an uns wendet, noch bevor wir darüber entscheiden würden.« (Derrida 1988e, 19) Damit eröffnet sich ein Urteilen ohne Vor-Urteil. Laclau hingegen sieht keinen Grund, der »Erfahrung der Andersheit des Anderen eine fundamentale Rolle beizumessen.« (Laclau 1999, 138f) Im Weiteren soll Derridas Position, die auf Lévinas' Denken zurückgreift, gegenüber der Laclaus hervorgehoben und dargelegt werden. Dazu muss zunächst Laclaus Sichtweise unter der Gefahr möglicher Wiederholungen weiter spezifiziert werden:

Laclau betont, dass die Entscheidung in sich selbst gründet (vgl. Laclau 1999, 138). Die Selbstbegründung jeder Entscheidung ergibt sich daraus, dass sie das Un-Sichtbare (vgl. Derrida 1994b, 416ff) in der Struktur darstellt bzw. nicht von einer bestehenden Regel aus abgeleitet werden kann; sie ist das, was den Sinnhorizont disloziert. Die Entscheidung ist der »blinde Fleck in der Struktur, in dem etwas gänzlich Verschiedenartiges der Struktur – und in der Folge auch völlig inadäquates – sie nichtsdestotrotz supplementieren muß.« (Laclau 1999, 128) In der Entscheidung geht es folglich um ein Ereignis einer eine radikalen Invention, die bestehende Erwartungsstrukturen überschreitet.[75] Sie basiert zwar auf einer Struktur, geht aber über diese »Ökonomie des Selben« durch die Schaffung neuer unbekannter Möglichkeiten hinaus (vgl. Derrida 1987c, 59) und nährt sich durch die von Sinnprozessen verworfen Alteritäten. Sinnprozesse sowie jede soziale Praxis gestalten sich iterativ und *re-artikulatorisch*. Sie sind somit nicht-identische Wiederholungen; das heißt, dass die Sinnzusammenhänge potentiell sowohl von den *Inventionen* als auch von den *Re-Artikulationen* verschoben und dass Sinnzusammenhänge und -prozesse durch die Spuren flottierender Signifikanten einer Iteration verwirrt werden können.[76] Re-Artikulationen sind somit letztlich nicht auf die Strukturen zu reduzieren, sondern sinn-generierende Prozesse, die durch die Artikulation bzw. Bündelung von Signifikanten an einer partiellen Sinnfixierung eines Kontextes Anteil haben. Es kann bei der Entscheidung also einerseits um eine In(ter)vention gehen, die den Sinnhorizont überschreitet und andererseits um Re-Artikulationen, die die Risse und Brüche des Horizonts nutzen, um diesen zu erweitern.[77]

---

75 Vgl. zu Ereignis und Invention sowie Intervention auch Derrida (1993a, 100).
76 Vgl. zu den Sinnzusammenbrüchen Stäheli (2000c).
77 Am Beispiel der *Queer Theory* und des Begriffs *queer* wird dies auf praktisch-politischer Ebene

Es stellt sich jedoch die Frage nach dem Wer und dem Was der Entscheidung. Wie bereits angedeutet, entsteht dieses Wer oder das Subjekt der Entscheidung im Moment der Entscheidung selbst. Laclau unterstreicht in seiner Konzeption der Selbstbegründung der Entscheidung das Moment der Identifikation als eine inhärente Dimension der Entscheidung (vgl. Laclau 1999, 129). Das Subjekt ist teilweise selbstbestimmt, diese Selbstbestimmung des »Subjekts als Mangel« kann jedoch nur durch den Prozess der Identifikation stattfinden. Das Subjekt als Mangel ist nicht schon einfach da, sondern wird jedes Mal, wenn eine Entscheidung getroffen wird, neu erfunden. Jacques Derrida nimmt diese Fragen nach dem Subjekt und der Entscheidung, wie sie Laclau entfaltet auf, verweist jedoch auf die Dimension des Anderen für die Entscheidung: In seinem Beitrag »Bemerkungen zu Dekonstruktion und Pragmatismus« (Derrida 1999b) erläutert er dies: Zunächst wirft er die Frage auf, ob durch die Entscheidung jemand zum Subjekt wird und konstatiert, dass es keine Entscheidung geben kann, wenn das Wer und das Was des Subjekts im voraus bestimmt werden könnte.[78] Eine Entscheidung muss im voraus das Wer und das Was der Entscheidung neutralisieren; denn »wenn es das Subjekt ist, das das Wer oder Was weiß, dann ist die Entscheidung einfach eine Anwendung eines Gesetzes.« (Derrida 1999b, 186) Das heißt, wenn es eine Entscheidung geben soll, dann muss vorausgesetzt sein, dass das Subjekt der Entscheidung noch nicht existiert, genausowenig wie das Objekt der Entscheidung. Dies bedeutet, dass jedes Mal, wenn entschieden werden soll, das *Wer* erfunden werden und entschieden werden muss, wer *Was* entscheidet. Auf Grund dessen stimmt Derrida Laclau zu, dass der Prozess der Identifikation für die Entscheidung

---

deutlich gemacht (Kapitel V.). Ebenso bei der Besprechung der Politik des Performativen bei Judith Butler (Kapitel IV.).

78 In diesem Zusammenhang ist eine Betrachtung des Handelns, wie sie Hannah Arendt in »Vita Activa« dargelegt hat, besonders interessant: »Das unverwechselbar einmalige des Wer-einer-ist, das sich so handgreiflich im Sprechen und Handeln manifestiert, entzieht sich jedem Versuch, es eindeutig in Worte zu fassen. Sobald wir versuchen zu sagen, wer jemand ist, beginnen wir Eigenschaften zu beschreiben, dieser Jemand mit anderen teilt und die ihm gerade nicht in seiner Einmaligkeit zugehören. Es stellt sich heraus, daß die Sprache, wenn wir sie als ein Mittel der Beschreibung des Wer benutzen wollen, sich versagt und an dem Was hängen bleibt [...].« (Arendt 1999, 222f) Das Wer geht im Gesagten niemals auf. Das Wer der Entscheidung ist gekennzeichnet durch seine absolute Einzigartigkeit und Andersheit, während das Was schon eine spezifische Eigenschaft und Objektivität dieses Wer beschreibt (vgl. Lévinas 1987d, 92ff). Insofern treffen sich Arendt und Lévinas in ihrer Behauptung einer irreduziblen Pluralität der Einzigartigkeiten, wobei Arendt jedoch den öffentlichen Raum und Lévinas die Nicht-Gemeinsamkeit und das Antlitz des Anderen betont. Als zu antwortendes ist dieses Wer nach Lévinas aufgrund seiner Verantwortung einzigartig: Der Andere konstituiert das Subjekt. Seine Einzigartigkeit erhält es im Moment des Sagens, Antwortens, Anfangens und Entscheidens selbst. Die menschliche Handlung ist bei Lévinas und bei Arendt stets ein Bruch eines Kontinuums und bestehender Regeln. Zu Übereinstimmungen und Distanzen zwischen Lévinas und Arendt vgl. Delhom (2000, 267ff) und Hayat (1995, 99ff).

unverzichtbar bleibt, fügt aber – und dem wird sich zuzuwenden sein – hinzu, dass dieser Prozess auch ein Prozess der De-Identifikation ist (vgl. Derrida 1999b, 187). Warum ist dies wiederum ein Prozess der De-Identifikation?

Derrida betont, dass für den Prozess der Identifikation der Andere unzugänglich bleibt; der Andere, »der tatsächlich derjenige ist, in dessen Namen die Entscheidung getroffen wird.« (Derrida 1999b, 187) Der Andere ist auch absolut anders. Insofern wird die Entscheidung nicht im Namen eines Dings getroffen, sondern *Im Namen des Anderen* (vgl. Derrida 1988c, 202). Vielleicht lassen sich Derridas Bemerkungen folgendermaßen verständlich machen, wobei in einem ersten Schritt die Spur der Andersheit des Anderen eine Rolle spielt: Mit einer Entscheidung im Namen des Anderen ist es wegen der Spur und absoluten Andersheit des Anderen nicht getan, das heißt, es folgen wieder Entscheidungen. Diese ergeben sich daraus, dass keine Entscheidung von sich behaupten kann, sie sei gerecht (vgl. Derrida 1991, 48ff). Sie ist deshalb nicht gerecht, weil jede Entscheidung wiederum eine Beziehung zum Anderen (der von dieser Entscheidung vielleicht nicht berücksichtigt wurde) instituiert.[79] Diese Beziehung zu einem Rest von Andersheit wird also bestehen bleiben; die Unentscheidbarkeit ist ein nie aufgehobenes Moment (vgl. Derrida 1991, 50). Insofern gibt es wieder De-Identifikation, was bedeutet, dass man sich wegen der absoluten unzugänglichen Andersheit und irreduziblen Unentscheidbarkeit nicht völlig mit diesem Anderen identifizieren kann. Für den Akt der Identifikation wird der Andere auf spezifische Weise thematisiert und auf das Selbe bezogen und andere Andersheiten (Spuren) werden nicht berücksichtigt. Sogleich wird das ganz Andere der Identifikation das Entscheidungs-Ereignis heimgesucht haben und es ereignet sich De-Identifikation. Innerhalb der Identifikation spaltet sich das Subjekt selbst. Identifikation und Deidentifikation bedeutet dann so viel, dass es kein reines Subjekt geben kann, sondern immer nur eines im Verhältnis zum Anderen. Aus dem Grund, dass nie der Unentscheidbarkeit entronnen werden kann, ist das Entscheiden ein unendlicher Prozess.

Im Zusammenhang dieser Arbeit ist jedoch von Bedeutung, dass diese Entscheidung keine selbstbegründete ist, sondern es diese nur geben kann, wenn es den Anderen und diese Offenheit zum Anderen gibt. Sie ist eine *passive Entscheidung* (vgl. Kapitel II.5.). Als »Bedingung des Ereignisses, ist die Entscheidung ihrer Struktur nach stets eine andere Entscheidung, eine zerreißende Entscheidung als Entscheidung des anderen. In mir. Des absolut anderen in mir, des Anderen als des Absoluten, das in mir über mich entscheidet.« (Derrida 2000h, 105)[80] Die Entscheidung ist somit nach Derrida keine selbstbegründete Entscheidung, son-

---

79 Vgl. zur Verwendung des Terminus »Gerechtigkeit« Kapitel II.2.
80 Zur Formel »des Anderen in mir« vgl. Kapitel II.7.1.

dern eine Entscheidung im Namen des Anderen, weil der Andere immer schon im Selben ist, diesen zum Selben konstituiert. Während Laclau die Entscheidung nicht an die Offenheit zum Anderen fundieren will, zeigt Derrida, dass Entscheidung nur mit dieser Offenheit zum Anderen wirklich eine Entscheidung ist. Derrida koppelt nun diese Entscheidung mit der Verantwortung im Sinne Lévinas und schreibt:

> »Wenn man etwa sagen würde, die Entscheidung wird im Namen des anderen gefällt, so bedeutet das nicht, daß der andere meine Verantwortlichkeit übernimmt, wann immer ich sage, daß ich im Namen des anderen entscheide. Eine Entscheidung im Namen des anderen zu treffen ist mitnichten etwas, das mir meine Verantwortlichkeit abnimmt, sondern im Gegenteil, und Lévinas ist diesbezüglich sehr überzeugend, wird meine Verantwortlichkeit durch die Tatsache *eingeklagt*, daß es der Name des anderen ist, in dem ich entscheide. [...] Ich entscheide im Namen des anderen, ohne daß dies mich meiner Verantwortlichkeit enthebt; im Gegenteil ist der andere der Ursprung meiner Verantwortlichkeit, ohne der sie in den Begriffen der Identität bestimmbar wäre. Die Entscheidung sagt sich selbst durch die Perspektive einer viel radikaleren Andersheit zu.« (Derrida 1999b, 188)

In der Begegnung mit dem Anderen bleibt der Selbe nicht mehr der Gleiche, sondern »passt in seiner Rückkehr zu sich nicht mehr zu sich selbst« (vgl. Lévinas 1992a, 278). In der Begegnung mit dem Anderen eröffnet sich dadurch ein »Intervall«, der eine Entscheidung erlaubt (vgl. Lévinas 1992a, 279). Wegen der radikalen Andersheit des Anderen entsteht aus dieser Entscheidung – aufgrund ihrer Vernachlässigung anderer Anderer – wieder neue Unentscheidbarkeit, die zu weiteren Entscheidungen zwingt (vgl. Derrida 1999b, 192ff).[81] Die Unentscheidbarkeit ist nicht einfach ein Moment, der durch die Entscheidung überkommen wäre. »Das Verhältnis zum anderen schließt sich nicht ab, und das hat seinen Grund darin, daß es eine Geschichte gibt und man versucht, politisch zu handeln.« (Derrida 1999b, 193) Darum ist permanente Ethisierung und Politisierung möglich. Warum bezeichnet Derrida jedoch diese Entscheidung als eine *passive* (vgl. Derrida 2000h, 105f, 248)?

---

81 Die Entscheidung wie die Verantwortung sind unendlich, permanente Aufforderung zu antworten. Aus diesem Grund untersteht die Verantwortung nicht mehr einem Begriff, der allgemeine Handlungsanweisungen vorschreibt. Es muss immer wieder neu entschieden und verantwortet werden. »Von nun an wird das Inswerksetzen einer Verantwortung (die Entscheidung, der Akt, die *Praxis*) stets jeder theoretischen und thematischen Bestimmung voraus und über sie hinausgehen müssen. Sie wird ohne sie, unabhängig im Hinblick auf das Wissen, entscheiden müssen – und dies wird die Bedingung einer praktischen Freiheit sein. Woraus zu schließen wäre, daß die Thematisierung des Begriffs Verantwortung nicht nur stets unzureichend ist, vielmehr dies stets sein wird, weil sie es sein muß. Was hier für die Verantwortung gilt, gilt aus eben denselben Gründen auch für die Freiheit oder die Entscheidung.« (Derrida 1994b, 355) Dennoch verlangt jede Entscheidung in dem Moment des Entscheidens selbst, sich als ein Wissen zu verorten, das heißt zu wissen, was getan werden muss. Insofern schleicht sich bei jeder Verantwortung und Entscheidung eine gewisse Unverantwortlichkeit ein, zum Beispiel auch all denen gegenüber, die von der Entscheidung nicht berücksichtigt wurden. Diese Verwicklung oder Aporie der Verantwortung muss nach Derrida berücksichtigt werden, »und wäre es nur, um die Arroganz all der ›guten Gewissen‹ zu vermeiden.« (Derrida 1994b, 354)

Entscheidung und Verantwortung werden nach Derrida im Namen des Anderen übernommen.[82] Es muss geantwortet werden und diese Antwort ist wie bei Lévinas nicht ein aktiver, sondern ein passiver Prozess: »Dies bedeutet, daß die Entscheidung – und wir können Verantwortung nicht ohne Entscheidung denken – nichts Aktives ist. [...] Eine Entscheidung ist etwas Passives in einem bestimmten Verständnis von Passivität, etwas, das einem aufgetragen ist.« (Derrida 2000a, 39) Dieses bestimmte Verständnis der Passivität wird von Derrida in dem Sinne benutzt, wie ihn Maurice Blanchot oder Lévinas entwickelt haben (vgl. Derrida 2000a, 43), eine Passivität vor jeder Aktiv-Passiv-Bestimmung (vgl. Lévinas 1992a, 119ff).

An dieser Stelle sei noch einmal zusammengefasst: Im Gegensatz zu einer selbstbegründeten Entscheidung macht Derrida deutlich, dass die Entscheidung im Namen des Anderen in mir getroffen werden muss. Es ist somit der Prozess *der Entscheidung des Anderen in mir*, der nach politischer In(ter)vention und entschiedener Antwort ruft. Gemäß Lévinas kann nicht völlig vorherbestimmt werden, wie geantwortet wird, sondern die Art und Weise der Antwort muss immer wieder neu erfunden werden.[83] Das »Antworten wäre eine Eigenbewegung, die selbst anderswo beginnt.« (Waldenfels 1999, 203) Die passive Entscheidung ist keine selbstbegründete, da der Akt der Identifikation (und der Deidentifikation) sich nur vom Anderen her eröffnet. Der Akt der Identifikation und das letztliche Un-Eins-Sein des *Sich*, dargestellt im Kapitel zur postdekonstruktiven Subjektivität, verweisen auf die konstitutive Rolle des Anderen sowohl für die Subjektivität und Identifikation als auch für die Entscheidung und Verantwortung.[84]

Denn wäre die Entscheidung eine aktive Entscheidung, dann käme sie gewissermaßen von einem Subjekt, das ein souveränes Subjekt wäre. Aber, wie Derrida betont, dies wäre keine Entscheidung, weil sie nicht durch den Moment der Unentscheidbarkeit gegangen wäre. Insofern lässt sich sagen, dass einer Entscheidung immer dieses passive Moment eigen ist: Es ist die Entscheidung des Anderen in mir: »[...] *eine Entscheidung, die zum Kommen des Anderen führen kann und die dann die den Anschein nach untätige Gestalt einer* Entscheidung des anderen

---

82 »Ich übernehme die Verantwortung für mich selbst für einen anderen, ob innerhalb oder außerhalb meiner selbst, das macht keinen Unterschied. Der absolut andere in mir selbst und der absolut andere außerhalb meiner selbst bedeutet dasselbe.« (Derrida 2000a, 39)
83 Aufgrund dieser Erfindung der Antwort kann Lévinas' Ethik auch nicht als eine fundamentalistische Ethik ausgezeichnet werden. Es wird bei ihm nicht vorgeschrieben wie oder was geantwortet wird, sondern eher, dass man schon immer im Modus des Antwortens ist.
84 »Die Momente der Diachronie, der Dislozierung und der *différance*, die von Levinas, Lacan und Derrida bei der Dezentrierung des Subjekts und der Detotalisierung der Vernunft ins Feld geführt werden, erhalten unter dem Blickwinkel der Responsivität einen besonderen Aspekt, da die Andersheit meiner selbst mit der Andersheit der Anderen verflochten ist.« (Waldenfels 1994, 267)

annimmt« (Derrida 2001*b*, 32) Dies besagt auch, dass es nicht einfach eine Entscheidung des Anderen als reines Subjekt ist. Aufgrund der Unentscheidbarkeit, in der sich die Entscheidung befindet, kann ferner auch nicht von einer Entscheidung gesprochen werden, getroffen von einem souveränen »Ich« in Bezug auf den Anderen. Beispielsweise entscheidet man sich nicht, wer der Andere ist. Es gibt kein subjektives oder objektives Gesetz dieser Beziehung zum Anderen oder zum Freund (vgl. Derrida 2000*h*). Dennoch ist es auch so, dass in der Beziehung zum Anderen und im Bezug zu den Dritten kalkuliert, verglichen oder etwas erwartet wird. Der Andere wird auch be-handelt. Aber nur deswegen, weil der Andere der absolut Andere ist und die Beziehung zum Anderen nicht erzwungen werden kann; denn wäre der Andere ein Selbiger, müsste nicht ver-handelt werden. Insofern ist dieser Moment der Unentscheidbarkeit immer schon da gewesen und wird es sein – die Beziehung ist immer eine, die im Kommen bleibt; sie ist vielleicht wie »ein Spiel mit etwas, das sich entzieht, wie ein Spiel, das absolut ohne Entwurf und Plan ist, ein Spiel, nicht mit dem, was das Unsrige ist und zu einem Wir werden kann, sondern mit etwas anderem, etwas immer anderem, immer Unzugänglichen, immer Zu-Kommenden.« (Lévinas 1986*b*, 53)

Der entscheidende Unterschied zwischen Derrida und Laclau besteht somit gewiss in der »Ethik«, in der Beziehung zum Anderen. Laclau sagt, dass die »Politik der Freundschaft« bzw. die Politik der Beziehung zum Anderen folgendermaßen zu beschreiben ist: Es ist deshalb eine Politik, weil die Entscheidung zwischen Freunden bzw. Anderen unentscheidbar ist, aber dennoch entschieden werden muss. Derrida hingegen verweist darauf, dass die Unentscheidbarkeit auch bedeutet, dass es sich um eine Beziehung oder Freundschaft (im Derrida'schen Sinne) *im Kommen* handelt (vgl. Derrida 2000*h*, 337). Eine Beziehung, die niemals eine vollendete Beziehung sein kann, sondern eine ständige Bewegung – eine Beziehung ohne Beziehung, wie Lévinas sagt. Wäre diese Beziehung *nicht* eine zu-kommende, wäre der Andere kein Anderer mehr, sondern der Selbe. Spricht man von einer Entscheidung, die in sich selbst gründet (vgl. Laclau 1999, 138) wird die konstitutive Rolle, die der Andere für das Selbst und im Selben sowie für die Entscheidung hat, vernachlässigt. Der Andere ist aber schon in die Stabilität des Selbst eingedrungen (vgl. Kapitel II.7.1.). Eine Entscheidung kann es darum nach Derrida nur geben, wenn sie ein Hereinbrechen des Außen bzw. des Anderen »in mir« ist, ansonsten wäre sie ein programmabspulender, identischer Akt beim Selbst und folglich keine Entscheidung (als Einbruch) mehr; die Unentscheidbarkeit fährt fort, die Entscheidungen heimzusuchen – die Entscheidung und die Verantwortung ist unendlich (vgl. Derrida 1999*b*, 191f).

Es kommt noch ein anderer Punkt der Differenz zwischen Laclau und Derrida zum Tragen. In seinen »Bemerkungen zu Dekonstruktion und Pragmatismus«

(Derrida 1999*b*) spricht Derrida von seinem Begriff von Freundschaft, den er in seinem Werk »Politik der Feundschaft« (Derrida 2000*h*) von Implikationen trennt, die sowohl der alteuropäischen Philosophie (Aristoteles, Cicero) als auch der neuzeitlichen (Schmitt, Nietzsche, Blanchot) angehören und dabei oftmals Modell für verschiedene Demokratievorstellungen standen. Kurz, Derrida versichert in seinen »Bemerkungen zu Dekonstruktion und Pragmatismus«, dass er zwar allem, was Laclau zu Hegemonie und und die Verstrickung in Machtverhältnisse sagt, zustimmt, er aber dennoch an eine Öffnung eines Kontextes bzw, an eine Beziehung glaube, »die entwaffnet«. (Derrida 1999*b*, 184) Wobei er ferner zuzugeben bereit ist, dass eine Entwaffnung niemals einfach nur anwesend ist, selbst nicht in den friedlichsten Überzeugungsarbeiten. Insofern sei ein bestimmtes Maß an Macht nicht auszuschließen; »trotzdem kann diese Gewalt aber nur vor der Folie einer Nicht-Gewalt, einer Ungeschütztheit/Verletzlichkeit, einer Ausgesetztheit praktiziert werden und auftauchen.« (Derrida 1999*b*, 185) Die Beziehung zum Anderen, auch wenn sie sich in historischen Momenten und im Gesagten[85] zu Antagonismen oder Konflikten verfestigen kann – ähnlich der asymmetrischen Korrelation zwischen Sagen und Gesagten –, ist zunächst eine der Nicht-Gewalt – jenseits des Machtprinzips.[86] Noch vor der Hegemonisierung und Entscheidung, muss der Andere/das Andere aufgetaucht und in einem gewissen Sinne »akzeptiert« worden sein. Das bedeutet jedoch keinesfalls, an eine Nicht-Gewalt zu glauben, sondern vielmehr daran, dass die Gewalt niemals so viel vermag, als dass sie diese Beziehung endgültig auslöschen könnte; das Andere entkommt noch dieser Macht und ist stärker als sie (vgl. Lévinas 1987*d*, 283ff). Oder in den Worten von Lévinas: »[D]as Verhältnis zum Anderen kann sich in Kampf verwandeln, aber es geht schon je über das Bewußtsein des Kampfes hinaus.« (Lévinas 1987*d*, 286) Doch zurück zu Derrida. Er umschreibt seine Ansicht folgendermaßen:

> »Ich glaube nicht an die Nicht-Gewalt als eine beschreibbare und bestimmbare Erfahrung, sondern eher an ein irreduzibles Versprechen und an ein Verhältnis zum anderen, das ein grundsätzlich nicht-instrumentelles ist. Das ist kein Traum von einem glückseligen friedlichen Verhältnis, sondern eine bestimmte Erfahrung der Freundschaft, die möglicherweise heute undenkbar ist und ungedacht in der historischen Bestimmung der Freundschaft in der westlichen Kultur. das ist eine Freundschaft, die ich zuweilen *aimance* nenne, eine Freundschaft, die Gewalt ausschließt; eine nicht aneignbare Beziehung zum anderen, die sich ohne Gewalt ereignet und von deren Basis sich alle Gewalt abhebt und bestimmt ist.« (Derrida 1999*b*, 185)[87]

---

85 Vgl. das Kapitel zur Ethik der Performativität, in dem dieser Ebene noch mehr Rechnung getragen wird.

86 In diesem Sinne könnte man auch folgende Aussage Foucaults verstehen: »[...] im gesellschaftlichen Körper, in den Klassen, in den Gruppen und Individuen selbst gibt es wohl immer irgendetwas, das in gewisser Weise den Machtbeziehungen entgeht.« (Foucault 1978*b*, 204)

87 Zur *aimance* und deren jenseits oder diesseits von aktiv/passiv, der Entscheidung/Passion vgl. auch Derrida (2000*h*, 25).

Diese Hervorhebung der »Mindestgemeinschaft« (Derrida 2000*h*, 329) denkt das Verhältnis zum Anderen nicht nur in politischen Begriffen, obgleich sie sie auch nicht gänzlich davon trennt (vgl. Kapitel I.6.). Vielleicht lässt sich dieses Verhältnis, das schon ins Aporetische eingeschrieben ist, mit der von Lévinas entwickelten Spannung zwischen Sagen und Gesagtem, auf die im nächsten großen Kapitel zurückzukommen sein wird, umschreiben. Ins Aporetische oder Unentscheidbare eingeschrieben ist dieses Verhältnis deswegen, weil es Dritte gibt, gegenüber denen wiederum auch entschieden werden muss; die »gespenstischen« Dritten, die anderen des Anderen, die jede soziale Grenze zwischen dem Selben und dem Anderen heimsuchen, so dass die Entscheidungen irreduzibel werden. Aus diesem Grunde ist die Entscheidung im Namen des Anderen (in mir) auch *unendlich* weit davon entfernt, eine Aufhebung der Unentscheidbarkeit zu sein, denn diese Dritten sind ebenso singulär andere. Denn wenn man dem Anderen »gerecht« wird, gibt es wiederum andere, denen man in diesem Augenblick nicht gerecht wird (und vice versa) und die ein neues Verhältnis zur Andersheit ereignen lassen: unendliche Bewegung.

Aufgrund der konstitutiven Rolle des Anderen (und der anderen), der Passivität und der Unendlichkeit des/der anderen im Moment der Entscheidung (vgl. Lévinas 1992*a*, 278f) kann Lévinas' Bedeutung für das Projekt einer radikalen Demokratie hervorgehoben werden. Denn anhand seiner Denkbewegungen kann die Dimension der Entscheidung, getroffen im Terrain der Unentscheidbarkeit und im Namen des Anderen, genauer bestimmt und von einer selbstbegründeten Dimension Laclaus unterschieden werden. Deswegen ist das Denken Lévinas' ein entscheidendes Supplement zur Hegemonietheorie und kann sowohl das Treffen der Entscheidung, den »grundlosen Grund« der hegemoniellen, artikulatorischen Praxis, innerhalb eines poststrukturalistischen Ansatzes genauer reflektieren, als auch verstärkt darauf hinweisen, dass eine Hegemonie immer wieder neu erfunden werden muss.

»Wenn Sie der Idee Rechnung tragen, daß Verantwortung passiv ist in einem gewissen Sinn von Passivität – was Blanchot und Levinas besser erklärt haben als ich es könnte – einer gewissen Passivität und einer gewissen Unendlichkeit, die über jede Grenze des Wissens hinausgehen, dann verändert sich die politische Erfahrung, die ethische und rechtliche Erfahrung durch und durch.« (Derrida 2000*a*, 43)

Es mag bis hier der Eindruck entstanden sein, dass einem Essentialismus gefolgt wird, der in der Forderung besteht, dieser unendlichen Bewegung zu folgen. Dies mag an der Betonung der unendlichen Bewegung liegen, wie sie hier vorgelegt wird. Um diesen Eindruck zu entgehen, sei noch einmal darauf verwiesen, dass es Stabilisierungen und »endliche« Entscheidungen ebenso geben muss.[88] Bei-

---

88 Ferner kann im Übrigen aus der Unentscheidbarkeit und der Notwendigkeit einer Antwort und

de Bewegungen, endliche und unendliche, sind miteinander aporetisch verknüpft. Anders gesagt: Weil es unendliche Bewegungen »gibt«, »gibt es« endliche und werden endliche notwendig. Andererseits existieren deshalb auch keine kontinuierlichen, absolut endlichen Stabilisierungen, weil diese nicht natürlich, essentiell oder substantiell, sondern kontingent sind. Aus beiden Bewegungen, der Dialektik von Kontingenz und Notwendigkeit ist nicht herauszukommen. Will man diesen Bewegungen Rechnung tragen, so kann dies durch ein hegemonielles Projekt der radikalen Demokratie (III.4.) geschehen, die als endliche Praxis dennoch diese Endlichkeit nicht substantialisiert und offen hält. Dabei existiert die Möglichkeit, diese Bewegungen sowohl mit einer Strategie des iterativen, performativen Resignifizierens (Kapitel IV.) als auch mit einer *Politik der Ambivalenz* zu verflechten, die versucht, die Aporie zwischen (temporaler) Öffnung und real erlebter Existenzen auszuhalten. Dies soll anhand der Kritik von Identitätspolitik in den folgenden Kapiteln geschehen. Eine *Politik der Ambivalenz* ist schon in das verstrickt, was Laclau und Mouffe im Folgenden als das »demokratisch-egalitäre Imaginäre« bezeichnen.

4. Radikale Demokratie

Die Analyse des theoretischen Hintergrunds der Hegemonietheorie von Laclau und Mouffe hat gezeigt, dass aus ihrem Begriff des Politischen nicht unmittelbar ein bestimmtes politisches Projekt bevorzugt werden kann. Die Unentscheidbarkeit führt nach Laclau nicht unmittelbar zu einem demokratischen Projekt. Im Gegensatz zu Derrida, der die *démocratie à venir* an die Dekonstruktion bindet, versucht Laclau, das demokratische Projekt mehr in einer hegemonietheoretischen Logik zu denken. Die von Derrida beschworene »Neue Internationale« wäre auch eine hegemonielle Artikulation und Formation. Wegen der Unmöglichkeit, ein bestimmtes politisches Projekt auf der Grundlage des Politischen zu privilegieren, wird Laclaus und Mouffes Projekt einer »radikalen und pluralen Demokratie« selbst zu *einer möglichen hegemonialen Artikulation*. Die Radikaldemokratie ist selbst eine strategische Entscheidung. Sie etabliert einen leeren Signifikanten, der als »demokratisch-egalitäres Imaginäres« bezeichnet werden kann. Ihr Projekt ist deshalb ein plurales, weil die Subjektpositionen nicht auf ein kohärentes Grundprinzip zurückgeführt werden können.

Entscheidung nicht automatisch ein Wie abgeleitet werden, das in einem fundamentalen Sinne die Richtung der Antwort vorgibt. Dieses Wie kann nur immer als *eine* Möglichkeit erscheinen.

»Der Pluralismus ist nur in dem Maße *radikal*, als jedes Glied dieser Pluralität von Identitäten in sich selbst das Prinzip seiner eigenen Geltung findet, ohne daß dies in einer transzendenten oder zugrundeliegenden positiven Basis für ihre Bedeutungshierarchie und als Quelle und Garantie ihrer Legitimität gesucht werden muss. Und *demokratisch* ist dieser radikale Pluralismus in dem Maße, als die Selbstkonstituierung jede seiner Glieder das Resultat von Verschiebungen des egalitären Imaginären ist. In einem grundlegenden Sinne ist das Projekt einer radikalen und pluralen Demokratie deshalb nichts anderes als der Kampf um ein Höchstmaß an Autonomisierung von Bereichen auf der Basis der Verallgemeinerung der äquivalentiell-egalitären Logik« (Laclau und Mouffe 1991, 229)

Die radikale und plurale Demokratie findet nicht in einem machtfreien Raum rationalen Aushandelns statt, sondern Laclau und Mouffe heben die Machtverhältnisse hervor, die jede Artikulaton begleiten. So kann sich die Radikaldemokratie selber nur durch Macht verwirklichen.[89] Sie nimmt die Einsicht ernst, dass der leere Ort der Macht (Lefort) nur zeitweilig besetzt werden kann und gleichzeitig – will sie nicht selbst totalitär sein – als Raum offengehalten werden muss. Demnach ist die Macht in einer radikalen Demokratie nicht eindeutig lokalisierbar und personell besetzt. Trotz interner Zerrissenheit und Konflikte muss es für die Radikaldemokratie gelingen, sowohl symbolisch als auch faktisch den Ort der Macht leer zu halten und ihn nicht durch endgültige identitäre Symbolisierungen (Volk, Nation) zu füllen, noch dauerhaft bestimmten Personen, Parteien oder Gruppen zu überlassen (vgl. Rödel 1990, 22).

Die Gesellschaft wird von Laclau und Mouffe nicht mehr als eine homogene und konfliktfreie soziale Morphologie gedacht, sondern erscheint selbst als ein Ergebnis von Artikulationen und hegemoniellen Kämpfen. Anstatt die möglichen Aufhebungen und Versöhnungen der Konflikte auf die Handlungsfähigkeiten eines einzigen Akteurs, zum Beispiel des Proletariats, zu projizieren, können neue Formen des sozialen Protests bzw. die divergenten sozialen Bewegungen als praktische und politische Formen auftauchen und alternative Richtungen des sozialen und historischen Wandels sichtbar werden. Dies bedeutet, dass zwischen »unterschiedlichen Akteuren und unterschiedlichen sozialen ›Arenen‹, in denen Konflikte ausgetragen werden, [...] durchaus Verbindungen und Anschlüsse bestehen [können]. Das ist möglich, weil bestimmte Akteure sich in mehreren Arenen gleichzeitig bewegen als auch Transformationen der Semantik des einen in das andere Feld nicht a priori ausgeschlossen werden müssen.« (Peter 1995, 200)

Die sozialen Bewegungen, wie die Frauenbewegung, die Queer-Bewegung, die Antirassimus-Bewegung, die Ökologiebewegung oder die Friedensbewegung etc., sind Laclau und Mouffe zufolge ein Ergebnis der kapitalistischen *und* demokra-

---

89 Hier sei übrigens auf die instruktive Arbeit von Dirk Jörke (2002) verwiesen, der John Deweys »Demokratie als Erfahrung. John Dewey und die politische Theorie der Gegenwart« untersucht hat. Ein Vergleich zwischen Radikaler Demokratie und Deweys Demokratietheorie wäre sicherlich spannend.

tischen Entwicklung. Die hegemoniale Form des Postfordismus hat durch gesellschaftliche Transformationen neue Unterordnungsverhältnisse erzeugt: Das Individuum ist nicht nur als Verkäufer von Arbeitskraft dem Kapital untergeordnet, sondern auch durch die Eingliederung in andere soziale Verhältnisse wie zum Beispiel der Kultur, Freizeit, Krankheit, Erziehung, Geschlecht und Tod (vgl. Laclau und Mouffe 1991, 221). Neue Formen der Überwachung und der Regulation sozialer Verhältnisse und der Individuen entstehen (vgl. Foucault 1999).[90] Andererseits hat diese Entwicklung neue Unterordnungsverhältnisse in Antagonismen verwandelt. Die Vervielfältigung von Antagonismen werten Laclau und Mouffe als eine Vertiefung der demokratischen Revolution, insbesondere ausgelöst durch die Ausdehnung der Massenkommunikationsmittel (vgl. Laclau und Mouffe 1991, 224) und die Entwicklung des Kapitalismus (vgl. Laclau und Mouffe 1991, 218ff).

Der Begriff des Antagonismus verweist jedoch auf eine Problemlage im Theoriedesign von Laclau und Mouffe. Um ihre dekonstruktiven Ansichten zu vertiefen, wäre es wünschenswert, wenn sie ihre eigenen Begrifflichkeiten selbst einer diskursgeschichtlichen Prüfung unterziehen würden.[91] So könnte man beispielsweise nach der Historizität oder dem kontingenten Charakter des Begriffs »Antagonismus« fragen. Das bedeutet, ihr Theorieprojekt müsste mit den vorhandenen theoretischen Mitteln über etwaige eigene Fundierungen reflektieren. So muss auch nicht jedes Außen eines Diskurses eine antagonistische Grenze darstellen (vgl. Stäheli 2000c, 290); d.h., es ist zu überprüfen, inwieweit eine Grenze antagonistisch oder nicht-antagonistisch ist. Es kann zum Beispiel Differenzen geben, die nicht unbedingt in einen politischen Widerstreit münden. Darüber hinaus ersetzt die Hegemonietheorie von Laclau und Mouffe keinesfalls andere sozialwissenschaftliche Analysen: Für die Dekonstruktion essentialistischer Annahmen im Feld des Politischen und des Sozialen sowie für die Analyse der Konstituierung von Äquivalenzverhältnissen und kollektiver Akteure bzw. sozialer Bewegungen mag ihre Theorie einen Erkenntnisgewinn bedeuten, aber ebenso bedarf es beispielsweise ökonomischer Analysen der kapitalistischen Produktionsverhältnisse und des Interessenskonflikts zwischen Kapital und Arbeit (vgl. Dahm 1998); Untersuchungsgebiete, die nicht hinreichend mit ihrem Ansatz erfasst werden können. Viele Effekte der kapitalistischen Produktionsweisen werden mit ihrer Theorie von nicht gänzlich erklärt: Hier wäre zum Beispiel die Ausweitung ökonomischer Diskurse zu nennen, die aktuell zu einer »Ökonomisierung des Sozialen« avancieren (vgl. Bröckling et al. 2000) und neue Subjektivierungsweisen im Sinne von »Arbeitskraftunternehmern« fördern (vgl. Voß und Pongratz 1998).[92]

---
90 Vgl. auch Deleuze (1993b).
91 Zur Kritik an der Hegemonietheorie vgl. auch Stäheli (1999, 160ff).
92 Zur Ökonomisierung des Sozialen vgl. auch Burchell, Colin und Peter (1991).

Ein anderer Kritikpunkt betrifft die mangelnde historische Analyse des Kapitalismus (vgl. auch Dahm 1998). In ihrem Buch »Hegemonie und radikale Demokratie« bezieht sich die Kapitalismusanalyse vorwiegend auf die Zeit nach dem II. Weltkrieg und bezieht sich auf den Fordismus. Unter Rückgriff auf Michel Aglietta verweisen sie auf den Transformationsprozess von einem extensiven zu einem intensiven Akkumulationsregime. Die kapitalistischen Produktionsverhältnisse dehnen sich auf alle sozialen Verhältnisse aus aus, die nun allgemein unter eine Logik der Profitproduktion fallen (vgl. Laclau und Mouffe 1991, 220f). Allerdings greifen Laclau und Mouffe auf das Fordismuskonzept zurück, ohne die Geschichte seiner Wirkungsmacht, sein Werden als hegemonielle Formation zu erörtern. Zwar begreifen sie den Kapitalismus selbst als hegemonielle Formation, aber deren Geschichte bleibt weitgehend außen vor.

Weil keine genealogische Diskursanalyse oder eine allgemeine Analyse der Entwicklung des Kapitalismus stattfindet, lässt sich schwer nachvollziehen, warum jetzt durch den global gewordenen Kapitalismus eine radikale Demokratie erst möglich werden kann, wie Laclau behauptet (vgl. Laclau 1990, 45). Zwar mag es sein, dass sich durch die Errichtung des Wohlfahrtsstaates eine tendenzielle Freisetzung der Individuen vollzogen hat – diese Tendenz der *Individualisierung* gehört mittlerweile schon fast zum soziologischen *common sense* – und sich dadurch neue Handlungsspielräume als auch neue Rechtsauffassungen ergeben haben, die die Zahl der sozialen Kämpfe vermehren und legitimieren können (vgl. Laclau und Mouffe 1991, 224); aber die systemintegrativen Zwänge und die systemischen Auswirkungen des Kapitalismus bestehen zum größten Teil immer noch, so dass sich eine »Befreiung« der Individuen aus diesen Zwängen als schwierig erweist und eine Neu-Bildung hegemonieller Formen immer noch auch eine Frage der materiellen Ressourcen bleibt.

Die Hegemonietheorie von Laclau und Mouffe und ihr Theorem der »Dislokation« ist ferner nicht von der Geschichte zu trennen. Anstatt ein allgemeingültiges oder formales »Gesetz« zu sein, ist die »Dislokation« immer historisch anders und – folgt man Derrida – ein Effekt der Iterabilität. Darum ist beispielsweise nachzuzeichnen, wie je historisch-spezifische Arten eines konstitutiven Außen erscheinen. Auch wenn sie in den meisten Punkten mit der Hegemonietheorie übereinstimmt, so kritisiert zum Beispiel Judith Butler (vgl. Butler 1997*b*, 259ff) das theoretische Projekt von Laclau und Mouffe wegen dieser mangelnden Historizität: »Selbst dann, wenn jede diskursive Formation durch Ausschluß erzeugt wird, heißt das nicht zu behaupten, daß alle Ausschlüße gleichwertig sind: Wir brauchen eine Methode, politisch beurteilen zu können, wie die Herstellung von kultureller Nicht-Intelligibilität unterschiedlich mobilisiert wird, um das politische Feld zu regulieren – wer wird also als ein ›Subjekt‹ gelten, und wem wird abverlangt werden, nicht als ›Subjekt‹ zu gelten?« (Butler 1997*b*, 284) Man muss sich historisch danach fragen, warum gerade jene und nicht andere das konstitutive Außen bilden, wie dies zum Beispiel Foucault anhand der Sexualität gemacht hat (vgl. Foucault 1977*b*). Dies bedeutet auch, die historische Kraft von Strukturen zu veranschaulichen, die ihren Status als *Strukturalität* nur durch eine *zeitliche* Iterabilität oder wiederholende Neueinsetzung gewinnen können.[93] Es muss also, und das wird im nächsten Kapitel zu Butler deutlich, die Verbindung dargestellt werden, die zwischen vorangegangenen Strukturen und neu eingeführten Re-Definitionen und Artikulationen besteht.

Allgemein kann man zweierlei Dinge festhalten: Zum einen wird es notwendig sein, Analysen des Kapitalismus, Ideologiekritik am kapitalistischen System und Dekonstruktion nebeneinander zu stellen – oder in den Worten Derridas: Eine Marx'sche Tradition wird unerlässlich bleiben (vgl. Derrida 1996*b*, 108). Marxistische Ideologiekritik und Dekonstruktion können einander supplementieren (vgl. Krüger 2001, 306) und sich in einer immer neu »abzuschätzenden Strategie gegenseitig implizieren« (Derrida 1996*b*, 141). Unter »Marx'scher Ideologiekritik« soll dabei in Anlehnung an Marlis Krüger folgendes verstanden werden: Erstens eine »immanente Interpretation und eine Kritik logischer Widersprüche und uneingelöster Ansprüche einer Theorie« (Krüger 2001, 299) Zweitens wird anhand des Entstehungs- und Anwendungszusammenhangs von Ideen geprüft, ob eine Theorie oder ein Ideensystem gesellschaftliche Oberflächenphänomene widerspiegelt. Drittens umfasst Ideologiekritik eine Analyse gesellschaftlicher Erscheinungen (zum Beispiel des Kapitalismus), eine kritische Beurteilung der Ideensysteme (zum Beispiel Kapitalismuskritik) und die »Entschlüsselung ihnen innewohnender sog. vernünftiger Möglichkeiten.« (vgl. Krüger 2001, 299)[94]

Zum anderen kann aus gesellschaftstheoretischer Sicht über die Theorie von Laclau und Mouffe gesagt werden, dass ihre poststrukturalistische Sozialtherorie keine Verabschiedung anderer gesellschaftstheoretischer Reflexionen bedeutet oder diese ins Abseits drängt. Die Hegemonietheorie ist vielmehr in einem Teilbereich der Sozialwissenschaften anzusiedeln, der sich vor allem mit einer Dekonstruktion von »geschlossenen« oder essentialistischen Vorstellungen (Subjekt, Identität, Politik) und mit der Konstituierung sozialer Identitäten, Neuer Sozialer Bewegungen und radikal-demokratischen Hegemonisierungen beschäftigt. Insbesondere kann aber auch soziales und politisches Handeln theoretisiert werden, ohne auf metaphysische, rationalistische oder transzendentale Konzepte zurückgreifen zu müssen.

---

93 Derridas dekonstruktive Lektüren sind beispielsweise niemals auf einer ahistorischen Ebene angesiedelt, sondern immer eine Lektüre konkreter, historisch situierter Texte.
94 Vgl. dazu auch Krüger (1981, 47).

Laclau und Mouffe beziehen ihr Hegemoniekonzept explizit auf die sozialen Bewegungen, wobei ihr Ziel darin besteht, deutlich zu machen, dass die demokratische Revolution lediglich das Terrain ist, auf dem die Verschiebungen, Reartikulationen und Iterationen wirksam werden; ihre Richtung kann jedoch nicht vorherbestimmt werden. Im weiteren Verlauf dieser Studie soll es um verschiedene, historisch entstandene Soziale Bewegungen und ihre Theoretisierungen gehen. Sie dienen als Beispiele für neue hegemoniale Formationen, stellen aber keineswegs die *ultima ratio* gegenwärtiger politischer Artikulationen oder sozialen Wandels dar. Anhand der feministischen Theorie (Kapitel IV.), wie sie im Zuge der Konzeptionalisierungen von Judith Butler dargestellt wird, soll Folgendes erläutert werden: Die feministische Theorie von Butler greift sowohl dekonstruktive als auch hegemonietheoretische Erkenntnisse und Motive von Laclau und Mouffe explizit auf.[95] Deshalb ist sie im vorliegenden Kontext als Beispiel besonders interessant. Wie können die sozialen und kollektiven Akteure für Neu-Hegemonisierungen im Licht der Hegemonietheorie und der Dekonstruktion neu gefasst werden? Welche politisch-praktischen Schlüsse ergeben sich aus dieser Betrachtung? Welche Rolle spielt das Ethische im Sinne Lévinas' dabei?

Eine weitere neue soziale Bewegung, die besprochen wird, ist die Queer-Bewegung (Kapitel V.), die mit ihrer Infragestellung sexueller Identitäten unmittelbar an die feministische Theorie Butlers anknüpft. Neben ihrem Auftauchen als hegemonielle Formation gegen die Normativität der Heterosexualität, kann bei der Queer Theory darüberhinaus sowohl eine ethische Komponente ausgemacht werden, als auch auf die Schwierigkeit der Re-Artikulation von Identitäten hingewiesen werden. Die Queer-Bewegung verweist mit der Queer *Theory* ebenfalls auf einen dekonstruktivistischen Hintergrund theoretischer Konzeptionalisierung. Worin bestehen jedoch Inkonsistenzen der Politisierung der Bewegung? Inwiefern ist ihre Theoretisierung ethisch oder nicht? Wie kann die Politik dieser Bewegung kurzfristig als auch längerfristig politische Veränderungen zeitigen? Wie muss die Politik der Queer-Bewegung und ihre Frage des Subjekts bzw. kollektiven Akteurs im Sinne einer *Politik der Ambivalenz* und eines Konzepts von *queer im Sinne der différance* neu gefasst werden, um sowohl ethisch wie politisch nicht hinter die von ihr kritisierte Identitätspolitik zurückzufallen?

---

95 Zur Debatte zwischen Butler und Laclau vgl. Laclau et al. (2000) und Smith (1998*a*).

IV. Den Anrufungsstrukturen widerstehen

> »Der Zugang zur Würde des Anderen ist der Zugang zur Singularität seiner absoluten Differenz, gewiss, aber das ist nur durch eine *bestimmte Indifferenz*, durch die Neutralisierung der Differenzen möglich (sozial, ökonomisch, ethisch, sexuell, etc.). Indem sie das Wissen und alle objektive Bestimmung übersteigt, erlaubt alleine diese Neutralisierung, zur Würde zu gelangen, d.h. zur Tatsache, dass *jeder* und *jede* ebenso viel Wert ist wie der oder die *andere*, eben jenseits des Wertes: preislos.«
> (Derrida 1999c, 24)

»Die Frau zu emanzipieren«, »Veränderung des gegenwärtigen Geschlechterverhältnisses« und »Gleichberechtigung«, dies sind Forderungen der sozialen Bewegung des Feminismus. Das politische Subjekt der Bewegung ist *die Frau*, die durch den Feminismus repräsentiert werden soll und als sozialer und politischer Akteur die Interessen der feministischen Bewegung vertritt. Diese Grundannahme wird allerdings durch Judith Butler in Frage gestellt: Kann das politische Subjekt des Feminismus, *die Frau*, überhaupt in kohärenter Form gedacht werden? Gibt es *die Frauen*, die als kohärente Identität auf gemeinsame (Unterdrückungs-) Erfahrungen zurückgreifen können? Wie kann die Gesamtheit *der Frauen*, die in ihrer ethnischen Herkunft, Kultur, Sexualität, Klassenzugehörigkeit und individuellen Erfahrung verschieden sind, auf einen gemeinsamen Nenner gebracht werden? Müssen Identitäten als wesenhafte oder ontologische Grundlagen oder als komplexere Konstruktionen gedacht werden? Ist das Subjekt des Feminismus in einem vor-politischen, quasi-natürlichen Raum anzusiedeln oder ist das Subjekt selbst

ein historisches, soziales und politisches Produkt? Ist die kulturelle Vorstellung von Geschlecht nicht maßgeblich für die biologische Wahrnehmung?
Diese Ausgangsfragen von Judith Butler stellen bei einer ersten Betrachtung keine absoluten Neuheiten dar. Dies verdeutlicht ein Blick auf die Genese des modernen Feminismus: Anhand der feministisch orientierten Anthropologie kann man drei idealtypische Entwicklungsphasen des modernen Feminismus (vgl. Rippl 1993, 15f), die den Zeitraum von 1970 - 1990 betreffen, unterscheiden.[1] In der ersten Phase wurde »Frau-Sein« biologisch verstanden. Die soziale Geschlechtsidentität (*gender*) und das biologische Geschlecht (*sex*) waren deckungsgleich. In einer zweiten Phase rückten die Oppositionspaare Natur/Kultur, Frau/Mann etc. in den Mittelpunkt der feministischen Forschung. Innerhalb dieser Phase wurde versucht, sich von einer Gleichsetzung von *sex* und *gender* zu befreien. Ferner wurde in stärkerem Maße als in der Phase davor auf die kulturellen Unterschiede der sozialen Rollenzuschreibungen an Männer und Frauen verwiesen. Die zweite Phase beschäftigte sich mit dem »*Funktionieren* des Geschlechterverhältnisses (*gender relations*) und der geschlechtsspezifischen Rollenzuweisungen in bestimmten Gesellschaften [...]. Gefragt wurde danach, wie Geschlecht/*gender* kulturell und sozial konstruiert wird.« (Rippl 1993, 15f)

Die Beziehung zwischen *sex* und *gender* wurde folgendermaßen gedacht: Es existiert eine unveränderliche biologische Grundessenz (*sex*), jedoch keine feste Konstante der sozialen Geschlechtsidentität (*gender*). Die soziale Geschlechtsidentität galt als kulturell und sozial variabel. Mit der Trennung zwischen *sex* (Geschlechtskörper) und *gender* wurde eine erste Spaltung der Identität »Frau« eingeführt, die auf die unterschiedlichen kulturellen, ethnischen oder klassenspezifischen Erfahrungen und Identitätsmöglichkeiten der Menschen mit weiblichen Geschlechtskörpern aufmerksam machte (vgl. Rubin 1975). Die psychische Konstitution des Menschen wurde in diesem Theoriedesign nicht auf seinen Körper zurückgeführt und die Formel »Biologie ist Schicksal« angefochten (vgl. Butler 1991, 22).

Die dritte Phase der feministischen Theorie richtet sich gegen einen starren Essentialismus des Geschlechtskörpers, das heißt, gegen die logozentrische Setzung vor-diksursiver, natürlicher, unhistorischer und zweigeschlechtlicher Körper. In dieser Phase wird untersucht, wie die sozio-kulturelle Rahmung, die für ein bestimmtes Bild von Geschlechtsidentitäten (*gender*) verantwortlich ist, selber die

---

1   Zur Geschichte der deutschen Frauenbewegung vgl. u.a. Nave-Herz (1997). Dass die hier dargestellte Zeitspanne zwischen 1970 und 1990 eine idealtypisch moderne ist, wird daran deutlich, dass zum Beispiel der Beginn der deutschen Frauenbewegung um 1848 angesetzt werden kann (vgl. auch Krüger und Wallisch-Prinz 2001, 11f). Zu den Verbindungen der damaligen Soziologie in Deutschland und der »ersten« Frauenbewegung vgl. Lichtblau (1996, 280ff). Zur Frauenpolitik in der DDR vgl. Nave-Herz (1997, 86ff) und Gensior, Maier und Winter (1990).

Vorstellung von Geschlechtskörpern (*sexes*) als vor-diskursive Entitäten produziert (vgl. Butler 1991, 24). Butler behauptet, die Sichtweise auf das Biologische und damit auf die Geschlechtskörper sei immer schon in die Normativität eines sozio-kulturellen Sinnhorizonts eingeschrieben; das heißt, die sozio-kulturellen, diskursiven Vorstellungen von Biologie und Körper sowie die Dialektik zwischen Selbst- und Fremdverhältnissen gegenüber diesen Vorstellungen bilden den »Hintergrund«, auf dem sich getrennte und wechselseitig-gemeinsame Handlungen und Erfahrungen konstituieren, sedimentieren und stabilisieren, so dass sie – nicht nur in der alltäglichen Lebenswelt, sondern zum Beispiel auch in der Wissenschaft selbst – zur »sozialen Wirklichkeit« avancieren (vgl. Berger und Luckmann 1990, 61ff). Andere, die in ihrer Identität nicht mehr kulturell oder sozial erkennbar sind, wie zum Beispiel *transgenders* oder *Intersexuelle*, erscheinen im zweigeschlechtlichen Sinnhorizont als »Fehlentwicklungen« und logische »Unmöglichkeiten«.

Die Besonderheit von Butlers Ansatz wird in ihrem Buch »Das Unbehagen der Geschlechter« (Butler 1991) deutlich; das Neue liegt in der Radikalisierung und Dekonstruktion der *sex/gender*-Unterscheidung unter Bezugnahme der konstitutiven Kraft des sexuellen Begehrens, der sexuellen Praktiken und der heterosexuellen Matrix. Der Terminus *heterosexuelle Matrix* bezeichnet Butler zufolge das Raster der kulturellen Intelligibilität, durch das die Körper, die Geschlechtsidentitäten und das Begehren naturalisiert, d.h. als natürlich hingestellt werden (vgl. Butler 1991, 219). Die Sexualität spielt nach dieser Auffassung eine Schlüsselrolle bei der Herstellung von Geschlecht. Butler versucht den – auch wenn nur lose gedachten – Kausalzusammenhang zwischen *sex*, *gender* und Sexualität, der von einem biologischen Körper auf ein soziales Geschlecht sowie auf ein (hetero-) sexuelles Begehren schließt, in Frage zu stellen. Mit Hilfe diskursanalytischer und dekonstruktiver Praktiken verschiebt sie die »logische« Folge von sex – gender – Sexualität hin zu einer Sichtweise von kontingenten, diskursiven, gegen- und wechselseitigen Konstitutionsprozessen dieser drei Kategorien.

Judith Butler, die 1987 ihre Dissertation zur französischen Hegelrezeption unter dem Titel »Subjects of Desire: Hegelian Reflections in Twentieth-Century France« veröffentlichte (vgl. Butler 1999*b*), löste mit ihrem 1991 auf deutsch erschienenen Buch »Das Unbehagen der Geschlechter« eine kaum zu überblickende Rezeptionsflut aus. Ihre Untersuchungen stützen sich vornehmlich auf das Denken von Michel Foucault (vgl. Foucault 1977*b*) und Jacques Lacan (vgl. Lacan 1975). Aufgrund vielfacher Missverständnisse und Kritiken dieses Buches, zum Beispiel was die Frage der Materialität von Körpern betrifft, folgte 1995 in deutscher Übersetzung ein Werk mit dem Titel »Körper von Gewicht. Die diskursiven Grenzen des Geschlechts« (Butler 1997*b*). Um die darin entwickelten Analysen der psychischen Konstituierung von Geschlecht zu vertiefen, erschien im Jahr 1997 »The

Psychic Life of Power. Theories in Subjection« (Butler 1997c), in dem Butler vornehmlich den Zusammenhang von Psyche, Macht und Subjektivierung analysiert. Mit ihrem 1998 in deutsch veröffentlichten Buch »Haß spricht. Zur Politik des Performativen« (Butler 1998) verlässt Butler ihre rein theoretischen Betrachtungen, um sich explizit der Frage der politischen Handlungsfähigkeit mittels der Derrida'schen Iteration und der Frage des Subjekts zuzuwenden. Ihre weiteren aktuellen Publikationen befassen sich einerseits mit einer Ausdehnung ihres Ansatzes auf das zu analysierende Feld der rassistischen Unterdrückung und Produktion kultureller Identitäten (vgl. Butler 1999a) und andererseits mit der Anschlussfähigkeit ihrer Theorie bezüglich der Hegemonietheorie von Ernesto Laclau (vgl. Laclau et al. 2000). Auf deutsch erschien 2001 das Buch »Antigones Verlangen: Verwandtschaft zwischen Leben und Tod« (Butler 2001a), das in einer Auseinandersetzung mit Hegel, Lacan und Lévi-Strauss nach einer Neudefinition von Verwandtschaftsformen strebt.

Nach diesem kurzen Abriss der Butler'schen Werke soll es im Weiteren um eine Darstellung ihrer Dekonstruktion der Ordnung von *sex*, *gender* und Sexualität (sexuelle Praktiken und Begehren) gehen (Kapitel IV.1). Die Kategorien *sex*, *gender* und Sexualität konstituieren sich wechselseitig und sind nach Butler keine natürlichen Gegebenheiten. Vielmehr stellen sie ein komplexes Gewebe von Elementen dar, die durch ständige Wiederholung und »performative Macht« zu festen, stabilen Gegebenheiten sedimentieren (Kapitel IV.1.1.). Dabei stellt sich nicht nur die Frage, wie die identitätslogische Opposition Mann/Frau ihre jeweilige Identität nur durch die Relation auf das verworfene Andere bekommt, sondern auch, wie geschlechtliche Identitäten in einem prozesshaften Zusammenspiel mit anderen Elementen entstehen. Geschlechtliche Identitäten haben nach Butler eine Geschichte und sind von ihren Kontextualisierungen abhängig, in denen sie auftauchen. Ihre Bedeutungen lassen sich niemals absolut festlegen, sondern können durch Wiederholungen »performativ« verändert oder »resignifiziert«, d.h. neu bezeichnet werden. Das Problematische an dieser Sichtweise, die materielle Gegebenheiten als diskursive Konstruktionen entlarven will, liegt darin, wie dieses Theoriedesign Materialitäten zu denken vermag. Sind die leiblichen Erfahrungen nur konstruierte Fiktionen oder Illusionen – wie Kritikerinnen häufig anmerken (vgl. Maihofer 1994)? Wenn die Butler'schen Thesen von der diskursiven Konstitution geschlechtlicher Identitäten einer Überprüfung standhalten sollen, müssen sie auf diese Frage hin untersucht werden. In einem der folgenden Abschnitte wird sich deshalb mit dieser Kritik auseinandergesetzt und die Frage gestellt, ob der poststrukturalistische Ansatz Butlers für ein Denken von Materialisierungsprozessen und real gelebten Erfahrungen offen ist (Kapitel IV.1.2.). Den zentralen Abschnitt dieses Kapitel zum poststrukturalistischen Feminismus bildet die Verbindung zwischen Lévinas und dem Butler'schen Konzept der Performativität (Kapitel IV.3.). Dabei wird an die Lévinas'sche Trennung von *Sagen* und *Gesagtem* angeknüpft. Nicht die Subjektivierung auf der Ebene des *Sagens*, wie sie im Abschnitt zur postdekonstruktiven Subjektivität zur Sprache kam (vgl. Kapitel II.7.1.), sondern die Subjektivierung auf der Ebene des *Gesagten* steht im Mittelpunkt dieser Betrachtung. Aufgrund der Korrelation von Sagen und Gesagtem wird danach gefragt, wie die Prozesse der Anrufung durch den Anderen (Interpellation) in einer sprachlich-diskursiven Gesellschaftsformation stattfinden und wie mit den Anrufungen in dieser Formation des Gesagten umzugehen ist, sofern die Anrufungsstrukturen vom Anderen her politisch verändert werden sollen. Es geht demnach sowohl darum, die Prozesse der Subjektivierung auf der Ebene des Gesagten zu verdeutlichen als auch, ihnen eine ethisch-politische Wendung zu geben (Kapitel IV.3.1). Die Frage der Politik liegt in diesem Abschnitt darin, wie man im Gesagten auf die Anrufung des Anderen antwortet. Dabei sind allerdings keine inhaltlichen Vorgaben des Antwortens zu erwarten, weil diese nach Lévinas je nach Situation zu verantworten und zu entscheiden sind, sondern es wird nach der formalen Struktur und Öffnung des Antwortens im Gesagten gefragt. Der Ansatz einer Verbindung zwischen Lévinas und der Butler'schen Performativität kann nur vollzogen werden, wenn man selbst einen Bruch mit dem Lévinas'schen Denken durchführt. Denn nimmt man die Lévinas'schen Ausführungen zur Geschlechtlichkeit und zur Geschlechterdifferenz wörtlich, sind sie kaum mit einem poststrukturalistischen Feminismus zu vereinbaren (vgl. Kapitel IV.2.). Die Kritik von Derrida an Lévinas' Betonung der Brüderlichkeit und der Sekuandarisierung des Weiblichen wurde schon kurz angesprochen (vgl. Derrida 1990*a*). Dennoch ist eine Entscheidung hinsichtlich einer feministischen Lesart des Lévinas'schen Denkens nicht leicht zu treffen: Einerseits ist das Denken der Geschlechtlichkeit bei Lévinas herkömmlichen Identitätslogiken verhaftet. Andererseits verweist die absolute Andersheit des Menschen darauf, das Geschlecht nicht auf Identitäten oder kategoriale Zuschreibungen von Mann/Frau zu reduzieren, sondern den Anderen als Überschreitung dieser Identitäten zu denken. Bevor die Verbindung zwischen Lévinas' Ethik und der Butler'schen Performativität geknüpft wird, soll der Frage nachgegangen werden, wie Lévinas Geschlechtlichkeit thematisiert (Kapitel IV.2.). Da Derrida Geschlecht und Sexualität auf Andersheit hin zu öffnen versucht, denkt er den Anderen in einem formalen Lévinas'schen Sinne jenseits einer zweigeschlechtlichen Binarität. Darum wird auch Derrida hier zu Wort kommen. Sowohl Lévinas' als auch Derridas Sichtweisen auf Geschlecht sollen vor dem Abschnitt zur »Ethik der Performativität« (Kapitel IV.3.) besprochen werden. Eine ethisch-politische Performativität ist jedoch dem Problem ausgesetzt, innerhalb stabiler Kontexte zu hantieren. »Performatives« Handeln ist auch abhängig von sozio-strukturellen Bedingungen, wie zum Beispiel ökonomischen, sozialen oder symbolischen Kapitalformen (vgl. Bourdieu 1983) und daraus verinnerlichten Normen, Wahrnehmungsschemata und Körperbildern (Habitus). Der letzte Abschnitt setzt sich deshalb damit auseinander, inwiefern soziale Ordnungen oder Kontexte durch verinnerlichte Normalisierungen (implizite Zensur) eine ethisch-politische Performativität und Resignifizierung deutlich erschweren (Kapitel IV.4.). Folgende These steht dabei im Mittelpunkt der Betrachtung: Geschlechternormen bilden einen körperlichen Habitus. Butler greift explizit den Bourdieu'schen Begriff des Habitus auf, um zu zeigen, dass Normalisierungsprozesse die Macht haben, die Subjekte, die es zu normalisieren gilt, zu produzieren. Der Begriff des Habitus bezeichnet verinnerlichte Denk-, Wahrnehmungs- und Handlungsschemata; Habitusformen sind erlernte und dauerhafte Dispositionen, die eine Struktur reproduzieren. Butler nimmt in ihrer Auseinandersetzung eine Position gegen Bourdieu und dessen Denken einer *reinen* Reproduktion von Habitusstrukturen ein. Gemäß Butler denkt Bourdieu die Normalisierungsmacht und Handlungsfähigkeit der Subjekte zu deterministisch und zu »strukturalistisch«; die Bourdieu'sche Sichtweise lässt Butler zufolge kaum Platz für kreatives, widerständiges Handeln und Entscheiden. Butler hingegen will den Moment der Krise in der impliziten Zensur betonen und diese Krise mittels Resignifizierung herbeiführen.

1. Die Dekonstruktion der Ordnung sex, gender und Begehren

Das *Incipit* der theoretischen Überlegungen Butlers wird durch ihre diskurstheoretischen Überlegungen markiert: Die Geschlechtsidentität (*gender*) und der Geschlechtskörper (*sex*) sind diskursive Konstruktionen. Butlers Diskursbegriff ist an Michel Foucault und dessen Machtanalyse gekoppelt. Michel Foucault unterscheidet in seinem Werk »Sexualität und Wahrheit. Der Wille zum Wissen« (Foucault 1977*b*) zwei Arten von Macht: die juridisch-repressive und die strategisch-produktive Macht. Foucaults machttheoretische Konzeption beschreibt soziale Zusammenhänge als Kräfteverhältnisse sowie als Permanenz von Konflikten und Machtverhältnissen. Dabei sind für Foucault nicht diejenigen sozialen Beziehungen als Machtverhältnisse zu beschreiben, in denen bestimmte Orientierungen substantialistischer Subjekte verschiedenen Unterdrückungen ausgesetzt sind. Vielmehr konstituieren sich die Wünsche, Interessen, Subjekte und deren Begehrenspraktiken erst in der Wirkungsweise von Handlungen, die andere verändern. Macht ist also zunächst kein Privileg einer Gruppe, einer Person oder Institution, sondern drückt sich durch komplexe strategische Situationen in einer Gesellschaft aus (vgl. Foucault 1977*b*, 114). Foucault zufolge ist Macht nicht als Substanz zu begreifen, die eine Gruppe besitzen oder tauschen kann. *Die* Macht existiert demnach nicht. Seine Ausgangsfrage bezüglich der Machtanalytik ist darum auch nicht: Was ist die Macht?, sondern: Wie wird Macht ausgeübt? Macht ist ein multidimensionales, dynamisches, vielschichtiges Kräfteverhältnis mit Pluralitäten von Techniken und Taktiken. Die Machtbeziehungen sind nicht-subjektiv in dem Sinne, dass sie den Subjekten weder angehören noch auf eine *reine*, substantielle Intention der Subjekte reduziert werden können, da die Subjekte selbst Produkte der Machtverhältnisse sind. So ging die Macht des Nationalsozialismus nicht nur von der Person Hitlers oder der NSDAP aus, sondern die machtstrategischen Diskurse durchzogen – auch durch verinnerlichte Denk-, Handlungs- und Wahrnehmungsschemata – weite Teile der Bevölkerung. Intentional sind Machtbeziehungen nur in der Bildung von heterogenen Feldern *impliziter* Strategien und Zielsetzungen (vgl. Foucault 1977*b*, 116). Innerhalb des Sozialen als Gemenge diskursiver Praktiken sind Machtbeziehungen allgegenwärtig. Die Kräfteverhältnisse der Macht sind nach Foucault überall anzutreffen, nicht nur auf makrostruktureller Ebene, sondern – als *Mikrophysik der Macht* – auch auf den mikrostrukturellen Feldern und Körpern. Foucaults Ansatz geht noch einen Schritt weiter, indem er von einem internen Zusammenhang von Macht und Wissen ausgeht. Ausübende Macht generiert, produziert und benutzt Wissen, sowie umgekehrt Wissen mit Machtwirkungen einhergeht. Das Wissen beispielsweise über das, was geläufig als (normale) Sexualität beschrieben und untersucht wird, ist selbst nicht frei von Einsätzen der Macht- und Kräfteverhältnisse. Eine ununterbrochene Überwachung und Kontrolle der Individuen (vgl. Foucault 1977*a*) produziert auch ein spezifisches Wissen über die Erforschten. Dieses Wissen dient wiederum umgekehrt der Machtsteigerung. Durch die Erforschung sexuellen Begehrens beispielsweise werden bestimmte Typisierungen vorgenommen, die nicht eine vermeintliche Realität beschreiben, sondern die angenommene Wirklichkeit dessen, was als (normale) Sexualität gedacht wird, wird durch die Artikulation und Diskursivierung, d.h. durch den Wissensprozess hervorgebracht. Insofern ist Macht auch produktiv: Sie schließt nicht nur aus, unterdrückt oder verschleiert, sondern sie produziert Wirklichkeiten: Subjekte, Individuen, Fremd- und Selbstverhältnisse, Körper, Erfahrungen und Normen, mittels derer die Subjekte sich auch in Selbstbezügen konstituieren; die Wissensdiskurse erschaffen die Identifikationsoberflächen für die Subjekte; die Wissens- und Wahrheitsdiskurse produzieren Normen, die Subjekte konstituieren und normalisieren. Die sozialen Akteure sind einem gesellschaftskonstitutivem Arrangement von Diskursen und Regeln unterworfen und übernehmen diese in wiederholenden sozialen Praktiken, die zur Selbstbildung führen. Um das komplexe Verhältnis zwischen produktiver und juridisch-repressiver Macht adäquat zu erfassen, könnte man auch von einer *regulativen* Macht sprechen (vgl. Detel 1998, 52). Regulative Macht soll besagen, dass jede historische Form von Macht produktive Effekte zeitigen kann, indem sie durch die eingeübten und sozialisierten diskursiven Regeln Spielräume des sozialen Handelns bildet und diese Diskurse Identifikationsoberflächen anbieten. Diese *regulieren* die Identifizierungen und den Möglichkeitsraum von Handlungen, Wissen und »Wahrheiten«.

Durch die Verbindung von Wissens-, Wahrheitsproduktion und Machtverhältnissen, richtet sich Foucaults Blick insbesondere auf die diskursiven Strategien und Machtbeziehungen, »die in einer bestimmten historischen Form der Wahrheitserzwingung (um den Körper des Kindes, am Sex der Frau, bei den Praktiken der Geburtenbeschränkung usw.) am Werk sind.« (Foucault 1977b, 119) Wie ermöglichen Machtbeziehungen bestimmte Diskurse und Normalisierungspraktiken und wie schaffen diese Diskurse die Grundlage für Machtbeziehungen? Die Konstituierung eines Diskurses beispielsweise über das, was als »Wahrheit« gilt, ist ein machtstrategischer Einsatz, der jedoch nicht unbedingt nur von einer herrschenden Gruppe instituiert werden oder ihr für immer angehören muss. Vielmehr kann sich dieser Diskurs auch von nicht herrschenden Wissenschaftlern und Wissenschaftlerinnen her entwickeln und sich erst dann zu einem legitimierten Herrschaftsdiskurs etablieren. Unter Herrschaft versteht Foucault folgendes: »Wenn es einem Individuum oder einer gesellschaftlichen Gruppe gelingt, ein Feld von Machtbeziehungen zu blockieren, sie unbeweglich und starr zu machen und – mit Mitteln, die sowohl ökonomisch, als auch politisch oder militärisch sein können – jede Umkehrbarkeit der Bewegung zu verhindern, dann steht man vor dem, was man einen Herrschaftszustand nennen kann.« (Foucault 1985, 11)

Eine Diskursivierung produziert und befördert Macht, aber sie kann sie auch unterminieren; d.h. »[e]s handelt sich um ein komplexes und wechselhaftes Spiel, in dem der Diskurs gleichzeitig Machtinstrument und -effekt sein kann, aber auch Hindernis, Gegenlager, Widerstandspunkt und Ausgangspunkt für eine entgegengesetzte Strategie.« (Foucault 1977b, 122) Judith Butler greift die Machtanalyse Foucaults auf, indem sie die juridisch-repressive Macht und die produktive Macht in Verbindung setzt: Die juridische Macht entsteht durch einen sanktionierenden Diskurs von Werten und Normen, dem die Subjekte bei Strafandrohung (zum Beispiel wegen zu befürchtender sozialer Exklusion) Folge leisten müssen. Die Subjekte sind jedoch nicht freie, selbstbestimmte Existenzen, die zuvor frei waren und jetzt einer Macht unterworfen sind, sondern sie entstehen und sie konstituieren sich durch diskursive Teilhabe und Positionierungen: Sie werden zu Subjektpositionen.

Die juridisch-produktiven Diskurse, durch die sich Subjektpositionen konstituieren, sind sowohl die Bedingungen von Handlungen als auch Ausgangspunkte für weitere widerständige Aktionen (vgl. Kapitel III.). Butler zufolge konstituiert sich das geschlechtliche und sexuelle Subjekt nicht durch die Kausalkette sex - gender - Sexualität, wobei die beiden letzteren lediglich der Ausdruck eines natürlichen Geschlechtskörpers sind, sondern die »Natürlichkeit« von Geschlecht oder Sexualität ist selbst eine sozio-kulturelle, diskursiv-politisch erzeugte Vorstellung. Insofern bestimmen, regulieren und produzieren die kulturellen Wahrnehmungs- und Denkschemata, sowie die diskursiven Regulierungsverfahren die *physis* und die sozialen Subjekte:

> »Die politische Konstruktion des Subjekts ist mit bestimmten Legitimations- und Ausschlußzielen verbunden; diese politischen Verfahrensweisen werden aber durch eine Analyse, die sie auf Rechtsstrukturen zurückführt, wirksam verdeckt und gleichsam naturalisiert, d.h. als ›natürlich‹ hingestellt. Unweigerlich ›produziert‹ die Rechtsgewalt, was sie (nur) zu repräsentieren vorgibt. Demnach muß es der Politik um die Doppelfunktion der Macht gehen, nämlich um die juristische und produktive. [...] Es genügt also nicht zu untersuchen, wie Frauen in Sprache und Politik vollständig repräsentiert werden können. Die feministische Kritik muß begreifen, wie die Kategorie ›Frau(en)‹, das Subjekt des Feminismus, gerade durch jene Machtstrukturen hervorgebracht und eingeschränkt wird, mittels derer das Ziel der Emanzipation erreicht werden soll.« (Butler 1991, 17)

Für die feministische Politik bedeutet diese Sichtweise zunächst eine selbstkritische Auseinandersetzung mit feststehenden Identitätskategorien und deren Entstabilisierung. Diese Auseinandersetzung führt Butler mit Hilfe der Dekonstruktion der Kausalkette von *sex*, *gender* und Begehren.[2]

Die Ordnung und Kausalkette von *sex*, *gender* und Begehren kann unterschiedlich dekonstruiert werden: Zum einen in der Infragestellung der Dichotomie von *sex/gender* und zum anderen durch eine Analyse, wie diese Binarität mit einer normativen Heterosexualität verbunden ist. Butler problematisiert die Prozesse, die eine innere Kohärenz zwischen *sex*, *gender* und Begehren herstellen, indem sie zunächst die »natürliche« und angeblich logische Binarität zweier Geschlech-

---

2 Doch warum ist eine Entstabilisierung von Identitäten augenscheinlich so schwierig? Auf diese Frage wird in Bezug auf die Frage der Performativität (Kapitel IV.4.) und bezüglich einer möglichen politischen Strategie im Abschnitt zu »queer« (Kapitel V.) noch einzugehen sein. Um die Frage der Subjektkonstitution bei Butler weiterzuführen, sei bemerkt, dass sich die konstituierten Subjekte, genau wie es im Kapitel zur Hegemonietheorie ausgeführt wurde, durch einen konstitutiven Prozess des Ausschließens und der Differenzierung produzieren. Die »Logik der Verwerfung« ist ein konstitutives Moment der Identitätsbildung (vgl. Kapitel V.4.): keine Identität ist ohne ihr konstitutives, verworfenes Außen und die (De-)Identifizierung mit einem sozio-kulturellen Kontext möglich (vgl. Butler 1993*b*, 44). Zur Logik der Verwerfung vgl. auch Butler (1997*b*, 160ff) und Kapitel V.4.2. Eine weitere politische Frage wird in der Dynamisierung dieser konstitutiven Ausschlüsse und in einer Grenzpolitik liegen: Wer wird von der Kategorie Frau oder Mann ausgeschlossen? Warum kann es »Mann« nur geben, wenn es »Frau« gibt und vice versa? Was bedeutet diese Binarität für andere sexuelle Orientierungen außerhalb der Heterosexualität?

ter (männlich/weiblich) hinterfragt und diese binäre Anordnung in den Kontext eines hegemonialen, epistemischen Modells der »heterosexuellen Matrix« stellt: Geht man von der Vorstellung aus, dass es zwei biologische Geschlechter gibt, die nicht völlig die kulturellen Geschlechtsidentitäten determinieren (Phase zwei des Feminismus), so stellt sich die Frage, warum es lediglich nur zwei Geschlechtsidentitäten geben muss (vgl. Butler 1991, 23). Wirkt sich die kulturelle Vorstellung von nur zwei Geschlechtern wiederum auf die Vorstellung von *sex* aus?

Butlers grundlegende These, die sich aus dieser Frage ergibt, lautet: Biologisches Geschlecht (*sex*) ist schon immer sozio-kulturelle Geschlechtsidentität (*gender*) gewesen, so dass diese Unterscheidung letztlich gar keine ist (vgl. Butler 1991, 24). Folgt man Butler, so stellt sich die Aufgabe einer genealogischen und machttheoretischen Untersuchung, die analysiert, wie *sex* als Effekt produziert wurde und wie Geschlechtsidentität jene diskursiven Mittel umfasst, durch die ein natürliches Geschlecht als ein vordiskursives und der Kultur vorgelagertes erscheinen kann.

Geschlechtsidentität, sowohl *gender* als auch *sex*, ist nach Butler von den konstruierten Relationen und Kontexten abhängig, in denen sie definiert wird (vgl. Butler 1991, 29). Zu einem Merkmal heterosexuell und patriarchal geprägter Gesellschaften bzw. sozialer Ordnungen, in denen die Heterosexualität die Stellung eines normativen Privilegs inne hat, gehört die ordnungs-stabilisierende Binarität von männlich/weiblich. Diese Binarität ist gekoppelt an die Annahme der einfachen Kausalkette und Kohärenz der drei Komponenten *sex*, *gender* und Begehren: Um die Ordnung der Heterosexualität aufrecht zu erhalten, werden zwei Geschlechter (*sexes*) benötigt, von denen sich zwei Geschlechtsidentitäten ableiten lassen. Eine »Gesamtidentität« ergibt sich dann aus dem kausalen Zusammenspiel der drei Komponenten; die innere Kohärenz dieser drei Komponenten, das heißt, die heterosexuelle Matrix, ist Ergebnis eines heterosexuellen Regulierungsverfahrens: »Die institutionalisierte Heterosexualität erfordert und produziert zugleich die Eindeutigkeit eines jeden der geschlechtlich bestimmten Terme (gendered terms), die in einem gegensätzlichen binärem System die Grenze möglicher Geschlechtsidentitäten bilden.« (Butler 1991, 45) Die »Ursache« jedoch, das heterosexuelle Regulierungsverfahren bzw. die Heterosexualität, ist keine natürliche, vordiskursive Gegebenheit, wie Foucault in seiner Genealogie der Sexualität dargestellt hat (vgl. Foucault 1977*b*), sondern ist historisch-diskursiv produziert. Die Privilegierung und die Annahme einer angeblichen Ursprünglichkeit der Heterosexualität lebt selbst von den verworfenen anderen sexuellen Praktiken (vgl. Kapitel V.). Allerdings können die verworfenen Begehrenspraktiken wie beispielsweise die Homo- oder Bisexualität ebenfalls nicht als ursprüngliche oder natürliche angesehen werden. Einerseits weil sie selbst wiederum Produkte diskursiver Formationen sind und andererseits, weil selbst die Identifizierung mit der Homo- oder Bisexualität von der binären Unterscheidung in zwei Geschlechtsidentitäten und biologische Geschlechter (Mann/Frau) lebt und damit andere Möglichkeiten, Geschlecht und Sexualität zu denken, verwirft (vgl. Kapitel V.4.1). Auch diese Formen sexueller Identifizierung haben nicht den Status der Ursprünglichkeit. Sie sind nicht der Sprache oder den Diskursen vorgängig.[3]

Folgt man Butlers Analyse, so sind *sex*, *gender* und Sexualität nicht als eine kausale Folge zu verstehen, sondern sie konstituieren sich wechselseitig. Die sozio-kulturelle Vorstellung von Geschlechtern wirkt sich darauf aus, wie diese Geschlechter biologisch betrachtet und erlebt werden. Die Normativität der Heterosexualität organisiert nach Butler das Denken von lediglich zwei Geschlechtern, sowie die Vorstellung von *gender* und die gelebten Existenzweisen von Geschlecht, die wiederum mit der Heterosexualität verschränkt sind. Sexualität ist eine bestimmte soziale Organisierung von Wissen dessen, was als Sexualität gilt und was als solches bezeichnet wird. Geschlecht wird dabei von der (Hetero-) Sexualität definiert und Geschlecht definiert wiederum Sexualität in einer hierarchischen Anordnung von Hetero- und Homosexualität. Die drei Komponenten *sex*, *gender* und Sexualität sind nach Butler im Sinne von historisch gewachsenen, diskursiven Formationen zu verstehen. Die Heterosexualität ist ihrer Meinung nach die Matrix, innerhalb derer sich die Subjekte als kohärente geschlechtliche Wesen konstituieren. Die von der heterosexuellen Matrix »gesellschaftlich hervorgebrachten Geschlechter-Normen kultureller Intelligibilität« (vgl. Butler 1991, 38) verbannen nach Butler all jene Geschlechtsidentitäten in den Bereich des entwicklungsmäßig Gestörten oder des logisch Unmöglichen, welche in der Kultur als inkohärente oder diskontinuierliche Wesen auftauchen, wie zum Beispiel Lesben, Schwule, Bisexuelle, nicht-operierte Transsexuelle oder diejenigen, die durch das System gar nicht mehr in den Bereich des Denkbaren fallen und den systemischen Sinnhorizont des Möglichen überschreiten.

Butler betont in ihrem Ansatz die konstitutive Rolle der Sexualität für die Genese geschlechtlicher Identitäten. Die Subjekte sind sowohl vermittels Kontrolle und Abhängigkeit den sozio-kulturellen Normen der heterosexuellen Matrix und ihrer Geschlechternormen unterworfen als auch durch Bewusstsein und Identifi-

---

3 »Unklar ist, ob wir überhaupt jemals einer ›natürlichen‹ Sexualität gegenüberstehen, die nicht schon durch die Sprache und Akkulturation vermittelt ist, und deshalb macht es Sinn zu fragen, ob die Sexualität, der wir gegenüberstehen, nicht immer schon teilweise geformt ist. Merlau-Ponty hat zweifelsohne Recht, wenn er behauptet, daß es kein Übersteigen der Geschlechtlichkeit gibt, daß sie immer da ist und man in der einen oder anderen Weise immer mit ihr rechnen muß. Aber es scheint *prima facie* keinen Grund zur Annahme zu geben, daß ihre Unausweichlichkeit zugleich ihre Natürlichkeit ist. Vielleicht ist es einfach der Fall, daß eine bestimmte Gestaltung von kulturell hergestellter Sexualität schließlich als natürlich *erscheint*.« (Butler 1997a, 173)

zierung mit diesen Strukturen ihrer eigenen Identität verhaftet, was soviel heißt, dass sie sich innerhalb dieser Strukturen durch Identifizierungen und Selbstverhältnisse produzieren. Ein (politisches) Beharren auf der Natürlichkeit von »Frau« oder »Mann« stellt aus dieser Sichtweise keine Befreiung aus diesen Strukturen dar, sondern kann diese hierarchische Opposition und die Exklusion zum Beispiel Transsexueller sogar noch festigen.

Vor der Identifizierung und Artikulation einer Geschlechtsidentität gibt es keine vor-diskursive Identitätsposition. Eine Identitätsposition kann deswegen auch nicht als der Beginn politischer Handlungen angesehen werden, sondern ist selbst schon ein Produkt hegemonialer Formationen und diskursiver Strukturen.

»In diesem Sinne ist die Geschlechtsidentität (gender) weder ein Substantiv noch eine Sammlung freischwebender Attribute. Denn wie wir gesehen haben, wird der substantivische Effekt der Geschlechtsidentität durch die Regulierungsverfahren der Geschlechter-Kohärenz (gender coherence) performativ hervorgebracht und erzwungen. Innerhalb des überlieferten Diskurses der Metaphysik der Substanz erweist sich also die Geschlechtsidentität als performativ, d.h., sie selbst konstituiert die Identität, die sie angeblich ist. In diesem Sinne ist die Geschlechtsidentität ein Tun, wenn auch nicht das Tun eines Subjekts, von dem sich sagen ließe, daß es der Tat vorangeht.« (Butler 1991, 49)

Eine Identität konstituiert sich nach Butler vor dem Hintergrund des Diskurses immer wieder neu, zum Beispiel durch die zitathafte, »performative« Anrufung bei der Geburt, wenn es heißt: »Es ist ein Mädchen!« und durch die alltägliche Rezitierung dieses Anrufs.

1.1. Performativität, Iterabilität und Verfehlung

Die diskursiven Formationen von Geschlecht und Sexualität stellen Positionen in Form von Subjektpositionen bereit, mit denen sich ein Subjekt konstituiert. Es verhält sich in den meisten Fällen der sexuierten Subjektposition entsprechend und generiert sie im alltäglichen Handeln sowohl psychisch als auch physisch. Dabei bedeutet die »Konstituierung einer sexuierten Subjektposition«, dass es mittels der eingenommen Subjektposition Identifikation und Generierung des Körperbildes *und* zugleich Verwerfung (De-Identifikation) eines durch die Subjektposition ausgeschlossenen Körperbildes gibt. Beispielsweise muss ein heterosexueller Mann darauf achten, die für seine Identität auszuschließenden Verhaltensweisen (zum Beispiel die, die als homosexuelle oder weibliche gelten) aus dem Möglichkeitsbereich der Identifikation heraus zu halten, damit er seine Identität und seine »männliche« Physiognomie nicht gefährdet. Um nicht negative Sanktionen zu erfahren oder mögliche Handlungsspielräume, die ihm das Mann-Sein eröffnet, nicht zu gefährden, muss er die Geschlechternorm in vorstrukturierter Weise wiederholen. Der Identifikationsakt und die damit einhergehende Verwerfung bzw. Konstitution des Außen sind als einmaliger Vorgang jedoch wirkungslos. Ebenso wie eine Struktur, ein Kontext oder eine soziale Ordnung nur durch serielle Wiederholungen überlebt (vgl. Kapitel II.), müssen auch die Akte der Identifikation und Verwerfung von Moment zu Moment wiederholt werden. Aufgrund der Iteration ist nach Butler die Existenz einer Identität und eines Diskurses überhaupt möglich. Die Wiederholung konstituiert das Subjekt als psychisches und physisches und stabilisiert sowohl dessen Identität als auch die diskursiven Strukturen. Dieser Prozess des Wiederholens ist nach Butler ein ständiges »Tun«, in dessen Moment das Subjekt im Sinne diskursiver und produktiver Macht entsteht und sich immer wieder neu erschafft – eine immer wieder herzustellende Neu-Produktion der Identität und des konstitutiven Außen.

Für die Beschreibung des Wiederholungsprozesses sind zwei Begriffe von besonderer Bedeutung: Performativität und Iterabilität. Butler bezieht sich bei ihrer Analyse der Konstituierung von sexuierten Subjektpositionen auf das Modell der performativen Macht, von dem die Sprechakttheorie ausgeht (vgl. Austin 1994). Diese beschreibt u.a., wie performative Sprechakte das hervorbringen, was sie aussprechen. Performative Äußerungen sind bei Butler Handlungen, die etwas erzeugen. Die performative Äußerung hat die Macht, das zu produzieren, was sie benennt. Dabei gibt es keinen ursprünglichen Willen in der performativen Äußerung – weder von einem Subjekt noch ist der Sprechakt selbst in der Position eines Subjekts. Die Performativität ist auch nicht im Sinne eines Inszenierungsmodells (performance) zu betrachten, sondern als eine *in der Wiederholung stattfindende Verstofflichung in Zeit und Raum*: Der performative Sprechakt erlangt erst durch das Zitieren bzw. durch die Iterabilität seine Macht, was darüber hinaus bedeutet, dass es kein vorhergegangenes Original (*sex*) vor der Kopie (*gender*) gibt, sondern nur Wiederholungen, die allmählich zu einer Sichtweise eines Originals sedimentieren. Erst durch Wiederholung entsteht Re-Präsentation.

»Es gibt eine Tendenz zu glauben, Sexualität sei entweder konstruiert oder determiniert; und wenn konstruiert, dann sei sie in gewisser Weise frei, und wenn determiniert, dann sei sie in gewisser Weise festgelegt. Diese Gegensätze beschreiben nicht die Komplexität dessen, worum es bei jedem Versuch geht, der den Bedingungen Rechnung tragen will, unter denen Geschlecht und Sexualität angenommen werden. Die ›performative‹ Dimension der Konstruktion ist genau die erzwungene unentwegte Wiederholung der Normen. In diesem Sinne ist es nicht bloß so, daß Zwänge für die Performativität existieren; vielmehr ist es erforderlich, daß der Zwang als die eigentliche Bedingung für Performativität neu gedacht wird. Performativität ist weder freie Entfaltung noch theatralische Selbstdarstellung, und sie kann auch nicht einfach mit Ausführung (*performance*) gleichgesetzt werden. Darüber hinaus setzt Zwang nicht notwendig der Performativität eine Grenze; Zwang ist vielmehr das, was der Performativität den Antrieb gibt und sie aufrechterhält. [...] Diese Wiederholbarkeit impliziert, daß die ›performative Ausführung‹ kein vereinzelter ›Akt‹ oder vereinzeltes Vorkommnis ist, sondern eine ritualisierte Produktion, ein Ritual, das unter Zwang und durch Zwang wiederholt wird, unter der Macht und durch die Macht des Verbots und des Tabus.« (Butler 1994, 103f)

Der performative Sprechakt erlangt erst durch das Zitieren seine Macht. Er ist insofern weniger ein Akt als eine rituelle Praxis, weil er aus einer Anzahl sich ständig wiederholender Gesten besteht, die nach Emile Durkheim den Ritus kennzeichnen (vgl. Durkheim 1981, 23).[4] Der Sprechakt eines Ehevollzugs zum Beispiel wäre belanglos, wenn er nicht eine Norm zitieren oder wiederholen würde. Die Norm wiederum erscheint Butler davon abhängig zu sein, dass sie durch Zitieren bzw. durch Iterabilität ständig reaktualisiert und reartikuliert wird. Insofern ist die Annahme eines Geschlechts ein permanentes Zitieren und Reartikulieren. Wie jedoch am Beispiel des Ehevollzugs deutlich wird, ist eine performative Äußerung und deren Funktionieren immer von ihrer Wiederholbarkeit bzw. Zitathaftigkeit und dem Kontext abhängig, in dem sie auftritt. Die Äußerung: »Sie sind jetzt verheiratet!« würde in einem Kontext, in dem noch niemals die Norm der Ehe zitiert wurde, keinen Sinn ergeben. Genauso wie der Ausspruch: »Es ist ein Mädchen« ohne den dazugehörigen diskursiven Rahmen ohne Sinn wäre. Performativität als Macht – als normierende Zitatförmigkeit – erzeugt Wirkungen, zum Beispiel eine Naturalisierung von Geschlecht.[5]

Der notwendige Reproduktionsprozess von Identitäten und diskursiven Strukturen impliziert eine Instabilität, weil eine Wiederholung auch immer ganz anders ausgeführt werden kann; das heißt, die Bedrohung der Stabilität liegt in der – für die Existenz des Diskurses notwendigen – generativen Wiederholbarkeit. Das zitathafte Handeln wiederholt zwar gegenüber der diskursiven Formation den Akt der Identifizierung und Verwerfung, aber – gemäß der Iterabilität – kann der iterative Akt, der in der Zeit stattfindet – dabei nicht exakt dasselbe wiederholen (vgl. Butler 1997*b*, 300). Ebenso wie in Heraklits Bild, dass es unmöglich ist, zweimal in denselben Fluss zu steigen, liegt im Akt der Identifizierung immer auch die Möglichkeit der Desidentifizierung oder anderen Resignifizierung. Im Anschluss an Jacques Derrida ist für Butler das Gelingen einer performativen Äußerung stets an die Zitathaftigkeit der Äußerung geknüpft (vgl. Butler 1997*b*, 36). Der Derrida'sche Begriff der Iterabilität (vgl. Derrida 1976*e*) bezeichnet nicht das Kopieren oder den wiederholten Vollzug einer identischen Handlung, sondern ein *Zitieren*, das zu einem neuen Zeitpunkt und in einem anderen Zusammenhang stattfindet und das die Identität des Wiederholten automatisch verschiebt. In dem Prozess der Wiederholung können sich Risse und Brüche auftun, die als konstitutive Instabi-

---

4   Zum performativen Charakter von Ritualen vgl. auch Wulf, Althans, Audehm und Bausch (2001).
5   Allerdings bewirkt die Äußerung dann einen verändernden Sinn, wenn sie zum Beispiel im interdiskursiven Raum auftritt: Das Zitieren der Norm der Ehe in Kontexten, die nahe an der Ordnung sind, die die Ehe zitiert: Zum Beispiel das Zitieren der Norm der Ehe in Kontexten, die vormals von der herkömmlichen Norm ausgeschlossen waren. Ob es sich bei diesem Beispiel jedoch um ein völlig subversives Zitieren handelt, z. B. wenn Homosexuelle ebenfalls auf die Institution der Ehe Anspruch erheben, ist fraglich. Vgl. Kapitel V.

litäten von Identitätskonstruktionen (konstitutives Außen, das Andere) für deren Konstruktion wesentlich sind: Risse des Anderen, die von der Norm eines Kontextes nicht vollständig geschlossen werden können. Diese Risse bezeugen das, was die Identität des Subjekts, um zu sein, sowohl ausschließt als auch erst begründet: das verworfene Andere. Eine Logik der Differenz ist jedoch keine stabile, sondern immer auch eine der Verschiebung und Zeitaufspreizung (*différance*).

Wie schon in »Hegemoniale Radikalisierungen« (Kapitel III.) deutlich wurde, ist der Akt der Identifikation auch ein Akt der De-Identifikation. Butler fragt sich, wie diese De-Identifizierung politisiert werden kann (vgl. Butler 1997*b*, 299). Ihr geht es bei einer Politisierung um ein »Bejahen« des Anderen und um ein »Entgleiten«: »das Fehlschlagen der Identifizierung [ist] selbst Ausgangspunkt für eine stärkere demokratisierende Bejahung interner Differenz.« (Butler 1997*b*, 300) Am Beispiel des Signifikanten »queer« wird dies besonders deutlich: War »queer« herkömmlicherweise ein Schimpfwort gegen Homosexuelle, wird es seit Ende der achtziger Jahre iterativ aufgenommen, umgearbeitet und resignifiziert; das heißt, das Schimpfwort »queer« erlangte seinen ausschließenden Charakter durch eine ständig wiederholbare Praxis. Genau wegen dieser notwendigen Wiederholbarkeit und der ihm fehlenden Essenz, kann »queer« auch positiv reartikuliert und zu einem Sammelpunkt einer eigenen politischen Bewegung werden (vgl. Kapitel V.) und die vorgängige, konventionelle Verwendungsnorm falsch zitieren.

Politische Signifikanten sind performativ, wobei diese Performativität als die Kraft einer Zitatförmigkeit neu gedacht wird. Butler versteht Handlungsvermögen als eine Doppelbewegung: ein *durch* und *in* einem Signifikanten Konstituiertwerden; das heißt auch, ein Zwang, den Signifikanten selbst zu zitieren und zu wiederholen: Identifikation und Iteration. Vom gleichen Signifikanten ermöglicht, ist das Handlungsvermögen ein *Hiatus* in der ständigen Wiederholung; ein Zwang, die Identität in der Wiederholung zu stabilisieren und einzusetzen. Dabei zeigt sich die Kontingenz oder ein nicht-determiniertes Intervall (das verworfene Andere), das die Identität ausschließen muss.

»Und doch kann die Zukunft des Signifikanten der Identität nur durch Wiederholung gesichert werden, der es mißlingt, getreu im Rezitieren des Signifikanten, das eine Untreue gegenüber der Identität begehen muß – eine Katachrese –, um dessen Zukunft zu sichern, eine Untreue, die die Wiederholbarkeit des Signifikanten für das arbeiten läßt, was bei jeder beliebigen Anrufung der Identität nicht mit sich selbst identisch bleibt, nämlich die laufend wiederholbaren oder zeitlichen Bedingungen ihrer eigenen Möglichkeit.« (Butler 1997*b*, 301)

Eine Identität kann aufgrund ihrer Zitatförmigkeit ein Ort dauernder politischer Auseinandersetzung und Artikulation sein. Eine iterative (zitathafte) performative Äußerung kann nach Butler einen katachrestischen Effekt erzielen, d.h. anders und in einem anderen Kontext zitiert werden und somit neue hegemoniale

Artikulationen im Laclau'schen Sinne stiften: Artikulationen, die mit den Konventionen spielen, diese verwirren und den nicht-ursprünglichen Charakter von Normen oder Identitäten (Geschlechternormen) aufzeigen. Ein falsches Zitieren könnte beispielsweise darin liegen, die Kleider sowie die Gesten des jeweils anderen Geschlechts »anzuziehen«, um so mittels eines parodistischen *cross-dressings* die Geschlechternormen zu verwirren (vgl. Kapitel V.).

In einem der nächsten Kapitel wird das Handlungsvermögen und das Konzept der iterativen Performativität noch eingehender behandelt und in einen Zusammenhang sowohl mit der Subjektkonstitution auf der Ebene des Gesagten als auch mit der Ethik von Emmanuel Lévinas gebracht. Als Fazit dieses Kapitels sei festgehalten: Eine Geschlechtsidentität ist nicht zwangsläufig mit einem entsprechenden Geschlechtskörper verbunden. Einerseits, weil die Beschreibung des Körpers selbst sozio-kulturellen und historischen Diskursen unterliegt und nicht außerhalb von diesen artikuliert werden kann. Andererseits, weil die Beziehung zwischen *sex*, *gender* und Sexualität durch die Momente der dauernden Identifikation und Verwerfung produziert wird und daher auch anders sein kann.[6]

Die Identifikation und Verwerfung in Bezug zu einer anderen Geschlechtsidentität kann zu einer anderen Auffassung von Geschlechtskörpern führen. Da das Subjekt eines Geschlechterdiskurses wie jedes Subjekt ein unvollständiges Subjekt des Mangels oder des Überschusses ist (vgl. Kapitel III.), das sich nur im Bezug zum Anderen konstituiert, muss es seinen Mangel stets durch Selbstwiederholung supplementieren. Durch Zitieren von Normen (zum Beispiel der Norm, dass es nur zwei Geschlechter gibt) generiert sich das geschlechtliche Subjekt von Moment zu Moment. Dieses Zitieren impliziert jedoch, dass das Scheitern einer Identität konstitutiv in diese Identität eingeschlossen ist: Die Identität ist niemals geschlossen und kann deswegen im Zuge der performativen Iteration auch ganz anders zitiert werden. Im Verlauf des Zitierens und der damit einhergehenden Identifikation bzw. Deidentifikation (vgl. Kapitel III.) kann sich Politik instituieren. Eine Subversion der diskursiven Strukturen und der Subjektpositionen ist durch die Möglichkeit des falschen Zitierens bzw. der Resignifizierung der Normen und durch das konstitutive, verworfene Außen jeder Identität möglich. Politisches Handeln bedeutet nach Butler, mit dem vorangegangenen Kontext zu brechen und ihn *anders* fortzuführen, um neue Kontexte und Bedeutungen zu schaffen. Die Kontexte existieren aufgrund der Praxis des Zitierens und Artikulierens. Ihre Autorität bekommen sie nicht durch einen natürlich begründbaren Ursprungsort, sondern die Autorität eines Kontextes konstituiert sich vermittels des unendlichen Aufschiebens der Autorität auf eine »uneinholbare Vergangenheit« (Butler 1994, 122); das heißt, sie

---

6 Zur Identifiaktion und Verwerfung von sexuellen Identitäten vgl. auch Kapitel V.

legitimiert sich durch einen Hinweis auf einen Grund – im Geschlechterdiskurs auf den Grund einer biologischen Tatsache –, der räumlich und zeitlich niemals eingeholt werden kann[7], weil es keinen Ort vor dem Zitieren gibt.

Nach der Darstellung der Butler'schen Theorie geht es im Folgenden darum, die Kritik bezüglich ihrer Materialitäts- und Körperauffassung darzustellen. Gerade das Insistieren Butlers darauf, die Körperlichkeit als etwas sprachlich Konstruiertes zu begreifen, sorgte nach dem Erscheinen von »Das Unbehagen der Geschlechter« für eine breite und kritische Resonanz. Im Vordergrund des nächsten Abschnitts steht vor allem die Kritik von Andrea Maihofer. Nach der Besprechung der Kritik an Butler soll Lévinas' und Derridas Sichtweise auf die Kategorien »Frau« und »Weiblichkeit« skizziert werden. Im Mittelpunkt des Erkenntnisinteresses steht die Frage, wie Lévinas und Derrida Geschlechtlichkeit thematisieren und wie sich ihr Denken der Geschlechtlichkeit zu einem dekonstruktivistischen Feminismus verhält. Daraufhin kann in einem weiteren Abschnitt ausgeführt werden, wie die Trennung zwischen *Sagen* und *Gesagtem* anhand der Performativität sowohl hinsichtlich der Subjektkonstitution als auch des politischen Handelns in ihrem Wechselverhältnis näher bestimmt werden können. Die Fragen werden sein: Kann es eine Ethik der Performativität geben? Wie kann die Trennung zwischen *Sagen*, das allen Performativen implizit ist und zwischen *Gesagtem*, das ein bestimmtes sozio-kulturelles Performativ ausdrückt, im Anschluss an Butler und Lévinas ethisch-politisch gedeutet und umgesetzt werden? Wie lässt sich das Verhältnis zwischen post-dekonstruktivem Subjekt und der von Butler beschriebenen Subjektkonstitution denken?

1.2. Konstruktion, Körper: Fiktion oder Materialisierung?

Ein häufig kritisierter Aspekt der Butler'schen Theorie bezieht sich auf die Körperlichkeit und Materialität. Weitere betreffen die Subjektauffassung und die Frage der politischen Handlungsfähigkeit. Dabei wird bei den letztgenannten Kritikpunkten die Frage aufgeworfen, ob nicht die Auffassung eines vom Diskurs konstituierten Subjekts die Praktiken der Selbst-Konstitution sowie die Möglichkeiten politischen Handelns absolut untergräbt. Da beide Aspekte im Kapitel zur Performativität eine zentrale Rolle spielen, sei an dieser Stelle darauf hingewiesen, dass Butlers Ansatz folgendermaßen eine Selbst-Konstitution des Subjekts zu denken vermag: Dieses konstituiert sich im Hinblick auf die diskursiven Formationen und erhält seine Eigenleistung gerade von den Brüchen und Rissen der notwendigen,

---

7 Vgl. auch Derrida (1991).

ständig wiederholbaren Praktiken der Diskurse. Zwar wird von Butler ein voluntaristisches Subjekt verabschiedet, aber nicht das Subjekt, das ausgehend von den Diskursen und ihrem konstitutiven Außen *passiv* entscheidet (vgl. Kapitel III.). Dass dabei der Andere eine besondere Rolle inne hat, soll hierbei noch deutlich werden. Auch die politische Handlungsfähigkeit wird von Butler nicht aufgegeben, sondern in einer Politik der Performativität neu verortet.

Nach diesem Verweis soll auf die Frage nach dem Status der Materialität bei Butler eingegangen werden. Vor allem die Kritik von Andrea Maihofer ist hierbei interessant (vgl. Maihofer 1994). Ihre Position stimmt mit der Butler'schen insofern überein, als dass sie den geschlechtlichen Körper (*sex*) ebenso als ein gesellschaftliches Konstrukt denkt (vgl. Maihofer 1994, 176). Nach Maihofer wird mit dem herrschenden Geschlechterdiskurs und den verschiedenen, daran anknüpfenden diskursiven Formationen wie der Biologie, der Medizin oder der Psychiatrie sowohl die Rede über den Körper als auch seine Wahrnehmung konstituiert. Aufgrund dieser Konstituierungen werden in normalisierenden Identifizierungsprozessen bestimmten körperlichen Merkmalen eine geschlechtliche Bedeutung zugewiesen und anderen Merkmalen nicht; in diesen diskursiven Formationen und Praktiken wird der geschlechtliche Körper selbst konstituiert (vgl. Maihofer 1994, 176). Die materielle Wahrnehmung, das unterschiedliche Erleben und Empfinden von Körperteilen ist ihr zufolge das Ergebnis langer, komplexer sozio-kultureller Prozesse. Die Gesellschaftlichkeit des Körpers vermittelt die Wahrnehmung des Körpers, das heißt die materielle Realität von Körpergrenzen, des Innen und Außen von Körpern. Insgesamt bedeutet dies, dass sowohl die Erfahrungen als auch das Verständnis von Körpern diskursiv konstituiert sind und nur mit diskursiven, historisch und sozial entstandenen Mitteln ausgedrückt werden können.

Maihofer zufolge kann zwischen zwei theoretischen Strängen unterschieden werden: Der eine Strang versteht die *leibliche Erfahrung* als passive, wobei diese leibliche Erfahrung nicht als gelebte, sondern als erlittene Praxis begriffen wird. Der andere theoretische Ausgangspunkt begreift die sozio-kulturelle Konstruktion des Körpers als *fiktionalen Effekt* (vgl. Maihofer 1994, 177). Das Verständnis von Körper ist nach letzterer Ansicht im strengen Sinne fiktional, illusionär und imaginär: Außerhalb der symbolischen Ordnung kann nichts über ihn gesagt werden. Die zweite Position schreibt Maihofer Butler zu (vgl. Butler 1991, 190ff). Die Problematik, auf die Maihofer aufmerksam machen will, liegt nicht in der Perspektive des Butler'schen Ansatzes, den geschlechtlichen Körper als gesellschaftlich entstanden und als »gelebte Materialität« zu begreifen, sondern darin, dass »die Erkenntnis der Unmöglichkeit, etwas über den geschlechtlichen Körper außerhalb seiner gesellschaftlichen Konstituiertheit zu sagen, *als empirische Aussage genommen und ontologisch verabsolutiert wird.*« (Maihofer 1994, 177) Diese

Ontologisierung führt zu der Annahme, dass der Körper schlechthin nichts anderes *ist* als eine Oberfläche oder eine Fiktion. Ferner werde in einem weiteren Schritt das Imaginäre als *real* erklärt. Maihofer dekonstruiert sozusagen Butler, indem sie aufzeigt, wie Butlers Annahme eines konstruierten Charakters von Geschlecht an der Realität und als real erlebten Körpererfahrungen vorbei geht.

»Das heißt, weil das Verhältnis zu geschlechtlichen Körper immer fiktional ist, *gilt* nun beispielsweise bei Judith Butler der geschlechtliche Körper bzw. ›Geschlecht‹ überhaupt in Wirklichkeit *nur* als eine Fiktion oder Illusion. [...] Spätestens hier gerät die zwar historisch entstandene, aber doch gelebte Materialität des geschlechtlichen Körpers vollends aus dem Blick und ›Geschlechtlichkeit‹ wird auf ein bloßes Bewußtseinsphänomen oder manchmal gar – in ideologiekritischer Perspektive – auf ein *falsches* Bewußtsein bzw. ›kulturell produziertes Mißverständnis‹ reduziert.« (Maihofer 1994, 178f)

Andrea Maihofer geht es in der Entwicklung ihres eigenen Ansatzes darum, Geschlecht als eine historisch bestimmte, gesellschaftlich-kulturelle Existenzweise zu verstehen (vgl. Maihofer 1994, 180). Geschlecht ist demnach sowohl ein kulturelles, psychisches und Bewusstseinsphänomen als auch eine Weise, körperlich oder materiell zu existieren.[8] Ihr Ansatz ermöglicht es, die verschiedenen erlebbaren Aspekte, geschlechtlich zu sein, zu erfassen und die jeweils eigene Logik, die Geschlechtskörper innerhalb eines Individuums haben können, zu berücksichtigen. Geschlecht wird in dieser Perspektive als ein langwieriger soziokultureller Prozess gesehen, der sowohl Denk- und Wahrnehmungsschemata als auch verschiedene Körperpraktiken umfasst. Geschlechtliche Körper sind ein Ergebnis fortwährender Körpertrainings, Einübungen von Gesten und eines körperlichen *Habitus*. Dies bedeutet, dass Frau- oder Mann-Sein sich nicht nur durch Denk- und Gefühlspraktiken, sondern auch durch körperliche Praktiken reproduziert und konstituiert werden. Insofern können aber auch gelebte Körperpraxen, zum Beispiel mittels *cross-dressing*, die Auffassung eines stabilen geschlechtlichen Körpers durch eine inszenierte Geschlechtlichkeit verwirren (vgl. Maihofer 1994, 182).

In ihrer Argumentation, die *gelebten* Existenzweisen von Geschlecht hervorzuheben und die »ontologisierte Fiktion« von Geschlecht bei Butler zu kritisieren, bezieht sich Maihofer auf Butlers Buch »Das Unbehagen der Geschlechter«. Maihofers Kritik ist insofern berechtigt, als dass sie darauf aufmerksam macht, den geschlechtlichen Körper nicht nur als Fiktion, sondern als *real erlebte und gelebte Existenzweise* zu betrachten; das heißt zum Einen, dass sich Subjekte nur dann

---

8 Mit dem Begriff der Existenzweise knüpft Maihofer an »Althussers Versuch an, gegenüber der verkürzenden Vorstellung von Ideologie als lediglich falschem Bewußtsein auf die ›materielle Existenz‹ von Ideologie zu verweisen. Dabei ging es zum einen darum, daß hegemoniale Bewußtseinsformen, wie zum Beispiel die Idee der Gleichheit, materiell existieren: in gesellschaftlichen Institutionen, Verhältnissen, Verfahrensweisen, in unseren Körpern etc. Insofern sind sie also keineswegs eine bloße Idee oder Bewußtseinsform.« (Maihofer 1992, 100)

als soziale Wesen begreifen, wenn sie sich innerhalb der vorgegeben diskursiven Formationen positionieren; und zum Anderen bedeutet dies, dass die vom Diskurs an*gebot*enen Existenzweisen auch Erfahrungen zeitigen können, die (als) »real« gelebt werden, wie zum Beispiel Schmerz- oder Hungererfahrungen.[9] Gerade wegen der real erlebten Existenzweisen von Geschlecht werden auch empirische sozialwissenschaftliche Untersuchungen gebraucht, die diese realen Erlebnisse in den gesellschaftlichen Insitutionen untersuchen. Eine poststrukturalistische Sozialwissenschaft verweist dabei auf den brüchigen Charakter von identitätslogischen Kategorien, die empirischen Forschungsdesigns zuweilen zu Grunde liegen.

Maihofers Kritik bezüglich des rein fiktionalen Charakters der Geschlechtsauffassung blieb nicht ohne Resonanz. Judith Butler selbst versucht in ihrem Buch »Körper von Gewicht« (Butler 1997*b*) – das als Antwort auf verschiedene Kritiken gelesen werden kann – ihre Position näher zu bestimmen und die »Herausforderung« Maihofers ernst zu nehmen (vgl. Butler 1997*b*, 11). Im Unterschied zu »Das Unbehagen der Geschlechter« rückt die Analyse von Materialisierungen des Geschlechtskörpers in den Mittelpunkt der Butler'schen Betrachtung. Kann mittels der ritualisierten Wiederholungen die produktiven Wirkungen von Geschlechtsnormen für das soziale Geschlecht sowie für die Materialität des biologischen Geschlechts beschrieben werden? Ist die Materialität des scheinbar biologischen Geschlechts durch ritualisierte Wiederholungen der Normen konstituiert?

»Denn ganz sicher ist es so, daß Körper leben und sterben, essen und schlafen, Schmerz empfinden und Freude verspüren, Krankheit und Gewalt erleiden, und diese ›Tatsachen‹, so könnte man skeptisch erklären, können nicht als bloße Konstruktion abgetan werden. Sicherlich muß es eine Art Notwendigkeit geben, die mit diesen primären und unwiderlegbaren Erfahrungen einhergeht. Dies steht außer Frage. Aber die Unwiderlegbarkeit der Erfahrungen besagt keineswegs, was es bedeutet, Erfahrungen zu bestätigen, und mit welchen diskursiven Mitteln dies zu erfolgen hat. Warum wird übrigens dasjenige, was konstruiert ist, als ein artifizielles und entbehrliches Charakteristikum aufgefaßt? Wie sollen wir es mit Konstruktionen halten, ohne die wir überhaupt nicht in der Lage wären zu denken, zu leben Sinn zu machen, jene Konstruktionen, die für uns eine Art Notwendigkeit erlangt haben?« (Butler 1997*b*, 15f)

Es geht Butler darum, die Spuren der ganz Anderen zu beachten, die nicht mehr in den Sinnhorizont dessen eingeordnet werden können, was sich als denkbare Körper entziffert; mit den Worten Berger und Luckmanns: Der theoretische Blick rich-

---

9 Dies bedeutet nach Maihofer – wie für Butler – jedoch keine Handlungsunfähigkeit der Subjekte: »Warum wird – trotz vieler gegenteiliger Aussagen – immer wieder unterstellt, die Vorstellung, Individuen seien gesellschaftlich bedingt, impliziere Handlungsunfähigkeit? Darf etwa nur dann von Handlungsfähigkeit gesprochen werden, wenn dies in einem idealistischen Sinne als Autonomie verstanden wird? Meiner Meinung nach haben Individuen, auch wenn sie gesellschaftlich-kulturell konstituiert sind, Interessen, Intentionen, die sie in ihren Handlungen verfolgen bzw. aus denen heraus sie handeln, ohne daß sie zugleich *alleiniger* Autor ihrer Handlungen sind.« (Maihofer 1992, 101)

tet sich ausgehend von den »Alltagswirklichkeiten« und alltäglichen Vorstellungen des Körpers hin zu den »heulenden Gespenstern der anderen, der Nachtwirklichkeit [...].« (Berger und Luckmann 1990, 105) Dabei muss jedoch auch auf die realitätskonstituierenden Vermittlungen jenseits der Alltagswelt geschaut werden, wie beispielsweise auf die gesellschaftliche Produktionsverhältnisse oder unbewusste Prozesse der konstitutierten Subjekte (vgl. Krüger 1981, 112ff), um folgenden Fragen allgemein näher zu kommen: Wie konstituieren sich ›notwendige‹ Körper indem sie einen anderen Bereich von Körpern undenkbar und damit logisch unmöglich machen? Wie kann man sich theoretisch dem annähern, was sich nicht mehr in der Möglichkeit des Denkbaren und eines bestehenden Sinnsystems einschreiben lässt? Um sich diesen Fragen zu stellen, reicht es nach Butler nicht aus, lediglich von einem diskursiven Geschlecht auszugehen. Denn die Auffassung, das biologische Geschlecht sei durch die Geschlechtsidentität kulturell-diskursiv konstruiert, erklärt nicht, wie die Materialität des biologischen Geschlechts »zwangsweise« erzeugt wird (vgl. Butler 1997*b*, 16). Wie werden Körper als sexuierte Körper materialisiert? Wie kann man die Materie des biologischen Geschlechts sowie von Körpern allgemein als eine ständig wiederholte Eingrenzung des kulturell Denkbaren verstehen? Butler fragt sich: »Welchen Körpern wird Gewicht beigemessen – und warum?« (Butler 1997*b*, 17)

In ihrer Argumentation bezieht sich Butler wiederum auf Michel Foucault. Im Anschluss an Foucault geht sie davon aus, dass die Annahme und Funktion einer sexuellen Differenz nicht von diskursiven Formationen zu trennen sei, denn die Kategorie ›sex‹ ist schon immer normativ aufgeladen; sie ist ein »regulierendes Ideal« (vgl. Butler 1997*b*, 21). Demnach stellt sich das biologische Geschlecht nicht nur als eine Norm dar, sondern auch als ein Teil einer regulierenden *Praxis*; das heißt, das biologische Geschlecht ist ein regulierendes Ideal, das sich historisch und kulturell im Sinne produktiver Macht erzeugt hat. Die von den Diskursen erzeugten Vorstellungen von Körpern erzeugen *und* kontrollieren die Körper gleichzeitig. Hier können zum Verständnis des Sachverhalts Foucaults Untersuchungen aus »Überwachen und Strafen« herangezogen werden. Dort verfolgt Foucault die These, dass durch die Entstehung der Gefängnisse und ihrer Gesetzmäßigkeiten der unintendierte Effekt der Deliquenz erzeugt wurde (vgl. Foucault 1977*a*). Die diskursiven Gesetze dessen, was als Körper gilt oder zu gelten hat, produzieren auch die von diesem Gesetz zu kontrollierenden Körper, um sie abzugrenzen, zu differenzieren und zirkulieren zu lassen. Das, was benannt, angerufen oder zur genaueren Beschreibung kategorisiert und schematisiert wird, gelangt so erst zu seiner sozialen und erlebbbaren Existenz. Bei einer ärztlichen Anrufung (Interpellation) zum Beispiel wechselt das Baby vom »es« zu einem »er« oder »sie«. Kraft dieser Benennung wird zum Beispiel das Mädchen »mädchenhaft« gemacht, wodurch es auch mittels der Anrufung des sozialen Geschlechts in den Bereich von Verwandtschaft und Sprache gebracht wird. Dieses »Mädchen-Sein« ist jedoch nach der begründenden oder »legitimierenden« (vgl. Berger und Luckmann 1990, 98ff) Anrufung nicht beendet, sondern diese Anrufung wird von den verschiedensten Seiten und Autoritäten über die Zeit hinweg stets wiederholt und performativ eingesetzt, wobei sich der Anschein der Natürlichkeit verstärkt und sich in jeder Wiederholung zu einer sozialen und alltäglichen Gewissheit sedimentiert.[10] Die Anrufung instituiert nach Butler sowohl eine Grenze als auch eine Wiederholung der Norm.[11] Dies bedeutet, dass die Norm von ihrer permanenten Aktualisierung, Wiederholung und Zitierung funktional abhängig ist. »Der Prozess jener Sedimentierung oder das, was wir auch *Materialität* nennen können, wird eine Art Zitatförmigkeit sein, ein Erlangen des Daseins durch Zitieren von Macht, ein Zitieren, das in der Formierung des ›Ich‹ ein ursprüngliches Komplizentum mit der Macht herstellt.« (Butler 1997*b*, 39)

Das biologische Geschlecht wird von Butler als ein regulierendes Ideal aufgefasst, zu dessen Materialisierung es durch regulierte, wiederholende (körperliche) Praktiken kommt: Das Konstrukt *sex* materialisiert sich in der Zeit. Das heißt, es ist nicht eine absolute oder statische Tatsache, sondern einem Materialisierungs*prozess* unterworfen, der durch regulierende Normen und deren ständige Wiederholung seine Antriebskraft erhält. Diese Wiederholung ist insofern notwendig, als dass der Materialisierungsprozess nie zu einem Ende kommt, sich die Körper nie völlig den regulierenden Normen fügen und – wie jeder Prozess im Unterschied zu einem Zustand – durch Instabilitäten heimgesucht werden kann (vgl. Butler 1997*b*, 21). Dabei können Veränderungen und Instabilitäten nicht nur durch den generativen Prozess des Alterns hervortreten, sondern durch die soziokulturellen, historischen Vorgaben dessen, was als Körper gedacht wird und was nicht.[12]

Die notwendige Wiederholung ist mit der Performativität verbunden. Die Performativität ist nicht als einzelner oder intendierter Akt des Subjekts zu verstehen, sondern als wiederholende, iterative Praxis, mittels derer die diskursive Formation die Wirkung produziert, die sie benennt – wie im Falle der Deliquenz bei Foucault. Nach Butler sind es die regulierenden, diskursiv entstandenen Normen des historisch generierten Körperverständnisses, die performativ die Materialität und Erfahrbarkeit des Körpers konstituieren und »das biologische Geschlecht des

---

10 Zum Prozess der Sedimentierung vgl. Berger und Luckmann (1990, 72ff).
11 Das angeführte Beispiel findet sich bei Butler (1997*b*, 29).
12 Die Untersuchung über Hermaphroditismus von Seiten der Ethnomethodologie könnte beispielsweise einen Versuch darstellen, diese Vorgaben zu lockern bzw. zu erweitern. Ferner sind Kulturen oder esoterische Kreise bekannt, die auch die sogenannte »Aura« zum Körper gehörig betrachten.

Körpers, die sexuelle Differenz im Dienste der Konsolidierung des heterosexuellen Imperativs materialisieren.« (Butler 1997b, 22) Bezüglich der als real erlebten Existenzweisen und körperlichen Praxen bedeutet dies: Die Körper, deren Bewegungen und Gefühlsempfindungen sind materiell und werden sowohl erlebt als auch aktiv gelebt. Aber, so fügt Butler hinzu, diese Materialität und wie sie erfahren wird, ist eine Wirkung von Macht (juridisch, produktiv und regulativ). Butler versteht somit den Körper nicht als Fiktion und begreift die soziale Geschlechtsidentität nicht als eine Oberfläche, die dem Körper auferlegt ist (vgl. Butler 1997b, 22). Ihr zufolge ist das biologische Geschlecht selbst in seiner Normativität zu erfassen und die Materialität des Körpers im Zusammenhang mit der Materialisierung von regulierenden Normen zu denken:

»Das ›biologische Geschlecht‹ ist demnach nicht einfach etwas, was man hat, oder eine statische Beschreibung dessen, was man ist: Es wird eine derjenigen Normen sein, durch die ›man‹ überhaupt erst lebensfähig wird, dasjenige, was einen Körper für ein Leben im Bereich kultureller Intelligibilität qualifiziert.« (Butler 1997b, 22)

Dabei stellt das biologische Geschlecht nicht die einzige Norm dar, mittels derer sich Körper materialisieren.[13] Vielmehr ist eine Materialisierung auch abhängig von anderen normativen Anforderungen wie zum Beispiel der regulierenden Norm dessen, was als Rasse oder kulturelle Eigenheit gedacht und gelebt wird (vgl. Butler 1997b, 335).

Die regulierende Norm vom »biologischen Geschlecht« ist nicht nur als auferlegte Verhaltenanweisung, sondern auch unmittelbar als ein Modus der Vergesellschaftung und der Selbstkonstituierung zu begreifen. Die Normen stellen das Terrain dar, auf dem sich die Subjekte konstruieren und modifizieren; das heißt, die Normen stehen in Wechselwirkung zu den Selbsttechnologien der Subjekte, denn die Subjekte können sich nur im Bereich des Denkbaren konstituieren (vgl. Bröckling et al. 2000, 29). Die Annahme einer körperlichen Norm geschieht demnach nicht ausgehend von einem bestehenden Subjekt, sondern das Subjekt bildet sich erst durch den Prozess der Annahme und Verinnerlichung eines Geschlechts. Dieser Prozess ist – wie in Kapitel III. beschrieben – derjenige der »Identifizierung in einem *Schon-Gesagten*« (Lévinas 1992a, 93) und der vom konstitutiven Außen bewirkten De-Identifizierung. Die Identifizierung ist mit den Mitteln verwoben,

»[...] durch die der heterosexuelle Imperativ bestimmte sexuierte Identifizierungen ermöglicht und andere Identifizierungen verwirft und/oder leugnet. Diese Matrix mit Ausschlußcharakter, durch die

---

13 Ein anderer Ansatz im feministischen Diskurs, der die Grenzen zwischen Materiellem und Immateriellem verschiebt ist derjenige der Wissenschaftshistorikerin und Biologin Donna Haraway. Vgl. Haraway (1991). Auf Haraway soll hier jedoch nicht weiter eingegangen werden, denn erstens würde dies den Rahmen der vorliegenden Arbeit sprengen und zweitens ist sie nicht umstandslos in eine Reihe poststrukturalistischer Sozialtheorien einzureihen.

Subjekte gebildet werden, verlangt somit gleichzeitig, einen Bereich verworfener Wesen hervorzubringen, die noch nicht ›Subjekte‹ sind, sondern das konstitutive Außen zum Bereich des Subjekts abgeben. Das Verworfene bezeichnet hier genau jene ›nicht-lebbaren‹ und ›unbewohnbaren‹ Zonen des sozialen Lebens, die dennoch dicht bevölkert sind von denjenigen, die nicht den Status des Subjekts genießen, deren Leben im Zeichen des ›Nicht-Lebbaren‹ jedoch benötigt wird, um den Bereich des Subjeks einzugrenzen. [...] In diesem Sinne ist also das Subjekt durch die Kraft des Ausschlusses und Verwerflichmachens konstituiert, durch etwas, was dem Subjekt ein konstitutives Außen verschafft, ein verwerfliches Außen, das im Grunde genommen ›innerhalb‹ des Subjekts liegt, als dessen eigene fundierende Zurückweisung.« (Butler 1997*b*, 23)

Das Andere im Subjekt, das dieses Andere als Supplement benötigt, wird bei jeder Identifizierung, die in den Normen der sozialen Ordnung verbleibt, zurückgewiesen. Das Subjekt ist nicht einfach erst da und verinnerlicht dann qua Sozialisation in einem weiteren Schritt die sozialen Normen, sondern das Subjekt wird erst vielmehr durch soziale Normen und deren Außen gebildet; es ist aufgrund dieses Außen/*Anderen in mir* mehr als seine konstitutiven Bedingungen. Das Subjekt muss sich mit den diskursiven Normen identifizieren, um zu sein, kann dies jedoch nur unter Verleugnung des Anderen, des Außens der normativen Ordnung. Butler behauptet in einem weiteren Schritt ihrer Argumentation, dass die Materialisierung zu einem biologischen Geschlecht hauptsächlich die Regulierung der identifikatorischen Praxis betrifft, insofern eine Identifizierung mit dem verworfenen Anderen stets geleugnet wird. Das Subjekt kann sich nur als etwas Selbst-Präsentes und Sich-selbst-Begründetes begreifen, wenn es die Beziehung zum Anderen abstreitet. Eigentlich wäre der absolute Ausschluss des Anderen der Selbstmord des Subjekts.

Butlers politisches Ziel liegt darin, die Beziehung zum Anderen, die ein Subjekt und eine Identität ermöglicht, offen zu legen und als Bedingung für Intelligibilität zu erfassen sowie zum Ort politischer Veränderung zu machen: Die Instabilitäten (die notwendige Beziehung zum konstitutiven Außen) der Kategorien des biologischen Geschlechts sollen aufgedeckt werden. Dazu ist ihrer Meinung nach nicht eine Kultivierung der Identifikationen von Nutzen, sondern es sind die konstitutiven Momente der *Desidentifizierung*, die eine demokratische Auseinandersetzung neu artikulieren können. Dies bedeutet, dass »gerade mit Hilfe von Praktiken, die Desidentifizierung mit jenen regulierenden Normen hervorheben, durch die die sexuelle Differenz materialisiert wird, sowohl feministische als auch *queer*-Politik mobilisiert wird.« (Butler 1997*b*, 24) Man könnte diese ethisch-politische Bewegung (sofern ethisch im Sinne Lévinas gedacht wird) als eine *spektrale Politik* bezeichnen, weil sie von den »Gespenstern« (Butler 1997*b*, 23) ausgeht, das heißt dem nicht-assimilierbaren Rest, der in der Identifizierung das konstitutive Außen bildet.[14] Die Desidentifizierungen bzw. die passiven Entscheidungen im

---

14 Diese Politik schreibt sich in das ein, was Jacques Derrida im Zusammenhang mit der Wiederho-

Namen des Anderen (vgl. Kapitel III.) können Neukonzeptionalisierungen zeitigen, die neu darüber verhandeln, welche Körper von Gewicht sind und welche erst noch als Gegenstände der Reflexion erscheinen müssen (vgl. Butler 1997b, 24). Die »spektrale Politik« schöpft ihre Handlungsmöglichkeit aus der permanenten wiederholenden und reartikulierenden Praxis, die Materialisierungen und Normen »richtig« oder »falsch« zitieren kann. Die Handlungsfähigkeit, die in dieser Performativität oder wiederholenden, iterativen Praxis liegt, ist keine, die von außen gegen die Normen Widerstand leistet. Sie ist eine politische Praxis, die sich die Notwendigkeit der Normen, sich performativ wiederholen zu müssen, zu Nutze macht.

Zusammengefasst bedeutet dies: Judith Butler greift in ihrem Buch »Körper von Gewicht« die Frage der gelebten Materialität auf. Im Gegensatz zu »Das Unbehagen der Geschlechter« wird der geschlechtliche Körper nicht als Fiktion gedacht, sondern als diskursive und historische Materialisierung, die real erfahrbare und gelebte Körperpraxen konstruieren kann. Die Prozesse der Materialisierung können nicht von den diskursiv, historisch entstandenen kulturellen Normen getrennt werden.[15] Sowohl die Normen (was als biologisches Geschlecht, als soziales Geschlecht und als sexuelles Begehren gelten darf und was nicht) als auch die Materialisierungen sind nicht statisch, sondern unterliegen den reproduzierenden, reartikulierenden und dynamischen Praxen der Wiederholung bzw. Iterabilität und Performativität. Die Norm »[...] der Heterosexualität wirkt dahingehend, daß es diese ›Materialität‹ des Geschlechts eingrenzt und konturiert, und diese ›Materialität‹ wird durch und als eine Materialisierung regulierender Normen gebildet und aufrechterhalten, wobei diese Normen zum Teil diejenigen der heterosexuellen Hegemonie sind.« (Butler 1997b, 40) Damit sich Normen materialisieren, braucht es Identifizierungsprozesse, durch die Normen angenommen werden, sich Subjekte bilden (vgl. Kapitel III.) und Subjekte »angerufen« werden.[16] Nach Butler gilt es zum einen darüber nachzudenken, wie und warum Körper konstruiert werden *und*, wie und warum Körper *nicht konstruiert* werden; wie Körper, die bei einer Mate-

---

lung und dem Ereignis die »Hantologie« (Derrida 1996b, 27) nennt: die Lehre der Heimsuchung des Anderen, der immer wieder die Selbst-Präsenz heimsuchen wird, der wiederkehrt: ein »Gespenst, dessen erwartete Wiederkehr sich immer aufs neue wiederholt.« (Derrida 1996b, 28)

15 Es kann nach Butler von einer zeitlichen Materialität des Körpers ausgegangen werden – eine These, die *sowohl* an die verkörperte Geschichte des Bourdieu'schen Habitus erinnert, der seine Geschichte als Natur verinnerlicht und seine Geschichtlichkeit vergisst, *als auch* Henri Bergson ins Gedächtnis ruft: Dabei wäre es einerseits interessant, Bergson in die Nähe einer Dekonstruktion der Metaphysik der Präsenz zu rücken (vgl. Bergson 2000, 33) und andererseits, eine sozialwissenschaftliche Reflexion der Bergson'schen Annahmen vorzunehmen, die über diejenige von Alfred Schütz geleistete hinausgeht (vgl. Schütz 1981). Diese »neue« Reflexion, die leider noch aussteht, könnte beispielsweise an der von Butler entwickelten Historisierung des Körpers anknüpfen.

16 Auf die Dimension der Anrufung und ihrer performativen Dimension wird noch eingegangen.

rialisierung versagen, das konstitutive Außen darstellen, das jedoch wesentlich für die Körper ist, die »ins Gewicht fallen.« (Butler 1997b, 40)

Um eine Politik zugunsten der verwerflichen Anderen zu zeitigen, ist es nach Butler nötig, eine Politik der Desidentifizierung zu betreiben. Diese De-Identifikation verortet sich, wie schon in Kapitel III. beschrieben wurde, im Terrain der Unentscheidbarkeit: Da, wo das verworfene Andere die Präsenz einer Struktur heimsucht. Sie macht sich die notwendige iterative und performative Dimension von diksursiven Formationen und Normen zu Nutze, um diese Normen »falsch« zu zitieren. Das falsche Zitieren der Normen kann durch Re-Artikulationen, wie zum Beispiel beim *cross-dressing* erfolgen;[17] Resignifikationen, die mit der Norm spielen, ihren konstruierten Charakter offenlegen und folgende Fragen aufwerfen:

> »Wie stellt diese Materialisierung der Norm mit der körperlichen Formierung einen Bereich verworfener Körper her, ein Feld der Deformation, das in dem Scheitern, sich als das voll und ganz Humane auszuzeichnen, jene regulierenden Normen verstärkt? Stellt dieser ausgeschlossene und verwerfliche Bereich für die symbolische Hegemonie eine Herausforderung dar, die eine grundlegende Reartikulation dessen erzwingen könnte, was Körper als bedeutungsvolle Körper auszeichnet, was Lebensweisen, die als »Leben« zählen, auszeichnet, was die es wert sind, geschützt zu werden, gerettet zu werden, betrauert zu werden?« (Butler 1997b, 40f)[18]

Die Grenzen einer postrukturalistisch-feministischen Sozialtheorie im Besonderen und poststrukturalistischen Sozialwissenschaften im Allgemeinen werden am Beispiel der erlebten Existenzweisen deutlich: Eine postrukturalistische Sozialwissenschaft vermag zwar die »Prämissen« dessen zu denken, wie Materialiserungsprozesse und Erfahrungen gebildet und andere Erfahrungen verworfen werden, aber sie geht weder näher darauf ein, wie diese Prozesse konkret in Insitutionen ablaufen noch vermag sie *bis dato* das zu leisten, was empirische Forschungen reflektieren: Beispielsweise Erkennntnisse darüber, welche widersprüchlichen Erfahrungen »Frauen« »Transsexuelle« oder »Männer« in ihren Lebensphasen erleben, wie Lebensentwürfe und -planungen aussehen oder wie unterschiedlich »Geschlecht« in Ost- oder West-Deutschland bzw. je nach Region real gelebt wird (vgl. dazu Oechsle und Geissler (1998)).

Anders gesagt: Die dekonstruktivistische Erkenntnis über Konstruiertheit von Geschlechtern sollte nicht den Blick darauf verstellen, dass »Geschlecht« real erlebt wird und somit eine sozial evidente Tatsache darstellt. Patriarchale Unterdrückung kann im buchstäblichen Sinne an die »Substanz« gehen. Insofern sind Analysen, die beispielsweise ihren empirischen und erkenntnistheoretischen Blick auf die Ambivalenzen im Geschlechterwandel, auf den alltäglichen Umgang mit erlebten Existenzweisen und die institutionellen Gegebenheiten richten, von ent-

---

17 Vgl. dazu Kapitel IV. 3., Kapitel V. und Butler (1997b, 307ff).
18 Im Gegensatz zu einer praktischen Ethik im Sinne von Peter Singer könnte dies bedeuten, sogenannte behinderte Körper sehr wohl als lebenswert zu erachten.

scheidender Bedeutung, die realen vergeschlechtlichten Existenzweisen insbesondere von »Frauen« zu reflektieren und kurzfristig zu verbessern. Allgemein bedeutet dies, dass poststrukturalistisch-feministische Sozialtheorien mit anderen (feministischen) sozialwissenschaftlichen Analysen in Beziehung treten sollten, sofern sie auch den – als real – erlebten Erfahrungen sozialwissenschaftlich gerecht werden wollen.[19]

2. Anders als der Andere – die Frau

Wie äußern sich Emmanuel Lévinas und Jacques Derrida zur Thematik der Geschlechterdifferenz? Ausgehend von dieser Frage soll die Geschlechterdifferenz sowohl bei Lévinas als auch bei Derrida betrachtet werden. Wie sich zeigen wird, thematisiert Lévinas auf ungewöhnliche Weise die Geschlechterdifferenz, bleibt aber dennoch der Annahme einer Zweitrangigkeit des Weiblichen oder einer Unterordnung der geschlechtlichen Differenz verhaftet (vgl. Derrida 1990a, 73). Kann die Lévinas'sche Ethik für die Butler'schen Analysen und die Dekonstruktion von *sex*, *gender* und Begehren dennoch etwas bieten?

Wie sich im Weiteren zeigen wird, kann anhand der Ethik Lévinas' eine ethische Komponente mit Butlers »Politik der Performativität« verschränkt werden. Diese Verknüpfung ist nicht auf der Lévinas'schen Betrachtungsweise der Geschlechterdifferenz aufgebaut. Denn bei dieser Verknüpfung geht es um die Antwort auf den Anruf des Anderen, der nicht auf *eine* geschlechtliche Bedeutung festgelegt werden kann, sondern diese Identifizierung durch seine Antwort »erschüttert«. Wie die Ausführungen zu Derridas Sichtweise der Geschlechterdifferenz nahelegen, könnte dies weniger zu einer Neutralisierung von Geschlecht führen, sondern vielmehr zu einer sexuellen, geschlechtlichen Multiplizität (vgl. Derrida 1995b, 108).

Zunächst soll Lévinas' Denken des Weiblichen in seinen Grundzügen nachskizziert werden. Im Anschluss daran wird sich wiederum der »chiasmatischen Beziehung« zwischen Derrida und Lévinas zugewendet, insbesondere hinsichtlich der Zweitrangigkeit des Weiblichen bei Lévinas. Denn an diesem Topos zeigt sich, wie die Differenzen zwischen Lévinas und Derrida zu bestimmen sind.

Ferner wird kurz auf die sexuelle Multiplizität im Denken Derridas eingegangen. Es wird deutlich, dass eine Dekonstruktion von *sex*, *gender* und Begehren

---

19 Hinsichtlich des politischen Handelns ergibt sich daraus eine Strategie der »Politik der Ambivalenz«, vgl. Kapitel V.

weder in ein geschlechtliches Nichts oder in einer Aufhebung der Geschlechterdifferen*zen* mündet, noch, dass eine »sexuelle Multiplizität« eine Vervielfältigung geschlossener Geschlechtsidentitäten bedeutet. Vielmehr handelt es sich um eine Bewegung der Verschränkungen und der Streuung (*dissémination*).

In Lévinas' Werk finden sich zahlreiche »Bezüge auf die Geschlechtlichkeit, auf die sexuelle Differenz und die Generativität« (Gürtler 1994, 653).[20] Lévinas ist keineswegs blind gegenüber diesen Thematiken, man könnte sogar sagen, sie bilden für ihn strukturierende Grunderfahrungen menschlichen Daseins (vgl. Gürtler 2001, 13). Derrida macht in seinem ersten Essay über Lévinas (vgl. Derrida 1997*i*) hinsichtlich des Buches »Totalität und Unendlichkeit« (insbesondere im Abschnitt zu »Phänomenologie des Eros« (Lévinas 1987*d*, 372ff)) darauf aufmerksam, dass es »unmöglich erscheint, daß es von einer Frau geschrieben wäre. Sein philosophisches Subjekt ist der Mann (*vir*) [...] Ist diese prinzipielle Unmöglichkeit eines Buches, von einer Frau geschrieben worden zu sein, nicht einzigartig in der Geschichte metaphysischen Schreibens?« (Derrida 1997*i*, 235) Mit der letzten Frage wird impliziert, dass die geschlechtliche Position des Autors mit einer (Tradition der) Neutralität bricht, die auf eine Allgemeinheit des Subjekts abzielt. Während einige männliche Autoren ihren geschlechtsspezifischen Bias vielfach verstellen und dennoch Anspruch auf Allgemeingültigkeit ihrer Aussagen erheben, steht Lévinas zu der geschlechtlichen Markierung, was nach Derrida in der philosophischen Schrift selten genug war (vgl. Derrida 1990*a*, 72).[21] Dadurch macht Lévinas die Verwerfungen, die eine Universalisierung des Autorsubjekts verbirgt, offensichtlich. Mit dieser Positionierung und Auszeichnung der Perspektive verzichtet Lévinas auch auf den Anspruch, die ganze oder »objektive« Wahrheit zu sagen.

Das weibliche Andere wird im Werk »Totalität und Unendlichkeit« insbesondere im Kontext der »Bleibe« und des Wohnens (vgl. Lévinas 1987*d*, 217ff) thematisiert.[22] Dabei wird die »Wohnung« zur Offenbarung des Anderen, wobei dieses Andere die Frau ist: »Und der Andere, dessen Anwesenheit auf diskrete Weise eine Abwesenheit ist, von der aus sich der gastfreundliche Empfang schlechthin, der

---

20 Es ist insbesondere Sabine Gürtler zu verdanken, Lévinas' Denken der Geschlechtlichkeit und Generativität für die Forschung erhellt zu haben. Vgl. Gürtler (1993), Gürtler (1994), Gürtler (1997) und insbesondere Gürtlers instruktive Studie »Elementare Ethik. Alterität, Generativität und Geschlechterverhältnis bei Emmanuel Lévinas« (Gürtler 2001). Zur Weiblichkeit bei Lévinas vgl. auch den dritten Abschnitt von »Re-Reading Levinas: Levinas and the feminine« (Bernasconi und Critchley 1991, 109ff), in dem Beiträge von Luce Irigaray, Catherine Chalier und Tina Chanter zu finden sind. Ferner siehe Sandford (2001).
21 Vgl. auch Gürtler (1993).
22 In dem Beitrag »Das Judentum und das Weibliche« (Lévinas 1992*b*, 42ff) taucht das Weibliche ebenfalls im Zusammenhang mit dem Wohnen auf. Ferner wird die Frau zum Ursprung aller Sanftmut der Erde erklärt (vgl. Lévinas 1992*b*, 46).

das Feld der Intimität beschreibt, vollzieht, ist die Frau. Die Frau ist die Bedingung für die Sammlung, für die Innerlichkeit des Hauses und für das Wohnen.« (Lévinas 1987*d*, 222) Die Frau oder das Weibliche versteht Lévinas jedoch als Metapher (vgl. Lévinas 1987*d*, 226).[23] Mit Weiblichkeit ist hier eine Andersheit gemeint, die nicht die *unendliche Andersheit* bezeichnet, sondern die dem Bereich einer *reziproken* Intersubjektivität angehört. Der gastfreundliche Empfang, der in der Bleibe dem unendlichen Anderen eröffnet wird, ist für Lévinas eine Dimension des Weiblichen. Die weibliche Andere ist nach Lévinas »diskret« und übt ihre Transzendenz, die ansonsten in der Beziehung zum Anderen möglich ist, nicht aus (vgl. Lévinas 1987*d*, 222). Die weibliche Andere gebietet nicht dem »Ich«, ruft es nicht an, sondern sie kommt von der Distanz, der mittelbaren Welt. Diskret ist sie darum in doppelter Hinsicht: Sie ist vom »Ich« getrennt und zurückhaltend. Sie hat die Sprache des Empfangens, des Verstehens ohne Worte (vgl. Lévinas 1987*d*, 222), so dass sich das empfangene »Ich« zu Hause fühlt. Lévinas kennzeichnet die reziproke, zwischenmenschliche Beziehung, die sich in der Sprache und Familiarität des weiblichen Anderen ausdrückt, als die Ich – Du-Beziehung Martin Bubers (vgl. Lévinas 1987*d*, 222). Das weibliche Andere ist als »Du« die Vertraute, die Schwester oder der Bruder.[24] Weil die weiblich Andere die Vertraute ist, kann sie vom ganz Anderen oder vom unendlich Anderen unterschieden werden, der sich dadurch auszeichnet, die vertraute Welt und die Ordnung schlechthin in Frage zu stellen. Allgemein gesagt: Obgleich das Weibliche nicht ausgeschlossen wird, vollzieht sich eine Sekundarisierung des Weiblichen bei Lévinas. Die weibliche Andersheit ist keine unendliche Andersheit. Es stellt sich die Frage, warum Lévinas die vertraute Andersheit und die reziproke Beziehung – im Unterschied zur asymmetrischen Beziehung zum unendlichen Anderen – mit dem, wenn auch metaphorischen – Begriff »Weiblichkeit« in Verbindung setzt, obgleich er sich einer naturalistischen Betrachtungsweise entzieht. Die weibliche Andersheit ist nach Lévinas nicht diejenige, die einen »anruft«. Insofern ist das Weibliche bei Lévinas zweitrangig.

Selbst wenn bei Lévinas mit der weiblichen Andersheit nicht ein Rückgriff auf die *physis* als anatomisch-biologisch angenommene Weiblichkeit[25] und auf

---

23 Inwiefern sich jedoch die Metapher wiederum mit Metaphysik bzw. einem »eigentlichen« Sinn verbinden kann, dazu siehe Derrida (1999*e*, 287ff). Auf die Unentscheidbarkeit oder paradoxe Logik der Metapher macht auch David E. Wellbery (unter Bezug auf Derrida) aufmerksam (vgl. Wellbery 1997).
24 In »Jenseits des Seins oder anders als Sein geschieht« hat sich die Sichtweise dahingehend verändert, als dass dort die Subjektivität, also das »ich« weiblich ist.
25 Darum mag es neben anderen Punkten (vgl. dazu auch Moebius 2001*c*, 88ff) schwer fallen, Lévinas' Ethik mit einer weiblichen Fürsorgeethik im Sinne Carol Gilligans gleichzusetzen, wie dies Dietrich Krauß in seiner Studie »Die Politik der Dekonstruktion« macht (vgl.

ein Seiendes gemeint sein sollte, so stellt sich doch die Frage, warum Lévinas die Metapher des Weiblichen aufnimmt. Und es stellen sich noch weitere Fragen, denen insbesondere Jacques Derrida nachgegangen ist.

In seinem zweiten Aufsatz zu Lévinas versucht Derrida wiederum nicht von außen Kritik zu üben, sondern sucht nach den versteckten Inkonsistenzen bei Lévinas (vgl. Derrida 1990a).[26] Mittels einer »Strategie des Risses«, auf die im folgenden Abschnitt zurückzukommen ist und die Lévinas selbst in »Jenseits des Seins« mittels seines seriellen Stils anwendet, versucht Derrida Lévinas zu lesen (vgl. Derrida 1990a, 57): Im Hohelied, dem Gesang der Gesänge, heißt es: »Ich beschwöre euch, ihr Töchter Jerusalems: wenn ihr meinem Geliebten begegnet, was sollt ihr ihm sagen? – Dass ich krank bin vor Liebe!« (Bibel 1982, 694) Lévinas greift in »Jenseits des Seins oder anders als Sein geschieht« diese Stelle wiederum auf, um auf auf die besondere Beanspruchung des Selben durch den Anderen, die »Besessenheit« durch den Anderen aufmerksam zu machen (vgl. Lévinas 1992a, 311). Lévinas verweist jedoch nicht darauf, dass oben zitierter »Gesang« von einer weiblichen Andersheit vorgetragen wird. Derrida fragt sich, warum Lévinas nicht berücksichtigt, dass dies von einer Frau ausgesprochen wird: »*Il* oder *elle*, er oder sie, wenn die Unterbrechung der Rede erwünscht ist? Ist nicht ›sie‹ es im *Gesang der Gesänge*? Und wer wäre ›elle‹, ›sie‹? Ist das gleichgültig? Wer ist E.L.? Emmanuel Lévinas? Gott?[27] [...] [D]ieser übersetzte und zitierte Satz (in einer Anmerkung zitiert, um den Haupttext daraufhin zu öffnen und dorthin zu verschleppen) entreißt sich dem Munde einer Frau, um dem anderen gegeben zu werden. Warum präzisiert er es nicht in diesem Werk?« (Derrida 1990a, 50f)[28]

Die nächste Frage, die Derrida an Lévinas richtet, betrifft die bedeutende Stellung, die der Vaterschaft und dem Sohn in Lévinas' Werk zukommt. So heißt es zum Beispiel in »Totalität und Unendlichkeit«: »Der Sohn ist nicht nur wie ein Gedicht oder ein Gegenstand mein Werk. Er ist auch nicht mein Eigentum. Weder die Kategorien des Könnens noch die des Wissens beschreiben meine Beziehung zum Kind.« (Lévinas 1987d, 405) Derrida stellt sich die Frage, ob »Sohn« ein anderes Wort für Kind sein soll; warum könnte »Tochter« nicht eine analoge Rolle spielen? Warum benutzt Lévinas den Begriff der Vaterschaft (vgl. Derrida 1990a, 72)?

Krauß 2001, 199). Ebenfalls hat Krauß u.a. nicht Lévinas' Begriffsverschiebung von »Gerechtigkeit«berücksichtigt, so dass seine Studie mit all den in ihr enthaltenen Polemiken zu einer Verzerrung sowohl von Lévinas' als auch Derridas Denken führt. Zur Differenz zwischen Lévinas' Ethik und Gilligans Fürsorgeethik vgl. auch Gürtler (2001, 221).

26 Vgl. auch Kapitel II.4.
27 Wie die Übersetzerin Elisabeth Weber in Fußnote 41 anmerkt, ist E.L. nicht nur homophon mit »elle«, sondern auch mit dem hebräischen El, »Gott«.
28 Allerdings kann man eine Gegenfrage erheben: Ist ›Weiblichkeit‹ bei Lévinas wirklich auf den Referenten ›die Frau‹ zu reduzieren (vgl. Gürtler 2001, 271)?

Und warum den Begriff der Brüderlichkeit?[29] Warum werden immer maskuline Formen herangezogen, um die Beziehung zum Anderen zu beschreiben?[30] Welche unausgesprochenen Annahmen drücken sich in diesen Entscheidungen Lévinas' aus?

Im Weiteren verweist Derrida auf die Texte und Talmud-Lektüren »Und Gott erschuf die Frau« (Lévinas 1998, 121) und »Das Judentum und das Weibliche« (Lévinas 1992*b*, 42). Dort steht im Mittelpunkt die Gleichrangigkeit von Mann und Frau im Bezug zur Zweitrangigkeit des Geschlechts gegenüber der Menschlichkeit und im Folgenden die Zweitrangigkeit der Frau gegenüber dem Mann; im Unterschied zum Menschlichen ist das Geschlechtliche zweitrangig, und im Bezug zum Männlichen das Weibliche, wie Derrida sagt. Nach Derrida scheint Lévinas in der Vorrangstellung des Menschlichen die Andersheit als Geschlechtsunterschied »[...] vernebensächlicht, abgeleitet, den Zug des Geschlechtsunterschieds der Andersheit eines ganz anderen, geschlechtlich nicht Gezeichneten untergeordnet zu haben. [...] Nun, ist der Geschlechtsunterschied einmal untergeordnet, so findet es sich immer, daß der ganz andere, der noch *nicht gezeichnet* ist, sich als *schon* von der Männlichkeit gezeichnet wiederfindet [...]. Eine Operation, deren Logik mir ebenso konstant (letztes Beispiel bis dato, die Freudsche Psychoanalyse und alles, was zu ihr zurückkehrt) wie unlogisch erschienen ist [...].« (Derrida 1990*a*, 72)[31] In der Vorrangstellung der Menschlichkeit wird der Geschlechtsunterschied selbst von Lévinas untergeordnet (vgl. Lévinas 1998, 140). Eine solche nichtdifferenzierte Neutralität verbirgt jedoch nach Derrida stets das Privileg des Männlichen (vgl. Derrida 1988*a*, 24). Er fragt sich: Wird eine solche Zweitrangstellung des geschlechtlichen Anderen nicht zur Herrschaft über die geschlechtliche Differenz (vgl. Derrida 1990*a*, 74)? Schließt Lévinas damit die Geschlechtlichkeit selber wieder in eine Ökonomie des Selben bzw. egologisch ein, da, wo sie aus der Beziehung zum ganz Anderen ausgeschlossen wird? Nur wenn nicht von *zwei* verschieden geschlechtlich markierten Anderen ausgegangen wird, lässt sich eine unendliche Andersheit im Sinne Lévinas denken.

Die Fragen Derridas deuten darauf hin, dass Lévinas' Denken der Weiblichkeit vielleicht auf eine Inkonsistenz in seinem Werk hinweist. Wenn der Andere der ganz Andere ist, so kann er sich nicht nur auf die Erscheinung einer oder von zwei eindeutigen, geschlechtlichen Identitäten reduzieren lassen, die nicht schon mit ihrem Anderen (konstitutiven Außen) verschränkt wären.

Nach Derridas Lektüre des Lévinas'schen Werks stellt sich aber auch der Verdacht ein, dass Derrida selbst von einer zweigeschlechtlichten Ordnung ausgeht,

---

29 Vgl. Derrida (2000*h*, 407).
30 Zum Begriff der Vaterschaft vgl. u.a. Lévinas (1987*d*, 405) und Lévinas (1986*b*, 55f).
31 Hier spielt Derrida auf die Lacan'sche Psychoanalyse und deren »Rückkehr zu Freud« an.

weil er den Geschlechtsunterschied im Verhältnis zur Menschlichkeit bzw. Neutralität hervorhebt. Wie können aber Geschlechtsdifferenzen gedacht werden, ohne sie in einer männlich geprägten Neutralisierung aufzuheben? Welche Perspektive hinsichtlich der Geschlechterdifferenz hat Derrida entwickelt? Wenn der Andere über seine Erscheinung hinaus auf Spuren der Andersheit verweist oder nicht darauf zu reduzieren ist, wie können dann die außer-ordentlichen, zerstreuenden Spuren im Bezug zur Geschlechtlichkeit gedacht werden, ohne dass sie in einer »neutralen« Einheit aufgehoben werden?

Bei Derrida lassen sich zwei Theorien zur Geschlechterdifferenz unterscheiden (vgl. auch Vasterling 1997): Zum einen geht Derrida davon aus, dass es eine Unentscheidbarkeit in der Bedeutung der Geschlechterdifferenz (vgl. Derrida 1978, 84) und eine Unmöglichkeit der Ganzheit zweier Geschlechter (vgl. Derrida 1996a) gibt. Zum anderen spricht er in seinen späteren Texten von einer disseminalen Multiplizität der Geschlechter (vgl. Derrida 1995b, 108). Im Folgenden sollen beide Sichtweisen aufgezeigt werden.[32]

Die Geschlechterdifferenz ist nach Derrida kein unaufhebbarer Unterschied, sondern ein *unentscheidbarer*. Wenn angenommen wird, dass es lediglich zwei unterschiedliche anatomische Körper gibt, so können doch die Bedeutungen, die durch die Differenz gebildet werden, nicht auf die Körper reduziert werden (vgl. Vasterling 1997, 139). So wie das Zeichen seine Bedeutung nicht »an sich« hat, sondern diese nur durch differentielle Ketten bekommt, genauso hat der Körper keine Identität oder Bedeutung in sich oder am Körper. Die Opposition Mann/Frau muss deshalb nicht unbedingt mit sogenannten weiblichen oder männlichen Körpern identifiziert werden. Die Trennung ist deshalb unentscheidbar, weil der Kontext, in dem die Körper eine eindeutige Bedeutung erhalten, selbst keine abgeschlossenen oder absolut bestimmbare Kontexte, sondern diskursive und historisch sind, die auf andere Kontexte und Ränder verweisen. Ferner sind die Oppositionen nicht absolut getrennt, sondern chiasmatisch verschränkt (vgl. Derrida 1996a, 89ff); »Mann« hängt in seiner Bedeutung konstitutiv von der Kategorie »Frau« ab und umgekehrt.

Derrida radikalisiert diese These seines Textes »Die Geschlechterdifferenz lesen« (Derrida 1996a) und versucht die Geschlechterdifferenz im Weiteren seines Denkens nicht auf zwei anatomische Körper zu reduzieren. Die anatomisch-biologische Opposition Mann/Frau ist vielmehr Effekt einer syntaktisch-semantischen Konstruktion, insbesondere wenn sie lediglich auf den genitalen Unterschied reduziert wird. Nach Derrida muss bedacht werden, dass auch andere körperliche

---

32 Zu einer detaillierten Zusammenfassung der Geschlechterdifferenz, der Weiblichkeit und der Mutter bei Derrida vgl. Bennington und Derrida (1994, 210ff). Vgl. aber auch zum Teil Vasterling (1997); auf beide wird im Folgenden neben Derridas Werken selbst teilweise zurückgegriffen.

Zeichen zu sexuellen oder geschlechtlichen Zeichen avancieren können, wie beispielsweise der Geruch, die Stimme, die Blicke etc. »Why is it necessary to chose, and why only these two possibilities, these two ›places‹, assuming that one can really dissociate them?« (Derrida 1995*b*, 101) Anstatt die Geschlechterdifferenz als eine unentscheidbare, chiasmatische, aber noch an zwei angenommene anatomische Körper gebundene Differenz zu denken, kann stattdessen in neueren Werken Derridas von einer differierenden Bewegung (*différance*) und einer Zerstreuung (*dissémination*) gesprochen werden, so dass eine »sexuelle Multiplizität« entstehen kann – eine Multiplizität der Körperzeichen: »I would like to believe in the multiplicity of sexually marked voices. [...] Of course, it is not impossible that desire for a sexuality without number can still protect us, like a dream, from an implacable destiny which immures everything for life in the number 2.« (Derrida 1995*b*, 108) Derrida versucht ein Denken der Geschlechterdifferen*zen* zu ermöglichen, das sich weder auf eine Binarität beschränkt noch die Differenzen neutralisiert, so dass das Männliche wiederum die privilegierte Seite der Binarität wäre (vgl. Derrida 1992*d*, 357). Eine Neutralisierung würde auch der Dekonstruktion widersprechen (vgl. Gasché 1997, 138), weil die Dekonstruktion nicht neutral ist. Denn die »Neutralität ist negativen Wesens (*ne-uter*), sie ist die negative Seite einer Transgression«, wie Derrida in einem Essay über den Soziologen Georges Bataille schreibt (vgl. Derrida 1997*k*, 416).[33] Anstatt also die Geschlechterdifferenzen *aufzuheben* oder zu neutralisieren, geht es der Dekonstruktion in erster Linie um eine Bejahung der Andersheit und Überschreitung der Ordnung. Die Dekonstruktion, so könnte man sagen, »begnügt sich nicht damit, *im Diskurs* die klassischen Gegensätze zu neutralisieren, sie überschreitet in der [...] ›Erfahrung‹ das Gesetz oder die Verbote, die mit dem Diskurs, *und sogar mit der Arbeit der Neutralisierung*, ein System bilden.« (Derrida 1997*k*, 416) Diese Auffassung zur Neutralität steht zunächst im Widerspruch zum einleitenden Zitat dieses Kapitels:

> »Der Zugang zur Würde des Anderen ist der Zugang zur Singularität seiner absoluten Differenz, gewiss, aber das ist nur durch eine *bestimmte Indifferenz*, durch die Neutralisierung der Differenzen möglich (sozial, ökonomisch, ethisch, sexuell, etc.). Indem sie das Wissen und alle objektive Bestimmung übersteigt, erlaubt alleine diese Neutralisierung, zur Würde zu gelangen, d.h. zur Tatsache, dass *jeder* und *jede* ebenso viel Wert ist wie der oder die *andere*, eben jenseits des Wertes: preislos.« (Derrida 1999*c*, 24)

Dieser Widerspruch würde sich jedoch dann auflösen, wenn man die Neutralisierung als *erste* Geste der Dekonstruktion begreifen (vgl. Kapitel II.2.) und die

---

33 Georges Bataille gehört neben Michel Leiris und Roger Caillois zu den Gründern des 1937 aufgebauten *Collège de Sociologie*. In soziologischer Hinsicht kann man sagen, dass hauptsächlich zwei Begriffe von Marcel Mauss für Batailles Werk von Bedeutung sind: Tabu und Potlatsch, insbesondere der Aspekt der Verschwendung der indianischen Tauschzeremonie bzw. des Potlatschs. Vgl. dazu Mauss (1999*a*).

»sexuelle Multiplizität« als die zweite, *verschiebende* Geste erachten würde. Die Neutralisierung ist dann ein erster Schritt, wie explizit im Zitat lesbar, zu einem zweiten Schritt, nämlich dem »Zugang zur absoluten Differenz«. Dies hieße, erst eine gewisse Indifferenz hinsichtlich sozial-differenzierender Kategorien ermöglicht ein Denken der »Non-In-Differenz« bzw. der Singularität des Anderen.

In seinem Text »Geschlecht (Heidegger)« (Derrida 1988a) fragt sich Derrida, ob man das *Dasein* nicht als eine plurale geschlechtliche Differenz denken muss: »Kann man nicht von da an, durch die Zurückführung auf die Zerstreuung und die Mannigfaltigkeit, mit dem Denken einer sexuellen Differenz beginnen (präzisieren wir es: ohne Negativität), welche nicht durch die Zwei besiegelt wäre?« (Derrida 1988a, 42) Eine Zerstreuung der Zeichen, auch der Körperzeichen, führt dahin, dass jede Bedeutungsidentifikation nicht mehr absolut festgelegt werden kann.[34] Ein sprachlicher Code zur Beschreibung von Körpern kann nicht endgültig fixiert werden, da die Bedeutungen in der Sprache fließend sind (vgl. Cornell 1993, 90). Anstelle von zwei Geschlechtern wären demnach unendlich viele und eine Bewegung gegen unendlich möglich, d.h., jede(r) ist ganz anders.[35] Dadurch wird keineswegs – wie bei Lévinas – Geschlechtlichkeit auf Menschlichkeit reduziert oder geleugnet, sondern durch die performative Macht der Sprache können Neuinterpretationen und Veränderungen der derzeitigen Strukturen ermöglicht werden (vgl. Cornell 1993, 91). Derrida spricht in diesem Zusammenhang von einer »neuen Choreographie« unkalkulierbarer Differenzen, »[...] beyond the binary difference that governs the decorum of all codes, beyond the opposition of feminine/masculine, beyond bisexuality as well, beyond homosexuality and heterosexuality which come to the same thing.« (Derrida 1995b, 108)[36]

Für Derrida ist die sexuelle Multiplizität jedoch vorerst nur ein Traum – »But where would the ›dream‹ of the innumerable come from, if it is indeed a dream? Does the dream itself not prove that what is dreamt of must be there in order for it to provide the dream?« (Derrida 1995b, 108) –, der nicht von den derzeit realen Bedingungen, unter denen Frauen leben, absehen kann. Um die gegenwärtigen Verhältnisse »zum Tanzen« zu bringen, ist deswegen nach Derrida eine partielle

---

34 Durch die Syntax werden Bedeutungseffekte erzeugt, die der Einheit einer Bedeutung entwischen.
35 Dies bedeutet keineswegs eine Vervielfältigung geschlossener Geschlechtsidentitäten, sondern dass Identitäten immer auf ein konstitutives Außen verweisen, auf das Andere in ihnen: Eine Bewegung gegen unendlich. Vgl. auch Moebius (2001a, 47).
36 Drucilla Cornell schreibt bezüglich dieser Auffassung: »Derridas Eingriff untergräbt die Geschlechterhierarchie, die uns in zwei ›Geschlechter‹ trennt und uns als Automaten auf die Bühne stellt, dazu bestimmt, unsere Geschlechterrollen auszuagieren. Der Traum einer neuen Choreographie der Geschlechterdifferenz bezieht sich daher nicht nur auf die Möglichkeit von Liebe zwischen Menschen – wie wichtig es auch sein mag, diese Möglichkeit zu sichern. Sobald wir partizipatorische, dialogische Strukturen miteinbeziehen, hat dieser Traum auch mit der Möglichkeit von Demokratie selbst zu tun.« (Cornell 1996, 412)

und zeitweilige Bedeutungsstabilisierung gefordert: »Another trap is more political and can only be avoided by taking account of the *real* conditions in which women's struggles develop on all fronts (economic, ideological, political). These conditions often require the preservation (within longer or shorter phases) of metaphysical presuppositions that one must (and knows already that one must) question in later phase – or an other place – because they belong to the dominant system that one is deconstructing on a *practical* level.« (Derrida 1995b, 97)

Wie kann jedoch politisch auf die »metaphysischen Vorannahmen« (*metaphysical presuppositions*) von angenommenen »natürlichen« Geschlechtern und sexuellen Begehrenspraktiken geantwortet und wie mit ihnen politisch-»praktisch« umgegangen werden, so dass sich vielleicht Bedeutungseinheiten hin zu einer sexuellen, relationalen Multiplizität öffnen? Und in welchem Maße hat dies etwas mit Lévinas'scher Ethik zu tun? Wie kann mit Butler erläutert werden, dass der Andere in erster Linie kein *Was* ist, das ein Substrat mehr oder weniger eindeutiger und vertrauter Bestimmungen wäre, sondern eine »Herausforderung der Antwort« (vgl. Waldenfels 1999, 180)? Kann eine Verbindung zwischen Lévinas, Derrida und Butler bestehen, die sich von folgenden Butler'schen Aussagen speist: »From the start, the ego is other than itself.« (Butler 1997c, 195) »The ego comes into being on the condition of the ›trace‹ of the other, who is, at the moment of emergence, already at a distance.« (Butler 1997c, 196)? Das Ich entsteht unter der Bedingung der »Spur des Anderen», der »trace of the other«.[37] Wo ist hier die Handlungsfähigkeit der Subjekte zu verorten? Wie könnte eine »Strategie der Risse« (Derrida 1990a, 53) aussehen? Im Folgenden wird sowohl die Auffassung der »post-dekonstruktiven Subjektivität« als auch der *passiven Entscheidung des Anderen in mir* aufgegriffen. Die handlungstheoretische Dimension der passiven Entscheidung wird anhand der »Ethik der Performatität erläutert und in einem weiteren Schritt mit der Habituskonzeption von Pierre Bourdieu verschränkt. Wie kann anhand der »Strategie der Risse« (Derrida 1990a, 53), expliziert anhand der Butler'schen Theorie, veränderbares bzw. ereignishaftes Handeln erklärt werden?

---

37 Von hier aus müsste man in einer Relektüre und in einer anderen Studie Butler und Lévinas aus psychoanalytischer Sicht und von einer ›Begehrenstheorie‹ her wieder lesen und könnte viele andere, hier nicht angesprochene Schnittpunkte finden. Ebenso müsste man den Begehrensbegriff von Deleuze (vgl. Deleuze 1996, 20f) dabei berücksichtigen.

3. Anruf, Antwort und Performativität

> »Man muß sich hier darüber einigen, was es mit dem ›Eintreten‹ oder der Ereignishaftigkeit eines Ereignisses auf sich hat, das in seinem angeblich gegenwärtigen und einmaligen Auftreten die Intervention einer Äußerung voraussetzt, die an sich nur eine wiederholende oder zitathafte, oder vielmehr, da diese zwei letzten Wörter Anlaß zur Verwirrung geben, eine iterierbare Struktur haben kann.« (Derrida 1976*d*, 149f)

Butlers neuere Arbeiten wie zum Beispiel »The Psychic Life of Power« (Butler 1997*c*) oder »Haß spricht« (Butler 1998) stellen eine Weiterentwicklung und Vertiefung ihres Denkens dar, das nun den Horizont der Frage nach der Konstituierung der Geschlechter hin zu der Frage nach der Konstituierung von »Rasse« und den Überschneidungen zwischen Geschlecht und Rasse überschreitet. Sowohl die Konstitutierung von rassischen bzw. kulturellen Identitäten als auch die Handlungsmöglichkeiten, die in der performativen Wiederholung erscheinen, können mittels der von ihr entwickelten und auf die Kategorie Geschlecht angewendeten Praxis der Dekonstruktion gedacht werden (vgl. Bell 1999).

In »Psychic Life of Power« geht es um eine Fortführung der Analyse der Formierung des Subjekts als subjektivierende Unterwerfung. Wie kann diese Re-Formierung des Subjekts gedacht werden? Wie kann der ambivalente Effekt von Machtverhältnissen, die das Subjekt hervorbringen und die das Subjekt weiterführt, skizziert werden? Butler verknüpft in diesem Buch Foucault und Freud. Welche psychischen Formen nimmt die Macht an? Wie ist die Psyche selbst ein Ausdruck sozialer Verhältnisse und wie ist selbst das Unbewusste durch Machtverhältnisse bestimmt?

Infolge dieser Fragestellungen konzentriert sich Butler auf das, was vom Bewusstsein verdrängt und verworfen wird, damit das Subjekt sich überhaupt als Ganzes denken und fühlen kann. Wiederum fragt sie nach dem konstituiven Außen, dem Unbewussten, das das Subjekt heimsucht. Das zentrale Topos ihrer Untersuchungen bildet der Freud'sche Begriff der Melancholie, die Wendung des Ichs gegen die eigene Person. Die heterosexuelle Matrix kann sich nur durch die Verwerfung anderer, »unheimlicher« sexueller Begehrenspraktiken und Geschlechterauffassungen behaupten. Damit wird aber das Verworfene gleichzeitig zum Identifizierten, das heißt, das Verworfene ist selbst Voraussetzung der Subjektformation. Auch hier liegt der subversive Akt zur Veränderung der sozialen Verhältnisse in der Iterabilität des Verworfenen, in der Re-Artikulation der gegen das eigene Ich gewendeten Aggressionen.

Die Frage nach der Re-Artikulation steht auch in »Hass spricht« im Mittelpunkt. Das Neue an diesem Buch ist die detaillierte Darstellung des Performativitätskonzepts, das Butler auch auf kulturelle Identitäten ausdehnt und an Beispielen erläutert. Ihre Reformulierung von Performativität geschieht vor dem Hintergrund homophober Ausschlüsse aus dem amerikanischen Militär und der Forderung nach staatlicher Zensur, wie sie beispielsweise Pornographiegegner und -gegnerinnen einfordern. Eine Forderung, die auch zum Instrumentarium konservativer Zensurpolitik amerikanischer Gerichte avancierte. So beschäftigt sich Butler mit aktuellen Gerichtsurteilen, die auf der einen Seite eine starke Zensurpolitik einfordern und andererseits bei rassistischen Übergriffen und sprachlichen Verletzungen (*hate speech*) auf die Meinungsfreiheit pochen; nach Butler ein willkürlicher Gebrauch der staatlichen Definitionsmacht von verletzendem Sprechen (vgl. Butler 1998, 92). Die staatliche Zensur kann von einer politischen Bewegung, wie beispielsweise der *queers*, niemals befürwortet werden, weil dann die radikale Offenheit von zukünftigen Bedeutungen, die sich eine Bewegung zunutze machen kann, radikal unterbunden wird. *Queer* spielt gerade damit, dass es einst als Schimpfwort benutzt wurde. Gemäß Butler kann es von politischem Nutzen sein, wenn der Staat die Definition dessen, was als verletzende Rede (*hate speech*) gilt oder nicht gilt, offen lässt für politische Auseinandersetzungen. Denn wird die staatliche Zensur, zum Beispiel der Pornographie, gefordert, gibt es einerseits keine Möglichkeit der resignifizierenden Rede mehr und andererseits eine Schließung des politischen Feldes, auf dem sich die politischen Gruppen um die Bedeutung von Wörtern und Handlungen streiten können. Dann existiert keine Möglichkeit der iterativen Verschiebung der verletzenden Rede mehr und der leere Ort der Macht wird durch die Definitionsmacht des Staates gefüllt.[38]

»Aber ich denke, daß sich gegen die rituelle Kette des haßerfüllten Sprechens nicht mit Zensur wirkungsvoll vorgehen läßt. *Hate speech* ist wiederholbares Sprechen, und es wird sich so lange weiter wiederholen, wie es haßerfüllt ist. Sein Haß ist eine Funktion der Wiederholbarkeit. Da die Verleumdung immer Zitat ist, da sie sich aus bereits bestehenden sprachlichen Konventionen speist und sich wiederholt und stabilisiert, wenn sie in der Gegenwart wieder aufgerufen wird, muß die Frage sein, ob der Staat diese Praktik der Neuinszenierung aufgreift. Wir fangen an wahrzunehmen, wie der Staat *hate speech* produziert und reproduziert, indem er sie in den Äußerungen homosexueller Identität und homosexuellen Begehrens auffindet, in den bildlichen Darstellungen von Sexualität, von Sexual- und Körperflüssigkeiten, in den vielen Versuchen, die Wirkungskraft sexueller Scham und rassistischer Er-

---

38 Infolge einer willkürlichen staatlichen Handhabung von *hate speech* kann es sogar vorkommen, dass die Verbrennung eine Kreuzes vor dem Haus einer schwarzen Familie als freie Meinungsäußerung gewertet oder die schwarze Familie selbst als Grund von hate speech beurteilt wird (vgl. Butler 1998, 78ff). Die Definition von *hate speech* seitens des Staates muss außerdem nicht die gleiche sein, wie die politischer Bewegungen.

niedrigung im Bild zu wiederholen und zu überwinden. Daß Sprechen eine Form von Handlung ist, bedeutet nicht notwendigerweise, daß es tut, was es sagt [...].« (Butler 1998, 147)[39]

Wurde in »Körper von Gewicht« noch jede Äußerung als performativ begriffen, also als ein Vollzug dessen, was benannt wird, differenziert und reformuliert Butler in »Haß spricht« den Begriff von Performativität. Vor dem Hintergrund der Sprechakttheorie von John L. Austin unterscheidet Butler zwischen dem illokutionären und dem perlokutionären Sprechakt: *Illokutionäre* Sprechakte vollziehen sich mittels Konventionen, wobei die Akte genau in dem Moment das tun, was sie sagen. Wie bei einer Taufe beispielsweise finden Akt und Wirkung gleichzeitig, im selben Augenblick statt. *Perlokutionäre* Sprechakte vollziehen sich hingegen mittels Konsequenzen: Der Sprechakt ruft bestimmte Effekte und Wirkungen hervor, die dem Sprechen nachfolgen und damit nicht völlig vorhergesehen werden können. Die zeitliche Differenz von Sprechen und Wirkung bildet für Butler die Kluft, die eine Handlungsmacht im Sinne eines Gegen-Sprechens und Re-Artikulierens eröffnet. Es besteht eine grundsätzliche Kontingenz der Wirkungsmacht von Sprechhandlungen, denn der Sprechende kann, weil zwischen dem Akt und seinem Effekt Zeit vergeht, niemals wissen, ob der Akt die von ihm ausgesprochenen Wirkungen auslöst oder verfehlt.[40] Dadurch verliert der Sprechende seinen Status als souveränes Subjekt, das seine Handlungen und deren Effekte wirksam kontrollieren könnte.

Die Kritik an einem souveränen Sprecher-Subjekt steht im Mittelpunkt ihrer weiteren Ausführungen. Butler greift dazu auf den ideologietheoretischen Ansatz Althussers zurück. In einem ersten Schritt stellt sie Althussers Bestimmung der Subjektkonstitution, die in der *Interpellation* zustande kommt, der Sprechakttheorie Austins gegenüber. Im Vergleich zeigt sich, dass beide das Glücken eines Sprechakts oder einer Interpellation nicht an das Bewusstsein des Subjekts oder an ein souveränes Subjekt knüpfen. Butler kritisiert jedoch in einem zweiten Schritt, dass beide zu sehr an der Wirkungsmacht von Konventionen und Ritualen festhalten und so nicht die Brüche und Verfehlungen, den Anderen vollständig mit-

---

39 Butler wendet sich beispielsweise in ihrem Buch gegen die Forderung nach einer staatlichen Zensur der Pornographie. Gegen die Feministin Katharine McKinnon, die in den USA für diese Zensur eintritt, wendet Butler ein, dass diese die Differenz zwischen dem pornographischen Bild und der vollzogenen Handlung leugnet. McKinnon gehe davon aus, dass »das Bild in der Pornographie imperativistisch funktioniert; und daß dieser Imperativ das zu verwirklichen vermag, was er befiehlt.« (Butler 1998, 97) Aber, so Butler, das Problem liegt nicht in der Pornographie selbst, sondern in der Gesellschaftsstruktur, in der diese eingebettet ist. Inwieweit kann der pornographische Diskurs nur deshalb verletzen, weil er soziale und historische Konventionen zitiert, die selbst ein Erbe von Zitaten sind? Einfach gesagt: Das pornographische Bild kann nicht als der alleinige Verursacher von verletzender Rede gelten. Allgemein muss noch gesagt werden: In der vorliegenden Arbeit ist vor allem der theoretische Rahmen des Buches »Haß spricht« von Interesse, da eine Aufarbeitung der amerikanischen Jurisprudenz hier nicht geleistet werden kann.
40 Wobei ein Sprechakt nicht zwangsläufig einen Effekt zeitigt; zum Beispiel, wenn niemand zuhört.

tels Interpellation zu konstituieren, berücksichtigen können. Beide beachten nicht, dass die Kontexte der Sprechakte sowohl prozesshaft als auch nicht endgültig geschlossen sind. Austin und Althusser »totalisieren« die rituelle Dimension und die Konventionen, weil diese als absolute Determinanten erscheinen. Aber genau diesen Determinismus gilt es nach Butler mit seinen Brüchen zu konfrontieren, so dass das Moment von Handlungsmöglichkeit mittels Verschiebung anerkannter Bedeutungszusammenhänge erscheinen kann.

Im Folgenden soll es zunächst darum gehen, Butlers Konzept der Performativität und der Interpellation, das sie im Anschluss an Althusser entwickelt, zu beschreiben und mit der Ebene des *Gesagten* in Beziehung zu setzen. Damit kann die permanente Konstiutierung von Subjekten, wie sie im Kapitel zur postdekonstruktiven Subjektivität auf der Ebene des Lévinas'schen *Sagens* entwickelt wurde, insofern weitergeführt werden, als dass der schon immer geschehenen Einschreibung des Subjekts in eine soziale Zeit, einen sozialen Ort, in Sprache und diksursive Strukturen (dem Gesagten) Rechnung getragen wird. Im Anschluss an dieses Kapitel zur »Ethik der Performativität« soll Butlers Mittelweg zwischen Bourdieu und Derrida skizziert werden. Es wird dabei u.a. deutlich werden, wie Butler Handlungsfähigkeit und Verantwortlichkeit auffasst. Insofern versteht sich das folgende Kapitel auch als eine Auseinandersetzung mit der Kritik von Seyla Benhabib, die behauptet: »Mit der Auflösung des Subjekts in eine bloße ›weitere Position in der Sprache‹ verschwinden selbstverständlich auch Konzepte wie Intentionalität, Verantwortlichkeit, Selbstreflexivität und Autonomie.« (Benhabib 1993, 13) Ist das Subjekt in Positionen »aufgelöst«, vermag es nach Benhabib nicht mehr, seine ihm vorausgegangenen Strukturen kreativ zu verändern. Benhabib unterstellt demnach Butler den »Tod des Subjekts« und insofern auch die Unfähigkeit, veränderndes Handeln theoretisieren zu können (vgl. Benhabib 1993, 14f). Tritt Butler wirklich für den »Tod des Subjekts« ein oder sieht sie den »Tod des Subjekts«, die Auflösung des »Ich«, in der Auffassung eines »Ich«, das die *Spur des Anderen* (das-Andere-in-sich) verdrängt hat und somit in seiner *Autonomieerklärung* seine Konstitutionsbedingung vergisst?[41] In Butlers Ausführungen über die »melancholische Einverleibung« in ihrem Buch »The Psychic Life of Power« wird folgendes deutlich: Ein »Ich« kann sich nur unter den Bedingungen einer Spur des Anderen konstituieren. Durch die – lediglich eine Spur zurücklassende – Andersheit wird ein unabschliessbarer Trauerprozess initiiert. Wird dieser Prozess abgeschlossen und die Spur verwischt oder vergessen, hieße dies zwar, die Autonomie des »Ich«

---

41 Hier sei noch einmal auf Derrida verwiesen, der »Vergessen« als Gegenwort (Antonym) zu Gerechtigkeit auffasst; Gerechtigkeit, die über das Recht hinausgeht und Widerstand gegen das Vergessen anderer, Lebender oder Toter (wie beispielsweise Marx (vgl. Derrida 1996*b*)), leistet (vgl. Derrida 1997*a*, 138).

zu akzeptieren, aber diese »autonomische« Loslösung vom Anderen würde zugleich den Tod oder die Auflösung des Subjekts bedeuten, weil es nur vom Anderen her Subjekt ist: »The ego comes into being on the condition of the ›trace‹ of the other, who is, at that moment the emergence, already at a distance. To accept autonomy of the ego is to forget that trace; and to accept that trace is to embark upon a process of mourning that can never be complete, for no final severance could take place without dissolving the ego.« (Butler 1997c, 196)[42]

Die folgenden Ausführungen sollen verdeutlichen, inwiefern ein poststrukturalistisches Denken Handlungsfähigkeit beschreibt. Diese wird jedoch nicht mehr von einem autonomen Subjekt ausgehen, sondern sie wird von einer passiven Entscheidung, einer Antwort auf den Anspruch des Anderen her gedacht.[43] Die Verbindung zwischen Lévinas und Butler zeigt auf, wie eine Zurückweisung des autonomen Subjektstatus' den Moment der Verantwortung hervortreten lässt. Es scheint nämlich, dass Verantwortung gegenüber dem Anderen nur gedacht werden kann, wenn das Subjekt nicht als autonomer, erster Grund gedacht wird. In der Verknüpfung der Theorie Butlers mit Lévinas wird zudem deutlich, dass im politischen Handeln Urteile getroffen werden müssen: »Es ist klar, dass man normative Urteile fällen muß, um politische Ziele zu setzen. Meiner Arbeit geht es in gewisser Weise darum, die Grausamkeiten, durch die Subjekte produziert und differenziert werden, zu entlarven und zu verbessern.« (Butler 1993a, 131f) Eine Verbindung zwischen Lévinas und Butler betont den Aspekt der Verantwortung, der in der Butler'schen Theorie jedoch selten in Erscheinung tritt. Eine Ausnahme, die noch zur Sprache kommen wird, bildet hierbei das Buch »Hass spricht«, in dem Butler die Verantwortung in der Iteration verortet (vgl. Butler 1998, 62). Ansonsten sind ausdrückliche Hinweise zu verantwortlichem Handeln bei Butler selten oder nicht explizit ausgeführt. Im Folgenden wird dem »Ethikdefizit« der Butler'schen Theorie entgegengetreten, indem gezeigt wird, wie performatives Handeln und Ethik im Lévinas'schen Sinne verknüpft werden können. Es wird dargelegt, dass Handlungsfähigkeit und Verantwortung nicht erst einem autonomen und vor-diskursiven Subjekt zugeschrieben werden können, sondern dass Verantwortlichkeit und Handlungsfähigkeit in einer »Ethik der Performativität« zu

---

42 Auch der spätere Freud betrachtet die Trauer für einen im Prinzip nie abschliessbaren Prozess. In diesem Zusammenhang wäre aber auch nach der Singularität der Trauer zu fragen, also danach, ob nicht jede Trauer und jede Form von Trauer immer ganz anders angesichts des Anderen verlaufen muss bzw., ob eine Institutionalisierung der Trauer nicht Gefahr läuft, das Vergessen zu schüren und vor der Erinnerung zu »schützen«. Vgl. in diesem Kontext Derrida (2002b, 9) und die Magisterarbeit von Julia Schäfer, in der die Zwischenposition von Trauer zwischen Norm, Institutionalisierung und singulärem Ausdruck deutlich wird (vgl. Schäfer 2001).
43 Vgl. dazu auch das Schlusskapitel, in dem die handlungstheoretischen Konsequenzen poststrukturalistischen Denkens noch einmal zusammengefasst werden.

verorten sind. Erst im Augenblick des performativen Antwortens entwickelt sich das Subjekt und zugleich Verantwortung – im Bruch im Gesagten.

3.1. Ethik der Performativität

> »Wie wäre es möglich, daß ein Wort verletzend wirkt, wenn es nur *flatus vocis*, leerer Schall, ›nur ein Wort‹ wäre? [...] Die Urfunktion des Wortes besteht nicht im Bezeichnen eines Gegenstandes zur Kommunikation mit dem Anderen, in einem Spiel ohne Folgen, sondern in der Übernahme von Verantwortung jemandem gegenüber.«
> (Lévinas 1993, 39f)

Im Verlauf der vorliegenden Arbeit wurde deutlich, dass die Beziehung zum Anderen durch Sprache vermittelt ist: Sagen und Gesagtes. Das Sagen überschreitet jedoch das Gesagte, weil das Sagen allen performativen *speech acts* implizit ist; es geht nicht in einem Inhalt auf (vgl. Derrida 1997*b*, 39). Das Gesagte stellt dagegen ein *bestimmtes* Performativ dar; es hat einen Inhalt, der von der diskursiven Formation oder dem sozialen und sprachlichen Kontext produziert wird, wobei das Gesagte von der »Signifikantenkette« und seinem Außen abhängig ist, durch die es seine Bedeutung erhält. Nach Lévinas ist das Sagen und das Gesagte korrelativ (vgl. Lévinas 1992*a*, 93ff): Gesagtes gibt es nicht ohne Sagen. Sagen erscheint nur mit/im Gesagtem und kann darüberhinaus, zum Beispiel als Zu-Wendung, dieses Gesagte überschreiten:

»Tatsächlich schlägt Derrida vor, ›Unterbrechungen‹ jene von Levinas gedachten und ins Werk gesetzten Momente zu nennen, in denen der Diskurs, der seine Inhalte oder Themen in der Kontinuität seines Gesagten entfaltet, von jener Dimension des Sagens, der Adresse, durchschnitten oder zerrissen wird, in der er sich dem Anderen öffnet, die Verantwortung für ihn übernimmt und zugleich dem anderen die Verantwortung für sich selbst überträgt. [...] dieses Gesagte [muß] gleichwohl eine Alterität voraussetzen: die Alterität seines Sagens, das es nicht als solches auszusprechen vermag. Einzig diese Alterität ermöglicht die Operationen der Aussöhnung, in denen sich darum eine Spur dessen erhalten muß, was ihnen nicht angehört. Sie müssen einen Rest, eine Asche in sich bergen und verhehlen. Um markiert und remarkiert zu werden, müssen aber diese Unterbrechungen ihrerseits *in* einem Gesagten gesagt werden, das nicht gleichzeitig sein Sagen zu sagen vermag.« (Bennington und Derrida 1994, 311f)

Es gibt demnach eine bestimmte Notwendigkeit einer Kontamination: Auf der einen Seite drückt sich das Sagen vor jeder Thematisierung aus (vgl. Lévinas 1992*a*, 51), gibt Zeichen und ist Antwort ohne bestimmbaren Inhalt – »schon wenn sich der Mund öffnet« (vgl. Derrida 1997*b*, 39). Auf der anderen Seite muss das

Sagen durch das Gesagte hindurch. Das heißt: Wenn die Antwort (als Sagen), die auf den Anruf des Anderen erfolgt, von diesem verstanden werden soll und somit sich den Gesetzen der Sinnzusammenhänge teilweise unterwirft, muss sie auch im Gesagten erscheinen. Verändert sich die Perspektive dahingehend, dass der Andere »mich« durch das Sagen (Appell) anruft und dieser Anruf auch auf der Ebene des Gesagten stattfinden kann, so bedeutet dies, dass der Andere sich auch mittels Sprache als Gesagtem ausdrückt und »Ich« von ihm in der Sprache mitsamt ihres diskursiven Inhalts subjektiviert oder konstituiert werde. Wie die Dekonstruktion von Jacques Derrida zeigt, ist Sprache jedoch historisch entstanden und jedes Element dieser Sprache erhält seinen Sinn nur durch die Verweise der Signifikanten, ihren Spuren und ihrem konstitutivem Außen. Was bedeutet das für das Auftauchen des Anderen? Der Andere erscheint im Gesagten als *bestimmter* Anderer. Er lässt sich aber aufgrund dessen, dass Sprache nicht von vornherein von einem ihr innewohnenden Sinn aus gedacht wird, sondern als Struktur von Zeichen, die den Sinn erzeugen, nicht als völlig geschlossene Repräsentation oder Sinn be-greifen. Der Andere als konstitutives Außen verdoppelt sich, indem er einerseits immer schon auf irgendeine Art im Gesagten auftaucht und somit ein *bestimmter* Anderer ist und andererseits aber niemals in diesem Sinne aufgeht, sondern auf die »Spuren des Anderen« verweist. Konkret erscheint der Andere also beispielsweise als »Frau«, als »Homosexueller«, als »queer« oder als Anderer einer kulturellen Ordnung. Diese Konkretionen oder diese identifizierbaren Objekte haben jedoch keinen endgültig fixierten Sinn, da Sinn selbst ins Gleiten der Signifikanten eingeschrieben ist. Der Andere kann deshalb nicht auf eine kohärente Bestimmung reduziert werden, sondern ist immer zugleich ein *bestimmter* Andere *und* unendlich anders. Diese (chiasmatische) Verdoppelung des Anderen bzw. des konstitutiven Außen ist deshalb notwendig zu denken, weil sonst der ganz Andere eine Unbestimmbarkeit erhalten würde, die ihn wiederum als absolute, geschlossene Substanz und Transzendenz (Gott etc.) ausweisen würde. Jedoch kann die Vorstellung einer absoluten Transzendenz, die absolut unabhängig von den Diskursen existiert, verneint werden. Der Andere ist gerade nicht ein transzendentales Signifikat, das sprachlich nicht bestimmt werden kann, weil er ansonsten gar nicht erkennbar wäre. Auch ist er kein rein empirischer Anderer, der sich auf *eine* Funktionsbestimmung oder zählbare Merkmale reduzieren ließe. Der Andere ist insofern anders, weil er das Andere der Ordnung ist, also nicht unabhängig von dieser Ordnung gedacht werden kann und auch nicht allein eine absolut bestimmbare Konsistenz beinhaltet. Seine Bedeutung erhält er durch die Beziehung zur Ordnung, ohne jedoch in dieser Bedeutung aufzugehen, weil die Bedeutung selbst vom Gleiten der Signifikanten abhängt und diese selbst keine feste Stabilität besitzen (vgl. Wimmer 1988, 137ff).

Weil der Andere kein transzendentales Signifikat ist, muss er in der Sprache selbst aufgesucht werden, die jedoch in ihrem Versuch, den Anderen positiv zu bestimmen, die absolute Andersheit reduziert.

Die absolute Andersheit des Anderen, der als bestimmbarer, typisierter Anderer erscheinen kann, lässt sich schwerlich beschreiben oder *sagen*, ohne dabei diese Andersheit zu verfehlen. Die absolute Andersheit als Abwesenheit ist »nicht *hinter* dem Sprechen, sowenig wie das Unbewußte, das da(s) ist, was (man) spricht. Wie Derrida sagt: ›Die Gegenwärtigung des Anderen als solchem, das heißt die Verstellung seines ›als solches‹ hat schon immer begonnen, und keine Struktur des Seienden vermag sich dem zu entziehen.‹« (Wimmer 1988, 145) Genauso wie das Subjekt als Mangel gleitet der Andere unter der Signifikantenkette; so wie das Subjekt sich selbst als ein substantielles Ich verkennt, kann der Andere zum Objekt bzw. objektiviert werden und seine Andersheit kann ausgelöscht werden. Dem wirkt die Dekonstruktion entgegen, weil sie den Anderen aus seiner stillgelegten Position bzw. aus seinem objektivierten Sinn durch die Bewegung der Supplementarität, die die Dekonstruktion aufzeigt, herauslöst.[44] Da der Andere aber nicht außerhalb der *differantiellen* Bezüge erscheinen kann, ist er immer auch ein *bestimmter* Anderer, den man aufgrund seiner offenen, vieldeutigen Spuren und der Unmöglichkeit endgültiger Sinnbestimmung auch als »bestimmte Unbestimmtheit« (Adorno 1997e, 113) oder als »zugängliche Unzugänglichkeit« (vgl. Waldenfels 1999, 42) bezeichnen könnte,[45] so dass »[...] der Name eines konkreten anderen als Metapher verstanden werden [kann], die seine Abwesenheit verdeckt. Nur wenn die Metapher als Metapher gedacht wird, also als eine Funktion der Sprache oder als eine notwendige, aber nicht substantielle, sondern verschiebbare Materialisierung des Artikulationsprozesses im Sinn, der eben nicht mit sich oder gar dem Objekt identisch wäre, sondern im Gewebe der Differenzen Offenheit bewahrt, ohne deshalb zufällig zu sein, nur dann kann die Andersheit des Anderen gedacht werden als irreduzible und unfeststellbare Differenz.« (Wimmer 1988, 129f)

Es wurde im Abschnitt über die postdekonstruktive Subjektivität beschrieben, wie das Subjekts durch den Ruf des Anderen auf der Ebene des Sagens konstituiert wird. Das Subjekt wird durch den Anderen subjektiviert, in dem es verpflichtet wird, auf den Ruf des Anderen zu antworten, schon wenn es den Mund öffnet oder sich abwendet. Die Differenz zwischen dem Sagen und dem Gesagten liegt nicht nur in einer temporalen Differenz oder Diachronie, sondern auch darin, dass das Sagen eine Ebene beschreibt, die allen Performativen implizit ist. Das bedeutet,

---

44 Kapitel V. wird sich dieser Herauslösung noch eingehender widmen.
45 Der Hinweis auf die »bestimmte Unbestimmtheit« bei Adorno verdankt sich der Lektüre von Wimmer (1988, 201).

es gibt eine Art auf die Interpellation des Anderen zu antworten, die über den reinen Inhalt hinausgeht (der Riss des Sagens) und eine korrelative Art zu antworten, die mittels eines *bestimmten*, von den Diskursen abhängigen Performativs geschieht (im Gesagten). Diese Art des Antwortens, und auch des Anrufens durch den Anderen, soll jetzt behandelt werden. Es wird davon ausgegangen, dass auch der Appell des Anderen sich der Sprache bzw. des Gesagten bedient, um zu subjektivieren und anzurufen. Noch einmal sei betont, dass die Ebene des Sagens und des Gesagten nicht völlig zu trennen sind und jede Trennung, auch die vorliegende, nur einer genaueren Analyse des Appells und des Antwortens geschuldet ist. Der Ruf des Anderen konstituiert das Subjekt, das dann verantwortlich ist und antworten muss. Dies ist die Dimension des Sagens. Was heißt das aber nun, wenn man zur Dimension des Sagens hinzu der Dimension des Gesagten Rechnung trägt, die sich aber immer schon dem Sagen verschuldet? Die Bedeutung, die hier dem Gesagtem zukommt, verdankt sich der Problematik, dass jedes Sagen nur durch eine Struktur des Gesagten oder durch Sprache hindurch ausgesagt werden kann: »*es gibt die Sprache*; aber eine Sprache *ist* nicht, sie ist gegeben worden [...]« (Derrida 1997*b*, 38).[46] Dabei interessiert vor allem, wie der im Gesagten fixierte Sinn aufgebrochen werden kann, um die Risse und Spuren des Sagen, so weit es geht, zu gewähren. Es wird davon ausgegangen, dass es Sprache gibt, diese aber kein »natürliches Eigentum« (Derrida 1997*b*, 36) ist, sondern Bewegung; Sprache ist veränderbar und weder mit sich identisch noch eine Einheit, die sich immer wieder herstellt (vgl. Derrida 1997*b*, 37); a-zentrisch und nicht-identisch, gerade weil es keine festen Bedeutungen gibt und sich die Sprache auch immer anders sagen lässt: Das Gesagte anders sagen, dies ist dann vielleicht die Ankündigung einer Sprache des Anderen: »[D]ie Sprache gehört dem Anderen, kommt vom Anderen, ist *das* Kommen des Anderen.« (Derrida 1997*b*, 39) Deutlich zeigt sich »die Sprache des Anderen«, der transformative oder per-formative Riss in einer gegebenen Sprache (im Gesagten) bei Paul Celan, der in der Sprache des Anderen und zugleich in der des Holocaust bzw. des Deutschen schrieb und der sozusagen mit der verwendeten deutschen Sprache dieser Risse und »Sprachgewitter« zufügt [47]

Judith Butler macht mit ihrer Theorie der Performativität die Art des Antwortens auf die Interpellation des Anderen im Gesagten verständlich. Anhand der Performativität zeigt sich, dass ein Antworten auf den Anderen im Gesagten selbst Risse, Sinnzusammenbrüche und neuen Sinn zeitigen kann: Risse, die durch das

---

46 Diese Problematik durchzieht das ganze Buch »Jenseits des Seins« von Lévinas, wobei zum einen das Sagen immer von verschiedenen Perspektiven eingekreist wird, um es zum Ausdruck zu bringen und zum Anderen durch eine Vielfältigkeit von Namen, die sich zu einer Serie zusammenfügen, versucht wird, die »Spur« nicht auf einen Namen zu reduzieren und damit auszulöschen.
47 Vgl. auch Celan (1960) und Lévinas (1988*c*, 56ff).

Gesagte selbst zu Rissen des Sagen werden können, weil sie das Gesagte verschieben.[48]

Um sich diesen Rissen zu nähern, soll auf den Anruf des Anderen und die Antwort *im Gesagten* mit Hilfe des Althusser'schen Begriff der Interpellation und seiner Berücksichtigung bei Butler eingegangen werden. Gleich zu Beginn von »Haß spricht« taucht die Frage auf, wie man durch die Sprache sowohl verletzt als auch überhaupt als soziales Subjekt konstituiert wird. »Beruht unsere Verletzbarkeit durch die Sprache vielleicht darauf, daß es ihre Bedingungen sind, die uns konstituieren?« (Butler 1998, 9), fragt Butler. Dabei ist eine der ersten Formen sprachlicher Verletzung die Namensgebung eines Schimpfnamens, wie beispielsweise »queer«. Natürlich ist nicht jede Namensgebung verletzend, jedoch ist das Benennen überhaupt die Grundvoraussetzung für die sprachliche Konstituierung des sozialen Subjekts und seiner möglichen Anerkennung: Butler schreibt: »[D]ie Anrede ruft das Subjekt ins Leben.« (Butler 1998, 43) Die Interpellation des Anderen, die das Subjekt konstituiert, bewirkt auf der Ebene des Gesagten, dass das Subjekt als ein *bestimmtes* Subjekt erscheint; durch die Anrufung erhält das Subjekt eine soziale Position und *artikuliert* sich im Gesagten, im Sprachsystem. Erst dadurch gelangt es zur sozialen Existenz. Die Anrufung im Gesagten bewirkt eine Identifizierung und Artikulation (im Laclau'schen Sinne):

»Further, because there is never a simple predetermined correspondence between structural positioning and subject position formation, and subject positions become effective through interpellation and identification, rather than the awakening of a preconstituted dormant essence, subject position formation always opens up the possibility of complex, unintentional and unpredictable processes of transitivistic (mis-)identifications.« (Smith 1998b, 72)

Durch die Namensgebung und Benennung mittels Anrufung wird das Subjekt festgelegt und legt sich qua artikuliertem Selbstverhältniss selbst fest; wenn es ein verletzendes Anrufen ist, kann dies durch Erniedrigung geschehen. Dies ist jedoch nur eine Seite, die die Anrufung hervorbringen kann. Denn die Anrufung enthält auch die Möglichkeit, dass man erst durch sie eine gesellschaftliche Existenz und ein »zeitliches Leben in der Sprache« (vgl. Butler 1998, 10) erhält; eine soziale Existenz, die die Absichten oder die Konventionen der Anrufung, die der Namensgebung vorausgingen, übersteigen kann. Die Anrede, die von der Festlegung einer Geschlechtsidentität bis hin zu alltäglichen, praktischen Selbstdefinierungen und Identifikationen innerhalb der diskursiven Formation reicht, schreibt demnach nicht nur den Adressaten in eine bestimmte Position ein, sondern sie bewirkt auch

---

48 Das heißt aber nicht, dem Sagen selbst eine inhaltliche Bestimmung zu geben oder diese Art des Antwortens mit dem Sagen zu identifizieren, weil das Sagen diesem Gesagtem inhärent ist: Das Sagen ist das Versprechen zu sprechen, die strukturelle Öffnung auf den Anderen und nicht sein Inhalt (vgl. Derrida 1997b, 39).

dessen soziale Existenz, seine potentielle soziale (An-)Erkennung und kann darüber hinaus unerwartete Effekte zeitigen. Unerwartete Effektive können beispielsweise unerwartete Antworten auf den Ruf des Anderen im Gesagten sein. Denn der Anruf des Anderen läuft Gefahr, das Subjekt erst in die Sprache und in die soziale Existenz einzuführen; ein Subjekt, das dann selbst diese Sprache benutzen kann, um der (verletzenden) Benennung entgegenzutreten (vgl. Butler 1998, 10). Da die Sprache selbst nicht ein absolut geschlossenes System von Bedeutungen darstellt, kann sie zur Resignifizierung genutzt werden. Diese Möglichkeit ergibt sich ferner daraus, dass das Subjekt, das seinerseits auch immer mehr ist, als das, worauf es die Benennung reduziert, mit der Möglichkeit einer immer schon einhergehenden De-Identifizierung »spielen« kann. So gibt es einerseits das gewaltvolle Benennen, das insofern eine Gewalt darstellt, als das es die absolute Andersheit – auch des Subjekts – in eine sprachliche und gesellschaftliche Ordnung einführt und damit die absolute Andersheit reduziert. »Benennen, die Namen geben, das ist die ursprüngliche Gewalt der Sprache, die darin besteht, den absoluten Vokativ in eine Differenz einzuschreiben, zu ordnen, zu suspendieren. Das Einzige *im* System zu denken, es in das System einzuschreiben [...].« (Derrida 1998*b*, 197) Andererseits gibt es auch die Möglichkeit, die Unmöglichkeit einer absolut fixierten Einschreibung zu nutzen, um auf den Anruf zu antworten. Diese Möglichkeit existiert durch die Unvollständigkeit jeder Anrufung im Gesagten: »I understand that the notion of the uncompleted or barred subject appears to guarantee a certain incompletion of interpellation: ›You call me this, but what I am eludes the semantic reach of any linguistic effort to capture me.‹« (Butler 2000*b*, 12)

Die Möglichkeit der De-Identifikation oder der unvollständigen Erfassung des Adressaten des Anrufs besteht aufgrund des Mangels jedes Subjekts, das immer schon vom Anderen heimgesucht worden ist. Indem die Sprache nicht aus sich heraus lebt, sondern sich ihre Bedeutungen und deren Sedimentierungen nur den Wiederholungen verdanken, können diese Wiederholungen anders zitiert werden. Das durch die Anrufung im Gesagten eingeführte und konstituierte Subjekt kann dieses Angerufen-Sein selbst auf der Ebene des Gesagten gebrauchen, um die Bedeutung, die ihm gegeben wurde, anders zu wiederholen: »Die Möglichkeit, andere zu benennen, erfordert, daß man selbst bereits benannt worden ist. Das bereits benannte Subjekt des Sprechens verwandelt sich potentiell in jemanden, der mit der Zeit einen Anderen benennen könnte.« (Butler 1998, 48f) Dabei ist die Benennung aufgrund der notwendigen Wiederholung ein niemals abgeschlossener Prozess. Man kann immer wieder neu benannt werden. Das Subjekt befindet sich sowohl in der Position des Adressaten als auch in der des Adressierenden. Es ist dabei im Gesagten nicht nur durch den Anderen und dessen Anrufung begründet, sondern »die Gewalt« der Benennung und die Handlungsmacht des Subjekts leiten sich auch von der rahmenden sozio-kulturellen Struktur der Anrede ab (vgl. Butler 1998, 49). Denn die Namensgebung bedarf eines intersubjektiven, sprachlichen Kontextes, der bewirkt, dass selbst der Anrufer bereits benannt sein muss, um andere zu benennen. Der Benennende muss schon innerhalb von Sprache sein, um einen geeigneten Namen für den Adressat zu finden. Insofern ist der Anrufer selbst schon benannt worden. Hinter der Interpellation steht demnach nicht ein souveränes, intentionales Subjekt, das seine Handlungsmacht aus sich heraus erhält. Diese Macht und sein Handlungsvermögen leiten sich vielmehr von der vorangegangen sozio-kulturellen Struktur ab. Ferner kann die Konstituierung als soziales Wesen ohne das Wissen der angerufenen Person geschehen, so wie sich das zum Beispiel bei der Geburt ereignet.

»Wir müssen nicht unbedingt erkennen oder bemerken, wie wir konstituiert werden, damit die Konstruktion wirksam wird. Denn ihr Maß wird nicht von ihrer reflexiven Aneignung bestimmt, sondern vielmehr von einer Bezeichnungskette, die den Kreislauf der Selbsterkenntnis übersteigt. Die Zeit des Diskurses ist nicht die Zeit des Subjekts. In diesem Sinne bedarf Althussers Modell der Anrufung einer Überarbeitung. Das Subjekt muß sich nicht immer umwenden, um als Subjekt konstituiert zu werden. Und der Diskurs, der das Subjekt anfänglich einsetzt, muß keineswegs die Gestalt einer Stimme einnehmen.« (Butler 1998, 50f)

Insofern ist beispielsweise der Polizist, der jemanden auf der Straße anruft, zu dieser Interpellation nur aufgrund der Kraft der reiterierten Konventionen fähig. Der Polizist zitiert die Konventionen des Anrufs; seine Handlung kann nur in dem Maße funktionieren, weil sie eine Zitat-Funktion hat und eine Geschichtlichkeit der Konvention abruft. Die performative Macht der Anrufung lässt ferner den Schluss zu, dass sie keine deskriptive Funktion hat, sondern im Sinne produktiver Macht erst das konstituiert, was sie anruft.

Das Subjekt konstituiert sich mittels der Interpellation des Anderen, sowohl auf der Ebene des Sagens als auch des Gesagten. Im Gesagten erhält das Subjekt eine *bestimmte* Subjektposition und wird als soziales Subjekt hervorgebracht. Die angebliche Einheit des Subjekts wird durch die Anrufung produziert, wobei die Einheit eine imaginäre ist; das Subjekt ist nicht mit sich selbst identisch.[49] Die Anrufung ist jedoch selbst nicht Ausdruck eines willentlichen Anrufers, sondern dieser kann im Gesagten nur jemanden benennen, wenn er selbst schon benannt wurde. Er muss also auf die diskursiven Strukturen, die seiner Anrufung erst die performative Kraft verleihen, zurückgreifen. Dies geschieht als rituelle Dimension durch Iterabilität, durch Wiederholung der Konventionen. Da aber die Struktur der

---

49 Es bleibt Subjekt-als-Mangel. »Or, rather, we might reread ›being‹ as precisely the potentiality that remains unexhausted by any particular interpellation. Such a failure of interpellation may well undermine the capacity of the subject to ›be‹ in a self-identical sense, but it may also mark the path toward a more open, even more ethical, kind of being, one of or for the future.« (Butler 1997c, 131)

Konventionen keine völlig stabile ist, kann die Norm der Konvention auch keine absolut stabile sein. Gerade weil sie der iterativen Wiederholung bedarf, um zu sein, kann durch diese »rituelle Praxis« der Wiederholung die instabile Bedeutung ganz anders zitiert werden.

Fragt man sich nach den Möglichkeiten, die Anrufungsstrukturen zu verändern, so gibt es zwei Handlungsdimensionen: Einerseits kann versucht werden, die Ebene einer bestimmten Gesellschaftsform zu analysieren, das heißt vor allem die sie konstituierenden Anrufungsstrukturen zu rekonstruieren und zu dekonstruieren. Am Beispiel sexuierter Positionen bzw. sexueller Identitäten soll dies in Kapitel V. im Vordergrund stehen. Andererseits können die Anrufungsstrukturen mittels der Performativität verändert werden, die sich die Notwendigkeit der Iterabilität jeder Anrufungsstruktur zu Nutzen macht und die Wiederholung bejaht.

Die Resignifizierungsmacht liegt in der passiven Entscheidung und somit im (in-sich-differenten) Subjekt, das benannt worden ist, aber wiederum dazu berufen ist, andere zu benennen. Genau in diesem generativen Augenblick selbst, in dem das Subjekt auf diese Anrufung des Anderen im Gesagten antwortet, liegt seine Verantwortung und seine Konstituierung; nämlich darin, dass und *wie* es antwortet, wie es den Prozess weiter führt.

Auf der Ebene des Sagens wird das Subjekt durch den Ruf des Anderen konstituiert und es muss auf diesen Ruf antworten; selbst eine Nicht-Antwort wäre aus dieser Perspektive eine Antwort, eine antwortende Reaktion. Auf der Ebene des Gesagten wird das Subjekt durch einen *bestimmten* Anruf konstituiert, und es muss auf *bestimmte*, diskursive Art auf diesen Anruf antworten. Der Inhalt dieser Antwort ergibt sich aus der Anrufungsstruktur und ihrer diskursiven Vorgaben. Diese sind jedoch selbst nicht starr und unveränderlich, sondern leben von ihren Wiederholungen und Verschiebungen; durch performative Resignifizierungen oder Reartikulationen, die über eine Logik der Annahme oder Ablehnung hinaus gehen, kann der Inhalt anders zitiert und somit anders geantwortet werden. Genau dort und in diesem Moment selbst liegt die Verantwortung im Gesagten, wie Butler in ihrem Werk »Hass spricht« betont:

> »Der Sprecher ist nicht der Urheber des Sprechens, da das Subjekt in der Sprache durch einen vorhergehenden performativen Sprachgebrauch, die ›Anrufung‹, hervorgebracht wird. Darüber hinaus ist die Sprache, die das Subjekt spricht, konventionell und gleicht in diesem Sinne dem Zitat. Die juristischen Bemühungen, das verletzende Sprechen einzudämmen, neigen dazu, den ›Sprecher‹ als schuldigen Handlungsträger zu isolieren, so als stünde er am Ursprung dieses Sprechens. Damit wird aber die Verantwortlichkeit des Sprechers fehlkonstruiert: Tatsächlich ist der Sprecher gerade wegen des Zitatcharakters des Sprechens für seine Äußerung verantwortlich. Der Sprecher erneuert die Zeichen der Gemeinschaft, indem er dieses Sprechen wieder in Umlauf bringt und damit wiederbelebt. Die Verantwortung ist also mit dem Sprechen als Wiederholung, nicht als Erschaffung verknüpft.« (Butler 1998, 61f)

Auch wenn Butler keinerlei Bezug zur Verantwortlichkeit bei Lévinas nimmt, kann doch ihr Konzept der Performativität und der Derrida'schen Iterabilität mit Lévinas in Verbindung gebracht werden. Dabei gibt es eine wechselseitige Bereicherung oder Komplementarität beider Ansätze: Lévinas' Unterscheidung zwischen Sagen und Gesagtem kann dahingehend erweitert werden, als dass durch die Butler'sche Konzeption von performativer Wiederholung auch auf der Ebene des *Gesagten* die Antwort als Verantwortung zum Tragen kommt. Butler erläutert, wie Singularitäten mittels Sprache und der Spur des Anderen zu sozialen Subjekten in Diskursen konstituiert werden. Es wird noch zu bestimmen sein, wie durch performative Iterabilität Risse des Sagens auftauchen. Die Butler'sche Konzeption der Performativität erhält durch den Lévinas'schen Verweis auf den wesentlichen ethischen Moment von Anrufung und der daraus folgenden Ver*antwort*ung einen ethisch-politischen Impuls.

Die Verantwortung des angerufenen Subjekts liegt auf der Ebene des Gesagten darin, wie es je nach Situation auf den Ruf des Anderen antwortet. Das Subjekt ist zur Entscheidung aufgerufen, ob es weiterhin die Struktur fortschreibt oder auf den je spezifischen Anderen antwortet. Im Moment der Wiederholung ist das Subjekt verantwortlich, insofern es vor der unentscheidbaren Situation steht, wie es antwortet: Es kann beispielsweise die Reihe verletzender Reden und Prozesse der Subjektkonstituierungen weiterführen oder aber diese ganz anders reartikulieren; es kann eine selbstähnliche Wiederholung herstellen oder eine alterierende Iteration; die Antworten wie ein Programm abspulen oder antworten im Sinne einer passiven Entscheidung im Namen des Anderen (in mir) – oder – nicht-reziprok in Undankbarkeit gegenüber dem Anderen (vgl. Kapitel II.4.). Ethik performativ umsetzen bedeutet jedoch, auf die Andersheit des Anderen so zu antworten oder Antworten zu erfinden (je nach Situation, inhaltlich also immer anders), dass die Anrufungsstrukturen der vor-herrschenden Ordnung durch den vom konstituierten Subjekt wiederholten Ruf »verwirrt« bzw. ganz anders zitiert werden und ihre angebliche Stabilität dadurch aufgebrochen wird; dann entstehen »Risse des Sagens«, die die Beziehung zum Außer-Ordentlichen möglich machen: »präreflexive Iteration im Sagen ebendieses Sagens« (Lévinas 1992a, 313). Durch die Art der Performativität, durch die Art der Antwort und einer Neuentstehung von Sinn im Antworten kann sich insofern ein Riss des Sagens im Gesagten ereignen, als damit die angebliche Fülle der Identität, der Subjektposition oder des Elements aufgebrochen wird. Die Elemente können durch ihren Gebrauch verändert werden: Erstens, weil ein Element niemals nur es selbst sein kann, sondern in einer (temporalen) Verwendungskette situiert ist, deren Spuren für das Element konstitutiv sind. Und zweitens, weil durch seine Eingebundenheit in diese Kette die Selbst-Präsenz des Elements zerbrochen ist. Systeme, Kontexte oder Sinnzusammenhänge sind abhängig von ihrer ständigen performativen Aktualisierung und Artikulation von Elementen. Reartikulationen, katachrestische Zitate oder anders gewendete Performative können die operative Geschlossenheit von Identitäten, Systemen oder Kontexten durchdringen und so zum Mittel der Dissemination avancieren. Durch ganz anders zitierte Wiederholung und Reartikulation kann das (zerstreute) Mehr, der Überschuss an Andersheit, die Identitäten und Subjektpositionen durchbrechen.

»Berücksichtigen wir die Möglichkeit, daß im Antworten nicht bloß ein bereits existierender Sinn wiedergegeben, weitergegeben oder vervollständigt wird, sondern daß im Gegenteil Sinn im Antworten selbst entsteht, so stoßen wir auf das Paradox einer *kreativen Antwort, in der wir geben, was wir nicht haben*. [...] Das Ereignis des Antwortens definiert sich nicht durch das Ich des Sprechers, sondern das Ich bestimmt sich umgekehrt durch das Antworten als Antwortender. Wo neuartige Gedanken entstehen, gehören sie weder mir noch dem Anderen. Sie entstehen zwischen uns.« (Waldenfels 1999, 53)

Im Antworten konstituiert sich das Subjekt von neuem und die diskursiven Anrufungsstrukturen können partiell aufgebrochen und verändert werden.[50] Die ethisch-politische Wirksamkeit einer Politik des Performativen besteht darin, mittels Antworten in der Iterabilität zu dekonstruieren, um zu einer Idee einer Andersheit zu gelangen bzw. um Identitäten und Anrufungsstrukturen als Nicht-Entitäten zu entlarven, zu destabilisieren und neu zu formen: Die angebliche Synchronizität und Geschlossenheit der sozialen Ordnung wird im Rahmen ihrer eigenen Begrifflichkeiten in Frage gestellt, wobei die Terrains für diese Politik in einer supplementären Bewegung verschoben werden, die über diese Begriffe hinausgeht. Die Gebiete, auf denen die Antagonismen dann ausgetragen werden, differenzieren sich. Wie im Kapitel zur *Queer Theory* noch deutlich gemacht werden soll, ist die Verschiebung und Zeitaufspreizung der Identitäten ein unendlicher Prozess. Immer wird es Identitäten und Kontexte und die Notwendigkeit von Stabilisierungen geben, aber nicht immer die selben.[51] Es ist jedoch eine ethisch-politische Fra-

---

50 Der Hinweis darauf, dass sie nur partiell aufgebrochen werden können, deutet darauf hin, dass nicht zu irgendeinem absoluten Jenseits außerhalb jeglicher Relation vorgedrungen werden kann und dass sich eine wie auch immer geartete Ordnung wiederherstellen wird. Vielleicht eine andere Ordnung. In einer an Derrida angelehnten Sprache könnte dies folgendermaßen ausgedrückt werden: Es gibt Ordnung. So wie es immer Sprache gibt. Ketten von Signifikanten. Das »es gibt« verweist darauf, das die Ordnung jedoch von einem konstitutiven Außen als Ordnung betrachtet werden kann und deshalb nicht absolut geschlossen ist.

51 Zur Notwendigkeit von Stabilisierungen schreibt Derrida:»Alles was man von einem dekonstruktivistischen Standpunkt versucht zu zeigen, ist, daß Konventionen, Institutionen und der Konsens Stabilisierungen sind (manchmal lang andauernde Stabilisierungen, manchmal Mikrostabilisierungen), das heißt, daß sie Stabilisierungen von etwas grundsätzlich Instabilem und Chaotischem sind. Folglich wird es genau aus dem Grund notwendig zu stabilisieren, weil die Stabilität nichts natürliches ist; weil es eine Instabilität gibt, wird die Stabilisierung notwendig; weil es da Chaos gibt, gibt es die Notwendigkeit der Stabilität. Nun sind dieses Chaos und diese Instabilität, die fundamental, grundlegend und irreduzibel sind, zugleich das Schlimmste, wogegen wir uns mit Gesetzen, Regeln, Konventionen, Politik und provisorischer Hegemonie wehren, ebenso aber auch eine Chance,

ge und Aufgabe, ob diese Identitäten als reine Selbstpräsenz aufgefasst werden oder ob ihr Bezug zum Anderen immer wieder durch den Verweis, sei es mit Hilfe der Praxis der Dekonstruktion oder mit Hilfe des anderen Zitierens, ent-deckt wird und sie ihrer *reinen* Identität beraubt werden, um den Ausdruck des Anderen möglich zu machen. Die Risse des (gesagten) Sagens im Gesagten werden demnach immer Risse bleiben; das heißt, eine ethische Politik des Performativen ist ein immer zu-kommender Prozess. Die ethische, d.h. die Beziehung zum Anderen ermöglichende Politik des Performativen ist immer im Kommen.

Am Ende des Abschnitts zur *Ethik der Performativität* soll eine sich daran anschließende Möglichkeit sozialwissenschaftlicher Theoretisierung angesprochen werden: In weiteren Studien könnte an die *Ethik der Performativität* angeknüpft werden, um die passive Entscheidung der Antwort, der Riss des Sagens im Gesagten, auch jenseits rein sprachlicher Phänomene zu untersuchen; Antworten auf Interpellationen, die »quasi-sprachliche« Phänomene darstellen. Es ginge allgemein gesagt um eine Erweiterung dessen, was Antworten geläufig bedeutet und eine diskurs- oder kommunikationstheoretische Auffassung überschreitet. So könnte beispielsweise eine phänomenologisch-poststrukturalistische Soziologie nicht nur den Bereich des sprachlich Gesagten untersuchen, sondern auch die Momente des Hörens, Erblickens, Berührens oder Wahrnehmens. Man kann sich zum Beispiel fragen, wie eine Antwort Risse des Hörens im Gehörten zeitigt und im *auf etwas hören* antwortet. Indem *auf etwas* gehört wird, ergibt sich ein Antwortgeschehen, das vom Hören des Anderen seinen Lauf nimmt. Ausgehend davon ist zu entscheiden, wie auf das Gehörte geantwortet wird, wobei die Antwort selbst nicht unbedingt einen Charakter des rein sprachlich Gesagten haben muss, sondern beispielsweise auch in einer bloßen Berührung liegen kann. Auf den (verletzenden) sprachlichen Anruf eines Anderen muss nicht notwendigerweise mit einer sprachlichen Antwort reagiert werden. Die allgemeine Frage beim Beispiel des Hörens wäre: Wie lassen sich »Anhörungsstrukturen« verändern? Wie kann bei einer Anhörung des Anderen die vorgegebene Handlungs- und Antwortstruktur verschoben werden, so dass einer anderen Gesetzmäßigkeit als der programmatisch vorgeschriebenen gehorcht wird? Ähnlich beim Wahrnehmen: Wie lassen sich die Wahrnehmungsstrukturen verändern, um nicht in der Weise wahrgenommen zu werden, wie die Strukturen es als evident erscheinen lassen? Letzteres Beispiel verweist u.a. auf die Handlungsstrategie des *cross-dressings*, auf die im nächsten Kapitel eingegangen wird. Zuvor wird jedoch noch der Frage nachgegangen, ob verinnerlichte Verhaltens-, Denk- und Wahrnehmungsschemata, der Bourdieu'sche Habitus, rei-

---

eine Chance des Wandels, eine Chance zu destabilisieren. Gäbe es eine kontinuierliche Stabilität, dann gäbe es keine Notwendigkeit für Politik, und insoweit die Stabilität nicht natürlich, essentiell oder substantiell ist, existiert Politik und wird Ethik möglich.« (Derrida 1999b, 185f)

ne Determinanten sozialer Machtstrukturen bilden oder ob diese Machtstrukturen nach Butler verschoben werden können; damit wird die Mikroebene der Antwort bzw. der ethischen Performativität verlassen und der Blick wieder zurück auf eine allgemeine Dimension gerichtet, mit der sich eine Ethik der Performativität wegen ihres gegenseitigen Implikationsverhältnisses von Mikro- und Makroebene auseinandersetzen muss. Inwieweit ist die Makroebene der gesellschaftlichen Strukturen bestimmend?

4. Zensur in der Krise

Butler behandelt in ihrem Buch »Haß spricht« die gesellschaftlichen Voraussetzungen von *hate speech* bzw. von performativen Sprechakten. In Anlehnung an die Bourdieu'sche Austin-Kritik in »Was heißt sprechen?« (Bourdieu 1990) entwickelt sie den Gedanken einer *impliziten Zensur*, die nach Pierre Bourdieu aus dem inkorporierten kulturellen, sozialen und ökonomischen Kapital des Sprechenden abgeleitet ist und ihren Ausdruck auch in einem körperlichen Habitus erfahren kann. Die Geschlechternormen wirken sich auf die temporalen Materialisierungen, Gesten, Denk- und Wahrnehmungsschemata aus: sie bilden einen körperlichen Habitus. Der körperliche Habitus bestimmt beispielsweise die Gesten, die Mimik, die Bewegungen aber vor allem auch ein körperlich-leibliches Selbstverhältnis. Für Butler stellt sich jedoch die Frage, ob dieser Normalisierungsprozess, im Sinne einer impliziten, verinnerlichten Zensur, *rein deterministische* Handlungseffekte bewirkt oder ob diese Zensur nicht auch kreatives, widerständiges Handeln ermöglicht.

Butler versteht eine implizite Zensur nicht nur im Sinne einer juridischen Macht, die sich gegen Personen oder den Inhalt einer Rede richtet, sondern sie folgt wiederum dem Modell der produktiven, regulativen Macht: Implizite Zensur ist auch eine Form, Sprechen und Subjekte zu erzeugen. Sie produziert die Grenzen dessen, was sagbar ist und was nicht. Die Zensur geht dem Sprechen voraus. Wenn ein Text oder ein Sprechen verstehbar oder interpretierbar sein soll, muss es einem Selektionsprozess unterliegen, einer Ordnung des Diskurses, die bestimmte Möglichkeiten ausschließt und andere ermöglicht.[52]

»Dieser Selektionsprozess scheint eine Entscheidung vorauszusetzen, eine Entscheidung, die vom Autor des Textes getroffen wird. Dennoch schafft der Autor nicht die Regeln, nach denen die Selektion verfährt. Die Regeln, die die Verständlichkeit eines Sprechens beherrschen, sind vor jeder individuellen

---

52 Vgl. auch Foucault (1991).

Entscheidung ›entschieden‹. Radikal wäre es zu sagen, daß diese Regeln, die vor jeder individuellen Entscheidung entschieden sind, gerade die restriktiven Bedingungen sind, die jede gegebene Entscheidung erst ermöglichen. Damit gibt es eine Ambiguität der Handlungsmacht am Ort der Entscheidung. Das sprechende Subjekt trifft seine Entscheidung nur im Kontext eines begrenzten Feldes sprachlicher Möglichkeiten. [...] Die andere Auffassung besagte, daß das ›Zensieren eines Textes notwendig unvollständig‹ bleibt. Das heißt, daß sich ein Text immer den Handlungen entzieht, die ihn zensieren und daß Zensur stets und ausschließlich eine versuchsweise und partielle Handlung ist. [...] Man könnte sich auf eine allgemeine Theorie der Textualität berufen, um zu zeigen, daß eine Beschränkung des Sprechens ihr Ziel nie ganz erreicht und es ihr nicht gelingt, die Polysemie der Sprache zu unterbinden.« (Butler 1998, 183)

Butler versucht zwischen den beiden beschriebenen Positionen zu vermitteln; Positionen die sie einerseits Bourdieu und andererseits der Dekonstruktion zuschreibt. Einerseits sind die Kontexte schwer zu erschüttern, so dass die Entscheidung nur im Rahmen eines begrenzten Feldes möglich ist. Andererseits ist die Sprache gezwungen, diejenigen Kategorien zu wiederholen, die sie einzugrenzen und zu zensieren versucht. Bei dieser Eingrenzung wiederholt die Sprache jedoch genau das Sprechen, welches sie verbieten will: Sie re-inszeniert es (vgl. Butler 1998, 184). Damit geht diese Form des Sprechens über die Zensur, die das Sprechen einschränken will, hinaus.[53] Die Namen, die den einzuschränkenden Anderen gegeben werden – Wahnsinnige, Perverse, *queers* etc. – unterwerfen die Subjekte nicht nur, sondern produzieren sie und geben ihnen zugleich Handlungsmacht in dem Sinne, als dass sie (kontingente) Wirkungen hervorrufen, die über die ursprüngliche Absicht der Benennung hinausgehen – zum Beispiel wenn sich der Name vom vorangegangenen Kontext gelöst hat und in ein Projekt der Selbstdefinition eingeht.[54] Die Anrufung kann nach Butler in einer neu verwendeten Weise, die ihr früheres Wirkungsfeld zerstört, zum Instrument des Widerstands avancieren.

Implizite Zensur wirkt über Normalisierungstechniken, über subjektivierende Unterwerfung, verinnerlichte Denk-, Wahrnehmungs- und Verhaltensschemata. Die Mechanismen der Zensur produzieren nicht nur die Subjektpositionen, sondern sie definieren auch »die gesellschaftlichen Parameter für den sagbaren Diskurs, dafür, was im öffentlichen Diskurs zulässig sein wird und was nicht.« (Butler 1998, 187) Eine implizite Zensur ist für die Normalisierung und die Selbsttechniken der Individuen nach Butler eine wirkungsvollere Bemächtigung der Individuen als eine explizite, weil letztere explizite Zensur leichter als solche zu erkennen wäre. Zwei Bewegungen spielen bezüglich der Zensur eine wichtige Rolle: Zum einen konstituiert Zensur im Sinne einer regulativen Macht die Subjekte sowie

---

53 »Selbst wenn sie nicht einmal ein Ding oder ein Zeichen änderte, selbst dann trägt die reine Wiederholung ein unbegrenztes Pervertierungs- und Subversionsvermögen in sich.« (Derrida 1997g, 445)

54 Mit einer Selbstdefinition geht einher, dass diese Definition nie rein von einem Selbst ausgeht, sondern schon von dem bestimmt wurde (zum Beispiel der Sprache), der die Definition vorgab.

die Grenzen der Sprechakte. Diese Macht ermöglicht bestimmte »Staatsbürger-Typen« (Butler 1998, 188) und schließt andere aus.[55] Es dreht sich nicht in erster Linie darum, wie eine Zensur bestimmt, *was* das Subjekt sprechen darf, sondern, wie eine Zensur ein Subjekt festlegt und ob sein Sprechen den Normen gehorcht. Zum anderen ist die regulative Macht der Zensur nicht in der Lage, vollständig die Wirkungen ihrer Macht zu beherrschen, geschweige denn die Kontexte ihres wiederholenden Auftretens völlig zu schließen (vgl. Kapitel II.). Die Handlungsmacht ist zwar eingeschränkt, ein Machteffekt, aber sie ist nicht völlig von der Zensur des Sagbaren determiniert. In den Abschnitten zur Performativität wurde dies schon aufgezeigt.

Implizite Zensur ist jenseits der Unterscheidung von passiver Unterwerfung oder freiwilliger Anerkennung angesiedelt. Implizite Zensur wirkt durch den *Habitus* und dessen Vergesellschaftung. Das Subjekt wird zum Subjekt, indem es in die Normativität der Sprache und damit in einen sozio-kulturellen Kontext eintritt, der der Subjektbildung vorausgeht und sie »orchestriert« (Butler 1998, 192):

> »Die Normen, durch die das sprechende Subjekt als solches zu existieren beginnt, differenzieren das Subjekt vom Unsagbaren, d.h. sie schaffen das Unsagbare als die Bedingung der Subjektbildung. [...] Die Regeln, die die Intelligibilität des Subjekts beschränken, werden das Subjekt sein Leben lang strukturieren. Der Strukturierungsprozess ist niemals ganz abgeschlossen.« (Butler 1998, 192f)

Das Subjekt ruft in seiner identifizierenden Fremddefinition anderer und in seiner Selbstdefinition die Verwerfungen, von denen es abhängt, immer wieder auf. Dieses Auf-Rufen ist jedoch nicht ein mechanischer Vorgang, sondern ein kontingenter, iterativer und zugleich notwendiger Prozess, damit die Subjektposition fortbestehen kann. Es müssen die Aufteilung der Geschlechter oder die der sozialen Distinktion dienlichen Merkmale beispielsweise immer von Neuem aufgerufen und abgerufen werden, damit sie sich generieren. Da die Zensur schon an der Bildung des Subjekts beteiligt ist, gibt es ausgehend oder außerhalb vom Subjekt keine Opposition gegen die Grenzlinien der Verwerfung im Allgemeinen, das heißt von einer außen angesiedelten und *relationsfreien* Position, sondern nur neue Grenzziehungen (vgl. Butler 1998, 199). Das bedeutet, dass die Handlungsmacht der Subjekte immer in Machtbeziehungen verwoben ist. Entscheidungen sind also nur innerhalb eines entschiedenen Terrains möglich, das nicht für immer entschieden ist (vgl. Butler 1998, 200).[56] Entscheidungen sind nur in einem unent-

---

55 Vgl. auch Derridas dekonstruktive Lektüre Carl Schmitts: »[D]ie Analyse des im strengen Sinne Politischen und seines irreduziblen Kerns, der Freund-Feindgruppierung, muß von Anfang an als ihren Leitfaden die staatliche Form dieser Konfiguration, anders gesagt: den Freund oder Feind als Staatsbürger privilegieren.« (Derrida 2000*h*, 168)
56 Hier sei noch einmal vermerkt, dass die Unentscheidbarkeit deswegen besteht, weil kein Kontext, in dem die zu entscheidenden Pole auftauchen, vollständig bestimmbar ist. Dennoch sind die Möglichkeiten der Entscheidung vorläufig situativ determiniert (vgl. Derrida 1988*b*, 148).

scheidbaren Terrain möglich. Die vorangegangene Entscheidung oder Zensur[57], die dem Subjekt voranging, konstituiert wiederum die Verwerfung bzw. das konstitutive Außen, das nach Butler weitere Handlungsmacht und wiederum weitere Entscheidungen erst ermöglicht. In dieser Annahme verknüpfen sich die besprochene *passive* Entscheidung (vgl. Kapitel III.) und die Un-endlichkeit von Entscheidungsprozessen.

Woraus zieht die performative Äußerung ihre Kraft? Wie kann sie im Sinne von Handlungs-Macht verstanden werden? Um diese Fragen zu beantworten, greift Butler sowohl auf das Denken Bourdieus als auch auf das Derridas zurück. Nach Bourdieu erhält die performative Äußerung ihre effektive Kraft durch die gesellschaftliche Macht, deren autoritativen Kontexten und Zensurinstrumenten. Derrida zufolge ereignet sich die Wirkungsmacht der performativen Äußerung dadurch, dass sie mit früheren Kontexten mittels Iteration und passiver Entscheidung bricht.

Butler interessiert an Bourdieus Konzept des Habitus vor allem die Sichtweise, dass Normen *verkörpert* werden: »Danach stilisieren und kultivieren sie den Habitus des Körpers, den kulturellen Stil seiner Gestik und seines Verhaltens.« (Butler 1998, 201) Butler fragt aber, warum Bourdieu seine Theorie des körperlichen Habitus nicht mit einer Theorie der performativen Äußerung verbindet. Denn dann könnte er erklären, wie mittels performativer Äußerungen wiederum andere gesellschaftliche Wirkungen erzeugt werden, die nicht ausschließlich von der Autorität der Äußerungsposition abhängen. Ihrer Ansicht nach reflektieren die Äußerungen nicht nur die gesellschaftlichen Bedingungen, sondern sie haben auch kontingente gesellschaftliche Wirkungen, das heißt, sie sind nicht vollständig determiniert. Sie sind nicht lediglich ein sprachliches Epiphänomen eines sozialstrukturellen Überbaus, sondern die performativen Äußerungen spiegeln die Gesellschaftsordnung wieder, reproduzieren sie und instituieren neue Ordnungen; auch sozial-strukturelle Ordnungen, die Bourdieu jedoch – nach Butler – außerhalb der Sprache ansiedelt. Sprache produziert ein System von Unterschieden, das die Systeme sozialer Ungleichheit widerspiegelt.[58] Bourdieus Erklärung perfor-

---

57 Beide Wörter lassen sich im Griechischen auf *krisis* zurückführen, worauf eine Krise sich auch auf *aporia* beziehen lässt.
58 Dies lässt den Schluss zu, dass der allgemeine Strukturbegriff auch auf Sozialstrukturen angewandt werden kann. Performative Äußerungen oder Handlungen stellen die Semantik dessen her, was als Elemente in der Sozialstruktur erscheint. Die durch die Signifikantenketten und der Knotenpunkte produzierten Bedeutungen sind konstitutiv für das, was nachträglich als Gesellschaftsstruktur beobachtet wird. Die Semantik ist »[...] bereits an der Konstitution und Strukturierung jener Elemente, welche die Gesellschaftsstruktur ordnen sollen, beteiligt. Dies bedeutet wiederum, daß die Produktion einer Reihe von Handlungsereignissen nur aufgrund von semantischen Strukturen möglich ist, die erst Kommunikationen zu Handlungen machen. Aus strukturtheoretischer Perspektive läßt sich also das Modell ›linearer Nachträglichkeit‹ nicht absichern, da semantische Strukuren nicht nur Gesellschaftsstrukturen anzeigen, sondern aktiv an deren Verfertigung betei-

mativer Sprechakte positioniert nach Butler das Subjekt der Äußerung auf einer Karte gesellschaftlicher Macht, die starr und festgelegt zu sein scheint. In dieser Sichtweise kann ein performativer Sprechakt nur gelingen, wenn das sich äußernde Subjekt durch seine gesellschaftliche Position dazu autorisiert oder delegiert ist, diese Äußerung wirkungsvoll einzusetzen.

»Obwohl Bourdieu sicher darin recht hat, daß nicht alle performativen Äußerungen ›funktionieren‹, daß nicht alle Sprecher an der dem Anschein nach göttlichen Autorisierung teilhaben, mit der die performative Äußerung ihre soziale Magie übt und die kollektive Anerkennung ihrer Autorität erzwingt, kann er nicht erklären, daß gesellschaftliche Positionen selbst aus einer verschwiegenen Performativität bestehen. Denn die ›Delegation‹ ist nicht nur eine performative Äußerung, also eine Benennung, die zugleich Ermächtigung ist, sondern Autorisierung im allgemeineren Sinn besteht zu einem hohen Grad darin, daß jemand von herrschenden Formen gesellschaftlicher Macht adressiert oder aufgerufen wird.« (Butler 1998, 221)

Butler will vor allen Dingen die Performativität des Habitus betonen, die selbst wieder Wirkungen in der Gesellschaftstruktur zeitigen können. Weil Bourdieu eine zu deterministische Sicht der Generierung von Ordnung habe, könne er auch nicht die Kraft des Bruchs, den die performativen Äußerungen nach Derrida herbeiführen, erklären (vgl. Butler 1998, 202). Man könnte hinzufügen, dass der Bourdieusche Dualismus von Struktur und Handlung ebenfalls nicht das konstitutive Außen zu denken vermag (vgl. Kapitel III.). Ferner geht ein Habitus niemals voll in seiner Positionierung auf: Der körperliche Habitus ist nicht die endgültige Sedimentierung von Sprechakten, sondern der körperliche Habitus stellt selbst eine Zitatenkette mit konstitutivem Außen dar und ist selbst eine rituelle Praxis, die auch *ganz anders* generiert werden kann. Es gibt Bruchstellen in der Gesellschaftsstruktur, weil diese auf einem konstitutiven Außen beruht und »weil die Vermittlung der sich scheinbar objektiv und lediglich *durch* das Verhalten der Personen *hindurch* reproduzierenden Verhältnisse *in* den konkreten Handlungen der Individuen gebrochen ist.« (Krüger 1981, 52)

Das gesellschaftliche Leben des Körpers stellt sich durch eine Anrufung her, die sprachlich und produktiv zugleich ist. Die Anrufung schafft Bedeutungen und die Antwort birgt insoweit ein Widerstandpotential in sich, als dass sie mit den früheren (nicht-geschlossenen) Bedeutungen und Kontexten brechen kann. Will man diesen Bruch verstehen, gelingt dies nach Butler nur, wenn man Sprache nicht als geschlossenes System begreift, das die performativen Äußerungen funktional in den gesellschaftlichen Positionen verankert (vgl. Butler 1998, 205). Gerade weil

---

ligt sind.« (Stäheli 2000c, 208) Dabei ist es erst die Position innerhalb einer Signifikantenkette, die über die nachträglichen Sinneffekte entscheidet. Aber es gibt keine sozialstrukturelle Basis, die einem Signifikationsprozess als Ursprungsort dient und unabhängig von diesem existiert. So ist die Beschreibung der sozialstrukturellen Position von Frauen oder Männern beispielsweise genau darauf angewiesen, eine Kohärenz oder reine Identität dieser Kategorien anzunehmen.

die Sprache und die gesellschaftliche Ordnung nicht ein geschlossenes Ganzes bilden, sind Brüche und Risse in diesen Systemen möglich. Folgt man diesem Signifikanten-Modell ist die Kraft der performativen Äußerung nicht ein deterministischer Effekt gesellschaftlicher Macht, der lediglich durch die Zensur- und Verbotsinstrumente verstanden werden kann. Die performative Äußerung ist vielmehr auch im Sinne einer produktiven Macht zu begreifen. Ihre Kraft speist sich nach Butler – und da folgt sie Derrida – einerseits dadurch, dass Kontexte niemals geschlossen sind und andererseits durch den iterativen Bruch mit früheren Kontexten, indem zum Beispiel Schimpfnamen oder Anrufungen gerade anders »resignifiziert« werden.[59] Insofern ist es prinzipiell möglich, dass auch »verworfene Andere« wieder ein Mehr an Macht gewinnen und gesellschaftliche Strukturen durchbrechen können. Butler will diesen Bruch aber nicht von vornherein als »immer gegeben« annehmen, sondern betont, dass es durchaus schwer erschütterbare Kontexte gibt:

> »Ich würde Bourdieus Kritik bestimmter dekonstruktivistischer Positionen zustimmen, die behaupten, daß ein Sprechakt aufgrund seiner eigenen Dynamik mit jedem Kontext bricht, in dem er auftritt. Das trifft einfach nicht zu, und für mich ist es besonders im Fall von *hate speech* klar, daß Kontexte mit bestimmten Sprechakten in einer Weise zusammenhängen, die nur sehr schwer zu erschüttern sind. Auf der anderen Seite würde ich darauf beharren, daß beim Sprechakt als institutionellem Ritus der Kontext nie von vornherein vollständig determiniert ist. Genau darin, daß der Sprechakt eine nichtkonventionale Bedeutung annehmen kann, daß er in einem Kontext funktionieren kann, zu dem er nicht gehört, liegt das politische Versprechen der performativen Äußerung, ein Versprechen, das die performative Äußerung ins Zentrum einer hegemonialen Politik stellt und dem dekonstruktivistischen Denken eine unvorhergesehene politische Zukunft eröffnet.« (Butler 1998, 228)

Geht Bourdieu wirklich von einem *rein deterministischen Modell* aus? Sieht seine Theorie keine Möglichkeiten der Veränderung des gesellschaftlichen *status quo* vor? Oder ist Butlers Bourdieu-Lektüre verkürzt? Tatsächlich scheint hier ein neuralgischer Punkt des Bourdieu'schen Theoriedesigns getroffen zu sein. Im Habitus werden die sozialen Strukturen verinnerlicht und sein *modus operandi* ist mit den Produkten sozialen Handelns identisch. Wenn der Habitus als Inkorporierung von Denk-, Wahrnehmungs- und Verhaltensschemata und körperlichen Automatismen die gesellschaftlichen Strukturen wiederspiegelt, so stellt sich die Frage, ob hier nicht ein subtiler Determinismus vorliegt, der gesellschaftsverändernde Praxis nicht berücksichtigen kann. Ferner kann hinzugefügt werden, dass sich Gesell-

---

59 Derrida schreibt bezüglich des Kontextes und auch bezüglich der Bezeichnungen des konstitutiven Außens der Kontexte, das schon immer über eine Reduzierung auf einen Sinn hinausgeht, folgendes: »Keine Bedeutung läßt sich außerhalb eines Kontextes festlegen, aber kein Kontext läßt Sättigung zu. Das ist für mich keine Frage des substantiellen Reichtums, des semantischen Vorrats, sondern der Struktur, und zwar der Struktur des Rests oder der Iteration. Freilich habe ich diese Struktur mit vielen anderen Namen bezeichnet, und genau auf den sekundären Aspekt der Bezeichnung kommt hier alles ab.« (Derrida 1994*a*, 127)

schaft keineswegs in absoluter Gleichförmigkeit reproduziert. Im Hinblick auf die Derrida'sche Iterabilität kann vielmehr davon ausgegangen werden, dass immer Disparitäten, Modifikationen oder Erweiterungen der sozialen Strukturen existieren. Bourdieus Auffassung von der Perpetuierung spezifischer Milieu- und Klassenlagen scheint deshalb im Widerspruch zu seinem eigenen politischen Handeln und Engagement zu stehen, das vor seinem Tod am 24. Januar 2002 beobachtet werden konnte. Es stellt sich zumindest die Frage, wo und wie er veränderbares soziales Handeln verortet und begreift. Auf der einen Seite besteht Bourdieu auf einer schwer erschütterbaren Statik etablierter sozialer Verhältnisse, die sich von einem reinen handlungstheoretischen Voluntarismus absetzt. Ferner betont er die schiere Unmöglichkeit der Unterklassen, eigene Handlungsperspektiven zu entwickeln, es sei denn, eine kritische Soziologie informiert und vermittelt diese. Auf der anderen Seite unterscheidet Bourdieu zwischen Handeln und Praxis. Praxis bedeutet nach seinem Verständnis eher ein kollektives »Verhalten innerhalb der Grenzen des Habitus als Handeln im Sinne aktiven Veränderns.« (Peter 1999, 553) Das heißt, durch die Transformation externer materieller, kultureller, symbolischer und sozialer Strukturen in habituelle Handlungsstrukturen werden die Grenzen möglicher und unmöglicher Praktiken festgelegt, nicht aber die Praxis in sich. In diesem Sinne spricht Bourdieu von der »Erfinderkunst« (vgl. Bourdieu 1997, 104) oder »Spontanität« (vgl. Bourdieu 1997, 105). Es stellt sich aber die Frage, wie die konstituierten Subjekte außerhalb ihres Habitus stehen können, um von dort aus ihre soziale Lage zu erkennen und alternative Handlungsmöglichkeiten entwickeln zu können, die zur Veränderung der Gesellschaftsstruktur beitragen. Die »Spontanität« ist völlig in den Grenzen eines Sinnhorizonts oder einer geschlossenen Struktur eingeschrieben, verbleibt in den Grenzen des Möglichen und kann somit von einer außer-ordentlichen, grenzüberschreitenenden oder »exzessiven« In(ter)vention unterschieden werden.[60] Gemäß der Derrida'schen Iterabilität bricht nämlich erst dann ein Außen in den Sinnhorizont herein, wenn es sich nicht mehr im Sinne des Möglichen beschreiben lässt – ein Ereignis:

> »Das, was geschieht, jedoch, das Ereignis des Anderen, so wie es geschieht, ist das Unmögliche, das darüber hinausgeht und stets, mitunter grausam, in Unordnung bringt, was die Ökonomie eines performativen Aktes souverän hervorbringen soll, sowie ein legitimiertes Sprechen sich auf irgendeine Konvention beruft.« (Derrida 2002c, 40f)

Mit Hilfe des Begriffs der »In(ter)vention des Un-möglichen« und des konstitutiven Außen von Strukturen, das Bourdieu nahezu strukturalistisch ausblendet, kann darum auch beschrieben werden, wie Neue Soziale Bewegungen, aus dem sozialen Milieu der Mittelschicht zum Beispiel, nicht nur ihre Klassenlage reproduzie-

---

60 Im Schlusskapitel (vgl. VI.2.2.) wird darauf noch einmal zurückzukommen sein.

ren, sondern – wie im Falle der *queers* – eine eigene oppositionelle Perspektive eröffnen.[61] Freilich muss von einer poststrukturalistischen Sozialwissenschaft eingestanden werden, dass sich diese *performativ institutierten* hegemoniellen Formationen von Neuen Sozialen Bewegungen realiter noch gering ausnehmen und in der alltäglichen Politik noch eine Randerscheinung darstellen.

Die vorgetragene Kritik an Bourdieu schmälert deshalb keinesfalls die Leistungen der Bourdieu'schen Soziologie, die v.a. sowohl in seinen Differenzierungen der verschiedenen Kapitalformen (vgl. Bourdieu 1983) als auch in der Theoretisierung des Habitus (vgl. Bourdieu 1976) liegen: Bourdieu unterscheidet zwischen ökonomischem, kulturellem, sozialem und symbolischem Kapital. Unter dem ökonomischen Kapital versteht nicht nur den Besitz der Produktionsmittel, sondern jede Form materiellen Reichtums und Eigentums. Kulturelles Kapital ist in ökonomisches transformierbar, hat jedoch eine gewisse »Eigenlogik«. Es liegt in »objektiviertem, inkorporiertem und institutionalisiertem« Zustand vor; objektiviert zum Beispiel durch Bücher, Gemälde oder Instrumente. Inkorpororiertes Kapital ist verinnerlichtes kulturelles Kapital wie Bildung, Fähigkeiten, Wissensformen u.a.; diese Kapitalform ist wesentlich körpergebunden. Bildungstitel, Schulabschlüsse gehören zum institutionalisierten, kultuerllen Kapital. Soziales Kapital meint mehr oder weniger institutionalisierte soziale Netzwerke, auf die man zurückgreifen kann. Auch diese Kapitalform verhält sich wechselseitig zu den anderen Kapitalformen: So können einflussreiche oder »gute Beziehungen« zu besseren Bildungstiteln oder zu ökonomisch nützlichen Beziehungen führen. Ebenfalls gehören zum sozialen Kapital die Familie, Vereine oder Klubs. Das Prestige, die »kollektive Magie« oder die allgemein-gesellschaftliche Wertschätzung, die jemand genießt, bildet das symbolische Kapital (vgl. Bourdieu 1983). An diese Differenzierungen sollte eine poststrukturalistische Sozialwissenschaft anknüpfen und die Sichtweisen über die ungleiche Verteilung der jeweiligen Kapitalformen aufnehmen, um nicht nur das Außen und den Bruch der Struktur zu berücksichtigen, sondern um auch die materialistischen Bedingungsstrukturen sozialen Handelns tiefgehender theoretisieren zu können.[62] Die poststrukturalistische Sozialwissenschaft kann zwar durch ihren Verweis auf das konstitutive Außen der Struk-

---

61 Diese sozialen Bewegungen, die sich an der Politik der Performativität bzw. Re-Artikulation orientieren wissen um die Verstrickung ihres politischen Vokabulars in das von ihnen Kritisierte und benutzen deswegen eine *immanente*, verschiebende Vorgehensweise. Hierin sind sie einer dekonstruktiven Lektüre aber auch einem Denken Adornos nahe, das »[...] mit der Kraft des Subjekts den Trug konstitutiver Subjektivität [durchbricht].« (vgl. Adorno 1997*b*, 10). Die Dekonstruktion unterscheidet sich dabei noch von einer immanenten Kritik, weil sie einem »Text« weder eine Geschlossenheit zuschreibt noch lediglich dessen interne Widersprüche aufzeigt, sondern die Geschlossenheit und den Sinnzusammenhang von Texten problematisiert.
62 Zu dieser Kritik an poststrukturalistischen Sozialtheorien vgl. auch Kapitel VI.2.5.

tur aufzeigen, wie von hier aus, aus der Beziehung zum Anderen, Handeln entsteht. Die Bourdieu'sche Theorie vermag aber weitaus mehr als aktuelle poststrukturalistische Sozialtheorien, auf die materiellen, sozialen und kulturellen Ressourcen zu verweisen, die auch für die Entwicklung von sozialem Handeln von Bedeutung sind. So sind einerseits diese materiellen Ressourcen ein wichtiger Bestandteil von Handlungsfähigkeit, weil man je nach Grad der Anhäufung dieser Ressourcen »freier« im Handeln ist; zum Beispiel, wenn man sich nicht ausschließlich den Erfordernissen der materiellen Existenzsicherung widmen muss und über Spielräume für andere Optionen verfügt. Andererseits bedarf es auch der Betrachtung und *Eröffnung einer Beziehung zum Außen*, von wo aus rekursiv[63] auf die Struktur und den Habitus geschaut werden kann und von wo aus struktur-überschreitende Handlungen ermöglicht werden. Weil sich das eine und das andere nicht unbedingt ausschließt, sondern supplementiert, könnte umgekehrt die Bourdieu'sche Soziologie sowohl »poststrukturalistisch werden« als auch die Theorie der performativen Politik in ihre Theorie einschreiben, um den »In(ter)ventionen des Unmöglichen« und den struktur-verschiebenden performativen Äußerungen gerecht zu werden.

Durch performative Äußerungen können beispielsweise Schimpfnamen wie *queer* oder aber auch zum Beispiel Schlüsselbegriffe der Moderne, wie »Freiheit«, »Gerechtigkeit«, »Subjekt« oder »Universalität« Wiedereinschreibungen erfahren, die über den Kontext ihres früheren Gebrauch hinausgehen und mit den konventionellen Bedeutungen und Bedeutungsstrukturen brechen.[64] Das bedeutet nach Butler, sich traditionelle und strukturierende Begriffe für andere Zwecke »falsch« anzueignen und der vorangegangenen Struktur zu ent-eignen. Diese Sichtweise politischen Handelns kann jedoch nur angenommen werden, wenn die »Logik« der Iterabilität als gesellschaftliche Logik durchdacht wird (vgl. Butler 1998, 212). Es geht also darum, mittels der performativen Äußerung so auf die diskursiven Vorgaben und Anrufungsstrukturen zu antworten, dass die diskursiven Mittel, mit denen Körper und Subjekte hergestellt wurden, enteignet, angeeignet und disseminiert werden, um sie durch Resignifizierungen affirmativ (im Sinne von bejahend) für den politischen Widerstand zu wenden und ihre ursprüngliche Bedeutung ka-

---

63 Rekursiv verbindet sich hier mit dem Lévinas'schen Terminus der Rekurrenz; d.h. die unendliche Bewegung zu sich selbst, die ausgehend von der Begegnung zum Anderen zu einem überraschendem »Auftauchen einer Verantwortung in mir, dem Engagement [...].« führt (vgl. Lévinas 1992*a*, 229).

64 So war beispielsweise der Begriff »Intellektueller« ein politisches Schimpfwort gegen die Dreyfusianer (vgl. Thalheimer 1963), das im Laufe der Zeit positiv besetzt wurde, obgleich es vor allem in populistischen Kreisen noch üblich ist, »Intellektueller« semantisch negativ aufzuladen. Man denke hier nur an die Angriffe des österreichischen Rechtspopulisten Jörg Haider gegen Elfriede Jelinek u.a.

tachrestischen Effekten auszusetzen. Ferner kann dies bedeuten, die Sprache der Macht für eigene Zwecke anzueignen, um die Macht zu verschieben. Letzteres verdeutlicht Judith Butler in ihrem Buch »Antigones Verlangen: Verwandtschaft zwischen Leben und Tod« (Butler 2001a). In der Tragödie von Sophokles, in der Antigone vom König Kreon angeklagt wird, ihren Bruder gegen das Gesetz begraben zu haben, nähert sich die Sprache Antigones in ihrer Verteidigung auf »paradoxe« Weise der Sprache Kreons, der Sprache der Macht und Souveränität. Dadurch verschiebt sie die Macht (vgl. Butler 2001a, 19). Das Paradoxe daran liegt in der gleichzeitigen Aneignung und Ablehnung der Autorität: Aneignung der Sprache der Souveränität und zugleich Ablehnung der Souveränität (vgl. Butler 2001a, 28).

Ein aktuelles Beispiel für eine iterative, falsch zitierte und enteignete Wiedereinschreibung bildet der Begriff *queer*. Vormals als *hate speech* gegen Homosexuelle verwendet, wird der Begriff zum »umbrella term« und zur affirmativen Selbstdefinition zahlreicher sexueller Positionen, die bis hin zu einer Bildung einer eigenständigen Sozialtheorie geführt hat: der *Queer Theory*. In der folgenden Darstellung der *Queer Theory* soll jedoch die Resignifizierungs-Arbeit von *queer* nicht kritiklos übernommen werden, sondern mittels spezifischer Neutheoretisierungen ergänzt und ersetzt werden. Anstatt die Resignifizierung von *queer* erneut hervorzuheben, steht eine Dekonstruktion des *queer*-Subjekts und die Verknüpfung zwischen Ethik und *Queer Theory* im Vordergrund des nächsten Abschnitts.

V. Von anderen Ufern – Queer und *différance*

Ausgehend von einer Dekonstruktion der Ordnung von *sex*, *gender* und Begehren, wurde im letzten Kapitel die konstitutive Rolle des sexuellen Begehrens bzw. der Sexualität für die geschlechtliche Identifikation betont. Sexualität ist auch eine Vergesellschaftungsform von Geschlecht. Die diskursive und sozio-kulturelle Produktion von Wissen über Sexualität und Geschlecht verknüpft beide Kategorien performativ. »Sexualität« ist also keineswegs als ausschließliche Naturgegebenheit zu begreifen, sondern als ein historisches Dispositiv gesellschaftlicher Organisierung über das, was als Sexualität gilt und das, was als solches bezeichnet wird (vgl. Foucault 1977*b*, 128). Sexualität wird in den westlichen Gesellschaften innerhalb einer heterosexuellen Matrix organisiert, reguliert und produziert (vgl. Butler 1991). Die Ordnung der Geschlechter ist (hetero-)sexualisiert und die Sexualität vergeschlechtlicht. Insofern definiert die (Hetero-)Sexualität Geschlecht und wird zu einem Teil seiner Produktion. Geschlecht wiederum definiert die Sexualität als binäre Anordnung in der Opposition Hetero-/ Homosexualität (vgl. Genschel 1996, 525f). Gemäß der Dekonstruktion (vgl. Kapitel II.) dominiert in einer binären Ordnung das Innen (Heterosexualität) das Außen (Homosexualität).

Wird die Hetero- sowie die Homosexualität jedoch als ein gemeinsames Ensemble gegenwärtiger sexuierter Subjektpositionen aufgefasst, stellt sich die Frage, ob diese Dichotomie nicht wiederum ein konstitutives Außen, ein anderes Ufer besitzt, beispielsweise in der Abgrenzung zur Bisexualität. Die Ansicht, dass das gegenwärtige Sprechen über Sexualität in hohem Maße innerhalb zweier sexuierter Positionen (Hetero/Homo) zirkuliert, führt zur Frage nach dem konstitutiven Außen dieser Kategorien. Ohne die Marginalisierung der Homosexualität zu leugnen, kann eine Infragestellung dieses gemeinsamen Ensembles von Hetero- und Homosexualität und ihres Außen zu einer Problematisierung sämtlicher sexueller Identitäten und deren Konstituierung führen. Diese Problematisierung, wie sie sich die amerikanische *Queer Theory* zum Ziel gemacht hat, treibt dann nicht nur transversale Forschungen zur Konstruktion sexueller, von der heterosexuellen Norm abweichender Identitäten und deren Handlungs-, Denk- und Wahrnehmungsschemata voran, sondern versucht auch die Heterosexualität selbst als instabiles Zentrum zu dekonstruieren. Die *Queer Theory*, der akademische Hintergrund der *Queer*-Bewegung, rückt genau diese Prozesse der Identifikation in den Mittelpunkt ihrer Analysen. Es geht ihr um die Analyse und Dekonstruktion der Produktionweisen von »dem« Anderen, also eines bestimmten, durch eine andere Identität thematisierten Anderen; Produktionsweisen, die den Ausgrenzungsmechanismen der heterosexuellen Norm als Praktiken der Legitimierung dienen:[1]

Queer Theory problematisiert die Vorstellung eines kohärenten und repräsantativen homosexuellen Subjekts, das von einer »herkömmlichen« schwul-lesbischen Identitätspolitik als Ausgangspunkt wirksamer Politik begriffen wird. Ebenso wie Butler oder Laclau/Mouffe kritisiert die *Queer Theory* an traditioneller schwullesbischer Identitätspolitik deren Annahme, eine kohärente (biologische) sexuelle Identität gehe einer politischen Artikulation voraus oder sei sogar deren Bedingung. Anstatt jedoch dieser Annahme zu folgen, versucht die *Queer Theory* aufzuzeigen, wie diese Identitäten erst durch bestimmte Artikulationen hervorgebracht worden sind.[2]

Welche Auswirkung hat diese Perspektive hinsichtlich politischen Handelns? Wie lässt sich dessen Wirksamkeit bestimmen? Gilt es zwischen Identitäts- und *Queer*-Politik zu wählen oder findet sich hierbei selbst wieder ein Terrain der Unentscheidbarkeit? Inwiefern kann die *Queer Theory* ein politischer, theoretischer und vor allem ethischer Ausweg aus bisherigen identitätspolitischen Konzeptionen sein, die sich – nach Auffassung der *Queer Theory* – durch Mechanismen der Exklusion, einheitlichen Identitätsvorstellungen und Essentialismus den Weg in die selbsterrichtete Sackgasse schufen? Wie ist damit umzugehen, dass auch ein Knotenpunkt bzw. eine inklusive Subjektposition wie *queer* wiederum ein konstitutives Außen hervorbringt? Wo liegen die politischen Chancen und Risiken von *Queer Politics*?

Vor der Behandlung dieser Fragen erscheint es für die Erarbeitung der Antworten sinnvoll, die Konzeptionen der *Queer Theory* darzustellen (V.1.). Im Anschluss daran soll die Kritik der *queers* an der Identitätspolitik »traditioneller« Schwulen- und Lesbenbewegungen im Vordergrund stehen (V.2.). Es wird dabei deutlich wer-

---

[1] »I take as central to Queer Theory its challenge to what has been the dominant foundational concept of both homophobic and affirmative homosexual theory: the assumption of a unified homosexual identity. I interpret Queer Theory as contesting this foundation and therefore the very telos of Western homosexual politics.« (Seidman 1996, 11)
[2] Zum Begriff der Artikulation vgl. Kapitel III.

den, wie einerseits – gerade wegen der gegenwärtigen politischen Wirksamkeit – eine Polarisierung in Identitätspolitik und/oder *Queer Politics* politisch unproduktiv sein kann, denn auch die Queer-Bewegung birgt gewisse Risiken und problematische Nebenwirkungen (V.2.2.). Aus diesem Grund soll die Konzeption einer *Politik der Ambivalenz* entwickelt werden (V.2.3.).

Andererseits kann der *Queer-Theory* eine *ethische Komponente* – angelehnt an Lévinas – zugesprochen werden, was sie gegenüber »herkömmlichen« emanzipativen Bewegungen als eine ethisch-politische Bewegung auszeichnet (V.4.). Da aber die Queer-Bewegung selbst der Gefahr unterliegt, diesen ethisch-politischen Impuls im alltäglichen und politischen Handeln zu verlieren, wird am Ende eine mögliche Handlungsstrategie entwickelt, die diese gegenwärtigen politischen wie ethischen Probleme aufgreift und neu konzipiert (V.5.).

1. Queer Theory

»Die Lust ist etwas, das von einem Individuum zum anderen geht, sie ist keine Identitätsabsonderung. Denn die Lust hat keinen Paß, keinen Personalausweis.« (Veyne 1979, 25)

Das englische Wort *queer* besitzt viele Bedeutungen, von denen fast alle eine negative Konnotation haben: u.a. fragwürdig, sonderbar, schwummerig, wunderlich – und schwul. Bislang war der Ausdruck *queer* innerhalb der Alltagsdiskurse als eine sprachliche Praxis wirksam gewesen, die das benannte Subjekt *durch* diese Anrufung als Marginalisiertes erzeugte[3] und beschämen sollte. *Queer* will jedoch seine politische Wirkung genau aus dieser wiederholten Anrufung gewinnen, durch die es mit Beleidigung und Pathologisierung verbunden wurde. Im Sinne einer Resignifikation innerhalb der iterierten, performativen Anrufung ist *queer* zum artikulierten Begriff all jener geworden, die sich einer normativen Heterosexualisierung sozialer Bindungen entgegensetzen. Insofern versucht *queer* die Kraft, die aus der Autorität vorhergegangener Wiederholungen und Zitate (i.e. die Beschimpfungen) akkumulierte, in eine andere Richtung zu weisen. Auf verschiedenen Konferenzen der Yale University – und anderer Universitäten wurde der Begriff seit 1989 erstmals nicht in einem diskriminierenden Sinne verwendet und erfuhr all-

---

3   Vgl. Kapitel zur Performativität.

mählich einen Bedeutungswandel, der zu einer zunehmend positiven Konnotation und Artikulation führte (vgl. Warner 1993).

Wenn im Folgenden von *der Queer Theory* gesprochen wird, sollte bedacht werden, dass sich diese Theorie in einem ständigen Wandel befindet. Dies bedeutet für die vorliegende Analyse zweierlei: Erstens ist die *Queer Theory* keine kohärente wissenschaftliche Theorie, sondern eher – wie Sabine Hark betont – »eine politische und theoretisch-konzeptionelle Idee für eine Rekonzeptionalisierung von Geschlecht und Sexualität« (Hark 1993, 103). Zweitens wird in dieser Arbeit von einer partiellen Geschlossenheit dieses Theoriegebäudes ausgegangen, um mit Hilfe einer Fokussierung und vorgenommenen Schließung die wesentlichen Merkmale dieser theoretisch-konzeptionellen Idee verständlich darzustellen. Abweichungen und Risse, die durch die konzeptionelle Darstellung vorerst beiseite gelassen werden, sind dann im Kapitel zu »Risiken und Nebenwirkungen« thematisiert (V.2.1.).

Die *Queer Theory*, deren theoretischen Wurzeln in der Dekonstruktion, der feministischen Theorie, hier vor allem Butler, sowie in der Diskurs- und Machtanalyse Michel Foucaults liegen[4], problematisiert in Abgrenzung zu »traditionellen« Lesben- und Schwulenbewegungen die hegemonialen (hier im Sinne von vorherrschenden) sexuellen und geschlechtlichen Kategorien, die auf einer festen, geschlossenen und kohärenten Identität basieren. Die Kategorien »schwul« und »lesbisch« werden einerseits als zu undifferenziert und andererseits als auschließend betrachtet. Sowohl die Dekonstruktion als auch – Ende der 80er Jahre – die feministische Anthropologie (vgl. Moore 1993) konnten zeigen, dass nicht mehr von einheitlichen Identitäten und (leiblichen) Erfahrungen aufgrund der Zugehörigkeit zu einer gemeinsamen Geschlechtskategorie oder der gleichen sexuellen Orientierung gesprochen werden kann. Demzufolge ist auch eine homosexuelle Identität nicht einheitlich oder zur einzigen und ausschließlichen Identifizierung eines Subjekts zu erheben, denn das würde eine Vereinseitigung eines vielfach konstituierten Subjekt erzwingen (vgl. Butler 1991, 103).

Der *Queer Theory* kommt es aus diesem Grund darauf an, die differentiellen Beziehungen zwischen den Individuen innerhalb der Kategorien und ihrer Habitusstrukturen aufzuzeigen; Differenzen und Äquivalenzbeziehungen hinsichtlich *gender*, Ethnie, Klasse und Sexualität. Wegen dieser in verschiedener Weise relational verbundenen Differenzen kann nicht von einer homogenen Erfahrung innerhalb der Kategorien ausgegangen werden. Ziel der *Queers* ist es darum, Identitäten und Kategorien als permanent offen, dynamisch und veränderbar zu betrachten. Ihrer Ansicht nach besitzt kein Identitätsmerkmal das Potential, alle anderen

---

4 Vgl. Gamson (1996), Epstein (1996) und Seidman (1996).

Merkmale zu beherrschen oder zu ordnen. Der *Queer*-Kritik an einer Dominanz von bestimmten Identitätsmerkmalen in der Fremd- und Selbstbeschreibung geht es aber nicht einfach darum, das Subjekt als eine Pluralität von Identifizierungen zu würdigen, sondern – wie schon bei Butler zu beobachten war – die Formen und Weisen der Subjektivierungen, Identifikationsprozesse und Selbstbeziehungen der Subjekte bzw. der Subjektpositionen innerhalb der Dispositive zu analysieren.

Sexualität stellt für die *Queer Theory* nicht mehr ein biologisches Faktum dar, sondern sie entlarvt die Existenz zweier Geschlechter sowie die Manifestation sexueller Vorlieben in lediglich hetero- oder homosexuelle Form als diskursive und historische Produkte. Die *Queer Theory* steht dabei für den Versuch, die sexuellen Identitätskategorien (und damit auch die Heterosexualität als Identifikation) in ihrer angenommenen Kohärenz in Frage zu stellen und Sexualität als *eine*, wenn auch zentrale Form der Vergesellschaftung anzuerkennen. Sie betrachtet Homosexualität und Heterosexualität als historische und diskursive Kategorien, die den Rahmen dafür konstituieren, wie über Körper, Bedürfnisse und Sexualität gesprochen wird; eine normative Sprache, die moralische Grenzen und politische Hierarchien bildet. Aus diesem Grund will sie ihren Blick auf die institutionellen Praktiken und institutionalisierten Diskurse richten, die diese Sprache über Sexualität erst hervorbringen (vgl. Foucault 1977*b*) und das soziale Leben organisieren (vgl. Seidman 1996, 13). Indem von der *Queer Theory* darüber hinaus die Heteronormativität zum Thema gemacht wird, rückt sie die institutionellen Wirkungsmächtigkeiten der diskursiven Formationen der Heterosexualität in den Mittelpunkt ihrer theoretischen Betrachtungen. Die Norm der Heterosexualität, d.h. die normative Auffassung von Heterosexualität als die »normale« Ausprägung sexuellen Begehrens, organisiert nicht nur das, was als »natürliche« Sexualität bezeichnet wird und was nicht, sondern sie produziert auch gesellschaftliche Normen, Werte, Strukturen und Konzepte, die sich vielleicht nur auf den ersten Blick als »sexualitätsfreie« Vorstellungswelten und Institutionen darstellen. Wie die Theoretiker und Theoretikerinnen der *Queer Theory* darlegen, ist die (Hetero)Sexualität wirksam in verschiedenen kulturellen, materiell gewordenen Konzeptionen von Körperlichkeit und Geschlecht, von Familie, Individualität und (National)Staat, in verschiedenen Oppositionen wie privat/öffentlich, passiv/aktiv, Wahrheit/Geheimnis, Hetero/Homo, Natur/Kultur, Mann/Frau, Begehren/Identität etc. (vgl. Warner 1993). Die *Queer Theory*, die sich als allgemeine Sozialtheorie versteht, reflektiert nicht allein die sogenannte Abweichung konventioneller, diskursiver Anordnungen von Innen/Außen oder Zentrum/Marginalität, sondern sie versucht auch dekonstruktivistisch direkt das Zentrum, das Innen, das heißt die sogenannte Normalität in den Mittelpunkt ihrer Analysen zu rücken. Dabei wird deutlich, dass jegliche Identität keine kohärente und einheitliche Substanz besitzt, sondern immer ein *Supplement* im Derrida'schen Sinne benötigt, was bedeutet, dass eine einheitliche, statische und abgeschlossene Identität nicht existiert. Nach Ansicht der *Queer Theory* liefern die sozial konstruierten binären Strukturen wie zum Beispiel Natur/Kultur, Mann/Frau, Innen/Außen und insbesondere die Dichotomie Hetero-/Homosexualität eine Basis für Marginalisierungen, denn jede Dichotomie ist nach Beurteilung des Soziologen Zygmunt Bauman:

> »eine Übung in Macht und zur gleichen Zeit ihre Verhüllung. Obgleich keine Dichotomie ohne die Macht, zu trennen und abzusondern, Bestand hätte, schafft sie eine Illusion der Symmetrie. Die vorgespielte Symmetrie der Resultate verbirgt die Asymmetrie der Macht, die ihre Ursache ist. Die Dichotomie stellt ihre Glieder als gleich und austauschbar dar. Trotzdem bezeugt gerade die Existenz das Vorhandensein einer differenzierenden Macht. Es ist die machtgestützte Differenzierung, die den Unterschied macht [...]. In für die Praxis und die Vision gesellschaftlicher Ordnung entscheidend wichtigen Dichotomien versteckt sich die differenzierende Macht in der Regel hinter einem der Glieder der Opposition. Das zweite Glied ist nur *das Andere* des ersten, die entgegengesetzte (degradierte, unterdrückte, exilierte) Seite des ersten und seine Schöpfung. Auf diese Weise ist die Abnormität das Andere der Norm, Abweichung das Andere der Gesetzestreue, Krankheit das Andere der Gesundheit, Barbarei das Andere der Zivilisation, das Tier das Andere des Menschen, die Frau das Andere des Mannes, der Fremde das Andere des Einheimischen, der Feind das Andere des Freundes, ›sie‹ das Andere von ›wir‹, Wahnsinn das Andere von Vernunft, der Ausländer das Andere des Staatsbürgers, das Laienpublikum das Andere des Experten. Beide Seiten hängen voneinander ab, aber die Abhängigkeit ist nicht symmetrisch. Die zweite Seite hängt von der ersten hinsichtlich ihrer ins Werk gesetzten und erzwungenen Isolierung ab. Die erste hängt von der zweiten hinsichtlich ihrer Selbstbehauptung ab.« (Bauman 1995*b*, 28f)[5]

Hinsichtlich Homosexualität und Heterosexualität bedeutet dies, dass Heterosexualität in unserer Gesellschaft als das Normale und Homosexualität als das Andere betrachtet wird, beide aber voneinander abhängig sind. Beide stehen in Opposition zueinander. Das erste ist, was das zweite nicht ist, was freilich nicht heißt, dass beide denselben gesellschaftlichen Status haben. Wie die meisten Oppositionen, ist auch diese eine Variation der obersten Opposition von *Innen* und *Außen*. Das Außen ist die (normative) Negativität der Positivität des Innen. Das Außen ist das, was das Innen nicht ist, doch gäbe es kein Innen ohne das Außen (vgl. Fuss 1991, 1).

Queer Theory setzt an dem Verbindungspunkt der Opposition von Innen und Außen an. Indem nur in diesem dichotomen Schema gedacht, gehandelt, wahrgenommen und kategorisiert wird, wird das Innen ständig reproduziert und selbst noch bei einer Betonung des Außen bestärkt. Sobald sich die »traditionelle« Homosexuellenbewegung, diejenige also, die von einem gleichermaßen vor-diskursiven, vor-politischen einheitlichen homosexuellen Subjekt ausgeht, als ein »natürliches« Supplement begreift und aufgrund einer angenommen Natürlichkeit li-

---

5 Zygmunt Bauman ist jedoch kein expliziter Vertreter der *Queer Theory*, wie man vielleicht vermuten könnte und orientiert sich eher an einer »Soziologie der Postmoderne«, weswegen nur einige seiner Theorieelemente in diese Studie, insbesondere im Schluss aufgenommen werden.

berale Gleicheitsrechte, wie zum Beispiel das Recht auf Eheschließung, einfordert, fügt sie sich nach Meinung der *queers* der gesellschaftlichen Normalität und bestärkt durch diese Ergänzung den bereits bestehenden ungleichgewichtigen Status; das heißt, sie erhält die Dichotomie aufrecht.[6] Warum, so könnte man sich fragen, ist dies problematisch, besitzen dann doch alle Homosexuellen die gleichen liberalen Rechte? Warum sollte Homosexualität nicht zum Innen avancieren?

Eine Infragestellung von hierarchischen Dichotomien und binären Mustern, die sich mittels einer bloßen Umkehrung ausdrückt, ist für die *Queer Theory* keine Lösung für die Marginalisierung der Homosexualität. Denn wenn die Homosexualität eine Innenposition einnimmt, würde sich Homosexualität immer noch durch Heterosexualität konstituieren, ganz zu schweigen davon, welche anderen sexuellen und ambivalenten Zwischenkategorien wie beispielsweise Bisexualität dann nicht berücksichtigt werden. Dabei wird deutlich, dass ein ausschließliches Insistieren auf Hetero- und Homosexualität andere sexuierte Positionen verwirft. Dies führt zu einer generellen Beurteilung von Subjektkonstituionen, die darin liegt, dass keine Subjektposition oder sexuierte Kategorie ohne eine *Logik der Verwerfung* auskommt. Das heißt, um die Einheit einer Identität zu betonen, wird das Andere der Identität verworfen. Welche Konsequenzen sich daraus ethisch, theoretisch aber auch politisch ergeben und wie damit im Sinne einer ethisch-politischen Konzeptionalisierung und hegemonialer Artikulation umzugehen ist, wird Thema der nächsten Abschnitte sein (V.5). Nur soviel sei in Bezug auf Judith Butler schon einmal festgehalten: Die Logik der Verwerfung, die die normativierende Heterosexualität auszeichnet, kann ebenso auch andere ›sexuierte Positionen‹ beherrschen.

---

6   In dem ganzen Diskurs um die »Homo-Ehe«, so Maria del mar Castro Varela, ist es der *Queer Theory* möglich, die Ungerechtigkeit des demokratischen Rechtssystems aufzuzeigen und den Ausschluss bzw. das Außen (zum Beispiel anderer Ethnien), den die Binarität von Hetero- und Homosexualität (solange sie nicht ihre Verwobenheit auch in den staatsbürgerlichen Identitätsdiskurs eingesteht) sowie das Rechtssystem aufrecht erhält, zu kritisieren: »Schauen wir uns die Landkarte der politischen Strategien an, die diesem Demokratie-Gap beggnen, müssen wir ernüchtert feststellen, dass es heute vor allem der Schwulenverband Deutschland ist, der sich dieser skandalösen Rechtslage annimmt, um sie fatalerweise mit der Forderung nach der sogenannten Homoehe zu verknüpfen. Sogleich können damit partikulare Interessen entlarvt werden. Eine eingetragene Partnerschaft würde nur denen Aufenthaltserlaubnis und damit Schutz bieten, die in fester Partnerschaft mit einem deutschen Staatsbürger/einer deutschen Staatsbürgerin leben, was natürlich nach § 19 AusländerInnengesetz eine vom Partner/der Partnerin unabhängige Aufenthaltserlaubnis erst nach vier Jahren nach sich zieht. Das heißt – wie bei binationalen Ehen schon lange politisch beklagt –, die nicht-deutsche Partnerin wäre für vier Jahre (in Härtefällen drei Jahre) auf Gedeih und Verderb an die deutsche Partnerin gebunden. Hier das Wort Gleichstellung auch nur in den Mund zu nehmen ist geradezu zynisch. Und was ist mit Lesben, die geflüchtet sind und keine Partnerinnenschaft zu einer Deutschen vorweisen können? Queer hat da zumindest theoretisch mehr zu bieten. Die Hinterfragung grundlegender Kategorien und die Aufdeckung der diskursiven Macht von Recht und Gesetz sperren sich gegen realdemokratische Konzepte und fordern radikaldemokratische Strategien.« (Castro Varela 1999, 38)

Die Logik der Verwerfung kann ebenso schwule und lesbische Identitätspositionen charakterisieren und absichern, indem diese sich durch die Produktion und Verwerfung eines heterosexuellen oder bisexuellen Anderen konstituieren. »Diese Logik wird in dem Versäumnis, die Bisexualität anzuerkennen, ebenso dauernd wiederholt wie in der normativierenden Interpretation der Bisexualität als einer Art fehlender Loyalität oder mangelnder Festlegung – zwei grausame Strategien der Auslöschung.« (Butler 1994, 127f)

Das übliche binäre Denken und Wahrnehmen in ausschließlich diesen zwei Formen der Sexualität (entweder ist man homosexuell oder heterosexuell) schließt andere sexuierte Positionen sowie Spuren einer Andersheit, die nicht mehr begrifflich gefasst werden können, aus. Darum will es sich die *Queer Theory* zur Aufgabe machen, diese Hauptkategorien der Sexualität – wie binäre Strukturen allgemein – zu dekonstruieren.

Somit wird ein weiterer, eher praktischer als theoretischer Unterschied zur traditionellen Schwulen- und Lesbenbewegung offensichtlich: Unter dem Begriff *queer* versammelt sich eine Bandbreite von sexuellen und sozialen Kategorien wie Bisexuelle, Transsexuelle, Transvestiten, cross-dresser, drags etc., aber auch Heterosexuelle, die einer Ausgrenzung von Menschen mit »anderem« sexuellen Begehren Widerstand leisten.[7] *Queer* dient in diesem Sinne als »umbrella term«, um über alle sexuellen Orientierungen außerhalb der heterosexuellen Norm zu sprechen, nicht nur über Lesben und Schwule.[8] *Queer* ist der Knotenpunkt einer Äquiva-

---

7   Der Unterschied zwischen Transvestiten und Transsexuellen wird oftmals vermischt. Als Transsexuelle werden allgemein diejenigen Menschen bezeichnet, die einen Widerspruch zwischen ihrer biologischen und sozialen Geschlechtszuschreibung erfahren bzw. erfahren haben und sich einer operativen Anpassung unterziehen wollen bzw. unterzogen haben. Transvestiten sind für gewöhnlich nicht an einer Änderung ihres Körpers interessiert, sondern tragen lediglich die Kleider der jeweils anderen Geschlechtsidentität (vgl. Epstein 1995, 6). Zu diesem Kleidertausch können auch anders-geschlechtliche Gesten, Mimiken oder Rollenverhalten hinzukommen, wobei dieses Rollenverhalten von einer Idealisierung des anderen Geschlechts bis hin zu Auflockerung rollenspezifischer Sterotypen reichen kann (siehe auch Kapitel V.2.1.). Transvestismus wird des öfteren in Verbindung mit Homosexualität gebracht, was aber gemäß empirischer Forschungsergebnisse nicht zutrifft (vgl. Garber 1993, 190). Allerdings ist die Geschichte des Transvestismus in der westlichen Kultur laut Garber auch nicht gänzlich von der Geschichte der Homosexualität, insbesondere der schwulen Identität zu trennen (vgl. Garber 1993, 14). Drag-Queens sind homosexuelle Männer, die sich als Verführerinnen inszenieren. Sie zeichnen sich im Gegensatz zu einem crossdresser, der nicht unbedingt homosexuell lebt, durch eine deutliche Überspitzung, Inszenierung und Künstlichkeit des Weiblichen aus.
8   Uneinigkeit herrscht jedoch innerhalb der Queer-Bewegung darüber, ob auch sogenannte perverse und machtförmige Sexualpraktiken wie Sodomie oder Pädophilie in den Begriff *queer* einbezogen werden sollen und wo die (identifikatorischen) Grenzen des Begriffs zu ziehen sind. Einige der Anhänger und Anhängerinnen der Queer-Bewegung wollen nicht mit sozial schockierendem und von einer herrschaftsbekämpfenden Politik abzulehnenden Sexualverhalten identifiziert werden. Als ein »leerer Signifikant« bleibt die Bedeutung um *queer* somit umkämpft.

lenzkette im Sinne Laclaus und Mouffes (vgl. Kapitel III.). Das verbindende Element liegt in der gemeinsamen Erfahrung der Marginalisierung bzw. des Außen, in der gemeinsamen Erfahrung derer, die keiner Gemeinschaft angehören (vgl. Nancy 1986). Dabei birgt die Pluralität dessen, was unter »queer« versammelt werden soll, einerseits Chancen und andererseits Risiken für eine hegemoniale Artikulation im Politischen.

2. Queer-Politics – Chancen und Risiken – Politik der Ambivalenz

> »Die Griechen konnten den Homosexuellen gegenüber nicht tolerant oder intolerant sein, weil sie gar nicht wußten, was Homosexualität ist. Sie klassifizierten die sexuellen Verhaltensweisen nicht nach dem Geschlecht, sondern nach der gesellschaftlichen Klasse und den Kategorien aktiv und passiv. [...] Die Griechen hatten ebensoviele Vorurteile wie wir, aber sie hatten nicht dieselben Vorurteile wie wir.« (Veyne 1979, 17ff)

Die Entstehung der *queer*-Bewegung muss u.a. vor dem Hintergrund der ansteigenden Zahlen von HIV-Infizierten betrachtet werden und den sich daran anschließenden Fremdzuschreibungen konservativer Kreise, die behaupteten, Schwule, Lesben oder Bisexuelle förderten in erhöhtem Maße die Verbreitung von AIDS. *Queer* verstand sich auch als aktionistische Antwort auf die »AIDS-Krise« und auf die zunehmenden Homophobien, die aus den Reaktionen auf AIDS öffentlich wurden. Die Aids-Krise, die aber trotz aller Fremdzuschreibungen auch die Homosexuellenszene intern betraf, hat nach Douglas Crimp die Homosexuellen und Bisexuellen direkt mit den Konsequenzen von Separatismus und Liberalismus konfrontiert. In dieser politischen Krise wurde der Begriff *queer* artikuliert, um neue politische Identitäten zu entwerfen (vgl. Crimp 1993, 314).[9] Homosexualität oder *queer* als umfassendere Kategorie wird allerdings zur Zeit im bundesdeutschen Diskurs nicht mehr mühelos mit AIDS in Verbindung gebracht und die soziale Mittelschicht der Homosexuellen ist immer mehr auch in den Medien präsent. Dadurch

---

9 Dabei konnte in den USA die *Queer Theory* auf bereits eingerichtete Institutionen wie Schwul-Lesbische Studien aufbauen.

stellt sich vielleicht überhaupt die Frage, welchen historischen Status *queer* heute hat. Ist beispielsweise die Wahl eines Schwulen zum Bürgermeister von Berlin nicht Anzeichen einer zunehmenden Toleranz gegenüber anderen sexuellen Praktiken? Wie ist die Einführung der »Homo-Ehe« zu betrachten? Bedeutet eine Liberalisierung, wie sie zum Beispiel auch die »Homo-Ehe« eventuell darzustellen vermag, dass insgesamt eine Diskursverschiebung der Heteronormativität hin zum mehr Toleranz oder sogar zur Infragestellung von »Normalität« überhaupt stattgefunden hat? Einerseits haben finanziell schlechter gestellte *queers* oder Homosexuelle nicht die gleichen Chancen wie besser bemittelte und andererseits stellt auch die »Homo-Ehe« nicht zwingend die von der *Queer Theory* anvisierten, veränderbaren Sichtweisen auf sexuelle und geschlechtliche Kategorien in Frage und beruht zudem auf verschiedenen Ausschlüssen, beispielsweise von Migrantinnen, Migranten[10] oder Bi-,Trans und Intersexuellen. Gerade letztere Kategorie verdeutlicht mitunter die heutige Relevanz von *queer*: Unter *queer-Politics* können nämlich auch jene Kämpfe gegen die Zwänge zu geschlechtlicher Eindeutigkeit fallen, die von Intersexuellen oder *transgenders* geführt werden. So gab es zum Beispiel im Frühjahr 1998 eine Koalition verschiedener Gruppen – Transvestiten, Schwule, Lesben, Bisexuelle, Intersexuelle, Heterosexuelle etc. –, die bei einer kinderärztlichen Fachtagung am Berliner Universitätskrankenhaus Charité auf die Zusammenhänge und Wechselwirkungsprozesse medizinischer Zuweisungspraktiken, Zwänge zur geschlechtlichen Eindeutigkeit oder Phobien gegenüber Intersexuellen aufmerksam machten. Vor allem protestierten sie gegen die Verstümmelung intersexueller Kinder (vgl. Reiter 2000).[11]

Queer Politics, die vor allem vor dem Hintergrund einer restriktiven Aids-Politik der USA und der dortigen neo-konservativen Stabilisierungsversuche der heterosexuellen Ordnung zu verstehen sind (vgl. Genschel 1996, 528), bergen in sich verschieden gelagerte Probleme:[12] Einerseits stellt sich die Frage nach kurz-

---

10 Die Diskriminierung von Migrantenpaaren bleibt auch in der Homo-Ehe erhalten. Der nachziehende Partner erhält die Arbeitsberechtigung frühestens nach 2 Jahren.
11 Siehe dazu auch den Artikel von Butler in der Zeitschrift »Das Argument«: »Jemandem gerecht werden. Geschlechtsangleichung und Allegorien der Transsexualität« (Butler 2001*b*), in der sie anhand eines amerikanischen Falls von Zwangsverstümmeling und Geschlechtszuweisung die Regulierungen von Intelligibilitäten demonstriert.
12 Die Diskurse um den Signifikant *queer* sind dabei auch territorial verschieden und verschoben: In der Bundesrepublik Deutschland nimmt »queer« im Alltagsgebrauch häufig lediglich die Bezeichnung für Lesben und Schwule an. Andere sexuelle Positionierungen wie beispielsweise Bisexualität sind demnach nicht darunter subsumiert. Deutlich wird dies bei der Lektüre der Zeitung »Queer. Die Monatszeitung für Schwule und Lesben.« (Schulze 2001). Die Monatszeitung sowie die dazugehörige Internetseite (www.queer.de) sind vor allem auf ein schwules Publikum ausgerichtet. In dieser Arbeit soll unter der Queer-Bewegung jedoch die Bewegung derer gefasst werden, die gerade über den Horizont einer reinen Lesben- und Schwulen-Bewegung hinaus gehen (vgl. Genschel 1996, 528).

fristigen und wirksamen politischen Strategien jenseits von der Dekonstruktivität und andererseits ergeben sich immanente Widersprüche, in die sich politische Strategien der *Queer Politics* verstricken. Dabei ist eine doppelte Bewegung zu konstatieren: Auf der einen Seite scheint es, dass die *Queer-Politics* durch die Dekonstruktion in ein politisches Dilemma fallen: Außerhalb einer Politik der Performativität und wissenschaftlicher Diskurse sind Vermittlungen über die Konstruiertheit von Subjektpositionen äußerst schwierig. Aufgrund dieser schwer vermittelbaren theoretischen Grundlage kann *Queer-Politics* keine *kurzfristigen* politischen Veränderungen im realpolitischen Raum zeitigen. Es können die als real erlebten sozialen Existenzweisen und Körperpraktiken beispielsweise als »Hetero« oder »Homo«, das heißt die Modi, in der diese Subjektpositionen als real bzw. materiell gelebt und erlebt werden, übersehen werden.[13] Auf der anderen Seite kann *Queer-Politics* gerade durch die Vernachlässigung der Dekonstruktion in genau dieselbe identitätslogische Richtung weisen, die sie an »traditionellen« Identitätspolitiken kritisiert. Dies führt innerhalb der Queer-Bewegung zu verschiedenen ungelösten Spannungen, die in Abschnitt V.2.2. besprochen werden.

Anstatt jedoch in politische Resignation zu verfallen, können diese quasi unentscheidbaren Bewegungen, deren Darstellung noch folgt, politische Chancen eröffnen, die nicht in einheitliche Strategien münden, sondern selbst in einem unentscheidbaren Terrain immer wieder zu entscheiden sind und sich gegenseitig implizieren – einer Strategie der Verflechtung Derridas zwischen messianischem Versprechen, dekonstruktiver Lektüre und Kritik nicht unähnlich (vgl. Derrida 1996*b*, 141).

Im Folgenden soll zunächst die Abgrenzung der Queer-Bewegung bzw. der *Queer-Politics* zur Identitätspolitik im Mittelpunkt stehen. Dabei werden *Queer-Politics* den Prämissen der Identitätspolitiken gegenübergestellt (V.2.1.). Im Anschluss daran geht es um bestimmte Risiken und Nebenwirkungen der *Queer-Politics*, die einen geringen Bezug zur Dekonstruktion aufweisen und damit einen wesentlichen Widerspruch zwischen Theorie und Praxis innerhalb der Queer-Bewegung verdeutlichen (V.2.2.). Um kurzfristig politisch wirksam sein zu können, sollen *Queer-Politics* und Identitätspolitiken in der Strategie einer *Politik der Ambivalenz* versammelt werden (V.2.3.), die sich als politischer Ausweg aus einem *entweder* »queer« *oder* herkömmliche Identitätspolitik versteht. Warum die Queer-Bewegung im Gegensatz zu den identitätspolitischen sexuellen Bewegungen jedoch im Wesentlichen eine *ethisch-politisch* bedeutsame Strategie darstellt, soll

---

13 Vgl. das Kapitel zu »Queer und die Politik der Ambivalenz«. Insbesondere eine Vernachlässigung der materialistischen Kritik ist bei *Queer-Politics* zu beobachten. Zur doppelten Strategie, *queer* und eine historisch-materialistische Kritik zu verknüpfen, siehe das Buch »The Material Queer« (Morton 1996).

anhand ihrer ethischen Fundierung im Lévinas'schen Sinne verdeutlicht werden (V.3.). Daran knüpft sich auch die Notwendigkeit an, die *Queer Theory* zu *queeren*, das heißt, sowohl die *Queer Theory* als auch ihre Politiken selbst noch einmal einer dekonstruktiven Bewegung der *différance* zu unterziehen und das dort entwickelte Verständnis von *queer im Sinne der différance* in einer *Politik der Ambivalenz* zu verorten (V.4.).

2.1. Queer-Politics versus Identity Politics

Nach Auffassung der Queer-Bewegung gehen viele Teile der Schwulen- und Lesbenbewegung von einer einheitlichen und biologisch determinierten Identität aus. Erst aufgrund dieser Prämisse sei ein geschlossener und damit effektiver Widerstand gegen Diskriminierung und Benachteiligung möglich (vgl. Seidman 1996). Die als wesenhaft betrachteten Identitäten werden in einem operationalen Sinne eingesetzt, um Handlungspotentiale auszuschöpfen. Gemäß der *Queer Theory* sollten diese Identitäten jedoch als Produkte verschiedener historischer, soziokultureller Prozesse angesehen werden. Die Queer-Bewegung versucht anhand der Dekonstruktion von Identitäten Brüche und Transformationen innerhalb der heterosexuellen sowie der homosexuellen Ordnung herbeizuführen. Sie verortet sich selber nicht in einer Subkultur, sondern in der Mitte der Gesellschaft, d.h., ihr geht es im Wesentlichen um die Infragestellung sexueller Normen, selbstverständlicher Kategorien und der Dekonstruktion von »Normalität« überhaupt. *Queer Politics* versteht sich so als konfrontative Gegenpolitik zur Zweigeschlechtlichkeit und »Zwangsheterosexualität«, sowie zu essentialistischen Konstruktionen von Homosexualität, da diese die bestehende Heteronormativität absichern. Im Gegensatz zur Formierung, Behauptung und Verteidigung ursprünglicher und wesenhafter Identitäten, versucht *queer* die identitätspolitischen Logiken und die Verweigerung biologistischer Erklärungsmuster transparent zu machen. *Queer-Politics* kritisiert sämtliche soziale Bewegungen, in denen die Suche, die Formierung und die Artikulation homogener Identitäten im Vordergrund stehen – Identitäten, die notwendig ein konstitutives Außen auch in der Identität selbst haben, Differenzen innerhalb der Identitäten verdecken und dennoch als gemeinsame Bedingung politischen Handelns angesehen werden. Während identitätspolitische Bewegungen eine gemeinsame, biologisch erfahrbare Identität hervorheben, besteht für die Queer-Bewegung die Gemeinsamkeit in der Erfahrung der Marginalität verschiedener, zu Sub-jekten produzierter Subjektpositionen, d.h. die Queer-Bewegung konstituiert sich durch ihren konstitutiven, sozialen Außenstatus. *Queer Politics* versucht deshalb die brüchigen und verworfenen Identitäten (nicht nur sexuelle, sondern auch ethnische) sichtbar zu machen, die Mechanismen der Exklusion kritisch zu reflektieren und nach anderen Formen symbolischer Repräsentation zu suchen. Dies drückt sich beispielsweise durch *kiss-Ins* in Bars mit vorwiegend heterosexuellem Publikum oder durch *die-Ins*, die auf die AIDS-Problematik hinweisen möchten, aus. Die Queer-Bewegung will keine Teilhabe- oder Assimilierungpolitik, sondern sucht die Konfrontation. Identitätspolitik ist nach Ansicht der *queers* Assimilierungspolitik. Aufgrund der Akzeptanz bestehender, imaginisierter und konstruierter Kategorien und Essentialitäten, bewirkt sie – wie im Falle der Homoehe – eine Angleichung an den heterosexuell geprägten gesellschaftlichen Diskurs. *Queer Politics* geht es um die Rehabilitierung aller vom Heterosexismus und der euro-amerikanischen Mittelschicht ausgegrenzten Lebensweisen, wie Butler in »Haß spricht« (Butler 1998) und »Körper von Gewicht« (Butler 1997*b*) deutlich macht; nicht nur Schwule und Lesben, sondern auch Opfer rassistischer Dominanzpolitik können zur *Queer*-Bewegung gehören. In diesem Sinne fordert Sabine Hark, die Verwebung sexueller und geschlechtlicher Identitäten mit anderen strukturierten, diskursiven Feldern des Sozialen aufzudecken:

>»Investitionen in die Kohärenz von Identität haben jedoch nicht nur homogenisierende Effekte auf der politischen Ebene, sie verhindern ebenso eine komplexere Analyse sozialer Realitäten. Denn Geschlecht und Sexualität existieren ebensowenig isoliert voneinander wie von anderen komplex strukturierten diskursiven Feldern wie Rasse, Klasse, Kultur, Ethnizität. Mit anderen Worten, es ›gibt‹ Geschlecht oder Sexualität nicht in einer monolithischen, authentischen, sich immer gleich seienden Form, sondern nur in vielfältigen Formationen innerhalb der komplexen Verhältnisse, in denen sie konstruiert und ausgeübt werden.« (Hark 1993, 108)

Geschlecht und Sexualität werden von den *queers* als kontextgebundene Kategorien begriffen. Eine sozialwissenschaftliche Reflexion über Sexualität benötigt deshalb vielschichtige Analysen der Überdeterminierungen, Überschneidungen und wechselseitigen Konstituierungen von Geschlecht, Ethnie, Klasse, Kultur etc., die nicht nur im Sinne einer additiven Aufzählung, sondern als gegenseitige Verflechtungen zu analysieren sind. *Queer-Politics* versteht sich dadurch nicht nur als eine Politik gegen die Norm der Heterosexualität, sondern als Bewegung aller Marginalisierter, d.h. eine Bewegung all derer, die die gemeinsame Erfahrung eines Außen bzw. konstitutiver sozialer Exklusion machen.

Durch Strategien öffentlicher *kiss-ins* in heterosexuellen Bars, vor Kirchen etc. oder – im Zuge der amerikanischen Aids-Politik – durch *die-ins*, sowie beispielsweise durch »falsches Zitieren« mittels *cross-dressing*, soll der Gesellschaft konfrontativ und provokativ entgegengetreten und mit Hilfe von Anti-Assimilierungspolitik, Dezentralisierung politischer Aktionen, Bündnissen und Dekonstruktion, die verschiedenen sozio-kulturellen, ökonomischen und politischen Bereiche auf ihre normativ-heterosexuellen Bestandteile hin untersucht und offen gelegt werden.[14] Damit sollen Forderungen der Identiätspolitik nach Gleichstellung, wie sie zum Beispiel in Slogans »Wir sind welche von Euch, Eure Töchter und Söhne, warum verstoßt Ihr uns!?« zum Ausdruck kommen, vermieden und konfrontative Schlachtrufe wie »We are here. We are queer, get used to it!« einer als heterosexuell-patriarchalisch gekennzeichneten Gesellschaft zur Auseinandersetzung in den politischen und sozio-kulturellen Raum entgegengesetzt werden.

Ein weiteres Merkmal der »traditionellen« Identitätspolitik, das mit der von Lisa Duggan als »liberal« bezeichneten Assimilationspolitik eng verknüpft ist, besteht in der Tendenz zur essentialistischen, biologischen Annahme einer »Quasi-Ethnizität« oder biologisch begründeten Gemeinschaftlichkeit (gay and lesbian communities), die die vorgegebenen Dualismen reproduziert (vgl. Duggan 1992). Binäre Strukturen (wie Mann/Frau, Heterosexualität/Homosexualität, Natur/Kultur) werden beibehalten und die Nicht-Anerkennung interner Differenzen sowie externe Verwerfungen (zum Beispiel Bisexueller) sind für diese Strategie sogar politische Notwendigkeit.[15]

»Obwohl schwule und lesbische Subjekte nicht die soziale Macht, nicht die signifizierende Macht inne haben, die Heterosexualität auf eine wirksame Weise verwerflich zu machen (jene ständige Wiederholung läßt sich nicht mit der messen, die die Verwerflichkeit der Homosexualität zur Regel macht) gibt es bei der schwulen und lesbischen Identitätsbildung dennoch zuweilen den Versuch, ein konstitutives Verhältnis zur Heterosexualität zu leugnen. Diese Leugnung wird als eine politische Notwendigkeit inszeniert, schwule und lesbische Identität gegenüber ihrem scheinbaren Gegensatz, der Heterosexualität, zu *spezifizieren*. Die gleiche Verleugnung gipfelt jedoch paradoxerweise in einer Schwächung eben der Personenkreise, die sie einigen soll. Eine solche Strategie schreibt der Heterosexualität nicht bloß eine falsche Einheit zu, sie verpasst auch die politische Gelegenheit, sich die Schwäche in der heterosexuellen Subjektivierung zunutze zu machen und die Logik des gegenseitigen Auschlusses zu widerlegen, mit der der Heterosexismus vorgeht. Darüber hinaus kann eine umfassende Leugnung dieser Wechselbeziehung eine Ablehnung der Heterosexualität darstellen, die bis zu einem gewissen Grade eine Identifizierung *mit* einer zurückgewiesenen Heterosexualität ist. [...] Damit eine schwule oder lesbische Identitätsposition ihre Erscheinung als kohärent wahren kann, muß die Heterosexualität an ihrem zurückgewiesenen und verworfenen Platz bleiben. Paradoxerweise müssen ihre heterosexuellen *Restbestände* genau durch den Nachdruck auf der nahtlosen Kohärenz einer spezifisch schwulen Identität *aufrechterhalten* werden.« (Butler 1994, 128f)

Eine Kohärenz, die das Subjekt auf Kosten der eigenen Vielschichtigkeit und Verbindungen der Identifizierungen eingeht oder herstellt, schließt potentielle Ver-

---

14 Cross-Dressing ist streng genommen lediglich ein anderer Begriff für Transvestismus: ein geschlechtsbezogener Kleidertausch, durch den das andere Geschlecht imitiert und zitiert wird. Der Begriff »Transvestismus«, von Magnus Hirschfeld 1910 eingeführt, wird heutzutage von weiten Teilen der anglo-amerikanischen Transvestiten-Szene abgelehnt, weil er den Anschein einer zwanghaften Desorientierung erweckt (vgl. Garber 1993, 13). Anstelle dessen soll der Begriff »cross-dressing« einen bewusst gewählten Lebensstil ausdrücken. Zur Problematisierung eines strategisch-politischen Einsatzes des cross-dressing siehe V.2.2.
15 Wie und in welchem Maße diese Strategie unter Bezug auf biologische und wesenhafte Identitäten alles andere als ethisch im Lévinas'schen Sinne ist, wird noch aufgezeigt.

bindungen, die das Wirkungsfeld des Subjekts erweitern und politisch wirksam machen könnten, vorab aus. Eine ständige Betonung und Artikulation dieser kohärenten Identität innerhalb von Identitätspolitik läuft dann Gefahr, zu ihrem eigenen Politikgehalt zu werden und nicht die Dynamik der Verwerfungen zu überwinden, mit der diese kohärenten Subjekte geschaffen wurden. Vielleicht, so die Queer-Bewegung, könnte eine neue Konfiguration der Politik entstehen, wenn man feste Identitäten nicht länger als Prämissen für eine wirksame Politik dächte und die Politik nicht mehr als ein Verfahren verstände, das aus den angeblichen Interessen vorgefertigter Subjekte abgeleitet wird. Vielmehr gilt es die politischen Produktionsweisen dieser Identitäten zu hinterfragen und die Heterogenität von Identifizierungen zu reflektieren. Die Tatsache, dass Identität vielschichtig ist und Identifizierungen wechseln können, bedeutet für die *queers* nicht, dass eine Identifizierung zu Lasten einer anderen verworfen wird, im Gegenteil: Dieser Wechsel von Identifizierungen kann eine Möglichkeit sein, eine erweiterungsfähige Zahl von Verbindungen und hegemonialen Artikulationen anzuerkennen und einzugehen.

2.2. Risiken und Nebenwirkungen

Es gibt derzeit drei Risiken, die die Queer-Bewegung in sich birgt. Erstens ist eine gewisse Hybridität zu konstatieren, die sich dadurch ausdrückt, sexuelle Identitäten gleichsam als voluntaristisch gewählte, willkürlich zusammengebastelte und jenseits von der Kategorie Geschlecht ausgehandelte Praktiken zu betrachten.[16] Damit verbindet sich zweitens eine additive Sicht von Identitäten bzw. eine *postmoderne* Pluralisierung positiver, d.h. geschlossener Differenzen, die im Gegensatz zum Poststrukturalismus der *Queer Theory* und deren Betonung einer Verflochtenheit der Elemente steht. Drittens muss auf die Problematik der Strategie des *cross-dressings* verwiesen werden: Inwiefern ist diese Strategie des Zitierens selbst wiederum vom Geist der »traditionellen« Identitätspolitik heimgesucht? Wo ist die Subversivität dieser Strategie zu verorten? Verfestigt das *cross-dressing* nicht wieder bestimmte Geschlechter-Ideale, anstatt sie zu demontieren?[17]

---

16 Der Begriff der Hybridität wird hier in seinem, aus dem Griechischen überlieferten Sinne verwendet: Gemeint ist der »Hochmut« einer Allmächtigkeit, der eine voluntaristische Sichtweise begleitet. Ein anderer Verwendungskontext des Begriffs Hybridität findet sich bei Homi K. Bhabha, der mit *kultureller Hybridität* vereinfacht gesagt die kulturellen Zwischenräume und grenzüberschreitenden Verwobenheiten meint (vgl. Bhabha 2000, 5ff).
17 Ein weiteres Risiko liegt darin, dass *queer* wiederum einen Subjektstatus erhält, der sich in einer Logik der Verwerfung von den *Non-queers* abgrenzt. Im Kapitel zu »queer im Sinne der *différance*« wird diesem Risiko Rechnung getragen und Auswege daraus aufgezeigt.

Im Zuge der Entwicklung der *Queer Theory* und ihrer Rezeption – gerade auch derjenigen, die sich zur Queer-Bewegung zählen – ist einiges an der Dekonstruktion und des Butler'schen Poststrukturalismus missverstanden worden. Das Credo, das im Gegensatz zum Poststrukturalismus als *postmodern* bezeichnet werden könnte, lautet nun: Eindeutige Formen von Sexualität, insbesondere Homo- und Heterosexualität sind *out*. Stattdessen wird die absolute (angenommene) Wahlfreiheit von Identität zur herrschafftsfreien Alternative erhoben. Hinzu kommt die Loslösung von der Kategorie Geschlecht, das jetzt abhängig von individuellen Handlungen und subjektiven Deutungen gedacht wird. Jeder und jede könne sich sein Geschlecht selbst zusammenbasteln und auswählen, so die Überschätzung der Handlungsoptionen einzelner Akteure. Diejenigen, die dieselben sexuellen Praktiken ausüben, haben mehr gemeinsam, als diejenigen, die zu derselben Katgeorie von Geschlecht gezählt werden. Wie Butler kritisch anmerkt, lauten dann neuere politische Slogans: act, not identities![18]

Diese Loslösung, die sowohl einen Teil der feministischen Theorie verabschiedet als auch die Erkenntnis der Verwobenheit von Sexualität und Geschlecht (ganz zu schweigen von Klasse und Ethnie) in materielle, diskursive und historische Strukturen leugnet, fußt jedoch vielleicht selber auf einer missverstandenen Lektüre von Butler, insbesondere von »Das Unbehagen der Geschlechter«. So wird oftmals ihr Konzept der Performativität mit *Performance* verwechselt und der Anschein erweckt, jeder und jede könne seine Sexualität und sein Geschlecht selber inszenieren, frei von jeglicher materiellen und symbolischen Ordnung. Sicherlich werden sozio-kulturelle Geschlechtsbedeutungen und individuelle Identitäten nicht nur durch Sozialisation hergestellt, sondern sind, wie das Konzept der Performativität sowie die Dekonstruktion anhand der Wiederholung und Iteration deutlich macht, reproduziert, inszeniert und bestätigt. Insofern kann eine interaktive Eigenleistung der Individuen (zum Beispiel gemäß der *passiven Entscheidung*) innerhalb der iterativen Wiederholungsprozesse dargestellt werden. Diese Reinszenierungen können aber nicht in einem freischwebenden Zeit-Raum, sondern nur an den umrandenden Ufern der Kontexte, sowie der historisch, materiellen und diskursiven Strukturen geschehen; Neukonzeptionen sind gerade von diesen Strukturen und deren Außen abhängig, wie Butler stets betont.[19] Dies bedeutet: Eine Parodisierung von Geschlecht und Sexualität wird auf diesen Strukturen und Rän-

---

18 »Indeed, queer activist groups in the United States now have buttons with slogans on them: act, not identities. Queer Theorist Eve Sedgwick suggests that it may be that individuals who practice similar sorts of sex acts have more in common with one another than those who happen to be of the same gender.« (Butler 1999a, 12)

19 Deshalb kann auch eine Dekonstruktion nur von den vorhergegangenen Strukturen ausgehen und an den Rändern wirksam sein. Jegliche Wiederholung ist auf die vorherigen Strukturen und deren Außen, die diese Wiederholung ermöglichen, angewiesen.

dern aufbauen müssen. Die Bedingungen des Handlungsvermögens sind nicht im Subjekt selbst zu verorten, von wo aus es dann voluntaristisch sein Geschlecht und seine Sexualität wählt, sondern, nimmt man den dekonstruktivistischen Hintergrund der *Queer Theory* ernst, sind diese Handlungsvermögen in den Möglichkeiten und Unmöglichkeiten zu finden, die von den Strukturen *und* deren Rändern selbst angeboten werden. Die Zeichen, die die Subjekte differenzieren und subjektivieren, sind keine festen bzw. reine Zeichen. Sie bieten die Möglichkeit der Resignifikation mittels Iteration, so wie es sich mit dem Begriff *queer* selbst abgespielt hat. Das Paradox der Subjektivierung liegt gerade darin, dass das Subjekt, das sich zum Beispiel der heterosexuellen Norm widersetzt, genau durch solche Normen, als konstitutives Außen, befähigt und hervorgebracht wurde. Die Handlungsmacht liegt dann genau in der wiederholenden und reartikulierenden Praxis, wie schon durch die Besprechung des Butler'schen Feminismus deutlich gemacht wurde.

Wenn jedoch die Verwobenheit in und mit diesen Strukturen und Kontexten verleugnet oder missverstanden wird, kann die Sexualität als vollständiges Produkt einer subjektiven Wahl und eines individuellen Aktes erscheinen. Die theoretische Errungenschaft der *Queer Theory*, zurückzuführen auf das Denken Derridas oder Foucaults, die die Verflechtung der Subjektkonstitution mit Machtbeziehungen, Bezeichnungspraktiken und Identifikationsprozessen hervorheben, wird dabei aufgegeben.[20] Ausgehend von einer post-dekonstruktiven Subjektivität, wird durch die Hintertür wieder das »klassische« Subjekt hereingelassen. Deutlich wird dies in der Verwerfung der Herstellungs- und Konstitutionsbedingungen von Sexualität. Denn wird Sexualität, sowie es in dem Slogan: »act, not identities!« anklingt, von der konstitutiven Rolle, die beispielsweise der Kategorie Geschlecht zukommt, abgetrennt und nur die sexuelle Praxis betont, werden die poststrukturalistischen Perspektiven der *Queer Theory* aufgegeben und die Queer-Bewegung steht politisch sowie erkenntnistheoretisch wieder da, wo sie anfing. Dabei ist zu beachten, dass weder der sexuellen Praxis noch dem sozialen Geschlecht irgendeine privilegierte Rolle oder ein vor-ursprüngliches Dasein zukommt; beide können nicht auf das jeweilige Andere reduziert oder abgeleitet werden, noch einer absoluten strukturellen Determinierung unterliegen, sondern stehen in ihrer diskursiven Verfasstheit in einem dynamischen, unentscheidbaren Verhältnis zueinander.

Mit dem Missverständnis einer freien, subjektiven Wahl der Sexualität unabhängig von ihrer strukturalen Einbettung in ein Feld der Diskursivität geht eine

---

20 Zum Bezug von *Queer Theorists* auf Derrida vgl. u.a. Fuss (1991, 5), Namaste (1996) oder Morton (1996) und auf Foucault vor allem die Werke von Judith Butler, die insbesondere für den bundesdeutschen Diskurs als Vertreterin der *Queer Theory* bezeichnet werden kann (vgl. Genschel 1996, 526) und deswegen in der vorliegenden Studie in der Rezeption der *Queer Theory* privilegiert wird.

weitere Tendenz der derzeitigen queer-Debatte einher: Die Pluralisierung und Produktion positiver Differenzen, oder in der Sprache Laclaus: geschlossener Elemente. Mit der Betonung von Differenzen und einer unendlichen Vervielfachung von Identitäten hat die Queer-Bewegung mittlerweile einen Prozess initiiert, in dem Differenz mit einem autopoietischen Automatismus immer mehr Differenzen erzeugt. Das heißt, innerhalb des *queer*-Seins entstehen selbstgeschaffene Aneinanderreihungen von Identitäten, die versuchen, eine als real erlebte Identität so detailgetreu wie möglich wiederzugeben. Dadurch wird der Identitätszwang, dem damit entkommen werden soll, nicht unterminiert, sondern durch seine Detailgenauigkeit noch verstärkt. Jeder und jede, so die Annahme, soll sich in Erkenntnis der Verschiedenheit immer wieder neu entwerfen. Eine Detailgenauigkeit der thematisierten Unterschiede ist gefordert, die zwar zu höherer Sensibilisierung von Differenzen führt, diese aber wiederum in reine Identitäten, die zu spezifizieren und zu kategorisieren sind, einschreibt. Die Vervielfältigung der Identitäten verläuft dann nicht auf der Ebene, dass jedem und jeder eine absolute Andersheit zugestanden wird, sondern jede Differenzierung mündet hier wieder in eine beschreibbare, eindeutige Identität, was in der Selbstbeschreibung aber auch Fremdbeschreibung der Individuen bzw. in Identitäts-Additionen zum Vorschein kommt. Eine Identitäts-Addition wäre beispielsweise die Fremdbeschreibung als »Dritte-Welt-Frau«. Dabei gibt es eine beständige Aneinanderreihung verschiedener Differenzen, so dass der Eindruck entsteht, es handele sich um mehrere, in sich abgeschlossene Differenzen. So wird zum Beispiel Ethnizität oder die kulturelle Identität als eine stabile Eigenschaft von Personen betrachtet. Ethnizität wird als eine »Naturkategorie« festgeschrieben und »unkritisch *nur* auf ›fremde Frauen‹ angewandt«. Wie die Kategorie Ethnizität auf die sozialen Verhältnisse von Frauen aus der Mehrheitsgesellschaft einwirkt, wird jedoch ausgeblendet (Gümen 1996, 80). Ebenso verhält es sich mit der Identitäten-Addition bei sexuellen Identitäten, die oftmals kuriose Formen annehmen können: Im Anschluss an eine Untersuchung von Hradil, die sich jedoch nicht auf sexuelle Identitäten richtet, sondern auf die postmoderne Pluralisierung und Aneinanderreihung verschiedener Differenzen zu einer geschlossenen Identität, könnte es dann zum Beispiel indische, alternative Schwule geben (vgl. dazu Hradil 1990). Jedes Einzelelement wird nicht als *in sich different*, verwoben und selbst diskursiv durch andere Elemente konstruiert angesehen, sondern hat den Status eines reinen Elements. So führt eine rein oppositionelle Gegenüberstellung, wie beispielsweise von Bisexualität und Heterosexismus, Rassismus oder Klassenunterdrückung, zu einer Vernachlässigung der Komplexität von Machtverhältnissen (im Foucault'schen Sinne) und der Frage, wie Identitäten gerade durch die Verwobenheit mit diesen anderen Kategorien enteignet oder angeeignet, assimiliert oder ausgegrenzt werden. Anstatt den Blick auf einheitliche Elemente zu richten, die sich zu einer Gesamtheit addieren, handelt es sich bei einer poststrukturalistischen Sichtweise »[...]um die Zäsuren, die den Augenblick zersplittern und das Subjekt in eine Vielzahl möglicher Positionen und Funktionen zerreißen. Eine solche Diskontinuität trifft und zersetzt auch noch die kleinsten Einheiten, die immer anerkannt worden sind und nur schwer zu bestreiten sind: den Augenblick und das Subjekt.« (Foucault 1991, 37)[21]

Mit einer Multiplikation der Identitäten geht die Annahme einher, man könne so in größtmögliche Nähe des jeweiligen, imaginierten Individualitätspunktes kommen. Durch eine Vervielfältigung von Differenzierungen anhand von selbstgebastelten (bricolage) oder patchwork-Identitäten werden jedoch sowohl analytische als auch politische Chancen verspielt. Identifizierungen können wechseln und ein Beharren auf *einer* patchwork-Identität als reine Identität würde wiederum in der Regulierung der Identitätspositionen als einem primären politischen Grundsatz münden, das heißt in Identitätspolitik. Anstatt einen Wechsel von Identifizierungen zugunsten einer erweiterungsfähigen Anzahl von Verbindungen einzugehen und einzugestehen, dass jede Identität, auch solche oben genannten patchwork-Identitäten, durch Ausschluss konstituiert werden, verspielt eine Vervielfältigung von Identitäten den politischen Impetus der Queer-Bewegung, das heißt eine Politik der Artikulation, in der die »Position« erst durch diese Artikulation erzeugt wird.[22]

»Die Aufgabe besteht infolgedessen nicht darin, Subjektpositionen *im* existierenden Symbolischen, im derzeitigen Bereich der Kulturfähigkeit zahlenmäßig zu vervielfachen, selbst wenn solche Positionen unverzichtbar sind, um verfügbare Stellen zur Ermächtigung innerhalb des liberalen Staates einzunehmen [...]. Die Vervielfachung von Subjektpositionen auf einer pluralistischen Achse hätte die Vervielfachung ausschließender und erniedrigender Schritte zur Folge, die lediglich noch größere Fraktionierung herstellen könnte, eine verstärkte Zunahme von Differenzen ohne die Möglichkeit, zwischen ihnen zu vermitteln.« (Butler 1994, 130f)

Eine an der Dekonstruktion orientierte Forschungsperspektive der kontextuellen Wirkungen als Artikulationsbedingungen eines Elements für das andere innerhalb spezifischer sozialer und historischer Kontexte, sowie die Infragestellung dieser Kontexte, eröffnet den Blick für eine breitere Komplexität der Analyse hegemonialer Praktiken, die bestimmte Subjektpositionen produzieren und andere als undenkbar erscheinen lassen. Dann können Fragen danach gestellt werden, wie beispielsweise Ethnie in der Modalität von Sexualität gelebt wird; wie wird soziales Geschlecht in der Modalität von Ethnie gelebt; wie hängen Sexualität und Geschlecht voneinander ab? Anstelle einer Identitäten-Addition treten die Artikulationsbedingungen und die Analyse des Knotenpunkts, »an dem diese Kategorien

---

21 Vgl. auch Deleuze (1993c, 42).
22 Siehe Kapitel III.

aufeinander zulaufen und der kein Subjekt ist, sondern vielmehr die uneinlösbare Forderung, konvergierende Signifikanten im jeweils anderen und durch den jeweils anderen Signifikanten umzuarbeiten.« (Butler 1997b, 167) Artikulationen werden dann als ständige Modifikationen von Identitäten begriffen; der Übergang der Elemente in Momente kann niemals vollständig gelingen.[23]

Sogenannte patchwork-Identitäten oder additive Identitäten sind weit davon entfernt, die Subjektivierungsweisen anzudeuten, mit denen in der öffentlichen Politik oder in anderen verschiedenen Kontexten die Subjekte erzeugt werden. Es sind immer hauptsächlich die Begriffe wie »schwul«, »lesbisch«, »Frau« oder »queer«, mit Hilfe derer Subjekte als das Andere des Zentrums produziert werden und zu sozialer Existenz gelangen, auch wenn dies durch Verwerfung geschieht. Der politische Impetus einer Politik des Performativen liegt nicht in der Vervielfältigung von Identitäten, sondern in der Umschreibung und Resignifizierung dieser Begriffe. Daraus folgt aber auch, dass diese Begriffe, will man der *Queer Theory* und insbesondere ihrer dekonstruktiven Verfasstheit folgen, *nicht als feste* Identitäten wieder neu einzuschreiben sind, sondern differential be- und gehandelt werden sollten. Was das heißt, wird noch zu erläutern sein.[24]

Die Strategie, die heterosexistische Geschlechterkultur durch Formen des *cross-dressing* zu unterlaufen und neu zu strukturieren, könnten wiederum als eine Überschätzung der einzelnen Akteure und Akteurinnen angesehen werden. Die von Butler am Ende des Buches »Das Unbehagen der Geschlechter« vorgeschlagenen »Verfahren der Parodie« (Butler 1991, 214) haben wiederum zur Annahme geführt, dass nun jede Form des *cross-dressing* ein subversives Unterfangen darstellt, das durch die Intention des Subjekts (Performance) – vor einer sozialen Zuschreibung zu einer Geschlechtsidentität – ausgeführt werden kann, gleichsam als Darstellung eines inneren Wesenkerns oder psychischer Disposition. Unter Subversion wird dabei der Umsturz herrschender normativer Geschlechterstereotype- und zuschreibungen gefasst, wobei *cross-dressing* die Funktion zufällt, durch Kleiderwechsel bestehende Geschlechtsidentitäten und -rollen zu verwirren und dadurch zu subvertieren. Nicht nur, dass hierbei von einem absolut intentionalem Akt des Subjekts mit innerem Wesenskern ausgegangen wird, ist aus poststrukturalistischer Perspektive problematisch, sondern auch, dass *cross-dressing per se* zu einem widerständigen und gesellschaftsverändernden Akt hypostasiert und mit einer Unterwanderung geschlechtlicher Identitäten gleichgesetzt wird. *Cross-dressing* muss nicht zwingend Geschlechterstereotype »verwirren« oder unterlaufen (subvertieren), sondern kann diese auch wiederum festschreiben, wenn zum Beispiel ein Mann durch *cross-dressing* bestimmte Frauenbilder reproduziert, die den allge-

---

23 Vgl. auch Kapitel III.
24 Vgl. Kapitel V.4.

meinen gesellschaftlichen Leitbildern von »Frau« entsprechen. Weitere Missverständnisse entstanden ferner deswegen, weil unter einer Politik der Performativität nur Akte des *cross-dressing* verstanden wurden (vgl. Butler 1997b, 317).

Bezogen auf die Annahme, in Akten des *cross-dressing* oder des *drag* finden Veräußerlichungen innerer Wahrheiten der Akteure statt, macht Butler auf die Beziehung von Psyche und Geschlechtsidentifizierung aufmerksam, in der »die Opazität des Unbewußten der Veräußerlichung der Psyche Grenzen setzt.« (Butler 1997b, 321f) Das Unbewusste spielt eine nicht unbedeutende Rolle bei der Herstellung der Identifikationen.[25] Aus diesem Grund kann das Subjekts niemals die Darstellung oder die Identifikaktion einer Geschlechtsidentität völlig bewusst kontrollieren. *Cross-dressing* bzw. *drag* ist weniger der Ausdruck eines Willens des Subjekts, sondern, wie Butler bemerkt, wirkt sich das, »was ›darstellerisch realisiert‹ wird, [...] dahingehend aus, dasjenige zu verschleiern, wenn nicht gar zu leugnen, was opak, unbewußt, nicht ausführbar bleibt. Die Verkürzung von Performativität auf darstellerische Realisierung wäre ein Fehler.« (Butler 1997b, 321) *Cross-dressing* könnte auf diese Weise als eine De-Identifizierung verstanden werden, in dem zum Beispiel Kleider eines anderen Geschlechts angezogen werden, die eine Verleugnung der Identifizierung, die im Unbewussten statt hat, mit diesem anderen Geschlecht beinhaltet (vgl. Butler 1997b, 321ff).[26] *Cross-dressing* zeigt

---

25 Zur ganzen Thematik der Psyche bei der subjektkonstituierenden Unterwerfung bei Butler vgl. auch das Buch »The Psychic Life of Power« (Butler 1997c).

26 Hier, im Prozess der Identifizierung, spielt eine Logik der Verwerfung, wie sie noch aufgezeigt wird, eine bedeutende Rolle. Zur näheren Beschreibung dessen, was hier durch die Psyche in verkürzter Form angeschnitten wird, ein Zitat Butlers: »Falls Melancholie im Freudschen Sinne die Folge eines nicht betrauerten Verlusts ist (ein Erhalten des verlorenen Objekts/Anderen als einer psychischen Figur mit der Folge einer gesteigerten Identifizierung mit jenem Anderen [...]) dann könnte diese darstellerische Realisierung, verstanden als ein ›acting out‹ [Ausagieren, S.M.], in wichtiger Hinsicht mit dem Problem eines nicht eingestandenen Verlusts in Zusammenhang stehen. Wo ein unbetrauerter Verlust in der *drag*-Vorführung zu finden ist (und ich bin sicher, eine derartige Verallgemeinerung kann nicht universalisiert werden), ist es ein Verlust, der in der darstellerisch realisierten Identifizierung abgelehnt und einverleibt wird, eine Identifizierung, die eine geschlechtliche Idealisierung und deren äußerste Unbewohnbarkeit laufend wiederholt. [...] *Drag* allegorisiert demnach *heterosexuelle Melancholie*, die Melancholie, mit der eine männliche soziale Geschlechtsidentität von der Weigerung gebildet wird, das Männliche als eine Möglichkeit der Liebe zu betrauern; eine weibliche soziale Geschlechtsidentität wird durch die einverleibende Phantasie gebildet (aufgenommen, angenommen), mit der das Weibliche als ein mögliches Objekt der Liebe ausgeschlossen wird, ein Ausschluß der nie betrauert wird, der aber durch die Verstärkung der weiblichen Identifizierung selbst ›erhalten‹ wird. In diesem Sinne ist die ›echteste‹ lesbische Melancholikerin die strikt heterosexuelle Frau und der ›echteste‹ schwule Melancholiker der strikt heterosexuelle Mann.« (Butler 1997b, 322f) Geschlecht ist in diesem Sinne ein Effekt der Melancholie, geformt durch die unbetrauerbare Verwerfung des (homosexuellen) Anderen. Voraussetzung kritischer Handlungsfähigkeit liegt nach Butler in der Wiederaneignung der gegen das Ich gewendeten (melancholischen) Aggression, die gleichzeitig das selbstidentische Subjekt unterwandert und de-subjektiviert (vgl. Butler 1997c, 132ff).

allerdings auf symbolischer Ebene, dass jegliche Geschlechtsidentitäten selbst Mischungen aus verleugneter Neigungen und Identifizierung sind. Hier könnte dem *cross-dressing* eine gewisse Subversivität gegenüber starren Vorstellungen von Identitäten zugesprochen werden.

Dennoch wohnt einer »Politik des cross-dressing« nicht von vornherein ein subversiver Status inne. *Drag* oder *cross-dressing* kann zwar Heterosexualität und ihre konstitutive Melancholie allegorisieren und durch Übertreibung die Performativität (die Notwendigkeit der Wiederholung) und die naturalisierenden Effekte der Heterosexualität aufzeigen. Aber die Risiken und Nebenwirkungen von *cross-dressing* liegen neben einer voluntaristischen Sichtweise der darstellerischen Realisierung (Performance) im Folgenden: Nicht alle Resignifikationen sind verändernd.[27] Die Darstellung von Brüchen von Identitäten ist auf existierende Gewissheiten angewiesen, von denen ausgehend diese Brüche sich ereignen können. Ein Bloßstellen des naturalisierten Status der Heterosexualität durch *cross-dressing* kann sowohl bestimmte heterosexuelle Normen als auch die Zweigeschlechtlichkeit sogar bestärken oder idealisieren, die Performativität könnte sich wiederum gegen die eigene Darstellung wenden und so zur *Perverformativität* avancieren. Eine Inszenierung bzw. das Zitieren von sozial idealisierten Körperformen wie zum Beispiel die weit geläufige Norm, dass eine »gut aussehende Frau« schlank, dünn oder gut geschminkt sei, bewirkt vielleicht, dass diese Ideale des »Gut-Aussehens«, noch im Falle des Zitierens dieser Normen, betont werden und den vorherrschenden Inhalt des leeren Signifikanten »Schönheit« verfestigen. Andererseits lässt sich daraus wiederum nicht eine *allgemeine* Ablehnung von *cross-dressing* als politische Strategie ableiten. Es könnte nämlich der Fall sein, dass die Wirksamkeit dieser Strategie von den Orten, der Zeit und der Art des *cross-dressing* abhängt. Die darstellerisch ins Groteske gesteigerte Idealisierung von Identitäten kann in bestimmten Kontexten eine Wirkung zeitigen und subversive Effekte hervorrufen. Allgemein lässt sich sagen, dass die Widerständigkeit vielleicht darin liegt, wo und wann dieses falsche Zitieren auftaucht. Es wird für diese Strategie davon abhängen, in welchem Raum und zu welcher Zeit die Darstellung erscheint und wie die Anderen diese interpretieren. Die widerständige Botschaft des *cross-dressing* kann auch ihre Empfänger verfehlen oder andere, nicht-intendierte erreichen. Alle Resignifikationen stehen somit unter einer bestimmten Kontingenz. Nur manche Darstellungen in bestimmten Kontexten können einen wesentlichen subversiven Effekt hervorrufen. So kann beispielsweise eine übertriebene Darstellung des Todes durch die »die-ins« die Trennung zwischen privat

---

27 Vgl. dazu auch Landweer (1994). Hilge Landweer verdeutlicht, dass die Travestie oder das *cross-dressing* dazu führen kann, dass die Akteure den Geschlechtskörper affirmieren, um überhaupt die Praxis der Verkleidung darstellen zu können (vgl. Landweer 1994, 142).

und öffentlich, zwischen privatem und öffentlichen Tod, aufbrechen und Orte der Politisierung und des Bewusstwerdens von AIDS verbreiten.[28] Der Effekt dieser Taktiken in Bezug auf AIDS könnte aber auch als Nebenwirkung eine naturalistische Kausalbeziehung zwischen AIDS, Homosexualität oder *queer* hervorrufen. Ferner ist selbst das öffentliche Zurschaustellen von AIDS nicht vor ökonomischen Instrumentalisierungen gefeit und kann marktstrategisch eingebunden werden, wie kürzlich die Reklame der Bekleidungsfirma Benetton mit AIDS-Sterbenden gezeigt hat.

Theatralische Darstellungen wie *cross-dressing* oder *drag* sind wegen ihrer kontingenten Verfasstheit, d.h. wegen ihres Oszillierens zwischen Idealisierung und Subversivität, als politische Strategien mit Vorsicht zu genießen. Vielleicht ist eine politische Wirksamkeit aus diesem Grund eher in einer Doppelstrategie zu suchen, die in den Begriffen der *Politik der Ambivalenz* (sowohl im genetivus subjectivus als auch objectivus zu verstehen) zum Ausdruck kommt.

2.3. Queer und Politik der Ambivalenz

In einem ersten Schritt geht es in diesem Kapitel darum, *Queer Politics* und das, was die *queers* unter Identitätspolitik verstehen, in kritischer Weise zu verknüpfen. Dieser erste Schritt einer Politik der Ambivalenz, wie sie hier genannt werden soll, versteht sich als kurzfristiger Weg politischen Handelns.

In einem zweiten Schritt, der nach einer Auseinandersetzung mit Lévinas darauf hinausläuft, *queer* selbst als eine kontingente und *differantiale* Subjektposition auszuweisen, wird die hier dargestellte Politik der Ambivalenz um einen bestimmten Aspekt dekonstruktiver Bewegung der *différance* erweitert. Dabei wird deutlich werden, dass eine Positionsbestimmung für politische Artikulation unentbehrlich sein wird, diese Position jedoch nicht eine ist, die die traditionellen Annahmen biologischer oder essentialistischer Identitäten teilt, sondern sich selbst im Politischen differanziert und ambivalent ist, d.h. in der Unentscheidbarkeit und durch diese hindurch ihre jeweiligen Positionsbestimmungen erhält. Ferner bedeutet dies, dass eine Kritik an *queer* für eine fortgesetzte Demokratisierung von *Queer Politics* und auch für deren ethisch-politischen Impetus entscheidend ist.

---

28 »Tatsächlich ließen sich wichtige Geschichten (histories) erzählen, in denen es um die zunehmende Politisierung *von* Theatralität für *queers* geht [...]. Eine solche Geschichte könnte die Traditionen einschließen von *cross-dressing, drag balls, street walking, butch-femme spectactles* [...]; taktische Störungen öffentlicher Foren durch lesbische und schwule Aktivisten mit dem Ziel, die öffentliche Aufmerksamkeit und Empörung auf die unterlassene staatliche Finanzierung von AIDS-Forschung und AIDS-Bekämpfung zu lenken.« (Butler 1997*b*, 319f)

Queer Politics versucht mittels Dekonstruktion, Pluralität und Differenz politische Kraft zu erringen. Die gesellschaftliche Marginalisierung, die von den Einzelnen verschieden erfahren wird, ermöglicht hierbei eine breite Bewegung, die von rassistisch, patriarchal, sexistisch Unterdrückten getragen wird. Die Destabilisierung kollektiver Identität und die Reflexion auf die Produktion von Identitäten im Gefüge machtstrategischer Vernüpfungen von Wissen, Macht, materiellen Ressourcen, diskursiven und nicht-diskursiven Formationen führt zu größeren Bündnissen. Hingegen bietet die Politik, die von bestimmten »alten« Identitätspositionen getragen wird, oftmals einen kurzfristig gesehen effektiveren, weil geschlosseneren Widerstand gegen gesellschaftliche Verhältnisse. Anders gesagt heißt das, dass eine Queer-Politik auch in bestimmten Fällen strategisch aufgegeben werden muss, um mittels herkömmlicher Begriffe und Identitätspositionen Hegemonie zu erreichen (vgl. Moebius 2000*b*). Dies wird vor allem deshalb geschehen müssen, weil gerade die Begriffe wie »schwul« oder »lesbisch« zur Zeit die Art bezeichnen, wie Individuen heute *existieren* und zu solchen in begrifflicher Anrufung auf der Ebene des Gesagten performativ gemacht werden.

Auf der einen Seite wird dabei der konstruierte Charakter von Sexualität, Körpervorstellungen und Identitäten zu beachten sein, und auf der anderen Seite, dass diese Konzeptionen sich zu existentiellen »Realitäten« materialisiert haben. In Anlehnung an Andrea Maihofers Konzept des »Geschlechts als Existenzweise« (Maihofer 1994) kann Sexualität als eine historisch bestimmte *gesellschaftlich-kulturelle Existenzweise* verstanden werden. Dieser Begriff ermöglicht eine Balance zwischen Natur und Kultur, Körper und Geist, Materie und Bewusstsein, weil er erlaubt, »Sexualität« und »sexuelle Differenz« *sowohl* als kulturelles, konstituiertes und Bewusstseins-Phänomen zu begreifen *als auch* als eine Weise, gegenwärtig »materiell« zu existieren. »Sexualität« im heutigen Sinne ist das Ergebnis eines langwierigen gesellschaftlichen Prozesses, und zwar sowohl was den scheinbar natürlichen (Geschlechtskörper) als auch was die sexuellen Rollen, Normen und Identitäten betrifft.

Wie die Theoretikerinnen und Theoretiker der *Queer Theory* mittels dekonstruktivistischer Theorieansätze nachweisen, ist auch eine binäre sexuelle Differenz (in Bezug auf die Kategorie Geschlecht und in Bezug auf sexuelles Begehren) keine natürliche Gegebenheit.

Dennoch sind es zugleich mittels wiederholter, performativer Interpellationen die Art und Weisen, wie heute Individuen *existieren* und zu solchen *werden*. »Sexualität«, »Homosexuell-«, »Heterosexuell-« oder »Bisexuell-« Sein kann nur begriffen werden, wenn Begrifflichkeiten entwickelt werden, die *sowohl* das *Imaginäre* dieser Existenzweisen, also Identität, Subjektivität, Körperlichkeit und sexuelles Begehren als gesellschaftlich-kulturell *produzierte* historisch bestimmte

Selbstverhältnisse, *als auch* die erzeugte *Realität* dieser Existenzweisen als *gelebte* Denk-, Gefühls- und Körperpraxen reflektieren.

Eine *Politik der Ambivalenz* wäre zum Beispiel eine Strategie, die die verschiedenen herkömmlichen Identitätspositionen zu verschiedenen Zeitpunkten und Orten verschiedenartig mobilisiert. Dies bedeutet, dass es strategisch nötig und aussichtsreich sein kann, sowohl dekonstruktivistisch, im Sinne einer Politik der Performativität oder *Queer Politics*, als auch identitätspolitisch zu agieren, gerade um den Spielraum im Politischen zu erweitern, insbesondere weil *queer* selbst wiederum eine Anzahl überschneidender Einteilungen erzwingen kann, die oftmals eine »falsche Einheit« zwischen Männern und Frauen beschwört. *Queer* wird dann solchermaßen revidiert oder »anders« reartikuliert werden müssen, indem *queer* den artikulatorischen Ort für diejenige bietet, die dem Begriff genau wegen der Ausschlüsse, von denen er mobilisiert wird, Widerstand entgegenbringen. In diesem Sinne bleibt es

> »politisch unverzichtbar, auf die Begriffe ›Frauen‹, ›*queer*‹, ›schwul‹ und ›lesbisch‹ Anspruch zu erheben, und zwar genau der Form wegen, in der sie sozusagen Anspruch auf uns erheben, bevor wir darum ganz wissen. Es ist nötig, umgekehrt auf solche Begriffe Anspruch zu erheben, um ihre homosexuellenfeindliche Verwendung im Recht, in der öffentlichen Politik, auf der Straße und im ›Privatleben‹ zu verhindern. Die Unumgänglichkeit, den notwendigen Irrtum einer Identität (ein Ausdruck von Spivak) mobilisieren zu müssen, wird aber zu der demokratischen Infragestellung des Begriffs, die dessen Einsatz in rassistischen und frauenfeindlichen Regimen entgegenarbeitet, stets in einem Spannungsverhältnis stehen. Wenn ›*queer*‹-Politik die Haltung einnimmt, von diesen anderen Modalitäten der Macht unabhängig zu sein, wird sie ihre demokratisierende Kraft verlieren. Die politische Dekonstruktion von ›*queer*‹ sollte den Gebrauch derartiger Begriffe nicht lähmen, sondern dessen Spielraum idealerweise sogar erweitern, damit wir Überlegungen darüber anstellen, zu welchen Kosten und für welche Zwecke die Begriffe verwendet werden und durch welche Machtverhältnisse solche Kategorien zustande gebracht wurden.« (Butler 1997*b*, 314f)

Wenn Identitätspolitik nicht länger als ein politisch-strategisches Verfahren verstanden wird, das ein essentialistisches Subjekt benötigt, sondern als Verfahren der Artikulation eines produzierten Subjekts, das die mittels einer wiederholenden Anrufung evozierte Identität strategisch einsetzt, könnte sich Politik sowohl dekonstruktivistisch in der Denaturalisierung und im Aufzeigen der Herstellung von Binaritäten als auch identitätspolitisch auf *ambivalente* Weise ereignen: Einerseits wird es darum gehen, »alte Namen« beizubehalten, die aber denaturalisiert bzw. dekonstruiert worden sind, *und* andererseits andere und in anderer Weise mobilisierende Begriffe zu prägen. Gerade deswegen, weil durch *queer* auch Subjektpositionen bezeichnet werden, die früher aus jeglicher Sicht von Sexualität herausfielen, wird es wichtig sein, auf den Begriff *queer* nicht zu verzichten. Wie im Weiteren erläutert wird, hat *queer* durch den poststrukturalistischen Hintergrund der *Queer Theory* folgende Aspekte: Auf der einen Seite wird damit ein Essentialismus – wenigstens theoretisch – verhindert und auf der einen Seite kann die

Queer-Bewegung durch eine Praxis der Dekonstruktion den Rahmen für Politiken bieten, die eine ethische Komponente im Lévinas'schen Sinne besitzen.

3. Die ethische Komponente der Queer-Bewegung

> »Gäbe es folglich eine Politik des Liebens [*aimance*], so würde ihr Weg nicht länger über die Motive der Gemeinschaft, der Zugehörigkeit oder der Teilhabe verlaufen, mit welchen Vorzeichen man sie auch jeweils verstehen mag. Bejaht, verneint oder neutralisiert, stets gingen diese gemeinschaftlichen, ›kommunitaristischen‹ oder ›kommunalen‹ Werte mit dem Risiko einher, den Bruder wiederkehren zu lassen. Vielleicht muß man sich dieses Risiko vor Augen führen, auf daß die Frage nach dem ›wer‹ sich nicht mehr politisch zur Vernunft bringen, sich nicht länger durch das Schema des Gemeinsamseins oder Mit-seins zur Ordnung rufen, sich nicht mehr als Frage der (individuellen, subjektiven, ethnischen, nationalen, staatlichen etc.) Identität stellen läßt.« (Derrida 2000*h*, 399)

Gemäß der Lévinas'schen Phänomenologie und insbesondere der Trennung zwischen *Sagen* und *Gesagtem* kann die absolute Andersheit des Anderen durch begriffliche Thematisierungen und kategoriale Zuschreibungen von kohärenten Identitäten zerstört werden. Diese absolute Andersheit, die Spur des Anderen, »der sich durch keine Identität legitimieren kann und sich, als Anderer, eben mit nichts identifizieren läßt« (Lévinas 1992*a*, 70), führt nach Lévinas dahin, dass dieser Andere, »wenn er als Anderer angenommen werden soll, unabhängig von seinen Eigenschaften angenommen werden [muß].« (Lévinas 1999*b*, 97) Dabei rührt dieses Angenommen-werden nach Lévinas nicht von der Thematisierung (vgl. Lévinas 1992*a*, 158).

Durch Identifizierungen, kategoriale Zuschreibungen oder biologische und essentialistische Thematisierungen wird die absolute Andersheit »entfremdet« (vgl. Lévinas 1987*d*, 87). Dies bedeutet für Lévinas: »[Z]um Thema geworden, ist der Andere ohne Einmaligkeit. Er wird der Gesellschaft übergeben, der Gemeinschaft verhüllter Seiender, in der Bevorzugungen aufgrund des gesellschaftlichen Rangs die Gerechtigkeit verhindern.« (Lévinas 1999*b*, 36) Aus diesem Grund betont

Lévinas die Weigerung, sich durch ein Thema »zähmen oder bändigen zu lassen.« (Lévinas 1992a, 222)

> »Alle Anderen, die mich im Anderen bedrängen und verfolgen, betreffen mich nicht als ›Exemplare‹ derselben Gattung, die mit meinem Nächsten aufgrund von Ähnlichkeit oder natürlicher Gemeinschaft verbunden sind – nicht als Individuationen der Gattung Mensch oder als Bruchstücke aus einem selben Block wie die Steine, die durch Deucalion zu Menschen verwandelt, sich mit ihrem steineren Herzen hinter seinem Rücken zur Gemeinschaft von Stadtstaaten zusammenfinden sollten. Die Anderen gehen *von vornherein* mich an. [...] Was konkret bedeutet, daß die Gerechtigkeit nicht eine über Massen von Menschen herrschende Legalität ist, der sich eine Technik des ›sozialen Gleichgewichts‹ entnehmen läßt [...].« (Lévinas 1992a, 346)

Gemäß der Kritik der Queer-Bewegung an der Betonung einer vorhandenen einheitlichen Identität bedeutet dies, dass die Subsumierung des absolut Anderen unter eine bestimmte Identität den Anderen als *analogon* behandelt bzw. die Beziehung zum Anderen durch den »dritten Terminus« der Identität erfolgt. Die absolute Andersheit im Lévinas'schen Sinne wird durch die Thematisierung auf ein Selbiges, auf eine gemeinsame kohärente Identität reduziert und somit ausgelöscht. Darum fordert Lévinas: »Aufmerksamkeit auf das Wort oder Empfang des Antlitzes, Gastlichkeit und nicht Thematisierung.« (Lévinas 1987d, 434) In einer eher an Derrida angelehnten Sprache ließe sich diese Thematisierung so ausdrücken, dass die Spur des Anderen durch eine gewaltsame Schließung und Aneignung in einen »objektiven« Kontext eingeschrieben und eingeschlossen wird (vgl. Derrida 1998b, 123f). Wird der Andere durch Reduktion auf ein Selbiges objektiviert und nicht als der absolut Andere empfangen, besteht die Gefahr der Neutralisierung des Ethischen bzw. das Misslingen der Annäherung an den Anderen (vgl. Lévinas 1992a, 211). Eine Neutralisierung des Ethischen kann nach dem Soziologen Zygmunt Bauman dadurch erfolgen, dass der Andere einer bestimmten Kategorie zugewiesen wird, wodurch dem Anderen nicht mehr als »Antlitz«, sondern als Zugehöriger dieser Kategorisierung begegnet wird. Für Bauman ist diese Kategorisierung und Definition des Anderen einer der ersten Schritte für eine Entkräftung moralischer Hemmungen, wobei Bauman unter Moral die Verantwortung im Lévinas'schen Sinne versteht (vgl. Bauman 1992a):

> »Durch die *Definition* wird die diskriminierte Gruppe *unterschieden* und ausgegrenzt (die Gesamtheit der Bevölkerung ist von nun an markiert oder unmarkiert) [...]. Die Individuen der Gruppe werden gleichzeitig als Exemplare eines Typus definiert, wodurch die individuellen Züge allmählich überlagert werden, während Authentizität und Autonomie des ursprünglichen Universums verlorengeht.« (Bauman 1992a, 205f)

Bauman selbst beschreibt diese Strategie, durch die Andere vom herrschenden Diskurs als Objekte in eine Position gebracht werden, die keinerlei Verantwortung hervorruft, als »Auslöschung des Antlitzes«; von diesen Objekten scheinen aus Sicht derer, die definieren, keine Ansprüche auf Verantwortung auszugehen; »die

Objekte werden einer Kategorie zugewiesen, in der sie dem Handelnden nicht als ›Antlitz‹ entgegentreten.« (Bauman 1992a, 242) Es können Andere *spezifiziert*, thematisiert und dadurch zum Feind erklärt oder durch Klassifikation mittels eines instrumentellen Verhältnisses auf ihren funktionalen Wert reduziert werden. Dies trifft nach Bauman auch für Fremde zu, die aus der alltäglichen sozialen Interaktion entfernt werden, um eine Begegnung mit ihnen als Antlitz bzw. absoluten Anderen zu verhindern (vgl. Bauman 1992a, 242). Allgemein besteht die Gefahr, dass die Annahme bzw. Zuschreibung einer identitätsfixierenden Kategorie die Verantwortung für den Anderen ins Leere laufen lässt, da ihm nicht mehr als absolut Anderer begegnet wird, sondern diese Andersheit in den Horizont des Selben eingeschrieben wurde. Die Beziehung zum Anderen als absolut Anderen ist nicht mehr in einem unentscheidbaren Terrain anzusiedeln, sondern ist nach Innen, in den eigenen Kontext, verlagert worden. Das Verhältnis zum Anderen ist dann eine Beziehung des Selben zum definierten und kategorisierten »alter ego«.

Was könnte dies für die Queer-Bewegung und ihre Kritik an festgeschriebenen Identitäten in der schwul-lesbischen *community*, deren Standbein sich nach Lisa Duggan auf dem Beharren einer kohärent lesbisch/schwulen Identität stützt (vgl. Duggan 1992), bedeuten? Welche Schlüsse können davon ausgehend allgemein über Kategorisierungen innerhalb von Vergemeinschaftungsprozessen gezogen werden?[29] Eine Annäherung an diese Fragen soll mit Hilfe eines Beispiels erfolgen, in dem eine kohärente lesbische Identität in Frage gestellt wird. Arlene Stein untersuchte anhand der Biographie der lesbisch-feministischen Aktivistin Jan Clausen, wie schwer es sein kann, festgeschrieben Identitäten in der schwul-lesbischen community in Frage zu stellen (vgl. Stein 1996). So beschreibt Stein in ihrem Artikel »Mit dem Feind schlafen?« wie sich Clausen nach einer langjährigen Beziehung mit einer Frau überraschend in einen Mann verliebte. Sie zitiert Clausen folgendermaßen: »Die erstaunliche Formbarkeit meiner sexuellen Neigungen verblüfft mich. Stimmt bei mir etwas nicht, oder sind die meisten Menschen schlichtweg komplizierter als die lesbisch-schwule und die heterosexuelle Welt uns für gewöhnlich weismachen wollen?« (Stein 1996, 156)

Der gesamte Artikel von Jan Clausen, in dem sie die Kohärenz einer lesbischen Identität in Frage stellt, sorgte nach Stein für Aufsehen innerhalb der *community* und provozierte unterschiedliche Stellungnahmen. So wirkte für eine Leserin Clausens »Eingeständnis wie ein Blitzableiter, der die Ängste vor Auflösung und Zerfall der *community* auf sich zog.« (Stein 1996, 157) Die Leserin warf Clausen vor, nie »wirklich« Lesbe gewesen zu sein, sondern sie sei nur als solche »durch-

---

29 Zur allgemeinen Frage, wie einerseits den Individualisierungsprozessen sowie andererseits der Bewegung des Kommunitarismus mit Hilfe der Lévinas'schen Ethik zu begegnen ist vgl. Moebius (2001c).

gegangen«; denn lesbisch zu sein habe nichts mit Wahl zu tun, sondern dies sei vielmehr ein »Geburtsrecht«, durch das man gleichsam in die *community* hineingeboren werde (vgl. Stein 1996, 157). Die logische Folge aus der Stellungnahme der erwähnten Leserin ist ein Ausschluss aus der *community*, auch dann, wenn die »Betroffene« sich in ihrem Selbstverständnis noch als Lesbe definiert.

Würde jedoch nicht die Kategorisierung im Vordergrund stehen, sondern die Annäherung an den Anderen als absolut Anderen einerseits und die von der *Queer-Theory* vorgeschlagene Deutung von »Normalität« andererseits, wäre ein Ausschluss aufgrund angenommener Identitäten nicht möglich. »Identitätskategorien«, schreibt Judith Butler, »haben niemals nur einen deskriptiven, sondern immer auch einen normativen und damit ausschließenden Charakter.« (Butler 1993*b*, 49) Aus diesem Grund hat jede Gemeinschaft, deren Zugehörigkeit sich durch die Berufung auf eine Identität aufbaut, im Wesentlichen einen *exklusiven* Charakter und ist, folgt man Jean-Luc Nancy, ungerecht:

> »Ungerechtigkeit vollzieht sich immer in irgendeiner Weise als Ausschluß. Und wie man ja weiß, *schließt* die Gemeinschaft (als organizistisches oder mystisches Konstrukt, d.h. im wesentlichen in allen ihren bekannten, philosophischen oder politischen Formen) immer und grundsätzlich *aus*. Der Ausschluß bzw. die Abgrenzung kann Unterscheidung heißen oder Exil, Verbanung, Opfer, Verachtung, Marginalisierung, Identifizierung, Normalisierung, Selektion, Wahl, Abstammung etc. Im Grunde will die Gemeinschaft das ausschließen, was in ihr nicht identifizierbar ist. Man sagt, das sei der ›Andere‹. Dieser ›Andere‹ jedoch trägt in sich nichts anderes als das *in*, wenn das *in* von ›inter‹ denn das doppelte innere Band bzw. die Mit-Teilung ist, die doppelte Bewegung von Assoziieren und Dissoziieren, die das ›Soziieren‹ begründet. *Die Gemeinschaft schließt ihre eigene Grundlage aus* – weil sie nämlich ausschließen will, daß der *Grund verschwindet*, der ihr Wesen ausmacht: das Sein-*in*-der-Gemeinschaft, unser inter-esse im gemeinsamen Erscheinen. [...] Um auszuschließen, muß man jedoch auf jemanden zeigen: wer ausschließt, nennt Namen, identifiziert, gibt Gestalt. Der ›Andere‹ ist eine dem nicht in Figuren Faßbaren aufgezwungene Figur.« (Nancy 1994, 195)

Da es ein Hauptmerkmal der *Queer Theory* ist, Identitäten auf ihren konstruierten Charakter hin zu befragen und Differenzen wahrzunehmen, ermöglicht sie mit Hilfe der Dekonstruktion, die absolute Andersheit jenseits von Identitätszuschreibungen darzulegen. Dadurch kann sie verhindern, dass der absolut Andere allein aufgrund von Thematisierungen oder Identitätszuschreibungen ausgeschlossen wird.

Mit dem Hinweis, dass Identitäten keine biologischen Gegebenheiten darstellen, sondern diskursive und historische Produkte sind, soll ein Ausschluss, der biologisch oder in einer anderen Form essentialistisch begründet wird, verhindert werden. Die Gewalt, die nach Lévinas in einer Reduktion der absoluten Andersheit auf ein Selbiges besteht, wird damit wesentlich eingeschränkt. Dem Anderen kann dadurch als einzigartige Singularität jenseits kategorialer Zuschreibungen begegnet werden.

Verantwortung für den Anderen ist hierbei nicht abhängig von einer bestimmten Identität. Vernünftige Begründungen, die sich auf die Ähnlichkeit von Interessen oder die Anerkennung der Gemeinschaft berufen, kommen erst nach einer Bestätigung von Verantwortung: »Der Nächste betrifft mich vor jeder Übernahme, vor jeder bejahten oder abgelehnten Verpflichtung. [...] Außer-biologisches Verwandtschaftsverhältnis, ›gegen alle Logik‹. Nicht deshalb betrifft mich der Nächste, weil er als einer erkannt wäre, der zur selben Gattung gehörte wie ich. Er ist gerade Anderer. Die Gemeinschaft mit ihm beginnt in meiner Verpflichtung ihm gegenüber.« (Lévinas 1992a, 194ff)

Die Queer-Bewegung macht auf den Ausschlusscharakter aufmerksam, der aus der Verabsolutierung von Identitätspositionen folgt. Ihr wesentliches Instrumentarium gegen ausschließende Mechanismen ist die Dekonstruktion. Damit ermöglicht die Queer-Bewegung eine Sichtweise, die den Anderen zunächst nicht als Selbiges bzw. Zugehörigen einer bestimmten Identität identifiziert, sondern eine Begegnung des Anderen als absolut Anderen zulassen kann.

Die Sichtweise, dass Kategorien, Zuschreibungen und Identitäten nicht essentialistisch determiniert sind, sondern vielmehr historische und sozio-kulturelle Produkte darstellen, deren Zustandekommen dekonstruktiv erfasst werden kann, bewirkt, dass der Andere nicht in eine Position gebracht wird, in der ihm Bauman zufolge keine Verantwortung mehr zukommt.

Eine solche dekonstruktive Annäherung kann mit Lévinas gerecht genannt werden, denn »die Gerechtigkeit besteht darin, aufs neue den Ausdruck möglich zu machen; im Ausdruck, in der Nicht-Gegenseitigkeit, präsentiert sich die Person in ihrer Einzigkeit.« (Lévinas 1987d, 432) Die Begegnung mit dem singulären Anderen jenseits einer primären Erfassung des Anderen unter seiner sozial zugewiesenen »Maske« (persona), jenseits von Identitätszuschreibungen ist somit wesentlich gewährleistet.

Die Queer-Bewegung kann – zumindest theoretisch – durch die Praxis der Dekonstruktion den Rahmen für eine Politik bieten, die im Lévinas'schen Sinne ethisch ist; aus diesem Grund dient die Queer-Bewegung hier als *ein* Beispiel, das sich aber nicht allein auf *sexuelle Bewegungen* reduzieren muss.

Die Praxis der Dekonstruktion spielt bei diesen Politiken die wesentliche Rolle, da sie beständig nach dem Außen fragt, das von der symbolischen Ordnung ausgeschlossen wird und da sie Identitäten ihrer sogenannten »Natürlichkeit« beraubt.

Unterliegt aber die Queer-Bewegung nicht wiederum der Gefahr einer neuartigen Konstituierung einer binären Logik? Kann binären Logiken überhaupt entkommen werden? Wie lassen sich Überschreitungen denken? Sind neue Sichtweisen auf Identitäten und neue Theoretisierungen erforderlich? Und wie könnten neue Sichtweisen und Konzeptionalisierungen mit Hilfe von Lévinas und Derrida theoretisiert werden?

4. *queering queer* – Identitäten im Sinne der *différance*

> »Dem absolut Anderen zuzustreben, liegt darin nicht die extreme Spannung eines Begehrens, das eben dadurch versucht, auf seinen eigenen Elan, seine eigene Aneignungsbewegung zu verzichten? Auf sich selbst, und sogar auf den Kredit, ja den Gewinn, den sich die List eines unzerstörbaren Narzißmus noch vom endlosen Verzicht erhoffen könnte?« (Derrida 2000*b*, 67)

Der beschrittene Weg zu einer ethischen Komplementierung der Queer-Bewegung ist zwar durch die dekonstruktivistische bzw. poststrukturalistische Einsicht in den historisch, sozio-kulturell und politisch konstruierten Charakter von Identitäten schon sehr weit, aber sein Ende (falls es eines geben kann) ist noch nicht erreicht. Denn die Queer-Bewegung muss sich fragen lassen, ob sie nicht selbst der Gefahr unterliegt, eine »neue« geschlossene Identität zu etablieren, in dem sie ein *queer*-Subjekt von den *non-queers* abgrenzt. Dabei muss es sich nicht einmal um eine eurozentristische Grenzziehung gegenüber fremden Anderen handeln, wie sie zum Beispiel Castro Varela in manchen Äußerungen Schwuler und Lesben konstatiert (vgl. Castro Varela 1999, 36). Castro Varela stimmt Butler in dem Punkt zu, dass die Untersuchung von Homosexualität wie sozialer Geschlechtsidentität die Vorrangigkeit beider Begriffe fallen lassen müsse. Dies sollte zugunsten eines komplexeren Kartographierens von Machtbeziehungen geschehen, das die Formierung jedes einzelnen Begriffs in spezifischen *rassischen* Regimen und geopolitischen Verräumlichungen analysiert (vgl. Castro Varela 1999, 36). Die Abgrenzung der *queers* zu *non-queers* ist aber nicht nur ein Problem, das in der potentiellen Konstituierung *spezifischer, thematisierter* Andersheiten anzusiedeln ist, sondern ist ein *strukturelles* Problem der Konstituierung sexuierter Subjektpositionen. Diese Positionen werden mitunter durch eine »Logik der Verwerfung« thematisierter Andersheiten geschaffen. Die Frage ist, ob die Umkehrung des alten Hassbegriffs *queer* selbst eine Logik der Verwerfung wiederholt, von der sie hervorgetrieben wurde. Und wenn ja, wie könnte mit dieser Logik der Verwerfung politisch sowie ethisch im produktiven Sinne umgegangen werden? Wenn eine genealogische Kritik und dekonstruktive Lektüre des Subjekts die konstitutiven Ausschlussmechanismen und Machtbeziehungen analysiert, mit der dieses Subjekt durch Verwerfung gebildet wurde, muss auch ein *queer*-Subjekt zu Gunsten einer zu-kommenden Demokratie und einer Demokratisierung von Queer-Politik auf diese Mechanismen hin befragt werden (vgl. Butler 1997*b*, 312).

Im Folgenden soll zunächst eine Genealogie der Konstituierung sexuierter Subjekpositionen, d.h. subjektkonstituierender Unterwerfungen im Mittelpunkt der Betrachtungen stehen. Dabei geht es einerseits darum, wie sexuierte Subjektpositionen mittels einer Logik der Verwerfung konstituiert werden und andererseits darum, wie sie sich selbst innerhalb dieser Logik konstituieren. Hilfreich erscheint dafür ein kurzer Rückgriff auf die Diskursanalyse von Michel Foucault. Im Anschluss daran sollen verschiedene sexuelle Identitäten wie Hetero-, Homo-, Bisexualität sowie *queer* dahingehend analysiert werden, inwiefern diese sexuierten Positionen innerhalb einer Logik der Verwerfung und eines binären codes konstituiert, produziert und verfestigt werden. Es wird sich zeigen, dass *queer* selbst innerhalb dieser Logik verortet werden kann. Eine produktive Kritik des *queer*-Subjekts wird dabei theoretisch wie auch ethisch-politisch notwendig, um nicht in dieselben Identitätsfallen zu geraten, die die Queer-Bewegung traditionellen sozialen Bewegungen vorwirft. Ein Ausweg wird am Schluss dieses Kapitels unter den Begriffen *queer im Sinne der différance* aufgezeigt. Dies führt zu einer kontingenten, je nach Zeit-Raum differantiellen Positionsbestimmung von *queer*, d.h. zu einem ständigen Aushandeln von Grenzen und Zugehörigkeiten. In diesem Sinne wird eine Politik der Ambivalenz um eine doppelte Geste erweitert: Die doppelte Geste würde darin bestehen, die Logik einer Zugehörigkeit zu *queer* nicht preiszugeben und zugleich an einer Entgrenzung dieses Begriffs zu arbeiten. Die Politik der Ambivalenz, die soweit bestimmt wurde, als dass sie resignifizierte Begriffe wie *queer* sowie herkömmliche Identitäten wie schwul oder lesbisch je nach politischem Ziel artikuliert und einsetzt, wird dadurch ergänzt, dass Positionsbestimmungen im Unentscheidbaren durch die dekonstruktive Bewegung der *différance* immer wieder neu verknotet sowie neu produziert werden.

4.1. Exklusionsverfahren aus diskursanalytischer Sicht

In seiner Inauguralvorlesung am 2. Dezember 1970 am *Collège de France*, bei der Michel Foucault seinen Lehrstuhl mit dem Titel »Die Geschichte der Denksysteme« antrat, verwies er bezüglich der gesellschaftlichen Produktion von Diskursen auf Folgendes:

> »Ich setze voraus, daß in jeder Gesellschaft die Produktion des Diskurses zugleich kontrolliert, selektiert, organisiert und kanalisiert wird – und zwar durch gewisse Prozeduren, deren Aufgabe es ist, die Kräfte und die Gefahren des Diskurses zu bändigen, sein unberechenbar Ereignishaftes zu bannen, seine schwere Materialität zu umgehen.« (Foucault 1991, 10f)

Wie bestimmt Foucault diese Prozeduren der Selektion und der Kontrolle des Diskurses? Zunächst gibt es äußere Prozeduren, zu denen das Verbot, die Grenzziehung und der Gegensatz von wahr/falsch zählt. Unter einem Verbot wird für gewöhnlich etwas vorgestellt, was Einhalt gebietet, sei es mit Gewalt oder juristisch, wie beispielsweise das Verbot der Homosexualität, das noch vor drei Jahrzehnten in der Bundesrepublik Deutschland bestand. Verbote entstehen aber auch durch Rituale, normative Regeln oder durch gemeinschaftliche Werte- und Normengeflechte, die einen Zwang zum Konformismus ausüben und die Individuen den disziplinierenden Prozeduren wertekonformer Normalisierung aussetzen.

Ein anderes Prinzip der Exklusion ist die Grenzziehung und die Verwerfung, die vornehmlich über die Produktion einer hierarchischen Anordnung binärer Oppositionen verläuft. Die Entgegensetzung von Homo- und Heterosexualität dient hier als Beispiel. Der Diskurs über Homosexualität zirkuliert nicht in derselben Weise wie der der Heterosexuellen. Dies gilt nicht nur für Alltagsdiskurse, sondern auch im besonderen Maße für die Diskurse der Humanwissenschaften.[30] Es könnte der Einwand erhoben werden, diese Grenzziehung sei an ihr Ende gelangt: Noch nie gab es so viele Bücher und Filme über Homosexualität wie heute; noch nie genoss die Homosexualität so viel Aufmerksamkeit wie heute. Aber – um mit Foucault zu sprechen: »[N]och soviel Aufmerksamkeit beweist nicht, daß die alte Grenze nicht mehr besteht. Man denke nur an das ganze Netz von Institutionen, das einem – Arzt oder Psychoanalytiker – erlaubt, jenes Wort zu hören [...].« (Foucault 1991, 13) Was Foucault zu den Diskursen über den Wahnsinn schreibt, gilt auch für die Diskurse über Homosexualität. Die Aufmerksamkeit, die der Homosexualität zuteil wird, könnte auch als eine Bestärkung ihrer Außenposition angesehen werden, die es der alten binären Grenzziehung in verstärktem Maße erlaubt, sich zu erhalten. Das Wuchern der Diskurse ist noch kein Indiz für eine grundlegende Verschiebung der Grenzen (vgl. Foucault 1977*b*). Wie schon in Abschnitt V.1 angesprochen, ereignet sich damit keine Infragestellung oder Denaturalisierung sexueller Kategorien und ihrer hierarchischen Anordnung, selbst wenn – vor allem jedoch Mittelklasse-Schwule – zunehmend in den medialen oder politischen Diskurse auftauchen, wie zum Beispiel der kürzlich neu gewählte Bürgermeister von Berlin Wowereit. Es könnte nämlich eine Verstärkung dieser Positionen zu einer gesteigerten Exklusion anderer sexueller Subjektpositionen führen.

Das dritte Ausschließungsprinzip besteht in der Grenzziehung von Wahrem und Falschem. Auch diese Opposition operiert *in* und *mittels* einem binären System. Nach Foucault ist der Gegensatz wahr/falsch durch einen Willen zur Wahrheit geprägt, der das ganze Feld des Sozialen und insbesondere die wissenschaft-

---

30 Das besondere Gewicht, das beispielsweise die Kategorie Geschlecht bzw. das Geschlechterverhältnis in vielen Bereichen der Humanwissenschaften erfahren hat, ist zu begrüßen. Das Aufarbeiten von normativer Heterosexualität in diesen Diskursen steht aber noch bei weitem aus. Hier könnte beispielsweise die Heteronormativität soziologischer Theorien untersucht werden.

liche Landschaft durchzieht. Denn, »[...] stellt man die Frage nach jenem Willen zur Wahrheit, der seit Jahrhunderten unsere Diskurse durchdringt, oder fragt man allgemeiner, welche Grenzziehung unseren Willen bestimmt, so wird man vielleicht ein Ausschließungssystem (ein historisches, veränderbares, institutionell zwingendes System) sich abzeichnen sehen.« (Foucault 1991, 14) In seinem Buch »Der Wille zum Wissen« (Foucault 1977b) untersucht Foucault diese Mechanismen der Exklusion und Normalisierung bezüglich der Sexualität. Die ständige Befragung der Psychologen beispielsweise, das akribische Sammeln von Begehrenspraktiken und deren Archivierungen haben sich in der Moderne zu Normalisierungsdiskursen entwickelt, die im Zuge der aufkommenden Heteronormativität entschieden, was als normal und was als pervers angesehen wird. Dieser Wille zum Wissen kann auf einem zweiten Blick jenseits jeglicher Repression betrachtet werden, denn die Macht des Willens zum Wissen drückt sich nach Foucault besonders dadurch aus, dass zum Beispiel Sexualität und bestimmte Kategorisierungen sexueller Praktiken erst produziert werden mussten, um sie dann zu kontrollieren und selektieren.[31]

Worum geht es in diesen Produktionen des Wissens? Was bedeutet die diskursive Formation um den leeren Signifikanten der Sexualität herum? Geht es um einen Kampf gegen die Sexualität? Foucault zeigt, dass sich das Wissen oder der Wille zur Wahrheit zu einer Strategie entwickelt hat, die Machtverhältnisse neu zu strukturieren. Die Kategorisierungen, die im Zuge der Objektivierungen heterogener Praktiken und Individuen stattfinden, ermöglichen machtstrategische Verknüpfungen von Wissen, Macht und diskursiven wie nicht-diskursiven Praktiken (Dispositive)[32] und eine Produktion *spezifischer, identifizierbarer* Anderer, die qua Kategorisierung leichter kontrolliert und normalisiert werden können. Insofern ermöglicht die Thematisierung und Objektivierung des *absolut* Anderen den Aus- bzw. Aufbau von Machtverhältnissen. Der Wille zum Wissen, die (wissenschaftlichen) Diskurse um das Begehren erzeugen nach Foucault die Sexualität. Darum ist für ihn »Sexualität« der Name, den man einem »[...] geschichtlichen Dispositiv geben kann. Die Sexualität ist keine zugrundeliegende Realität, die nur schwer zu erfassen ist, sondern ein großes Oberflächennetz, auf dem sich die Anreizung

---

31 »In der Besorgtheit um den Sex, die im Laufe des 19. Jahrhunderts immer weiter um sich gegriffen hat, zeichnen sich vier Figuren ab, die privilegierte Wissensgegenstände sowie Zielscheiben und Verankerungspunkte für die Machtunternehmungen sind: die hysterische Frau, das masturbierende Kind, das familienplanende Paar und der perverse Erwachsene. Jede dieser Figuren entspricht einer Strategie, die den Sex der Kinder, der Frauen und der Männer je auf ihre Art durchkreuzt und eingesetzt haben.« (Foucault 1977b, 127)
32 Zur problematischen Trennung zwischen diksursiven und nicht-diskursiven Praktiken siehe Kapitel III. Vielleicht könnte man aber das nicht-diskursive im Sinne des konstitutiven Außen lesen. Letzterer Hinweis verdankt sich einem Gespräch mit Lothar Peter.

zum Diskurs, die Formierung der Erkenntnisse, die Verstärkung der Kontrollen und der Widerstände in einigen großen Wissens- und Machtstrategien miteinander verketten.« (Foucault 1977b, 127f)³³ Nach Foucault ist Sexualität nicht nur in bestimmten Weisen repressiv unterdrückt, sondern Sexualität ist von je her einem produktiven Geständniszwang ausgesetzt worden; das heißt sie wurde nicht so sehr verboten und verheimlicht, sondern in all ihren Details ans Licht gezerrt: In den mittelalterlichen Beichtpraktiken der christlichen Kirche galt das begehrliche Fleisch als Ursprung der Sünde. Die Gläubigen hatten in einer Art »Hermeneutik des Begehrens« ihre geheimsten sexuellen Regungen zu beichten. Im 18. Jahrhundert weckten dann administrative-bevölkerungspolitische Maßnahmen das Interesse für Gesundheit, Ernährung, Lebensdauer, Arbeitsfähigkeit und Fruchtbarkeit der Bevölkerung und der Individuen. Es wurden Daten gesammelt, die – am Schnitt von Ökonomie und Biologie – die Aufmerksamkeit zunehmend auf die Sexualität lenkten. Später wurde sie zum Brennpunkt des Interesses der Pädagogik, der Medizin und der Psychiatrie. In diesen wissenschaftlichen Institutionen wurde die Sexualität einem Prozess zunehmender Diskursivierung unterworfen, der bis hin zur Institutionalisierung der Sexualwissenschaft reichte. Das Auftauchen dieser Wissensfelder und der Suche nach Wahrheit verband sich mit Selbstüberprüfungen und Bekenntnissen der geheimsten Regungen des Begehrens und der Lüste. Der Wissensdurst auf dem Gebiet der wahren Lüste brachte die Individuen überhaupt erst in ein beständiges Verhältnis zu sich selbst.³⁴

Die Produktion der Sexualität, der Wille zum Wissen, dient demnach dazu, Normalität und Anormalität zu produzieren, das heißt, sowohl Mechanismen zur Exklusion und Produktion *spezifischer* Anderer zu entwickeln als auch Unterschei-

---

33 Dass Auffassungen zu Sexualität und Körper nicht nur im Sinne eines Oberflächennetzes existieren, wird in der Neukonzeption des Körpers in Judith Butlers Buch »Körper von Gewicht« (Butler 1997b) deutlich. Butler behandelt dort die konstruktive und performative Seite von Materialisierungen, d.h. die Frage, was als Körper produziert wird und was verworfen wird, damit der Körper *als solcher* erscheint. Eine Unwiderlegbarkeit von Erfahrungen wie zum Beispiel Essen, Schmerz, Durst etc. besagt in diesem Sinne noch keineswegs, was es bedeutet, diese Erfahrungen zu bestätigen und mit welchen diskursiven Mitteln dies geschieht. Ohne ein gewisses Sprachsystem oder eine gewisse Anordnung von Zeichen kann die Erfahrung eines *präsenten* Körpers als solchen nicht vermittelt werden. Insofern kann auch nicht außerhalb eines Zeichensystems auf den Körper *als solches* zurückgegriffen werden. Die Grenzen einer Phänomenologie des Körpers sind genau durch die »Einbuchtung der différance« (vgl. Derrida 1998b, 121) gegeben: »[...] der Diskontinuität und der Diskretion, der Aufschiebung und der Zurück(be)haltung dessen, was nicht in Erscheinung tritt.« (Derrida 1998b, 121)
34 Foucault zufolge entsteht hier auch der philosophische Diskurs der Moderne, »[...] der die Wahrheit in der sich selbst durchsichtigen Subjektivität sucht. [...] Doch die genealogische Wahrheit ist, daß man die Wahrheit der Subjektivität in der Macht zu suchen hat. Sie setzte allererst die individualisierenden und subjektivierenden Effekte der Begehrenshermeneutik ins Werk, um die Menschen ihren strategischen Zielsetzungen verfügbar zu machen und zugleich nützliches Wissen über sie zu gewinnen.« (Fink-Eitel 1989, 84)

dungen zwischen wahrer und falscher, normaler und perverser Sexualität zu ziehen.

Allerdings lässt sich heutzutage eine Diskursverschiebung beobachten: Insbesondere in den Medien wird heute nicht mehr so sehr wie früher zwischen normaler und anormaler Sexualität unterschieden, an der sich die Individuen auszurichten haben. Vor allem in den Nachmittagsshows im Fernsehen berichtet jeder und jede über seine oder ihre eigene Sexualpraktiken und der Anreiz zum Diskurs kommt – teilweise zumindest – auch von den Individuen selbst. Dies mag einerseits damit zu tun zu haben, dass der Drang, sich im Fernsehen zu »outen«, zugenommen hat[35], kann aber auch andererseits auf andere Ursachen zurückgeführt werden: So kann man anhand der »Gouvernementalitätsstudien« Foucaults (vgl. Bröckling et al. 2000) aufzeigen, wie sich Sexualität und der gegenwärtige ökonomische Diskurs des Neoliberalismus als Denksystem und Identifikationsoberfläche verbinden.[36] Soziale Handlungen werden in diesem Denksystem, das Foucault auf die Chicago School zurückführt, nur noch unter ökonomischen Gesichtspunkten betrachtet, so dass sich gesellschaftlich ein Prozess zu einer Ökonomisierung des Sozialen vollzieht. Das Ökonomische ist aus dieser neoliberalen Perspektive kein begrenzter Bereich sozialer Handlungen und individueller Existenz, sondern »umfasst prinzipiell alle Formen menschlichen Verhaltens« (vgl. Bröckling et al. 2000, 16). Das Führen von Anderen durch und das eigene Sich-Verhalten in diskursiv produzierte(n) Denksysteme(n) – beides wird unter dem Begriff der Gouvernementalität verstanden – vollzieht sich nicht ausschließlich mittels expliziten oder impliziten Verboten, sondern auch dadurch, Individuen zu bestimmten Handlungen zu motivieren. Dabei geht es um eine Förderung von Handlungsoptionen und um die Forderung, von diesen »Freiheiten« Gebrauch zu machen. »Da die Wahl der Handlungsoptionen als Ausdruck eines freien Willens erscheint, haben sich die Einzelnen die Folgen ihres Handelns selbst zuzurechnen. [...] Wer es an Initiative, Anpassungsfähigkeit, Dynamik, Mobilität und Flexibilität fehlen lässt, zeigt objektiv seine oder ihre Unfähigkeit, ein freies und rationales Subjekt zu sein.« (Bröckling et al. 2000, 30) Für den reibungslosen Ablauf der ökonomischen Transaktionen stellt sich nach dieser Sichtweise nicht mehr in dem gleichen Maße wie früher die Frage, welche Sexualität normal ist und welche nicht, sondern: Warum sollte man Gestaltungsspielräume des Subjekts einschränken, »wenn sich die politischen Ziele wesentlich ›ökonomischer‹ mittels individueller ›Selbstverwirklichung‹ realisieren lassen? Entscheidend ist die Durchsetzung einer ›autonomen‹

---

35 Zygmunt Bauman begründet diesen Drang, ins Fernsehen zu kommen, damit, dass dies heutzutage die letzte Möglichkeit für die Individuen sei, sich unsterblich zu machen. Vgl. Bauman (1992*b*, 261f).
36 Zu den Gouvernementalitätsstudien vgl. auch Burchell et al. (1991).

Subjektivität als gesellschaftliches Leitbild, wobei die eingeklagte Selbstverantwortung in der Ausrichtung des eigenen Lebens an betriebswirtschaftlichen Effizienzkriterien und unternehmerischen Kalkülen besteht.« (Bröckling et al. 2000, 30) So mag es gegenwärtig nicht in erster Linie um das Verbot dieser oder jener spezifischen Sexualität gehen, sondern darum, innerhalb eines diskursiv ausgebreiteten und historisch entstandenen Denkschematas von »costs and benefits« selber entscheiden zu müssen, welche Sexualität einem »nützt«. Die Sexualität erscheint in diesem Sinnhorizont von Kosten-Nutzen-Kalkülen als eine Projektionsfläche kontingenter Identitätswahl, wobei die »Freiheit« darin besteht, sich seine Sexualität selbst aussuchen zu dürfen. Wer sich aber Praktiken zuwendet, die aus dem nützlichen Rahmen fallen, muss dies gemäß der dargestellten Logik selbst verantworten und trägt die ganze Last der Selbstverschuldung. »Du darfst« oder »Du hast die Freiheit, also nutze sie« sind öffentlich bekannte Slogans, mittels derer das Individuum sich selbst (und damit auch seine Sexualität) managen soll. Wie das Beispiel der medialen Auftritte zeigt, wird diese »freie Wahl« von den Individuen selbst als Freiheit empfunden. Die Herrschaftstechniken, die das Individuum zwingen, sich innerhalb eines Denksystems von »costs and benefits« zu positionieren und sich »frei« zu entscheiden, bedienen sich so den Prozessen, mit denen Individuen auf sich selbst einwirken. Zwischen den »Selbsttechnologien«, durch die Individuen gegenüber diskursiven Denksystemen Selbstverhältnisse aufbauen (müssen), besteht allerdings eine Wechselwirkung zu Herrschaftseffekten, die sich beispielsweise im Ausschluss Intersexueller oder *transgenders* manifestieren. Techniken, die das Selbst disziplinieren und Prozesse, mit denen sich das Subjekt konstruiert und modifiziert, bilden ein Gleichgewicht.

Foucault beschreibt in seinem Werk »Die Ordnung des Diskurses« (Foucault 1991) ebenfalls interne Proceduren, mit deren Hilfe selektiert, kontrolliert und ausgeschlossen wird; Proceduren mit denen die Diskurse ihre eigene Kontrolle über sich ausüben. Neben einer Kontrolle und Einschränkung der Diskurse nach *außen* und von anderen Diskursen, sind die internen Proceduren dafür verantwortlich, dass beispielsweise die konstituierten *outsides* sich innerhalb der selben Klassifikationslogik bewegen wie die *insides*. Eine interne Procedur wirkt als Klassifikationsprinzip. In Bezug auf die Sexualität bedeutet das, dass sich die Bezeichnungen Homosexueller, Heterosexueller oder Bisexueller in einem diskursiv produzierten Rahmen bewegen und somit ein Produkt der Diskurse um die Sexualität herum sind, die die eigenen Selbstverhältnisse der Individuen kontrollieren und selektieren. Andere Positionen sexuellen Begehrens oder Praktiken werden außerhalb dieser Bezeichnungsweisen nicht erkannt oder nur teilweise anerkannt – als pathologische oder anormale Überreste wie zum Beispiel Transsexuelle oder Hermaphroditen. Ferner ist es schwierig, sexuelle Orientierungen ohne Begriffe von »Sexualität« zu beschreiben, wie beispielsweise der Begriff »Transsexuelle« suggeriert. Warum nicht in Begriffen der »Erotik« denken? Die internen Prozeduren der Klassifikation sind mitverantwortlich dafür, dass die diskursiven Mittel zur Befreiung aus der Marginalisierung mit den gleichen Mitteln und symbolischen Begrifflichkeiten bestritten werden, mit dem die unterdrückende Seite die Marginalisierung schuf. Dennoch muss daraus kein politischer oder strategischer Nachteil für die politischen Auseinandersetzungen erfolgen. Dieser wäre nur dann gegeben, wenn die Begrifflichkeiten, mit denen manche positioniert werden, eine unveränderliche Substantialität aufweisen würden. Da die Arten der symbolischen Identifikation aber nicht im Sinne eines festgelegten Signifikats fungieren oder ein einmaliges Bezeichnungsereignis sind, sondern als Signifikanten einer ständig iterierbaren Wiederholung unterliegen, können diese Begriffe genau durch diese notwendige wiederholbare Praxis reartikuliert werden und eine Neuartikulierung des Symbolischen bewirken. Judith Butler schreibt dazu unter Bezug auf Foucaults »Der Wille zum Wissen« (Foucault 1977b):

> »Das juridische Gesetz, das regulative Gesetz trachtet danach, eine Anzahl von Handlungen, Praktiken, Themen einzuschränken, zu begrenzen oder zu verbieten, aber im Prozeß des Artikulierens und Ausarbeitens dieses Verbots liefert das Gesetz *den diskursiven Anlaß* zu einem Widerstand, einer Resignifikation und potentiellen Selbstzerstörung des Gesetzes. Foucault versteht den Prozeß der Signifikation, der juridische Gesetze beherrscht, generell so, daß er über deren vermeintliche Ziele hinausschießt. Demzufolge erzeugt ein verbietendes Gesetz, indem es eine gegebene Praktik im Diskurs hervorhebt, die Gelegenheit für eine öffentliche Anfechtung, die möglicherweise unbeabsichtigt das gleiche Phänomen ermöglicht, neu figuriert und unkontrolliert vermehrt, das es einschränken will. [...] Im Falle der Sexualität, die kein gewöhnlicher Fall ist, läuft das verbietende Gesetz Gefahr, genau die Praktiken zu erotisieren, die unter der Überprüfung des Gesetzes fallen. Die Aufzählung verbotener Praktiken bringt solche Praktiken nicht nur in einen öffentlichen, diskursiven Bereich ein, sondern produziert sie dadurch auch als potentiell erotische Unternehmungen [...].« (Butler 1994, 124)[37]

Mit anderen Worten bedeutet dies, dass die Machtbeziehungen im Wesentlichen produktiv sind; das, was ausgeschlossen werden soll, wird gerade durch die diskursive Artikulation des Ausschlusses als solches erzeugt und gelangt so – in einer Althusser'schen Wendung – zur sozialen Existenz.[38]

Eine dritte Selektion qua Diskurs ist die Verknappung des sprechenden Subjekts, das heißt, »[...] den sprechenden Individuen gewisse Regeln aufzuerlegen und so zu verhindern, daß jedermann Zugang zu den Diskursen hat. [...] Niemand kann in die Ordnung des Diskurses eintreten, wenn er nicht gewissen Erfordernissen genügt, wenn er nicht von vornherein qualifiziert ist. Genauer gesagt: nicht alle Regionen des Diskurses sind in gleicher Weise offen und zugänglich.«

---

37 Vgl. auch Derrida, der schreibt: »Wenn die Wörter und die Begriffe nur in differentiellen Verkettungen sinnvoll werden, so kann man seine Sprache und die Wahl der Ausdrücke nur innerhalb einer Topik und im Rahmen einer historischen Strategie rechtfertigen.« (Derrida 1998b, 122)
38 Vgl. Kapitel IV.3.

(Foucault 1991, 26) Neben einer Prozedur der Verknappung des sprechenden Subjekts durch Rituale, Diskursgesellschaften und der gesellschaftlichen Aneignung des Diskurses durch Erziehung, Bildung und Sozialisation nennt Foucault dabei die Doktringesellschaften. Diese weisen folgende Charakeristika auf: Die Zahl der sprechenden Individuen tendiert, auch wenn sie nicht fixiert ist, dazu, begrenzt zu sein. Nur unter bestimmten Individuen kann der Diskurs zirkulieren und weitergegeben werden. Durch die gemeinsame Verbindlichkeit eines einzigen Diskursensembles definieren Individuen ihre Zusammengehörigkeit. Die erforderliche Bedingung dafür ist die Anerkennung derselben Wahrheiten und die Akzeptanz einer – mehr oder weniger strengen – Regel der Übereinstimmung mit den für gültig erklärten Diskursen. Als Beispiel können hier die *communities* dienen, die sich aufgrund einer übereinstimmenden Betonung einer Identität zusammenfinden. Die »[...] Zugehörigkeit zu einer Doktrin geht sowohl die Aussage wie das sprechende Subjekt an – und zwar beide in Wechselwirkung. Durch die Aussage und von der Aussage her stellt sie das sprechende Subjekt in Frage, wie die Ausschließungsprozeduren und die Verwerfungsmechanismen beweisen, die einsetzen, wenn ein sprechendes Subjekt eine oder mehrere unzulässige Aussagen gemacht hat.« (Foucault 1991, 29) Dabei können diese Aussagen auch Handlungen sein. Diese Prozeduren der Ausschliessung verweisen auf das im vorigen Abschnitt besprochene Beispiel, in dem der Ausschluss Homosexueller aus *gay and lesbian communities* stattfand, sobald diese eine oder mehrere Nächte mit dem »Feind« oder der »Feindin« verbracht haben, sich aber dennoch selbst nicht als bisexuell bezeichnet bzw. sich auch weiterhin als der *community* zugehörig betrachtet haben (vgl. Stein 1996). Die Doktrin bindet die Individuen an bestimmte Aussage- und Verhaltenstypen und »[...] verbietet ihnen folglich alle anderen; aber sie bedient sich auch gewisser Aussagetypen, um die Individuen miteinander zu verbinden und sie dadurch von allen anderen abzugrenzen. Die Doktrin führt eine zweifache Unterwerfung herbei: die Unterwerfung der sprechenden Subjekte unter die Diskurse und die Unterwerfung der Diskurse unter die Gruppe der sprechenden Individuen.« (Foucault 1991, 29)

Diese diskursanalytischen Betrachtungen dienen den folgenden Überlegungen: Sie sollen einerseits die Basis einer kritischen Analyse sein, die auf die Aufteilungs-, Ausschließungs-, Kontroll- und Knappheitsprinzipien der Diskurse um die Konstituierung sexuierter Subjektpositionen zielt, und andererseits die Grundlage für eine genealogische Analyse[39] der diskursiven Regelhaftigkeit sein, wie

---

39 Die kritische Genealogie ersetzt die strukturalistische Prämisse zeitlos-invarianter, geschlossener Regelzusammenhänge durch die Annahme eines veränderlichen offenen »Spiels« vielfältiger und kontingenter Ereignisse. Die radikale Dezentrierung einheitlicher Strukturen zu einem offenen Spiel differentieller, heterogener und diskontinuierlicher Beziehungen, gilt gemeinhin als das

sie zum Beispiel in der ständigen Wiederkehr binärer Strukturierungen bei der Bildung von Subjektpositionen und Zugehörigkeiten zu finden ist.

4.2. Zugehörigkeiten innerhalb einer binären Logik der Verwerfung

> »Wenn ich auch spürte, daß wir einander nur unsere Haupteigenschaften liebten, nämlich die, Räuber und Gendarm zu sein (das fesselte uns aneinander), so wußten wir doch, daß sie nur wie zwei entgegengesetzte elektrische Ladungen wirkten, deren Zusammentreffen den unvergleichlichen Funken auslöst.« (Genet 1982, 205)

Heterosexualität definiert sich selbst in Opposition zu dem, was es nicht ist: Homosexualität. Wie die Darstellung der *Queer Theory* verdeutlichte, ist die Homosexualität das Außen der Heterosexualität. Homosexualität wird also zur Sicherung der heterosexuellen Position verworfen. Dies bedeutet, dass es in der heterosexuellen Identifizierung eine (De-)Identifizierung mit einer verworfenen Homosexualität gibt (vgl. Butler 1997b, 160). Dabei ist jedoch zu beachten, dass die Homosexualität nicht vollständig verworfen wird; sie wird weiter unterhalten, »[...] aber sie wird immer ›Unterhaltung‹ bleiben, zugeschnitten auf die Figur des ›Scheiterns‹ des Symbolischen, um dessen sexuierte Subjekte vollständig oder abschließend zu konstituieren [...]« (Butler 1997b, 160); das heißt, um Heterosexualität zu konstituieren und zu festigen, aber auch um homosexuelle Positionen zu definieren. Jede Subjektposition wird mittels verschiedener ausschließender Schritte angenommen, durch Akte der Verwerfung, die innerhalb eines normativen Zitierens eine relative Stabilität dieser Positionen ermöglichen. Insofern wird jede sexuierte Position durch eine Logik der Verwerfung angenommen. Ein Denken über Sexualität, das sich jedoch lediglich innerhalb der ausschließlichen kategorialen Zuschreibung von Hetero- oder Homosexualität abspielt, das nur diese zwei Kategorien als mögliche denkt, versäumt dabei auch, andere sexuierte Positionen zu berücksichtigen – die ausgeschlossenen Dritten. Hetero-/Homosexualität bildet dann das Innen, andere sexuierte Positionen, wie Bisexualität, das Außen.

Kennzeichen des Poststrukturalismus. Die Genealogie versucht zu zeigen, wie gegebene Diskursformationen aus der Geschichte bestimmter Praktiken hervorgehen. Die Grundlagen dessen, was als wirklich oder wahr angesehen wird, sind aus dieser Perspektive historisch kontingente Konstruktionen und Interpretationen, die nichtsdestoweniger materielle Auswirkungen haben.

»Die Logik der Verwerfung, die diese normativierende Heterosexualität beherrscht, ist jedoch eine Logik, die andere ›sexuierte Positionen‹ genauso beherrschen kann. Die Heterosexualität hat kein Monopol auf ausschließende Logiken. Sie können in der Tat auch schwule und lesbische Identitätspositionen charakterisieren und aufrechterhalten, die sich durch die Erzeugung und Verwerfung eines heterosexuellen Anderen konstiuieren. Diese Logik wird in dem Versäumnis, Bisexualität anzuerkennen, ebenso dauernd wiederholt wie in der normativierenden Interpretation der Bisexualität als einer Art fehlender Loyalität oder mangelnder Festlegung – zwei grausame Strategien der Auslöschung.« (Butler 1997b, 161)

Wenn Homosexualität und Heterosexualität als die zwei ausschließlichen, möglichen und natürlichen Arten von Sexualität gedacht werden, geschieht dies durch Verwerfung anderer Möglichkeiten. Dabei wird durch eine homosexuelle Verwerfung der Bisexualität oftmals das gleiche Vokabular angewendet, das zur Diskreditierung der Homosexualität selbst fungierte, wie beispielsweise der Verweis auf eine bisexuelle Promiskuitivität. Wie Foucault erkannte, ist der angebliche Widerstand in das herrschende Denksystem mehr verstrickt, als angenommen wird: »Die Homosexualität hat begonnen, von sich selber zu sprechen, auf ihre Rechtmäßigkeit oder auf ihre ›Natürlichkeit‹ zu pochen – und dies häufig in dem Vokabular und in den Kategorien, mit denen sie medizinisch disqualifiziert wurde.« (Foucault 1977b, 123)

Im Folgenden soll es darum gehen, wie bereits marginalisierte Subjekte und Identitätspositionen, wie Lesben und Schwule, ihrerseits andere stigmatisierte sexuierte Positionen, wie zum Beispiel Bisexuelle, marginalisieren und dies oftmals mit dem gleichen Vokabular, denselben Stereotypen und Mitteln geschieht, mit denen zuvor die Homosexualität verwerflich gemacht wurde. Anstatt sich die Frage zu stellen, wie Identitätspositionen in ihrer Kohärenz zu sichern sind, geht es in der vorliegenden Studie darum, mit welchen ausschließenden Schritten sexuierte Positionen übernommen werden und wie mit dieser Logik der Verwerfung politisch umzugehen ist. Betrachtet man die Bisexualität, ergeben sich weitere Fragen: Wie wird Bisexualität innerhalb einer Innen-Außen-Binarität verortet? Ist Bi-Sexualität gewissermaßen eine Schnittmenge von Hetero- und Homosexualität und erhält somit die Binarität von Heterosexualität als das Innen und Homosexualität als das Außen? Oder zerstört Bisexualität diese Binarität, zeigt deren Kontingenz auf und verweist somit auf eine sexuelle Ambivalenz? Ist Bisexualität das verworfene Andere eines herrschenden Diskurses über Sexualität, der lediglich nur von zwei sexuierten möglichen Positionen ausgeht? Produziert die Position der Bisexualität wiederum neue Logiken der Verwerfung und Innen-Außenpositionen?

In den letzten Jahren wurde von Seiten einiger Soziologinnen und Soziologen sowie insbesondere von feministischen Theoretikerinnen auf die besondere Art von Antipathie gegenüber Bisexuellen aufmerksam gemacht. Eine Antipathie, die nicht nur aus dem heterosexuellen Lager, sondern insbesondere auch von Lesben und Schwulen selbst kommt.[40] Amber Ault unterscheidet vier »Techniken der Neutralisierung«, die ein idealtypisches Verhalten Homosexueller gegenüber Bisexuellen darstellen (vgl. Ault 1996, 314):

1. Unterdrückung: Es wird darauf insisitert, dass Bisexualität nicht-existent ist. Bisexualität wird als sexuelles Phänomen geleugnet. Entweder ist man homo- oder heterosexuell.

2. Einverleibung: Hier steht die These im Mittelpunkt, dass Bisexuelle in »Wirklichkeit« Lesben oder Schwule sind, die ihre »wahre« Identität noch nicht gefunden haben. Darum sind sie jetzt »bi« bzw. in einem Übergangsstadium, früher oder später erweisen sie sich aber als Homosexuelle.

3. Marginalisierung: Die Existenz von Bisexualität wird zwar anerkannt, ist jedoch für lesbische und schwule Gemeinschaften bzw. Lebenszusammenhänge irrelevant.

4. Stereotypisierung bzw. Delegitimierung: Bisexuelle werden als promiskuös, polygam, unloyal oder sexuell besonders aktiv charakterisiert.

Entweder wird durch diese Strategien der Verwerfung die Binarität von Homo/Hetero aufrechterhalten oder Bisexuelle werden mittels Stereotypen, die eigentlich auch zu einem homophoben Vokabular gehören (promiskuös beispielsweise), marginalisiert.

Doch wie verorten sich Bisexuelle selber, wie sieht der »eigene Diskurs« Bisexueller bezüglich ihrer Subjektposition aus, wie lassen sich die Selbstverhältnisse zur konstituierten Subjektposition beschreiben?

Der vorherrschende gesellschaftliche Diskurs über Sexualität und das noch vorherrschende *sex-gender*-Theorem, das Subjekte biologisch entweder als männlich oder weiblich ausweist, erfordern, dass sich die Subjekte entweder als männlich oder weiblich, Mann oder Frau, hetero- oder homosexuell verorten. Trotz einer Zurückweisung bzw. Dekonstruktion dieser Binaritäten in der poststrukturalistischen feministischen Theorie beispielsweise werden diese dualistischen Begrifflichkeiten von einigen Homosexuellen und Feministinnen weiterhin genutzt, um mitunter darauf zu insistieren, dass sich Bisexuelle innerhalb dieser Kategorien positionieren sollen (vgl. Ault 1996). Viele Bisexuelle empfinden diese dualistischen Zuweisungen jedoch als extrem beschränkend und halten Bisexualität für eine effektive Herausforderung bipolaren Denkens. Trotz einer Abwehr dualistischer Typologien, verstärkt jedoch diese Ablehnung bipolaren Denkens die binären Oppositionen,

---

40 Vgl. zur Verwerfung Bisexueller Stein (1996), Butler (1991), Seidman (1993), Hark (1996), Rust (1992) und Ault (1996).

da sie sich innerhalb oder zwischen diese Oppositionen einschreibt und diese Positionen als geschlossene Entitäten betrachtet. Folgendes Zitat aus einem Interview von Amber Ault soll dies verdeutlichen: »[If society were more accepting of bisexuality] It would help smash the horrid sense of duality that this culture is stuck in. Things are either this or that, there's no between. But here we are! Smack in between lesbian and straight!« (Ault 1996, 316)

Aber es existieren noch weitere Artikulationsformen, durch die eine Homo/Hetero (straight)-Polarität aufrechterhalten wird: Die Selbstbeschreibung Bisexueller als Schnittmenge, als zur einen Hälfte heterosexuell und zur anderen Hälfte homosexuell. Diese Subjektivierung geht vielfach von einem essentialistischen Primat der Bisexualität aus, von der sich dann jegliche Sexualität zweiteilt. In Bezug auf Freud und Lacan bemerkt Butler, dass zunächst die Koexistenz des Binären vorausgesetzt wird. Daraufhin setzen die Veränderungen und die Ausschließung ein, um ausgehend von dieser Binarität

»[...] diskrete geschlechtlich differenzierte ›Identitäten‹ (gendered ›identities‹) auszusondern, so daß die Identität immer schon in der bisexuellen Anlage, die durch Verdrängung in ihre Bestandteile zerlegt wird, inhärent ist. Einerseits tritt also die binäre Beschränkung der Kultur als vorkulturelle Bisexualität auf. [...] Andererseits zeigt die binäre Einschränkung der Sexualität bereits von Anfang an, daß die Kultur keinesfalls späteren Datums als die Bisexualität ist, die sie angeblich verdrängt. Vielmehr bildet die Kultur gerade die Matrix der Intelligibilität, mittels derer die primäre Bisexualität überhaupt denkbar ist. Die als psychische Grundlage dargestellte und später angeblich verdrängte ›Bisexualität‹ ist eine diskursive Produktion, die angeblich jedem Diskurs vorangeht [...].« (Butler 1991, 89f)

Diese Strategie der Identitätsartikulation qua ursprünglicher Essenz der Bisexualität, setzt Bisexualität als eine Innenposition bzw. als Zentrum ein, an dessen Peripherie die Homo- und Heterosexualität anzusiedeln ist. Diese Positionierung beschreibt Homosexuellle und Heterosexuelle als »halb-sexuelles« Kollektiv, deren sexuelles Begehren sich nur auf ein Geschlecht beschränkt. Die neu aufkommende dualistische Strukturierung besteht dann in der Binarität von Bisexualität und Monosexualität (und des öfteren in einer Trennung zwischen polygam – monogam).[41] Die Monosexuellen werden als das Andere spezifiziert und verworfen. Der bisexuelle Diskurs, der von der Polarität von Monosexualität und Bisexualität ausgeht, reproduziert damit lediglich die ausgrenzenden Diskursstrategien der Hetero- und Homosexualität innerhalb derselben Dispositive beider Diskurse (Essentialisierung, biologische Binarität etc.) und erzeugt wiederum ein legitimiertes, »normales« und originales Zentrum gegenüber den »halbierten«, monosexuellen Anderen. Insofern bleibt selbst die Beschreibung eines bisexuellen Selbst innerhalb der Basisdichotomien sexueller Binarität und essentialisert seine eigene se-

---

41 Eigentlich müsste es bigam - monogam heißen. Denn diese Positionierung der Bisexualität geht nicht von einer irreduziblen Vielfältigkeit jedes Individuums bzw. einer absoluten polysexuellen Andersheit (vgl. IV.2.) aus, sondern lediglich von zwei spezifizierten Andersheiten.

xuierte Position mittels einer Logik der Verwerfung der Anderen. Ähnlich wie bei den Logiken der Verwerfung der Heterosexualität sowie der Homosexualität handelt es sich hierbei nicht einfach um *eine* Verwerfung, sondern um eine *vielfache*. Denn es wird nicht nur im Falle der normativen Heterosexualität die Homo- und die Bisexualität mittels einer Setzung des heterosexuellen Zentrums verworfen, im Falle der Homosexualität nicht nur die Bisexualität und im Falle der Bisexualität nicht nur Homo- und Heterosexualität als Anderes, sondern die mehrfache Verwerfung all dieser sexuierten Position besteht auch in der Zurückweisung Transsexueller, anderer sexueller Praktiken und vor allem in der nicht beachteten absoluten Andersheit jeglicher Sexualität des absolut Anderen im Lévinas'schen Sinne, d.h. mit den Worten Derridas, in der Multiplizität der sexuell markierten bzw. bezeichneten Stimmen der Anderen:

»More directly: a certain dissymmetry is no doubt the law both of sexual difference and the relationship to the other in general [...]. This double dissymmetry perhaps goes beyond known or coded marks, beyond the grammar and spelling, shall we say (metaphorically), of sexuality. This indeed revives the following question: what if we were to reach, what if we were to approach here (for one does not arrive at this as one would at a determinate location) the area of a relationship to the other, where the code of sexual marks would no longer discriminating? The relationship would not be a-sexual, far from it, but would be sexual otherwise: beyond the binary difference that governs the decorum off all codes, beyond the opposition feminine/masculine, beyond bisexuality as well, beyond homosexuality and heterosexuality which come to the same thing. As I dream of saving the chance that this question offers I would like to believe in the multiplicity of sexual marked voices. I would like to believe in the masses, this indeterminable number of blended voices, this mobile of non-identified sexual marks whose choreography can carry, divide, multiply the body of each ›individual‹. [...] Does the dream itself not prove that what is dreamt of must be there in order for it to provide the dream?« (Derrida 1995*b*, 107f)

4.3. Die binäre Struktur von queer

»[...] [D]ie Sexualität nämlich, wird nur rückwärts und durch die Antwort selbst bestimmt, begrenzt und entgrenzt.« (Derrida 1997*h*, 327)

Für diejenigen, die einer essentialistischen Annahme bisheriger sexueller Identitätskategorien kritisch gegenüberstehen, verbindet sich mit dem Begriff *queer* ein neuer Ort der Auseinandersetzung. Mit Hilfe dieses »umbrella terms«, der jegliches sexuelles Begehren außerhalb der normativen Heterosexualität darstellt, wird mittels einer *queerposition* eine Überwindung der Hetero/Homo-Binarität zu artikulieren versucht. Doch eine *queer*-Subjektposition ist nicht davor geschützt, binäre Strukturen zu reproduzieren. Wie deutlich geworden ist, sind selbst poststrukturalistisch-informierte Subjektpositionen nicht vor einer Verwerfung gefeit, obgleich sie nicht naturalistisch begründet werden. Die Frage ist also, wie ist mit diesen Verwerfungen umzugehen und wie stringent werden »Identitäten« gefasst. Ferner ist zu fragen, ob die Ausgeschlossenen die Möglichkeit haben, sich zu artikulieren (im Sinne von Laclau/Mouffe) und ihren instabilen Positionen Geltung zu verschaffen. Die Queer-Bewegung muss sich fragen lassen, ob sie selbst nicht der Gefahr unterliegt, eine neue Identität zu etablieren, indem sie ihrerseits das *queer*-Subjekt von den *non-queers* abgrenzt. Es wird zu fragen sein, wer von welchem Gebrauch dieses Begriffs repräsentiert, wer ausgeschlossen wird und für wen dieser Begriff womöglich eine unmögliche Koalition ethnischer, klassenübergreifender, religiöser oder sexueller Zugehörigkeiten darstellt.

Bevor auf die Binarität von *queer* näher eingegangen und ein denkbarer Ausweg aus der Logik der Verwerfung beschritten werden soll, sei hier kurz Bilanz gezogen: Erstens kommen auch sexuierte Subjektpositionen oder Identitätspositionen, die sich außerhalb der Heteronormativität bewegen, schwerlich aus der herrschenden binären Struktur von Homo/Hetero-Sexualität heraus. Eine strukturelle Zweiteilung, die gerade einen zentralen Stellenwert für die Marginalisierung dieser Positionen inne hat. Zweitens erfolgt die Befreiung aus dieser Marginalisierung oftmals mit den gleichen schematischen Annahmen und Vokabularien, die innerhalb einer Logik der Verwerfung der heterosexuellen Verwerfung ähneln, wie die dargestellten Ergebnisse der Studien von Amber Ault zeigen. Rückgriffe auf angenommene Natürlichkeiten oder Wesenheiten werden selbst von den marginalisierten Anderen aufgegriffen und zum Gegenstand interner oder externer Auseinandersetzungen. Ebenso haben alle Positionen die Konstituierung und Konstatierung eines spezifizierten Anderen gemeinsam, sei es nun, um die eigenen Positionen in Abgrenzung zu anderen sexuierten Positionen zu festigen oder um innerhalb der angeblich kohärenten Identitätspositionen eine Normalisierung dieser Positionen zu erreichen. Dies lässt drittens den möglichen Schluss zu, dass eine Artikulation und Konstituierung kohärenter Identitätspositionen, sei es nun eine heterosexuelle, homosexuelle, bisexuelle oder *queer*-Position, nur mit Hilfe einer Logik der Verwerfung, der Ausschließung oder einer Substantialisierung bzw. Biologisierung geschehen kann. Die *queer*-Position ist gemäß ihres poststrukturalistischen Hintergrunds jedoch in der Lage, dieser Biologisierung zu entsagen.

Aufgrund dieses wesentlichen Vorteils der Ent-Biologisierung (ein Vorteil nur soweit, wie man einer denaturalisierenden Strategie folgen will) soll das Konzept von *queer* hier weiterverfolgt werden. Dabei kann es jedoch nicht darum gehen, *queer* kritiklos zu würdigen, sondern die ausschließenden Schritte, die in einer Logik der Verwerfung auch die Queer-Bewegung beinhaltet, zugunsten einer Demokratisierung von *queer* zu kritisieren; d.h. einerseits *queer* zu *queeren* und andererseits die Möglichkeiten der *Queer Theory* für die politische Praxis nutzbar zu machen.

Auch die Queer-Bewegung ist nicht dagegen gefeit, ihre eigene Kohärenz, die das Subjekt auf Kosten der eigenen Vielschichtigkeit und Verbindungen der Identifizierungen eingeht oder produziert, ständig hervorzuheben. Eine beständige Betonung dieser kohärenten Position läuft dann Gefahr zu ihrem eigenen Politikgehalt zu werden und gegebenenfalls die Überwachung dieser Identität anstelle einer Politik einzunehmen, »[...] in der die Identität dynamisch im Dienst eines größeren kulturellen Kampfes für die Neuartikulation und Ermächtigung von Gruppen steht, eines Kampfes, der versucht, die Dynamik der Verwerfung und Ausschließung zu überwinden, mit der ›kohärente Subjekte‹ geschaffen werden.« (Butler 1994, 135) Eine neue Konfiguration von Politik könnte dann entstehen, wenn Subjektpositionen nicht länger als vor der Artikulation begriffene Prämissen für eine wirksame Politik gedacht und Politik nicht mehr als ein Verfahren verstanden würde, das aus den angeblichen Interessen vorgefertigter Subjekte abgeleitet wird. Eine Subjektposition, die in einer und durch eine Logik der Verwerfung hergestellt wird, erringt ihre angenommene Spezifizität der Identität durch den Verlust und die Verringerung von Verbundenheit und »[...] die Landkarte der Macht, die Identitäten differentiell produziert und einteilt, kann nicht mehr gelesen werden.« (Butler 1997*b*, 164)

Eine Anerkennung der Inkohärenz von Identitäten und das damit einhergehende Wechseln von Identifizierungen, muss nicht bedeuten, dass eine Identifizierung völlig zu Lasten einer anderen verworfen wird. Vielleicht ist es gerade dieser Wechsel von Identifizierungen, der zu einer anwachsenden Anzahl von Verbindungen führt. Dies gelingt dadurch, dass die konstitutiven Zwänge der Verwerfung und des Ausschlusses, aber auch die Knotenpunkte, an denen die unterschiedlichen Identifikationen gebildet und verschoben werden, analysiert werden. Dabei muss dies, wie Judith Butler schreibt, »[...] nicht die abstrakte Schlußfolgerung einer Gleichwertigkeit sein, die auf der Einsicht in den partellich verfaßten Charakter jeder sozialen Identität beruht. Nein, in dieser Sache wird es darum gehen, die Formen zu finden, in denen die Identifizierung in das verwickelt ist, was sie ausschließt, und es wird darum gehen, wegen der Landkarte eines zukünftigen Gemeinwesens den Linien dieser Verwicklung zu folgen, die sich dabei abzeichnet.« (Butler 1997*b*, 170)

Betrachtet man die Logik der Verwerfung bei der *queer*-Position, lassen sich sowohl eine *inklusive* als auch eine *exklusive* Logik erkennen. Die *exklusive* Logik besteht in der Bildung von *non-queers*. Die *inklusive* Logik besteht in der Subsumierung und Aufhebung jeglicher Positionen unter *queer*. Unter der Betrachtung von *queer* als ein Begriff, der jegliche sexuierte Positionen in sich einschließt, auch heterosexuelle, und der alle am Rand der Gesellschaftlichkeit gedrängten Anderen vereinigen will, fungiert *queer* als ein Ideal, das alle ausgeschlossenen Identifikationen in eine Einheit versammelt, die auch die verschiedensten Weisen beispielsweise ethnischer oder klassenspezifischer Zugehörigkeiten in sich einzuschließen beansprucht. Insofern ist selbst »Position« ein Begriff, der manchen Subjektivierungen eine fälschliche Einheit zuschreiben kann und die verschiedenen Knotenpunkte, an denen die Elemente solcher Positionen produziert werden und mit den jeweils Anderen konvergieren, vernachlässigen kann.[42] Aus diesem Grund sollte es möglich sein, den Begriff *queer* zu Gunsten anderer Begriffe aufzugeben, die eine wirkungsvollere politische Arbeit je nach Ziel ermöglichen.

4.4. Queering Queer

Wenn Identitätspositionen der aktuellen Politik sexueller Bewegungen sich einer Genealogie des Subjekts unterziehen müssen, die die konstitutiven und ausschließenden Machtbeziehungen befragt, mit denen diese Subjekte gebildet werden, muss dies auch für eine *queer*-Position gelten. Die Fragen an die Queer-Politik, die dabei unerlässlich zu stellen sein werden, lauten: Wer wird von *queer* ausgeschlossen bzw. wer wird durch *queer* repräsentiert? Welche Artikulationen politischer Inhalte ermöglicht der Begriff und welche finden keine Beachtung?

Die Wirkung einer Queer-Politik wird in hohem Maße von einer Dekonstruktion des *queer*-Subjekts, einer selbstkritischen Reflexivität innerhalb des Aktivismus und dessen ausschließenden Kräften abhängen. Dies bedeutet, dass *queer* auf verschiedene, kontingente Weisen prozesshaft umgestaltet werden muss; dass diese Kontingenz bejaht wird; dass zugelassen wird, dass der Begriff von denjenigen beansprucht wird, die von ihm ausgeschlossen werden, die aber dennoch eine Repräsentation durch ihn erwarten.

Allgemein heißt das, dass die poststrukturalistische Einsicht in die Bedeutungskonstruktion von Begrifflichkeiten, wie sie die *Queer-Theory* vertritt, von der Queer-Bewegung selber ernst genommen wird.

»Wenn der Begriff ›*queer*‹ ein Ort kollektiver Auseinandersetzung sein soll, Ausgangspunkt für eine Reihe historischer Überlegungen und Zukunftsvorstellungen, wird er das bleiben müssen, was in der Gegenwart niemals vollständig in Besitz ist, sondern immer neu eingesetzt wird, umgedreht wird, durchkreuzt wird [queered] von einem früheren Gebrauch her und in die Richtung dringlicher und erweiterungsfähiger politischer Zwecke.« (Butler 1997b, 313)

---

42 Zur besseren Verständlichkeit wird an dem Begriff »Position« festgehalten, unter Berücksichtigung der Verkettung und Verwebung mit anderen Signifikanten und nicht geschlossenen Positionen.

Queer kann im Gegensatz zu denjenigen Bewegungen, die eine starre und kohärente Identität befürworten oder mit Hilfe biologistischer Kategorien kämpfen, die Grenzen der Zugehörigkeit und damit die Ränder binärer Rahmungen hin zu größeren Koalitionen oder zu neuen Zusammenschlüssen verschieben. Insofern ist *queer* eine Position, die sich ihrer Unabgeschlossenheit und ihrer Prozesshaftigkeit bewusst ist. Mit einer Positionierung als *queer* geht zwar notwendigerweise eine Produktion von *non-queers* einher. Wird aber der Begriff *queer* als ein Ort des diskursiven Aushandelns betrachtet, als Ort demokratischer Auseinandersetzungen und als Raum, in dem Identitäten je nach politischem Ziel betont und andere Identifizierungen zurückgestellt werden, ermöglicht *queer* eine immer neu zu gestaltende Grenze des *non-queer* und eine immerfort neue prozesshafte Aushandlung des Rahmens und der Grenzen mitsamt den normativen und habituellen Inhalten und Interaktionsmustern innerhalb des Rahmens.

Dabei wird es jedoch nicht nur um ein ständiges Aushandeln der Zugehörigkeiten je nach politischem Ziel gehen, sondern vielmehr um eine wirksame Dekonstruktion des Innen, eine ständige Verunsicherung und eine neue Sichtweise der normativen Heterosexualität. Durch die *Queer Theory* sollte die Queer-Bewegung darüber informiert sein, dass eine Struktur der Identifikation immer durch Ambivalenzen konstruiert ist, immer durch eine Spaltung zwischen dem, was der Eine, und dem, was der Andere ist (vgl. Kapitel III.3.1.). Dieser Andere ist immer auch ein Teil dieses Einen, wie anhand der postdekonstruktiven Subjektivität bei Derrida und Lévinas deutlich wurde (vgl. Kapitel II.7.1.). Diese Einsicht verschiebt die Grenzen zwischen Innen und Außen, da jede Position bzw. jede Identität in den Blick des Anderen eingeschrieben ist. Infolgedessen ist keine Identität einfach nur für sich anwesend, d.h. als geschlossene Entität, sondern ist immer eine Identität, von der der Andere ein Teil ist. Identität wird als Prozess und als Diskurs immer von dieser Position des Anderen abhängen bzw. von dieser Position des Anderen gebildet. Aus diesem Grund wird auch *queer* selbst von diesem Anderen, den *non-queers* durchdrungen sein.

Es stellt sich die Frage, wie man diese Aushandlungsprozesse und die Positionierung von *queer* fassbar und begreifbar machen kann. Bei der Behandlung dieser Frage ist die Derrida'sche *différance* von beträchtlichem Nutzen. Die *différance* bezeichnet die zeitliche und räumliche Produktion von Differenzen und deren Aufschub sowie den Überschuss jeder Differenz (Spur). Dadurch gibt es Positionierung, Bewegung und Bedeutung (vgl. Kapitel II.2.). Wenn Sinnproduktion von der ständigen Neupositionierung differentieller Ausdrücke abhängt, hängt auch die Bedeutung in jedem Fall von einem arbiträren Punkt, von einer Unterbrechung ab. Bedeutung gibt es wegen einer ständig wiederholten, iterativen Positionierung und es muss diese zeitweilige Positionierung bzw. diese Logik der Äquivalenz geben, um überhaupt artikulieren zu können. Frei flottierende Elemente werden zu Momenten eines relationalen Systems, um es in der Sprache Laclaus auszudrücken. Diese Momente sind jedoch Konstruktionen und besitzen keine völlige Geschlossenheit. Bedeutung bzw. diese zeitweilige relationale Fixierung in Momenten markiert eine notwendige temporäre Unterbrechung in der unbegrenzten Bewegung der Relationen. Dies beeinträchtigt jedoch keinesfalls ein Verständnis der *différance*. Ein Missverstehen gibt es nur dann, wenn diese Positionierung, die Bedeutung ermöglicht, als eine feste, natürliche und dauerhafte Position betrachtet wird, anstatt deren notwendigen, disseminativen, überdeterminierten Überschuss der Spur bzw. des Aufschubs zu berücksichtigen. Jede dieser Positionierungen ist strategisch und arbiträr.

Wird *queer* in diesem Sinne als eine Positionierung begriffen, so wäre der Begriff *queer im Sinne der différance* einer generativen Bewegung ausgesetzt, die *immer wieder* neu (iterativ) ein System von Differenzen produziert, erfindet oder *binäre Codes* ihres eindeutigen Sinns beraubt, somit vielleicht keine klare Struktur aufweisen würde, aber deswegen keineswegs a-strukturell wäre. *Queer* wäre in diesem Sinne ein komplexer Ort der Zugehörigkeit, dessen Totalität durch die *différance* stets aufgeschoben und verschoben ist, d.h. *queer* wäre zu keinem gegebenen Zeitpunkt das, was es ist. Eine Identität im Sinne der *différance* kann zu einem offenes Bündnis avancieren und bestimmte Identifikationen bestätigen, die entsprechend den jeweiligen Zielen wechselweise instituiert oder aufgegeben werden. Ein offenes Bündnis wäre in diesem Sinne eine offene Vereinigung, die vielfältige Konvergenzen und Divergenzen zulassen würde, ohne einem normativen Telos definitorischer Geschlossenheit zu gehorchen.

Eine in diesem Sinne *zeitweise* Fixierung bzw. Positionierung ist ein notwendiger Irrtum; ein notwendiger Irrtum, der gerade auch wegen seiner Einschreibung als gesellschaftlich-kulturelle Existenzweise *notwendig* ist. In dem Maße, wie gerade bestimmte Begrifflichkeiten wie »Frau«, »lesbisch« oder »schwul« Anspruch auf Individuen erheben bzw. Individuen im Diskursiven positionieren, wird es einerseits nötig sein, diese Begriffe wieder aufzugreifen und eine Privilegierung von *queer* aufzugeben. Dies jedoch nur unter der Einsicht, diese Positionierungen im Sinne der *différance* als temporäre, nicht vollständig fixierte Momente und Knotenpunkte zu verstehen, die potentiell immer von einem Einbruch derer heimgesucht werden können, die von den Begriffen ausgeschlossen werden, aber dennoch Repräsentation durch sie erwarten. In diesem Sinne lässt sich *queer im Sinne der différance* auf jegliche Positionierungen und Identitäten anwenden. In der hier vorgeschlagenen, verallgemeinerungsfähigen Konzeptualisierung findet sich dann die unentscheidbare Bewegung wieder, die zwischen einer Öffnung zum Anderen und dieses Knotenpunktes besteht, d.h. auch in der Verwobenheit des Anderen in diese zeitweilige Fixierung einer postdekonstruktiven Subjektivität: »Die Subjektivität diesseits oder jenseits von frei und unfrei – die dem Nächsten gegenüber verpflichtete Subjektivität – ist die Bruchstelle, an der das *sein* durch das *Unendliche* überschritten wird. Bruchstelle, aber zugleich Knotenpunkt.« (Lévinas 1992a, 45)

Die Dekonstruktion verweist auf die spezifischen Kontexte und die Orte innerhalb eines wandelbaren sozialen Zusammenhangs. Sie fragt nach dem »Wann«, dem »Wo« und für wessen Zweck eine bestimmte Position auftaucht. In einem Spiel der Differenzen konstituiert sich eine *historische* und *kontextuale* Bedeutung, die jedoch niemals eine endgültige Fixierung erlebt. Aufgrund der kontextuellen Einwirkungen werden innerhalb bestimmter Machtbeziehungen die spezifischen Subjektpositionen verschoben und als identische Momente geschaffen.

Soziale Gruppen sowie Subjektpositionen sind darum keine statischen Entitäten oder kohärente Positionierungen, sondern können sich durch Kontexte und deren Außen in historischen Momenten verschieben. Die Kontexte bilden dabei mitunter die Artikulationsbedingungen eines Elements für das andere innerhalb der historischen und spezifischen sozialen Diskursivität. Diese Bedingungen der Artikulation sind von einer bloßen Aufzählung oder Aneinanderreihung von Elementen oder (patchwork-)Identitäten gänzlich verschieden. Vielmehr laufen die verschiedenen Kategorien an einem Knotenpunkt zusammen.

Die grundlegende Nicht-Geschlossenheit bedeutet die Möglichkeit einer ständigen Neu-Modifizierung von Identitäten, ausgehend von den Bruchstellen und Rändern. »Bruchstellen« und »Knotenpunkte« zeugen davon, dass der »Übergang von ›Elementen‹ zu ›Momenten‹ niemals vollständig gelingen [kann].« (Laclau und Mouffe 1991, 165) Insofern nach Laclau und Mouffe die Unmöglichkeit einer endgültigen Fixierung (Brüche) existiert, muss es implizit auch partielle Fixierungen (Knotenpunkte) geben, denn ansonsten wäre das Fließen der Differenzen selbst unmöglich bzw. nicht beschreibbar.

Die *différance* verweist auf diese doppelte Bewegung der Positionierung und der Verschiebung zur Spur. Die Unterscheidung bzw. Positionierung ist dabei irreduzibel, um überhaupt eine Positionierung zurückzuweisen. Diese Positionierungen beinhalten aber die Spuren heterogener und antagonistischer Elemente. Wegen der antagonistischen Bewegungen sozialer Felder sind spezifische Subjektpositionen (sexuelle, geschlechtliche oder ethnische) immer beweglich und nie einem vollständigen Gelingen des Übergangs von Elementen in Momente preisgegeben. Dies ist deswegen der Fall, weil die Artikulationsbedingungen bzw. die Kontexte als Modifikationen von Identitäten selbst historisch und räumlich kontingent sind.

Die Grenzen der Kontexte sind nicht als Grenzen aufzufassen, die zwischen zwei Territorien bestehen, dann wäre das Außen eine vollständig objektiv erfassbare Differenz, sondern der Antagonismus ist streng genommen innerhalb dieser Kontexte anzusiedeln. Der Kontext ist von seinen Grenzen durchdrungen, die dessen objektive Realität verhindern (vgl. Laclau und Mouffe 1991, 183). Diese Grenzen sind bis zu einem gewissen Grad selbst Momente. Da aber ein vollständiger Übergang von Elementen zu geschlossenen Momenten nie gelingen kann, gibt es wiederum Spuren von Spuren. Anders gesagt heißt das: Diejenigen Positionierungen oder Momente, die als Grenze eines Kontextes bestimmt werden, zum Beispiel ›queer‹, ›schwul‹, ›lesbisch‹ etc., sind niemals als vollständige Momente fixiert, sondern selbst *überschüssige* Elemente; sie verweisen auf Spuren von Spuren bzw. auf absolute Andersheit. Von dieser absoluten Andersheit her können Kontexte und Momente, also beispielsweise die Kontexte der normativen Heterosexualität aber auch der Identitätslogiken von ›queer‹, ›schwul‹, ›lesbisch‹, ›Frau‹, ›Mann‹ etc., selbst wieder dekonstruiert und ihrer *binären Codes* beraubt werden. Es können ausgehend von dieser (zu-kommenden) In(ter)vention, sowohl der Unendlichkeit der Andersheit als auch von Unentscheidbarkeiten, neue Entscheidungen und damit Politisierungen getroffen werden. Entscheidungen, die jedoch immer zwischen dem Endlichen und dem Unendlichen, dem Selben und dem Anderen oszillieren, die sich im Terrain der Unentscheidbarkeit befinden (vgl. Kapitel III.3.); die niemals von sich behaupten können, sie seien gerecht oder endgültig. Eine solche Auffassung von Politik und hegemonialer Praxis ist insofern ethisch-politisch zu nennen, weil sie einerseits Politisierung vorantreibt und dies angesichts des singulären Anderen und in unversöhnbarer Weise (vgl. Derrida 2000*h*, 47) auch angesichts der Anderen des Anderen (der Lévinas'schen Dritten) geschieht, oder anders gesagt: weil sich die Entscheidung in einer unendlichen Bewegung der Unentscheidbarkeit sowohl angesichts einer irreduziblen, singulären Andersheit sowie angesichts der Notwendigkeit repräsentierbarer Identitäten und *binärer Codes* ereignen muss.[43] Hierbei würde sich die partielle Fixierung im Sinne von Knotenpunkten als »dia-chrone Verstrickung zwischen dem *Selben* und dem *Anderen*« (Lévinas 1992*a*, 68) erweisen. »Verstrickung des *Anderen* im *Selben*, die nicht auf eine Erschlossenheit des *Anderen* für den *Selben* hinausläuft.« (Lévinas 1992*a*, 69)

---

43 »Dort, wo indessen jeder in *gleicher* Weise ganz anders ist. Schwerwiegender als ein Widerspruch, hält die Kluft zwischen diesen beiden Gesetzen auf immer das politische Begehren wach.« (Derrida 2000*h*, 47)

VI. P.S.: Schluss

> »Von Anfang an, und vom ersten Wort unseres Versprechens an, Sie erinnern sich, hatten wir aus tausenderlei Gründen geglaubt, auf ein *post-scriptum*, das eine lange und detaillierte Antwort wäre, verzichten zu müssen. [...] Ein wahres *post-scriptum* wird man noch aufschieben (*postpone*) müssen.«
> (Derrida 2000b, 76)

Wie können poststrukturalistische Sozialtheorien anhand einer Ethik der Dekonstruktion konsequent theoretisiert werden? Welche neuen Sichtweisen birgt dieses Denken, das auf den Anderen verweist, für die Reflexion von Entscheidung, Verantwortung, Performativität, Identität, Gesellschaft und Politik? Wie kann die Frage nach dem politischen Ereignis neu gestellt werden? Welche Perspektiven einer ethisch-dekonstruktiven Sozialwissenschaft werden eröffnet? Diese Fragen begründeten das Erkenntnisinteresse der vorliegenden Studie. Mit »poststrukturalistischen Sozialtheorien« sind die heterogenen Sozialtheorien gemeint, denen vor allem eine Abkehr an essentialistischen Identitätslogiken gemeinsam ist und die alternative Denkwege hin zu Spuren des Anderen aufzeigen. Diese Wege sind durch Denkfiguren wie die Spur, die *démocratie à venir*, die Dislokation, die Iterabilität, die Subjektkonstitution, die Performativität oder die *différance* gekennzeichnet.

Das Denken von Emmanuel Lévinas und Jacques Derrida ist für eine Neu-Konzipierung sozialwissenschaftlicher Begriffe wie Gesellschaft oder Produktion und Scheitern von Sinn, Konstruktion von Identitäten und Subjekten sowie für die Untersuchung sozialen und politischen Handelns deswegen von Bedeutung, weil es zur Dislozierung von starren Kontexten, diskursiven Formationen, essentialistischen Annahmen oder Identitäten auffordert, um diese Kontexte auf ihr Anderes hin zu öffnen, ohne das Andere wieder zu assimilieren oder in der Immanenz einzuschließen. In den herkömmlichen wissenschaftstheoretischen Grundannahmen wurde der Andere entweder in einer totalisierenden Bewegung als das eigene Andere (*alter ego*) integriert, als ein besonderer Fall des Allgemeinen oder als das Andere des Seins begriffen, dessen Nicht-Identität noch in einer Identität aufgehoben werden könne (vgl. Wimmer 1988). Emmanuel Lévinas hingegen beschreibt eine Erfahrung des Anderen, die nicht endgültig erschlossen werden kann und jegliche Geschlossenheit überschreitet.

Lévinas ist in seiner Frage nach den Grundlagen der Sozialität beeinflusst von Emile Durkheim, dessen Vorlesungen er bei seinem Studium in Straßburg gehört hat. Durkheim geht in seinen »Regeln der soziologischen Methode« davon aus, dass Soziales nur mit Sozialem erklärt werden könne (vgl. Durkheim 1965). Es ist Durkheims Verdienst, dadurch das Soziale als eigenständigen Bereich bestimmt zu haben, das, weil es mehr ist als die Summe der Teile, dem Willen und dem Handeln der Einzelnen eine Grenze setzt und ein von individuellen Äußerungen unabhängiges Eigenleben besitzt. Zugleich aber gestaltet sich durch das Soziale erst die menschliche Existenz. Lévinas greift letztere Annahme Durkheims auf, indem er die soziale Beziehung zum Anderen als Voraussetzung der eigenen Existenz begreift. Das Eigenleben des Sozialen sowie die moralische Motivation bestimmt Lévinas jedoch nicht von einem Kollektiv her, wie Durkheim dies tat, sondern richtet seinen Blick vornehmlich auf den ethischen Charakter sozialer Beziehungen zum Anderen. Jede intersubjektive Beziehung steht somit schon im Bereich des Ethischen, das nicht erst ein Fakt des Kollektivs oder identisch mit diesem ist. Die Beziehung zum (außer-ordentlichen) Anderen kann sogar eine kollektive Ordnung überschreiten (vgl. Moebius 2001c).

Der Andere, der zwar in Relation erscheint, aber auf diese Erscheinung nicht reduziert werden kann, bietet die Möglichkeit, die instabile Konstruktion sozialer oder politischer Kontexte sowohl zu verstehen als auch zu dekonstruieren. In der notwendigen Iteration eines jeden Kontextes kann beispielsweise die reine Wiederholung durch die Singularität des Anderen gestört werden, kann sich Andersheit ereignen: im antwortenden Sagen auf den Appell des Anderen (vgl. Kapitel IV.). Der Andere geht über die konstituierte Realität, über das Gesagte und Allgemeine hinaus. Lévinas' Denken der unendlichen Andersheit fordert deswegen zur Reflexion derjenigen sozialwissenschaftlichen Konzeptionen und Kategorien heraus, die den Anderen entweder als *alter ego* begreifen oder von einem strukturalistischen Gesellschaftsbild ausgehen, weil die Lévinas'sche Andersheit deren geschlossenen und endlichen Charakter in Frage stellt (vgl. VI.2.2.). Aber dieses Denken des Anderen bedarf eines dekonstruktiven Komplements, das die verschiedenen Handwerkszeuge bereit hält, diese Andersheit und seine Verwobenheit mit dem Selben auszudrücken und zu analysieren.

Die von Jacques Derrida aufgezeigte Praxis der Dekonstruktion kann verweist darauf, dass eine Schließung sowohl von Kontexten als auch von Denkfiguren auf einer unausgewiesenen Vorannahme oder ursprünglichen Sichtweise von Abgeschlossenheit gründet. Kontexte sind nur aufgrund des konstitutiven, supplementären Anderen möglich und damit ebenso un-möglich; d.h. sie können sich nicht als ›reine‹ Einheit und Kohärenz ausweisen. Indem die Dekonstruktion Derridas in den verschiedenen Kontexten und Systemen Brüche, Risse, Falten und Streuungen nachweist, verweist sie auf die bedeutende Rolle, die dem Anderen bei der Konstituierung von Kontexten und der Subjektivität zukommt. So werden Sinnsysteme so dezentriert und dekonstruiert, dass sich eine Offenheit erkennbar machen lässt (vgl. Kapitel VI.2.2.): die Beziehung zum Anderen (Ethik); eine Andersheit, die sich zwar je nach definierter Situation in den Diskursen ankündigt, aber niemals vollends eingeholt werden kann. Die Dekonstruktion legt die Andersheit des Selben frei. Dadurch eröffnet sie eine unbedingte Bejahung der Andersheit, eine Beziehung zur Andersheit – Ethik im Lévinas'schen Sinne. Die Ethik der Dekonstruktion liegt in dieser Bejahung. Dabei ist zu beachten, dass die Dekonstruktion die Brüche jeder Ordnung und jeder Identität, die der Andere schon heimgesucht hat, berücksichtigt. Ebenfalls ist sie sich klar darüber, dass der Andere immer wieder neu zu erfinden und zu symbolisieren ist sowie je nach Situation als ein bestimmter Anderer erscheinen muss. Diese Erscheinung kann jedoch nicht endgültig hypostasiert werden, sondern ist lediglich als »gespensterhafte« Erscheinung, als Sichtbares im Unsichtbaren zu denken. Die Dekonstruktion kann damit die Unentscheidbarkeit zwischen *Notwendigkeit* und *Kontingenz* zum Ausdruck bringen und widersteht somit auch postmodernen Bemühungen, alles einem freien Spiel der Elemente zuzuschreiben. Vielmehr, so die Dekonstruktion, fordert eine Unentscheidbarkeit, entschieden zu werden; d.h., es muss angesichts des Anderen geantwortet bzw. gehandelt werden. Ebenso muss es Stabilisierungen, notwendige Formierungen und Artikulationen geben, aber die Bedingungen der Artikulationen und Stabilisierungen sind selbst nicht mehr endgültig legitimierbar, sondern immer schon in einem kontingenten Terrain zu verorten.

Diese Sichtweise ist mit dem Denken von Ernesto Laclau und Chantal Mouffe verbunden, die in ihren hegemonietheoretischen Überlegungen ein Denken der Entscheidung mit Hilfe der Dekonstruktion vertiefen. Ausgehend vom Terrain irreduzibler Unentscheidbarkeiten jedes Kontextes, vermögen Laclau und Mouffe die auf diesem Feld getroffenen Entscheidungen weitergehend zu theoretisieren und die Notwendigkeit einer hegemonietheoretischen Supplementierung der Dekonstruktion aufzuzeigen. Dadurch knüpfen sie an die politischen Effekte der Dekonstruktion an. Laclau und Mouffe gehen ebenfalls von der Aporie der Notwendigkeit und Kontingenz aus, artikulieren sie ferner als eine Logik der Äquivalenz und der Differenz und versuchen mit Hilfe der Dekonstruktion sowohl das Politische als auch die Politik neu zu erfassen. Die quasi-transzendentale Unentscheidbarkeit des Politischen, so Laclau und Mouffe, verlangt nach Entscheidungen, die selbst wiederum nicht das Politische mit einer bestimmten Politik ausfüllen, sondern offen halten. Das Politische ist im Sinne der Unentscheidbarkeit die Bedingung der Möglichkeit und die Bedingung der Unmöglichkeit (sich jemals zu schließen oder an ein Ende zu kommen) von Politik. Wie Kurt Gödel 1931 in der Mathematik nachgewiesen hat, verweist die Unentscheidbarkeit darauf, dass sich kein System mit den eigenen Elementen vollständig beschreiben oder schließen lässt; dadurch, dass kein System je endgültig fixiert ist und es wiederum auf Unentscheidbarkeiten verweist, gibt es eine Endlos-Schleife zwischen Unentscheidbarkeit und Entscheidung, Innen und Außen, vergleichbar mit der Moebius-Schleife (vgl. Hofstadter 2000).[1]

Aufgrund der Annahme der Unentscheidbarkeit, die auch für soziale Systeme als relevant erachtet wird, ist nicht nur Laclaus und Mouffes Gesellschaftsbegriff von einer unmöglichen Schließung geprägt, sondern ihre hegemoniale Formation einer radikalen Demokratie kreist auch um die verschiedenen Möglichkeiten einer Öffnung zum Anderen, um den demokratischen Widerstreit nicht zu beseitigen. Ihre hegemonietheoretische Radikalisierung der Demokratie kann jedoch nicht als ein allgemeiner – falls es das aufgrund des Außens überhaupt geben kann – sozialwissenschaftlicher Erklärungsansatz sozialer und politischer Phänomene betrachtet werden, weil sie zum Beispiel staatstheoretische oder inner-institutionelle Forschungen nicht in einem ausreichenden Maße berücksichtigt (vgl. auch Stäheli 1999, 161); hier bedarf es Theorie-*supplements*. Ihre Bedeutung liegt vielmehr in der Reflexion über die Möglichkeit der äquivalenten Bindungen sozialer Akteure, ihrer Identitäten, ihrer politischen Handlungsformen und deren Unmöglichkeit einer Letztbegründung.

Die Andersheit jeder Formation ist für diese Unmöglichkeit verantwortlich. Sie muss aber nicht nur hinsichtlich von Dislokationen, die sich zu historischen Antagonismen verdichten, in Betracht gezogen werden, sondern sollte auch bei der Frage, wie Entscheidungen aus der Unentscheidbarkeit entstehen, berücksichtigt werden. Dabei ist sowohl ein Denken der Andersheit nach Lévinas als auch ein Denken der Dekonstruktion nach Derrida insofern von Bedeutung, als der Mo-

---

1 Die Moebius-Schleife veranschaulicht – wie schon erwähnt, hier aber nochmal aufgegriffen wird – auf physikalische Weise einen unendlichen Vorgang mit Mitteln der Endlichkeit. Die Schleife ist ein verdreht zusammengefügtes Band, bei dem die Vorderseite in die Rückseite übergeht. Bewegt man sich entlang des Bandes, befindet man sich plötzlich auf der Rückseite der Fläche.

ment der Entscheidung nicht auf eine Selbstbegründung zurückgeführt wird, sondern dem Impetus folgt, der Andersheit im Moment der Entscheidung Rechnung zu tragen. Eine Entscheidung, die nach Laclau das Subjekt des Entscheidens (quasi das postdekonstruktive Subjekt, das antwortet) im Moment der Entscheidung vor der Identifikation und Positionierung an eine »Selbstbegründung« bindet, vermag allerdings nicht die grundlegende Rolle der Andersheit im Moment des Entscheidens zu betonen. Diese Andersheit spielt aber nach Derrida für die Identifikation eine gewichtige Rolle, weil sie sowohl auf die Unabgeschlossenheit des Kontextes als auch auf die Wechselwirkung von Identifikation und De-Identifikation verweist. Dabei ist zu beachten, dass man nicht mehr sicher darum weiß, wer dieser Andere ist, vor dem man verantwortlich ist, weil der Andere einerseits schon jede Gewissheit von ihm übersteigt und andererseits es noch die Dritten, die anderen Anderen, gibt. Die vorliegende Studie ergänzte die Hegemonietheorie und die Annahme der selbstbegründeten Entscheidung von Laclau und Mouffe hinsichtlich eines nicht-dezisionistischen Aspekts der *passiven Entscheidung*. Die Auffassung einer *passiven Entscheidung* – ein Begriff von Derrida, geknüpft an die Lévinas'sche Passivität und Andersheit im Selben (auch in der Selbstbegründung) – drückt den kontingenten und auf den Anderen bezogenen (also ethischen) Charakter jeder Entscheidung aus: Jede Entscheidung ist kontingent, weil sie im Terrain der Unentscheidbarkeit getroffen werden und sich jedes Mal auch hinsichtlich des Anderen neu verantworten muss. Im Aufspüren des Anderen, so dass Unentscheidbarkeiten sichtbar werden, darin liegt die normative Kraft dieses Ansatzes. Eine Entscheidung ist aus poststrukturalistischer Perspektive nicht auf einen letzten Grund oder eine letzte Gewissheit zurückzuführen; denn wiederum wird es Unentscheidbarkeiten geben.

Was in weiteren handlungstheoretischen Schritten unter einer *passiven Entscheidung* zu verstehen ist, wurde im Abschnitt zur *Ethik der Performativität* beim Kapitel zu Judith Butler dargestellt. Obgleich Butler nicht auf das Lévinas'sche Denken zurückgreift, konnte eine Verbindung dazu hergestellt werden. Butlers Theorie vermag einerseits die Lévinas'sche Auffassung der Subjektkonstitution im *Gesagten* erhellen und andererseits kann – anhand der theoretischen Annahmen von Lévinas und Derrida – der Politik des Performativen eine Ethik anheim gestellt werden. Die Anrufung des Anderen (Interpellation), die wesentlich zur sozialen Existenz des Subjekts beiträgt, kann anders re-signifiziert werden (Butler), weil sie lediglich durch Iterabilität existiert (Derrida). Die Anrufung zeitigt kontingente Wirkungen, indem eventuell »ganz anders« auf den Anruf geantwortet wird und somit »Risse im Gesagten« erscheinen. Entweder wird dann die übliche soziale Ordnung oder Anrufungsstruktur fortgeführt oder die notwendige Iteration schöpft ihren kontingenten Charakter aus. Dann öffnet sie sich dem Anderen, indem sie beispielsweise die Anrufung – in »undankbarer Weise« (vgl. Kapitel II.4.) – so wendet, dass sie zu einer ordnungsstörenden Symbolisierung zugunsten sozial Marginalisierter bzw. Anderer genutzt wird. Insofern bezieht sich die Lévinas'sche Verletzbarkeit des Anderen auch »[...] auf Handlungen und Sprechakte, die ihm die Möglichkeit versperren, seiner Verantwortung für mich und für andere nachzukommen. Lévinas plädiert nicht etwa dafür, dem Anderen seine Verantwortung abzunehmen.« (Gürtler 2001, 167) Auf den Ruf des Anderen zu antworten (Lévinas), wird dann zur Entscheidung im Unentscheidbaren, zur Frage, zur passiven Entscheidung des Anderen in mir, wie man antwortet, so dass auch der Andere »mir« gegenüber verantwortlich sein kann. Nach der Dekonstruktion kommt die Kreation, die In(ter)vention des Unmöglichen. Das *Wie* bleibt dabei aber selbst nicht endgültig bestimmbar und muss situativ entschieden werden. Jedoch kann es von ethisch-politischer Bedeutung werden, ob es eine Antwort ist, die sich der Andersheit öffnet oder die sich der Andersheit verschließt. Dies hat auch Konsequenzen für die Frage nach dem politischen Ereignis. Wie Derrida stets betont, liegt Entscheiden im strengen Sinne nicht darin, ein Programm abzuspulen, sondern in der In(ter)vention, im Bruch, im Ereignis.

Wie kann man die Offenheit praktisch fassen? Will man die Offenheit zum Anderen auch politisch ernst nehmen, heißt das einerseits, dass keine hegemoniale Formation jemals gerecht oder geschlossen ist, sich also selbst immer wieder einem Zu-Kommenden öffnen muss. Andererseits bedeutet dies, dass politische Strategien, die mit Hilfe von kohärenten Identitäten den politischen Widerstreit aufnehmen, anders aufgefasst werden müssen.

Um letztere Sichtweise zu verschärfen, dient die *Queer Theory* als besonders gutes Beispiel. Aufgrund ihrer Verbindung zum Poststrukturalismus folgt sie der Lévinas'schen Ethik, vermag dies aber nur in einer Wechselwirkung zwischen Notwendigkeit und Kontingenz politisch auszuschöpfen: Mit Hilfe der *Queer Theory* kann einerseits der Blick dafür eröffnet werden, dass (sexuelle oder geschlechtliche) Identitäten politisch notwendig und zugleich *in sich different* sind; dass sie niemals geschlossen werden können, sofern sie ethisch-politisch wirksam sein wollen.

Die politische Notwendigkeit für Identitäten speist sich sowohl daraus, dass Identitäten – wie Andrea Maihofer insbesondere betont – als reale Existenzweisen erlebt und gelebt werden, als auch, weil es keine Differenz ohne Äquivalenz (vgl. Kapitel III.) geben kann. Die Spannung zwischen erlebten Existenzweisen und Dekonstruktion von Identitäten wurde in eine politische Strategie der *Politik der Ambivalenz* übersetzt.

Wie an der Kritik von *queer* verdeutlicht wurde, können der ethisch-politische Impetus von *queer* im Besonderen und Identitäten im Allgemeinen aber nur in dem

Maße offen gehalten werden, wie Identitäten in ihrer ständigen, iterativen Neuformierung bzw. im Sinne der *différance* gedacht werden. Dieses in der vorliegenden Studie für die Sozialwissenschaften neu entwickelte Denken von politischen, sozialen und hegemonialen Identitäten im Sinne der *différance* führt diese nicht auf wesenhafte Merkmale zurück, sondern sieht die Identitäten als Produkte oder prozesshafte Artikulationen der *différance*, die je nach politischem Ziel *und* zum Anderen hin verschoben und neu artikuliert werden können.

Nach dieser kurzen Zusammenfassung sollen nun die Ergebnisse, die diese Studie für eine poststrukturalistische Sozialwissenschaft bereit hält, anhand zentraler Begriffe zusammengefasst werden. Die Besprechung einiger Hauptbegriffe der Sozialwissenschaften soll die Bedeutung der poststrukturalistischen Sozialtheorien mit ihrer Verbindung zum Denken Lévinas' und Derridas für sozialwissenschaftliche Analysen und Reflexionen hervorheben und fruchtbar machen. Die zu besprechenden Bereiche, die für poststrukturalistische Sozialwissenschaften in dieser Studie relevant erscheinen, sind folgende: Gesellschaft, soziale Sinnprozesse, soziale Akteure, Identitäten, Entscheidung und soziales wie politisches Handeln.[2] Ausgehend davon werden die verschiedenen politischen und sozialen Handlungsformen zusammengefasst, die aus einem ethisch-politischen Poststrukturalismus folgen können. Ferner soll danach gefragt werden, wie sich sozialwissenschaftliche Teilbereiche hinsichtlich einer Ethik der Dekonstruktion neu konturieren lassen – gleichsam eine Frage nach dem politischen Ereignis in diesen Gebieten der Sozialwissenschaften selbst und eine Frage nach der Spur einer dekonstruktiven, spektralen, disseminativen oder zu-kommenden poststrukturalistischen Sozialwissenschaft.[3] Es wird dabei deutlich, dass poststrukturalistische Sozialwissenschaften nicht in allen Bereichen sozialwissenschaftlicher Reflexion angesiedelt sind und weder einen Anspruch auf eine alleinige Behandlung aller sozialwissenschaftlicher Themen erheben noch dies überhaupt zu leisten vermögen.

---

2 Freilich gilt es, zu einer anderen Zeit auch andere Begriffe oder Theorien in den Blick zu nehmen.
3 Wenn im Folgenden von einer dekonstruktiven oder poststrukturalistischen Sozialwissenschaft (PS) im Singular die Rede ist, soll damit nicht impliziert sein, es handele sich um ein einziges, eindeutig abgrenzbares Theoriegebäude. Dass es verschiedene dekonstruktive Herangehensweisen und Perspektiven auf das Soziale gibt, ist bis dato deutlich geworden. Die Verwendung von »Sozialwissenschaft« im Modus des Singulars ist einerseits dem Stil zuzurechnen und andererseits, um die PS von den nicht-poststrukturalistischen Sozialwissenschaften abzugrenzen. Zuweilen benutze ich diese Serien von Begriffen, so spreche ich neuerdings auch von einer »allegorischen Soziologie« bzw. »allegorischen Sozialwissenschaft«, eine an Walter Benjamins Allegoriebegriff angelehnte Verbindung, die andernorts näher erläutert werden muss.

1. Mögliche Spektren einer poststrukturalistischen Sozialwissenschaft

Welche Konsequenzen ergeben sich aus den epistemologischen Verunsicherungen und Öffnungen der Dekonstruktion für die Theorietisierung von Gesellschaft, Individuum, Sinnsysteme, Akteure, Identitäten, Verantwortung und Handeln? In der vorliegenden Studie wird die Annahme vertreten, dass es sich bei den philosophischen, sozial- und kulturwissenschaftlichen Dekonstruktionen nicht um rein akademische Sprachspielereien dreht, sondern dass sie vielmehr ethisch-politische und theoretische Effekte erzielen können; Wirkungen, die eine neue Sicht auf eingespielte Unterscheidungen wie zum Beispiel von Gesellschaft und Individuum erzeugen können, sowie gängige Sichtweisen der Subjekte als autonome Verursacher sozialer Handlungen nicht unberührt lassen. Ebenso werden nationalgesellschaftliche Schließungsversuche sowie fundamentale Mystifikationen kultureller Zusammengehörigkeit radikal in Frage gestellt. Insgesamt stehen durch dekonstruktive Konzepte einige grundlegende Kategorien der Sozialwissenschaften wie zum Beispiel Gesellschaft, Sinnprozesse, Subjekt und Handeln in einer neuen Phase der Betrachtung.

Werden im Folgenden die verschiedenen Spektren einer dekonstruktiv-ethisch informierten Sozialwissenschaft skizziert, so bedeutet dies nicht, die Sozialwissenschaften insgesamt zu verabschieden oder sie in eine neue, sogenannte postmoderne Epoche einzuschreiben. Die vorliegende Arbeit handelt nicht von postmodernen Entwürfen der Sozialwissenschaften, die die modernen ablösen. Weder eine »soziologische Theorie der Postmoderne« (vgl. Bauman 1995a, 221ff) noch eine Beschreibung historischer Abfolgen von modern zu postmodern sollen im Weiteren verfolgt werden, sondern die Fragen nach den gesellschaftstheoretischen und politischen Umbrüchen, die poststrukturalistische Ansätze zeitigen. Im Sinne des Poststrukturalismus wird auf die epochale Kategorisierung und Unterscheidung von Gesellschaften in »moderne« oder »postmoderne« verzichtet, weil diese Opposition oder Unterscheidung selbst weder eine eindeutige noch voneinander getrennte Dichotomie beschreibt (vgl. Butler 1993b, 31ff). Wo sind die Grenzen zwischen modern und postmodern zu ziehen und wie lassen sie sich endgültig schließen und legitimieren? »Wenn und in dem Maße, wie der Begriff Postmoderne als ein vereinheitlichendes Zeichen funktioniert, ist er ein entschieden ›modernes‹ Zeichen.« (Butler 1993b, 35) Anders gesagt: Diese Begrifflichkeiten implizieren eine Eindeutigkeit und Totalisierung dessen, was jeweils modern oder postmodern sein soll; Eindeutigkeiten, die wiederum eine Dekonstruktion erfordern. Der Verzicht auf die dichotome Kategorisierung in modern und postmodern soll allerdings nicht bedeuten, dass Gesellschaftsformationen keine zeitliche Struktur aufweisen. Es sollte deutlich geworden sein, dass gerade der Poststrukturalismus im Gegensatz zum Strukturalismus die temporäre Dimension jeder Struktur und Formation durch die Produktivität der *différance* betont.[4]

Poststrukturalistische Ansätze lassen wichtige Begriffe der Sozialwissenschaften nicht einfach als obsolet erscheinen, sondern versuchen bestimmte Grundannahmen zu unterlaufen, um die dekonstruierten Begrifflichkeiten weiter zu verwenden (vgl. auch Stäheli 2000*b*). Eine Annahme poststrukturalistischen Denkens besteht darin, dass die Möglichkeit von etwas Neuem bereits im Alten enthalten ist. So wurde in der vorliegenden Studie beispielsweise nicht das Subjekt als handlungsgenerierende Modalität verabschiedet, sondern vielmehr verschoben, so dass es als »post-dekonstruktives Subjekt« (Kapitel II.7.1.) oder als Subjektposition wieder in Erscheinung tritt, das wesentlich von der historischen Struktur abhängt. Hierbei ist das Subjekt zum Beispiel *nicht* als ein *homo oeconomicus* konzipiert, der vollkommen die Macht- und Tauschbeziehungen beherrscht oder über eine vollkommene Voraussicht seiner Handlungen informiert ist, aufgrund derer er seine Entscheidungen rational trifft. Gemäß dem Rational Choice - Denken ist soziales Handeln, das sich wesentlich aus dem binären Code von »benefits and costs« speist, universal, raum-zeitlich unabhängig und nomologisch. So betrachtet beispielsweise James S. Coleman revolutionäres Handeln als ein Resultat individueller oder kollektiver Kosten-Nutzen-Erwägungen, die sich lediglich auf die subjektiv zu erwartenden Gewinne oder Verluste richten (vgl. Coleman 1992, 187ff). Die dynamischen, iterativen und spontanen Prozesse sowie emotional-affektive, traditionelle oder vom Anderen (des Anderen in mir, vgl. Kapitel III.3.1.) beeinflusste Entscheidungen, die revolutionäres Handeln beherbergt, gehen in einer quasi-ökonomischen Entscheidungslogik unter. Hinter einem ahistorischen und universalisierten Rationalitätsprinzip verschwinden dabei nicht nur die unterschiedlichen diskursiven Momente (die diskursive Produktion von Inhalten, materiellen Interessen, normativen Maßstäben) sozialen Handelns, sondern auch jeglicher Ereignischarakter von Entscheidung und Verantwortung. Aus der ethisch-politischen Sicht einer dekonstruktiven Sozialwissenschaft ist diese Handlungsauffassung ein

---

4 Auch das »Post« des Poststrukturalismus kann in Frage gestellt werden. Eigentlich ist Poststrukturalismus vor dem Strukturalismus zu verorten, der die (poststrukturalistische) Offenheit in geschlossene Strukturen überführt. Aus dieser Sichtweise bezeichnet das »Post« kein »danach«, sondern die Vorbedingung für eine lineare Ordnung der Signifikanten im Sinne des Strukturalismus (vgl. Bennington 1994, 241f). Das gleiche gilt auch für den »Postmodernismus«. Um eine »Metaerzählung« zu stiften, bedarf es zuvor vieler kleiner »Erzählungen«, wie übrigens auch Lyotard behauptet: Für Lyotard ist ein Werk »nur modern, wenn es zuvor postmodern war. So gesehen bedeutet der Postmodernismus nicht das Ende des Modernismus, sondern den Zustand von dessen Geburt, und dieser Zustand ist konstant.« (vgl. Lyotard 1982).

unverantwortliches, weil programmabspulendes Verhalten sowie eine ökonomistische Beschreibung des handelnden Subjekts, die sich erkenntnistheoretisch einer ahistorischen, transzendentalen Subjektauffassung verdankt; denn die Intentionen oder die rationale Wahl der »costs and benefits« werden in den sozialen Akteuren selbst verankert.

Weit davon entfernt, eine allgemeine, alle Bereich umfassende sozialwissenschaftliche Theorie aufzustellen oder die Sozialwissenschaften als obsolet erscheinen zu lassen, ist das vorliegende Ziel, eine Verwobenheit von Theoriebildung und Subversion, von Kontext und Öffnung darzustellen, die einige herkömmliche Theoretisierungen in den Sozialwissenschaften verschiebt und die Analyse der Kontingenz und Notwendigkeit sozialer Verhältnisse in den Vordergrund stellt.[5] Anstatt das Feld der Sozialwissenschaften also zu verlassen, werden im Sinne einer Hinterfragung von forschungsleitenden Prämissen und metaphysischen Annahmen verschiedene Konzeptionen fort- und umgeschrieben. Damit reiht sich eine poststrukturalistische Sozialwissenschaft in sozialwissenschaftliche Traditionen ein: Die Sozialwissenschaften selbst waren niemals frei von Umschreibungen gewesen. Die Klassiker der Soziologie wie Ferdinand Tönnies, Max Weber oder Georg Simmel waren zu ihrer Zeit keine bloßen Apologeten eines modernen Mythos, der darin bestand, den aufklärerischen Fortschrittsglauben mit der wissenschaftlichen Revolutionierung des Sozialen zu bejahen. Sie haben wesentliche Brüche in die Vorstellung einer Einheit von sozialer Ordnung und Fortschritt (Comte, Tarde) gebracht und die Folgeprozesse der Modernisierung mit skeptischen Augen betrachtet.[6] Mit soziologischen Diagnosen, die den Sinn- und Gemeinschaftsverlust innerhalb der Modernisierungsprozesse konstatierten, haben sie an den Eckpfeilern der modernen Selbstauffassung gerüttelt, die neuen Sinn entweder auf Rationalität oder nationalstaatliche Konfliktbereinigung gründen wollte. Ein Anschluss an die soziologische oder sozialwissenschaftliche Theorietradition dieser Klassiker bedeutet aus dekonstruktiver Perspektive nicht, deren Diagnosen über Sinn- oder Gemeinschaftsverlust einfach zu übernehmen, sondern vielmehr sich daran anschließende routinierte und eingespielte Diskurspraxen und Begrifflichkeiten zu verschieben. So wird in einer dekonstruktiven Sozialwissenschaft beispielsweise auf den Sinnüberschuss oder auf Brüche von Sinn eingegangen sowie auf die Gefahren der Schließung sozialer Kontexte (sei es durch Naturalisierung oder Gleichsetzung von Politik und dem Politischen) hingewiesen.[7]

---

5 Hier treffen sich meine Konzeptionalisierung einer poststrukturalistischen Sozialwissenschaft mit den sehr gut dargestellten und instruktiven Überlegungen von Urs Stäheli zu poststrukturalistischen Soziologien (vgl. Stäheli 2000*b*), wobei in vorliegender Studie aber von der Beziehung Lévinas/Derrida her argumentiert und theoretisiert wird.
6 Zum Dualismus von Ordnung und Fortschritt bei Auguste Comte vgl. Comte (1923, 233f).
7 Ebenso verweist eine poststrukturalistische Sozialwissenschaft auf die soziologiegeschichtli-

Eine Verschiebung wird allerdings selbst auch manche Grenzen, die die Sozialwissenschaften zu ziehen bemüht sind, betreffen. Immer wenn zum Beispiel eine soziologische Theorie versucht, ihren Gegenstandsbereich des Sozialen als Totalität oder ahistorische, geschlossene Struktur vorauszusetzen, wie zum Beispiel im Strukturalismus oder im Strukturfunktionalismus, kann eine dekonstruktiv informierte Sozialwissenschaft gegen eine endgültige Objektivierung eingreifen und die grundlegenden Dislokationen und Antagonismen (in Form des konstituviten Außen) aufzeigen. Die Objektivierung sozialer »Tatsachen« und Subjektivitäten ist zwar selbst Thema zeitgenössischer, soziologischer Analysen, aber auch dort sind die Theoriekonstruktionen häufig so aufgebaut, dass sich die Darstellung von Gesellschaft von ihrem Gegenstand selbst herleitet, zum Beispiel durch Unterscheidungen zwischen Basis und Überbau, Gesellschaftsstruktur und Semantik, Dualismus von Struktur und Handlung (vgl. dazu Stäheli 2000c). Es wird unterstellt, der zweite Begriff ist dem ersten nachgeordnet und drückt das Wesen des ersten aus. Ferner wird eine dekonstruktive Sozialwissenschaft auch die Rolle der Akteure anders zu denken haben. Diese lassen sich nicht mehr als selbstreflexive Handelnde (Giddens) begreifen, sondern ihre individuelle Motivation sowie ihre Subjektivität und die Struktur, die Handeln ermöglicht, sind einem radikal Anderen ausgesetzt, denn die Selbstrelexivität ist schon vom Anderen durchdrungen (vgl. Lévinas 1992a, 249). Es gibt weder eine vollständige Struktur noch ein vollständiges Subjekt, sondern die Subjekivität wird in jenen Momenten der *passiven Entscheidung des Anderen in mir* im Terrain der Unentscheidbarkeit konstituiert.

Eine Sozialwissenschaft, die als ethische Dekonstruktion hantiert, richtet ihren *hantologischen* Blick insbesondere auf die Exklusion anderer Möglichkeiten, die Brüche routinierter Handlungs- und Sinnprozesse sowie auf die Heimsuchung des Anderen (*Hantologie*). Sie setzt beispielsweise nicht die geschlechtlichen, sexuellen oder kulturellen Identitäten, deren alltägliches Handeln und Rollenspiel im Sinne real erlebter Existenzweisen in einem weiteren Schritt untersucht werden könnte, als gegebene Tatsachen voraus, sondern fragt nach den Bedingungen der Möglichkeit und Unmöglichkeit, Identitäten in der sozialen Praxis zu konstituieren, zu schließen und in der Wiederholung zu sedimentieren; eine dekonstruktive Sozialwissenschaft (ds) hinterfragt die Möglichkeit einer endgültigen Schließung von Bedeutung, sei es im Hinblick auf Identitäten oder soziale Ordnungen. Diese Sichtweise auf Identitäten könnte von der Theorie her auch wieder Auswirkungen auf die empirischen Sozialwissenschaften haben. Denn es erscheint als relevant,

---

che Tradition einer Anti-Soziologie im Sinne Max Webers oder Georg Simmels, die gegen naturwissenschaftliche-positivistische Methoden in der Soziologie gerichtet ist und die entgegen ihrer Bezeichnung weniger die Soziologie verabschiedet als vielmehr ganz anders konzipiert (vgl. Merz-Benz und Wagner 2001).

welche Vorannahmen über die zu untersuchenden Objekte getroffen oder wie die zu Untersuchenden und ihre Handlungfähigkeiten objektiviert werden und doch wiederum – folgt man der Lévinas'schen Andersheit – nicht auf diese Objektivierung reduziert werden können.

Wie aufgezeigt, bedeutet eine dekonstruktive Lektüre von Identitäten keine Verabschiedung von Handlunsfähigkeit. Dies wäre lediglich der Fall, wenn behauptet würde, eine Dekonstruktion von Identitäten beraube politisches Handeln ihrer Praxiskomponente oder politisches und soziales Handeln begründet sich auf einem vordiskursiven Subjekt, wie es identitätspolitische Positionen suggerieren. Am Schluss dieser Studie sollen verschiedene praxisrelevante Handlungsformen und Politiken, die sich aus dekonstruktiven Praktiken ergeben, noch einmal zusammengefasst werden, um diesem Vorwurf entgegenzutreten. Dabei zeigt sich, dass eine theoretische und dekonstruktive Sichtweise auf soziale Ordnungen, Identitäten und Entscheidungsprozesse die politische Ereignishaftigkeit neu zu theoretisieren vermag und neue Perspektiven für die politische Praxis bereit hält. Theorie kann in Praxis münden sowie auch Praxis nicht der Theorie entbehrt. Hinter jeder Praxis stehen – wenn auch oft unbewusste – theoretische Annahmen. In Bezug auf Karl Marx' Dissertation schreibt zum Beispiel Judith Butler: »By insisting that philosophy, even in its most ›theoretical‹ aspects, is a practice, and that that practice is theoretical, he [Marx, S.M.] at once returns theory to the sphere of action, and recasts action as an embodiment – or habituated form –of knowledge.« (Butler 2000a, 267)

Wie jede Theorie ist auch eine sozialwissenschaftliche Theoriebildung nicht davor gefeit, ihre Grenzziehung um ihre Disziplin aufrecht zu erhalten und sie vor Einbrüchen zu schützen.[8] Ausgehend von der Dekonstruktion muss sich dieses Bemühen um Abgrenzung hinterfragen lassen und selbst seine heterogenen Bindungen mit Nachbardisziplinen aufspüren. Wo liegen beispielsweise die Grenzen zwischen Philosophie und Sozialwissenschaften, wo sind die Grenzen zwischen Kultur- und Sozialwissenschaften zu ziehen und wie können sich die Sozialwissenschaften öffnen, um einen kritischen, dekonstruktiven und *ethisch-politischen* Impuls in der Beschäftigung mit dem nicht assimilierendem Rest, dem ganz Anderen, wieder zu beleben? Im letzten Abschnitt wird es darum auch um die Frage einer ethisch-politischen Perspektive der Sozialwissenschaften gehen. Dekonstruktivistische Blickrichtungen auf das Soziale können auch zur Beschäftigung mit dem Grenzzustand der eigenen Disziplin avancieren, gerade weil der eigene Gegenstandbereich sozialwissenschaftlicher Forschung, wie zum Beispiel in der Soziolo-

---

8   Ein anschauliches Beispiel, wie diese Abgrenzungen in der akademischen Praxis vonstatten gehen, liefert die Soziologin Marlis Krüger in ihren »Anmerkungen zum Habilitationsverfahren von Kornelia Hauser« in der Zeitschrift »Das Argument« (vgl. Krüger 1996, 587ff).

gie die Gesellschaft, dekonstruktivistisch nicht mehr als Totalität oder geschichtsferne Objektivität begriffen wird. Diese dekonstruktiv-sozialwissenschaftliche Perspektive ist, wie deutlich wird, kein absolut neues, eigenständiges Projekt, sondern kann nur in einer unentscheidbaren Zwischen- oder Grenzposition existieren, gerade weil sie sich nicht selbst schließen lässt, sondern immer wieder vom Anderen gespenstisch heimgesucht wird: Eine dekonstruktive Sozialwissenschaft wird immer im Kommen bleiben. Sie wird deshalb eine Grenzposition bleiben, weil sie genau in die Aporie zwischen Notwendigkeit und Kontingenz immer wieder neu interveniert. Ferner ist bis dato eine poststrukturalistische Sozialwissenschaft weit davon entfernt, ein rudimentäres Theoriegebäude zu sein, dass jegliche sozialwissenschaftliche Fragestellung aufgreift.

Sozialwissenschaftliche Theoretisierungen sind auf partielle Stabilisierungen, diskursive Formierungen und Notwendigkeiten der Äquivalenz angewiesen, um überhaupt sein zu können. Um das Soziale zu analysieren, muss es diese zeitweiligen Stabilisierungen und Objektivierungen geben. Aber um bestimmte Aspekte des Sozialen nicht zu verabsolutieren und die Beziehung zum Anderen aufrecht zu erhalten, wird die Analyse sozialer Ordnungen und Praktiken hinsichtlich der Kontingenz und der Heimsuchung des Anderen, wie sie eine zu-kommende Sozialwissenschaft formuliert, vielleicht in Zukunft ebenso wichtig sein; gerade um ein (messianisches) Versprechen, wie es Derrida in Bezug auf Marx nannte (vgl. Kapitel II.8.), einzulösen, das vielleicht selbst den Impetus sozialwissenschaftlicher Forschung und Gesellschaftstheorie ausmacht: nämlich gesellschaftskritisch zu sein bzw. unter anderem auch Problemlösungsversuche hinsichtlich sozialer Exklusion und Marginalisierung anzubieten. In der Unentscheidbarkeit zwischen notwendig-stabilisierten, sozialwissenschaftlichen Theorien und einer dekonstruktiven, vom Anderen heimgesuchten Sozialwissenschaft muss die Entscheidung für die eine oder die andere Richtung selbst durch die Unentscheidbarkeit hindurch und verlangt doch auf ihrem Weg bzw. in der Iteration, jedes Mal von Neuem entschieden zu werden.[9]

---

9 Ähnlich wie in der Lévinas'schen Situation, in der gefordert wird, zwischen dem singulären Anderen und dem Dritten, der die Gesellschaft markiert, zu entscheiden. Die Bewegungen der Stabilisierung und Dekonstruktion verweisen auf die Annahme von Georges Gurvitch, der von einer unaufhebbaren Dialektik zwischen »Vermittlungen des Unmittelbaren« und »Unmittelbarmachung des Vermittelten« ausgeht (vgl. Gurvitch 1965, 226). In eine andere Terminologie übersetzt könnte das folgende Bewegungen widerspiegeln: Konstruktion und Dekonstruktion, Stabilisierung und Hinaustreten aus den stabilisierten Systemen.

2. PS: Sozialwissenschaftliche Eckpfeiler

2.1. Wie ist Gesellschaft möglich?

Welche Antworten gibt eine poststrukturalistische Sozialwissenschaft auf die Frage:»Wie ist Gesellschaft möglich?« (vgl. Simmel 1995 [1908]) Um sich dieser Frage zu nähern, ist ein kurzer Blick auf klassische und allgemeine Begriffsdefinitionen von Gesellschaft notwendig. Weil der Gesellschaftsbegriff in der Entwicklung der Soziologie zahlreiche und unterschiedliche Definitionen erfahren hat, ist zu beachten, dass am Schluss dieser Studie keine allgemeine Auseinandersetzung mit allen soziologischen Schulen geleistet werden kann.[10] Aus diesem Grund sei zunächst auf eine allgemeine Definition von Gesellschaft, wie man sie im »Wörterbuch der Soziologie«(Hillmann 1994) findet, zurückgegriffen. Dort heißt es:»Das Wort Gesellschaft ist insbesondere zu einem zentralen, sehr komplexen und zunehmend umstrittenen Grundbegriff der Soziologie geworden. Aus deren Sicht bezeichnet Gesellschaft die umfassende Ganzheit eines dauerhaft geordneten, strukturierten Zusammenlebens von Menschen innerhalb eines bestimmten räumlichen Bereichs.« (Hillmann 1994, 285) Ausgehend von dieser Begriffsdefinition interessieren aus poststrukturalistischer Perspektive vor allem die Aspekte der raum-zeitlichen Strukturierung und der Ordnung, die Gesellschaft kennzeichnen. Im Gegensatz zur Definition des »Wörterbuchs der Soziologie« kann man sagen, dass eine poststrukturalistische Sozialwissenschaft die Risse und Brüche einer umfassenden Ganzheit und den temporären Charakter des strukturierten Zusammenlebens hervorhebt: Gesellschaft ist demnach ein Produkt der *différance*. Sie ist eine (partielle) Ganzheit nur aufgrund ihres wesentlich nicht geschlossenen Charakters (konstitutives Außen) und kann nicht als eine strukturalistische und damit geschichtsferne Strukturierung betrachtet werden. Zumindest letztere Auffassung ist keineswegs nur eine poststrukturalistische Sichtweise auf Gesellschaft. Schon Georg Simmel hat den prozesshaften Charakter von Gesellschaft hervorgehoben.[11] Gesellschaft ist für Simmel die Summe von Wechselwirkungen und dementsprechend ein fortlaufender Prozess. Gesellschaft existiert demnach nur da, wo mehrere Individuen in Wechselwirkung treten (vgl. Simmel 1992b, 17) und bezeichnet deswegen kein statisches Gebilde, sondern dynamische Netzwerke von Wechselwirkungen. Um diesen dynamischen und prozesshaften Charakter

---

10 Dieses Vorhaben wäre ein interessantes Folgeprojekt dieser Studie, muss aber noch aufgeschoben werden.

11 Um den Gesellschaftsbehgriff einer poststrukturalistischen Sozialwissenschaft zu erhellen, ist der Rückgriff auf Simmel deswegen interessant, weil er auf den Wechselwirkungsprozess von Elementen bzw. deren relationalen Charakter aufmerksam macht.

von gesellschaftlichen Ordnungen gerecht zu werden, setzt Simmel anstelle von »Gesellschaft« den Begriff der »Vergesellschaftung«. Thema der Soziologie soll darum die Untersuchung der Wechselwirkungen und die Arten und Formen der Vergesellschaftung sein (vgl. Simmel 1992b, 19). Eine poststrukturalistische Sozialwissenschaft ist nahe an der Simmel'schen Forderung der Analyse von Wechselwirkungen angelegt. Sie interessiert sich für die differentiellen Verkettungen von Elementen, ihrer Relationalität *zueinander und in Abgrenzung zum Anderen.* Anstatt lediglich auf einen formalen Zusammenhang dieser Elemente zurückzugreifen, richtet sie ihren Blick auch auf die Produktion von Inhalten, die durch die Verwobenheit der Elemente hergestellt werden. So ist der Inhalt der Wechselwirkungen nicht das, was die sozialen Elemente *an sich* ausmacht oder ihnen ihren Antrieb zu Wechselwirkungen gibt, sondern der je spezifische Inhalt einer Gesellschaftsformation ergibt sich durch die je spezifischen Verwobenheiten und ihrer Bezüge zum Anderen. Die Inhalte existieren nicht »rein« im Individuum, wobei sich dann Vergesellschaftung in einem zweiten Schritt in der gegenseitigen Wirkung und Beeinflussung der Inhalte entwickelt (vgl. Simmel 1992b, 19). Vielmehr ergeben sich die Inhalte durch die je spezifische Artikulation oder Verknüpfung verschiedener diskursiver Elemente und deren konstitutivem Außen. Da in diesem Abschnitt jedoch zunächst einmal der Gesellschaftsbegriff im Zentrum steht, soll die Produktion von Inhalt und Sinn beiseite gelassen werden. Sie wird Thema eines nächsten Abschnitts sein.

Aus der Perspektive des Poststrukturalismus ist Gesellschaft keine einheitliche Ganzheit oder soziale Totalität, die um ein Zentrum, sei es die Ökonomie oder den Staat, herum organisiert ist. Gemäß der Kritik am Strukturalismus, der von einem Zentrum (sei es ein ökonomisches (Althusser) oder das Inzesttabu (Lévi-Strauss) etc.) ausgeht, das letztlich alle sozialen Beziehungen bestimmt, versucht eine poststrukturalistische Sozialwissenschaft die Heterogenität und den relationalen Charakter sozialer Verhältnisse zu bedenken und geht über die strukturalistische Auffassung einer sozialen Totalität hinaus, indem sie danach fragt, wie ein Zentrum durch ein supplementäres Außen konstruiert ist. Kennzeichen des Strukturalismus ist für gewöhnlich, dass er von der Annahme ausgeht, es gebe einen zentralen *Wert* oder ein geschlossenes Regelsystem wie Sprache oder das Inzesttabu, der oder das alle differentiellen Elemente zusammenhält. Dieser Wert wird selbst aber im Strukturalismus nicht mehr durch eine Differenz bestimmt. Der Poststrukturalismus ist keine reine Überwindung des Strukturalismus, wie man vielleicht aufgrund des »Post-« vermuten könnte, weil er ebenfalls von der relationalen Differentialität ausgeht. Nur wird im Poststrukturalismus dagegen der Wert, der alle Elemente verbindet, noch einmal mit einer Andersheit konfrontiert, so dass der Struktur eigentlich ihr totalisierendes Zentrum fehlt und eine Dynamik zwischen Öffnung und Schließung der Struktur sichtbar wird. Das Zentrum kann nicht mehr endgültig besetzt werden. Die Letztgaranten, wie beispielsweise in der religiösen Struktur Gott oder im Verwandtschaftssystem das Inzesttabu, geraten dadurch in die Krise. Eine poststrukturalistische Sozialwissenschaft geht den Anderen des Zentrums nach und zeigt auf, dass Strukturen nur durch Wiederholungen und konstitutive oder *supplementierende* Andersheiten weiter leben. Sie fragt auch: Wie sieht dann die soziale Konstituierung des Anderen aus, der ausgeschlossen wird, um den Letztgaranten nicht zu gefährden? Wie konstituiert Gesellschaft ein Anderes, von dem sie sich abgrenzt und wie konstituiert das Andere (konstitutive Außen) die Gesellschaft?[12]

Um den Begriff von Gesellschaft, wie ihn eine poststrukturalistische Sozialwissenschaft skizziert, zu beschreiben, sei hier auf Kapitel III. zurückgegriffen, in dem die These von der »Unmöglichkeit der Gesellschaft« aufgestellt wurde. Ernesto Laclau und Chantal Mouffe wenden sich gegen einen Gesellschaftsbegriff, bei dem alle sozialen Verhältnisse von einem Zentrum oder einer Basis abzuhängen scheinen (vgl. Laclau 1990, 89ff).[13] Anstatt von einer Basis oder einem Wesen der sozialen Ordnung auszugehen, dessen Objektivität gegeben ist und durch empirische Erhebungen ent-deckt zu werden vermag, geht Laclau von einer Unendlichkeit des Sozialen aus: »Against this essentialist vision we tend nowadays to accept the *infinitude of the social*, that is, the fact that any structural system is limited, that it is always surrounded by an ›excess of meaning‹ which it is unable to master and that, consequently, ›society‹ as a unitary and intelligible object which grounds its own partial processes is an impossibility.« (Laclau 1990, 90) Die These der Unmöglichkeit von Gesellschaft versucht dabei Folgendes zu beschreiben: Unmöglich ist Gesellschaft deswegen, weil sie nicht nur aus Wechselwirkungsprozessen besteht, sondern als partielle Fixierung auch auf einem konstitutiven Außen beruht: Gesellschaft ist demnach ein Ausdruck und Versuch diskursiver Praktiken, sich als geschlossene Einheit zu etablieren und ihr konstitutives Außen zu verdrängen. Laclau und Mouffe betrachten die Gesellschaft als Produkt hegemonialer Verhältnisse: als eine (politische) Artikulation, die unterschiedliche soziale Praktiken und Diskurse mittels des Knotenpunktes »Gesellschaft« zu schließen versucht. Aus diesem Grund kann »Gesellschaft« als leerer Signifikant betrachtet werden: Was die Gesellschaft ist oder welche Bedeutung unter »Gesellschaft« gefasst wird, ist Produkt der regelmäßigen Anordnung diskursiver Elemente bzw. hegemonialer Artikulationen, die in einem antagonistischen Feld geformt werden. Ist unter »Ge-

---

12 Dabei ließe sich auch fragen: Wie produziert die Soziologie diskursiv ihren Gegenstand in Abgrenzung zu anderen Wissenschaften? Letzterer Aspekt wäre eine Untersuchung wert, die eine Diskursanalyse der Soziologie provoziert, die hier leider nicht geleistet werden kann.
13 Vgl. für die folgenden Überlegungen auch (Stäheli 2000*b*, 34ff).

sellschaft« ein ethnisches, nationalstaatliches oder klassenspezifisches (zum Beispiel bürgerliche Gesellschaft) Zusammenleben impliziert, ist eine Frage der Hegemonie von Sinnprozessen, die eine Äquivalenz von »Gesellschaft« herstellen: Welches sind die vorherrschenden Bedeutungen von Gesellschaft? Wie drücken sich die Bedeutungen innerhalb von Gesellschaft als Normen aus?

Gesellschaft ist als leerer Signifikant, der die Grenze zum Außen markiert, in ihrer Ganzheit geteilt; als geschlossene Totalität ist sie theoretisch unmöglich. Laclau und Mouffe gehen von einem Terrain des Sozialen aus, d.h. unterschiedlicher diskursiver Praktiken, die eine Einheit von Gesellschaft konstituieren. Die unterscheidlichen diskurisven Praktiken sind diejenigen sozialen Elemente, die sich durch Artikulation zu dem Moment oder der Figuration (Elias) von Gesellschaft transformieren (vgl. Kapitel III.1.1.).

»The social is not only the infinite play of differences. It is also the attempt to limit the play, to domesticate infinitude, to embrace it within the finitude of order. But this order – or structure – no longer takes the form of an underlying essence of the social; rather, it is an attempt – by definition unstable and precarious – to act over that ›social‹, to *hegemonize* it. [...] Thus, the problem of the social totality is posed in new terms: the ›totality‹ does not establish the limits of ›the social‹ by transforming the latter into a *determinate* object (i.e. ›society‹). Rather, the social always exceeds the limits of the attempts to constitute society.« (Laclau 1990, 91)

Gesellschaft ist demnach ein Äquivalenzverhältnis differentieller Elemente, ein »Gebilde aus ungleichen Elementen« (Simmel 1995 [1908], 289), wie Simmel sagt. Die Elemente bilden eine differentielle Kette, die durch den Signifikanten »Gesellschaft« verknüpft und gebunden wird. Die sozialen Elemente (seien es Individuen, Gruppen, Institutionen oder andere diskursive Elemente wie zum Beispiel die Vorstellungen von Geschlecht, Nation etc.) sind jedoch selbst nicht gänzlich fixiert, denn jedes Element gibt es nur in Relation zu anderen Elementen und Spuren (Differenzen und Spuren von Spuren, vgl. Kapitel II.2.). Jedes soziale Element bzw. jede diskursive Formation ist ferner durch Prozesse der Überdeterminierung institutiert und ist nicht ein deterministischer Effekt einer gesellschaftlichen Totalität. Denn ein Element kann auch Teil eines anderen Diskurses sein. So muss zum Beispiel der Geschlechterdiskurs nicht unmittelbar an eine bestimmte gesellschaftliche Ordnung geknüpft sein, sondern kann frei flottierend in vielen sozialen Formationen oder Gesellschaftsordnungen in derselben Form auftauchen. Georg Simmel hat dies zum Beispiel folgendermaßen ausgedrückt, »daß jedes Element einer Gruppe nicht nur Gesellschaftsteil, sondern außerdem noch etwas ist.« (Simmel 1995 [1908], 283) Jedes Element ist somit nicht nur Moment des Äquivalenzverhältnisses »Gesellschaft«, sondern geht darüber hinaus. Nur hinsichtlich des Bezugs zum leeren Signifikanten »Gesellschaft« und seinem Außen sind die Elemente äquivalent. Ferner ist jedes Element oder die verschiedenen anderen diskursiven Momente wie zum Beispiel das Geschlechterverhältnis, die Subjekte oder Individuen selbst nicht ein völlig »geschlossenes organisches Ganzes« (Simmel 1995 [1908], 288), sondern wiederum diskursive Produkte, die in Bezug zu einem konstitutiven Außen bzw. zum Anderen stehen.

An dieser Stelle wird auch ein Unterschied zu Georg Simmels Gesellschaftsbegriff deutlich: Simmel macht zwar darauf aufmerksam, dass es auch noch ein Außerhalb der Gesellschaft gibt, beispielsweise in der Form völlig personaler Existenzen, aber dieses Außerhalb bleibt bei Simmel ein Außen *an sich*. Der Poststrukturalismus hingegen begreift dieses Außen als ein *konstitutives*, relationales Außen, das zugleich die Bedingung für die Möglichkeit und Unmöglichkeit von Gesellschaft darstellt. Aufgrund seiner Relationalität, gegenseitigen Bestimmung und Supplementarität ist dieses Außen mit dem Innen verwoben; Innen und Außen werden durch ihre unentscheidbare Beziehung bestimmt und sind in sich different. Nur aufgrund dieses Außen kann Gesellschaft existieren und ist deshalb im strengen Sinne als geschlossene Totalität oder »geschlossenes organisches Ganzes« *an sich* unmöglich; alles, wovon sich eine Gesellschaft, um zu sein, abgrenzen muss, ist für diese Gesellschaft konstitutiv. Es existieren nicht zwei in sich geschlossene Bereiche, die als gesellschaftlich sinnvoll und gesellschaftlich sinnlos erscheinen. Simmel vermag zwar eine Beziehung zwischen Gesellschaft und Außen zu denken, begreift das Außen jedoch als *geschlossene* Identität, als geschlossenes organisches Ganzes: Er geht davon aus, dass das Individuum eine Doppelstellung inne hat: Es ist in der Vergesellschaftung »befaßt« und ebenso steht es ihr gegenüber: Es ist »ein Glied ihres Organismus und zugleich selbst ein geschlossenes organisches Ganzes, ein Sein für sie und ein Sein für sich.« (Simmel 1995 [1908], 288) Als Glied ihres Organismus ist das Individuum konstitutiv für Gesellschaft. Dennoch ist es ein *geschlossenes organisches Ganzes* außerhalb von ihr – für sich. Simmel versucht diese Opposition als synthetische Beziehung zwischen des »Befaßtseins durch die Gesellschaft und des Lebens aus dem eignen Zentrums heraus« zu denken (vgl. Simmel 1995 [1908], 288). Eine poststrukturalistische Sozialwissenschaft überschreitet jedoch diesen Ansatz insofern, als dass sie zum Beispiel auf den *unentscheidbaren* Charakter der Oppositionspaare und damit dieser Synthese und Wechselwirkung aufmerksam macht: Beide Oppositionspaare sind keine in sich geschlossenen Kontexte oder Totalitäten, sondern nicht mehr absolut bestimmbar oder geschlossen – sie oszillieren asymmetrisch unter- und miteinander und durchdringen sich gegenseitig. Aus dieser Sichtweise ist das Individuum im Sinne eines Lebens »aus dem eigenen Zentrum heraus«, als ein »geschlossenes organisches Ganzes« oder als ein »Sein für sich« nicht möglich. Erst durch den Anderen und der asymmetrischen Beziehung zu ihm gibt es nach Lévinas ein »Ich«. Die Beziehung zwischen Gesellschaft und Individuum ist folgendermaßen zu denken: Die Gesellschaft und das Individuum existieren aufgrund eines konstitutiven Außen. Das Individuum dieser Gesellschaft steht ebenfalls in Beziehung zum konstitutiven Außen bzw. zum Anderen – statt *für sich* bedeutete dies: *für-den-Anderen* schon von Anfang an und nicht erst als hinzutretendes Moment einer ursprünglichen Individualität und Für-Sich-Seins; das Individuum ist – nach seiner vom Anderen ausgelösten Subjektivierung – selbst geteilt, insofern es nicht völlig in Gesellschaft aufgeht und nicht gänzlich den sozialen Kategorien angehört, aber als »Glied« bzw. Subjektposition für den »Organismus« von Gesellschaft notwendig ist.

Die zuweilen gleiche Behandlung der Wörter »Subjektposition« und »Individuum« erklärt sich folgendermaßen: »Subjekt« ist als eine sprachliche Kategorie aufzufassen. Mit den Worten Butlers: »the subject, rather than be identified with the individual, ought to be designated as a linguistic category, a placeholder, a structure in formation. Individuals come to occupy the site of the subject (the subject simultaneously emerges as a ›site‹), and they enjoy intelligibility only to the extent that they are, as it were, first established in language.« (Butler 1997c, 10f) Das Subjekt ist gleichsam die sprachliche Möglichkeit des Individuums, verständlich zu werden und sich verständlich zu machen. Nur wenn das Individuum ein Subjekt geworden ist, vom Diskurs subjektiviert wird, kann man sich sprachlich über das Individuum verständigen, gibt es das Individuum. »Paradoxically, no intelligible reference to individuals or their becoming can take place without a prior reference to their status as subjects.« (Butler 1997c, 11) Ausgehend von dieser Definition soll im Weiteren das Individuum für den allgemeinen Ort (*site*) des Subjekts stehen und »Subjekt« bzw. »Subjektposition« für eine bestimmte, mögliche sprachliche Kategorisierung des Individuums. Wie Subjekte und Subjektpositionen entstehen und sich konstituieren, wird Teil eines der folgenden Abschnitte sein. Zuvor interessiert weiterhin noch die relationale Stellung von Individuum und Subjekt gegenüber Gesellschaft.

Das Individuum, das nur im relationalen Bezug zu Gesellschaft und zum Anderen gedacht werden kann, ist dabei weder ein transzendentales Signifikat (organisches, abgetrenntes Außen, für sich) noch ein rein deterministischer Effekt von Gesellschaft und darum auch kein absolut geschlossenes Ganzes. Vom sprachlichen Gesichtspunkt ausgedrückt: Als Subjekt oder Subjektposition ist es *sowohl* von der diskursiven Formation *als auch* vom Außen konstitutiv abhängig. Vereinfacht gesagt kann von einer *Triade* zwischen Gesellschaft, Individuum und Außen ausgegangen werden, wobei das Andere das Individuum und die sozialen Beziehungen konstituiert: Das Individuum ist ein Supplement zu Gesellschaft, das durch Entscheidungen die Strukturen der Gesellschaft entweder rein wiederholt oder mit ihnen bricht (vgl. Kapitel III. und IV.). Somit ergibt sich eine unentscheidbare Situation, die keinesfalls von dem geschlossenen Charakter beider Oppositionen ausgeht. Simmel behauptet zwar, Individuum und Gesellschaft seien »keine zwei nebeneinander bestehende Bestimmungen« (Simmel 1995 [1908], 288), verwirft jedoch einen relationalen und supplementären Charakter von Individuum, Gesellschaft *und* Anderem, indem er dem Individuum eine Nicht-Relationalität zuschreibt und es als »geschlossenes organisches Ganzes« und Sein »für sich« bestimmt (vgl. Simmel 1995 [1908], 288). Allerdings wird sich nun zeigen, dass es noch eine andere Lesart Simmels gibt und man Simmel im Sinne einer doppelten Lektüre lesen kann.

Wenn das Individuum jedoch ein geschlossenes organisches Ganzes ist, so stellt sich die Frage, wie es denn gleichzeitig auch ein Glied des Organismus »Vergesellschaftung« sein kann. Wie kann es einerseits ein geschlossenes Ganzes sein und andererseits zugleich am Prozess der Vergesellschaftung teilhaben und von ihm behaftet sein? Vielleicht ist aber diese provokante Fragestellung eine zu einfache Lektüre Simmels. Denn es ließe sich auch folgendermaßen argumentieren: Das Individuum ist ein »Schnittpunkt« sich kreuzender sozialer Kreise (vgl. Simmel 1992*b*, 484). Es bildet den Knotenpunkt verschiedener sozialer Elemente. Es ist insofern eine Subjektposition, die sich sich aus der Verbindung sozialer Kreise zusammensetzt. Jedes Individuum ist beispielsweise Mitglied einer Familie, Kollege oder Kollegin, Staatsbürger oder Staatsbürgerin etc.; das heißt, das Individuum ist durch differentielle, wechselwirkende Elemente bzw. soziale Kreise konstituiert, die ihre Äquivalenz im Individuum haben. Nach poststrukturalistischer Sichtweise ist dies jedoch eine kritikwürdige, strukturalistische Auffassung, weil alle Systemrelationen im Individuum verankert sind, das als Totalität die Relationen sichert und zentriert. Um diese Zentrierung zu dekonstruieren, muss einerseits der Bezug zu Gesellschaft und andererseits der Bezug zu einem konstitutiven Außen geklärt werden: Zum einen sind es die gesellschaftlichen Formationen und Kreise, von denen sich das Individuum her positioniert, als Schnittpunkt erscheint und sich von da aus nur als Individuum zu denken vermag. Wenn sich das Individuum aber nach poststrukturalistischer Perspektive im Verhältnis zur Vergesellschaftung *und* ihrem Außen konstituiert, müsste das bedeuten, dass es weder als organisches Ganzes noch als *absolut geschlossener* Schnittpunkt theoretisiert wird, sondern dieser Schnittpunkt der sozialen Kreise oder diese Subjektposition müssten selbst noch einmal von einem Außen heimgesucht werden, gerade weil sie sich sowohl in Bezug zu Gesellschaft als auch zu deren Außen positionieren. Darum muss das Individuum auch einen Bezug zum Außen von Gesellschaft haben, von dem es *auch* konstitutiv abhängt; das Individuum ist – wenn man einen Ausdruck Plessners zur Beschreibung heranziehen will – eine ›exzentrische Positionalität‹. Das Individuum, das sich im Verhältnis Gesellschaft – Außen konstituiert, müsste demnach partiell vergesellschaftet sein *und* einen Überschuss an Bedeutung haben (vgl. Kapitel II.2.), der nicht mehr vom Modus der Vergesellschaftung eingeholt wird (unsichtbarer Rest/Widerstand; Anderer, Außen), der aber konstitutiv für seine Bildung ist. Anstatt also ein geschlossenes organisches Ganzes *für sich* zu sein, wäre das Individuum in sich different und die Möglichkeit, das Individuum zu denken, wäre *einerseits* von der Vergesellschaftung und *andererseits* vom konstitutiven Außen abhängig – das Andere von Vergesellschaftung, das nach Lévinas schon am unvordenklichen Anfang jeder sozialen Beziehung steht.

Diese Auffassung scheint Simmel aber nicht fremd zu sein. Denn er schreibt an anderer Stelle bezüglich des Individuums selbst: »die Art seines Vergesellschaftet-Seins ist bestimmt oder mitbestimmt durch die Art seines Nicht-Vergesellschaftet-Seins.« (Simmel 1995 [1908], 283) Überhaupt kann man sagen, dass Simmel besonders interessant für eine poststrukturalistische Sozialwissenschaft ist, weil er zuweilen sehr deutlich eine »Logik der Supplementarität« (vgl. Kapitel II.2.) verfolgt, die davon ausgeht, dass sich Elemente nur im Verweis auf andere Elemente konstituieren und relational aufeinander angewiesen sind: Denn nach Auffassung von Georg Simmel ergreift man »[...] den Sinn und den Wert eines einzelnen Elementes durchgängig in seinem Verhältnis oder als sein Verhältnis zu einem anderen Element - zu einem anderen, das seinerseits sein Wesen an jenem bestimmt. In dieser Relativität aber beharren sie nicht beide, sondern eines von ihnen, mit dem anderen alternierend, wächst zu einem Absoluten auf, das die Relation trägt oder normiert.« (Simmel 1919, 58)[14] Simmel beschrieb hier sehr deutlich, wie sich aus den Verweisungszusammenhängen wiederum binäre Logiken ergeben können.

In der Weise, wie das Individuum im Modus der Vergesellschaftung erscheint – und es kann nur in einem supplementären Bezug zur Vergesellschaftung erscheinen, weil ansonsten die Trennung von Individuum und/zu Gesellschaft keinen Sinn machen würde[15] – ist es abhängig vom Außen bzw. dem Nicht-Vergesellschaftet-Sein. Das Individuum ist darum nicht eine Totalität oder ein geschlossenes organisches Ganzes; und dies aus zweierlei Gründen: Erstens ist es in unmittelbarem Zusammenhang zu Gesellschaft bzw. den sozialen Kreisen konstituiert und »ist« weder aus sich heraus (Sein für sich) noch eine Totalität (an-und-für-Sich); es bildet einen Knotenpunkt aus sozialen Kreisen. Dies bedeutet, das Individuum ist auf seine je spezifische Art vergesellschaftet und erhält seine Individualität aus der jeweiligen Differenziertheit und *Äquivalenz* dieser Kreise. Zweitens ist aber – nach Simmel – diese Äquivalenz des Individuums von der Art der Nicht-

---

14 Letztere Bemerkung Simmels verweist noch einmal darauf, dass bei einer binären Anordnung ein Term den anderen beherrscht. Zur »Logik der Supplementarität« vgl. auch Derrida (1998*b*).
15 Werner Jung schreibt in seiner Simmel-Einführung: »[...] das Individuum als soziales Wesen – denn anders ist es nicht denkbar [...].« (Jung 1990, 87)

Vergesellschaftung (bzw. der Differenz) mitbestimmt. Das konstitutive Außen von Gesellschaft bestimmt auch die Individualität des Individuums – das deswegen eigentlich ein *Divisum*, ein In-sich-Differentes ist. Diese Lektüre der Simmel'schen Trennung von Individuum und Gesellschaft fügt sich in eine poststrukturalistische Sozialwissenschaft mit ihrer Triade von Individuum-Gesellschaft-Außen und steht im Gegensatz sowohl zu einer Apologie der Totalität des Ganzen (Gesellschaft) und der Totalität des Individuums oder ihrer synthetischen Aufhebung, die beide zusammenfügt, aber nicht den unendlichen »Exzeß« (Derrida 1997k, 387) der Spuren des Außen zu denken vermag.

Eine poststrukturalistische Sozialwissenschaft begreift das Individuum nicht als unteilbare oder vereinzelte Entität, die sich entweder im Sinne eines cartesianischen, souveränen (Locke) Subjekts oder als anthropologische Wesenheit (Reich) begreift, die durch die Gesellschaftsformation unterdrückt wird. Vielmehr wird das Individuum in seiner spezifischen Form von der Formation und ihrem Außen produziert (vgl. Kapitel III. und IV.). Aufgrund dieser subjektivierenden Unterwerfung (Foucault) ist es auch nicht auf utilitaristische Fähigkeiten des Kosten-Nutzen-Kalküls zu reduzieren, die dem Individuum eine inhärente, rationale Handlungsmacht zuschreiben (vgl. VI.2.5.). Individuelle und kreative Eigenleistungen liegen vielmehr in den von der Struktur *und* vom Anderen mit ausgelösten bewussten und unbewussten *passiven Entscheidungen* (vgl. Kapitel III.3.).

Ebenfalls fügt sich diese Perspektive nicht mühelos in diejenigen interaktionistischen Sichtweisen, die ausgehend von getrennten Entitäten untersuchen, wie sich das schon bestehende »Ich« in verschiedenen sozialen Situationen darstellt und Konflikte zwischen verschiedenen sozialen Rollen zu meistern hat (Goffman); nach Lévinas kann die Andersheit des Anderen gerade nicht auf Rollen reduziert werden und versagt sich damit auch einer Theorie gegenseitiger Rollenübernhame oder des sich gegenseitigen Erkennens im Anderen.

Vielmehr bildet sich ein partielles »Ich« erst im Moment des Konflikts, in der unentscheidbaren Situation, die einer Entscheidung oder Artikulation bedarf; in der Artikulation der Unentscheidbarkeit als Konflikt zwischen einem Teil des in der Artikulation konstituierten »Ich« gegenüber dem Anderem; ein Konflikt, von dem aus das schon *in-sich-differente* »Ich« nicht als das Selbe zu *sich* zurückkehrt (vgl. Lévinas 1992a, 227ff). In der Reflexivität oder in der Rückkehr zu sich (Rekurrenz), in der passiven Entscheidung, bildet sich das *Ich* (oder genauer: das *Sich*) und trägt »in sich die Spur des Anderen« (vgl. Butler 1997c, 181).[16]

Allgemein gesagt: Aus poststrukturalistischer Perspektive greifen Konzeptionen, die entweder von einer bloßen Dualität von Handlung und Struktur ohne ra-

---

16 Damit stehen poststrukturalistische Sozialwissenschaften in einer Tradition zu Simmel und auch zu Bataille, der ebenfalls von einer Teilung des Subjekts ausgeht, vgl. Moebius (2003, 28ff).

dikales Außen ausgehen oder die Beziehung von Individuum und Gesellschaft als eine Beziehung zwischen zwei einzelnen Entitäten konstruieren, zu kurz.

Eine poststrukturalistische Sichtweise dieser Beziehung, in der weder Gesellschaft noch Individuum als geschlossene Fixierungen auftreten und diese partiellen Fixierungen selbst wiederum auf ein Außen verweisen, knüpft an folgende Traditionen der Sozialwissenschaften an, die maßgeblich zu einer De-zentrierung des Individuums und des Subjekts beigetragen haben. Diese Traditionen seien hier nur kurz angeführt: Da wäre zum einen Karl Marx' Denken zu nennen, das einen Idealismus des allgemeinen Wesens des Menschen verwirft und – nach Althusser – zu einer anti-humanistischen Subjektauffassung beiträgt. Zum anderen verdankt sich eine Verabschiedung eines allwissenden und vernünftigen Individuums der Psychoanalyse von Sigmund Freud und ihrer Lacan'schen Weiterentwicklung.[17] Die Vorstellung des »Subjekts als Mangel« geht auch auf den Strukturalismus von Ferdinand de Saussure zurück, der wiederum die Grundlage für die Auffassung lieferte, dass das Subjekt nicht in einem absoluten Sinne Autor seiner Aussagen oder von Bedeutungen ist, die in Sprache ausgedrückt werden. Aus der Fortführung dieser Sicht ergibt sich die Vorstellung einer postdekonstruktiven Subjektivität (Derrida, Lévinas) und – im Anschluss an Nietzsche – die Analyse der genealogischen Konstituierung von Subjektpositionen (Foucault). Die beiden letzteren Auffassungen, die das Individuum einer radikalen De-Zentrierung aussetzen (ohne es zu verabschieden oder für tot zu erklären), waren der maßgebliche Untersuchungsgegenstand dieser Studie. Im vorliegenden Abschnitt wird auf die Subjektvorstellungen und die Möglichkeit sozialen Handelns noch explizit eingegangen, so dass bezüglich des Status des Individuums zunächst nur folgendes festzuhalten ist: Das Individuum ist streng genommen *in sich different*. Im Modus der Vergesellschaftung wird das Individuum anhand von Identifikationen und Positionierungen existent, steht aber dabei immer im konstitutiven Bezug zum Außen. Durch welche Elemente das Individuum innerhalb der diskursiven Formation von Gesellschaft und ihrem Außen erscheint und welche in der Identifizierung außen vor bleiben (De-Identifikation), hängt dabei auch von der jeweiligen hegemonialen, sozialen Anordnung und ihrem Außen ab. Im Rückgriff auf Georg Simmels Begriff der Vergesellschaftung konnte der Gesellschaftsbegriff einer poststrukturalistischen Sozialwissenschaft erhellt und verdeutlicht werden. Simmel ist dabei deswegen von Interesse, weil er Gesellschaft sowohl als Prozess denkt als auch das Außen von Gesellschaft thematisiert (vgl. auch Moebius 2002). Im Rekurs auf Simmel verschiebt eine poststrukturalistische Sozialwissenschaft den Blickpunkt geschlossener »Ganzheiten« (Gesellschaft, Individuum) hin auf eine relationale

---

17 Zu einer soziologischen Rezeption der Lacan'schen und Freud'schen Psychoanalyse vgl. Lipowatz (1998).

Verwobenheit der Triade Gesellschaft, Individuum, Außen und bekräftigt dabei den Simmel'schen Modus des Nicht-Vergesellschaftet-Seins.

Als Produkt diskursiver, hegemonialer Artikulation von Elementen ist Gesellschaft stets ein umkämpftes Projekt, das mit jeder (iterativen) Instituierung ein Außen produziert. Gesellschaft ist nach Laclau antagonistisch konstituiert; d.h. es gibt immer wieder Konflikte mittels derer versucht wird, die Gesellschaft neu zu artikulieren und zu formieren. Da Gesellschaft sich gemäß einer Logik der Äquivalenz zu konstituieren versucht, muss sie auch eine Grenze dessen produzieren, von der sie sich differenziert.[18] Dieser Rand erscheint nach Laclau in der Gesellschaft in Form von Antagonismen, die darum streiten, ob die Gesellschaft beispielsweise als radikal-demokratisches oder neo-liberales Projekt artikuliert werden soll. Wie sich Gesellschaft instituiert, ist darum Laclau zufolge auch eine Frage der Politik. Dabei interessiert aus der Sicht einer poststrukturalistischen Sozialwissenschaft nicht nur wie innerhalb von Gesellschaften Antagonismen zwischen verschiedenen Gruppen (beispielsweise zwischen verschiedenen politischen Parteien) ausgetragen werden, sondern wie sich Gesellschaft überhaupt in ihrem Bezug zum Außen antagonistisch konstituiert. Welche Parteien werden verboten? Wer sind beispielsweise »die« A-Sozialen? Wer wird durch die Grenzziehung aus dem Reich des Intelligiblen verbannt? Wie werden Grenzen gezogen: zum Beispiel durch rassistische Vorstellungen von Anderen, die angeblich eine Gesellschaftsformation bedrohen, oder durch Exklusion des Wahnsinns? Welche hegemoniale Formation setzt sich durch? Wie wird mittels eines Antagonismus die Grenze des Sozialen hergestellt? Wie werden die Antagonismen formiert bzw. wie sehen die Formierungen und deren Außen aus? Wie werden soziale Beziehungen durch Ausschluss (konstitutives Außen) konstituiert und artikuliert? Eine zu-kommende poststrukturalistische Sozialwissenschaft wird demnach immer nach den Grenzen bzw. dem Anderen von Gesellschaft fragen, der sowohl die Bedingung der Möglichkeit als auch der Unmöglichkeit jeder sozialen Konstituierung markiert. Und sie wird die Frage erheben, wie Gesellschaft mittels ihrer diskursiven Formationen und Anrufungsstrukturen diesen Anderen antagonistisch konstituiert und thematisiert: Wie entfalten sich die Wechselwirkungen zwischen Individuum, Gesellschaft und ihrem konstitutiven Anderem in ihrer historischen Dynamik? Durch welchen Ausschluss ist Gesellschaft möglich?

---

18 Vgl. die Logik der Äquivalenz und der Differenz in Kapitel III.

2.2. Autopoiesis – Teleopoiesis. Aufbau und Scheitern von Sinn

> »In diese Teleopoiesis, und darauf möchten wir im folgenden hinweisen, ist die Freundschaft im voraus impliziert. Die Freundschaft sich selbst, dem Freund – und dem Feind gegenüber.« (Derrida 2000*h*, 60)

Eine poststrukturalistische Sozialwissenschaft bindet den Aufbau von Sinn nicht an die Präsenz, sondern an die *différance*. Sinn ist dabei das vorläufige Resultat von Unterscheidungen und Aufschübe, von differentiellen Ketten und deren Spuren, die nicht von einer reinen Gegenwart her zugänglich sind. Die (Re-)Produktion von Sinn verläuft mittels iterativer Wiederholungsprozesse.

»Die *différance* bewirkt, daß die Bewegung des Bedeutens nur möglich ist, wenn jedes sogenannte ›gegenwärtige‹ Element, das auf der Szene der Anwesenheit erscheint, sich auf etwas anderes als sich selbst bezieht, während es das Merkmal (*marque*) des vergangenen Elementes an sich behält und sich bereits durch das Merkmal seiner Beziehung zu einem zukünftigen Element aushöhlen läßt, wobei die Spur sich weniger auf die sogenannte Gegenwart bezieht, als auf die sogenannte Vergangenheit, und durch eben diese Beziehung zu dem, was es nicht ist, die sogenannte Gegenwart konstituiert: es selbst ist absolut keine Vergangenheit oder Zukunft als modifizierte Gegenwart.« (Derrida 1976*a*, 18f)

Sinn ist demnach stets temporalisiert, wobei das Sinnsystem darauf angewiesen ist, sich durch Iterabilität neu zu produzieren und zu artikulieren. Die Möglichkeit (und die Unmöglichkeit) von Sinnprozessen und -systemen liegt nach Derrida in der *différance*, wodurch die Sinnprozesse von der Nicht-Präsenz her zu denken sind. Im Unterschied zu anderen sozialwissenschaftlichen, beispielsweise systemtheoretischen Auffassungen von Sinnprozessen, wird nach der Dekonstruktion der Anschluss von einem Ereignis an das nächste nicht von der Gegenwart aus gedacht (vgl. Stäheli 2000*c*). So schreibt Urs Stäheli in seiner dekonstruktiven Lektüre von Niklas Luhmanns Systemtheorie: »Das horizontal angelegte Sinnmodell zwingt Luhmann dazu, alle Ereignisse im Modus der Präsenz zu denken. [...] Zwar hebt auch die Systemtheorie die Gegenwart als Differenz von Vergangenheit und Zukunft hervor, sie denkt diese aber von einer Gegenwart her.« (Stäheli 2000*c*, 88f) Zukünftige Unterscheidungen werden von einer Gegenwart her zugänglich. Im Zuge seiner Dekonstruktion der Metaphysik der Präsenz (vgl. Kapitel II.2.) betont Derrida hingegen die Nicht-Präsenz, die konstitutiv für das Verständnis der Gegenwart ist. Diese Nicht-Präsenz kann als das radikal Andere gedacht werden, als eine Beziehung zu einer Vergangenheit, die niemals gegenwärtig ist und sein wird (vgl. Lévinas 1999*b*, 207). Dieses radikale Außen, der Überschuss von Sinn oder der »Überschuß von Sinnlosigkeit über den Sinn« (Lévinas 1992*a*, 356) und

355

das »Mehr an Bedeuten« (Lévinas 1999*b*, 207), ist dabei logisch gesehen vor dem Sinn und seiner Gegenwärtigkeit verortet: »Der Sinn ist eine *Funktion* des Spiels, er ist an einem Ort in die Konfiguration eines Spiels, das keinen Sinn hat, eingeschrieben.« (Derrida 1997*k*, 394) Sinn ist in dieser Bestimmung wesentlich an die Bedingung von Nicht-Sinn oder Sinnüberschuss geknüpft. Die als ursprünglich vorgestellte Gegenwart ist dabei durch ein Intervall gespalten, das die differ*a*ntielle Verbindung der Elemente konstitutiert: »Ein Intervall muß es von dem trennen, was es nicht ist, damit es selbst sei, aber dieses Intervall, das es als Gegenwart konstitutiert, muß gleichzeitig die Gegenwart in sich selbst trennen, und so mit der Gegenwart alles scheiden, was man von ihr her denken kann, das heißt, in unserer metaphysischen Sprache, jedes Seiende, besonders die Substanz oder das Subjekt.« (Derrida 1976*a*, 19) Nach Urs Stähelis instruktiver Analyse, der hier im Wesentliche gefolgt wird, übersieht jedoch die Systemtheorie dieses Intervall der *différance*, das die Gegenwart spaltet, da die Systemtheorie »die Passage von einem Sinnmoment zum anderen mittels eines re-entry konzipiert. Denn immer ist schon eine Sinnkontinuität durch den gemeinsamen Horizont garantiert.« (Stäheli 2000*c*, 88f)

Die Elemente und ihre differentiellen Verkettungen müssen immer wieder iteriert werden, damit das Sinnsystem generiert werden kann. Insofern – wenn man zunächst das konstitutive Außen beiseite lassen würde – kann man sagen, dass Sinn stets Sinn produziert. Diese Auffassung der Sinnproduktion bezeichnet die Sinnsysteme als *autopoietische*, das heißt, die Systeme produzieren die Elemente, aus denen sie bestehen, fortlaufend selbst: »das System operiert als ein selbstreferentiellgeschlossenes System.« (Luhmann 1984, 603) Aus dieser Sichtweise ist allerdings jede Art von radikalem Nicht-Sinn ausgeschlossen, weil selbst die Annahme von Nicht-Sinn wiederum eine sinnvolle Operation sein kann, indem die Negation von Sinn wiederum Sinn voraussetzt. Diese theoretische Annahme etabliert einen Sinnhorizont, in dem absoluter Nicht-Sinn oder Sinnüberschuss effizient in die Systeme hereingeholt werden kann und dabei deren Komplexität noch zu steigern vermag. Nichtanschlussfähige Elemente sind dabei in dieser Betrachtung der systemischen *autopoiesis* unbedeutsam. Eine poststrukturalistische Betrachtung dieses Prozesses würde an dieser Komplexitätssteigerung zwar anknüpfen, aber sie würde diese einerseits als Ausdruck von machtvollen Antagonismen (und nicht evolutionär) und als Effekt von Verschiebungen betrachten und andererseits einen anderen, »supplementären Begriff der Negation« einfordern (vgl. Stäheli 2000*c*, 73).[19] Nicht-Sinn, Überschuss an Sinn oder Übertretung von Sinnsystemen wird in der

---

19 Eine Komplexitätssteigerung durch Verschiebung besteht zum Beispiel darin, das sich in den politischen Auseinandersetzungen um die »Normalität« der Sexualität neue politische Subjekte wie die *queers* konstituieret haben.

Dekonstruktion nicht negativ bestimmt; Nicht-Sinn kann nicht wieder im Sinnsystem aufgehoben oder beschränkt werden. »An der Übertretung ist nichts negativ. Sie bejaht das begrenzte Sein, sie bejaht jenes Unbegrenzte [...].« (Foucault 1988, 75) Um diesen allgemeinen Überschuss zu beschreiben, bedarf es eines supplementären Begriffs. Dieser Begriff wäre – in Bezug zur Soziologie Batailles – der des »Exzeß« (Derrida 1997k, 387). Im Gegensatz zur Systemtheorie, die jeglichen Nicht-Sinn als prinzipiell zugänglich definiert, versucht die Dekonstruktion hingegen den Exzess von Bedeutung zu skizzieren; das Außen eines diskursiven Systems entzieht sich dabei wie der Lévinas'sche Andere einer sinnhaften Bezeichnung. Dabei wird Sinn in der Beziehung zu seiner Unmöglichkeit betrachtet, das heißt, es geht um »die Verknotung von Sinn und Nicht-Sinn«. (Stäheli 2000c, 74) Nicht-Sinn ist aus dieser Perspektive die Unmöglichkeit, Unterscheidungen endgültig zu stabilisieren, zu reproduzieren und zu fixieren. Anstatt dem System völlig zugänglich zu sein, geht das absolut Andere von Sinn in einer supplementären und disseminalen Bewegung über den Sinn hinaus. Es stellt sich für eine poststrukturalistische Sozialwissenschaft folgende Frage: Sind nicht gerade diejenigen Elemente für eine autopoietische Selbstreferentalität im konstitutiven Sinne bedeutsam, die ausgeschlossen werden und die zunächst einmal nicht anschlussfähig sind? Gegen eine systemtheoretische Sichtweise, in der Systeme die Fähigkeit besitzen, den Ereignisfluss (das Hereinbrechen von Nicht-Sinn) durch *sinnhafte Kommunikation* zu integrieren und so das System autopoietisch zu reproduzieren, wendet sich der Derrida'sche Begriff der *Teleopoiesis*, wie er in »Politik der Freundschaft« dargestellt wird.[20]

Derrida zufolge sind Kontexte nicht absolut bestimmbar und fixiert. Aus diesem Grund kann die Iterabilität als sinn-produzierende Wiederholung auch neue Elemente in den Kontext einfügen. Mit der Iterabilität geht die Möglichkeit einher, eine Kommunikation in verschiedenen Kontexten zu wiederholen und impliziert dabei aber auch, dass eine Kommunikation nicht erfolgreich sein kann. Denn mit der notwendigen Wiederholung von Systemen (Iterabilität), die Sinn de- und rekontextualisiert, wird eine Verausgabung (Dissemination) von Sinn möglich. Anders gesagt: Kommunikation kann fehlschlagen, indem mittels der Iterabilität der Kontext verschoben wird (vgl. Kapitel IV.).[21] Damit entstehen Sinnzusammenbrü-

---

20 Thorsten Bonacker hat mich in einem e-mail-Gespräch darauf aufmerksam gemacht, die *autopoiesis* Luhmanns mit der *teleopoiesis* Derridas zu vergleichen, in dem er mir per mail seine Rezension zu »Politik der Freundschaft« von Derrida schickte, in der er diese Unterscheidung, die ich hier nun aufgreife, behandelt. Vgl. auch die nun veröffentlichte Version in Soziale Systeme, Heft 2/2000. An dieser Stelle möchte ich ihm für den anregenden und interessanten Austausch, der am Anfang dieser Studie stand, herzlich danken.
21 Desweiteren hängt Kommunikation auch von dem ab, was verschwiegen wird. Es gibt demnach einen doppelten Prozess des Kommunizierens und Verschweigens. Wollte man dem Rechnung

che, Verschiebungen und Anschlusslosigkeiten in der sinngenerierenden Kommunikation (vgl. Stäheli 2000c). Soziale Sinnsysteme sind dann nicht mehr von einer generell für alle erreichbaren Kommunikation geprägt. Ereignisse, die durch die Iterabilität auftauchen und das System neu oder re-produzieren, sind gemäß Derrida »auto-teleopoietisch« (vgl. Derrida 2000h, 60). »Teleopoios« bezeichnet für Derrida ein Hervorbringen, erzeugen, schaffen, das nicht etwas abschließt oder zu sich selbst zurückkommt, sondern das die Bedeutung des *tele* an die Distanz, den Aufbruch und die Überwindung des Raums bindet. Inwiefern sind Ereignisse autoteleopoietisch? Zunächst bedeutet dies, dass Ereignisse nicht nur eine sich selbst steuernde Autopoiesis des Systems fortsetzen. Vielmehr sind Ereignisse, um überhaupt zu sein, sowohl möglich als auch unmöglich (vgl. Bonacker 2000b). Damit ein Ereignis möglich ist, muss es auch unmöglich sein und in Beziehung zur Anschlusslosigkeit stehen. Die Ermöglichung muss dem Unmöglichen abgerungen werden (vgl. Derrida 2000h, 55): »Denn ein bloß Mögliches (Nicht Unmögliches), ein in seiner Möglichkeit gesichertes und feststehendes, im voraus Mögliches wäre ein schlechtes Mögliches, ein Mögliches ohne Zukunft, ein gleichsam schon *in Sicherheit gebrachtes*, gegen das Leben und die Historie abgesichertes Mögliches: Ein Programm oder eine Kausalität, ein ereignisloses Abspulen oder Ablaufen.« (Derrida 2000h, 55) Ein Ereignis muss gemäß dem Poststrukturalismus kontingent sein: Um möglich zu sein, muss es eine Unmöglichkeit voraussetzen.

Fragt man nach der Konstitutierung sozialen Sinns, lassen sich zwei Bewegungen ausmachen: Einerseits kann Sinn sich nur in Bezug auf sein eigenes Sinnsystem produzieren. Die Iterabilität ist nicht in einem absoluten Jenseits anzusiedeln, sondern muss von einem Sinnsystem ausgehen. In dieser Hinsicht konstituiert sich Sinn autopoietisch, in Bezug zu sich selbst (vgl. Bonacker 2000b). Andererseits eröffnet sich in der Iterabilität auch eine Überwindung des Raumes, eine »Öffnung«und ein »Einbruch« (vgl. Derrida 1997k, 395) sowie eine Distanz (tele) des Sinns zu sich selbst, weil (in zeitlicher Hinsicht) niemals in gleicher Weise wiederholt werden kann und muss.

Die durch die *différance* erzeugten Sinnsysteme bewegen sich demnach zwischen einem »autopoietischen, selbstkonstitutiven und selbstreferentielllen *und* einem selbstdekonstitutiven, teleopoietischen Teil« (vgl. Bonacker 2000b).[22] Auf der einen Seite bedarf es der Stabilisierungen von Sinn und deren Selbstreferenz;

---

tragen, müsste man jeden theoretischen Diskurs, jede Diskurstheorie, nach dem befragen, was verschwiegen wird, also analysieren, was innerhalb einer Kommunikationsgemeinschaft nicht zur Sprache kommt; oder umgekehrt: etwas kann nur zur Sprache kommen, weil etwas verschwiegen wird. Eine Diskursanalyse im Sinne Foucaults würde hier wieder interessant werden.

22 Der Hinweis auf diese beiden Seiten von Sinnsystemen verdankt sich mehreren e-mail-Gesprächen mit Thorsten Bonacker, der in einer Rezension zu Derridas »Politik der Freundschaft« dies ausführlich behandeln wird.

auf der anderen Seite gibt es bei einer Stabilisierung, die immer nur eine partielle ist, in der Iterabilität wiederum Spuren des Anderen. Sinnprozesse verlaufen deswegen auto-teleopoietisch. Damit es diese Prozesse gibt, bedarf es der Unmöglichkeit von Sinnsystemen, sich jemals völlig zu schließen. Ansonsten gäbe es keine Ereignisse und keine Entscheidungen. Sinnexzesse beruhen demnach in der für das System notwendigen Wiederholung von Sinn, die dem Sinn etwas hinzufügt, ihn entweder rein (autopoietisch) oder als alterierende Iteration (teleopoietisch) wiederholt. Diese alterierende Wiederholung ist als Ereignis nicht lediglich eine Aktualisierung des Möglichen und schon immer zugänglich, sondern nach Derrida ist sie die In(ter)vention des Un-möglichen, die Unterbrechung und Bedrohung der Autopoiesis und ihrer Anschlussoperationen.

Zusammengefasst heißt das: Sinnsysteme bilden sich durch die *différance* und sind aus differentiell angeordneten Elementen zusammengesetzt, die einen Bezug zu Nicht-Sinn haben, weil sie zum Beispiel disseminal in andere Sinnbahnen übergehen können und einen überschüssigen, exzessiven Bezug zum Außen (Supplement) von Sinn haben. Die Prozesse der Sinngenerierung sozialer Systeme geschieht nach poststrukturalistischer Auffassung durch die Iterabilität, die sowohl autopoietisch als auch alterierend (teleopoietisch) Sinn wiederholt bzw. verschiebt. In der alterierenden Wiederholung wird nicht eine dem System schon zugängliche Möglichkeit aktualisiert, sondern die alterierende Iteration hat Ereignischarakter und zeigt sich in der In(ter)vention des Un-möglichen. Wäre ein Ereignis nur eine Erfindung einer vorfindbaren Möglichkeit, wäre sie schon wesentlich in den Sinnhorizont eingeschrieben. Da ein Ereignis aber konstitutiv von seiner Unmöglichkeit abhängt, ist es auch von einer radikalen, unvorhersehbaren Andersheit des Sinnsystems abhängig.

»Manche würden dazu neigen zu sagen, daß ein Ereignis, daß dieses Namens würdig wäre, sich nicht ankündigt. Man darf es nicht kommen sehen. Wenn man das, was kommt und sich somit an einem Horizont, in der Horizontalen abzeichnet, antizipiert, gibt es kein reines Ereignis. Man wird sagen: keinen Horizont für das Ereignis oder für die Begegnung, nur Unvorhersehbarkeit – und diese in der Vertikalen. Die Andersheit des Anderen, das, was sich nicht auf die Ökonomie unseres Horizonts reduziert, kommt uns immer von höher, ist das Höchste.« (Derrida 1994*d*, 4f)

So war beispielsweise die Resignifizierung und Rekontextualisierung des Hassbegriffs *queer* nicht absolut im vorangegangenen Sinnhorizont eingeschrieben, sondern das unvorhersehbare Ereignis der Reartikulation von *queer* bedurfte der In(ter)vention des Un-möglichen. Gerade in den Zwischenräumen, im Intervall der iterativen Wiederholung existiert die Wendung der Kommunikation gegen sich selbst; die Iterabilität führt in jede Kommunikation einen Bruch, eine irreduzible Andersheit ein, die das Kommunikationsereignis verwirren und subvertieren kann. Für Lévinas ist Kommunikation ebenfalls weder Aufhebung der Trennung der an der Kommunikation Beteiligten noch ist sie reine oder ideale diskursive Verständigung (Habermas), in der die Andersheit in gegenseitiger Rollenübernahme auf Rollen reduziert werden kann. Sprache als Sagen und Gesagtes überbrückt nicht den Abgrund der Trennung des Selben und des Anderen, sie kann ihn sogar vertiefen (vgl. Lévinas 1987*d*, 426f). Deshalb ist jede Kommunikation dem Risiko ausgesetzt, dass die jeweiligen, für die diskursiv-gesagte Kommunikation notwendigen Annahmen angesichts des Anderen Projektionen sind.

Poststrukturalistische Sozialwissenschaften richten ihr Analyseinteresse auf die theoretischen Brüche und auf das Verworfene in Theorien, wie in dem vorliegenden Fall, wo auf die »exzesshaften« Sinnzusammenbrüche von Sinnsystemen und sowie ihrer Systematisierung als »tele-auto-poetische« hingewiesen wurde. Der kritische Gehalt poststrukturalistischer Sozialwissenschaften besteht demnach darin, theoretische Strategien, die »wahre« Begriffe erzeugen und zum Beispiel von einer grundlegenden Systemerhaltung oder aber auch von essentialistischen Subjekten oder »ganzheitlichen« Individuen ausgehen, zu analysieren und zu dekonstruieren. Eine theoretische Annahme eines stabilen, vor-diskursiven Subjekts oder geschlossener Strukturen ist nach Ansicht der poststrukturalistischen Sozialwissenschaften selbst eine ethisch-politische Entscheidung innerhalb von Theorien, die untersucht werden müssen. Im Folgenden folgt eine Zusammenfassung und Vertiefung dessen, wie Subjekte aus poststrukturalistisch-sozialwissenschaftlicher Perspektive theoretisiert werden.

2.3. *Von der provisorischen zur positionalen Subjektivität*

Das Individuum wird in einer dekonstruktiven Sozialwissenschaft im Wesentlichen als eine zeitweilige Positionierung betrachtet, die sich sowohl gegenüber der diskursiven Struktur von Gesellschaft und deren Außen konstituiert. Diese Bestimmung von Individuum verweist auf die poststrukturalistische Ansicht von Prozessen der Subjektkonstituierung. Dabei wird weder von einem autonomen noch von einem kohärenten Handlungssubjekt bzw. sozialen Akteur ausgegangen, sondern die Perspektive verschiebt sich zu einer Auffassung von Subjekt, die dieses wesentlich in Beziehung zum Anderen denkt. Es ist insbesondere das Verdienst von Emmanuel Lévinas, die Beziehung zum Anderen, die für die Subjektivität konstitutiv ist, hervorgehoben zu haben. Jacques Derrida greift in seiner Bestimmung einer sich immer wieder provisorisch konstituierenden, post-dekonstruktiven Subjektivität (vgl. auch Critchley 1996) auf Lévinas zurück (vgl. Kapitel II.7.1.) und stellt darüberhinaus mit der Dekonstruktion eine Praxis zur Eröffnung von Andersheit bereit, von der aus das Subjekt erscheinen kann. In der folgenden Zusammenfassung sollen die Entstehung von Subjekten sowie ihre Konstituierung im Mittelpunkt stehen.

Subjektivität kann nach Lévinas nur in Beziehung zum Anderen entstehen. Die Beziehung zwischen Anderem und dem Subjekt ist dabei asymmetrisch, ohne Verschmelzung. Nach Lévinas konstituiert sich das Subjekt in dieser Beziehung im *Sagen* auf die Interpellation des Anderen. Insofern ist der Andere keine Modifikation eines schon vorausgesetzten Subjekts (alter ego), sondern ermöglicht vielmehr die Subjektivität.»Asymmetrische Beziehung« bedeutet auch, dass es keine allgemeine Austauschbarkeit der Perspektiven oder Rollen aller (Habermas) geben kann; *ego* vermag sich nicht vollends in *alter* hineinzuversetzen. Die Auffassungen einer asymmetrischen und diachronen Intersubjektivität sowie einer konstituierten, provisorischen Subjektivität, wie sie poststrukturalistischen Sozialwissenschaften nach Lévinas und Derrida eigen sind, stehen auch – trotz vieler Gemeinsamkeiten – quer zu den von Husserl herkommenden und über Schütz vermittelten Begriffen der Intersubjektivität, des Subjekts und des von Theodor Litt herkommenden Ausdrucks der »Reziprozität der Perspektiven«, wie sie bei Berger/Luckmann explizit oder implizit zu finden sind (vgl. Berger und Luckmann 1990, 31).[23] Subjektivität entsteht nach Lévinas vielmehr im antwortenden *Sagen*; *Sagen* ist das außer-ordentliche Ereignis der Öffnung zum Anderen, die heimliche Geburt des Subjekts (vgl. Lévinas 1992*a*, 306) und das »Ereignis der Subjektivität« (vgl. Lévinas 1988*c*, 73ff). Lévinas interpretiert die Subjektivität des Subjekts als Stellvertretung und das Subjekt als Geisel (vgl. Lévinas 1992*a*, 391). Stellvertretung für den Anderen ist gekennzeichnet von einer »vor-ürsprünglichen Empfänglichkeit vor aller Freiheit und außerhalb jeder Gegenwart«, im Sinne des »Allem-Unterworfenseins« (vgl. Lévinas 1992*a*, 320). Das Subjekt ist demnach keine »fertige Einheit« (Lévinas 1992*a*, 47), sondern in sich different (der Andere im Selben) (vgl. Lévinas 1992*a*, 321). Ferner ist die Zeit des Anderen und die Zeit des Subjekts nicht synchron, sondern gekennzeichnet von einer »Diachronie, die das Subjekt verwirrt«. (Lévinas 1983, 238) Lévinas Sichtweise der Subjektivität greift nicht auf ein freies, autonomes oder rationales Subjekt zurück, das Verantwortung als eine rationale und souverän getroffene Entscheidung (rational choice) bewertet, sondern denkt das Subjekt von Begriffen wie der Passivität, der Stellvertretung und der Andersheit im Selben her. Das Subjekt steht dabei nicht mehr im Zentrum, sondern kommt von der Spur des Anderen (vgl. Derrida 1995*d*, 266).

Von der Spur des Anderen her ist das Subjekt sowohl dem Kontext und dem Anderen unterworfen und bildet sich im Sagen auf den Ruf des Anderen. Die-

---

23 Andere Differenzen zu Berger/Luckmann bestehen in der Bedeutung der Sinnzusammenbrüche und in der Infragestellung des von Berger/Luckmann angenommenen (vgl. Berger und Luckmann 1990, 23) intentionalen Bewusstseins des Subjekts.

se Sichtweise der Subjektivität verbindet sich mit einer post-dekonstruktiven Bestimmung des Subjekts. Eine post-dekonstruktive Bestimmung des Subjekts bedeutet, dass das Subjekt immer nur provisorisch erscheint, als kurzfristige Stabilisierung, die selber wieder Figur einer dekonstruktiven Arbeit werden kann (vgl. Critchley und Dews 1996). In diesem Sinne wäre das Subjekt nach Derrida vor allem von einer unendliche Erfahrung von Nicht-Identität mit sich selbst geprägt (vgl. Derrida 1995*d*, 266). Dabei eröffnet die Dekonstruktion durch ihre Bejahung des Anderen den Raum für das Auftauchen des Subjekts, das im Moment des Sagens erscheint.

Der Moment des Erscheinens des Subjekts ist nach Ernesto Laclau der Moment der Entscheidung, in der sich das Subjekts qua Identifikation konstituiert. Laclau geht dabei nicht von einem intentional handelnden oder interesse-geleiteten Akteur aus, sondern von einem Subjekt als Mangel, das seinen Mangel immer wieder durch Identifikation aufzuheben versucht. Dieser Auffassung nach kann das Subjekt nicht lediglich als ein einheitliches, organisches Ganzes heterogener Positionen begriffen werden, die sich beispielsweise in dessen Habitus versammeln, sondern verweist selbst in seiner Positionierung auf den Anderen – sein konstitutives Außen. Wenn davon ausgegangen wird, dass es keine vollständige Struktur gibt, so kann dieser auch kein einheitliches Subjekt entgegengesetzt werden. Das Subjekt konstituiert sich vielmehr auch in den Momenten der Beziehung zum Anderen der Struktur, das heißt, wenn die Momente der Unentscheidbarkeit einer Struktur augenscheinlich werden.

Durch das Treffen von Entscheidungen können Unentscheidbarkeiten zeitweise aufgelöst werden. Die Entscheidungen haben dann die Funktion einer partiellen Stabilisierung, beispielsweise von Sinn oder im Sinne zeitweiligen Problemlösungshandelns. Man stelle sich zum Beispiel soziale Situationen vor, für die es keine routinierten oder abrufbaren Handlungsmuster zur Problemlösung gibt. Eine neue Entscheidung kann dann nicht aus einem »Wissensvorrat« (Schütz) schöpfen und herkömmliche Regeln anwenden, ansonsten würde keine unentscheidbare Situation vorliegen. Die Situation bedarf demnach einer in(ter)venierenden Entscheidung. Zwischen der Unentscheidbarkeit und der Entscheidung, die eine solche Krisen- und Konfliktsituation bewältigen soll, liegt also ein »Hiatus« (Derrida 1999*a*, 146f). In diesem Moment öffnet sich das Terrain für das Subjekt. Dieses Subjekt, das aufgrund des Außen weder einheitlich ist noch auf eine Kohärenz verschiedener Rollen reduziert werden kann, ist im Wesentlichen von den unentscheidbaren, dislozierten Momenten einer Struktur abhängig. Das Subjekt, das sich durch die identifikatorische Entscheidung konstituiert, ist wiederum gespalten: Auf der einen Seite gibt es einen partikularen Inhalt, also Positionierung mit einer bestehenden diskursiven Formation und auf der anderen Seite ist diese Position wiederum durch ein Außen geprägt. Die Identifikationsoberfläche ist durch eine imaginäre Einheit bzw. durch den leeren Signifikanten erzeugt; sie ist selbst kontingent. Der leere Signifikant suggeriert dabei eine Einheit (zum Beispiel einer geschlechtlichen oder sexuellen Position), die eine Projektionsoberfläche anbietet, um den Mangel des Subjekts zu überwinden. Im Zuge der Identifikation und der damit einhergehenden De-Identifikation kommt das Subjekt zustande. Die Realisierung einer Identifikation generiert zu einer Stabilität, zu einer Subjektposition, die die Unentscheidbarkeit durch Entscheidung aufzulösen versucht. Dieser Versuch der Auflösung oder »Entparadoxierung« (vgl. auch Stäheli 2000c, 230ff) durch Entscheidung konstituiert Subjektpositionen, wobei die Positionierung in einer poststrukturalistischen Sozialwissenschaft nicht evolutionstheoretisch erklärt wird, sondern im Zusammenhang von Machtmechanismen und hegemoniellen, politischen sowie identitätsstiftenden Artikulationen begriffen wird (Kapitel III.).

Ist das Subjekt *positioniert*, wird der Augenblick des Erscheinens des Subjekts aufgelöst. Da aber die Positionen selbst wiederum von einem Außen, einer Logik der Verwerfung abhängen, kann es – abhängig davon, wie hegemoniell und verfestigt die Stabilisierung ist – wieder neue Unentscheidbarkeiten geben. Die Subjektkonstituierung ist demnach immer von einem Scheitern begriffen und provisorisch, weil das konstituierte Subjekt wiederum auf einer Logik der Verwerfung und De-Identifikation aufgebaut ist. Die Bedingung der Möglichkeit des Subjekts ist somit auch zugleich die Bedingung seiner Unmöglichkeit.

Der Prozess der Entscheidung beinhaltet als inhärente Dimensionen sowohl die Identifikation als auch die De-Identifikation. Die De-identifikation rührt daher, dass jede Identifikation selbst wiederum von einer Spaltung der Identifikationsoberfläche ausgeht. Im Akt der Identifikation wird notwendigerweise etwas Außen vorbleiben, mit dem sich nicht identifiziert wird, was aber dennoch konstitutiv für die Identifikation ist. Das Subjekt des Entscheidens ist also selbst different und im Verhältnis zum Anderen. Aufgrund dieser Beziehung zur Andersheit ist der Akt des Entscheidens nicht ein souveräner Akt des Subjekts selbst, sondern wird von Derrida als eine »passive Entscheidung« begriffen (vgl. Derrida 2000h, 105). Dies bedeutet folgendes: Eine Entscheidung, die ihrem Namen gerecht werden will, kann nicht im Sinne eines programmabspulenden Handelns aufgefasst werden. Sie muss darum ein Ereignis sein, das heißt, sie muss Risse und Brüche in die vorgegebenen diskursiven Strukturen oder Identifikationsoberflächen einführen. Um diese Brüche herbeizuführen, kann sie nicht auf die aktuellen oder sinnhaft-potentiellen Vorgaben zurückgreifen, sondern sie muss in die vorgegebene Ordnung intervenieren. Eine Intervention kommt von dem her, was zuvor von der Ordnung konstitutiv ausgeschlossen wurde. Das Subjekt sowie die Entscheidung (denn das Subjekt ist von dieser Entscheidung abhängig) sind schon vom Anderen heimgesucht:

»Stößt nämlich keinem Subjekt jemals etwas zu, kein Ereignis, das des Namens würdig wäre, so läuft das Schema der Entscheidung zumindest in seiner landläufigen und vorherrschenden Fassung (die noch den Dezisionismus Schmitts, seine Theorie der Ausnahme und der Souveränität zu beherrschen scheint) regelmäßig darauf hinaus, die Instanz des Subjekts, eines klassischen, willensbegabten, freien Subjekts einzuschließen, also die Instanz eines Subjekts, dem nichts, nicht einmal jenes singuläre Ereignis zustößt [...]. Sollte man das Unmögliche selbst willkommen heißen, eben das, was der *gesunde Menschenverstand aller Philosophie* ausschließt, als den Wahnsinn oder den Unsinn ausschließen muß, nämlich eine *passive Entscheidung*, eine ursprünglich affizierte Entscheidung?« (Derrida 2000*h*, 105)

Die Entscheidung ist nach Derrida durch einen Riss des Anderen markiert. Ohne diesen Anderen gäbe es keine Entscheidung und – um mit Lévinas zu sprechen – auch kein Sagen. »Das Sagen bedeutet diese Passivität« (Lévinas 1992*a*, 119) Darum ist auch das Subjekt »Passivität, die passiver ist als alle Passivität, unwiederbringliche Zeit, uneinholbare Diachronie der Geduld, Ausgesetztheit [...].« (Lévinas 1992*a*, 121) Das Subjekt erscheint im Entscheiden, im Sagen und in der Ver*antwort*ung bezüglich der Beziehung zum Anderen. Dadurch ist das Subjekt-Sein sowie die Entscheidung, die durch das Andere im Selben konstituiert ist, kein aktiver, souveräner Prozess, sondern passive Subjektivität und passive Entscheidung »als Entscheidung des anderen. In mir. Des absolut anderen in mir, des anderen als des Absoluten, das in mir über mich entscheidet.« (Derrida 2000*h*, 105) Die Annahme einer autonomen Handlungsfähigkeit, wie sie beispielsweise die Rational-Choice-Theorie vertritt, wird in der Perspektive einer dekonstruktiven Sozialwissenschaft aufgegeben. Vielmehr wird eine Handlungskonzeption entworfen, die Handeln, Entscheiden und Verantwortung an die Passivität im Sinne Lévinas' bindet, die von der konstitutiven Rolle des Anderen – sei es für die Subjektivität oder die Entscheidung – herrührt. Eine (passive) Entscheidung ist demzufolge abhängig von dem Feld der Unentscheidbarkeit; Unentscheidbarkeiten erfordern Entscheidungen und halten insofern Augenblicke für das Erscheinen des Subjekts bereit. Es gibt demnach ein Wechselspiel zwischen dem Subjekt des Sagens oder des Entscheidens und der Subjektpositionen (vgl. Kapitel III.3.). Genau in dieser *passiven Entscheidung*, die sich immer wieder iterativ wiederholen muss, damit das Subjekt existieren kann, liegt die Möglichkeit von veränderndem Handeln, das heißt, die Möglichkeit von Interventionen und Ereignissen. Entscheidungen sind demnach iterativ und wiederholen entweder selbstreferentiell oder teleopoietisch die Anrufungsstrukturen (vgl. Kapitel IV.), zum Beispiel mittels Resignifizierung oder Neu-Artikulationen. Die Produktivität dieses Ansatzes für die soziologische Theorie liegt mitunter darin, dass diese Auffassung die Entscheidungen weder in einem unergründlichen Inneren des Individuums verankert noch allein strukturalistisch auf vorangegangene Strukturen, die sich in einem Habitus verdichten, zurückführt. Das Subjekt konstituiert sich durch die Identifikation und De-identifikation – oder in der Sprache Foucaults – durch Praktiken der Unterwerfung, des Ausschlusses und dem Wechsel von Fremd- und Selbstzuschreibungen. Dies bedeutet jedoch auch, dass die Mittel zur Unterwerfung kontingente Wirkungen hervorrufen können, weil sie als Widerstandpotentiale reformuliert werden könnten. Bevor diese handlungstheoretische Ebene weiter verfolgt wird, soll zunächst auf die spezifische, historisch-soziale Anordnung und diskursive Formierung von Subjektpositionen, also auf Identitäten eingegangen werden.

2.4. Identitäten – Alteritäten

Welche Bedeutung haben die vorgestellten poststrukturalistischen Analysen der Subjektkonstituierung für die sozialwissenschaftliche Reflexion von Identitäten? Wie analysiert eine dekonstruktive, sozialwissenschaftliche Praxis die verschiedenen Formen von Identitäten, seien es zum Beispiel geschlechtliche, sexuelle oder ethnische? In der vorliegenden Studie lag der Schwerpunkt vor allem in der Betrachtung der Produktion von Identitäten sowie in der Frage nach der Möglichkeit des politischen und sozialen Handelns. Poststrukturalistische Sozialwissenschaften beschäftigen sich vornehmlich mit dem Begriff der Identität, wie er beispielsweise in unterschiedlichen sozialen Feldern auftritt. Die Untersuchungsfelder reichen dabei von Subkulturen (Cultural Studies) über institutionalisierte Produktionsverfahren von Identitäten[24] bis hin zur Infragestellung biologischer Identitätsannahmen (Butler). Insbesondere die Annahmen wesenhafter, natürlicher geschlechtlicher oder sexueller Identitäten standen im Mittelpunkt des Erkenntnisinteresses dieser Arbeit.

Allgemein kann man sagen, dass eine dekonstruktive oder poststrukturalistische Sozialwissenschaft davon ausgeht, dass Identitäten sich nicht durch eine vorgegebene Einheit, Homogenität oder Kohärenz auszeichnen, sondern stets umkämpften, sich verändernden und *hybriden* Konstituierungsprozessen unterliegen und daraus hervorgehen. Stuart Hall hat diese Prozesse folgendermaßen auf den Punkt gebracht:

»I use ›identity‹ to refer to the meeting point, the point of *suture*, between on the one hand discourses and practices which attempt to ›interpellate‹, speak to us or hail us into place as the social subjects of particular discourses, and on the other hand, the processes which produce subjectivities, which construct us as subjects which can be ›spoken‹.« (Hall 1996, 5f)

Der erste Schritt eines Analyseverfahrens, das die Produktion von Identitäten untersucht, liegt in der Suche nach der zentralen Alterität, die Identität konstituiert. Dies mag beispielsweise so aussehen, dass sexuelle Identitäten sich gemäß einer

---

24 Vgl. insbesondere Michel Foucaults Analysen zur Geburt des Gefängnisses: Foucault (1977a), oder zur Geschichte des Wahnsinns: Foucault (1968).

Logik der Verwerfung (vgl. Kapitel V.4.2.), das heißt nur in Abgrenzung zu anderen sexuellen Identitäten behaupten und herstellen können. Die zweite Seite bildet dabei das konstitutive Außen einer Identität; das, was eine Identität ausschließen muss und worauf sie aber eigentlich existentiell angewiesen ist. Anders gesagt: Es gibt ein Zirkulieren von Identität und Alterität, die als Doppelbewegung zwischen Anderem und Selben verstanden werden kann und die dem folgt, was Jacques Derrida das Spiel des Supplements nennt:

> »Wenn etwas repräsentiert und Bild wird, dann wird es Bild durch das vorangegangene Fehlen einer Präsenz. Hinzufügend und stellvertretend ist das Supplement ein Adjunkt, eine untergeordnete, stellvertretende Instanz. Insofern es Substitut ist, fügt es sich nicht einfach der Positivität einer Präsenz an, bildet kein Relief, denn sein Ort in der Struktur ist durch eine Leerstelle gekennzeichnet. Irgendwo kann etwas nicht *von selbst* voll werden, sondern kann sich nur vervollständigen, wenn es durch Zeichen und Vollmacht erfüllt wird.« (Derrida 1998*b*, 250)

Eine Identität stellt einen Knotenpunkt verschiedener Elemente und Momente dar, die ihre äquivalente Anordnung einer supplementierenden Alterität verdanken. Dies bedeutet, die Alterität kann keinen absolut transzendentalen Status an sich haben. Aber – und das ist der Punkt, den Lévinas vor allem betont – die Alterität kann nicht auf diese relationale Erscheinung reduziert werden, sondern verweist auf Spuren irreduzibler Andersheit. Der Andere – und damit eigentlich auch der Selbe – lassen sich nicht endgültig und eindeutig identifizieren oder auf eine Identität reduzieren (vgl. Lévinas 1992*a*, 70).

Die Unmöglichkeit einer endgültigen Fixierung verweist auf einen zweiten Schritt einer poststrukturalistischen Analyse von Identitäten. Es wird davon ausgegangen, dass es keine stabilen oder geschlossenen Differenzsysteme, wie sie der Strukturalismus dachte, mehr gibt, sondern dass die zentralen Knotenpunkte, die ein System schließen, durch eine Andersheit im Selben, durch eine Beziehung zum Anderen markiert sind. Damit rücken die Momente von Unentscheidbarkeiten in den Vordergrund, die unterschiedliche soziale oder politische Handlungsmöglichkeiten eröffnen. Wie im Weiteren noch beschrieben wird, zeichnen sich diese zum Beispiel durch eine Grenzpolitik aus. Insbesondere die Grenzen von Identitäten und deren zugrundeliegenden Anordnungen werden für poststrukturalistische Sozialwissenschaften interessant: *queer* als Grenzfall der binären Identitätsanordnung von Hetero-/Homosexualität, hybride, kulturelle Minderheitsidentitäten oder sogar die Unterscheidung von Mensch und Maschine (vgl. Harraway 1991).

Die Auseinandersetzungen mit Grenzkonflikten oder Grenzziehungsprozessen bilden sicherlich die zur Zeit empirisch ertragreichsten Felder einer dekonstruktiven oder poststrukturalistischen Sozialwissenschaft. Dies haben insbesondere die Analysen von Judith Butler gezeigt: Denn Butler bleibt nicht allein bei dem philosophischen Problem der Verflochtenheit von Identität und Alterität stehen, sondern zeigt das sozio-materielle, diskursive Formieren und Funktionieren von Identitätsprozessen auf. Mit Begriffen wie Artikulation (Laclau, Hall), Interpellation (Althusser) oder performativer Iteration zeichnet Butler die grundlegenden Mechanismen zur Re-Produktion von Diskursen und somit auch von Identitäten nach. Artikulation bezeichnet dabei den Prozess, durch den kontingente Elemente zu einer Identität zusammengeknüpft werden, wobei die Produktion/Artikulation einer Beziehung wiederum die Identität der Elemente verändert (vgl. Kapitel III.).

Ein Element (selbst eine Verknüpfung) muss nicht notwendigerweise oder »natürlich« mit einem anderen verbunden sein – zum Beispiel muss »Frau« nicht notwendigerweise auf »Heterosexualität« verweisen oder »Arbeit« notwendig mit kapitalistischen Produktionsverhältnissen einhergehen–, sondern die Verbindung ist Ausdruck von historischen, materiellen, sozialen und politischen Formierungen wie zum Beispiel der heterosexuellen Matrix (vgl. Butler 1991) oder der kapitalistischen Ökonomie. Eine Analyse der diskursiven Praktiken und Artikulationsbedingungen, die beispielsweise das biologische Geschlecht (*sex*) selbst als Materialitätseffekt von Diskursen begreift und die das, was als natürlich erscheint, problematisiert, impliziert ein wesentlich politisches Verständnis von Identitätskonstruktionen. Dies hat vor allem die Hegemonietheorie von Laclau und Mouffe gezeigt, die mit dem Politischen kein eigenes autopoietisches System oder eine eigene Sphäre des Sozialen umschreiben, sondern das Politische und die Politik mit den Konstitutionsprozessen von Identitäten verbinden. Identitäten sind dabei nicht stabile Unterscheidungen zwischen Identität und Außen, Selbem und Anderem, sondern Laclau, Mouffe und Butler begreifen die Herstellung von Identitäten als politische und antagonistische Exklusions- und Grenzziehungsverfahren, die es mit Hilfe poststrukturalistischer Analysen aufzudecken gilt.

Die Ent-Deckung von Exklusionsverfahren – und dies hat in dieser Arbeit insbesondere die Untersuchung zur Identität von *queer* gezeigt – bedeutet jedoch nicht, dass die konstitutive Andersheit überwunden oder aufgehoben werden kann. So liegt das kritische wie politische Potential poststrukturalistischer Sozialwissenschaften darin, den wesentlich konflikthaften Charakter des Sozialen, ausgedrückt in Konstitutionsprozessen von Identitäten, nicht universalpragmatisch aufzuheben oder Identitäten als geschlossene Elemente zu vervielfachen. Im Vordergrund stehen vielmehr die Reflexionen heterogener Diskursivierungs- und Subjektivierungsweisen, die wiederum Formen von Exklusion hervorrufen. Anstatt einem Glauben an die Möglichkeit einer Abschaffung von Andersheit, Konflikthaftigkeit oder Unentscheidbarkeit zu verfallen, liegt das politische und sozialwissenschaftlich-kritische Ziel einer poststrukturalistischen Sozialwissenschaft in der dekonstruktiven und diskurstheoretischen Analyse der (Un-)Möglichkeiten von Identitäten und alternativer, beweglicher Grenzziehungen. Die Möglichkeit, andere Grenzen zu ziehen, besteht dabei genau in dem konstituierten, artikulierten oder – in der Sprache Butlers – performativen Charakter sexueller, geschlechtlicher oder ethnischer Identitäten. Gerade weil Diskurse, Identitäten, soziale Ordnungen oder Anrufungsstrukturen nicht starre oder ahistorische Regelsysteme sind, sondern miteinander verknüpfte, temporalisierte und rituell-performative Praktiken, die sich durch Wiederholung und Ausschluss (Außen) generieren, können sie auch in verschiedenen Wiederholungsweisen, die auch immer Abweichungen produzieren, verändert werden. Die Verschiebung und Dekonstruktion von Identitäten ist deshalb von entscheidender Bedeutung, weil Identifizierungen und Kategorisierungen absolute Distanzierungen und – nach Zygmunt Bauman – einen instrumentalisierenden und manipulativen Umgang mit dem Anderen befördern (vgl. Bauman 1992*a*): Wird der Andere lediglich als Thema vorgestellt, kann dem *unendlichen* Anderen nicht mehr begegnet werden.[25] Die Folge ist, dass dem Anderen nicht mehr geantwortet wird, weil er nicht mehr als der betrachtet wird, dem noch zu antworten ist und dem Verantwortung zukommt. Wie im Kapitel zur *Queer Theory* anhand eines Beispiels deutlich gemacht wurde, führt dies zur Exklusion aus sozialen Lebens- und Erfahrungszusammenhängen.

2.5. Entscheiden und Handeln

> »Was die Geschichte vom Ereignis erfaßt, ist seine Verwirklichung in Zuständen, aber das Ereignis in seinem Werden entgeht der Geschichte.« (Deleuze 1993*a*, 244)

Wenn die Möglichkeit, ein sozialer oder politischer Akteur zu werden, nicht von einer im Subjekt verankerten Intention, sondern an die kollektiven Strukturen, Diskurse, das Außen und an die Möglichkeit der Wiederholung (zum Beispiel mittels performativer Akte) gebunden wird, welche handlungstheoretischen und -praktischen Potentiale eröffnen sich dann aus einer poststrukturalistischen Perspektive? Die Frage, wie kann Handeln entstehen, wie kann Handeln gefasst und theoretisiert werden, verbindet sich bei einer poststrukturalistischen Sozialwissenschaft zum einen mit der Frage der Entscheidung und zum anderen mit der Frage nach dem politischen Ereignis. Wie kann eine Entscheidung als Ereignis politisch umgesetzt werden? Welche Perspektiven eröffnen sich dabei für die politischen Subjekte? Im Moment der *passiven Entscheidung*, die durch die Unentscheidbar-

---

25 Vgl. dazu auch ausführlich Moebius (2001*c*).

keit gegangen ist, entsteht das Subjekt. Aus einer anderen Perspektive kann dieser Prozess auch folgendermaßen ausgedrückt werden: Das Subjekt wird durch den Anderen angerufen (Interpellation) und gelangt durch diese Anrufung zu einem sozialen Subjekt (vgl. Kapitel IV.). Es tritt in die Normativität der Sprache ein, die als Regel die Subjektbildung orchestriert. In seiner Antwort (passiven Entscheidung) drückt sich das Subjekt aus; vor dem Hintergrund der Anrufungsstrukturen, die dem Appell auf der Ebene des Gesagten vorangehen, artikuliert sich das Subjekt und wird zu einer Subjektposition. Weit davon entfernt, ein rein deterministischer Anrufungsakt zu sein, gibt es die Möglichkeit des Subjekts – mittels seiner Antwort, seiner *passiven Entscheidung* und mittels einer Re-Artikulation – die Anrufungsstrukturen und seine Subjektposition *anders* zu wiederholen.[26] Die Handlungsmöglichkeit der Re-Artikulation und Wider-Rede, das heißt einer Resignifizierung und Neuanordnung der Elemente und Momente, die die Identität des Angerufenen ausmachen, hängt dabei im Wesentlichen von der Iterabilität und Kontingenz jeder (Anrufungs-)Struktur ab; die Interpellation hängt von der Iterabilität ab und zeitigt dadurch kontingente Wirkungen.

Eine Interpellation ist kein Akt, den der Anrufer aus dem Nichts schöpft oder der völlig in seiner Intention verortet werden kann, sondern ist schon immer in diskursiven Strukturen und vorangegangenen dynamischen Handlungsketten konstituiert. Ein Appell im Gesagten baut auf einer Struktur und deren Außen auf, die selbst den Anrufer mit-konstituiert hat. Eine Interpellation, so könnte man sagen, »muß in völliger Abwesenheit des Empfängers oder der empirisch feststellbaren Gesamtheit von Empfängern wiederholbar – ›iterierbar« – sein.« (Derrida 1976e, 133) Der Wiederholungszwang jeder Struktur impliziert – im Begriff der Iterabilität – keine Absicherung eines identischen Sinnkerns. Vielmehr wird Wiederholung mit dem Ereignis und der Andersheit gekoppelt. Durch die Iterabilität bleibt keine wiederholte Identität stabil, sondern die Wiederholung ist immer ein zeit-räumlicher Weg, der über das Andere und die Spur verläuft. Um sich als Identität zu »nähen«, verknoten oder zu stabilisieren, bedarf es der Iterationen, die jedoch auch die Logik der Verwerfung wiederholen. Wiederholungen sind demzufolge auch immer schon vom Anderen (räumlich und zeitlich) heimgesucht. Der Kulturwissenschaftler Homi K. Bhabha drückt diesen Prozess folgendermaßen aus: »Die Zeitdifferenz eröffnet diesen Verhandlungsraum zwischen dem Stellen der Frage an das Subjekt und der Wiederholung des Subjekts [...]. Dies konstituiert die Wiederkehr des Handelnden als Subjekt, als die interrogative Handlungsfähigkeit in der katachrestischen Position.« (Bhabha 2000, 276) Der Moment der Identifikation durch den Anrufer ist nach Bhabha ein liminaler Moment, der eine

---

26 Hierin wurde in der vorliegenden Studie die Ethik der Performativität gesehen (Kapitel IV.3.).

»[...] subversive Strategie subalterner Handlungsmacht hervorbringt, die durch einen Prozess der iterativen ›Auftrennung‹ und der aufrührerischen Neuzusammensetzung inkommensurabler Elemente ihre eigene Autorität verhandelt. [...] Die Individuierung des Handelnden geschieht in einem Moment der De-plazierung. Es handelt sich um ein impulsives Ereignis, die Bewegung innerhalb der Spalt-Sekunde, in der der Prozeß der Bestimmung des Subjekts – seine Festgestelltheit – neben ihm, auf unheimliche Art *abseits*, einen supplementären Raum der Kontingenz öffnet. [...] Dabei handelt es sich nicht um Handlungsmacht als sie selbst (transzendent, transparent) oder in sich selbst (einheitlich, organisch, autonom).« (Bhabha 2000, 276)

Sinn, soziale Bedeutungen sowie soziale und politische Akteure bilden sich in der Iterabilität, im Moment der Artikulation, passiven Entscheidung, Identifikation oder Verantwortung.[27] Zuvor waren diese Akteure schon angerufen, positioniert, jedoch niemals rein deterministisch fixiert worden. Die wiederholte Identität des Akteurs ist von Anfang an gespalten. Im Zuge der Entscheidung, der Re-Artikulation oder des Handelns wird die gespaltene Identität supplementiert, weil sie aufgrund der schon bestehenden Spaltung nicht für sich stehen kann. Anders gesagt: Es kann sich niemals eine reine Einheit oder Identität des Akteurs herstellen, weil das Wiederholte sich selbst auf einer Differenz aufbaut oder auf eine Andersheit bezieht (das Andere im Selben).[28] So bemerkt auch Derrida, dass der Ausdruck *Iter* »von neuem« bedeutet; er kommt von »*itara, anders* im Sanskrit, und alles Folgende kann als die Ausbeutung jener Logik gelesen werden, welche die Wiederholung mit der Andersheit verbindet.« (Derrida 1976e, 133) Immer wird es *Spuren* der Andersheit geben, die diese Iterabilität ermöglichen.[29] Das Denken der Iterabilität verzichtet auf einen semantischen Kern, der wiederholt wird (vgl. Stäheli 2000c), sondern folgt einer syntaktischen Praktik: diese verweist auf die »irreduzible[n] Maßlosigkeit des Syntaktischen gegenüber dem Semantischen« (Derrida 1995c, 247). Insofern kann kein Zeichen, keine Identifikation oder Anrufung auf einen einzigen, bestimmten Kontext, in dem sie verwendet wird, reduziert werden, da sie immer auch durch Spuren gekennzeichnet ist und anders wiederholt werden kann (vgl. Derrida 1994a, 127). Die vielen Wortspiele, Begriffsserien, Etymologien oder Neologismen der Dekonstruktion verdanken sich im Wesentlichen dieser Sichtweise, dass sich kein Text und kein Wort aufgrund einer idealen Bedeutung organisiert.

---

27 »Einerseits ist die Iterierbarkeit als Bedingung der Konstitution von Identitäten [...] das Objektiv-Werden des Objekts oder das Subjektiv-Werden des Subjekts [...].« (Derrida 1998f, 170) Andererseits ist sie auch das, was diese Identität durcheinanderbringt (vgl. Derrida 1998f, 170).
28 Das Motiv der »Umstellung von Einheit auf Differenz« ist übrigens auch ein zentrales Thema, das der Poststrukturalismus mit Georg Simmel oder Max Weber teilt. Vgl. dazu auch Brunkhorst (1988).
29 Dabei ermöglicht im umgekehrten Sinn die Iterierbarkeit auch wiederum Andersheit. Die Iterabiltität hat ihre Basis nicht in einer Präsenz, sondern konstituiert sich über die Spur, die erst die sogenannte Gegenwart produziert (vgl. Kapitel II.).

Weil die Strukturen auch gänzlich anders iteriert werden können, eröffnet sich die Möglichkeit der Re-Signifizierung und andersartigen Wiederholung (vgl. Kapitel IV. und V.). Um die Andersartigkeit und Resignifizierung zu theoretisieren, greift Judith Butler auf den Begriff der performativen Äußerung zurück. Performative Äußerungen sind Handlungen, die das von ihnen Bezeichnete in wiederholten Praktiken produzieren.[30] Dabei entspringt die performative Macht – ihre Wirkungen und Folgen – nicht einer Intention oder einem voluntaristischen Akt eines Subjekts, sondern vollzieht sich über mimetische Prozesse; sie kann nur (kontingente) Wirkungen erzielen, weil sie eine iterierbare ist und schon in einem gewissen Kontext, der niemals gesättigt ist, auftaucht (vgl. Kapitel II.2.). Die performative Äußerung gelangt so erst durch Zitieren zur Macht. Der Kontext ist jedoch niemals vollständig determiniert, so dass die performative Äußerung nicht-konventionale Bedeutungen annehmen und bilden sowie in einem Kontext funktionieren kann, zu dem sie nicht gehört. »*Die Wiederholung der Äußerung in einem anderen Kontext hat zur Folge, daß das ›Selbe‹ sich als anderes wiederholt. Jedes Zitieren bedeutet eine Veränderung.*« (Waldenfels 1997b, 330), wie Bernhard Waldenfels – mit Hinweis auf das von Kriegsgegnern zitierte Tucholsky-Zitat »Soldaten sind Mörder« – schreibt. In der verändernden Wiederholung liegt nach Butler das politische Versprechen, das die performative Äußerung ins Zentrum einer möglichen hegemonialen Politik stellt und somit zugleich dem dekonstruktivistischen Denken eine unvorhergesehene Zukunft eröffnet. Dieses Versprechen setzt keine Konventionen fort, sondern vereitelt sie und inauguriert Neues. [31]

Performative Äußerungen sind dadurch gekennzeichnet, dass sie nicht nur die ebenfalls für die Handlunskonstituierung relevanten materiellen und kapitalförmigen Bedingungen reflektieren (Bourdieu), sondern – im Sinne produktiver Macht – eine Kette von kontingenten Folgen und nicht-intendierten, veränderbaren Wirkungen auslösen. Wie Butler in ihrer Diskussion des Bourdieu'schen Ansatzes verdeutlicht, sind performative Äußerungen nicht nur als Handlungen, sondern auch als gesellschaftliche *Rituale* neu zu denken. Rituale werden dabei als wirkungsmächtige Praxisformen definiert, die durch Wiederholungen Sinn generieren oder neu produzieren. Durch den *iterativen* Charakter der performativen Äu-

---

30 Eine performative Äußerung, ein Versprechen (vgl. Kapitel II.), sollte als Praxis und »nicht mehr einfach als ›Akt‹ eines konstitutiven und selbstkonstitutiven Subjekts, nicht mehr als ›Performanz‹ innerhalb eines konventionellen Regelrahmens gedacht werden, sondern allein als Ereignis, das jeweils andere Regeln andere Konventionen, andere Subjektformen und andere Performanzen, Alterformanzen, Alterjekte, Allopraxen eröffnet. Wenn Sprache Versprechen ist, ist es immer der andere, der spricht. Und dieser Andere kann kein alter ego sein, sondern nur die Alteration [...] jedes möglichen Ego.« (Hamacher 2000, 96)

31 Dies Versprechen, auch wenn es vielleicht nicht gehalten werden kann, muss nach Derrida als »ein messianisches Versprechen neuer Art der Geschichte sein inaugurales und einzigartiges Zeichen eingebrannt haben.« (Derrida 1996b, 148)

ßerung kann diese, um *per*-formativ zu sein, mit früheren Kontexten brechen. Anstatt auf Funktionen reduziert zu werden, wird die performative Handlung zum entscheidenden Motor für eine liminale Phase (Victor Turner) bzw. innerhalb einer liminalen Phase und kann Veränderungen, Brüche und Grenzziehungskonflikte bewirken – sie wird zur Antriebskraft einer neuen »Ritualpolitik«.[32] Rituale sind in dieser Sichtweise prozesshafte Praktiken der Symbolisierung, wobei das Symbolisierte erst durch die rituelle Handlung artikuliert und neu (performativ) gebildet wird (vgl. III.1.1.). Sie werden dabei nicht als vollständig geregelte, determinierte Handlungszusammenhänge verstanden, sondern als Artikulationen und (passive) Entscheidungen im Verhältnis zu einem Anderen [33], durch die sich Subjektivität im Prozess der Symbolisierung konstituiert (vgl. Kapitel III.3.); das heißt, in Ritualen, verstanden als Artikulationen, »vollzieht sich die Auflösung von Paradoxien, indem sie Unmögliches als Möglichkeiten inszenieren.« (Wimmer und Schäfer 1998, 43) Oder anders ausgedrückt: Rituale sind die zeitweiligen Entscheidungen im Unentscheidbaren. Im Grunde genommen geht es dabei um neue Wiedereinschreibungen, die ihre performative Kraft durch die Brüche und Ereignisse, die sie zeitigen, bekommen. Performative Resignifikationen oder Vermengungen von nicht zusammenhängenden Metaphern (katachrestische Effekte) sind dabei im politischen Diskurs nur möglich, wenn die traditionellen Begriffe für andere Zwecke fehlangeeignet werden.

Gesellschaftlicher Wandel vollzieht sich nach dieser Sichtweise genau in diesen kraftvollen Ereignissen und Einbrüchen, die die Iterabilität ermöglicht hat. Genau im Moment der (passiven) Entscheidung, Artikulation und des Antwortens – im Zwischenraum der Wiederholung – liegt die Handlungsfähigkeit der Akteure. Dabei speist sich die Verantwortlichkeit der Entscheidung und Handlung – die Ethik der Performativität – daraus, wie auf die Interpellation geantwortet wird. Es wurde in dieser Arbeit schon mehrmals betont, dass sich gemäß einer poststrukturalistischen Sozialwissenschaft dieses *Wie* nicht völlig bestimmen lässt und – folgt man Lévinas – auch gar nicht endgültig bestimmen lassen kann, sondern je nach Situation erfolgt. Eine Antwort mag beispielsweise historisch in Politiken der Gastfreundschaft, des Empfangs des Anderen münden. Die Handlungsmacht

---

32 Beim Aspekt einer Ritualpolitik geht es dabei vornehmlich um die Iterabilität, die Rituale kennzeichnet und um den Moment der Artikulation im Sinne Laclaus und Mouffes sowie um die Veränderung der Ausgangslage im unentscheidbaren Zwischenraum der liminalen Phase. Zur liminalen Phase bei Victor Turner vgl. Turner (1989*a*). Die hier dargestellte Perspektive versteht die liminale Phase jedoch nicht funktionalistisch in Bezug zur Sozialstruktur, wie dies für Turner der Fall ist, wenn er ihr eine Tendenz zuschreibt, die letztendlich für ein reibungsloses Funktionieren sorgt (vgl. Turner 1989*b*, 86).

33 Dabei kann dieses Andere auch beispielsweise der Tod (als Reales) sein. In diesem Falle wären Begräbnisrituale Versuche, das Reale (Tod) in Beziehung zu einem selbst zu setzen, d.h. ihm eine Bedeutung zu geben, die jedoch beispielsweise je nach Kultur eine andere sein kann.

und Eventualität wird dabei in der Möglichkeit gesehen, durch Entscheidung, Antwort oder Artikulation die Grenzen der Verwerfung neu zu ziehen.[34]. Insbesondere der *Queer Theory* und den *Queer Politics* kam in dieser Arbeit die Rolle zu, die Möglichkeiten der Resignifizierung bzw. die gegenwärtig ermöglichte, von der passiven Entscheidung herkommende Ethik der Performativität zu verdeutlichen (vgl. Kapitel V.). Aus der Re-Artikulation eines ehemaligen Hassbegriffs und einer hassvollen Anrufung (Interpellation), artikulierten sich sowohl eine neue soziale Bewegung als auch neue Theoretisierungen von Sexualität.

Der politische Ereignischarakter der Resignifizierung, den eine poststrukturalistische Sozialwissenschaft betont, deutet darauf hin, dass man nicht von einem universalpragmatischen Gebrauch sprechen kann, sondern Politik immer wieder neu erfunden werden muss. Ob derartige Resignifikationsweisen wie *queer* zu einem allgemeinen Modell avancieren können, muss eine beständige Frage der Politik und der je spezifischen, politischen, herrschaftlichen und historischen Situationen sein. Insofern sollte man nicht darauf verfallen, die Resignifizierungen oder performativen Äußerungen zu einem allein gültigen Handlungsmodell zu erheben, sondern auch »herkömmlichen« Handlungsformen ihren Stellenwert zuschreiben, wie dies in der besprochenen »Politik der Ambivalenz« der Fall war. Für eine sozialwissenschaftliche Perspektive bedeutet dies: Die handlungstheoretische Ebene einer poststrukturalistischen Sozialwissenschaft hat keinen Anspruch auf eine universelle Erklärung sozialen und politischen Handelns. Sie kann zwar erkenntnistheoretisch die Bedingung der Möglichkeit und Unmöglichkeit von Handeln erläutern sowie aufzeigen, wie Handeln iterativ-rituell verläuft, inwiefern Handeln Ereignisse zeitigen kann und in welchem Maße Handeln an Bedeutungssysteme (Diskurse) geknüpft ist, die den subjektiven und objektiven Sinn des Handelns konstituieren. Zur einer weiter gehenden Erklärung des Ablaufs und der Arten von zweckrationalem, programmatischem, traditionellem, emotional-affektuellen und routiniertem Handeln bedarf sie aber auch der Supplements anderer Theorien. Eine poststrukturalistisch informierte Handlungstheorie steht deshalb mitunter neben anderen sozialwissenschaftlichen Theorieansätzen (Ethnomethodologie, symbolischer Interaktionismus, Verstehende Soziologie etc.), die sie jedoch mit ihren Erkenntnissen bereichern kann; beispielsweise in den Fragen, wie die Interaktionspartner und -subjekte konstituiert wurden, woher die konstituierten Subjekte ihren »subjektiven« Sinn des Handelns ziehen oder inwieweit Handeln intervenieren kann.

Zur Verdeutlichung dieses supplementären und kritisch-eklektizistischen Charakters zwischen poststrukturalistischen Sozialtheorien und anderen Ansätzen sei

---

34 In Abschnitt V.4. zu *queer im Sinne der différance* wurde darüberhinaus noch die re-artikulierte Identität zum Thema der – je nach Ziel und Zweck – neu zu ziehenden Identitätsgrenze.

kurz auf den Abschnitt »Zensur in der Krise« (Kapitel IV.4.) verwiesen. Judith Butler legt zwar dar, inwieweit sie – gegen ein Bourdieu'sches Konzept – soziales Handeln nicht rein deterministisch begreift; diese Kritik hebt aber nicht die sozialwissenschaftlichen Leistungen der Bourdieu'schen Theorie auf. Die Bourdieu'sche Konzeption behält also ihren instruktiven Charakter, zwischen verschiedenen, strukturierenden Kapitalformen zu differenzieren und diese als Determinanten von Handeln und Entscheiden auszuweisen. Allerdings betrachtet eine poststrukturalistische Sozialwissenschaft diese Determinanten als *partielle* Determinierung, da die Handlungen auch vom Außen und der Iterationen der Struktur abhängen (vgl. Kapitel III.). Eine poststrukturalistische Sozialwissenschaft sollte auf die Unterscheidung zwischen sozialen, symbolischen, kulturellen und ökonomischen Kapitalformen als strukturelle Determinanten des Habitus oder der Subjektposition zurückgreifen (vgl. Bourdieu 1983), um die *partielle* Determinierung sozialen Handelns zu verdeutlichen sowie den *partiell*-strukturellen Anforderungen gerecht zu werden, die ein Handeln voraussetzt. So kann man – um hier mit Lévinas, der für die ökonomischen und materiellen Bedingungen sozialen Handelns weitaus sensibler als Butler zu sein scheint (vgl. Lévinas 1987*d*), zu reden – dem Anderen (nachdem die Beziehung zum Anderen eröffnet wurde) materiell nur etwas geben, wenn man auch etwas zu geben hat; umgangssprachlich ausgedrückt: Um sich das Brot für den Anderen vom Mund zu »entreissen«, braucht man erst einmal Brot (vgl. auch Lévinas 1992*a*, 164). Gleichzeitig vermag aber eine poststrukturalistische Sozialwissenschaft mehr als die Theorie Bourdieus den kreativen und ordnungsüberschreitenden Aspekt sozialen Handelns zu theoretisieren und muss somit die strukturellen Anforderungen nicht hypostasieren. Allgemein gesagt: Eine poststrukturalistische Theorie sozialen Handelns muss nicht logischerweise andere Ansätze gänzlich verwerfen.

2.6. Die Frage der Politik

> »Man muß den wirklichen Druck noch drückender machen, indem man ihm das Bewußtsein des Drucks hinzufügt, die Schmach noch schmachvoller, indem man sie publiziert. Man muß jede Sphäre der deutschen Gesellschaft als die *partie honteuse* der deutschen Gesellschaft schildern, man muß diese versteinerten Verhältnisse dadurch zum Tanzen zwingen, daß man ihnen ihre eigene Melodie vorsingt.« (Marx 1966, 20)

Stellt man sich die Frage nach der politischen Handlungsmacht, wie sie eine dekonstruktive, poststrukturalistische Sozialwissenschaft hervorruft, kann man folgende Spuren verfolgen: Fünf supplementäre Theoretisierungen politischen Handelns, die sich wechselseitig beeinflussen, verknüpfen und abwechseln können, haben sich in der vorliegenden Studie herauskristallisiert: Die Hegemonietheorie von Ernesto Laclau und Chantal Mouffe, die von der passiven Entscheidung und der Ethik der Performativität herkommende Re-Artikulation im Sinne Butlers, die Politik der Ambivalenz, die sich mit der Kritik verbindet, die Politik der Identität im Sinne der *différance* und die Politik des Anderen, des zu-Kommenden – eine messianistische Politik.[35]

Ernesto Laclau und Chantal Mouffe beanspruchen mit ihrem Projekt einer radikalen und pluralen Demokratie sowohl gegen nicht-demokratische Bewegungen als auch gegen neo-liberale Artikulationen innerhalb eines Demokratiekonzepts zu kämpfen (vgl. Laclau und Mouffe 1991, 207ff). Die Antagonismen einer Gesellschaft sind nicht mehr mit essentialistischen oder reduktionistischen Theorien und Begrifflichkeiten zu beschreiben. Vielmehr muss nach Laclau und Mouffe der Pluralismus verschiedener Subjektpositionen und ihrer *common goods* berücksichtigt werden. Weit davon entfernt, einen postmodernen Pluralismus heterogener Identitäten zu beschreiben, bedeutet in ihrer Demokratiekonzeption Pluralismus folgendes: Identitäten sind nicht in einem Punkt oder Zentrum verankert, sondern finden ihr Gründungsmoment in sich selbst und gegenüber sowie in Beziehung zu den Anderen.

Die Annahme einer Selbstbegründung von Identitäten wurde in dieser Studie dahingehend erweitert, dass darauf aufmerksam gemacht wurde, dass jede Selbst-

---

35 Zu diesen Strategien kann noch die »Politik der Entparadoxierung« hinzugefügt werden, die Urs Stäheli in seiner instruktiven und dekonstruktiven Lektüre der Systemtheorie von Niklas Luhmann entwickelt hat (vgl. Stäheli 2000c, 230ff).

begründung auch vom Anderen des Selbst abhängt (vgl. Kapitel III.3.1.). Der Pluralismus im Sinne Laclaus und Mouffes verbindet zudem die verschiedenen Identitäten im Knotenpunkt des Demokratischen-Egalitären – im demokratischen Imaginären. Das Projekt einer radikalen und pluralen Demokratie ist »nichts anderes als der Kampf um ein Höchstmaß an Autonomisierung von Bereichen auf der Basis der Verallgemeinerung der äquivalentiell-egalitären Logik.« (Laclau und Mouffe 1991, 229) Das demokratische Imaginäre, das sich in den Prinzipien von Freiheit und Gleichheit verankert, ist selbst ein Produkt historischer Bewegungen. Dabei spielt bei Laclau und Mouffe der Gedanke von Machtverhältnissen und Antagonismen im Gegensatz zum Glauben an einen machtfreien Raum rationalen Aushandelns eine bedeutende Rolle (vgl. Mouffe 1999, 27). Eine radikale Demokratie kann nur durch eine hegemonielle Formation, also durch Macht verwirklicht werden. Sie ist sich jedoch bewusst, dass der Ort der Macht »leer« gehalten werden muss, so dass jede politische Gruppierung diesen Ort nur zeitweilig besetzen kann und nicht zu einem Herrschaftszustand erstarrt. Eine radikale Demokratie verabsolutiert sich insofern nicht als letzte Möglichkeit einer richtigen politischen Positionierung, sondern versteht sich selbst als kontingenten Versuch hegemonieller Praxis und Prozesse.

Durch die Logik der Differenz erhalten die Identitäten einen relativ großen Selbstbestimmungsraum, während die Logik der Äquivalenz eine Gemeinsamkeit der Identitäten herstellt. Die Äquivalenz wird von Laclau und Mouffe jedoch nicht als eine nachträgliche Anschlussfähigkeit oder im Sinne einer Unterwerfung der Identitäten unter ein stabiles hegemoniales Prinzip theoretisiert, sondern die Logik der Äquivalenz ist an der (Neu-) Konstituierung der Identitäten beteiligt: »Zu einer ›demokratischen Äquivalenz‹ bedarf es noch etwas anderem: der Konstruktion eines neuen ›common sense‹, der die Identität der verschiedenen Gruppen so verändert, daß die Forderungen jeder einzelnen Gruppe mit jenen der anderen äquivalent formuliert werden – in Marx' Worten, ›daß die freie Entwicklung eines jeden die Bedingung der freien Entwicklung aller sein sollte‹. Äquivalenz ist also insofern hegemonial, als sie nicht bloß eine ›Allianz‹ zwischen gegebenen Interessen bildet, sondern gerade die Identität der in dieser Allianz engagierten Kräfte modifiziert.« (Laclau und Mouffe 1991, 249)

Laclau und Mouffe legen dem demokratischen Imaginären keine fixierte oder essentialistische Bedeutung zugrunde; vielmehr wird das demokratische Imaginäre durch die ständigen iterativen Interpretationsakte des demokratischen Imaginären auch verschoben, so dass sich auch die jeweilige politische Gemeinschaft verändert. Politik ist dann nicht so sehr innerhalb dieser politischen Gemeinschaft anzusiedeln, sondern ist die zu interpretierende Konstruktion, Identifitkation und (passive) Entscheidung zu einer gemeinsamen Identität in Bezug zu einem Außen, die im Terrain des Politischen stattfindet. Insofern wird jede endliche Politik wieder vom Politischen heimgesucht und bleibt infolgedessen immer im Kommen. Von weiterem sozialwissenschaftlichen Interesse könnte im Anschluss an die Hegemonietheorie Laclaus und Mouffes eine diskursanalytische Studie sein, die sich auf partiell fixierte und relativ stabile institutionelle Formationen stützt (vgl. Mouzelis 1990) und zu erklären vermag, wie diese Institutionen durch hegemonielle Praxis verändert werden können.

Judith Butlers Politik des Performativen kann die Konstruktion von Identitäten, die schon bei Laclau und Mouffe eine erhebliche Rolle zur Bildung hegemonieller Formationen inne hat, insofern ergänzen, als dass sie auf die Möglichkeit der Re-Artikulation von Identitätsangeboten verweist. Nach Butler können prinzipiell partiell fixierte Identitäten im Prozess der Iterabilität re-artikuliert und resignifiziert werden, so dass sie mit ihrem früheren Kontext und Gebrauch brechen und sich eine politische Gemeinschaft (zum Beispiel die Frauenbewegung) verändert oder sich sogar neue Bewegungen bilden (zum Beispiel die *queer*-Bewegung).[36] Diese Re-Artikulation kann zudem durch subversive Formen parodistischer Wiederholungen stattfinden, die beispielsweise eine als ursprünglich gedachte Identität so nachbildet, dass ihr iterativer Charkter zum Vorschein kommt. Die »Subversivität« hängt jedoch vor allem vom Kontext ab, wie an der Kritik von cross-dressing (vgl. Kapitel V.2.2.) deutlich wurde. Es muss sich dabei die Frage gestellt werden, wodurch solche Formen wirklich störend und außer-ordentlich sind. Darum ist auch eine inhaltliche Vorgabe, wie denn diese Politikform ganz konkret auszusehen habe, relativ schwer, weil sie je nach Kontext bestimmt werden muss.

Ausgehend von den Projektionsoberflächen und Anrufungsstrukturen sowie einer Logik der Verwerfung des Anderen bildet sich nach Butler eine Identität. Eine ihrer Hauptforderungen besteht darin, diesen Prozess der Verwerfung, auf dem die eigene Identität basiert, zu reflektieren und für politische Um-schreibungen zu nutzen. Dabei ist die Identifizierung kein voluntaristischer Akt des Subjekts, sondern immer schon an die Anrufungsstrukturen gebunden. In dieser Studie konnte denn auch eine »Ethik der Performativität« entwickelt werden, die darin besteht, diese Anrufungsstrukturen in der Antwort auf die Interpellation zu verändern – auch für den Anderen. Das heißt, vor dem Hintergrund einer prozesshaften Bildung eines Demokratisch-Egalitären können die verletzenden, essentialistischen und undemokratischen Identitätszuschreibungen durch Anrufungen wiederholt, re-artikuliert

---

36 Die Reartikulation kann natürlich auch auf politische Begriffe angewendet werden. So könnte beispielsweise mit dem Begriff »Gender-Mainstreaming« nicht eine Gleichstellungspolitik auf allen Politikbereichen gemeint sein, sondern subversive Strategien, die sich gegen die übliche Trennung von sex und gender richten oder die das Außen (Migrantinnen, Transsexuelle etc.) von Gender-Mainstreaming einbeziehen. Vgl. dazu den Artikel »Gegen den Strom. Queer und die Dekonstruktion von Gender Mainstreaming« (Moebius 2001*a*).

und reformuliert werden, was dann zu neuen (hegemonialen) Formationen und – wie ich meine – zu »Rissen im Gesagten« führt. Butler fordert diese verändernde Re-Artikulation von verletzender Rede vor allem aus dem Grund, weil sie u.a. den Feminismus sowohl auf eigene Ausschlusspraktiken hin befragt, als auch einer scheinbar natürlichen Zweigeschlechtlichkeit innerhalb einer heterosexuellen Matrix entgegensteht. Warum richtet sich der Blick des Feminismus lediglich auf die Kategorie *gender* und deren Untersuchung in verschiedenen Ethnien, Klassen oder Kulturen? Warum bezieht sich der Feminismus nicht auch auf die unterschiedlichen sexuellen Praktiken? Butler geht es folglich darum, die Beziehung zum Anderen des Feminismus zu eröffnen.

Butlers Neutheoretisierung des Feminismus wird von der *Queer Theory* aufgegriffen und prägt diese entscheidend. Als eine theoretische Hauptprotagonistin der *Queer Theory* stand Butler im Mittelpunkt der vorliegenden Analysen zu *queer*, weil sie auch in der deutschen Rezeption der *Queer Theory* eine führende Rolle einnimmt.[37] Bei der Erörterung der *Queer Theory* konnten zwei Politikformen ausgemacht werden: Eine Politik der Ambivalenz, die sich mit der Kritik verbindet, und eine Politik, die die Identitätskonstituierung differantiell versteht.

Eine Politik der Ambivalenz ergibt sich aus dem Grund, dass bestimmte Identitäten und deren Reformulierungen innerhalb eines erstarrten Machtverhältnisses situiert und konstituiert sind: Eine Re-Artikulation kann zwar prinzipiell immer möglich sein, ist aber eine eher langfristige Strategie. Dem gegenüber steht eine Strategie, die relativ stabile Identitätspositionen beibehält und sich mit diesen in den politischen Konflikt hinein begibt (Identitätspolitik). Eine Politik der Ambivalenz ist dadurch gekennzeichnet, dass sie beide Strategien zu verbinden versucht.[38] Auf der einen Seite ist sie Kritik an bestehenden Herrschaftsverhältnissen, also erstarrten Machtbeziehungen, wie sie sich beispielsweise durch patriarchale, nationalistische oder heteronormative Strukturen ausdrücken. Auf der anderen Seite ist die Politik der Ambivalenz von der Einsicht geprägt, dass sich bestimmte Identitäts- und Alteritätsvorstellungen so im gesellschaftlichen Bewusstsein und im Körperhabitus verfestigt haben, dass sie – um mit Andrea Maihofer zu reden – als real er- und gelebte Existenzweisen erfahren werden. Eine Dekonstruktion von Identitäten kann nicht über die erlebten Existenzweisen hinweg gehen, sondern muss diese »Erfahrungen« ernst nehmen. Andererseits darf auch eine Sichtweise, die auf die materialisierte, habitualisierte Körperperspektive zurückgreift, die

---

37 Andere wichtige amerikanische Protagonistinnen und Protagonisten (sowie deren Werke), die in der vorliegenden Studie auftauchten, aber in der BRD weniger rezipiert werden, sind u.a.: Fuss (1991), Warner (1993), Gamson (1996), Epstein (1996), Seidman (1996) und der Sammelband zu materialistischen Herangehensweisen an *queer* von (Morton 1996)
38 Zur Politik der Ambivalenz vgl. auch Moebius (2000b).

sozio-historische Produktion von Körpern nicht vernachlässigen. Denn die Voraussetzungen einer solchen Strategie sind gleichwohl die theoretischen Errungenschaften der Dekonstruktion, die zeigt, dass keine Identität aus sich heraus besteht. Nur so kann der Ausschluss vermieden werden, der aufkommen könnte, wenn die Sichtweise der real erlebten Existenzweisen hypostasiert und wieder mit biologischen Schemata kurzgeschlossen werden.[39] Eine Politik der Ambivalenz wird beiden Einsichten insofern gerecht, weil sie die Identitäten und Verwerfungen je nach Ziel mobilisiert: Je nach Ziel wird zu entscheiden sein, ob an den real erlebten, subjektivierenden Positionen festgehalten, oder ob eine Strategie der Re-Artikulation und der Verschiebung verwendet werden soll. Kritik und Dekonstruktion müssen sich demnach miteinander verflechten und sich in einer immer wieder neu abzuschätzenden Strategie gegenseitig implizieren (vgl. Derrida 1996b, 141).

Die Sichtweise einer Zirkulation zwischen Kritik an Herrschaftszuständen und ihrer Dekonstruktion mündet in ein Verständnis von Identitäten als prozesshaft neu zu artikulierende, partielle Identifizierungen im Sinne der *différance*. In der vorliegenden Studie ergab sich diese Perspektive auf politische und soziale Akteure vor dem Hintergrund der *Queer Theory* und einer Bildung einer stabiliserten *queer*-Identität, die die Möglichkeit einer ethischen Komponente der *Queer Theory* zum Verschwinden bringen könnte (vgl. Kapitel V.3.).

Eine Politik der Ambivalenz ist auf Identifizierungen angewiesen; durch die Unabgeschlossenheit von Strukturen als Spuren ist eine Identität immer in einem Prozess ihrer Herausbildung und Verschiebung (*différance*). Eine Identifikation ist durch Ambivalenzen strukturiert und konstituiert, d.h. durch eine Spaltung zwischen dem Einen und dem Anderen. Wenn erkannt wird, dass der Eine durch das Andere gebildet wird und wie diskursive Formationen ineinander und durcheinander zirkulieren, kann eine Verschiebung von Grenzen und Oppositionen stattfinden. Die Verschiebung gestattet es der Seite, die die Macht zur Klassifikation hat, nicht, diese Macht vollständig auszuüben. Das Eine konstituiert sich gegen das Andere; so konstituiert sich die Heterosexualität über die Negation von Bisexualität, Homosexualität oder *queer*. Diese Anderen dienen dem Einen als selbstkonstitutive Projektionsfläche für Anormalität oder Vorurteile. Die Dekonstruktion befragt die Konstituierung und Reproduktion binärer Oppositionen des Einen und Anderen in historischen Zusammenhängen. Gemäß der Dekonstruktion beherrscht ein Term der Opposition den anderen. Darum fragt sie sich auch nach dem Interesse, warum der andere Term in seiner je spezifischen Weise so und nicht anders konstituiert wird (vgl. Derrida 1998b). Warum wird der Andere nur als sekundäres Supplement betrachtet? Indem die Dekonstruktion auf den Kontext inner-

---

39 Insofern muss sich eine Kritik als radikale Kritik verstehen, die bereit ist, sich selbst zu kritisieren, offen ist für eigene Veränderung und Umdeutung (vgl. Derrida 1996b, 143).

halb sich veränderbarer gesellschaftlicher Formationen schaut und die Genealogie dieser Kontexte aufzeigt, also die historische Entstehung von binären Oppositionen, kann sie auf den kontingenten Charakter von bipolaren Codes aufmerksam machen.

Da jedoch kein Kontext geschlossen ist und ein Kontext sich in einem politischen, sozialen oder diskursiven Feld bewegt, besteht die Möglichkeit von kontextuellen Einwirkungen und Reiterationen. Die Forschungsperspektive, die eine Dekonstruktion für die Sozialwissenschaften interessant macht, liegt genau darin, diese kontextuellen Einwirkungen als Artikulationsbedingungen eines Elements für das Andere innerhalb historischer Kontexte (zum Beispiel von Sexualität) auszuweisen und eine komplexe Analyse hegemonieller Praktiken und Logiken, die Subjektpositionen hervorbringen und andere verwerfen (Logik der Verwerfung), zu ermöglichen. Anstatt lediglich auf eine Aneinanderreihung von Identitäten, Begriffen und Elementen zu verweisen (vgl. Kapitel V.2.2.), geht es vielmehr um eine Untersuchung der Artikulationsbedingungen, die eine permanente Modifikation von Identitäten erlauben. Wie kann der Übergang von Elementen in partiell fixierte Knotenpunkte gelingen und wie scheitert dieser Prozess? Die Unmöglichkeit einer partiellen Fixierung von Bedeutung impliziert die Notwendigkeit von partiellen Stabilisierungen, ansonsten gäbe es kein Fließen von Differenzen (vgl. Kapitel III.). Um unterscheiden zu können, muss es Stabilisierung geben. Diese sind jedoch nicht fest und »rein«, sondern unterliegen dem räumlichen und temporalen Prozess der *différance*.

Die *différance* denkt den Prozess von Stabilisierung (Unterscheiden) und Bewegung (Aufschub). Aus diesem Grund wird sie für ein Verständnis von Identitäten bedeutsam. Denn Identitäten können politisch als ein Prozess der *différance* betrachtet werden: Um eine Politik der Ambivalenz zu betreiben, muss es Identitäten und Unterscheidung geben. Es bedarf verfestigter, stabilisierter und habitualisierter Identitäten oder »Modelle«, die zeitweise von der »Bürde der Entscheidung« entlasten (vgl. Berger und Luckmann 1990, 57). Aber zugleich ist diese Plazierung der Identität keine feste, sondern eine bewegliche; deshalb können heterogene politische Bündnisse und Positionen entstehen. Positionierungen beinhalten nach Laclau und Mouffe die Spuren verschiedener, antagonistischer Elemente und sind nicht von einer »Natürlichkeit« geprägt. Die Kontingenz verschiedener Positionierungen wird aus folgendem Grund politisch wichtig: Nimmt man beispielsweise die Frauenbewegung, so konstituiert sie sich »innerhalb des Ensembles von Praxen und Diskursen, die die verschiedenen Formen der Unterordnung von Frauen erzeugen«. (Laclau und Mouffe 1991, 189f) Der Raum des antirassistischen Kampfes konstituiert sich innerhalb des überdeterminierten Ensembles von Praktiken, die die Rassendiskriminierung bilden (vgl. Laclau und Mouffe 1991, 190).

»Die Antagonismen in einem jeden dieser relativ autonomisierten Räume spalten diese jedoch in zwei Lager. Dies erklärt die Tatsache, daß gesellschaftliche Kämpfe sich in Schwierigkeiten befinden, wenn sie nicht gegen Objekte gerichtet sind, die innerhalb ihres eigenen Raumes konstituiert wurden, sondern gegen einfache empirische Referenten – zum Beispiel Männer oder ›Weiße‹ als biologische Referenten. Denn solche Kämpfe ignorieren die Spezifik der politischen Räume, in denen die anderen demokratischen Antagonismen auftauchen.« (Laclau und Mouffe 1991, 190)

Wenn beispielsweise ein Diskurs die Männer qua biologische Realität als Feind darstellt, stellt sich die Frage, was passiert, wenn die Notwendigkeit besteht, »Antagonismen wie den Kampf für Meinungsfreiheit oder den Kampf gegen die Monopolisierung ökonomischer Macht zu entwickeln, die sowohl Männer wie Frauen betreffen?« (Laclau und Mouffe 1991, 190)

Die in dieser Studie entwickelte Sichtweise von Identität im Sinne der *différance* beugt dieser Gefahr der Essentialisierung vor. Diese Auffassung betont die Prozesshaftigkeit und Beweglichkeit von Identitäten, die sich immer auf ihr Anderes zu öffnen vermögen und mittels Verschiebungen zu neuen Bündnissen, Positionierungen und hegemonialen Formationen führen können.[40]

Die Politik der Ambivalenz, so wurde gesagt, bedarf einer gewissen Stabilisierung von Identitäten und sie bedarf der Beweglichkeiten der Identitäten im Sinne der *différance*. Sie hängt dabei im Wesentlichen wechselseitig von der Dekonstruktion ab. Das bedeutet: Eine hegemonielle Praxis wie die Politik der Ambivalenz oder Bündnisse, die durch Reartikulation entstanden sind, können eine Öffnung und Dekonstruktion des politischen und sozialen Feldes ermöglichen.

Die Dekonstruktion wird dabei wiederum für diese hegemoniellen Praktiken deswegen relevant sein, weil sie die Geschlossenheit von Systemen und Identitäten anzweifelt. Weil die politische Form der Demokratie für die Dekonstruktion ein weitgehend offenes politisches Modell ist, privilegiert sie diese Form. Denn »in einem geschlossenen System relationaler Identitäten, in dem die Bedeutung jedes Momentes absolut fixiert ist, gibt es für eine hegemoniale Praxis überhaupt keinen Platz.« (Laclau und Mouffe 1991, 192) Diese Doppelbewegung zwischen Dekonstruktion und Demokratie lässt sich auf folgende Formel bringen: »keine Dekonstruktion ohne Demokratie, keine Demokratie ohne Dekonstruktion« (Derrida 2000*h*, 156) Freilich bedeutet dies nach Derrida eine »Dekonstruktion eines weithin herrschenden Begriffs der Demokratie ihrerseits noch im Namen der Demokratie, einer kommenden und im Kommen bleibenden Demokratie [...].« (Derrida 2000*h*, 153f)[41]

---

40 So kann (nach einem Beispiel von Urs Stäheli) eine Verbindung hergestellt werden, die eine liberales Ideologem wie Freiheit mit einem demokratischen Ideologem von Mitbestimmung verknüpft, so dass der Signifikant Freiheit eine aktive Bedeutung erhält, nämlich, die Freiheit im Betrieb mitzubestimmen (vgl. Stäheli 2000*b*, 63).
41 »Wird es auch dort noch sinnvoll sein, von Demokratie zu sprechen, wo es nicht mehr (zumindest

Eine *démocratie à venir* hängt beispielsweise von ihrer Öffnung ab. Alles andere als an ihr Ende (Fukuyama) gekommen, muss sich nach Derrida eine demokratische Verfassung auf ihr Anderes öffnen, zum Beispiel durch eine Politik der Gastfreundschaft, durch den Empfang des Anderen. Eine »messianische Politik« kann sich jedoch niemals auf einen spezifischen Inhalt ihrer Politik reduzieren lassen, gerade um nicht an ein Ende zu kommen.[42]

Sie *verweist* vielmehr darauf, dass es beispielsweise eine Veränderung des internationalen Rechts oder eine Ausdehnung der Menschenrechte bedarf (vgl. Derrida 1996b, 132ff). Weil es bei der Vorstellung von einem messianistischen Versprechen vor allem um die Form und ihrer strukturellen Öffnung geht, ist sie wenigstens in diesem Punkt der Idee einer idealen, kontrafaktischen Kommuniaktionsgemeinschaft (Habermas) ähnlich, die ja ebenso nicht die Inhalte dessen vorgibt, was diskutiert werden soll.[43] Eine vorläufige Suspendierung spezifischer In-

---

nicht im wesentlichen und nicht konstitutiv) um das Land, die Nation, ja selbst den Staat und den Staatsbürger, anders gesagt: *zumindest nach Maßgabe der überkommenen Bedeutung dieses Wortes* nicht mehr um Politik ginge?« (Derrida 2000h, 154)

42 In seiner Marx-Lektüre schreibt Derrida bezüglich einer Apologie der bestehenden westlich-liberalen Demokratie: »Nur allzu leicht ließe sich zeigen, daß, entsprechend dem Scheitern bei der Errichtung der liberalen Demokratie, das Auseinanderklaffen von Faktum und idealem Wesen nicht nur bei den sogenannten primitiven Herrschaftsformen der Theokratie und der Militärdiktatur zu beobachten ist [...]. Dieses Scheitern und dieses Auseinanderklaffen charakterisieren vielmehr auch, *a priori* und *per definitionem, alle* Demokratien, einschließlich der ältesten und stabilsten der sogenannten westlichen Demokratien. Es geht hier um den Begriff der Demokratie selbst als Begriff einer Verheißung, die nur aus einem solchen Abstand [...] hervorgehen kann. Deswegen schlagen wir immer vor, von *kommender* Demokratie zu sprechen (*démocratie à venir*) und nicht von *zukünftiger* Demokratie (*démocratie future*), zukünftig im Sinn von ›zukünftiger Gegenwart‹, und noch nicht einmal von einer regulativen Idee im Kantischen Sinne oder von einer Utopie – in dem Maß wenigstens, in dem noch deren Unzugänglichkeit die zeitliche Form einer *zukünftigen Gegenwart* bewahrte, einer zukünftigen Modalität der *lebendigen Gegenwart*.« (Derrida 1996b, 109) Gerade weil es darauf ankommt, die Zukunft offen für politische Ereignisse zu lassen, ist eine absolute Konkretion der Inhalte nicht gegeben. Die Inhalte, wie die Verantworetung im Lévinas'schen Sinne, bestimmen sich je nach Situation. So mag heutzutage die Situation einer Gleichberechtigung minoritärer Gruppen zum Beispiel in der Homo-Ehe verwirklicht scheinen, aber es wurde doch zum Beispiel durch die Kritik der *queers* deutlich, wie weit eine Infragestellung von normaler und a-normaler Sexualität und Normalität im Allgemeinen entfernt ist. Hier bedarf es nach Ansicht der *queers* anderer Politikformen und Inhalte als der üblichen Identitätspolitik. Im Zusammenhang zum Politikmodell des Gendermainstreamings vgl. Moebius (2001a).

43 Zum wesentlichen Unterschied zwischen der Dekonstruktion, der Ethik der Diskussion und einer daraus entwickelten Kritik an der Diskurstheorie Habermas' vgl. den Artikel »Mosaique. Politiken und Grenzen der Dekonstruktion« von Geoffrey Bennington (vgl. Bennington 1993). Oder vgl. Derrida (1998f, 9f), wo es in Bezug auf die Nichtbeachtung eines Unbewussten heißt: »[...] als ob es nun darauf ankäme, die vorausgesetzten Vernunftansprüche von allen Unebenheiten zu befreien in einem Diskurs, der rein kommunikativ, informationell und glatt sein soll; als wäre es nun endlich wieder legitim, jemanden der Obskuranz oder des Irrationalismus zu beschuldigen, der die Dinge ein wenig kompliziert, indem er sich nach dem Grund der Vernunft (*la raison de la raison*),

halte ist nach Derrida nicht als Gleichgültigkeit gegenüber zukünftigen oder gegenwärtigen Institutionen zu interpretieren, sondern ist vielmehr die einzige Möglichkeit, unter denen politische Ereignisse auftauchen können: »Diese Indifferenz gegenüber dem Inhalt ist keine Gleichgültigkeit, sie ist keine *Haltung* der Indifferenz, im Gegenteil. Indem sie jede Öffnung für das Ereignis und die Zukunft als solche kennzeichnet, stellt sie die Bedingung für das Interesse und die Nicht-Indifferenz wem gegenüber auch immer dar, für jeden Inhalt im allgemeinen.« (Derrida 1996*b*, 122) Derrida geht es um ein »messianisches Versprechen«, das heißt, um eine Offenheit der Zukunft und nicht um ein programmatisch erreichbares Ende. Das messianistische Versprechen ist geprägt von seiner Ereignishaftigkeit, die in der Heimsuchung des Anderen liegt, der im Modus der Iterabilität erscheint (vgl. Derrida 1979, 103).[44] In der Öffnung der Beziehung zum Anderen, also dem, was Lévinas Ethik nennt, liegt das Versprechen und die Möglichkeit eines Ereignisses. Eine messianistische Politik ist dann diejenige Form, die sich einerseits immer wieder (iterativ) dem konstitutiven Außen öffnet, andererseits zugleich von den verworfenen Anderen gebildet wird sowie die Demokratie im Kommen hält. Darin liegt nach Derrida ein unendliches Versprechen, weil es sowohl Respekt vor dem unendlich Anderen als auch vor dem Dritten verlangt.

---

    nach der Geschichte des Vernunftprinzips, des Satzes vom Grund oder nach dem Ereignis – einem vielleicht traumatischen Ereignis – fragt, das so etwas wie die Psychoanalyse in der Beziehung der Vernunft zu sich selbst darstellt.« (Derrida 1998*f*, 9)

44 Vgl. auch Derrida (1996*b*, 27).

3. Poststrukturalistische Sozialwissenschaften – à venir

>»Unter dem Vorwand, sich nicht in der Lage zu fühlen, *dem* Anderen zu antworten und *sich* zu verantworten, unterminiert man da nicht theoretisch wie praktisch den Begriff der Verantwortung, in Wahrheit das Wesen des *socius* selbst?« (Derrida 2000g, 36)

Eine poststrukturalistische, dekonstruktiv-ethische Sozialwissenschaft richtet ihren Blick sowohl auf den Anderen, das konstitutive Außen und deren soziale Konstituierung als auch auf die Entstehung und Anordnung von Elementen; auf die Routinen des Unsichtbarmachens, auf die Exklusion anderer Möglichkeiten und ihrer Beseitigung. Sie versucht mitunter einen Einblick zu verschaffen, wie soziales und politisches Handeln, Entscheiden und Antworten (genealogisch, formell oder iterativ) vor dem Hintergrund von Kontexten und ihrem Anderen erscheinen kann und infolgedessen Sinn generiert, transformiert oder iterativ unterbrochen wird. Die notwendige Iterabilität von Strukturen verweist auf Bruchstellen, so dass die Vermittlung der Strukturen in den konkreten Entscheidungen und Handlungen der Individuen gebrochen ist oder sein kann (vgl. insbesondere Kapitel IV.). Ferner analysiert eine poststrukturalistische Sozialwissenschaft mit Hilfe der Praxis der Dekonstruktion Prozesse und Konzeptionen, die zu einem Verständnis sozialen Handelns beitragen, um den Prozess des soziologischen Verstehens nicht versiegen zu lassen und diese Konzepte auf ihr Anderes zu öffnen, wie dies zum Beispiel mit der Verabschiedung eines selbstzentrierten, rationalen Subjekts geschehen ist, dessen Handeln – speziell in Rational-Choice-Theorien – lediglich als rationales und intentionales Entscheidungshandeln (vgl. Esser 1991, 431) unter Kosten-Nutzen-Erwägungen erscheint oder darauf reduziert wird. Denn wenn soziale Beziehungen und individuelles Verhalten nur noch mittels ökonomischer Kriterien untersucht und erklärt werden[45], bildet sich – aus der Perspektive einer poststrukturalistischen Sozialwissenschaft gesehen – ein *ökonomischer Intelligibilitätshorizont*, den man mit Hilfe der Dekonstruktion und der Diskursanalyse Foucaults (vgl. Burchell et al. 1991) als historisch entstandenes Sinn- und Erklärungssystem entlarven kann (vgl. Bröckling et al. 2000) und dessen Vorannahmen

---

45 Eine an Lévinas orientierte Theoretisierung würde ferner die sozialen Beziehungen weder als funktionale Koexistenz, entstanden aus der Zusammenarbeit zum gegenseitigen Vorteil, begreifen noch Moral auf Motive der Selbsterhaltung und des egoistischen Eigeninteresses zurückführen. Ist man nur mit dem Anderen verbunden, weil er einem nützt?

mit einer Praxis der Dekonstruktion konfrontiert werden können; die theoretische Entscheidung, die bei den RC-Theorien darin liegt, die Subjekte als absolut bewusste und rational Handelnde zu begreifen, die wesentlich nach Kosten-Nutzen-Erwägungen agieren, wird zum Beispiel mit der Dekonstruktion der Rationalität als theoriepolitische Entscheidung entlarvt. Die Annahme, Individuen handeln in erster Linie nach ökonomischen Kriterien, gründet sich auf einer nicht problematisierten und metaphysischen, und damit unhistorischen Voraussetzung von einer allen Subjekten innewohnenden Rationalität des Kosten-Nutzen-Kalküls und vernachlässigt weitestgehend auch unbewusste Handlungsmotive.[46]

Die Fragen, die eine poststrukturalistische Sozialwissenschaft hierbei beantworten müsste, lauten: Wie entstand diese ökonomische Rationalität bzw. der ökonomistische Intelligibilitätshorizont, welche zu untersuchenden Elemente ordnen und konstituieren diesen Horizont, wo sind seine Grenzziehungen (zum Beispiel die Vernachlässigung des Unbewussten) und wie produziert dieser Horizont – in Fremd- und Selbstverhältnissen – die Individuen als ökonomisch kalkulierende Subjekte? Und es muss die Frage beantwortet werden: »[W]ie dem instrumentellen Utilitarismus einer rein funktionalen und kommunikativen Sprache sich entgegenstellen [...]?« (Derrida 2002a, 13)

Mit anderen Worten: Poststrukturalistische Sozialwissenschaften können als ein Korrektiv »verdinglichender«, das heißt auch zweck-rationalisierender, ontologisierender, biologisierender oder essentialisierender Tendenzen (vgl. Berger und Luckmann 1990, 98) verstanden werden. Sie folgen dann dem Diktum, jene gesellschaftlichen Umstände zu beachten, die einer »Entverdinglichung« entgegenkommen: »dem allgemeinen Zusammenbruch der institutionellen Ordnungen«, den Kontakten zu anderen (Gesellschaften) und dem Phänomen der Grenzsituationen (vgl. Berger und Luckmann 1990, 98).[47] Dabei sind poststrukturalistische So-

---

46 In diesem Sinne wäre es einerseits interessant, die RC-Theorien mit psychoanalytischen Fragestellungen zu hinterfragen und andererseits wäre zu fragen, ob sich die Ausgrenzung sogenannter irrationaler Handlungsmotive aus diesen Konzepten nicht auf »melancholische Einverleibungen« zurückführen lassen, d.h. auf Verwerfungen oder unbetrauerte Verluste »irrationaler« Handlungsmomente, die aber konstitutiv sind, um überhaupt von rationalen Entscheidungen zu sprechen. Zur melancholischen Einverleibung siehe Butler (2001c, 125ff).

47 Wie Berger und Luckmann schreiben, handelt es sich hierbei jedoch um Probleme, welche die Grenzen ihrer (wissenssoziologischen) Betrachtung überschreiten (vgl. Berger und Luckmann 1990, 98). Poststrukturalistische Sozialwissenschaften versuchen diese Grenzen zu überschreiten. Dafür müssen sie die gesellschaftlichen Verhältnisse auch jenseits der von Berger/Luckmann beschriebenen Alltagswelten betrachten, wie beispielsweise die materiellen Produktionsverhältnisse oder unbewussten, psychischen Vorgänge. Vor allem müssen sie einen »heimlichen Funktionalismus der Phänomenologie der Lebenswelt« (Krüger 1981, 117) vermeiden. Zu den theoretischen Dilemmata und Aporien der Wissenssoziologie Berger/Luckmanns vgl. auch Krüger (1981, 112ff). Zur Aufgabe einer poststrukturalistischen Sozialwissenschaft gehört auch, eine rigorose, binäre Trennung zwischen Alltagswelten und anderen Welten (zum Beispiel Wissenschaft) in Frage zu

zialwissenschaften weder eine Destruktion der Sozialwissenschaften noch außerhalb von den Sozialwissenschaften anzusiedeln. Poststrukturalistische Sozialwissenschaften sind vielmehr in den Zwischenorten *derjenigen* sozialwissenschaftlichen Theorien plaziert, die von endgültigen sozialen »Tatsachen«, allumfassenden Struktur- oder Subjektbegriffen sowie endgültigen Repräsentationen des Erforschten ausgehen; es geht poststrukturalistischen Sozialwissenschaften um nichts weniger als um die Dekonstruktion einer »Metaphysik der Präsenz« in sozialwissenschaftlichen und soziologischen Theorien.

In dem sie auf den a-zentrischen Charakter jeder Formation (sei es eine gesellschaftliche oder identitäre Formation) und auf die Unmöglichkeit, das Erforschte jemals objektiv erfassen zu können[48], aufmerksam machen, *bejahen* poststrukturalistische Sozialwissenschaften das Andere: das Andere der Formation, das Andere der Identität oder das Andere von Sinn. Poststrukturalistische Sozialwissenschaften sind – um mit den Worten von Derrida zu sprechen – ein »seminales Abenteuer«: »*Diese Bejahung bestimmt demnach das* Nicht-Zentrum *anders denn als Verlust des Zentrums.* Sie spielt, ohne sich abzusichern. Denn es gibt ein *sicheres* Spiel: dasjenige, das sich beschränkt auf die *Substitution vorgegebener, existierender und präsenter Stücke.* Im absoluten Zufall liefert sich die Bejahung überdies der *genetischen* Unbestimmtheit aus, dem *seminalen* Abenteuer der Spur.« (Derrida 1997*d*, 441)

Historisch betrachtet stehen poststrukturalistische Sozialwissenschaften u.a. in der Tradition des »Collège de Sociologie«, das 1937 von Georges Batailles, Roger Caillois und Michel Leiris ins Leben gerufen wurde und bis zum Ausbruch des Zweiten Weltkrieges existierte (vgl. Hollier 1979).[49] In einem Beitrag[50] anlässlich der Gründung des »Collège International de Philosophie« 1983 kommt Derrida auf das Thema der »Gabe« und das *Collège de Sociologie* zu sprechen, das in einem Bezug zu seinem Projekt steht: »[...] no doubt, we would have to encounter and analyze, in the course of that trajectory, the *Collège de Sociologie* whose title was often recalled [...].« (Derrida 1990*c*, 16) Die traditionelle Nähe der poststrukturalistischen Sozialwissenschaften zum *Collège de Sociologie* rührt nicht nur daher, dass der Hauptakteur des Collège, Georges Bataille, entscheidene Vertreter des

---

stellen. So hat zum Beispiel Foucault sehr deutlich gezeigt, dass sich eine massive Trennung zwischen Wissenschaft und Nicht-Wissenschaft nicht aufrecht erhalten lässt (vgl. Foucault 1973).

48 Eine poststrukturalistische Sozialwissenschaft teilt mitunter die Annahme Adornos, die da heißt: »Allgemein ist die Objektivität der empirischen Sozialforschung eine der Methoden, nicht der Erforschten.« (Adorno 1993*b*, 84)

49 Zu historischen Institution und dem theoretischen Projekt des *Collège de Sociologie*, des Hauptakteurs Bataille sowie deren Wirkungen auf Foucault, Lévinas und Derrida vgl. den Artikel »Das Sakrale und die Heterologie« (Moebius 2003) und eine in den nächsten Jahren erscheinende Studie zur »Soziologie- und Wirkungsgeschichte des Collège de Sociolgie 1937-1939«.

50 Ronald Hermann sei hier herzlich gedankt, der mich auf den Artikel Derridas aufmerksam machte.

Poststrukturalismus maßgeblich beeinflusst hat[51], sondern ergibt sich auch vom soziologischen Ansatz des Collège: Die Soziologie des Collège wollte sich denjenigen »heterologischen« sozialen Erscheinungen nähern, die sich in ihrer *Bewegung* einem dinghaften und geschlossenem Charakter entziehen.[52] Aus der Sicht des Collège heraus ist Gesellschaft bzw. Vergesellschaftung, auch von unbewussten und kaum erfass- oder wahrnehmbaren Bereichen wie beispielsweise Imaginationen oder exzessiven, außer-ordentlichen Erfahrungen sowie überhaupt durch sozialitäre *Bewegungen* durchdrungen. Die vom Collège anvisierte Wissenschaft der »Heterologie« verfolgte das Ziel, allen Bestrebungen der sozialen Homogenisierung zu widerstehen; im Mittelpunkt der Forschung stand das heterologische Andere (vgl. Hollier 1979, xix).[53]

Die Soziologie des Collège begriff sich nicht als eine rationalistische, positivistische oder geschlossene soziologische Disziplin, sondern als eine »offene« Soziologie. Für diese These gibt es zwei Kennzeichen: Erstens wollte die Soziologie des Collège offen für Neues sein, indem sie sich als koexistent zu den Bewegungen des Lebens begriff: »Le chances me semblent égales, faibles mais réelles, lorsque la recherche coexiste avec la vie.« (Caillois 1979a, 290) Zweitens waren die Beiträge, die auf den Sitzungen gehalten wurden, sowie die methodischen Herangehensweisen selbst oft sehr verschieden, interdisziplinär und keineswegs kohärent; oftmals standen sozialpsychologische neben sozialbiologischen, kulturanthropologischen, historischen, philosophischen und phänomenologischen Betrachtungen (vgl. Hollier 1979). Die Soziologie des Collège war eng verbunden mit anderen Disziplinen und zeitgenössischen kulturellen Strömungen: »In the years immediately preceding World War II, the Collège de Sociologie directed by Roger Caillois became a meeting place for sociologists on the one hand and surrealist painters and poets on the other.« (Lévi-Strauss 1971, 507f)

Das Collège versuchte die heterologischen Momente geschlossener Strukturen oder logischer Ordnungen und deren Randbereiche zu analysieren. In der zentralen Rolle, die dem Anderen jeder homogenen Ordnung in der Soziologie des Collège zugesprochen wird, kann der Zusammenhang zu einer poststrukturalistischen So-

---

51 Vgl. dazu Derrida (1997k), Lévinas (1987d, 150-253) bzw. Strasser (1987, 227) und Foucault (2001b).
52 Eine andere soziologiegeschichtliche Nähe könnte in der Nietzsche-Rezeption sowohl poststrukturalistischer Denkerinnen und Denker als auch der Klassiker der Soziologie wie Simmel, Tönnies oder Weber gesehen werden, wobei dies allerdings ein zu voreiliger Schluss wäre, da die Klassiker Nietzsche um 1900 noch als einen »aristokratischen ›Hardliner‹ und Verkünder eines ›Übermenschentums‹ wahrgenommen« haben (vgl. Lichtblau 1996, 74ff). Zur Nietzsche-Rezeption, die den Poststrukturalismus prägte, vgl. vor allem Deleuze (1976).
53 Gasché benutzt auch den Begriff der Heterologie zur Beschreibung der Dekonstruktion; vgl. Gasché (1997).

zialwissenschaft gesehen werden.[54] Der hauptsächliche Unterschied zu den Themen des Collège liegt jedoch darin, dass poststrukturalistische Sozialwissenschaften keine Forcierung des Mythologischen vorantreiben wollen, wie dies beispielsweise in einem Collége-Beitrag Batailles vorgeschlagen wird (vgl. Bataille 1979). Poststrukturalistische Sozialwissenschaften versuchen im Sinne philosophisch informierter Sozialwissenschaften die Bedingungen der Möglichkeiten und Unmöglichkeiten herauszuarbeiten, unter denen sich gesellschaftliche Formationen und deren Theoretisierungen schließen, um ihre eigenen unentscheidbaren oder paradoxen Grundstrukturen unsichtbar zu machen. Sie suchen nach den »Gespenstern«, die diese Formationen schon heimgesucht haben. Dabei können die Sozialwissenschaften selbst zu einem lohnenden Untersuchungsgegenstand werden, indem die Theorien, Methoden und eigenen Fraglosigkeiten befragt werden, um ein Verständnis derjenigen Praktiken zu gewinnen, die soziale Bedeutung, Strukturen, Identitäten, routiniertes und ereignishaftes Handeln produzieren. In diesem Falle würden die poststrukturalistischen Sozialwissenschaften *in* den Sozialwissenschaften »spuken«, indem sie sich auf das Unheimliche und die Grenzen in den Sozialwissenschaften selbst richten würden (vgl. Stäheli 2000*b*, 68ff).[55] Denn, wie Adorno in seiner Rede »Spätkapitalismus oder Industriegesellschaft?« apodiktisch betonte, »[k]ein Standort außerhalb des Getriebes läßt sich mehr beziehen, von dem aus der Spuk mit Namen zu nennen wäre; nur an seiner eigenen Unstimmigkeit ist der Hebel anzusetzen.« (Adorno 1997*d*, 369) Ohne sich außerhalb der Sozialwissenschaften zu positionieren, wäre eine poststrukturalistische Sozialwissenschaft beispielsweise eine *spektrale* Praxis – um einen von Derrida herkommenden Begriff von Urs Stäheli aus seinem Buch über poststrukturalistische Soziologien aufzugreifen (vgl. Stäheli 2000*b*, 68) –, die diskursanalytisch nach den verworfenen, gespenstischen Theorien und Methoden suchen würde:

»Die Frage, warum bestimmte Theorien, Methoden, Lehrmeinungen und Interpretationen in einer bestimmten historischen Situation erfolgreich waren oder scheiterten, warum sie verdrängt wurden, um später wieder aufzutauchen oder warum sie ein Schattendasein führten, obwohl ihre wissenschaftliche Relevanz offenkundig war, verweist auf ein spezifisch diskursgeschichtliches Terrain.« (Peter 2001, 54)

Die Diskursanalyse der eigenen Wissenschaft sowie eine Analyse des Diskurses der sozialwissenschaftlichen Methoden, wäre *eine* Aufgabe der poststrukturali-

---

54 Der Geschichte und dem theoretischen Projekt des *Collège de Sociologie* wird sich ein demnächst erscheinender Beitrag widmen. Es sei jedoch darauf verwiesen, dass das *Collège de Sociologie* vor dem Strukturalismus eines Lévi-Strauss existierte und die Kritik des Poststrukturalismus am Strukturalismus schon vorwegnahm; es instituierte sozusagen eine poststrukturalistische Sozialwissenschaft vor dem Poststrukturalismus.

55 Zum Verhältnis des Geheimnisses und der Soziologie vor dem Hintergrund der Soziologie Georg Simmels vgl. Moebius (2002).

stischen Sozialwissenschaften für die kommende Zeit. Eine Analyse dieser Art ist im Allgemeinen auch für die Wissenssoziologie interessant, wenn es um die (selbstkritische) Frage nach den Genealogien von Begriffen, Diskursen und deren Neu-Verknüpfungen (Knotenpunkte, Rhizome) zu Dispositiven, also um machtstrategische Verknüpfungen von Wissen, Macht und Diskursen geht.[56] Wie ist der Wille zum Wissen (Foucault) an die Entstehung neuer Wissensfelder und den Ausschluss anderer Wissensfelder geknüpft? Wie kann man aus Foucault'scher Sichtweise die Entstehung von Wissenschaften, Deutungsmustern und Denksystemen erklären? Neben Verschiebungen in theoretischen Annahmen, zum Beispiel die Verschiebung des Husserl'schen Begriffs von Intersubjektivität oder Subjektivität, können die poststrukturalistischen Sozialwissenschaften auch für spezielle Soziologien theoretische oder ethisch-politische Anregungen haben (ohne jedoch eine allumfassende Theorie dieser Gebiete anzubieten). So wurde in dieser Studie insbesondere im Abschnitt zur feministischen Theorie von Judith Butler (Kapitel IV.) der rituelle, performative und iterative Charakter sozialen Handelns aus poststrukturalistischer Sicht herausgearbeitet, der hinsichtlich der Iterabilität und Performativität nicht nur für *gender studies*, sondern auch beispielsweise für religions- oder kultursoziologische Analysen rituellen Handelns von Interesse sein könnte.[57] Ebenso können an der Dekonstruktion orientierte kulturwissenschaftliche Studien, wie sie beispielsweise bei Stuart Hall (vgl. Hall 1994) und Homi K.Bhabha (vgl. Bhabha 2000) zu finden sind, eventuell neue Perspektiven in der Kultursoziologie, der Migrationssoziologie oder der Minderheitensoziologie eröffnen.[58] Und was spricht dagegen, die *passive Entscheidung*, die Artikulation hegemonieller Formationen oder die Bestimmung des Begriffs des Politischen im Sinne von Unentscheidbarkeiten innerhalb der Politischen Soziologie zu thematisieren?

Andere Aufgabenfelder, wie die Theoretisierung der sozialwissenschaftlichen Grundannahmen von Gesellschaft, sozialem Sinn und dessen (De-)Konstitution, sowie die Analyse von Subjekten, Identitäten, Entscheidungen und Handeln wurden in dem vorliegenden Schlusskapitel zusammengefasst oder neu dargelegt; sie können als Grundlage für weitere sozialwissenschaftliche Einzelstudien und als Fundament für Theoretisierungen der speziellen Soziologien dienen.[59]

---

56 Gerade die gegenwärtige Wissenssoziologie arbeitet schon mit der Diskursanalyse.
57 Zu einer Soziologie der Geschlechter und der Sexualität, die sich genauso wie der rituelle Charakter des Handelns quer über die anderen Soziologien verteilt, vgl. Kapitel IV. und V.
58 Vgl. dazu auch Moebius (2001*b*). Zur Minderheitensoziologie können u.a. auch die Analysen zu geschlechtlichen und sexuellen Identitäten gehören. Anderer Felder wären darüber hinaus, wie Urs Stäheli dargelegt hat, die Rechtssoziologie, die Organsiationssoziologie oder die Wirtschaftssoziologie (vgl. Stäheli 2000*b*, 71).
59 Es ist hier explizit von poststrukturalistischen *Sozialwissenschaften* und nicht von *Soziologien* die Rede, weil die in dieser Studie behandelten poststrukturalistischen Sozialwissenschaf-

Poststrukturalistische Sozialwissenschaften haben jedoch keinen eigenen Ort, sondern sie sind in den Zwischenräumen und an jenen Orten anzusiedeln, an denen eine unentscheidbare Struktur eines Schließungsversuchs auftaucht.[60] Sie lassen sich insofern als *theoretische Interventionen* verstehen, weil sie das Ereignis des Anderen in Diskursen im weitesten Sinne aufsuchen. Insofern haben sie keinen allgemeinen Erklärungsanspruch und können ihn nicht haben, denn poststrukturalistische Sozialwissenschaften ersetzen nicht herkömmliche sozialwissenschaftliche Reflexionen. Sie können diese jedoch um wichtige Aspekte supplementieren oder einige Grundannahmen verschieben. Da sie keinen allgemeinen Erklärungsanspruch erheben, ist am Ende des Kapitels zur »Hegemonietheorie« oder zur Theorie Butlers darauf verwiesen worden, dass sich Dekonstruktionen mit anderen Analysen, zum Beispiel Untersuchungen der kapitalistischen Produktionsverhältnisse oder der materiellen Ressourcen der Individuen, sowie mit daran orientierter Ideologiekritik verbinden und sich gegenseitig implizieren sollten (vgl. Derrida 1996*b*, 141), gerade aus dem Grund, weil die »kapitalistische Metaerzählung« und ihre Auswirkungen immer noch existieren: In seinem in Frankfurt gehaltenen Vortrag zur Zukunft der Universität betont Derrida den aktuellen Stellenwert der kapitalistischen Metaerzählung, indem er darauf hinweist, dass jene Weltgebiete, Bevölkerungen, Klassen, Individuen und Gruppen nicht vergessen werden dürfen, die »Opfer« der Entwicklung der Globalisierung sind. Und man müsse jene unnachgiebig kritisieren, die jene Opfer vergessen: »Diese Opfer leiden entweder darunter, daß es ihnen an einer Arbeit fehlt, die sie bräuchten, oder darunter, daß sie zuviel arbeiten für den Lohn, den sie auf dem Weltmarkt, auf dem eine zutiefst gewalttätige Ungleichheit herrscht, im Austausch für ihre Arbeit erhalten. Diese kapitalistische Situation [...] ist in absoluten Zahlen tragischer, als sie es in der Geschichte der Menschheit jemals war.« (Derrida 2001*a*, 60) Warum nicht, wie Marlis Krüger vorschlägt, Ideologiekritik und Dekonstruktion als zwei sich supplementierende Praktiken auffassen (vgl. Krüger 2001, 306)?

Weder sind die Sozialwissenschaften im Allgemeinen noch poststrukturalistische, dekonstruktive Sozialwissenschaften im Besonderen ein einheitliches Theo-

---

ten nicht nur auf den Bereich der Soziologie beschränkt sind, sondern zum Beispiel auch am Rand der Politikwissenschaften, Psychologie oder Kulturwissenschaften stehen. Unter *Sozialwissenschaften* können demnach jene wissenschaftlichen Formationen wie soziologische, sozialpsychologische, sozial-historische sowie ethnologisch-kulturwissenschaftliche, philosophisch-anthropologische, geistesgeschichtliche oder pädagogische Theorien, Diskurse oder Paradigmata verstanden werden (vgl. Nassehi und Weber 1989, 14).

60 Wie zum Beispiel beim Begriff der Autopoiesis sozialer Sinnsysteme oder der Gesellschaftsvorstellung als eines organischen Ganzen. »[E]s bleibt dabei, daß eine andere Unentscheidbarkeit, die nicht mehr an die Ordnung des *Kalküls* zwischen den zwei Polen einer Opposition gebunden ist, sondern an das Unkalkulierbare eines ganz anderen: das Kommen oder der Ruf des anderen. Etwas notwendig Unvorhersehbares, Aleatorisches jenseits jeglichen Kalküls.« (Derrida 1988*c*, 185)

riegebäude oder ein autopoietisches System, vielmehr sind sie selbst von Grenzziehungen durchdrungen und *in sich different*. Weil selbst die dekonstruktiven Sozialwissenschaften es nicht vermögen, sich endgültig zu schließen oder *alles* Gesellschaftliche zu erklären, werden sie immer im Kommen bleiben und dieses Kommen im Namen des Anderen vorantreiben (vgl. auch Moebius 2002, 11-32). Ob dies gelingen wird, weiß man nicht im Voraus. Dennoch: Bieten die In(ter)ventionen poststrukturalistischer, dekonstruktiv-ethischer Sozialwissenschaften eine Chance, die Sozialwissenschaften für eine kommende Zukunft zu öffnen? Für eine *Sozialwissenschaft à venir*? Vielleicht.[61] Die Entscheidung dieser Frage muss vielleicht weiteren (transversalen) Forschungen und der Entscheidung ganz Anderer überlassen werden. In der vorliegenden Studie wurden hierfür lediglich theoretische Öffnungen vorbereitet, die weiteres Befragen wahren wollen.

---

61 Zum »Vielleicht« vgl. auch Derrida (2000h, 51ff) und Bennington (2000, 155ff) sowie Stäheli (2000b, 73), der im Zusammenhang seiner kurzen Einführung in »Poststrukturalistische Soziologien« von einer Soziologie des »vielleicht« schreibt. Zum »vielleicht« schreibt Derrida: »Was da *vielleicht* kommen wird, ist nicht bloß dieses oder jenes. Es ist letztlich das Denken des *vielleicht*, das *vielleicht* selbst. [...] Fügt aber jenes Denken die Freundschaft, die Zukunft und das *vielleicht* zusammen, um sich dem Kommenden zu öffnen, so steht es notwendig unter dem Zeichen eines Möglichen, dessen Ermöglichung dem Unmöglichen abgerungen werden muß.« (Derrida 2000h, 54f)

Literaturverzeichnis

Adorno, T. W. (1967), *Jargon der Eigentlichkeit. Zur deutschen Ideologie*, 3. Aufl., Frankfurt/M.

Adorno, T. W. (1993a), »Einleitung«, in Adorno, Albert, Dahrendorf, Habermas, Pilot und Popper (1993 [1969]), S. 7–79.

Adorno, T. W. (1993b), »Soziologie und empirische Forschung«, in Adorno et al. (1993 [1969]), S. 81–101.

Adorno, T. W. (1997a), *Kulturkritik und Gesellschaft I. Prismen. Ohne Leitbild. Gesammelte Schriften Band 10.1*, Frankfurt/M. Lizenzausgabe 1998 für die Wissenschaftliche Buchgesellschaft.

Adorno, T. W. (1997b), *Negative Dialektik. Gesammelte Schriften Band 6*, 1. Aufl., Frankfurt/M. Lizenzausgabe für die Wissenschaftliche Buchgesellschaft.

Adorno, T. W. (1997c), *Soziologische Schriften I. Gesammelte Schriften Band 8*, 1. Aufl., Frankfurt/M. Lizenzausgabe für die Wissenschaftliche Buchgesellschaft.

Adorno, T. W. (1997d), »Spätkapitalismus oder Industriegesellschaft ?«, in Adorno (1997c), S. 354–370.

Adorno, T. W. (1997e), *Ästhetische Theorie. Gesammelte Schriften Band 7*, Frankfurt/M. Lizenzausgabe für die Wissenschfatliche Buchgesellschaft.

Adorno, T. W., Albert, H., Dahrendorf, R., Habermas, J., Pilot, H. und Popper, K. R., Hrsg. (1993 [1969]), *Der Positivismusstreit in der deutschen Soziologie*, München.

Adorno, T. W. und Horkheimer, M. (1969), *Dialektik der Aufklärung. Philosophische Fragmente*, Frankfurt/M.

Althusser, L. (1974), *Lenin und die Philosophie*, Hamburg.

Althusser, L. (1977), *Ideologie und ideologische Staatsapparate*, Hamburg.

Altwegg, J., Hrsg. (1988), *Die Heidegger Kontroverse*, Frankfurt/M.

Arendt, H. (1999), *Vita activa oder Vom tätigen Leben*, 11. Aufl., München/ Zürich.

Assoun, P.-L. (1993), »Le sujet et l'Autre chez Levinas et Lacan«, *Rue Descartes: Logique de l'éthique* (7), 123–145.

Ault, A. (1996), »The Dilemma of Identity: Bi Women's Negotiations«, in Seidman (1996), S. 311–330.

Austin, J. L. (1994), *Zur Theorie der Sprechakte (How to do things with Words)*, 2. Aufl., Stuttgart.

Bataille, G. (1970), *Œuvres complètes I*, Paris.

Bataille, G. (1979), »L'apprenti sorcier«, in Hollier (1979), S. 38–59.

Bataille, G. (1985), *Die Aufhebung der Ökonomie*, 2. Aufl., München.

Bataille, G. (1999), *Die innere Erfahrung nebst Methode der Meditation und Postskriptum 1953*, München. Mit einem Nachwort von Maurice Blanchot.

Bateson, G. (1972), *Steps to an Ecology of Mind*, New York.

Bauman, Z. (1992a), *Dialektik der Ordnung. Die Moderne und der Holocaust*, Hamburg.

Bauman, Z. (1992b), *Tod, Unsterblichkeit und andere Lebensstrategien*, Frankfurt/M.

Bauman, Z. (1995a), *Ansichten der Postmoderne*, Hamburg.

Bauman, Z. (1995b), *Moderne und Ambivalenz. Das Ende der Eindeutigkeit*, Frankfurt/M.

Bauman, Z. (1995c), *Postmoderne Ethik*, Hamburg.

Beardsworth, R. (1996), *Derrida and the Political*, London/ New York.

Beck, U., Giddens, A. und Lash, S., Hrsg. (1996), *Reflexive Modernisierung. Eine Kontroverse*, Frankfurt/M.

Becker, H., Wolfstetter, L. und Gomez-Muller, A., Hrsg. (1985), *Michel Foucault. Freiheit und Selbstsorge*, Frankfurt/M.

Bell, V. (1999), »On Speech, Race and Melancholia. An Interview with Judith Butler«, *Theory, Culture and Society 16* (2), 163–174.

Benhabib, S. (1993), »Feminismus und Postmoderne. Ein prekäres Bündnis«, in Benhabib, Butler, Cornell und Fraser (1993), S. 9–30.

Benhabib, S. (1995), *Selbst im Kontext*, Frankfurt/M.

Benhabib, S., Butler, J., Cornell, D. und Fraser, N., Hrsg. (1993), *Der Streit um Differenz. Feminismus und Postmoderne in der Gegenwart*, Frankfurt/M.

Benjamin, W. (1991), *Das Passagen-Werk. Gesammelte Schriften Band V-I*, Frankfurt/M.

Bennington, G. (1993), »Mosaique. Politiken und Grenzen der Dekonstruktion«, in Wetzel und Rabaté (1993), S. 269–283.

Bennington, G. (1994), *Legislations. The Politics of Deconstruction*, London/ New York.

Bennington, G. (2000), *Interrupting Derrida*, London/ New York.

Bennington, G. und Derrida, J. (1994), *Jacques Derrida. Ein Portrait von Geoffrey Bennington und Jacques Derrida*, Frankfurt/M.

Berger, P. A. und Hradil, S., Hrsg. (1990), *Lebenslagen, Lebensläufe, Lebensstile. Soziale Welt, Sonderband 7*, Göttingen.

Berger, P. L. und Luckmann, T. (1990), *Die gesellschaftliche Konstruktion der Wirklichkeit. Eine Theorie der Wissenssoziologie*, 5. Aufl., Frankfurt/M.

Bergson, H. (2000), »Materie und Gedächtnis«, in Köveker und Niederberger (2000), S. 19–49.

Bernasconi, R. (1986), »Levinas and Derrida: The Question of the Closure of Metaphysics«, in Cohen (1986), Kap. 9, S. 181–202.

Bernasconi, R. (1987), »Deconstruction and the Possibility of Ethics«, in Sallis (1987), Kap. 10, S. 122–139.

Bernasconi, R. (1988a), »›Failure of Communication‹ as a Surplus: Dialogue and Lack of Dialogue between Buber and Levinas«, in Bernasconi und Wood (1988), Kap. 8, S. 100–135.

Bernasconi, R. (1988*b*), »The Trace of Levinas in Derrida«, in Wood und Bernasconi (1988), S. 13–29.

Bernasconi, R. (1997), »Ethische Aporien: Derrida, Levinas und die Genealogie des Griechischen«, in Gondek und Waldenfels (1997), S. 345–384.

Bernasconi, R. (1999), »The Third Party. Levinas on the Intersection of the Ethical and the Political«, *Journal of the British Society for Phenomenology 30* (1), 76–87.

Bernasconi, R. (2001), »Die Andersheit des Fremden und die Fremderfahrung«, in Fischer, Gondek und Liebsch (2001), S. 13–45.

Bernasconi, R. und Critchley, S., Hrsg. (1991), *Re-Reading Levinas*, London.

Bernasconi, R. und Wood, D., Hrsg. (1988), *The Provocation of Levinas. Rethinking the Other*, London/ New York.

Bhabha, H. K. (2000), *Die Verortung der Kultur*, Tübingen.

Bibel (1982), *Die Heilige Schrift des alten und neuen Testaments*, 18. Aufl., Zürich.

Blanchot, M. (1986), »Our Clandestine Companion«, in Cohen (1986), S. 41–52.

Bonacker, T. (1999), »Die politische Theorie der Dekonstruktion: Jacques Derrida«, S. 95–117.

Bonacker, T. (2000*a*), *Die normative Kraft der Kontingenz. Nichtessentialistische Gesellschaftskritik nach Weber und Adorno*, Frankfurt/New York.

Bonacker, T. (2000*b*), »Rezension zu. Jacques Derrida: Politik der Freundschaft«, *Soziale Systeme 2*.

Bourdieu, P. (1976), *Entwurf einer Theorie der Praxis auf der ethnologischen Grundlage der kabylischen Gesellschaft*, Frankfurt/M.

Bourdieu, P. (1983), »Ökonomisches Kapital, kulturelles Kapital, soziales Kapital«, in Kreckel (1983), S. 183–198.

Bourdieu, P. (1990), *Was heißt sprechen?: Die Ökonomie des sprachlichen Tauschs*, Wien.

Bourdieu, P. (1997), *Sozialer Sinn. Kritik der theoretischen Vernunft*, 2. Aufl., Frankfurt/M.

Bourdieu, P. (1998), *La Domination masculine*, Paris.

Bröckling, U., Krasmann, S. und Lemke, T., Hrsg. (2000), *Gouvernementalität der Gegenwart. Studien zur Ökonomiserung des Sozialen*, Frankfurt/M.

Brodocz, A. und Schaal, G. S., Hrsg. (1999), *Politische Theorien der Gegenwart. Eine Einführung*, Opladen.

Brumlik, M. (1990), »Phänomenologie und theologische Ethik. Emmanuel Lévinas' Umkehrung der Ontologie«, in Mayer und Hentschel (1990), S. 120–142.

Brumlik, M. und Brunkhorst, H., Hrsg. (1993), *Gemeinschaft und Gerechtigkeit*, Frankfurt/M.

Brunkhorst, H. (1988), »Die Komplexität der Kultur. Zum Wiedererwachen der Kulturkritik zwischen Moderne und Postmoderne«, *Soziologische Revue II* S. 393–403.

Buber, M. (1983), *Ich und Du*, 11. Aufl., Heidelberg.

Bühl, W. L. (2002), *Phänomenologische Soziologie. Ein kritischer Überblick*, Konstanz.

Burchell, G., Colin, G. und Peter, M., Hrsg. (1991), *The Foucault Effect. Studies in Governmentality. With two Lectures by and an Interview with Michel Foucault*, Hemel Hempstead.

Butler, J. (1991), *Das Unbehagen der Geschlechter*, Frankfurt/M.

Butler, J. (1993*a*), »Für ein sorgfältiges Lesen«, in Benhabib et al. (1993), S. 122–132.

Butler, J. (1993b), »Kontingente Grundlagen: Der Feminismus und die Frage der ›Postmoderne‹«, in Benhabib et al. (1993), S. 31–58.

Butler, J. (1994), »Phantasmatische Identifizierung und die Annahme des Geschlechts«, in Pühl (1994), S. 101–138.

Butler, J. (1997a), »Geschlechtsideologie und phänomenologische Beschreibung. Eine feministische Kritik an Merlau-Pontys Phänomenologie der Wahrnehmung«, in Stoller und Vetter (1997), S. 166–184.

Butler, J. (1997b), *Körper von Gewicht. Die diskursiven Grenzen des Geschlechts*, Frankfurt/M.

Butler, J. (1997c), *The Psychic Life of Power. Theories in Subjection*, Stanford.

Butler, J. (1998), *Haß spricht. Zur Politik des Performativen*, Berlin.

Butler, J. (1999a), »Revisiting Bodies and Pleasures«, *Theory, Culture and Society 16* (2), 11–20.

Butler, J. (1999b), *Subjects of Desire. Hegelian Reflections in Twentieth-Century France*, 2. Aufl., New York.

Butler, J. (2000a), »Dynamic Conclusions«, in Laclau et al. (2000), S. 263–280.

Butler, J. (2000b), »Restaging the Universal. Hegemony and the Limits of Formalism«, in Laclau et al. (2000), S. 11–43.

Butler, J. (2001a), *Antigones Verlangen: Verwandtschaft zwischen Leben und Tod*, Frankfurt/M.

Butler, J. (2001b), »Jemandem gerecht werden. Geschlechtsangleichungen und Allegorien der Transsexualität«, *Das Argument. Zeitschrift für Philosophie und Sozialwissenschaften 4/5* (242), 671–684.

Butler, J. (2001c), *Psyche der Macht. das Subjekt der Unterwerfung*, Frankfurt/M.

Caillois, R. (1979a), »Confréries, ordres, sociétés secrètes, églises«, in Hollier (1979), S. 268–290.

Caillois, R. (1979b), »La Fête«, in Hollier (1979), S. 475–521.

Calle, M., Hrsg. (1996), *Über das Weibliche*, 1. Aufl., Düsseldorf/ Bonn.

Castro Varela, M. d. M. (1999), »Queer the Queer! Queer Theory und politische Praxis am Beispiel Lesben im Exil«, *Beiträge zur feministischen Theorie und Praxis. Lesbenleben quer gelesen* (52), 29–40.

Celan, P. (1960), »Der Meridian. Rede anläßlich der Verleihung des Georg-Büchner-Preises«, in Celan (1968), S. 131–148.

Celan, P. (1968), *Ausgewählte Gedichte. Zwei Reden*, Frankfurt/M.

Chalier, C. (1988), »The messinaic utopia«, *Graduate Faculty Philosophy Journal. Levinas' Contribution to Contemporary Philosophy 20/ 21* (2/ 1), 281–296.

Chroust, A.-H. (1964), *Aristotle: Propeticus, a Reconstruction*, Notre-Dame.

Cohen, R. (1994), *Elevations: The Height of Good in Rosenzweig and Levinas*, Chicago.

Cohen, R., Hrsg. (1986), *Face to Face with Levinas*, Albany.

Coleman, J. S. (1992), *Grundlagen der Sozialtheorie. Körperschaften und die moderne Gesellschaft. Band 2*, München.

Comte, A. (1923), *Soziologie Band 1*, 2. Aufl., Jena.

Cornell, D. (1993), »Gender, Geschlecht und gleichwertige Rechte«, in Benhabib et al. (1993), S. 80–104.

Cornell, D. (1994), »Vom Leuchtturm her: Das Erlösungsversprechen und die Möglichkeit der Auslegung des Rechts«, in Haverkamp (1994), S. 60–96.

Cornell, D. (1996), »Geschlechterhierarchie, Gleichheit und die Möglichkeit von Demokratie«, in Nagl-Docekal und Pauer-Studer (1996), S. 397–414.

Crimp, D. (1993), »Right on, Girlfriend!«, in Warner (1993), S. 300–320.

Critchley, S. (1996), »Prologenomena to Any Post-Deconstructive Subjectivity«, in Critchley und Dews (1996), Kap. 2, S. 13–45.

Critchley, S. (1997), »Überlegungen zu einer Ethik der Dekonstruktion«, in Gondek und Waldenfels (1997), S. 308–344.

Critchley, S. (1998), »Dekonstruktion – Marxismus – Hegemonie. Zu Derrida und Laclau«, in Marchart (1998b), S. 193–208.

Critchley, S. (1999a), »Dekonstruktion und Pragmatismus. Ist Derrida ein *privater Ironiker* oder ein *öffentlicher Liberaler*?«, in Mouffe (1999), S. 49–96.

Critchley, S. (1999b), *The Ethics of Deconstruction: Derrida and Levinas*, 2. Aufl., Edinburgh.

Critchley, S. (1999c), *Ethics, Politics, Subjectivity*, London/ New York.

Critchley, S., Peperzak, A. T. und Bernasconi, R., Hrsg. (1996), *Emmanuel Levinas. Basic Philosophical Writings*, Bloomington/ Indianapolis.

Critchley, S. und Dews, P., Hrsg. (1996), *Deconstructive Subjectivities*, Albany, NY.

Culler, J. (1988), *Dekonstruktion: Derrida und die poststrukturalistische Literaturtheorie*, Hamburg.

Dahm, C. (1998), »Marxismus nach der postmodernen Herausforderung. Ist materialistische Gesellschaftstheorie noch möglich? Ein Vergleich von Regulationstheorie und angelsächsischem Postmarxismus. Magisterarbeit«. Universität Hamburg.

Davis, P. (1991), »A Fine Risk: Reading Blanchot Reading Levinas«, in Bernasconi und Critchley (1991), S. 201–228.

Deleuze, G. (1976), *Nietzsche und die Philosophie*, München.

Deleuze, G. (1992), *Woran erkennt man den Strukturalismus?*, Berlin.

Deleuze, G. (1993a), »Kontrolle und Werden«, in Deleuze (1993c), S. 243–253.

Deleuze, G. (1993b), »Poststkriptum über die Kontrollgesellschaften«, in Deleuze (1993c), S. 254–262.

Deleuze, G. (1993c), *Unterhandlungen. 1972-1990*, Frankfurt/M.

Deleuze, G. (1996), *Lust und Begehren*, Berlin.

Deleuze, G. und Guattari, F. (1977), *Rhizom*, Berlin.

Delhom, P. (2000), *Der Dritte. Lévinas' Philosophie zwischen Verantwortung und Gerechtigkeit*, München.

Derrida, J. (1962), *L'origine de la géométrie. Übersetzung und Einführung*, Paris.

Derrida, J. (1967), *La voix et le phénoméne. Introduction au probléme du signe dans la phénoménologie de Husserl*, Paris.

Derrida, J. (1976a), »Die différance«, in Derrida (1976d), S. 6–37.

Derrida, J. (1976b), »Fines hominis«, in Derrida (1976d), S. 88–123.

Derrida, J. (1976c), »Ousia und gramme«, in Derrida (1976d), S. 38–87.

Derrida, J. (1976d), *Randgänge der Philosophie*, Frankfurt/M., Berlin, Wien.

Derrida, J. (1976e), »Signatur Ereignis Kontext«, in Derrida (1976d), S. 124–155.

Derrida, J. (1978), *Éperons. Les styles de Nietzsche*, Paris.

Derrida, J. (1979), *Die Stimme und das Phänomen*, Frankfurt/M.

Derrida, J. (1980), »En ce moment même dans cet ouvrage me voici«, in Laruelle (1980), S. 21–60.

Derrida, J. (1985), *Apokalypse*, Wien.

Derrida, J. (1986a), »Declarations of Independence«, *New Political Science 15:7* S. 7–15.

Derrida, J. (1986b), »Jacques Derrida – Interview«, in Rötzer (1986), S. 67–87.

Derrida, J. (1986c), *Positionen*, Wien.

Derrida, J. (1987a), »Die Bewunderung Nelson Mandelas und Die Gesetze der Reflexion«, in Derrida, Blanchot, Jabés und Sontag (1987), S. 11–45.

Derrida, J. (1987b), *Die Tode von Roland Barthes*, Berlin.

Derrida, J. (1987c), *Psyché. Inventions de l'autre*, Paris.

Derrida, J. (1988a), *Geschlecht (Heidegger). Sexuelle Differenz, ontologische Differenz. Heideggers Hand*, Wien.

Derrida, J. (1988b), *Limited Inc*, Evanston.

Derrida, J. (1988c), *Mémoires. Für Paul de Man*, Wien.

Derrida, J. (1988d), *Ulysses Grammophon*, Berlin.

Derrida, J. (1988e), *Wie Meeresrauschen auf dem Grund einer Muschel... Paul de Mans Krieg. Mémoires II*, Wien.

Derrida, J. (1989a), *Die Postkarte – von Sokrates bis an Freud und jenseits. 1. Lieferung*, 2. Aufl., Berlin.

Derrida, J. (1989b), *Wie nicht sprechen. Verneinungen*, Wien.

Derrida, J. (1990a), »Eben in diesem Moment in diesem Werk findest du mich«, in Mayer und Hentschel (1990), S. 42–84.

Derrida, J. (1990b), *Le problème de la genèse dans la philosophie de Husserl*, Paris.

Derrida, J. (1990c), »Sendoffs«, *Yale French Studies 77* S. 7–43.

Derrida, J. (1991), *Gesetzeskraft. Der »mystische Grund der Autorität«*, Frankfurt/M.

Derrida, J. (1992a), *Das andere Kap. Die vertagte Demokratie. Zwei Essays zu Europa*, Frankfurt/M.

Derrida, J. (1992b), *Die Wahrheit in der Malerei*, Wien.

Derrida, J. (1992c), »›Back from Moscow, in the USSR‹«, in Georg-Lauer (1992), S. 9–55.

Derrida, J. (1992d), »Restitutionen – von der Wahrheit nach Maß«, in Derrida (1992b), S. 301–442.

Derrida, J. (1993a), *Falschgeld. Zeit geben I*, München.

Derrida, J. (1993b), *Spectres de Marx*, Paris.

Derrida, J. (1993c), *Vom Geist. Heidegger und die Frage*, 2. Aufl., Frankfurt/M.

Derrida, J. (1993d), »Wenn es Gabe gibt - oder: ›Das falsche Geldstück‹«, in Wetzel und Rabaté (1993), S. 93–136.

Derrida, J. (1994a), »Überleben«, in Derrida (1994c), S. 119-217.

Derrida, J. (1994b), »Den Tod geben«, in Haverkamp (1994), S. 331-445.

Derrida, J. (1994c), *Gestade*, Wien.

Derrida, J. (1994d), *Meine Chancen. Rendez-vous mit einigen epikureischen Stereophonien*, Berlin.

Derrida, J. (1994e), *Politiques de l'amitié*, Paris.

Derrida, J. (1995a), »The Almost Nothing of the Unrepresentable«, in Derrida (1995f), S. 78-88.

Derrida, J. (1995b), »Choreographies«, in Derrida (1995f), S. 89-108.

Derrida, J. (1995c), *Dissemination*, Wien.

Derrida, J. (1995d), »Eating Well, or the Calculation of the Subject«, in Derrida (1995f), S. 255-287.

Derrida, J. (1995e), »Pasages – from Traumatism toPromise«, in Derrida (1995f), S. 372-395.

Derrida, J. (1995f), *Points... Interviews 1974 – 1994*, Stanford.

Derrida, J. (1996a), »Die Geschlechterdifferenz lesen«, in Calle (1996), S. 85-96.

Derrida, J. (1996b), *Marx' Gespenster*, Frankfurt/M.

Derrida, J. (1997a), *Dem Archiv verschrieben. Eine Freudsche Impression*, Berlin.

Derrida, J. (1997b), »Die Einsprachigkeit des Anderen oder die Prothese des Ursprungs«, in Haverkamp (1997), S. 15-42.

Derrida, J. (1997c), *Die Schrift und die Differenz*, 7. Aufl., Frankfurt/M.

Derrida, J. (1997d), »Die Struktur, das Zeichen und das Spiel im Diskurs der Wissenschaften vom Menschen«, in Derrida (1997c), 7. Aufl., S. 422-450.

Derrida, J. (1997e), *Du droit à la philosophie du point du vue cosmopolitique*, Paris.

Derrida, J. (1997f), *Einige Statements und Binsenweisheiten über Neologismen, New-Ismen, Post-Ismen und anderen kleinen Seismen*, Berlin.

Derrida, J. (1997g), »Ellipse«, in Derrida (1997c), 7. Aufl., S. 443-450.

Derrida, J. (1997h), »Freud und der Schauplatz der Schrift«, in Derrida (1997c), S. 302-350.

Derrida, J. (1997i), »Gewalt und Metaphysik. Essay über das Denken Emmanuel Levinas'«, in Derrida (1997c), 7. Aufl., S. 121-235.

Derrida, J. (1997j), »Interpretations at war. Kant, der Jude, der Deutsche«, in Weber und Tholen (1997), S. 71-139.

Derrida, J. (1997k), »Von der beschränkten zur allgemeinen Ökonomie. Ein rückhaltloser Hegelianismus«, in Derrida (1997c), 7. Aufl., S. 380-421.

Derrida, J. (1998a), *Aporien. Sterben – Auf die »Grenzen der Wahrheit« gefaßt sein*, München.

Derrida, J. (1998b), *Grammatologie*, 7. Aufl., Frankfurt/M.

Derrida, J. (1998c), »Ich mißtraue der Utopie, ich will das Un-Mögliche. Ein Gespräch mit dem Philosophen Jacques Derrida über die Intellektuellen, den Kapitalismus und die Gesetze der Gastfreundschaft. Interview mit Thomas Assheuser«, *Die Zeit* (11), 47-49.

Derrida, J. (1998d), *Monolingualism of the Other; or, The Prosthesis of Origin*, Stanford.

Derrida, J. (1998e), *Vergessen wir nicht – die Psychoanalsye!*, Frankfurt/M.

Derrida, J. (1998f), »Widerstände«, in Derrida (1998e), S. 128-178.

Derrida, J. (1999a), *Adieu. Nachruf auf Emmanuel Lévinas*, München.

Derrida, J. (1999b), »Bemerkungen zu Dekonstruktion und Pragmatismus«, in Mouffe (1999), S. 171–195.

Derrida, J. (1999c), *Über das Preislose, oder the price is right in der Transaktion*, Berlin.

Derrida, J. (1999d), »Die Politik der Freundschaft«, in Eichler (1999), S. 179–200.

Derrida, J. (1999e), »Die weiße Mythologie. Die Metapher im philosophischen Text«, in Derrida (1999f), 2. Aufl., S. 229–290.

Derrida, J. (1999f), *Randgänge der Philosophie*, 2. Aufl., Wien.

Derrida, J. (2000a), *As if I were Dead. Als ob ich tot wäre*, Wien.

Derrida, J. (2000b), »Außer dem Namen (Post-Scriptum)«, in Derrida (2000c), S. 63–121.

Derrida, J. (2000c), *Über den Namen. Drei Essays*, Wien.

Derrida, J. (2000d), »Heideggers Ohr. Philopolemologie (Geschlecht IV)«, in Derrida (2000h), S. 411–492.

Derrida, J. (2000e), »Jahrhundert der Vergebung. Verzeihen ohne Macht – unbedingt und jenseits der Souveränität«, *Lettre International* (48), 10–18.

Derrida, J. (2000f), »Marx, das ist jemand«, *Zäsuren-Césures-Incisions. eJournal für Philosophie, Kunst, Medien und Politik 1* S. ´58–70.

Derrida, J. (2000g), »Passionen. ›Die indirekte Opfergabe‹«, in Derrida (2000c).

Derrida, J. (2000h), *Politik der Freundschaft*, Frankfurt/M.

Derrida, J. (2001a), *Die unbedingte Universität*, Frankfurt/M.

Derrida, J. (2001b), »Glaube und Wissen. Die beiden Quellen der ›Religion‹ an den Grenzen der bloßen Vernunft«, in Derrida und Vattimo (2001), S. 9–106.

Derrida, J. (2001c), *Limited Inc.*, Wien.

Derrida, J. (2002a), »Die Sprache des Fremden und das Räubern am Wege. Dankesrede von Jacques Derrida anlässlich der Verleihung des Theodor-W.-Adorno-Preises 2001«, *Le Monde diplomatique/die tageszeitung/WOZ* S. 12–15.

Derrida, J. (2002b), *Lyotard und wir*, Berlin.

Derrida, J. (2002c), *Seelenstände der Psychoanalyse*, Frankfurt/M.

Derrida, J., Blanchot, M., Jabès, E. und Sontag, S. (1987), *Für Nelson Mandela*, Hamburg.

Derrida, J. und Kittler, F., Hrsg. (2000), *Nietzsche – Politik des Eigennamens. Wie man abschafft, wovon man spricht*, Berlin.

Derrida, J. und Labarrière, J. P. (1986), *Altérités*, Paris.

Derrida, J. und Vattimo, G., Hrsg. (2001), *Die Religion*, Frankfurt/M.

Descartes, R. (1965), *[1641] Meditationen. Dt. hrsg. und übersetzt von A. Buchenau*, Hamburg.

Descombes, V. (1981), *Das Selbe und das Andere. Fünfundvierzig Jahre Philosophie in Frankreich 1933 - 1978*, Frankfurt/M.

Detel, W. (1998), *Macht, Moral, Wissen. Foucault und die klassische Antike*, Frankfurt/M.

Disse, J. (1999), »Individualität und Offenbarung. Franz Rosenzweigs ›Stern der Erlösung‹ als Alternative zur Ethik Kants«, *Philosophisches Jahrbuch II* (106. Jahrgang), 441–454.

Dixon, K. (2000), *Die Evangelisten des Marktes. Die britischen Intellektuellen und der Thatcherismus*, Konstanz.

Dosse, F. (1999), *Geschichte des Strukturalismus. 2 Bände*, Frankfurt/M.

Dreisholtkamp, U. (1999), *Jacques Derrida*, München.

Dreyfus, H. L. und Rabinow, P. (1987), *Michel Foucault. Jenseits von Strukturalismus und Hermeneutik*, Frankfurt/M.

Duggan, L. (1992), »Making it perfectly queer«, *Socialist Review* (1), 11–31.

Durkheim, E. (1965), *Regeln der soziologischen Methode*, 2. Aufl., Neuwied/ Berlin.

Durkheim, E. (1981), *Die elementaren Formen des religiösen Lebens*, Frankfurt/M.

Dyrberg, T. B. (1998), »Diskursanalyse als postmoderne politische Theorie«, in Marchart (1998*b*), S. 23–51.

Eßbach, W. (1996), »Ende und Wiederkehr intellektueller Vergangenheit. Fukuyama und Derrida über Marxismus«, *www.soziologie.uni-freiburg.de/essbach/v-marxis.html* S. 15.

Eichler, K.-D. (1999), *Philosophie der Freundschaft*, Leipzig.

Epstein, J. (1995), *Kleidung im Leben transsexueller Menschen – die Bedeutung von Kleidung für den Wechsel der sozialen Geschlechtsidentität*, Münster/ New York.

Epstein, S. (1996), »A Queer Encounter: Sociology and the Study of Sexuality«, in Seidman (1996), S. 145–167.

Eribon, D. (1998), *Michel Foucault und seine Zeitgenossen*, München.

Esser, H. (1991), »Die Rationalität des Alltagshandelns. Eine Rekonstruktion der Handlungstheorie von Alfred Schütz«, *Zeitschrift für Soziologie 20* S. 430–445.

Esterbauer, R. (1992), *Transzendenz-»Relation«. Zum Transzendenzbezug der Philosophie Emmanuel Lévinas'*, Wien.

Ewald, F. und Waldenfels, B., Hrsg. (1991), *Spiele der Wahrheit. Michel Foucaults Denken*, Frankfurt/M.

Fink-Eitel, H. (1989), *Foucault zur Einführung*, Hamburg.

Fischer, M., Gondek, H.-D. und Liebsch, B., Hrsg. (2001), *Vernunft im Zeichen des Fremden. Zur Philosophie von Bernhard Waldenfels*, Frankfurt/M.

Foucault, M. (1968), *Wahnsinn und Gesellschaft. Eine Geschichte des Wahns im Zeitalter der Vernunft*, Frankfurt/M.

Foucault, M. (1973), *Archäologie des Wissens*, Frankfurt/M.

Foucault, M. (1977*a*), *Überwachen und Strafen. Die Geburt des Gefängnisses*, 1. Aufl., Frankfurt/M.

Foucault, M. (1977*b*), *Der Wille zum Wissen. Sexualität und Wahrheit Band I*, Frankfurt/M.

Foucault, M. (1978*a*), *Dispositive der Macht*, Berlin.

Foucault, M. (1978*b*), »Mächte und Strategien«, in Foucault (1978*a*), S. 199–216.

Foucault, M. (1985), »Freiheit und Selbstsorge«, in Becker, Wolfstetter und Gomez-Muller (1985), S. 7–28.

Foucault, M. (1987*a*), »Warum ich Macht untersuche: Die Frage des Subjekts«, in Dreyfus und Rabinow (1987), S. 243–250.

Foucault, M. (1987b), »Wie wird Macht ausgeübt?«, in Dreyfus und Rabinow (1987), S. 251–261.

Foucault, M. (1988), *Schriften zur Literatur*, Frankfurt/M.

Foucault, M. (1989), *Die Sorge um sich. Sexualität und Wahrheit Band 3*, Frankfurt/M.

Foucault, M. (1991), *Die Ordnung des Diskurses*, Frankfurt/M.

Foucault, M. (1999), *In Verteidigung der Gesellschaft*, Frankfurt/M.

Foucault, M. (2001a), *Dits et Ecrits. Schriften. Band I. 1954 – 1969*, Frankfurt/M.

Foucault, M. (2001b), »Vorrede zur Überschreitung«, in Foucault (2001a), Kap. 13, S. 320–342.

Freud, S. (1991), *Die Traumdeutung*, Frankfurt/M.

Freyer, T. und Schenk, R., Hrsg. (1996), *Emmanuel Levinas – Fragen an die Moderne*, Wien.

Fukuyama, F. (1992), *Das Ende der Geschichte. Wo stehen wir?*, München.

Fuss, D., Hrsg. (1991), *Inside / Out. Lesbian Theories, Gay Theories*, New York.

Gamson, J. (1996), »Must Identity-Movements Self-Destruct? A Queer Dilemma«, in Seidman (1996), S. 395–420.

Garber, M. (1993), *Verhüllte Interessen – Transvestismus und kulturelle Ängste*, Frankfurt/M.

García Düttmann, A. (1999), *Freunde und Feinde. Das Absolute*, Wien.

Gasché, R. (1997), *The Tain of the Mirror. Derrida and the Philosophy of Reflection*, 5. Aufl., Cambridge, MA/ London.

Gehring, P. (1994), *Innen des Außen – Außen des Innen*, München.

Genet, J. (1982), *Tagebuch eines Diebes*, Hamburg.

Genschel, C. (1996), »Fear of a Queer Planet: Dimensionen lesbisch-schwuler Gesellschaftskritik«, *Das Argument. Zeitschrift für Philosophie und Sozialwissenschaften* (216), 525–537.

Gensior, S., Maier, F. und Winter, G., Hrsg. (1990), *Soziale Lage und Arbeit von Frauen in der DDR. Arbeitspapiere aus dem Arbeitskreis sozialwissenschaftliche Arbeitsmarktforschung*, Paderborn.

Georg-Lauer, J., Hrsg. (1992), *Postmoderne und Politik*, Tübingen.

Gümen, S. (1996), »Die sozialpolitische Konstruktion ›kultureller‹ Differenzen in der bundesdeutschen Frauen- und Migrationsforschung«, *beiträge zur feministischen theorie und praxis* (42), 77–90.

Goffman, E. (1977), *Rahmen-Analyse. Ein Versuch über die Organisation von Alltagserfahrungen*, Frankfurt/M.

Gondek, H.-D. (1992), »Cogito und séparation – Lacan/ Levinas«, *Fragmente: Das Andere Denken – Zur Ethik der Psychoanalyse 39/ 40* S. 43–76.

Gondek, H.-D. (1994a), »Gesetz, Gerechtigkeit und Verantwortung bei Levinas. Einige Erläuterungen«, in Haverkamp (1994), S. 315–330.

Gondek, H.-D. (1994b), »Lacan und die Ethik der Psychoanalyse«, in Gondek und Widmer (1994), S. 215–230.

Gondek, H.-D. (1997), »Zeit und Gabe«, in Gondek und Waldenfels (1997), S. 183–225.

Gondek, H.-D. (1998), »Vorwort zur deutschen Ausgabe«, in Eribon (1998), S. 9–21.

Gondek, H.-D. und Waldenfels, B. (1997), *Einsätze des Denkens. Zur Philosophie von Jacques Derrida*, Frankfurt/M.

Gondek, H.-D. und Widmer, P., Hrsg. (1994), *Ethik und Psychoanalyse. Vom kategorischen Imperativ zum Gesetz des Begehrens: Kant und Lacan*, Frankfurt/M.

Goux, J.-J. (1973a), »Dialectique et histoire«, in Goux (1973b), S. 9–52.

Goux, J.-J. (1973b), *Freud, Marx: économie et symbolique*, Paris.

Greisch, J. (1998), »Ethics and Ontology: Some ›Hypocritical‹ Considerations«, *Graduate Faculty Philosophy Journal. Levinas' Contribution to Contemporary Philosophy 20/ 21* (2/ 1), 25–40.

Gürtler, S. (1993), »Für ein männliches Wesen .... Das Problem einer geschlechtlichen Markierung des Autorsubjekts im philosophischen Diskurs am Beispiel von Emmanuel Lévinas«, *Die Philosophin. Forum für feministische Theorie und Philosophie* (4), 36–56.

Gürtler, S. (1994), »Der Begriff der Mutterschaft in ›Jenseits des Seins‹. Zur phänomenologischen Begründung der Sozialität des Subjekts bei Emmanuel Lévinas«, *Deutsche Zeitschrift für Philosophie 42* (4), 653–670.

Gürtler, S. (1997), »Gipfel und Abgrund. Die Kritik von Luce Irigaray an Emmanuel Lévinas' Verständnis der Geschlechterdiffenz«, in Stoller und Vetter (1997), S. 106–131.

Gürtler, S. (2001), *Elementare Ethik. Alterität, Generativität und Geschlechterverhältnis bei Emmanuel Lévinas*, München.

Gurvitch, G. (1965), *Dialektik und Soziologie*, Neuwied/ Berlin.

Gurvitch, G. und Moore, W. E. (1971), *Twentieth Century Sociology*, New York.

Habermas, J. (1996), *Der philosophische Diskurs der Moderne*, 6. Aufl., Frankfurt/M.

Hall, S. (1994), *Rassismus und kulturelle Identität. Ausgewählte Schriften 2*, Hamburg.

Hall, S. (1996), »Introduction: Who Needs Identity?«, in Hall und du Gay (1996), S. 1–17.

Hall, S. und du Gay, P. (1996), *Questions of Cultural Identity*, London.

Hamacher, W. (2000), »Lingua Amissa. Vom Messianismus der Warensprache«, *Zäsuren-Césures-Incisions. eJournal für Philosophie, Kunst, Medien und Politik 1* S. 71–113.

Haraway, D. (1991), *Simians, Cyborgs and Women*, New York.

Hark, S. (1993), »Queer interventionen«, *Feministische Studien* (2), 103–109.

Hark, S., Hrsg. (1996), *Grenzen lesbischer Identität*, Berlin.

Harraway, D. (1991), *Simians, Cyborgs, and Women. The Reinvention of Nature*, New York.

Hauck, D. (1990), *Fragen nach dem Anderen. Untersuchungen zum Denken von Emmanuel Levinas mit einem Vergelich zu Jean-Paul Sartre und Franz Rosenzweig*, Essen.

Haverkamp, A., Hrsg. (1994), *Gewalt und Gerechtigkeit. Derrida – Benjamin*, Frankfurt/M.

Haverkamp, A., Hrsg. (1997), *Die Sprache der Anderen*, Frankfurt/M.

Hayat, P. (1995), *Emmanuel Lévinas, éthique et société*, Paris.

Hegel, G. (1963), *Wissenschaft der Logik I*, Hamburg.

Hegel, G. (1970), *Vorlesungen über die Philosophie der Geschichte*, Frankfurt/M.

Heidegger, M. (1950a), »Der Spruch des Anaximander [1946]«, in Heidegger (1950b), S. 296–343.

Heidegger, M. (1950b), *Holzwege*, Frankfurt/M.

Heidegger, M. (1954a), »Über den Humanismus. Brief an Jean Beaufret, Paris«, in Heidegger (1954b), 2. Aufl., S. 53–119.

Heidegger, M. (1954b), *Platons Lehre von der Wahrheit. Mit einem Brief über den Humanismus*, 2. Aufl., Bern.

Heidegger, M. (1983), *Die Grundbegriffe der Metaphysik. Welt – Endlichkeit – Einsamkeit*. Gesamtausgabe 29/30, Frankfurt/M.

Heidegger, M. (1993), *[1927] Sein und Zeit*, 17. Aufl., Tübingen.

Henrix, H. H., Hrsg. (1984), *Verantwortung für den Anderen – die Frage nach Gott. Zum Werk von Emmanuel Levinas*, Aachen.

Hillmann, K.-H. (1994), *Wörterbuch der Soziologie*, 4. Aufl., Stuttgart.

Hintz, M. und Vorwallner, G. (1991), »Vorwort der Herausgeber«, in Laclau und Mouffe (1991), S. 11–23.

Hofstadter, D. R. (2000), *Gödel Escher Bach – ein Endloses Geflochtenes Band*, 7. Aufl., München.

Hollier, D. (1979), *Le Collège de Sociologie (1937-1939)*, Paris. Texte de Bataille, Caillois, Guastalla, Klossowski, Kojève, Leiris, Lewitzky, Mayer, Paulhan, Wahl, etc. présentés par Denis Hollier.

Hollier, D. (1995), *Le Collège de Sociologie 1937-1939.*, 2. Aufl., Paris. Texte de Bataille, Caillois, Guastalla, Klossowski, Kojève, Leiris, Lewitzky, Mayer, Paulhan, Wahl, etc. présentés par Denis Hollier.

Honneth, A. (1994), »Das Andere der Gerechtigkeit. Habermas und die ethische Herausforderung der Postmoderne«, *Deutsche Zeitschrift für Philosophie 42* (2), 195–220.

Hradil, S. (1990), »Postmoderne Sozialstruktur? Zur empirischen Relevanz einer ›modernen‹ Theorie sozialen Wandels«, in Berger und Hradil (1990), S. 125–152.

Husserl, E. (1995), *Cartesianische Meditationen*, 3. Aufl., Hamburg.

Jörke, D. (1996), »Demokratie und Differenz. Magisterarbeit«. Universität Hamburg.

Jörke, D. (2002), *Demokratie als Erfahrung. John Dewey und die politische Theorie der Gegenwart (Arbeitstitel)*, Greifswald. Dissertationsschrift.

Jung, W. (1990), *Georg Simmel zur Einführung*, 1. Aufl., Hamburg.

Juranville, A. (1990), *Lacan und die Philosophie*, München.

Kaltenecker, S. (1999), »Nach dem Ende. Chantal Mouffe, Ernesto Laclau und das postmarxistische Denken«, Internet: www.t0.or.at/~oliver/kaltene.htm. 17.12.1999.

Kaplan, F. und Vieillard-Baron, J.-L., Hrsg. (1989), *Introduction á la philosophie de la region*, Paris.

Keller, T. (2001), *Deutsch-französische Dritte-Weg-Diskurse. Personalistische Intellektuellendebatten der Zwischenkriegszeit*, München.

Klehr, F. J., Hrsg. (1991), *Den Andern denken. Philosophisches Fachgespräch mit Emmanuel Levinas*, Rottenburg-Stuttgart.

Klingemann, C., Neumann, M., Rehberg, K.-S., Srubar, I. und Stölting, E., Hrsg. (2001), *Jahrbuch für Soziologiegeschichte 1997/1998*, Opladen.

Knapp, G.-A. (2001), »Konvergenzen – Dissonanzen: Anmerkungen zum Verhältnis feministischer Theorie zum ›postmodernism‹«, in Krüger und Wallisch-Prinz (2001), S. 100–118.

Krais, B. und Dölling, I., Hrsg. (1997), *Ein alltägliches Spiel. Geschlechterkonstruktionen in der sozialen Praxis*, Frankfurt/M.

Krauß, D. (2001), *Die Politik der Dekonstruktion. Politische und ethische Konzepte im Werk von Jacques Derrida*, Frankfurt/M.

Kreckel, R., Hrsg. (1983), *Soziale Ungleichheiten. Sonderband 2 der Sozialen Welt*, Göttingen.

Krüger, M. (1981), *Wissenssoziologie*, Stuttgart.

Krüger, M. (1996), »Anmerkungen zum Habilitationsverfahren von Kornelia Hauser«, *Das Argument. Zeitschrift für Philosophie und Sozialwissenschaften 216* (4), 587–590.

Krüger, M. (2001), »Feminismus um die Jahrtausendwende: Rückblick und Ausblicke«, *Das Argument 241* (3), 295–309.

Krüger, M. und Wallisch-Prinz, B., Hrsg. (2001), *Erkenntnisprojekt Feminismus*, Bremen.

Köveker, D. und Niederberger, A., Hrsg. (2000), *Chronologie. Texte zur französischen Zeitphilosophie des 20. Jahrhunderts*, Darmstadt.

Lacan, J. (1973-1980), *Schriften Band I-III*, Olten/ Freiburg.

Lacan, J. (1975), *Schriften II. Ausgewählt und hrsg. von Norbert Haas*, Olten/ Freiburg i.B.

Laclau, E. (1988), »Die Politik als Konstruktion des Undenkbaren«, *kultuRRevolution* (17/ 18), 54–57.

Laclau, E. (1990), *New Reflections on the Revolution of Our Time*, London/ New York.

Laclau, E. (1996), *Emancipation(s)*, London/ New York.

Laclau, E. (1999), »Dekonstruktion, Pragmatismus, Hegemonie«, in Mouffe (1999), S. 111–153.

Laclau, E., Butler, J. und Žižek, S., Hrsg. (2000), *Contingency, Hegemony, Universality. Contemporary Dialogues on the Left*, London/ New York.

Laclau, E. und Mouffe, C. (1991), *Hegemonie und radikale Demokratie. Zur Dekonstruktion des Marxismus*, Wien.

Landsberg, P.-L. (1973), *Die Erfahrung des Todes*, Frankfurt/M.

Landweer, H. (1994), »Jenseits des Geschlechts? Zum Phänomen der theoretischen und poltischen Fehleinschätzung von Travestie und Transsexualität«, in Pühl (1994), S. 139–167.

Laruelle, F., Hrsg. (1980), *Textes pour Emmanuel Levinas*, Paris.

Lefort, C. (1990), »Die Frage der Demokratie«, in Rödel (1990), S. 281–297.

Lefort, C. (1999), *Fortdauer des Theologisch-Politischen?*, Wien.

Lefort, C. und Gauchet, M. (1990), »Über die Demokratie: Das Politische und die Instituierung des Gesellschaftlichen«, in Rödel (1990), S. 89–122.

Leiris, M. (1979), *Die eigene und die fremde Kultur. Ethnologische Schriften*, 2. Aufl., Frankfurt/M.

Lemert, C. C. (1994), »Post-structuralism and sociology«, in Seidman (1994*b*), Kap. 14, S. 265–281.

Lemke, T. (1997), *Eine Kritik der politischen Vernunft. Foucault's Analyse der modernen Gouvernementalität*, Hamburg.

Lepenies, W., Hrsg. (1981), *Geschichte der Soziologie. Studien zur kognititven, sozialen und historischen Identität einer Disziplin. Band 3*, Frankfurt/M.

Lescourret, M.-A. (1994), *Emmanuel Levinas*, Paris.

Letzkus, A. (2002), *Dekonstruktion und ethische Passion. Denken des Anderen nach jacques Derrida und Emmanuel Levinas*, München.

Libertson, J. (1982), *Proximity. Levinas, Blanchot, Bataille and Communication*, Den Haag/Boston/London.

Lichtblau, K. (1996), *Kulturkrise und Soziologie. Zur Genealogie der Kultursoziologie in Deutschland*, 'Frankfurt/M.

Lipowatz, T. (1998), *Politik der Psyche. Ein Einführung in die Psychopathologie des Politischen*, Wien.

Luhmann, N. (1984), *Soziale Systeme. Grundriß einer allgemeinen Theorie*, Frankfurt/M.

Luhmann, N. (1990), *Paradigm lost: Über die ethische Reflexion der Moral*, Frankfurt/M.

Lévi-Strauss, C. (1971), »French Sociology«, in Gurvitch und Moore (1971), Kap. XVII, S. 503–537.

Lévi-Strauss, C. (1999), »Einleitung in das Werk von Marcel Mauss«, in Mauss (1999*b*), 2. Aufl., S. 7–41.

Lévinas, E. (1935), *De l'évasion*, Paris.

Lévinas, E. (1947), *De l'existence à l'existant*, Paris.

Lévinas, E. (1961), *Totalité et infini. Essai sur l'exteriorité*, Den Haag.

Lévinas, E. (1963), *Difficile libertè*, Paris.

Lévinas, E. (1973), »Über die ›Ideen‹ Edmund Husserls«, in Noack (1973), S. 87–128.

Lévinas, E. (1974), *Autrement qu'être ou au-delà de l'essence*, Den Haag.

Lévinas, E. (1976), *Noms Propres*, Montpellier.

Lévinas, E. (1982), *L'Au-Delà Du Verset. Lectures et discours Talmudiques*, Paris.

Lévinas, E. (1983), *Die Spur des Anderen*, Freiburg/ München.

Lévinas, E. (1984*a*), »Über die Idee des Unendlichen in uns«, in Henrix (1984), S. 37–41.

Lévinas, E. (1984*b*), *Entretiens avec Le Monde*, Paris.

Lévinas, E. (1986*a*), »Dialogue with Emmanuel Levinas. Interview with Richard Kearny«, in Cohen (1986), S. 13–33.

Lévinas, E. (1986*b*), *Ethik und Unendliches. Gespräche mit Philippe Nemo*, Wien.

Lévinas, E. (1987*a*), *Horse sujet*, Paris.

Lévinas, E. (1987*b*), *Outside the Subject*, London.

Lévinas, E. (1987*c*), »The Rights of Man and the Rights of the Other«, in Lévinas (1987*b*), Kap. 10, S. 116–125.

Lévinas, E. (1987*d*), *Totalität und Unendlichkeit. Versuche über die Exteriorität*, Freiburg/ München.

Lévinas, E. (1988*a*), *Autrement que savoir*, Paris.

Lévinas, E. (1988*b*), »Das Diabolische gibt zu denken«, in Altwegg (1988), S. 101–105.

Lévinas, E. (1988*c*), *Eigennamen*, München.

Lévinas, E. (1988*d*), »Useless Suffering«, in Bernasconi und Wood (1988), Kap. 10, S. 156–167.

Lévinas, E. (1989*a*), *Die Zeit und der Andere*, Hamburg.

Lévinas, E. (1989*b*), »Ecrit et sacré«, in Kaplan und Vieillard-Baron (1989), S. 353–365.

Lévinas, E. (1989*c*), *Humansimus des anderen Menschen*, Hamburg.

Lévinas, E. (1989*d*), »Intention, Ereignis und der Andere. Gespräch zwischen Emmanuel Levinas und Christoph Wolzogen am 20. Dezember 1985 in Paris«, in Lévinas (1989*c*), S. 131–150.

Lévinas, E. (1990), »Von der Ethik zur Exegese«, in Mayer und Hentschel (1990), S. 13–16.

Lévinas, E. (1991*a*), *Entre nous. Essais sur le penser-à-l'autre*, Paris.

Lévinas, E. (1991*b*), »›Sterben für...‹ Zum Begriff der Eigentlichkeit bei Martin Heidegger«, in Klehr (1991), S. 169–178.

Lévinas, E. (1991*c*), »Wholly Otherwise. Translated by Simon Critchley«, in Bernasconi und Critchley (1991), Kap. 1, S. 3–10.

Lévinas, E. (1992*a*), *Jenseits des Seins oder anders als Sein geschieht*, Freiburg/ München.

Lévinas, E. (1992*b*), *Schwierige Freiheit. Versuch über das Judentum*, Frankfurt/M.

Lévinas, E. (1993), *Vier Talmudlesungen*, Frankfurt/M.

Lévinas, E. (1994), *Stunde der Nationen. Talmudlektüren*, München.

Lévinas, E. (1995), *Zwischen uns. Versuche über das Denken an den Anderen*, München/ Wien.

Lévinas, E. (1996 [Org.: 1975]), »God and Philosophy«, in Critchley, Peperzak und Bernasconi (1996), Kap. 8, S. 129–148.

Lévinas, E. (1996*a*), *Gott, der Tod und die Zeit*, Wien.

Lévinas, E. (1996*b*), *Jenseits des Buchstabens*, Frankfurt/M.

Lévinas, E. (1997), *Vom Sein zum Seienden*, 2. Aufl., Freiburg/ München.

Lévinas, E. (1998), *Vom Sakralen zum Heiligen. Fünf neue Talmudlesungen*, Frankfurt/M.

Lévinas, E. (1999*a*), »Das Seinsdenken und die Frage nach dem Anderen«, in Lévinas (1999*b*), 3. Aufl., Kap. 6, S. 150–171.

Lévinas, E. (1999*b*), *Wenn Gott ins Denken einfällt. Diskurse über die Betroffenheit von Transzendenz*, 3. Aufl.

Lyotard, F. (1982), »Beantwortung der Frage: Was ist postmodern?«, *Tumult. Zeitschrift für Verkehrswissenschaft 4* S. 131–142.

Maihofer, A. (1992), »Politische Möglichkeiten feministischer Theorie. Ein Gespräch mit Andrea Maihofer«, *Die Philosophin* (6), 94–105.

Maihofer, A. (1994), »Geschlecht als Existenzweise. Einige kritische Anmerkungen zu aktuellen Versuchen zu einem Verständnis von ›Geschlecht‹«, in Pühl (1994), S. 168–187.

Manning, R. J. S. (1988), »Derrida, Levinas, and the Lives of Philosophy at the Death of Philosophy: A Reading of Derrida's Misreading of Levinas in ›Violence and Metaphysics‹«, *Graduate Faculty Philosophy Journal. Levinas' Contribution to Contemporary Philosophy 20/ 21* (2/ 1), 387–408.

Marchart, O. (1998*a*), »Gibt es eine Politik des Politischen? Démocratie à venir betrachtet von Clausewitz aus dem Kopfstand«, in Marchart (1998*b*), S. 90–119.

Marchart, O. (1999), »Beantwortung der Frage: Was heißt Post-Marxismus?«, Internet: www.t0.or.at/~oliver/postm.htm. 27.11.1999.

Marchart, O., Hrsg. (1998*b*), *Das Undarstellbare der Politik. Zur Hegemonietheorie Ernesto Laclaus*, Wien.

Marx, K. (1966), »Zur Kritik der Hegelschen Rechtsphilosophie. Einleitung«, in Marx und Engels (1966), S. 17–30.

Marx, K. (1972), *Das Kapital. Kritik der politischen Ökonomie. Erster Band*, 4. Aufl., Frankfurt/M.

Marx, K. und Engels, F. (1966), *Philosophie. Studienausgabe I. Hg. von Iring Fetscher*, Frankfurt/M.

Mattheus, B. (1984), *Georges Bataille. Eine Thanatographie I*, München.

Mauss, M. (1999a), *Die Gabe. Form und Funktion des Austauschs in archaischen Gesellschaften*, 4. Aufl., Frankfurt/M.

Mauss, M. (1999b), *Soziologie und Anthropologie. Band I.*, 2. Aufl., Frankfurt/M.

Mayer, M. (1997), »Das Subjekt jenseits seines Grundes – Emmanuel Lévinas' Deduktion des Selbstbewußtseins«, *Prima Philosophia 10* (2), 131–148.

Mayer, M. und Hentschel, M., Hrsg. (1990), *Parabel. Lévinas*, Evangelisches Studienwerk, Gießen.

Merz-Benz, P.-U. und Wagner, G., Hrsg. (2001), *Soziologie und Anti-Soziologie*, Konstanz.

Moebius, S. (2000a), »Jacques Derrida: Politik der Freundschaft. Rezension«, *Utopie kreativ* (119), 938–940.

Moebius, S. (2000b), »Kohärenz oder Konfrontation. Queer Theory, queer Politics und der Kampf um Anerkennung«, *Forum Wissenschaft 3* S. 6–10.

Moebius, S. (2001a), »Gegen den Strom. Queer und die Dekonstruktion von Gender Mainstreaming«, *Forum Wissenschaft 18* (2), 46–50.

Moebius, S. (2001b), »Kultur des Selbst als Kultur des Anderen. Zur Kritik am Kulturbegriff der Neuen Rechten und des Multikulturalismus«, *Forum Wissenschaft 18* (3), 37–39.

Moebius, S. (2001c), *Postmoderne Ethik und Sozialität. Beitrag zu einer soziologischen Theorie der Moral*, Stuttgart.

Moebius, S. (2002), *Simmel lesen. Moderne, dekonstruktive und postmoderne Lektüren der Soziologie von Georg Simmel*, Stuttgart.

Moebius, S. (2003), »Das Sakrale und die Heterologie. Das *Collège de Sociologie*, Georges Bataille und die Wirkungen auf Foucault, Lévinas und Derrida«. 63 Seiten, erscheint 2003 in: Jahrbuch für Soziologiegeschichte.

Moore, H. L. (1993), »The Differences within and the Difference between«, in Valle (1993), S. 193–204.

Morton, D., Hrsg. (1996), *The Material Queer*, Colorado/ Oxford.

Mosès, S. (1993), »Gerechtigkeit und Gemeinschaft bei Emmanuel Lévinas«, in Brumlik und Brunkhorst (1993), S. 364–384.

Mouffe, C., Hrsg. (1999), *Dekonstruktion und Pragmatismus. Demokratie, Wahrheit und Vernunft*, Wien.

Mouzelis, N. (1990), *Post-Marxist Alternatives: The Construvtion of Social Orders*, London.

Nagl-Docekal, H. und Pauer-Studer, H., Hrsg. (1996), *Politische Theorie. Differenz und Lebensqualität*, Frankfurt/M.

Namaste, K. (1996), »The Politics of Inside/Out: Queer Theory, Poststructuralism, and a Sociological Approach to Sexuality«, in Seidman (1996), S. 194–212.

Nancy, J.-L. (1986), *La communauté désoeuvrée*, Paris.

Nancy, J.-L. (1994), »Das gemeinsame Erscheinen. Von der Existenz des ›Kommunismus‹ zur Gemeinschaftlichkeit der ›Existenz‹«, in Vogl (1994), S. 167–204.

Nassehi, A. (1995), »Der Fremde als Vertrauter. Soziologische Beobachtungen zur Konstruktion von Identitäten und Differenzen«, *Kölner Zeitschrift für Soziologie und Sozialpsychologie 47* (3), 443–463.

Nassehi, A. und Weber, G. (1989), *Tod, Modernität und Gesellschaft. Entwurf einer Theorie der Todesverdrängung*, Opladen.

Nave-Herz, R. (1997), *Die Geschichte der Frauenbewegung in Deutschland*, 5. Aufl., Bundeszentrale für politische Bildung, Bonn.

Neumann, G., Hrsg. (1997), *Poststrukturalismus: Herausforderung an die Literaturwissenschaft (DFG-Symposium 1995)*, Stuttgart.

Niethammer, L. (2000), *Kollektive Identitäten. Heimliche Quellen einer unheimlichen Konjunktur*, Hamburg.

Noack, H., Hrsg. (1973), *Husserl*, Darmstadt.

Oechsle, M. und Geissler, B., Hrsg. (1998), *Die ungleiche Gleichheit. Junge Frauen und der Wabdel im Geschlechterverhältnis*, Opladen.

Pateman, C. (1989a), *The Disorder of Women. Democracy, Feminism and Political Theory*, Cambridge/ Oxford.

Pateman, C. (1989b), »The Fraternal Social Contract«, in Pateman (1989a), Kap. 2, S. 33–57.

Peter, L. (1995), »Improvisierte Gedanken zum Verhältnis von moderner Gesellschaft und Gesellschaftsanalyse«, *Neue Realitäten des Kapitalismus. Linke Positionsbestimmungen* S. 195–202.

Peter, L. (1996), »Élan vital, Mehr-Leben, Mehr-als-Leben. Lebensphilosophische Aspekte bei Henri Bergson und Georg Simmel«, *Jahrbuch für Soziologiegeschichte 1994*. Hrsg. von Carsten Klingemann et al. S. 7–61.

Peter, L. (1999), »Das Ärgernis Bourdieu: Anmerkungen zu einer Kontroverse«, *Das Argument. Zeitschrift für Philosophie und Sozialwissenschaften 231* S. 545–560.

Peter, L. (2001), »Warum und wie betreibt man Soziologiegeschichte?«, in Klingemann, Neumann, Rehberg, Srubar und Stölting (2001), S. 9–64.

Pühl, K., Hrsg. (1994), *Geschlechterverhältnisse und Politik*, Institut für Sozialforschung Frankfurt, Frankfurt/M.

Poirié, F. (1987), *Emmanuel Lévinas. Qui êtes-vous?*, Lyon.

Pollak, M. (1978), *Gesellschaft und Soziologie in Frankreich. Tradition und Wandel in der neueren französischen Soziologie*, Königstein/ Ts.

Rödel, U., Hrsg. (1990), *Autonome Gesellschaft und libertäre Demokratie*, Frankfurt/M.

Reiter, M. (2000), *It all makes perfect sense. Ein Beitrag über Geschlecht, Zwitter und Terror*, Bremen.

Reiter, R., Hrsg. (1975), *Towards an Anthropology of Women*, New York.

Rippl, G., Hrsg. (1993), *Unbeschreiblich weiblich. Texte zur feministischen Anthropologie*, Frankfurt/M.

Ronell, A. (1997), »Formen des Widerstreits«, in Weber und Tholen (1997), S. 51–70.

Rorty, R. (1999), »Bemerkungen zu Dekonstruktion und Pragmatismus«, in Mouffe (1999), S. 37–48.

Rosenzweig, F. (1976), *Der Stern der Erlösung. Der Mensch und sein Werk. Gesammelte Schriften II*, Den Haag.

Rötzer, F. (1986), *Französische Philosophen im Gespräch*, München.

Rubin, G. (1975), »The Traffic of Women: Notes on the ›Political Economy‹ of Sex«, in Reiter (1975), S. 157–210.

Rust, P. C. (1992), »Who are we and where do we go from here? Conceptualizing Bisexuality«, in Weise (1992), S. 281–310.

Sallis, J., Hrsg. (1987), *Deconstruction and Philosophy. The Texts of Jacques Derrida*, Chicago.

Sandford, S. (2001), *The Metaphysics of Love. Gender and Transcendence in Levinas*, London.

Sandherr, S. (1998), *Die heimliche Geburt des Subjekts. Das Subjekt und sein Werden im Denken Emmanuel Lévinas'*, Stuttgart.

Saussure, F. d. (1967), *Grundfragen der allgemeinen Sprachwissenschaft*, 2. Aufl., Berlin.

Scheulen, H. und Szánkay, Z. (1999), »Zeit und Demokratie. Eine Einstimmung«, in Lefort (1999), S. 9–30.

Schäfer, A. und Wimmer, M., Hrsg. (1998), *Rituale und Ritualisierungen*, Opladen.

Schäfer, J. (2001), *Tod und Trauerrituale in der modernen Gesellschaft. Perspektiven einer alternativen Trauerkultur*, Bremen. Magisterarbeit. Universität Bremen.

Schmid, W. (1993), »Das Antlitz des Anderen«, *Ästhetik und Kommunikation. Berlin 82*.

Schütz, A. (1981), *Theorie der Lebensformen. Hrsg. und eingeleitet von Ilja Srubar*, Frankfurt/M.

Schütz, A. und Luckmann, T. (1979; 1984), *Strukturen der Lebenswelt. 2 Bände*, Frankfurt/M.

Schulze, M., Hrsg. (2001), *Queer. Die Monatszeitung für Schwule und Lesben*, Queer Aktiengesellschaft, Köln.

Seidman, S. (1993), »Identity and Politics in a Postmodern ›Gay‹ Culture: Some Historical and Conceptual Notes«, in Warner (1993), S. 105–142.

Seidman, S. (1994a), »The end of sociological theory«, in Seidman (1994b), Kap. 6, S. 119–139.

Seidman, S., Hrsg. (1994b), *The Postmodern turn: new perspectives on social theory*, Cambridge.

Seidman, S., Hrsg. (1996), *Queer Theory/ Sociology*, Oxford/Cambridge.

Seidman, S. und Wagner, D. G., Hrsg. (1992), *Postmodernism and Social Theory*, Oxford.

Sennett, R. (2000), *Der flexible Mensch. Die Kultur des neuen Kapitalismus*, 4. Aufl., Berlin.

Simmel, G. (1919), *Philosophische Kultur. Gesammelte Essais*, 2. Aufl., Leipzig.

Simmel, G. (1992a), »Exkurs über den Fremden«, in Simmel (1992b), 1. Aufl., S. 764–771.

Simmel, G. (1992b), *Soziologie. Untersuchungen über die Formen der Vergesellschaftung. [1908]*, 1. Aufl., Frankfurt/M.

Simmel, G. (1995), *Schriften zur Soziologie. Hrsg. von H.-J. Dahme und O. Rammstedt*, 5. Aufl., Frankfurt/M.

Simmel, G. (1995 [1907]), »Dankbarkeit. Ein soziologischer Versuch«, in Simmel (1995), 5. Aufl., S. 210–218.

Simmel, G. (1995 [1908]), »Exkurs über das Problem: Wie ist Gesellschaft möglich?«, in Simmel (1995), 5. Aufl., S. 275–293.

Smith, A. M. (1998a), »Das Unbehagen der Hegemonie. Die politischen Theorien von Judith Butler, Ernesto Laclau und Chantal Mouffe«, in Marchart (1998b), S. 225–237.

Smith, A. M. (1998b), *Laclau and Mouffe. The Radical Democratic Imaginary*, London/ New York.

Srajek, M. C. (2000), *In the Margins of Deconstruction. Jewish Conceptions of Ethics in Emmanuel Levinas and Jacques Derrida*, Pittsburgh.

Stegmaier, W. (1996), »Die Zeit und die Schrift. Berührungen zwischen Levinas und Derrida«, in Freyer und Schenk (1996), S. 51–72.

Stegmaier, W. (2002), *Levinas*, Freiburg i.B.

Stein, A. (1996), »Mit dem Feind schlafen? Ex-Lesben und die Rekonstruktion von Identität«, in Hark (1996), S. 155–185.

Stäheli, U. (1999), »Die politische Theorie der Hegemonie: Ernesto Laclau und Chantal Mouffe«, in Brodocz und Schaal (1999), Kap. 6, S. 143–166.

Stäheli, U. (2000a), »Die Kontingenz des Globalen Populären«, *Soziale Systeme* S. 86–110.

Stäheli, U. (2000b), *Poststrukturalistische Soziologien*, Bielefeld.

Stäheli, U. (2000c), *Sinnzusammenbrüche. Eine dekonstruktive Lektüre von Niklas Luhmanns Systemtheorie*, Göttingen.

Stoller, S. und Vetter, H., Hrsg. (1997), *Phänomenologie und Geschlechterdifferenz*, Wien.

Strasser, S. (1987), »Ethik als Erste Philosophie«, in Waldenfels (1987), S. 218–265.

Taureck, B. H. (1991), *Emmanuel Lévinas zur Einführung*, Hamburg.

Taureck, B. H. (1997), *Emmanuel Lévinas zur Einführung*, 2. Aufl., Hamburg.

Thalheimer, S., Hrsg. (1963), *Die Affäre Dreyfus*, München.

Turner, V. (1989a), *Das Ritual. Struktur und Anti-Struktur*, Frankfurt/M./New York.

Turner, V. (1989b), *Vom Ritual zum Theater. Der Ernst des menschlichen Spiels*, Frankfurt/M./New York.

Valle, T. d., Hrsg. (1993), *Gendered Anthropology*, London/ New York.

Vasterling, V. (1997), »Dekonstruktion der Identität. Zur Theorie der Geschlechterdifferenz bei Derrida«, in Stoller und Vetter (1997), S. 132–147.

Venn, C. (1997), »Beyond Enlightenment? After the Subject of Foucault. Who Comes?«, *Theory, Culture and Society 14* (3), 1–28.

Veyne, P. (1979), »Témoignage hétérosexuel d'un historien sur l'homosexualité«, *Le Regard des autres – Actes du congrès international, du 24-27 mai 1979 (Arcadie)* S. 17–24.

Voß, G. G. und Pongratz, H. J. (1998), »Der Arbeitskraftunternehmer. Eine neue Grundform der Ware Arbeitskraft«, *Kölner Zeitschrift f. Soziologie und Sozialpsychologie 1* S. 131–158.

Vogl, J., Hrsg. (1994), *Gemeinschaften. Positionen zu einer Philosophie des Politischen*, Frankfurt/M.

Waldenfels, B. (1987), *Phänomenologie in Frankreich*, Frankfurt/M.

Waldenfels, B. (1991), »Ordnung in Diskursen«, in Ewald und Waldenfels (1991), S. 277–297.

Waldenfels, B. (1994), *Antwortregister*, 1. Aufl., Frankfurt/M.

Waldenfels, B. (1997a), »Das Un-ding der Gabe«, in Gondek und Waldenfels (1997), S. 385–409.

Waldenfels, B. (1997b), »Hybride Formen der Rede«, in Neumann (1997), S. 323–337.

Waldenfels, B. (1999), *Topographie des Fremden. Studien zur Phänomenologie des Fremden 1*, 2. Aufl., Frankfurt/M.

Warner, M., Hrsg. (1993), *Fear of a Queer Planet. Queer Politics and Social Theory*, Minnesota.

Weber, E. (1990), *Trauma und Verfolgung. Zu Emmanuel Lévinas' Autrement qu'être ou au-delà de l'essence*, Wien.

Weber, E. und Tholen, G. C., Hrsg. (1997), *Das Vergessen(e). Anamnesen des Undarstellbaren*, Wien.

Weber, S. (1997), »Von der Ausnahme zur Entscheidung. Walter Benjamin und Carl Schmitt«, in Weber und Tholen (1997), S. 204–224.

Weise, E., Hrsg. (1992), *Closer to Home: Bisexuality and Feminism*, Seattle.

Wellbery, D. E. (1997), »Retrait/Re-entry«, in Neumann (1997), S. 194–207.

Wenzler, L. (1989a), »Menschsein vom Anderen her. Einleitung«, in Lévinas (1989c), S. VII–XXVII.

Wenzler, L. (1989b), »Nachwort. Zeit als Nähe des Abwesenden. Diachronie der Ethik und Diachronie der Sinnlichkeit nach Emmanuel Levinas«, in Lévinas (1989a), S. 67–92.

Westphal, M. (1988), »Levinas and the ›Logic‹ of Solidarity«, *Graduate Faculty Philosophy Journal. Levinas' Contribution to Contemporary Philosophy 20/ 21* (2/ 1), 297–319.

Wetzel, M. und Rabaté, J.-M., Hrsg. (1993), *Ethik der Gabe. Denken nach Jacques Derrida*, Berlin.

Wimmer, K.-M. (1988), *Der Andere und die Sprache. Vernunftkritik und Verantwortung*, Berlin.

Wimmer, M. und Schäfer, A. (1998), »Einleitung: Zur Aktualität des Ritualbegriffs«, in Schäfer und Wimmer (1998), S. 9–47.

Wood, D. und Bernasconi, R., Hrsg. (1988), *Derrida and Différance*, Evanston.

Wulf, C., Althans, B., Audehm, K. und Bausch, C., Hrsg. (2001), *Das Soziale als Ritual. Zur performativen Bildung von Gemeinschaften*, Opladen.

Žižek, S. (1989), *The Sublime Object of Ideology*, London.

Danksagung

Folgenden Personen und Institutionen gilt mein besonderer Dank: Zunächst möchte ich Lothar Peter für die zahlreichen und herausfordernden Diskussionen, die dieses Projekt befördert und begleitet haben, danken. Ferner für die Gewährung eines keineswegs selbstverständlichen wissenschaftlichen Freiraums, den ein Bildungsprozess erfordert, sowie für die instruktive Vermittlung sozialwissenschaftlicher Theoriebildung. Es sei insbesondere auch jenen gedankt, die diese Studie kommentiert und korrigiert haben: Ina Stelljes und Dirk Jörke. Ferner danke ich Thorsten Bonacker für entscheidende Anregungen und Hinweise sowie für die freundlichen Diskussionen per E-Mail, die am Anfang des Arbeitsprozesses standen. Simon Critchley und Richard Cohen danke ich für die Ermutigungen, die sie mir zum Vorhaben per mail schrieben. Mein Dank gilt auch dem Sonderforschungsbereich 541 zu Identitäten und Alteritäten in Freiburg, insbesondere Wolfgang Eßbach und dem C 1 Kolloquium des SFB 541, an dem ich teilnehmen durfte. Meinem Bruder Matthias Moebius danke ich besonders für seine unendliche Geduld und die zahlreichen, instruktiven Hilfestellungen beim Erstellen des Textsatzes. Ebenso gilt mein Dank Haidy Damm, Bettina Schulz sowie Ursula und Walter Moebius, die immer unterstützend zur Seite standen.

Ohne die großzügige finanzielle und ideelle Unterstützung durch ein Promotionsstipendium der Rosa-Luxemburg-Stiftung, der ich hier ebenfalls besonders danke, wäre diese Studie, die eine überarbeitete, um ein wenig Literatur aktualisierte und um einen Exkurs gekürzte Version meiner Dissertation an der Universität Bremen darstellt, unmöglich gewesen.

Schließlich sei ganz besonders Julia Schäfer gedankt, die mich stets begleitete und für mich in allen Lebenslagen »präsent« war.